生活・詩情建築家

谷口吉郎

―白い雪片のように清冽な意匠心―

監修　仙田 満

松野 高久

白い雪片のように清冽な意匠心

窓ガラスの外には、雪がふり出して
白い雪片が舞っている。
それを眺めていると、雪国にそだった私は自分の幼時を思い出し、
雪片がひらひらと私の顔にふりかかってくるような気がした。
私の思い出には、ふるさとの雪が美しい記憶となって、
眼の奥にふり積もっている。

私は欧州の旅にあって、いつも建築の奥に
「哲学」がひそんでいるのを知った。
各国の建築がそれを私に語ってくれた。
歴史は人類の長い「旅」である。その旅に、人間は
各種の建築をつくりあげ、いろんな花を咲かせている。
建築こそが歴史の花であろう。
過去の花、現代の花、色とりどりの中で、
いつも私の心をひくものは、
その建築の美しさにひそむ清浄な意匠心である。
私は清冽な意匠の心を求めつつ、
ヨーロッパをさまよい歩いていた。

谷口吉郎（『雪あかり日記』の「あとがき」東京出版、1947年）

金沢の雪を花として ───────────

　カバー図案の六角形による格子状の雪華は、谷口の『雪あかり日記』（東京出版、1947年）のカバーを
モチーフにした。またそれは俳句の季語の「六つの花」として雪の「花」の異称である。「雪も花である」
と言ったのは、利休であると谷口は書いている。谷口の「花の思い出」（1968年）には、金沢の雪を花と
して「花とは、花の美しさだけでなく、各人の追憶がそれに美しく添っていて一層心に深く感じられるの
であろう。それが花の心というものであろうか」と述べている。

松野高久 記

生活・詩情建築家

谷口吉郎

― 白い雪片のように清冽な意匠心 ―

監修によせて ―谷口吉郎研究室の思い出

環境建築家
東京工業大学名誉教授
環境デザイン研究所
仙田 満

暗くて哲学的な研究室

　谷口吉郎研究室は大岡山の東京工業大学本館3階の奥にあった。谷口先生のお部屋と廊下をはさんで、中庭に面した研究室があったが、それは先生のお部屋の2分の1程度の大きさだった。1963年の春に私は同級生3人と共に入室した。

　私が谷口研究室に入りたいと思ったのは、とにかく谷口先生が設計した東京工業大学創立70周年記念講堂がとても素晴らしかったからである。入学式で初めてその空間を体験した時には、まだ建築学科に進もうとは考えていなかったが、地形を生かした座席、シャッターによって暗転して空間がダイナミックに変化する「劇場」に驚いた。閉所恐怖症であった私には心地よい空間だった。それは簡素なつくりではあったが、とても印象的なものであった。

　もともと理系と文系の中間をねらって、東京工業大学に入学したが、60年安保の時代で、1年生の前半はほとんど授業が行われなかった。

　そんな中で、5月に全学祭があり、その時に佐藤信行という先輩から「科学技術と人間疎外」というテーマでプレゼンテーションするから手伝わないか、と誘われ、手伝ったのをきっかけに、建築学科4年生だった佐藤氏のファンになってしまった。彼は谷口吉郎研だった。それもあって2年生のときに建築学科に進み、3年生の期末に谷口研究室を希望した。

歴史的空間論

　当時、清家 清先生の研究室が人気だったが、ヨットの好きな清家研の明るさについていけず、谷口研の少し哲学的で暗い感じが私にはとても居心地がよかった。佐藤信行さんと江幡 勇さんという天才的な２人の先輩がいて、社会を変革するための建築の機能とは何か、伝統は現代の都市建築にどう役立つのかなど、途方もない議論に明け暮れていた。

　谷口研で卒業論文として「歴史的空間論」というようなテーマを選んだ。谷口研では卒論のテーマを自由にさせてくれた。当時、評論家 栗田 勇の『伝統の逆説』にとてものめりこみ、日本の伝統建築の中に、これからの新しい時代を切り開いていくものがあるのではないかと感じていた。東工大新聞に発表した『伝統の逆説』の書評は、私が社会的に発表した最初の原稿となった。城と茶室に興味があった。なぜ突如日本建築史の中で異質な建築様式が短い期間で完成したのか。それが私の疑問であった。

　８月に谷口先生に卒論の中間報告をした。「安土桃山期の日本に着目したのはおもしろい」と谷口先生に評価された。「南蛮建築も研究したら博士になれるよ」と言ってくれたが、私は大学を出てすぐに働きたかった。論文のためとして、当時明治大学教授だった堀口捨己先生にもお手紙を書いてくださった。谷口先生のライバルでもあった堀口捨己先生もとても魅力的な方だった。また京都裏千家の茶室への紹介状も書いてくださった。谷口研は当時名古屋大学の古川図書館の設計にとりかかっていて、静かでなかなか緊張した雰囲気のある研究室だった。

　１年間、堀口捨己先生の大著『利休の茶室』など、関係の本をとにかく読み漁り、その中で茶室と城が我が国の建築史上特異な形成をしてきたこと、それを作り上げた工匠や、今でいうデザイナーとしての茶人や武将、南蛮人などの多様な人たちとの協力関係が、茶室と城という様式をきわめて短い期間（約50年間）で生んだ要因ではないかと仮説をたてて論文をまとめた。すなわち「新しい時代の様式は多様なデザイナーたちの協力によって生まれる」ことを結論づけた。これからの建築は偉大な建築家によって生まれるのではなく、新しい時代の要請によって、その時代の多くの技術とデザインの

知の融合によって生まれていくものではないかと考えたのである。その結論は現在の環境デザイン研究所の組織やデザイン領域に対する考え方の基礎となった。

環境の意匠、環境デザイン

　谷口吉郎先生が書かれた本を通して、「技術と文学の統合」の考えにも大きく影響された。また、バウハウスのような多様な領域の融合にも触発された。谷口研の１年間は、私の環境デザインの領域というイメージを見い出した１年であった。谷口先生の「清らかな意匠」、「環境の意匠」という言葉にも影響され、大学を出て４年で環境デザイン研究所を立ち上げた。私にもっとも影響を与えた谷口研の先輩、佐藤信行さんは私が菊竹清訓事務所に入った年に、心臓麻痺で26歳の生涯を閉じた。彼は社会の変革を見据えていた。建築で社会を変えようとしていた。谷口先生の門を開いてくれた先輩に感謝し、彼の思いを私の思いに重ねた。

末席の弟子

　谷口吉郎先生が亡くなられたのは私が38歳の時で、前年に毎日デザイン賞を受賞していたが、まだまだ環境デザインの方向を模索している時代だった。先生が亡くなられたことを機に、もう一度『清らかな意匠』を読み直し、私は先生の"環境の意匠"を引き継ぐ気持ちを強くした。先生にとって私は末席の弟子であった。先生の作品を直接お手伝いしたことはない。先生の作品や明治村をはじめとする環境形成を懸命に見学し、先生の本を読み、建築家はこのように生きなければならないのだと学んだ。

　私は40歳の時に浜松科学館を設計した。それまでの研究の成果である遊環構造を応用してデザインし、建築家・研究者として大きな転機となった。浜松の科学館を設計したきっかけは担当課からのオファーであった。基本設計が終わった時に初めて市長にお会いし、当時の浜松市長の栗原勝氏が谷口研の出身だったことを知り驚いた。「妻籠の藤村記念館の図面をお手伝いした」と懐かしそうに話されていた。「胸を患い、谷口研の助手を辞し、

故郷の市役所に入り、技術者として市の図書館を設計したのだ」と語ってくれた。

　47歳の時、名古屋工業大学教授時代、学生を連れて藤村記念堂を訪れ、凝縮した空間に感動した。何よりも焼け跡に白い砂を敷き、それをみる細長い回廊、そしてベンチ、小さな建築の設えがものの見事に藤村の文学世界を表わしていた。環境デザインとは関係のデザインだと主張していたが、その代表的なものがここにあったことを改めて発見し、感動した。

谷口吉郎展

　東京工業大学教授に1992年に就任し、山下和正教授より引き継いだ東京工業大学建築学科卒業生の教育支援組織であるTIT設計教育研究会が中心になり、1995年に谷口吉郎先生の展覧会を開くことが決まった。谷口研究室の最後から2番目の卒業生として、その幹事を引き受けた。この展覧会は「建築家 谷口吉郎」を掲げる展覧会として、「日本にふさわしい近代建築を目指した建築家」という副題が付けられた。1997年秋に日本建築学会主催で、建築会館ホールで盛大に開催された、谷口展を越える展覧会はその後開かれていない。本当に多くの方々のご支援をいただいた。谷口吉生さんとは展覧会の内容について大いに議論した。谷口吉生さん、谷口家のご協力はとても大きかった。谷口吉生さんとはこの展覧会を機にいっそう親しくなった。

　展覧会のレセプションは内庭で行ったが、雨も降ることを考え、ビニールシートの屋根をかけた。開幕の日の朝、心配した通り雨がふっていてビニールシートの屋根に水たまりができてしまった。夕方には雨が止んでくれて、夜のレセプション時には、雨上がりのビニールシート屋根が面出 薫さんの照明計画もあって美しかった。その時の苦労と感激が今では懐かしく思い出される。また、その時の思いが日本建築学会長になったときに、中庭にキャンパスによる可動屋根をかけるきっかけとなった。

　清家先生をはじめ、谷口吉郎展でお世話になり、発起人になって下さった方々の多くはすでにこの世を去っている。阿川弘之氏、白洲正子氏、犬丸

直氏をはじめ、各界40名の方々であった。たが、谷口吉郎展を通して建築家の生き様、戦いを次の世代に伝えていくことの重要さを知った。谷口先生の明治村にはとても及ばないが日本建築学会の建築博物館や、日本建築家協会（JIA）のNPO法人建築文化継承機構の立ち上がりにつながっている。

　65歳で放送大学に移り、67歳の時に「環境デザイン論」というテレビ講義を始めた。「第1章　環境デザインの視点」で谷口吉郎先生を紹介し、テレビクルーと一緒に藤村記念堂を再訪し、その庭からその空間の意味について講義し、放映した。「藤村記念堂は環境デザインとして最も優れた記念碑的な作品だ」と話した。

詩的な感性に基づく倫理

　2017年、私は『せせらぎ日記』を再読し、2018年76歳の春にベルリンを訪れた。無名戦士の記念廟、フンボルト邸、ゲーテハウスなど、先生が大戦前夜というきわめて困難な時代の若き日に訪れた建物を追体験した。先生の30代の鮮烈な感性を再び感じながら、現代という先生の時代とは異なる困難な時代に、私たち建築家は何を考え、造らねばならないかを考えた。先生の深い洞察力と詩的な感性こそ、AIOの時代、ヴァーチャルな時代といわれる現代において、もう一度見直さなければならないと感じている。今、私たちが持たねばならないのは、「詩的な感性に基づく倫理」ではないかと思われる。思えば私はほぼ10年ごとに谷口吉郎先生の本を読み直し、先生の空間を訪ねている。今も私は谷口先生から新たな学びを得ている。

建築家の生き方を学ぶ

　この本は私の親友 松野高久君に清家清論に続いて谷口論をまとめるように私が依頼して、執筆してもらったものである。松野君は清家研出身で、**谷口**研出身ではないが、谷口先生の多くの著書と同時代の多くの方々の言説を調べ、作品を訪れ、「生活・詩情建築家　谷口吉郎」という存在を明確にしてくれた。松野君は建築家であるが農民文学の長塚節の研究者でもある。谷口先生の文学者との交流をたんねんに明かしてくれた。谷口先生ほど多

くの文学者と交流した建築家はいない。日本の伝統文化と現代の生活、工業と文学、科学技術と環境の美など、先生の詩的で美しい建築の源泉をさぐったものであると言える。

　先生は製図の課題の講評では、「この線は美しい」というようにほとんど感覚的なことのみを話された。作品がいいのか、それともほかの意見があるのか全然分からなかった。しかし先生は建築家として多くの美しい作品を雑誌『新建築』に発表されていて、その美しさの元が何なのかと学生の私たちは自ら考えるしかなかった。

　谷口先生はプロフェッサーアーキテクトであった。建築家として平易で格調高い文章は一般の人々にも読むことができた。建築家が何を考え、何を構想して、建築や環境を形成するのか。教育家という側面をしっかりもっていたと言える。そういう意味において、私にとってプロフェッサーアーキテクトとして教育、研究、設計という3つの柱を果たした建築家として目標とし続けてきた。「教え子が先生を越えてはじめて、先生と言われるのだ」と、若い頃に有名な企業家から言われた。なかなか先生を越える存在にはなれないが、先生の生き様を後世にしっかり伝えていくことが弟子の役割と考えている。

　松野君は谷口先生の作品と著作を読み解き、その関係性からいくつかの道筋を導き出している。建築を目指す若い人たちにとって、それを一つの手がかりとして谷口先生の美に対する生き方、建築家としての生き方、闘い方を学んでいただくことが期待できるのではないかと思う。

　現代はさまざまな意味において困難な時代である。設計という方法において、今ほどその意味、理念を考えねばならない時代はないと思われる。ともするとITメディアによる膨大な情報の中で、本質的な美の規範や倫理を失い、表層的なデザインに流されてしまいがちである。第二次世界大戦前夜にヨーロッパにて、その困難な状況の中で、建築を旅し、思索し、自らの建築の方向にたどりついた建築家の歴巡に私たちはとても多く学ぶことができると思われる。ぜひ谷口先生の著作、先生の作品を訪れていただきたいと願っている。

目次

第 III 章 科学（建築）と芸術（文学）の二元性

第Ⅳ章 「茶の心」

─ 千利休の影響 ─ 数寄の趣向（こころ）

第Ⅴ章 「環境学的建築」
－ 風圧・温度と室内気候 － 「生活環境の美」 ……… 259

第Ⅵ章 「日本的なるもの」と「合一」

はじめに

谷口吉郎 ―古典から学ぶ「ユマニスト」(humaniste)・新古典主義建築家
「科学」－＜生活＞－「芸術」

　本論を脱稿して建築家の谷口吉郎の容貌はまったく異相を呈したのである。それは生活する詩人であった。今までの谷口論とはまったく異なる文学論的なアプローチを試みた。それは谷口の建築について考察すると同時に、**人間・谷口吉郎**の生い立ち・人生・交流などからその建築と思想を著作集や対談、評論・書評から、人間学的で文学的な探究を試みたのである。

　副題の「**生活・詩情建築家**」は、川添 登から「詩をつくる建築家」とか、野田宇太郎などの多くの詩人から「建築家であると共に詩情的素質の豊かな美学者」と呼称されているが、その「詩情」に「生活」を付けたのは筆者が初めてである。谷口は茶を嗜み、高名な財界人から茶会に招かれたが、友人の堀口捨己の茶が高貴な人を対象にしているのに対して、谷口は、茶は「**庶民**」の「**生活芸術**」だとした。そして建築の機能にも人間の行動としての「生活」を重視した。

　谷口の『清らかな意匠』の「旗の意匠」(1948年)に、「ゲーテは、こんなことを言っている」と、「建築の最高任務は、**建築の詩的部分**にある。それは建築家の創造性によるものであって、その働きによって建築は教養ある精神を驚嘆せしめ、恍惚たらしめる。しかも、この建築の最高の作用は、天才によってなしとげられる」と、そしてまた、「建築が、**造形の詩を発現させる**」と、「詩情建築家」谷口吉郎とする由縁は、このゲーテの引用文と谷口自身の言及にもよる。

　次の副題の「**白い雪片のように清冽な意匠心**」は郷里、金沢で谷口が子どもの頃に見た犀川の「雪あかりの日」の原風景としての「風土」に準じた意匠心の表現で、戦前のドイツから帰国後からの「モダニズム建築」に替わる「**日本らしさ**」への傾斜の背景となった。それには清家 清のいう「詩情」(ポエジー)があった。谷口の「清冽な意匠心」に筆者が「白い雪片のように」を付けた。この「日本らしさ」にも当時の文学的影響がある。

　在ベルリン中には、ドイツ古典主義建築と第三帝国様式の体験が、モダニズム建築からの離脱を促した。その体験に基づく日本の伝統建築と国際主義（インターナショナル）建築との、「ポスト・インターナショナル」である、つまり郷土主義的デザインと合理主義的デザインとの超克も谷口の**二元性**の一つである。それは、内藤 昌の「様式のパラドックス」論に該当し、谷口をシンケルと同じように「**新古典主義**」の建築家と称した。

　筆者はこの谷口論を書く以前から、谷口の生涯を通しての親友ともなった野田宇太郎の『日本耽美派文学の誕生』(旧題『パンの會』1949年刊行、河出書房新社、1975年)を愛読してきた。

　この「パン（牧神）の會」は、1908（明治41）年から1912(明治45)年まで東京の下町で展開された文学運動で、欧州文学を異国趣味として、江戸情緒を含む都会の文学との懐古趣味を、融合したディオニソスの徒のような青春の文学と芸術運動であった。企画したのは木下

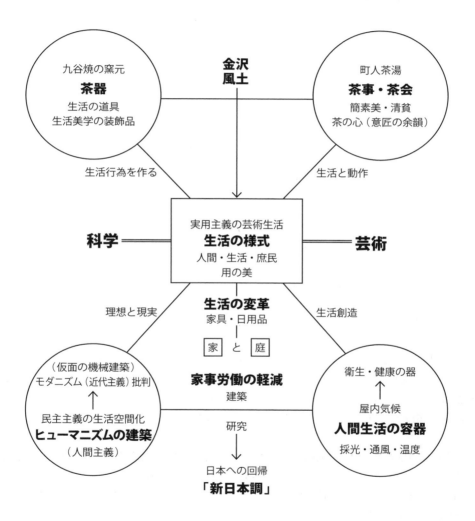

チャート 谷口吉郎の"人間生活"

―庶民茶湯を通して―

九谷焼の窯元
茶器
生活の道具
生活美学の装飾品

**金沢
風土**

町人茶湯
茶事・茶会
簡素美・清貧
茶の心（意匠の余韻）

生活行為を作る

生活と動作

実用主義の芸術生活
生活の様式
人間・生活・庶民
用の美

科学

芸術

生活の変革
家具・日用品
家 と 庭

理想と現実

生活創造

家事労働の軽減
建築

（仮面の機械建築）
モダニズム（近代主義）批判

衛生・健康の器
↑
屋内気候

民主主義の生活空間化
ヒューマニズムの建築
（人間主義）

研究
↓

人間生活の容器
採光・通風・温度

日本への回帰
「新日本調」

杢太郎で、詩人仲間の北原白秋、吉井 勇と谷崎潤一郎や高村光太郎も参加していた。東京を
パリに、隅田川をセエヌ川にたとえ、会場も世紀末パリのカフェ文芸運動になぞらえて、江戸
下町情緒が残る隅田川畔のカフェや洋食屋の2階で開かれた。

　谷口が親交した主宰者の**木下杢太郎**、本名 太田正雄は医学者であり、詩人、画家、文学・
芸術研究者でもあった。この土曜日に催された「パンの會」が終ると、その内の2、3名は
森 鷗外邸で開かれる観潮楼歌会に出席した。杢太郎もその1人で、後に鷗外の知遇を得て「小
鷗外」と呼ばれた。筆者が長く研究していたアララギ派の歌人で小説『土』(1910年)を書い
た長塚 節も、ただ一度伊藤左千夫に連れられて参加していた。しかし杢太郎とは同席してい
ない。鷗外も本年(2022年)生誕160年、没後100年であり、多くの企画がある。

　谷口は直接には生前の森 鷗外には会っていないが、谷口流に言うと「死後に会った」として、
記念館や詩碑など鷗外関係の多くの設計を手がけた。

　鷗外、木下杢太郎はともに「**両頭の蛇**」(アポロとメデューサ)で、科学的・理性と芸術・官能、
そして医学と文学との「二元性」の徒であった。この杢太郎の主宰した「パンの會」の人脈は、
後に谷口が主宰した戦中の「**花の書の会**」へと続いていく。この会は、杢太郎と谷口の生涯の
友人となった野田宇太郎が中心となり、主として**ゲーテ**や**リルケ**といったドイツ文学を中心
に議論され、「**思い出は過去からの贈り物**」というリルケの詩を谷口はよく引用した。戦中で
も家族は金沢に疎開したが、谷口は残り「自邸」でも開催されていた。特に杢太郎に師事し、
谷口の文学の人脈交流はここから始まっている。

　木下杢太郎は文学・芸術史上で「**古典を学ぶ人**」として「**ユマニスト**」と呼ばれ、「和魂洋才」
の一典型とされた。その一例の研究が「南蛮文化」や「**南蛮建築**」であった。この「ユマニスム」
の人という呼称は、東西の文学・言語から古典を研究する人および「**人間主義**」者である。そ
れを本書の副題としたかったが、「生活」と「詩情」を優先した。そして杢太郎と、彼をユマニ
ストとして研究した野田宇太郎との交友を介さなければ本論はない。

　以上の科学と芸術、建築家と研究者、近代建築(モダニズム)と伝統的日本建築などの谷口
の「二元性」を抽出した。谷口はそれらの「二元性」の間に、特に「科学」と「芸術」の間に、
＜生活＞を入れて考えていた。それも「**庶民**」の＜生活＞である。例えば「茶事」についても、
「**生活の芸術**」と言われるように、「**茶室**」における芸術の主題は＜生活＞にある。谷口は、

　　その世界は衣食住の広い範囲にわたり、建築、造形芸術、料理に及ぶ実用主義の芸術主張
　であった。つまり、日常生活としての文化の醇化にほかならなかった。……皆、この生活の
　目的に奉仕し、有機的に相結ばれていた。形も色も香さえも総和されて、一つの美しい簡素
　な生活形式に造られていた。

　つまり、「実用性」と「芸術性」とが常に対をなす特質として捉えられている「茶」を「生活
の芸術」として幾度も「生活」という語を用いているから、副題として「**科学**」－＜生活＞－「**芸**

術」のように、さらにその間に「庶民」の<生活>を入れたい。それには谷口の大学の卒業論文である唯物論的建築史観の影響がある。茶人として茶祖の**千利休**についての多くの谷口の言及がある。それは利休との血縁関係はないが遠い縁籍関係によることもある。

　その「科学」と「芸術」の対立を回避するために、谷口は「庶民」の「生活」芸術により、その間の「**融和**」による「**合一**」を計ろうとした。谷口の「環境の意匠」にも、京都の茶人や文人が「好み」としていた「民衆の造形」は、

　　当時の庶民生活の中から生じた生活美はこのような多くの人の協力に基づく造形力によって育てられた。……このような人間生活に、清らかな美を求めんとする積極的な意匠心の表現にほかならない。……歴史も詩であり、日常の会話も詩を持っていた。しかも庶民の存在が、一国の文化的水準に到達していた。……美を守護し、美を創作することを以て、自ら天職とする人たちが、「環境の設計」に対して白痴であったり、放心があっていいのだろうか。

　谷口吉郎という「東宮御所」まで設計し、日本芸術院会員にもなった日本の近代を代表する「**清らかな意匠**」の建築家が、「**庶民生活から生じた生活美**」を創作するなど、ましてや「和風建築の大家」としてはまったく異例であった。さらに、「国土美」や「環境の設計」までを「**清らかな意匠**」として言及するとは、この文脈をもって谷口を仙田 満とともに「**環境建築家**」の日本での先駆者として位置付けたい。谷口の「記念の遺形」の、「墓碑設計者の片言」の詩の「1・かたみ」に、それは「触媒」としての、

　　文人・画人・詩人の筆は、地に埋められて、筆塚となり、追慕する者が、それに花をお供えする。

　本書も谷口「自邸」の庭の垂梅の花が咲き始めたと思われるこの頃には本稿のクライマックスであったから、私もそれに倣って、谷口の「自邸」の茶室の「床の間」に白梅の花一輪を捧げたく思う。その白い梅の花は、この谷口吉郎論の著作である。

　長塚 節の師の歌人である**正岡子規**の革新歌論として、

　　「雅語を用いたりとて歌が雅になるとも申さざるべく（今の所謂歌よみの如き雅語を用いて随分俗な歌を作り申候）、俗語を用いたりとて必ずしも歌が俗になる者にても無きかと存候。」

　これは子規の「雅俗論（がぞくろん）」と言われ、さらに「雅俗は形の上にもあれど、心の上の雅俗が一層注意すべき事」としている。つまり「浮草卑俗」を殊に嫌っていた。この意味からも、谷口は「詩情」としての「雅致」、そして「生活」としての「俗致」を合わせて「極致」させたと言え

る。その「雅」を日本建築ではブルーノ・タウトがモダニズムと称した桂離宮や修学院離宮に、「俗」を茶室建築に求めたものである。したがって、谷口は「モダニズムの相対化」とか「転向」とはまったく別種の「心の中」を彷徨っていたのである。

そして、谷口の父の芳次郎が親しんだ、金沢の「茶」と「能」は、生涯にわたって吉郎の原風景の「美的センス」として、建築に「清らかな意匠」の影響をあたえた。

「侘びの数寄」──「妙花の極意」

```
──────── 清 貧 ────────
庶民の実用 ──── 簡素な容器
茶（花一輪）と 能（花の書）
──────── 日本性の普遍化 ────────
```

谷口は在ベルリン中には、「その過去の花の清冽な意匠の心を求めつつ、私はヨーロッパ中をさまよい歩いていた」が、それは『雪あかり日記』や『せせらぎ日記』として結実した。

戦後直ぐに信州馬籠に村の人々との「一座建立」と「一期一会」の精神により「藤村記念堂」が建設された。島崎藤村の「簡素」という言葉が書かれた額を見て、それは「結晶」化し、谷口の生涯の意匠のモチーフとして、後に「博物館 明治村」に結実した。

その「白い梅の花」は、すでに具体的に谷口吉郎の長男の建築家の谷口吉生の手元にある。

谷口吉郎の座右の書である世阿弥の『風姿花伝』には、「次ぐをもて家とす」とあるように「芸」としての「建築」は秘事の「妙花」の「極意」として、三代目の建築家の吉生に伝えられている。その美学は建築史的に重要な概念である「日本性の普遍化」の「オーダー」として継承されて、象徴は金沢の「谷口吉郎・吉生記念 金沢建築館」である。

筆者にとって真の「谷口吉郎論」は、この著作の後から始まるのである。それは谷口の茶と能の芸と美を通しての芸術の活性化を重視する建築は、戦後の文学における新感覚派とプロレタリア的な「私小説」の思潮とは類似していた。日常生活の真実の姿を追求し、国家と絶対性を理想とする文学に対して、自己に内向の文学である。またそれは生活の中に詩情としての芸術を求めた。その谷口の建築と共通するものがあった。「日本らしさ」も谷口の当時の日本文学とともに日本の「風土」を考える必要がある。

建築芸術というのは環境という秩序のためにあり、唯美的な建築のためにあるのではなかった。谷口の建築は実用性と芸術、意匠の「融和」にあり、問題は深層の民族的な意識で、いわゆる「日本らしさ」にあった。それは普遍化として建築様式（オーダー）化できるかであった。

谷口は、幼少期の犀川での原体験を基層の金沢の文学的な風景観として、それを建築に日本の新しい民族的集団の深層意識化を試みていた。それが谷口吉郎建築の実体であった。

第 I 章

ヒューマニズムの
「生活・詩情建築家」
ー日本には日本の家ー

谷口吉郎論　二元性の概念相関図
—生活と詩情の建築家—

人間・生活・庶民
- 近代（モダニズム）建築の超克
  「人間の生活」の欠如・生活美
- ヒューマニズム建築（人間主義）
- 国際主義建築
  （インターナショナル）の否定
- 「第三帝国主義」・民族・風土
  （ベルリン日本大使館）
- 日本の家（東宮御所）
  簡素で清楚

谷口「自邸」
- 「家庭のサナトリウムの実験室」
  モダニズム＋和風
- 「健康第一主義」（日光・外気）
  （慶應義塾 幼稚舎）
- 「風土としての和風」
- 「新建築」

茶と能
- 「生活の芸術」（茶の心）「幽玄」
- 「一座建立」（藤村記念堂）
- ワキとシテ（姉妹芸術）
- 美的センスに感化
- 「一輪の花」
- 一期一会

「新日本調」
- 「日本的なもの」（藤村記念堂）
  郷土愛が意匠心を発揮
- 「環境の意匠」郷土美・国土美
- 「建築こそ歴史の花」（明治村）

建築・科学的良心
- 建築計画原論（東工大水力
  実験室）・「清らかな意匠」
- 屋内空気の自然対流研究
- 風圧の軽減（東工大記念講堂）
  水紋と陽炎（シュリーレン方法）
- 防熱の造形（内なる形）
  採光と通風と温度

二元性の合一
- 「両頭の蛇」
  （アポロとメデューサ）
- 科学する詩心（ポエジー）
- 金沢とベルリンの雪片
- 「ギリシャ建築の教訓」
- パルテノン憧憬（伊東忠太）
  （東京国立博物館東洋館）
- 三田山上の能舞台（萬來舎）

文学・詩・芸術
- 「花の書の会」（木下杢太郎）
- リルケの詩（思い出は過去
  からの贈り物）
- 「線に詩趣あり」（真っ黒な
  スケッチ）
- 墓碑・「記念の遺形」
- 「建築に心を与える」霊的触媒
  （魂の肖像）（藤村記念堂）

1.「人間の生活」──谷口のヒューマニズムは「簡素」で「清楚」

「東宮御所・設計覚え書」(『東宮御所』毎日新聞社、1968年)には、1946(昭和21)年の1月1日の官報による昭和天皇の詔書において人間宣言をした、昭和天皇の「皇太子として東宮の宮殿と私的なお住いとして、人間的な内容が大切である」と、谷口は、

> 日本の風土と環境に適合した、たたずまいの中に、ゆかしく住まわれ、人びとと親しく会合される場所としての構えこそ好ましいのではなかろうか。それが日本の家としての御所であろう。そんな事を考えながら、私は基本設計に関与する者として、簡素で清楚な御所の実現を念願した。

谷口にとって東宮の「御所」ですら、皇太子が人々と親しく会合する「簡素で清楚」な「日本の家」、つまり「住宅」である。この2つのワードは谷口建築の重要な概念である。

谷口の戦前の「建築とヒューマニズム」(1937年)*E-13 に「新建築」としての合理主義建築について、

> 新しい合理主義の建築をもって、人間生活や、その土地を無視し特殊性を一切排する画一主義と解したり、或いは人間生活を新しく解釈するに当って……ただ単に物としての建築物のみを取り上げて、建築が内容すべき人間生活の向上を無視したりする物理的解釈を恣にしたり、更に建築の活動を問題にする場合にその建築を通して人間の生活を建設し、その生活は人間性の発展のために努力せんとする建築家の取るべき態度に触れることを忘れることは、現代合理主義建築の曲解も甚だしいものといわねばならぬ。……建築とヒューマニズムとの連関は新建築の動向を示すものとなり、真摯な建築家の態度を示すものとなる。 (傍点筆者)

谷口は幾度も「人間生活」という言葉で、合理主義建築の真の主目的がヒューマニズムであることを、「生活」に「人間」を付けて「人間の生活」として「人間性」を強調している。その10年後の、戦争直後の昭和22年に出版された浜口隆一の『ヒューマニズムの建築 ─日本近代化の反省と展望』(雄鶏社、1947年)は、「人民の建築」として「機能主義」を楽観的なる「ヒューマニズム」のモデルとしている。それは昭和の初頭の「マルクス主義建築論の展開」および「モダニズム」の批判を引き継ぐものであった。しかし西山夘三によって「人間と人民の混同」を指摘され、「ただ<人民のものであろうとする>という甚だ心細くあいまいな態度の表明があるのみである」と、その違いが明確化されていなかった。

谷口は戦前からすでに「人間」、または「庶民」という表現を使っていた。山口文象の「創宇社」によるNAU(新日本建築家集団)は、結成後の、第1回臨時総会(1948年)の、「綱領1」に「建築を人民のために建設し、人民の建築文化を創造する」と、「人民のための建築」であっ

23

た。すでに「人民」の向こうにはいわゆる「天皇」がいなかったのである。

　宮内 康の「変質する建築家像 ―戦後建築運動史ノート」（『怨恨のユートピア』井上書院、1971年）には、戦後の建築運動史は、「人民」→「民衆」→「人間」という過程をたどる。戦後まもなく1950年頃まで「人民」、伝統論の華やかな頃（1951年から57年）の「民衆」、さらに、それ以後は都市論・文明論の中で「人間」という表現が用いられた。具体的には、「人民」が＜階級闘争論＞、「民衆」が＜大衆社会論＞＋＜民族闘争論＞に、「人間」が＜文明論＞に対応している。(傍点筆者)　谷口はこのプロセスとはまったく異なり、戦前から「庶民」や「人間」を使っていたから、一時的であれ、「新興建築家聯盟」の1930年時代に、谷口は共産主義者ではないかとの噂について清家 清が書いている。しかし谷口がかかわったこの「聯盟」はNAP＝ナップ「全日本無産者芸術聯盟」（1928年3月結成）との関係があったとの宮内嘉久の『建築ジャナーリズム無頼』（中公文庫、2007年）の証言もある。

　谷口にも「建築とヒューマニズム」（1937年）*E-13 というそのものの論文があるが、

**　昨今のように、ヒューマニズムが人の口から口へと言い伝えられ、その言葉が内蔵していた人間性への強い熱などは剥製になっている場合が多いこの頃、建築にまでヒューマニズムを持ち出すことは、一層ヒューマニズムの干物といった感じがしやしまいかと思う。**

　「人間性」が谷口の考える「ヒューマニズム建築」の核心であるが、前年の「機械建築の内省」（1936年）*E-11 には、「その仮面建築をもって新しいヒューマニズム建築の誕生とさえ言いはやしている」と指摘するが、戦後になると、よりヒューマニズムという言葉が多用されることになる。「仮面」とは、「文化」とか「モラル」という流行語による非実用的な手法で、白々しいヒューマニズムの盗用のことである。

　具体的には「仮面建築」とは、バウハウスのような「人形の姿をした機械のロボットというような機械の仮面」で、それをつくる「建築家はまた、決して背徳者のような人間性を去勢されたものではない」し、建築は「仮面の機械建築」のような中身や内容がないものではない。谷口の「新しき住居形式へ」（1931年）には、自動車のように機械化された住居建築を「住機」といって、機械生産の跳躍によって伝統主義は後退し、旧生活形式は崩壊となる。それが谷口が単なるモダニズム建築を以後、設計しなかった理由の1つである。「人間性」は、その中身や内容に強く求めることであり、建築家はそれを持たねばならない。

　以後、谷口の「生活」についての記述を実際の論文に見てみる。「国土美」（1941年）*E-20 に、茶人や文人が「生活美」の基準としていた「好み」という、例えば「利休好み」と言われる規範があった。それは「当時の庶民生活が持っていた、いきいきとした生活力の溢れた美しさは、茶道、華道、工芸などの生活構成の道に、美しき姿を求めんとしたもの」として、「生活美」を求める清純な心の姿で、衣食住に美しさを結びつけようとする生活の喜びを示した。谷口自身にも「谷口好み」というのがあって、例えば「木製縦格子のような伝統的な手法」である。「そ

れによって自分の生活に役立つものを作りあげていこうとする謙譲にして熱意のある製作心から誕生した＜簡潔美＞」であり、谷口はその「簡素美」として常に「日常生活」を支えていたのは「庶民」であったと述べている。谷口は「簡素」という言葉をよく用いたが、同じく島崎藤村にも「簡素」という書があり*ST-14、谷口はそれを「藤村好み」とした。

谷口の「機械建築の内省」（1936年）は、「ル・コルビュジエ検討」（1930年）*E-8を書いた6年後で、「新しい建築は、生活の道具としての建築、即ち、生活を運転する機械としての建築」、つまり「住機」として、科学の建築であった。谷口が「自邸」を建てた頃（1936年）で、自身のモダニズム建築の完成期であった。その時でさえ、「生活」を重視していた。したがって他のモダニズム建築家の住宅とはやや趣を異としていた。そして末尾で「フランスでも、青年建築家の間にコルビュジエの再考が叫ばれ、ル・コルビュジエの技巧を清算し、新しいヒューマニズムの声が求められている」と、ル・コルビュジエを再評価して、「今までの新建築が持っていた欠陥である機械論的生硬さを清算して、＜新しいヒューマニズム＞によりいっそう清浄化され、澄明化され、豊潤化される」ことを求めている。当時は、「新建築」という言葉もよく用いられた。それは新しいヒューマニズムという意味であった。（傍線筆者）

最後に、谷口は「建築は生活の容器であると同時に、生活は建物を道具とする」と、「吉田五十八」（1954年）*MY-5の中で、「建築は生活の道具であるが、機械ではない」と、この頃は、明確に、もはや「建築は機械」でもなく、「生活の容器としての道具」であった。

2.「ヒューマニズムの建築」——「人間」としての「庶民」

西山夘三は「日本のすまい」としての住宅研究では「庶民住宅」と称していたが、『すまい考現学』（彰国社、1989年）の「日本住宅の発展系譜」のチャートでは「すまい」を「支配層」と「人民」とに分けている。それはコミュニストだからか。

浜口隆一の『ヒューマニズムの建築』について、左翼活動家の図師嘉彦は、近代建築＝機能主義の建築＝人民の建築という構図に対して、浜口の言う近代建築は「人民のものであろうとすること」の「人民」とは「近代社会」において「ブルジョアと特に小市民そのものを指している」、つまり極論すれば「ブルジョア」であり、被支配階級としてのプロレタリアートとして規定していないと指摘している。つまり「人民」といってもプロレタリアートではないと図師は言っている。しかし浜口は、左翼的な「人民」よりヒューマニズムの「ユマニズム」（人文主義者）を意味していた、と磯崎 新は書いている。現在では「市民参加型の政治」というように、一般「大衆」は政治に参加権のある「市民」と呼ばれている。

谷口は戦前から、自己の「建築とヒューマニズム」*E-13においては「人間性」、「人間生活」としての「人間」が対象主体となっている。戦後も、「茶事」などの「生活」する主体としては、「人民」でもなく、「民衆」や「大衆」でもなく、「人間」としての一般の市民である「庶民」というイデオロギーに関係のない表現を使っている。「庶民」とは社会的特権のない人のことで

ある。「大衆」には個人ではない全体の形容の感がある。

「規格を活かす―建築家ノイトラ氏と会って」（1951年）に東京でのリチャード・ノイトラについて谷口は、

　　また氏は私たちに次のごとく忠告した。大衆は建築家の技量をもっと知る必要があると同時に、建築家も大衆の要求をもっと知って、大衆とともに新しい生活環境を築くために努力せねばならぬ。

宮内 康は前掲の『怨恨のユートピア』*G-12で、

　　戦前・戦後を通じて、わが国の建築運動は、いわゆる＜近代主義者＞と＜マルクス主義者＞との対立と妥協の中で展開されてきたといえるが、＜民衆＞という曖昧な概念で、両者が最後の妥協を試みたとき、運動の決定的な終焉が予告されたのである。

この文が書かれたのは『国際建築』（1966年12月）であるが、「＜民衆＞（プロレタリアート）の概念も放棄されたとき、正統的な＜建築運動＞も終りを告げた」のである。それは「民衆論争」と呼ばれていた。谷口は初めから曖昧な概念でありながら大衆の闘争を暗示する「民衆」という言葉を使わなかった。ひたすら「庶民」であったが、それは「近代主義者」でも「マルクス主義者」でもなく「生活」主義者であったからである。

谷口は戦後直ぐに取り組んだ信州、馬籠宿の「藤村記念堂」（1947年）は、浜口隆一が後に「新日本調」と名付けた嚆矢の作品で、谷口は「敗戦のさなかに、馬籠の村人は詩人藤村に捧げる記念堂の建立を思い立ち、それを手づくりでやりとげようとする、その情熱に私は動かされた」と、設計にとりかかり、「農民の素朴な手仕事と、片田舎のありあわせの資材、まったくそれだけを条件とする工事であるので、……図面に従って村人は建設を始め、老人も青年も婦人も小学生まで工事にはげんだ。大工も、石屋も、左官も農民自身である」と、「それが私の設計に、意匠心の内省と風土に対する関心の大切なことを教えた。特に信州の農民から、素朴な郷土愛が強い意匠心を発揮することを、私は教えられた」*T-1-3-③と、村人が地元の材料だけを用いて勤労奉仕により完成されたものである。つまり農民という「庶民」の手により、人々との郷土愛により「意匠心」が発揮されたことを強調している。それは、「一座建立」である。

谷口は『修学院離宮』（淡交社、1962年）の「終曲」で、「桂」や「修学院」の公家の輝かしい美も、「すぐ次の時代には、庶民的な造形力に席をゆずらねばならなかった。歌舞伎の創造した新興の美はたくましかった」と、出雲の阿国の「＜歌舞伎踊り＞の新しい女性の庶民芸術、その町人の新興芸術は武士の建設力をしのぎ、公家の意匠をしりぞけるほど強まっていた」と、「庶民」としての「町人」と、その対象者による新しい芸術美としている。

次に「谷口吉郎論」二元性の概念の相関図（コンセプト・チャート）を少しずつ説明する。

図Ⅰ-1　東宮御所
A. 表公室南面　池と回廊

B. 玄関ホール

C. 大食堂夜景

D. 大食堂欄間・東山魁夷画

E. 断面図（大応接室）

E. 断面図（応接間）

　本論の副題の「生活・詩情建築家」とは、谷口が多くの詩碑・墓碑を設計した実績と、詩人・文学者で医学者の木下杢太郎とともに「花の書の会」を立ち上げ、リルケなどの研究を行う文人建築家であるとともに、「茶事」を「生活の芸術」として「庶民」の「生活の道具」としてとらえたことなどによる。そして他の副題の「白い雪片のように清冽な意匠心」については、生家のある金沢の犀川の風景は、「年の瀬がせまると、雪片の大きいぼたん雪がしんしんとふり積もって、金沢は深い雪に包まれる。<u>しかし幼いころの記憶には、雪は冷たいものではなく、楽しく美しいものだった</u>」と、それは「庶民」の美意識となり、「風土」の「清らかな意匠」<u>として結実する。</u>（傍線筆者）　谷口と同時代の建築家の山口文象は浅草の吉原に、吉村順三は両国、吉田五十八は日本橋と、隅田川の両岸の昔ながらの江戸情緒のある下町に育ち、各々その建築の作風の原風景となっている。この3人の建築家の生まれ育った場所、出生地を見ると、その建築作品に反映されていることに気付かされる。谷口の場合は金沢の川と雪が原風景であったから、筆者はこの庶民の「生活」と「詩情」を本論の副題として象徴的に選んだ。その他に「新古典主義」建築家と「ユマニスト」という副題も併行して伏流としている。

3.「建築は人間生活の容器である」——有機的相互関係

1）建築作品と思想 ——「二元性の合一」

　谷口吉郎は、「東宮御所」（1960年）（図Ⅰ-1A・B・C・D・E）、「東京国立博物館 東洋館」（1968

図Ⅰ-2　東京国立博物館 東洋館　西正面全景と庭園

図Ⅰ-3　東京国立近代
美術館　南面

図Ⅰ-4　ホテルオークラ
A. メインロビー

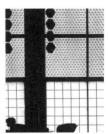

B.「麻の葉」の窓デザイン

年)(図Ⅰ-2)、「東京国立近代美術館」(1969年)(図Ⅰ-3)、「ホテルオークラ本館」(1962年)
(図Ⅰ-4A・B) などの華麗で格調高い和風建築のデザインは定評がある。そして文学者との交流
も頻繁だったから、彼らの和風住宅や記念館、詩碑、墓碑の設計も多数ある。つまり民間の建
築家、設計事務所所長というより、国家的なエリート建築家である。1961年には「東宮御所
設計」などの実績で、日本芸術院賞を、1962年には日本芸術院会員に、1973年には文化功労
者となり文化勲章を受賞している。そして1979年には74歳で永眠するが、従三位勲一等瑞
宝章を追贈されている。いわば高貴な建築家なのである。東大の建築学科を1928年に卒業し
たが、同級生の前川國男と比べても遜色がなく、伊東忠太、佐野利器や岸田日出刀などの著名
な建築家に学んでいる。また谷口は1949 (昭和24) 年に、昭和天皇にブルーノ・タウトの建
築について御進講している。タウトが「皇室芸術は茶道文化の流れを取り入れて桂離宮に到達
した」*BT-3 と書いていることにもよる。

　しかし、浜口隆一は対談「谷口吉郎氏との30分」(『新建築』1956年1月)で、谷口が「工学
的なテーマで学位論文 (1943年) をお書きになりながら、一方作家的な方向でも素晴らしい
仕事をされていた」が、それは「二足のわらじ (草鞋)」を履いているみたいだと、東工大教授
としての研究者・教育者と、芸術家・技術者としての建築家についても浜口は、

　　「谷口さん、私個人の卒直な希望としては、はやく大学の先生をお辞めになって、工学博
　　士などという肩書を使わないで、要するに建築家谷口吉郎、人間谷口吉郎というので、一本

図I−5A. 金沢の「金陽堂」

図I−5B. 谷口吉郎の生家
（A・Bとも谷口吉生『私の履歴書』淡交社、2019年）

槍に押していって、それで死ぬまでの作品を残すほうが如何にも谷口さんらしい感じが僕はするのですけれども」

　東工大教授の建築家として、「プロフェッサーアーキテクト」であったが、「あんなにいい設計の出来る人がヌクヌクしている」と歯痒さを感じているが、浜口は「人間谷口吉郎」に期待している。ここで浜口のこの「二元性」の他には、建築と文学の「二元性」と科学と芸術の「二元性」がある。終生それは谷口の建築思想の基幹となる。その「合一」を目指すことが、「相対」とか「転向」とか呼ばれたこともある。谷口「自邸」でも、モダニズム建築の先駆とされながらも、自身はそこに「風土としての和風」が潜んでいると告白している。それも「二元性」である。「モダニズム建築」にはそれが欠落していることを指摘し懺悔している。

２）郷里 金沢の厳しい「風土」 ——「庶民の生活の美意識」
　谷口は1904（明治37）年、石川県金沢市片町六番地の犀川の大橋から右側の五、六軒目近くに生まれるが、生家は「古九谷」の流れを汲む九谷焼の窯元の"九谷谷口"の「金陽堂」であった（図I−5A・B）。谷口の『建築に生きる』（「私の履歴書」）*T-1-3-①に、金沢は昔から金箔の家内工業が盛んで、今でも生産は全国一位で、また漆器も光沢をもつ黒や朱の膳と椀は、ろうそくの光にも美しく映えて、

　　暗い雪国の暮らしには、色彩と光明を求める願望が強い。それが庶民の美意識となり、大工や職人の腕に今も生きている。このような北陸の厳しい風土には特殊な造形感覚が成長している。その中で最も見事な色彩効果を発揮したのは「古九谷」の出現だった。その流れをくむ「窯元」の家に私は生まれた。

　この原風景が谷口の「美意識」の原点で、古九谷焼の「五彩の美意識」は、その担い手が「庶民」としての職人であった。厳しい「風土」と「造形感覚」により、「その窯元に私は生まれたので、絵付けをする陶工たちの仕事ぶりや勢いよく燃える窯の炎が、私の目に焼き付いている」

と、店の表には九谷焼の製品が陳列され、その奥の住まいには茶室があり、さらに奥には上絵の窯場で、さらにその奥に絵付け職人と多くの画工が働いていて、陶工たちも集まっていた。

谷口は九谷焼の窯元の「金陽堂」の長男として生まれ、一時は東京美術学校への進学の希望もあったが、東京大学に入学し建築設計の道に進んだため窯元は廃絶してしまった。『建築に生きる』（日本経済新聞社、1974年）に、

　　「窯元金陽堂」も、過去の九谷焼の窯と同じく短命だった。そんな宿命は五彩の美しい磁器の九谷の昔からつきまとっていて我が家もその運命をたどることになった。

「古九谷」の美しさを「五彩」の磁器として強調し、自家の窯でも白地の磁器に絵付け職人により刷毛（はけ）で薄く彩色していたが、その色は、紫、緑、黄を主調とし、補色として青、赤を使うのが五彩であった。谷口の序文「五彩の美意識」（嶋﨑 丞著『九谷、伊万里、柿右衛門、鍋島』講談社、1977年）には、

　　畳の上には大皿が二、三枚、無造作に置かれている。見込み（茶碗や鉢の内面中央）には花鳥の絵や、石畳の文様が描かれていて、その色彩が美しい。どれも古九谷である。金沢に生まれた私は、そんな幼い時の記憶を思い出す。明治も末の頃だったから古い話になるが、加賀地方の家庭では祭りの時や、めでたい日には、蔵から九谷の皿を持ち出して、それに料理を盛った。あの色彩の美しい大皿が実用品として身近に使用される時代が続いていたことを思い出すと、その頃が懐かしい。
　　私の目には幼い時に見た窯の炎が焼き付いている。その窯肌に残る暖かいぬくもりを思い出すと、雪国の厳しい寒さにふるえていた幼い頃を回想し、風土の中に発色した五彩の輝きに、わが心が今も美しく慰められる。

谷口が建築の色彩に壁画は別として「五彩」のような鮮やかな色を直接に使用することは少なかった。しかしその白地を基調とする意匠は目の残像として後までも、風土に同調する意識とともに、地元の人々の生活と結びついた美意識の必要性を常に促し続けて、日用品としての庶民の建築に引き戻していた。

３）茶と能 ——「庶民」の「美的センスに感化」

谷口の「建築は歴史の証人」—岡田 譲氏との対談—（1977年）*D-16 で、「生活を無視した伝統工芸ばかりでなく、生活を新しく創作する工芸にもなにか美的活路がほしいですね」と、窯元の息子の谷口が工芸にも「生活を新しく創作する」ことを求めるのは当然だが、「工芸」を「建築」と言い換えてもよい。

慶応義塾大学の三田山上に「萬來舎」（1951年）が竣工したとき、イサム・ノグチはその丘

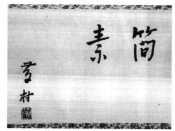

図Ⅰ-6 島崎藤村の書「簡素」

図Ⅰ-7 谷口「自邸」の広間の小さな棚の上

を東洋のアクロポリスにたとえたが、谷口は「三田の山の上に私は能舞台をつくっている。彫刻と絵画というオブジェは、能の世界の小道具である」と述べている。そして「茶と能は父母を通して、私の美的センスに感化を与えている」と自著に記している。「藤村記念堂」（1949年）も、茶室であるとともに能舞台の橋懸（はしがかり）であると筆者は考えている。

4）「生活の様式」（茶と能の心）−「美術と生活」の融和・「意匠の余韻」−「簡素」美の極致

　工芸としての茶器ではなくて、茶をする「心」を谷口は、「意匠の余韻」であるとする。具体的には、谷口が尊敬する千利休について、「彼の意匠が目的としたものは、美術と生活の融和でした」と、その「極致」に「余韻」がある。谷口は美を語るにも「生活」を忘れてはいない。そして、茶室は「建築様式」の「数寄」としての「生活の様式」だけでなく、「生活の道具」であった。

　島崎藤村の書に「簡素」とだけ書かれたのがある。（『新潮日本文学アルバム・4・島崎藤村』新潮社、1984年）（図Ⅰ-6）。馬籠の生家も本陣であり庄屋・問屋であったのに「簡素」であり、藤村もこの言葉を好んだという。谷口がよく口にする「簡素」もこの藤村からの影響と言える。「藤村記念堂」も「簡素」である。設計に加わった谷口研究室出身の浜松市長になった栗原 勝は、「藤村記念堂に谷口先生を偲ぶ」（「谷口吉生の世界」『建築文化』9月号別冊、彰国社、1998年）に、この建物を「簡素にして清冽」と、書いている。その事情をよく知っていたのである。

　谷口の「日本住宅の伝統と意義」（『みんなの住まい』河出書房、1956年）の「10 古人の教訓」に、

　　千利休は優れた茶人でした。彼の意匠が目的としたものは、美術と生活の融和でした。しかも、彼の創造した建築様式は、簡素美の極致であります。そのような美の求道者であった。

　谷口の「簡素」には、藤村の文学と利休の「茶の心」の教訓がある。

　清家は「風土と建築」（『谷口吉郎著作集』第4巻「解説」淡交社、1981年）で、谷口のもつ「ポエジー」（詩情）とは、住宅建築を「容れ物としての単なる箱ではなく、生活の装置たらしめる在り方」として、「谷口自邸に見られる小さな棚の上の炉」に、そこに「生きる人間の生活」まで演出を心得ている「手の内」を感じている（図Ⅰ-7）。

図I-8 藤村記念堂の「定紋」

図I-9 藤村記念堂
A. 西面と前庭

　谷口の「茶の心」とは、単に生活に茶道を嗜むだけではなく、生活の一部に「環境の意匠」
として建築に取り入れることにあった。それは谷口「自邸」では壁から少々突き出た小さな棚
や床の間に生けられた小さな「一輪の花」に象徴される。

　『現代日本建築家全集6　谷口吉郎』（三一書房、1970年）所収の森本和夫の＜「家」と建築
の周辺＞には、「藤村を通しての"家"との出逢い」について書かれている。

　谷口の「馬籠の記念堂」（『新建築』1949年3月）という文章の中に、「障子の紙には島崎家
の定紋を描いた（図I-8）が、この紋章こそ、藤村の多くの作品に特有な性格を与えた"家"で
あり、青年詩人がそれから離脱せんとした"時代"を意味するものである」と、確かに「家紋」
は「家」の象徴である。藤村は障子にベンガラ（鉄丹）で描かれた島崎家の「家紋」が、＜花菱
紋に丸い木瓜＞であることを小説『夜明け前』（中央公論刊、1929年～1935年）に書いている。

5）「家」と「庭」の「庶民生活」 ——「建築こそ歴史の花である」

　『建築』（1965年8月）で「谷口吉郎特集」を企画した宮嶋圀夫は、「谷口吉郎さんの詩と死」
（『近代建築』1979年4月）において、戦後まもなくの頃『新建築』（1949年3月号）に載って
いた「藤村記念堂」の障子が写っていた1枚の写真に、それは「家紋」であったが、宮嶋は「私
の悲しく暗い、人には言いたくない過去まで誘い出し、呼び覚ましてしまった」と、谷口が書
いていた一文を想い出していた。それは、

　　あそこには狂気の条件がひそんでいる。気違い、発狂と言うことが、あの馬籠のやはり、
　一つの風土性でしょうが、それを意識し、それをくぐり抜けようとした藤村の詩魂を記念堂
　に私は結晶したかったのです。

　谷口は、藤村の父の「狂気」を「風土」の「詩魂」によって建築として「結晶」させる。宮嶋
はその「狂気」の表現を「かつての日本人に共通する家にまつわる＜暗さ＞といったほうがよ
いのではないか」と書いているが、筆者は「家」のこの「暗さ」と「狂気の条件」について知る
ことができた。

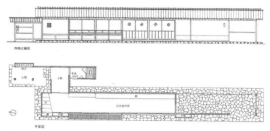

B. 西側立面図・平面図

C. 本陣跡地

　島崎藤村の長編小説『夜明け前』では、馬籠宿の当主の青山半蔵は、農民のために奔走するが報われることなく狂死する。1896（明治29）年の火事で焼失した旧本陣の裏の竹藪に近い木小屋の座敷牢の格子の中で、乱心した半蔵は、明け方に息を引き取った。遺体は母屋の旧本陣の屋根の下へ帰って行き、奥の上段の間の隣の座敷に安置された。

　谷口は「馬籠の記念堂」（『新建築』1949年3月）の中で（図Ⅰ-9A・B・C・D・E）、記念堂の奥に古い木造中2階の民家があるが、そこは藤村の父 島崎正樹翁の隠居所であり、「隠居所の奥には、あの『夜明け前』の主人公青山半蔵が狂死した木小屋の跡も残っている」と書いている。谷口研究生であった仙田 満は、筆者に「藤村記念堂」の内部から本陣の焼け跡の砂地の前庭を島崎家の定紋の付いた障子越しに眺める長い壁の下の腰掛けからも、位置関係からして半蔵が座敷牢から本陣を見る、その狂った視線の先の箇所と同じ場所であることを教えてくれた（図Ⅰ-10）。それを谷口は「詩魂」として表現した。初期の案には腰掛けを外部として、そこから本陣跡を眺め、そして休憩室に入る案があった。すると白砂の庭は内部と考えられていたのである。これが原案のコンセプトであることを忘れてはならない。このような構図を知らないと、「藤村記念堂」の内室と庭との関係性は理解できない。この「記念堂」の建設には、筆者の東工大の学部時代の指導教授であり、ともに『谷口吉郎著作集』の編集委員であった清家 清と青木志郎両先生が参画していたことにその奇縁を嬉しく思う。清家は助手の時に、「記念堂」の前の小さな休憩所の設計を担当し、「無理をしないで、自然に」と、谷口から指示されている。

　谷口が、藤村の「暗さ」の原拠を"家"に見て、それを主題にした記念堂を、谷口の『みんなの住まい』（河出書房、1956年）の「はじめに」の「家」について、

　「家」は、いつも私たちの日常の身辺と深い関係をもっていて、身体の健康や仕事の能率はもとより、家族の喜びや悲しみが毎日の生活、その中から生れているのです。

　「家」とは住む場所としての建物であると同時に、また家族の関係でもあるから、「生活」がそれを現実化する。清家 清は自分の「私の家」を「うさぎ小屋」や「動物園」に譬えた。しかし、その根源には人間的愛情を持った「家族愛」があって、最小限住宅とは言わず、きわめて「小

D. 敷地図

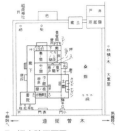

E. 旧本陣平面図

図 I-10　藤村記念堂
内部腰掛

さな痩せた家」と言った。谷口が「家庭」をどのように「建築」として考えていたかというと「坪庭」（『婦人と暮し』夏の号＜日本の住の心＞、1974年）の＜「家」と「庭」＞に、

　　「家」と「庭」と書いて、「家庭」と読む。これは家庭的な生活には、家と庭が大切だという意味であろうか。とにかく昔から人間は家の外側に庭を作って、日常生活を楽しんだ。
　　そのため歴史的な名園も残っているが、大きな面積のものが多い。しかし、敷地の狭い所では、家の内側に小さい庭を作って、それを「内庭」、あるいは「坪庭」といった。そこに木を植え、石や小さい灯籠などを配置して、四季の移り変わりを楽しみ、それを関西地方では「前栽（ぜんざい）」とも呼んでいる。とにかく、ささやかな空間に、自然と無言の対話ができるので、家庭生活にゆとりが感じられ、心が休まる。だが、近ごろの都会では、それさえも稀少価値となったので、美しくつくられた坪庭にめぐりあうと、胸のうちに、心に通うものがしみじみと湧いてくる。

「内庭も生活の容器である」と、言いたくなるような谷口の暖かな「家庭」論である。清家清が「私の家」の前庭を「living-garden」と言ったのも、そこも「家」の「居間」の生活の延長としての「容器」と言ってよい。
　谷口はやはり"草庵美学"の茶の体現者として千利休を敬慕していたから、

　　利休の主張した茶は「草庵の茶」で、つまり「侘」－「わび」の極致の探究であった。従って最小の茶室「待庵」こそ、その「草庵の茶」の最も徹底した造形的表現にほかならぬ。二畳の「小座敷」で、狭い「床の間」のついた極小の空間に過ぎなかった。

（『清らかな意匠』所収「狂える意匠」）＊T-5-4-③

　妙喜庵の茶室「待庵」は、京都の山崎にある利休晩年の作で狭くて小さく暗かった訪れた時の思い出がある。谷口は「茶室」を"極小空間"としての人間の「生活」の場でもあるとした。そして往時の庶民生活を偲んで、同書の「環境の意匠」＊T-5-4-①で、

当時の茶道といい、華道といい、職人気質といい、いずれも、このような生活構成の道に、美しき造形を求めんとした意匠心にほかならない。その美意識によって、日々の生業にいそしみながらも、家や街に、橋にも、堤にも美を求めんとしていた。

　茶道を行う「庶民生活」は、「生活構成の道」に日常生活での詩とか美しい造形によって「故国の風土にはぐくまれた美意識」、つまり「意匠心」があった。
　同書には、「民衆の美術眼」として、「路傍の形」も「民衆の造形物」で、「庶民」の生活という言葉を用いて、それが美的水準であると、

　「造形美」は高級な美術品に限らず、庶民生活の衣・食・住に於ける「形」と「秩序」、その「色彩」や「材質」などに重要な役割を示す。

　森本和夫は、『現代日本建築家全集6　谷口吉郎』*T-4-1 の「家と建築の周辺」に、「庶民生活」の「衣・食・住」は「詩」であると、

　さかのぼれば、日本人の生活には、なにからなにまで、詩であった時代があった。衣食住はもとより、政治も宗教も、すべてが詩と美しい形の創作であった時代があった。歴史も詩であり、ましてや「歴史もやっぱり一種の建築でしょう」と、谷口吉郎は「建築詩人」の建築家であって、日常の会話も詩をもっていた。しかも一庶民の存在が、一国の文化的水準に到達していた。

　「建築こそ歴史の花であろう」（『雪あかり日記』東京出版、1947年）と、谷口は庶民的な「生活」の「詩人」としての建築家である。

4.「ユマニテ」(humanité) の人－真の人間らしさ－「人間主義者」

□ 新しい「科学と芸術の結合」の造形詩人
　新田義之は「杢太郎のユマニスム」（『木下杢太郎 ―郷土から世界人へ― 』（杢太郎会、1995年）に、

　「ユマニスム」はフランス語で、その意味は「古典を大切にし、人類が昔から今までかかって磨き上げ深めてきた知恵を尊重する」ということです。……そして「ユマニテ」とは「古典研究」という意味と共に「人間性」などの意味も持ち合わせ、英語の「ヒューマニティ」に近い言葉です。即ち、人間は古典を学ぶことにより、人間として最も大切な「人間性」を心に育てるのだということが、これらの言葉の関連から読み取れます。

そして森 鷗外や木下杢太郎の作品から、この２人が類い稀な「ユマニテ」の人であったと結んでいる。つまり「ユマニスト」には、「古典の精神を尊重する人」という意味がある。杢太郎はそれを人類の文化を知る人、すなわち「人文主義者」として用いていたが「人間主義」の方がふさわしい。その系列にいる谷口も「ユマニテの建築家」である。

　それは谷口が1954年の森 鷗外33回忌に観潮楼跡に除幕された「森 鷗外詩碑」の「沙羅の木」詩碑の設計者で、その紹介者の野田宇太郎は次の文で締め括っている。本書の第３のタイトルの標語としたら「**ユマニテ**」（**人間主義**）の建築家としただろう。

> 　谷口さんは日本を代表する国際的な建築家というだけでなく、鷗外の生涯にもつらなる新しい幽玄の造形詩人であり、ユマニテ（人間主義者）であったことを見落としてはならぬと思う。

　「ユマニスト」は「ユマニテ」の人として、野田は＜人間主義者＞を用いている。野田が谷口を「**新しい幽玄の造形詩人**」と呼んだのは「能」の影響があるからで、同じ「花の書の会」の木下杢太郎も文学者仲間から「ユマニスト」と呼ばれていて、その言葉が文中に氾濫することと関係がある。杢太郎も鷗外を「ユマニスト」であると言った。その２人の調和的な世界を谷口も著作のなかで建築関係の言葉の他に、人間性についても多くを語っている。

　「叔父 木下杢太郎」（『木下杢太郎 ―郷土から世界人へ― 』杢太郎会、1995年）の中で甥の太田哲二は、大学生時代に、「人間社会の発展は、古い階級と新しい階級との闘いによって進んでいるから、カントのような観念論では、それは解明できない」と、叔父の杢太郎に主張すると、

> 　カントを批判するなら、ドイツ語の原書を読んで批判せよ。ものごとは、全て根源までさかのぼって、掘り下げて勉強しなければだめだ。文化でいえば、東洋なら中国の古典から、ヨーロッパではギリシャ・ローマ（ラテン）の古典までさかのぼって研究しなければならない。君らはまだ若い。そういう本格的な勉強をせよ。

　杢太郎は、具体的に「古典を学ぶことの必要性」を説いている、まさしく「ユマニテの人」であった。谷口は明治の後半に、中国、ビルマ（現ミャンマー）、インド、中東、小アジア、ヨーロッパからアメリカへと単騎独行した建築家の伊東忠太の弟子であったし、杢太郎も同じような経路の旅をしていた。

　谷口が設計した静岡県伊東市の「木下杢太郎詩碑」（1956年）（後掲、図Ⅲ-24A参照）は「すかんぽ碑」と呼ばれるが、それを谷口は杢太郎のエッセイ「科学と芸術」（1941年）*K-16-9-③から着想し、

> 　「科学も芸術もその結果は、世界的のものであり、人道的なものである」の文字は杢太郎

の生活態度を示すものとして、旧友の吉井 勇氏に書いてもらうことにした。その文字に添えて杢太郎のスケッチ帖から牡丹の図を選びこの「詩」、「言葉」、「絵」によって、杢太郎の「文学」、「科学」、「美術」によせた美しい情熱を石に固く刻みつけることにしたのである。

谷口吉郎「木下杢太郎詩碑」(『群像』1957年11月)

　杢太郎の科学・文学・芸術は「ユマニテ」で象徴される。確かに「人道主義」とは「博愛的精神をもって、人類全体の幸福を増進しようとする立場、ヒューマニズムで、日本では武者小路実篤の白樺ヒューマニズム」を連想するが、それとは決定的に異なる。自我意識と人道主義に根ざす理想主義の実篤の『白樺』と杢太郎の高踏的・耽美的な『スバル』は対立したことがある。杢太郎自身も「少し以前には自然主義、いまは人道主義というのが日本文学の主潮でありますが、それはフランス語などに言う、〈ユマニテ〉、〈ユマニスム〉などという意味とはよほど違い、破壊主義的であります」と言い、杢太郎はユマニストの自身を人間愛からの福祉を図る理想主義の白樺派の人道主義者と区別している。

　杢太郎の長男の建築家河合正一は「父と息子」(『文藝』1945年12月)に、杢太郎が折々息子に語ったのは、「日本が東洋で力を持ち得たのは儒教による道徳と吉利支丹によってもたらされた一夫一婦制と自然科学を取り入れた事だ」としながら「ユマニテという言葉もよくその口から漏れた」と言い、そして杢太郎が西欧のギリシャ・ラテンの古典の基礎の必要性を話している。清家 清は河合正一とは海軍で1年後輩だったのでよく知っていて、河合の「自邸」(1954年)が、上下足を区別することなく、家族が皆、靴を履いたままの生活に順応していて「大好きな家です」と話している(『「私の家」白書』住まいの図書館出版局、1997年)。

　「ユマニテ」(humanité)には、「ヒューマニティ」(humanity)の意味もある。成田 稔は「ユマニテの人・木下杢太郎とハンセン病」(日本医事新報社、2004年)には、「ユマニテ」とは「真の自由への人間解放を目指し古典研究(その国の言語を通して原著を精読すること)によって教養を高め、人類愛に基づく人間の尊厳の確立を図る」と広い意味を持つ。**古典から人道的な人間解放を学べ**ということで、単に進歩主義的な意味のヒューマニズムではないとしている。この定義が分かりやすい。谷口は「建築意匠学・序説」(1938年)***E-16**に大学の、

　　建築学科に対しても、単なる学問の研究と建築物の技術たらしめず、「人間」としての建築家を訓育する教程たらしめることに、気付かしめるものも意匠でなければならぬ。

　建築家としての「人間」に、後にはそれに「生活」が含まれている「意匠」である。

　戦後に刊行された浜口隆一の『ヒューマニズムの建築』***G-7**では、谷口が批判した「機能主義＝ヒューマニズム(人文主義)」という図式であったが、本論ではその進歩主義的な人民主義＝人間主義だけではなくて、フランス語の「人間性」に相当する「ユマニテ」で、谷口の言う「わが国の道徳、古来伝承の文化」への「道」を意味する。

木下杢太郎は「医学部の学生諸君と僕と」（1937年）*K-16-8-④に、

　　僕思うにヒュマニティなるものは、古人を疎外しては得る事が出来よう筈がない。所がわが国の今日の状態に於いては、東洋の古典だけでは完全なヒュマニティに達する事はむずかしい。やはりヨーロッパのヒュマニティを容れなければならぬ。……其の問いに意を注いだものは森 鷗外先生に若くものはない。鷗外は過去ではなく未来の出発点である。

　杢太郎は自身だけではなく鷗外までも「過去ではなく未来の出発点である」と、「ユマニテの人」だとする。それはヨーロッパを含めて「東西の古典の重要性と文明の源泉を研究する人」だからである。『木下杢太郎―ユマニテの系譜』*K-⑲を書いた杉山二郎は「ユマニテ」に「人間性」とルビをふっているし、近い言葉としてそれを「モラリスト」と言っている。
　杢太郎がエッセイの「科学と芸術」*K-16-9-③で「人道的」と言ったのは、いわゆる「ヒューマニズム」のことではなく、太平洋戦争の末期に、「朝に道を聞き、夕べに死すとも可なり」という「道」に正義や自由や知識などといった人間の魂の状態、知的態度から真理の探究をすること、つまりそれは「西洋的ユマニテ」であり、それと古代伝承の文化と東洋道徳の核心である「孝道」の完成という「東洋的ユマニテ」との異質な2つのユマニテの「融合」であった。
　谷口が「木下杢太郎詩碑」に、杢太郎の「科学と芸術」（1941年）の中の「人道的のもの」なる一節を用いたのは、以上の理由からで、それは自己の建築と相通じるものがあるからであった。しかし谷口はその詩碑の設計は、「杢太郎の多方面な才能を考えるほどに、杢太郎の結晶体を得るのに困難をおぼえて」いて、実施案を考えあぐんでいたのである。同時に谷口は、その碑に「南蛮」をどう入れるかについても悩んでいたと思うが、結果的には日本風になった。
　杢太郎は「森鷗外の文学」〔『日本医事新報』（鷗外号）1945年11月〕に、鷗外は西洋と東洋の「倫理」について苦しみ血を流したが、「後人は鷗外の歩を留めたところから少しも前進していない」と、その2人はともに「両頭の蛇」となって医学も芸術も文学もすべて含み込まれた一個の総合体になる道を歩んでいた。
　「建築は歴史の証人―岡田 讓氏との対談」（『現代の眼』1974年2月）で谷口は、

　　「その木下杢太郎さんを通して、私は鷗外を知ったわけです。そういう一つの濾過を通した間柄ですが、杢太郎先生を通すことによって、いっそう強く鷗外の魂に触れ、科学と芸術の結びつきが鷗外の詩心に重要な構成要素となっていたことを、詩を読みながら感得しました。私の専門とする建築は工学と美とを結びつけるものですから、杢太郎さんや鷗外における医学と詩との結びつきが、私に共感を与え、私なりに感銘を覚えるのでしょう」

　それは「科学の芸術との結合」の結果としての「人道的」で、谷口吉郎自身も鷗外から杢太郎に連らなる「ユマニテの人」である。谷口研究に鷗外は不可欠である。

5.「簡素」な「生活建築」−「茶室」−「実用の芸術」

谷口の「化膿した建築意匠」(1936年)*E-12には、農民によって培われた「日本民家」は日常の生活用途に奉仕する「詩情」さえ湧き上がる「日本民衆」の、芸術、真実の美しさであるとする。そしてその「民家のモラル」を真剣に発見したのが茶人で、

> 茶室は建築と「生活」とを一丸とした「生活創造」の新しい道の開拓で、日常生活としての文化の醇化にほかならなかった。茶道は一切を生活の用途に結びつけようとする「実用の芸術」で、即ち「生活文化運動」であった。そこでは、一幅の絵画も、一輪の花も、一着の衣服も、一個の茶碗も、一つの動作も、一つの音も、一つの窓も、一つの石も、一握りの砂も、皆この生活の目的に奉仕し、有機的に相結ばれていた。形も色も味さえも総和されて、一つの美しい簡素な生活形式に造られていた。
>
> （傍点および傍線筆者）

「生活」という語を幾度も使い、茶室は「簡素」な「生活形式」のための「実用の芸術」であった。谷口は、小堀遠州、千利休などが建てた茶室を訪れることで建築への熱情と「現代建築に対する新しい＜研究心＞が、新しい＜設計欲＞となって燃え上がってくる」と結語している。**茶室は「庶民」の手による「生活建築」としている。**

谷口吉郎と堀口捨己、そして共通の友人であった倫理学者の和辻哲郎門下の数江教一との鼎談「"茶の湯"を語る夕」(『婦人乃友』1958年1月)には、「茶の湯」における「生活」が語られている。

堀口：「茶の湯では座る姿勢がまず第一です。今後はどうなるのでしょうね」
谷口：「私たちは日常にもこの窮屈な坐り方を礼儀正しいこととして子供にも強要しています。これからは私たちの現在の生活に即した良い坐り方が生まれなくてはならない。また反対に西洋式の椅子の腰かけ方も、これは近世になってからの形式的な坐り方で、昔はもっと自由な腰かけ方だったのです。……だから、たたみの上に正座することに反対して、西洋の窮屈な椅子式をただ模倣することも考え物です。生理的にいっても無理ですから。……坐り方だの、服装だの、身体の姿勢、物の運び方等に余りに古い過去の時代にとらわれたのは、何とか改革する必要があります。茶の美意識をどう咀嚼して、それをどう現代の生活の中に組み立てていくのか、それが新しい課題です。

堀口さんは椅子式の茶室を考えられましたが、今度は家元になって堀口さん流のお茶が出て来なくてはなりませんね。（笑）

この頃は庶民はアパート住まいになっても親しい人と会ったり、社交的な集まりを持つことは社会的な人間同士の大切なことだと思うのです。その場合に茶会などは社交の一つとして大変良いものだと思うのですが、今日のアパート生活と古典的な茶がどう結びつけられるか、これは重要な課題だと思うのです」

（傍線筆者）

「庶民」として「アパートの住人」たちを含めてのこれからの「茶事」を考える谷口は、「今日、お茶をやる人が何百万人もあるということは、それが単に形式的であっても、次の時代に良い意味でも悪い意味でも、何らかの大きな影響を与えることは確かだと思うのです」と結んでいる。

堀口も「詩人」である「茶人」で、その「生活の構成」という概念も重要である。「堀口捨己の建築思想に関する一考察」*HS-8 の研究者である近藤康子より教示されたのは、堀口が茶の湯を通して理解していた「生活」という概念は、谷口が日常の生活としていたのとは反対に、あくまで非日常に基づくもので、それは「生活の構成」という語で言い表わされる、その時その場限りにおいてしか成立（構成）しえない1回限りの仮設的な芸術（生活）であった。それは谷口の言うような匿名的な庶民や民衆によるものではなく、主人と、主人によって選ばれた客人とによって自覚的に紡ぎ出された「茶と生活」であった。（傍線筆者）

谷口と堀口は茶の湯を通して深く親交したが、2人の建築家の茶の湯論、茶室論はまったく異なっていた。それが2人の建築にも反映しているとともに、谷口が「庶民」の「生活」を対象としていることが明確に解る近藤による堀口の茶室論である。

6.「庶民の良心」による「和風」の清貧な「生活建築」の美
── 庶民生活の改革的演出・佐伯邸

「日本建築」（『芸術新潮』1954年6月）に、谷口と岸田日出刀、吉田五十八、堀口捨己らの友人建築家たちとの座談会において、谷口の発言を抽出すると、

・「農家の意匠の中にもやはり、新しい理念に通ずるものがあって、それがコンクリート造にも鉄骨造にも活きのびていくのじゃないでしょうか、庶民の良心のように」
・「私たちは風土に依存しているし、……新しい生活にどう生きて行くか、生かして行くべきかに対して、これからの日本建築はどう進んでいくでしょうか。……そういう生活の改革的な演出がもっと考えられていいことだと思いますが」
・「私たちの造形感というか、そんな空間意識が家や村や都市を計画する時に、生活作用が造形作用に結晶するのでしょう。或いは、造形心が生活力を動かして、新しい建設力になるのです」

（傍点筆者）

他の建築家が、単に日本建築の様式とか美しさを話しているのに対して、谷口は「生活」という語を幾度も用いて、「庶民の良心」による、「新しい生活」、つまり「生活力」による「生活の改革な演出」が造形作用により「結晶」するのだと、独自の「生活建築」論を展開している。

谷口の「造形力の芽生え」（1946年）*E-26 には、敗戦直後の、焼け跡にたたずみながら、1日も早い復興への希望を書いている。そして「これからの新しい＜生活美＞と＜国土美＞の

建設に向かって、激しいほどの作家的気力を取り返したい」と、谷口の「世相の表情」（1955年）*E-49に、過去の美術は寺院や宮殿を飾るものであったが、

　　近代の美は人間に結びつき、日常生活の中に築かれようとしている。だから、その美意識が私たち庶民の暮らしの中に芽生えて、生活環境の美しい建設に真情があふれてこなければならぬ。

　そして、谷口の「東宮御所・設計覚え書き」に、戦後、皇室は神格化から離脱し、人間を宣言した。重複するが、昭和天皇の「皇太子の私的なお住まいとして、人間的な内容が大切である。それは日本の家としての御所であろう」と、それは「**人間的**」な「**日本の家**」である。そして、谷口の「和風と洋風」（1958年）*E-59に、

　　私たちの富の程度、それを私たちは清貧と言っているが、それを誇りとして自分たちの社会を支え、日常の生活を美しく表現しようとする強い意匠。それが即ち私たち建築家の「和風」だといえるのではなかろうか。

（傍線筆者）

　谷口の戦後の「和風」への回帰には、単に様式ではなく「**清貧**」な「**庶民の生活**」への意匠が根本にあった。素晴らしい「和風」建築の定義である。佐伯邸（1957年）が、すでにその試みであった。しかし、すでに戦前の「分離派批判」（1928年）*E-2には「人間の生活」について、

　　建築は人間の生活と不可分離的関係を結ぶことによって成立し得るのです。即ち建築は人間生活との脈絡、従って対社会的脈絡を辿ることによって、その本質が把握されるのだ。……無論、建築は人間生活の容器であるというのは正しい。しかし、かく言われているが、何ら内的な究明の努力の結果でなく、それは単に建築と人間生活というものとを機械的に結合したまでのものである。観念的な結合に過ぎない。建築と人間生活との間に存する有機的相互関係を発見することが出来ずに、ただ単に独断的思弁によったものの程度を出ていない。こんな考え方は素朴的実在論の見方である。

　谷口はその機械的建築論を「観念的実在論」であると批判している。素朴的な「建築と生活の不可分な有機的相互関係」を模索していたが、後にそれは「茶」の発見により可能となった。

7. 谷口と前川の「新興建築家聯盟」と「創宇社」講演会への参加

　清家 清は『谷口吉郎著作集』第5巻の「作品解説」で、「東工大水力実験室」（図Ⅰ-11Ａイ・ロ・Ｂイ・ロ）について、

図Ⅰ-11　東工大水力実験室
Aイ. 外観（南面）

Aロ. 外観（西面）　実験用の水路

Bイ. 立面図（南面）

Bロ. 立面図（西面）

　私が工業大学へ入学したいと思った原因のひとつは、この水力実験室である。私が美術学校の学生時代、よくこの水力実験室の周囲をスケッチした。……田園風景と何かインターナショナルな工場建築との対比が美しく見えた水力実験室は西側にあった、実験用の水路も美しかった。黒塗りの鋳鉄管と白色セメントのリシン仕上げだった水力実験室の対比も美しかった。夕陽の沈む頃はさらに美しかった。富士山がシルエットになって見えた。

　戦争が終わってまもなくの頃、谷口氏は共産党の秘密党員ではないだろうかという根も葉もないデマが流れたことがある。こんな噂がありますが、と氏に伺ったら、戦前にもそんな噂があったね、とおっしゃった。誰でもそうだろうが、青年時代は若干左翼がかったというか、進歩的というか、いまでいえば革新政党の側に偏ったモノの考え方をする傾向がある。若き日の谷口氏の作風とか、この著作集にも採録されている随筆を見れば、そういうフシがないでもない。インターナショナル様式のこの美しい水力実験室がそれを暗示している。当時の氏の随筆とか、作品をつぶさに読むと、共産主義者であられたとは思わぬが、少なくとも民主主義的傾向ぐらいはお持ちになっていらっしゃった。<u>その民主主義的傾向の作品のうち、インターナショナル様式がこの水力実験室で、民族様式が藤村記念堂である。</u>　（傍線筆者）

　まず清家が東工大の「水力」の美しさを建築の様式史とともに語っている感動を共有したい。清家は「左翼イデオロギー嫌い」であったから、谷口の「共産党員」の噂の真偽について質問したり、著書を調べたりしている。そして「水力」のこの「作品解説」にその結果を発表した

ことには必然がある。谷口がドイツへ派遣される前のことである。「ユマニスト」とはフランスの共産主義者の党誌の名称であったが、清家がここで谷口の「民主主義的傾向」として「革新的左翼」の一面を言っているのは興味深い。後述するが、清家はマルクス主義の影響を受けた谷口の唯物論的指向のことを暗に言っているのである。モダニズムには社会主義的な傾向もあるとされていた。当時「新興建築家聯盟」問題の頃、日本の社会情勢が急激に変化していたことは前川國男が同級生の谷口について書いた次の一文からも推測できる*L-6。

　　学校を出て谷口君は勿論見込まれて大学にのこった。私はヨーロッパに行ってしまった。2年の後日本にかえってみると社会情勢は一変していた。戸惑っている僕を築地小劇場にひっぱって行って何となく深刻な気持にさせられたのは彼のセイである。「一寸アジプロになるかもしれないが」と帰ったばかりの私には何のことやら意味のわからぬ日本語をしゃべって「新興建築家聯盟」にヒッパリ込んだのは彼であった。そんな谷口君が30年後の今日、芸術院会員に列せられたのである。夢のように過ぎ去った多事な30年をかえりみて心から谷口君の加餐を祈り、名誉を祝いたいと思う次第である。

「アジプロ」とは「アジテーション」と「プロパガンダ」を結びつけた「扇動的宣伝」である。谷口が前川を誘った1930年10月に結成されたばかりの「新興建築家聯盟」は、僅か2か月で活動を停止したのは、読売新聞の「建築で『赤』の宣傳」の記事（12月14日付）がきっかけであえなく幕を閉じたのである。佐野利器がその影響力を駆使したとの説がある。
　『一建築家の信條』（前川國男・宮内嘉久、晶文社、1981年）の第2章「独立前夜1930-45」の対談で、前川はその日のことを、

　　「ぼくがフランスのル・コルビュジエの元から帰ってきてすぐのころ（1930年4月）、まだ国内の様子もわからないうちに、谷口に呼び出されて会合に連れてゆかれたことがある。それが新興建築家聯盟の準備の集まりでね。行く途中で谷口が、『今日のアジト』はなんて言うんでびっくりしたことを覚えているよ」

「アジト」とは「秘密の集会場」で左翼運動の指導本部である。その準備会の1930年6月のことで、前川がレーモンド建築設計事務所に勤め始める2か月前である。谷口が「ル・コルビュジエ検討」（1930年12月）*E-8を書く直前の頃であった。清家が言っていたことを実証する前川の告白である。しかし「新興建築家聯盟」は1930年12月には強制的に解散されたが、「大学や職場に戻り、ひっそりと科学的な建築学の確立に取り組むエリート層」と「社会主義思想に基づく運動の継続を目指す技術者層」に分かれた。谷口は前者であるが、しかし元会員の誰もが自らの関与を語りたがらない。その頃の前川のル・コルビュジエ宛の手紙には「私たちには二つの選択肢しか残されていません」と書き送っている。

藤岡通夫は、谷口論である「哲学する建築」(『谷口吉郎著作集』第二巻の「巻末解説」)*T-1-2-4に、

　この昭和5年（1930年）の10月に、約百名の建築家や技術者たちが東京に相会し、新興
建築家聯盟という組織をつくり、建築を理論的、技術的に獲得することを目指し、あらゆる
反動的傾向を打破する目的で出発した。谷口先生もその中の一員として名を連ねていたが、
この聯盟は宣言を発表して僅か1か月ほどで崩れ去った。これは建築でアカを宣伝すると
曲解されたために、建築アカデミー（註：建築学の研究機関）が弾圧にあって、会員がそれ
に屈せざるを得なかったからである。青年時代の谷口先生としては、このような聯盟に加わ
ることも当然のことであろうが、先生本来の性格から見るとその参加はむしろ不可解で、解
散は先生にとっては好都合であったかも知れない。

　この藤岡の解説について、八束はじめは『思想としての日本近代建築』（岩波書店、2005年）
で「当時の谷口の論調に見る限り俄には同意し難いが、藤岡はよく知っていた後年の谷口から
見ると自然な感想だったに違いない」としたが、その説明を疑問視している。谷口の民主主義
的な「ヒューマニズム」思想、つまり「ユマニスト」的傾向がマルクス主義に見えたのだろう
か。というより当時の谷口の学部の卒業論文の唯物史観的建築論からの行動にあった。この
「建築アカデミー」には、佐野利器が中心的存在として指導的役割を担っていた。
　戦後のモダニズム建築には、難波和彦が『戦後モダニズム建築の極北 ─池辺陽試論』（1999
年、彰国社）に書かれているように「二面性」があった。
　戦後の復興期には多くの建築家がモダニズム運動に参加したが、清家 清の畏友である東大
の池辺 陽ほど建築における合理性、民主主義を追求した人は少ない。モダニズム建築運動は
「19世紀でのブルジョア階級のための様式的建築に対抗して、より広範な民衆（プロレタリ
アート＝労働者階級）のための新しい建築をつくり出そうとする運動だった。その意味で、モ
ダニズム建築運動の背景にマルクス主義思想があったことは確かである」と難波は指摘してい
る。また、池辺は戦後の民主化の新しい建築運動であった「新日本建築家集団（NAU）」（1947
年）*G-7にも参加している。前川や谷口も参加することはなかったが、その内部にマルクス主
義と近代「ヒューマニズム」の対立を含みながらも最大の組織を誇った運動で、丹下健三も
池辺 陽とともにその中核を占めていた。その丹下に「建築家は、民衆をどう把えるか」（1956
年）という論文がある。やはり「民衆」であった。
　池辺はNAUの若きイデオローグとして、一時的に共産党に入党した。池辺の大学の同僚
である浜口隆一は『ヒューマニズムの建築 ─日本近代建築の反省と展望』（1947年）を出版した
が、当時は「ヒューマニズム」が若き建築家たちの議論の中核にあった。
　谷口はすでに1937年に「建築とヒューマニズム」*E-13において、「建築は住むための機械」
に対立する、反措定としての人間中心主義的な「ヒューマニズム」として「現代合理主義建築
を甚だしく曲解している」と、確かに戦前からの話である。

昭和初期の建築唯物論については、「分離派建築会」に加わり、その芸術至上主義に批判的な「創宇社建築会」（1929年）を起こした山口文象（岡村蚊象）から推測する。

　フランスから帰国直後の前川國男を、谷口は「新興建築家聯盟」に誘った。それは山口が「創宇社」の参加者も中心となり結成された会だったが、約1か月で終息した。

　それまでは構成主義的形態の追求を、合理主義的建築として実現するためのマルクス主義による唯物論であったが、山口はソ連の政治家で『プラウダ』の編集者であるブハーリンの『史的唯物論』を参考としていた。山口は、「新建築に於ける機械的な唯物史観」（『アトリエ』1929年9月）を発表したが、「新しい建築」とは、

　　　「科学的、工業的、大量生産的、普遍的、社会的」であり、「如何に、簡単に、快適に、衛生的に、実用的に、経済的に、要約すれば如何に合目的秩序的綜合を把握することができるか」が問題であると、「建築価値」を重視した「新しいヨーロッパの建築運動」に共通する概念である。

　つまり唯物史観による建築実践のことであった。「創宇社」の第1回新建築思潮講演会（1929年）では、山口は「新建築に於ける機械論的唯物論批判」と題して講演を行い、労働者の「結核患者達のためのサナトリウム」を具体的に都市問題として、その建設費、組合による経営、使用のための費用を算定し、プロレタリアートの「建築価値」の問題とした。谷口が、「自邸」を「家庭のサナトリウム生活の実験室」として設計したのは1935年で、この山口の講演の6年後であった。この会で谷口吉郎も「建築は口ではない」についてを講演した。その第2回の講演会（1930年10月）では、山口は「新興建築家の実践とは」[*YB-1B]と題し、また、前川國男は「3＋3＋3＝3×3」という有名なテーマで講演している。当時から山口と谷口、前川の3人は親交していた。

　山口の「戦前、戦中、戦後」（『建築』1963年6月）には、

　　　造形美術と思想といいますかね。そういうものの、つまり唯物史観的な見方というものが、大正の末期から昭和の初めにかけてたくさん出版されました。

　山口は三枝博音の「唯物論研究会」にも出席していた。山口の史観は、「自然弁証法的考察」や、「機械的唯物論批判」に基づく「合理主義の反省」で、「合理主義建築」が、必ずしも「プロレタリアの生活に意識をもつものではない」と、階級闘争への貢献を強調している。そして労働者に対しては、「紡績工場の女工宿舎提案」として、女工の健康や衛生の改善の解決策を提示した。谷口の慶応義塾の幼稚舎（1937年）にも、コルビュジエの衛生思想とともに、この時代の唯物論の衛生思想が影響を与えている。山口は八束はじめに「政治左翼」と呼ばれるが、それは、「正当な意味でのプロレタリアートの解放運動としての住宅問題を建築によって解決すべく、科学的な唯物論的弁証法の認識」を持っていた。しかし「認識不足の唯物論では

間違いを犯す」とも書いている。それは機械論的な合理主義が観念論的なロマンティズムに変質していきかねないことを警告し、社会科学的視点から、その方法を補完する必要性を訴えた。谷口もこの時期の活動が、後に「庶民生活」重視の建築観となった。(傍点および傍線筆者)

そして、「創宇社」の最後の第8回展(1930年10月)の先の第2回新建築思潮講演会では、前川や谷口も参加して作品も発表している(参考資料：河東義之「岡本蚊象と創宇社の時代」『建築家・山口文象　人と作品』相模書房、1982年)。「或る時期の或る建築家の話」(『建設通信』1954年2月12日の「建設評論」)に、戦後の生活に困窮していた山口は、ある会合の帰りに谷口と一緒になり品川駅から京浜線の電車のホームで、谷口から「君、困っているだろう」と、2000円という大金を渡されたという。山口は後にも胸に熱いものがこみあげたというエピソードについて、川添登は『建築家・人と作品(上)』(井上書院、1965年)に書いている。

山口は1965年から1970年まで谷口の推薦により、東工大の非常勤講師になり本来は製図の時間だったので、学生たちは製図室で車座になり講義を受けた。建築家に対する酷評は、前川、谷口、清家に及んだが相手に対する気づかいのある山口の人柄のにじみ出た味のある評論であった。そして、山口は学生が海外の建築家の名前を知らないのに驚いている。筆者と高校の先輩である山口とのただ一度の出会いであった。

山口が生まれたのは、浅草寺の裏の観音様と遊郭の吉原との間の象潟という土地であった。そこは墨田川から流れる山谷堀に近い下町であり、筆者の家ともそれほど遠くなく、幾度も探し訪ねている。清家先生からは「キリストと同じ」と揶揄されたが、山口の父親も同じ大工の棟梁であった。そして高校も当時の東京高等工業(東工大の前身)附属職工徒弟学校(現在の科学技術高校)で学んだ。真実のプロレタリアート建築家であった。しかしその姿は、芸術家に見えたし、筆者の友人には山口の創設した建築綜合研究所アール・アイ・エイー(RIA)に勤務した者も多い。

8. モダニズム建築を擁護する岸田日出刀を師とする谷口と前川
——日本には日本の家

戦後、東大の第二工学部の建築学科に在籍していた宮内嘉久は『建築ジャーナリズム無頼』(中央公論社、2007年)に、

キーチャンこと岸田日出刀がどんな話をするかという興味から、ぼくは「建築意匠」の最初の講義を聴きに出かけた。……「これからの建築はね、デモクラシーの建築だよ」と、岸田教授のその第一声を聴いた瞬間、ぼくは反射的に『ナチス独逸の建築』(相模書房、1943年)という彼の著書を思い浮かべた。それについては何の釈明もなかった。つい昨日まで、ナチス礼賛とまでは行かなかったにせよ、大勢に便乗してものを言ってきた人間が、一夜あければこの様である。心底怒りを覚えた。

岸田は、この「建築意匠」という戦時中からの講義で、「インターナショナル、デモクラティ
ク、メカニカルを特徴とするモダニズム建築」について語ることが、国粋主義や国家主義が幅
をきかすようになってくるにつれて困難になったと、語っている。
　長谷川 堯の『神殿か獄舎か』（相模書房、1972年）の「昭和建築がとってかわる」には、

　　岸田日出刀は1927（昭和2）年という時点において、世界の建築界は、ファンタジーを追
　いフォルムに憧れた表現派建築の時代を終結させ、フランスのル・コルビュジエやドイツの
　W・グロピウスなどの「新建築精神」に移行しつつあることをすばやく見抜いていた。確か
　にこのほやほやの洋行帰りの岸田の観察は正確であった。

　岸田は1926年（昭和元年）に欧州からアメリカを、その後の1936（昭和11）年にはドイ
ツを視察するなど、計4度も洋行していた。長谷川は、「昭和2年という時点において岸田
日出刀がこのような展望を持つことができたのは、外国で展覧会を見たり現地で建築雑誌を
買い持ち帰ったことによる」と、その影響は大きかった。それが「岸田を捕捉した新しい波の
末流を構成している」と、日本近代建築の主流を占め続けたのは「神殿」造りの一派としての
モダニズム信奉者である。それが岸田、前川、丹下の系譜で、谷口はその流れの傍流にいた。
実際に岸田は時流を読むことに優れた感性を持っていた建築史学者であった。
　岸田の『過去の構成』（構成社書房、1929年）には、桂離宮や京都御所などの古建築をアレ
ンジした写真集で、

　　過去の日本の建築、より適切には過去の日本の造形芸術の全般に渉り、現代人の構成意識
　ともいうべき観点から眺めようとしたものである。「モダン」の極致を却ってそれら過去の
　日本建築その他に見出して今更に驚愕し、胸の高鳴るのを覚える者は決して自分だけでは
　ないと思う。

　岸田は、昭和初期の若い建築家たちへのモダニズム建築に共感して、良き理解者であった。
それと、ブルーノ・タウトが桂離宮を「発見」（1933年）する以前から、「現代建築の本領と、
その結果に於いて軌を一にするもの」と同書ですでに評価している。それは、谷口もよく口に
する「簡素美」であった。
　前川國男は、「坂倉準三への手紙」（1975年）に、

　　僕らの学生時代は『ワスムート』（ドイツの建築雑誌）を中軸とするドイツ表現派の建築が
　さかんに建築界を賑わしていた。

　当時はまだ二十代の後半の若い「未だお髯も生えそろっておられなかった」助教授の岸田は、

海外出張中の1926年5月パリで購入したル・コルビュジエの4冊の本、『建築へ』、『今日の装飾芸術』、『ウルバニズム』、『近代建築年鑑』を、前川に「おまえはアテネ・フランセに行きフランス語も読めるんだから、これを読んでご覧と貸していただいたのが、まとまってものを読んだ初めてですね」と、そのこともあり卒業式の夜にパリへと旅立つに至る。前川は独語の『ワスムート』ではなく、仏語の『今日の装飾芸術』を特に愛読していた。仏語の季刊雑誌の『アルシテクチュール・ヴィヴァント』も購読していた。一方で谷口は岸田の『ナチス独逸の建築』や岸田が購入してきたドイツ語の建築雑誌によく目を通していたとの記録がある。それが在ベルリンの日本大使館の建設工事の監修に渡独する機縁にもなった。

松隈洋の『建築の前夜　前川國男論』(みすず書房、2016年) によると、前川は指導教官には伊東忠太と岸田日出刀の名前をあげているが、伊東は退官していて実質的には岸田ひとりであった。その岸田の指導を受けた前川が1927 (昭和2) 年12月に提出した卒業論文は「大戦後の近代建築」というタイトルで、「機械」をキーワードにロシアの構成主義とル・コルビュジエを検討している。松隈はその142頁からなる長大論文を詳説している。末尾に「前川にとって卒業論文は、生涯を賭けて追究することになる近代建築の在り方を考えるための大きな手がかりとして、その出発点をなすものだと思う」と、結んでいる。その同じ意味で、藤岡通夫の言う谷口の「哲学的な卒業論文」も重要である。

谷口は「岸田さんの作品と風格」(『現代随想全集』第28巻、創元社、1955年) には、

> 岸田さんが助教授になられたのは、昭和2年だった。その最初の講義を聞いたのが私たちのクラスで、従って私には岸田さんは文字通りの「先生」である。ヤンチャ坊主がそろっているという定評のある私たちのクラスを相手にして、この若い先生は、「建築意匠及び装飾」の初講義を、「今日は暑いですね」と汗を拭きながら講義された。

谷口は設計製図の指導も岸田から受けていた。現実的に谷口は岸田の「学識」について、

> 「欧州近代建築史論」は岸田の学位論文であるが、そのほか日本建築に関する著作も多い。氏のその後の作品は、ドイツ表現派の傾向から更に進んで、様式的なものに対する新しい解釈に発展した。

岸田の写真集『過去の構成』(1929年)[G-2] には、「日本の古建築を見直す」ために、「現代人の構成意識ともいうべき観点から展望を試みて」、西洋ではなく、過去の日本建築から「モダンの極致」を発見したと、自分のライカで撮った大胆な構図の京都御所や桂離宮などのモダニズム的な写真は、伝統的な日本建築に新しい魅力を吹き込み、モダニズムを志向する学生や建築家からで絶大な支持を得た。堀口捨己や谷口などにも同様であった。次年の『現代の構成』(1930年) は、ル・コルビュジエのような機械的な建築写真集である。

1931年に実施された「東京帝室博物館」の設計競技でも、最も若き審査員であった岸田は、「日本趣味を基調」としていない落選案となった前川案を強く推したが、後に、丹下などの若手のモダニストとの連帯感を強めていく。谷口は前文の末尾に、

**　先生の数多い随筆や著作を読んだりしたことによって、私自身が抱いた「建築の愛情」こそ、先生から受けた大きな教化として、心から感謝せねばならぬ。**

　谷口の岸田に対する評価は高い。谷口の『日本美の発見』（[解説]日本放送出版協会、1956年）には、岸田の「日本建築の美しさ」の講演で、「**日本には日本の家**」という主張は、戦時中の「国粋主義」の「排他的で、外国の長所を認めず、過去を重大視する非現代的であったが、新しい意味での「日本的な造型様式」は、<u>私たちの生活に、新しい可能性を発展させ、日本美の国際性のある美的特性</u>」を、「**日本的な様式**」としたいとする。（傍線筆者）
　岸田は、「日本建築」という座談会『芸術新潮』1954年6月（岸田、吉田五十八、堀口捨己、谷口吉郎）で、

**　「建築というものは、ある土地の上にそこに住んでいる人間を入れるのだから、日本の風土気候に合わなくてはいけない。中に住む日本人の生活にぴったりと満足させるものでなくてはいけない。<u>同じ外国から来た新しい傾向のものでも、そういう篩を通して日本化しなくてはいけない</u>」**
（傍線筆者）

　岸田は<u>「モダニズム建築の日本の風土と生活への定着方法の必要性」</u>を言っている。（傍線筆者）最後に岸田は、「一口にモダンといっても、イギリス的なモダンもある。フランス的なモダンもある。それもアメリカもやってきた。それからドイツ的なモダンもやってきた。これからアメリカでプリドミネイトするのは必ず日本的なモダン、またその兆候も見える」と、**具体的に岸田はその風土的なモダニズムについての予見を説明している。**
　谷口はこの「日本美の発見」についての座談会を次の言葉で終わらせている。

**　「最近、ヨーロッパの建築、特にアメリカの建築界には、日本スタイルがブームのように流行になっております。障子を用いたり、しかも、それが日本に今度は逆輸入されまして、日本の新しいモダン建築とさえなっています。このように日本スタイルの流行ですが、私たちはもっと日本的な立場からそれを再検討してみる必要があると思います。いたずらに外国の新しいスタイル、つまり流行的な傾向を日本に取り入れるだけでは、先ほどブルーノ・タウトが申しましたように、それは＜モダン・インチキ＞というようになる恐れは多分にあると思います。そんなことを考えますと<u>岸田先生がおつしゃいましたように、＜日本には日本の家＞ということを、更に深い意味で考え直してみる必要があると思う次第であります</u>」**
（傍線筆者）

「インチキ」とは、タウトの言う「キッチュ」つまり「いかもの」のことで、「モダン・インチキ」とは現代的「いかもの」のことか。谷口は、まさしく岸田の申し子として、風土的な「日本には日本の家」的建築を造った建築家であった。（傍点筆者）　実に良い優れたフレーズである。

　筆者は今、上野公園の東京国立博物館の入口部に立つと、正面に渡辺 仁設計の「本館」と右に谷口吉郎の「東洋館」、左に谷口吉生の「法隆寺宝物館」を見ている。もし渡辺案でなく旧帝室博物館の設計競技の前川國男の案が当選しそれが建っていたら、近代モダニズムの戦前から戦後の3作品がその闘いの結果としての作品が、広場を向いて対峙していたはずである。そう考えると実に残念な気持ちになる。上野の山も建築景観を異にしていたはずである。

9. 前川國男の「人間のための幸福な建築（近代建築）」と
##　村野藤吾の科学的「ヒューマニズム」

　戦後の前川は「近代建築の闘将」と言われている。戦前には「近代建築」という言説はないが、戦後になると、

> 「住宅は住むための機械である」という近代建築の主張の底に流れる深い暖かいヒューマニズムの理解のみが、「明日の住宅」の正しい道しるべである。

（前川國男「明日の住宅 ―象徴と機械」『婦人公論』1947年10月）

その「深い暖かい」人間的ヒューマニズムについて、前川は、

> 　近代建築は人間の建築である。それ故にこそ近代建築を可能ならしめるものは人間の限りない愛情を本質とする「在野の精神」に対する深い理解とたくましい自信とでなければならない。

（前川國男「刊行の言葉」『PLAN 1』雄鶏社、1948年）

　前川建築事務所出身の鬼頭 梓は、「前川國男をどう見るのか」に、「前川さんは、当初は本気で近代建築は人間の幸福を約束すると、思い込んでいた。その信じていた＜人間のための建築＞が、前川さんには大きな課題でそれは近代建築では怪しくなっていて、その中で苦しみ抜いていました」と「人間のための幸福な建築」を目標としていたのであった。
　前川自身の「文明と建築」（『建築年鑑』1964年）[1-7]によると、

・近代建築が本当の意味で「人間の建築」としての自覚を持ったとき、建築家たちの胸裡に燃えた成果は、大筋の背骨として通っているし、また通っていなくてはならない。ところで、われわれはそのような近代建築が、なぜ非人間的なものになるかという問題をつねに考えていた。
・近代建築が最初に西欧で、近代建築としての真の自覚を持ったのは、これが「人間」に対

する使命感を自覚した時であった。

・われわれの初心が忘れられないためには、つねに「人間の尊厳とその運命」について深い
反省と考察を必要とする高度経済成長が加速された時代であった。

前川國男を戦後の、「人間の尊厳」としての「在野」の「ヒューマニズム」の建築家としてよ
い。前川は工業化による「機械」という概念の功罪を「人間の生活」から常に考えていた。
村野藤吾も「様式の上にあれ」(1919年)*MY-1で、地球上の「人間存在」として、「これが
為には即ち、科学をヒューマナイズする以外に我等に残されたる何等の方法を持たない」と
モダニズムの建築理論の中の核心とする「ヒューマニズム」の問題を指摘し、それは「デモク
ラシー」が「人間(主義)」であるから当然であるとした。(傍線筆者)　しかし谷口の場合は、
「ヒューマニズム」建築の欺瞞について指摘している。前川、村野、谷口の各人の「ヒューマ
ニズム」の概念は微妙に異っていた。

10. 東工大・大岡山キャンパス ── ブルーノ・タウトの谷口建築の視察

□ 本館はロマネスク ──「ロマン風」

ブルーノ・タウトの『日本・タウトの日記1933年』(篠田英雄訳、岩波書店、1975年)には、
1933年の5月26日(日)「東京の諸建築」とあり、「吉田鉄郎、山田 守、谷口吉郎の三氏といっ
しょに建築を観てまわる」と、まず吉田と山田の設計した建物を車で見てから、その後、料亭
で昼食をし、「大岡山の東工大へいく」と、タウトは、

　　東京工業大学教授谷口氏の設計による材料試験所(註:「建築材料研究所」)を観る。吉田
氏と同じ行きかたの即物的建築──すぐれている。それから建築中の大学校舎(バラック建)、
これも谷口の設計になるものだが、大学側の要求に従ってロマン風である、塔やアーチはあ
まりよくない。水力学実験室はなかなかすぐれている。暗くなった、この辺の暮色は興が深
い。材料試験所の近くに建築に従事している人達のための休み所が三棟あり、寝室やバーが
附属し饂飩などを食べさせる。

(傍線筆者)

よくこの裏門付近でクラス会が行われるのでよく知っている。臨場感のある東工大の谷口
建築の見学記である。タウトは、谷口から直接に本館の設計にも従事していたことを聞いてい
る。東工大の「大学校舎」とは本館のことである。この時は上棟式も終え完成の1年前であっ
たが、外観は見られたのである。しかし<バラック建>とは、当時の「木造の仮校舎」のこと
である。表現がよくないが訳者の表記の不備である。谷口の関与した本館は「ロマン風」、つ
まり「ロマネスク」であるが「塔やアーチは良くない」とのブルーノ・タウトの証言であった。
谷口は、槇 文彦との対談「建築における美意識」(1969年)*D-12で、「私は東京でタウトと

図 I-12　東工大創立70周年記念講堂
A. 南面外部窓

図 I-12B. 本館と桜並木

いっしょに歩いたことがあります」と言っているが、この吉田、山田との３人の自己の建築作品を紹介する案内であった。しかし他日にも谷口がタウトとの面会はあったのだろうか。

　谷口は『雪あかり日記』で、「ブルーノ・タウトも古い伝統に反抗するために、マグデブルグ市の歴史的な教会建築や古い民家に、けばけばしいペンキを塗りつけて過去の伝統を勇敢に抹殺せんとした」と書き、その訃報に５年前に東工大を案内した人の建築について書いている。タウトは「桂離宮を発見した人」と言われ、「日本美を再発見」したと日本の建築界に認識させたが、その賛美の理由もモダニズムとの「類似」にあった。元谷口研究室生の由良 滋の谷口のタウトからの影響論はこの点にあった。由良は筆者に、谷口のタウトからの影響よりは、シンケルの方が影響が強いとする杉本俊多との対立・相違があると筆者に書き送っている。

　「東京工業大学創立70周年記念講堂」（1958年）（図 I-12A）は、谷口には珍しいヴォールト型屋根で、ホールの座席は南側の通称「大岡山ゲレンデ」と呼ばれるスロープ緑地の傾斜を利用している。南側の窓は、外部はジグザグ窓で、内壁はデザイン格子による採光窓で、洒落たデザインである。その前を歩く谷口の写真もある（後掲、図V-12参照）。

　東工大の大岡山キャンパス内の谷口建築は、本館の時計塔（図 I-12B）を含めて４つである。その内の３つが駅前の入口門の前庭にある桜並木前の広場から本館が眺められる位置にあり、いずれも象徴的な建物であった。他の１つは本館奥の「材料試験所」である。この桜並木は平井聖の「本館の前庭」（『冬夏会』2013年）によると、谷口の「創立70周年記念講堂」が建てられた頃に、「ヒョロヒョロの桜の苗木」がすでに昭和25年に植えられていたそうで、それまではカンナの花壇があったという。その花壇には、アカンサスも植えられていたとの証言もある。

　大岡山キャンパス（図 I-13）は、この入口スペースを基点として扇状のネットワーク状に拡がり、その先にはロマネスク風な白亜の本館が正面に堂々と屹立していた。筆者は附属工業高校の入学式に母親とともに臨んだが、入学の喜びと同時にその建築群の光景を見て感動したことはいまも懐かしく覚えている。しかしその様式は何であるか、建築学科に所属後も何か割り切れない思いは以後ずっと続いていた。本館の前の清家 清のコンクリート打放しの「事務棟１号館」（1967年）は、筆者の在学中に建設された。後に、筆者がレーモンド建築設計事務所に勤務していた頃、仙田 満教授の紹介で、この「１号館」の裏に事務局「３号館」の実施

図Ⅰ-13　東工大・大岡山キャンパス　1982年の建物配置（黒印は谷口吉郎建築）

設計を担当した。小さな事務棟で正方形平面の内部は無柱のワンルームの鉄骨2階建の白い建物であり現存する。現在、この本館から正門にかけての広場は様相を変えつつある。「水力」の跡地には、篠原一男のアヴァンギャルドな「東工大百周年記念館」（1987年）が、そして目蒲線の跨線橋の傍には安田幸一＋佐藤綜合の「新付属図書館」（2011年）が建てられている。

　「東京工業大学キャンパス・マスタープラン2016について」*G-59に、学長の三島良直は、「60年後のキャンパス像を見据えた将来計画としています。……引き続き、キャンパス・マスタープラン2016をよりどころとして、世界最高の理工系総合大学にふさわしいキャンパスづくりに取り組んでいきます」と、まず「正門周辺エリアを地域・社会との連繋を持った社会連繋ゾーンと位置づけ」と整備・活用方針として、その「継承のルール」について、

　　本学は開校以来130年以上の歴史を有し、長年にわたりその伝統と歴史を継承し続けてきた。大岡山キャンパスの本館前プロムナードの広場空間は、「余白」としてのゆとり空間があり、アカデミックなキャンパスに必要な要素である。また登録有形文化財に指定されている大岡山西1号館、本館及び70周年記念講堂をはじめとした歴史的に貴重な建物も多く存在する。これらは地域・社会にとっても貴重な財産であり、将来にわたって継承していくべきものである。

　その「余白」としての広場は永く、効果的に使用したいものである。「元来、日本の都市には"広場"は発達しなかった」と、谷口は日本での"広場の不在"を嘆いていたからである。2022年の10月に東工大と東京医科歯科大学の2年後の合併が発表されたが、それによりまた、キャンパスも姿を変えるであろう。今日でも、その本館前の桜並木は木製デッキも敷かれて春の桜の咲く頃は卒業式のセレモニーの他に近所の人も訪れてきて、交流の場になっている。

11.「床の間」は美的鑑賞の場 ——「公共のトコノマ」の演出

□「街の一角」を広場に

谷口と亀井勝一郎との対談「新しい造形美を求めて」（『婦人倶楽部』1956年2月）で、現代の住生活では床の間を持つことは、少なくなっていて、特にアパートでは簡易化されてる。しかし、美的鑑賞の場として床の間は再び違った形で、社会の共同生活のためのものとして必要になってくると、

> 「＜床の間＞の演出は日本人が一番うまいと思うんですよ。だから昔の古い＜床の間＞を活かした、新しい公共的な演出が必要でしょう」

この「公共のトコノマ」とは何のことであろうか。谷口の「日本美の発見」の「みんなの住まい」の「八、新しいトコノマ」（1956年）*E-50-2-⑧には、

> 日常生活における美的鑑賞の必要が著しく増大していることは、美術館やデパートの展覧会に殺到する群衆の驚くべき多くの人数によってもわかります。この社会現象は、日本の公衆生活に新しいトコノマに対する強い要求が高まっていることを、実証するものといえましょう。それは今までのような、個人本位の鑑賞ではありません。古い形式のトコノマは、そのような個人住宅内の美的鑑賞の場でしたが、新しいトコノマは現代人の要求に応じて、公共のトコノマとならねばなりません。

最後に、「そのために伝統的なトコノマの展示方法が、もっと現代の公衆生活の中に美しく生かされて、社会の美的鑑賞の広場まで、発展する必要があります」と結んでいる。

「資生堂会館」（1962年）の「店の身だしなみ」（『新建築』1962年）に、

> 日本の個人住宅の一軒、一軒にあった「とこのま」も、浮世の小さい安息所だったといい得るだろう。それは美と詩の飢餓を静に癒す家庭内のささやかな空間であった。しかし、現代の都市はそんな小空間のゆとりを許さず「とこのま」は庶民の住宅からしだいに追放されつつある、そのような社会の現象に対して、共有の「とこのま」を街の一角に実現してみることを思いたち、試みに資生堂の店頭にそれをあててみたのであった。

銀座の表通りに面したショーウィンドーに、「床の間」に飾ったように化粧品のビンを陳列し、美術品のように、花も添えられると、この店頭は共有の「とこのま」になる。室内の「とこのま」は室内外を結ぶショーウィンドーにもなれば、外部の広場にもなる（図I-14A・B）。
谷口の「日本美の発見」（1956年）*E-50-1の「戸外の造形」には、「日本には昔から広場とい

図 I-14　資生堂会館
A.　地階パーラー

B.　ショーウィンドー

うものがあまり発達しなかった」が、「ヨーロッパでは昔から都市生活の発達や社会状態の進歩につれて、公共生活の中心として広場は、その共同生活に重要な役目をはたしていた」。しかし、「アメリカもそういう伝統がなく、わずかにタイムズ・スクェア（新聞街）にちょっとした空地があるが、それは広場でなく交差点」であり、「小さい広場の見本」であると述べている。

「広場」というものは、「人間の社会生活に共同的な性格を早くから発達せしめた原因」であり、「広場」の設計はその1つの実例ということができると、日本人と西洋人との「戸外の造形に対する考え方の違い」に帰因するとしている。

仙田満の『環境デザイン講義』*NB-11の「環境都市文化の継承」には、「東京という都市の原型は環境的で美しいものでした。お堀端の風景が日本の都市の景観として最も美しいと、かつて私の師、谷口吉郎先生がおっしゃっていました」と書いている。それは「広場」だからである。

12. 「日本には昔から都市に＜公衆＞の集まる広場が少ない」

谷口の「現代の庭」（『芸術新潮』1957年）に、

　　日本の都市には駅前広場に限らず、広場というものが昔から発達しなかったのである。……日本の社会組織はいつも、そんな公衆の結合を避けようとする方向に向けられていた。そのためか日本の都市には公衆の集まる広場の計画が少ない。従って一つ一つの建物を見れば念の入った設計のものもあるが、それらが集合した建築群は乱雑である。更に周囲の環境の美化に至っては全く無視されている。

谷口は著作『みんなの住まい』（河出書房、1956年）でも「日本の都市に＜広場＞が発達せず」、しかし西洋には「古代ギリシャの都市にアゴラ（Agora）が設けられ、フォーラム（Forum）がつくられ、中世には村の教会にも広場がありました」と、「公衆生活の広場」として日本でも「公共的な社会生活を拡大する必要があります」、つまり「公衆」のための「公共生活の中心としての広場」である。

図I-15　藤村記念堂の旧本陣跡地の礎石

　谷口と丹下健三との対談「人間と建築への挑戦」（『潮』1971年1月）に、「東洋的空間と西洋的空間との対比」について、丹下は、

　　　「まず、日本の都市づくりをみてますと、私生活は別として、公共的な生活は都市のなかにはない。自分の家の庭は手入れするが、公共の庭や街路には関心がない。街全体を考えに入れる意識が欠けていると思います。
　　　ヨーロッパの町ですと、発生の当初から町全体の人々の集まる広場がある。ギリシャでいえばアゴラですが、東京のような専制君主の社会ではアゴラがない。ピラミットの頂点と底辺でお互いに話し合う場がない。京都や奈良にも、宮城は中央にあるが、市民の集まる広場がない。ヨーロッパの町づくりのなかには、全体の調和を考慮するとか、外部と自分との関係を配慮するという伝統がある。古くから残された中央の広場も現在なお使用可能なわけです。逆に日本の場合は、昔の町はそのままの形では現在の生活に適合しない。そういう点が一つあると思います」

　確かに丹下の言うように、ギリシャのアクロポリスの下にはアゴラ（都市広場）があった。アメリカの発掘隊によって、遺跡のある地層の上の土を除き、発掘調査が行われたのは1970年代になってからである。しかし日本の専制君主や都市計画者には元来、広場をつくろうとする意識がなかったのである。
　「萬來舎」を担当した由良 滋は、「谷口吉郎の世界」の基調講演（日本建築家協会）*J-23で、「藤村記念堂」の庭について、それは旧本陣の焼け跡の空地で、白い砂地に焼け残った礎石が3つ4つ残存している（図I-15）。室内から障子を開けて、腰掛けに座ってこの空地を眺め、帰り道には庭を歩きながら記念堂を「遊環」して見て出ていく。由良はこの場所（前掲、図I-9C参照）を、

　　　谷口先生の藤村記念堂のモティーフですね。それはもちろん、「場」、スペースといいますか、そういう「場」がある「位置」があるわけですね。それから「自然」がある。

「場」は意味と目的がある「サイト」で、「位置」が「地形」の特性とともに「記憶」にある。
隈 研吾も「谷口吉郎展」の東京シンポジウムで、そこに「場」を感じるが、「何もない」という
感想を述べている。同じく「藤村記念堂」の写真を撮った平山忠治は、『建築をめぐる回想と思
索』（対談　長谷川 堯『新建築』、1976年）に、写真をレイアウトしている友人が「藤村記念堂」
へ行って「門を入ったら何にもねえんでびっくりしたっていうんですよ」と、それで、平山は、

> 「お前さんは何を言っておるの、オレの写真を使って平面図を入れて編集しているじゃな
> いか。それでいてあそこの裏に何にもないのを忘れたのか」といったら「いやァ、そうはいっ
> たってね、あるような写真をあんた、とるからだ」というわけです（笑い）。そういう意味で、
> 「おまえにだまされた」という話ならたしかに他にもいろいろ聞きました。

　平山は「何もない」が「場」を「あるように」表現するための写真を撮っていた。
　谷口のこの「藤村記念堂」の空地には「場」があったのである。確かに「水力」や「記念講堂」
のあった当時のこの東工大「大岡山キャンパス」のキーポイントの入口スペースにも「場」が
あった。この「場」とは、ゲシュタルト心理学で、「各部分が相互につながりをもった全体構
造として人間に作用し、その知覚や行動の仕方も規定している力と考えられる空間」のこと
で「サイト」である。2013年に、本館前のスロープ下の「西一号館」（分析化学教室・1931年）
と「本館」（1934年）、そして「記念講堂」（1958年）の3つの建物が登録有形文化財に指定さ
れたが、「水力」が現存していたら当然に該当した筈であるが、水銀汚染により2001年に解
体された。東工大キャンパスから初期モダニズム建築は本館を残して姿を消した。しかしそこ
は今も基点としての「広場」である（前掲、図I-12B参照）。

13. 谷口の昭和天皇への御進講－「ブルーノ・タウトについて」 －伊勢と桂の美しさ

　由良 滋から、谷口の建築思想に強い影響を与えたのは、杉本俊多の推賞するシンケルより
むしろブルーノ・タウトとハインリヒ・テセナウであると、この2人の建築家の資料を送付い
ただいた。まずタウトが来日の際には谷口が東工大キャンパスを案内したことについては記
述したが、「1934年、タウトが東京帝大で数回講義したとの記録があることから、谷口はそ
の時々にもお会いしている」と、そして谷口は戦後（1949年12月7日）には東宮の仮御所で
昭和天皇に「ブルーノ・タウトについて」の題で御進講していて、「その原本は封筒に納めて
谷口研究室内の谷口個人の草稿類と一緒に保管されていました」と、それを由良が太田茂比佐
から受領したもので、その進講の抜粋が筆者へ送られてきたのである。

　タウトは1936年、即ち昭和11年にトルコのイスタンブールの工業大学教授並びに同国の

最高建築技術顧問として迎えられたので、その年の10月12日に東京を出発し、11月10日にアンカラに着任致しました。この役目は最初ドイツの建築家ハンス・ペルツィッヒが就任するはずでありましたが、就任の直前にドイツで死去しましたので、その代わりとしてタウトが就任したのであります。わずか二年余のトルコでの多忙な生活の中でまとめた著書『建築に関する考察』(Architekturlehre) は『タウト建築芸術論』(篠田英雄訳、岩波書店、1948年) として、これは彼の最後の著書になったのでありますが、その書物の中で彼はそれまでに多くの書物を書き、また講演で話した伊勢と桂の美しさをたたえ、彼自身の建築観、建築主張に結論を得ることができたと申したのであります。即ちこの日本建築美の解説書をもって、「本質的な事柄については言うべきことをすべて言い尽くしている。たとえ自分がこれ以上永生きしたとしても、思想に本質的な変化を得ることはもはや不可能であろう」とまで言っているのであります。伊勢と桂の美は彼の建築観をそれほど決定的に支配したのであります。

彼はこの書物を「自分だけのために」書いたと申しておりますが、他人に宣伝するのではなく、ただ自分のためにこの確信を堅く掴もうとしているのでありまして、これは彼の作家的態度を示すものにほかなりません。そして、死を予感してか「これは遺書になるかもしれない」と申しておりましたのでありますが、トルコに参りました翌々年の昭和13年、即ち1938年12月24日脳溢血で倒れたのであります。58歳、日本流に申しますと59歳であります。

この当時、私は外務省からベルリンの日本大使館の工事について用命を受けてドイツに出張致しておりましたが、この12月24日は、私がベルリンに着きまして1ヶ月しか経たない時であったのであります。訃報に接しまして、昭和8年に東京で彼を案内しながら市内見物に歩き回った際のことや、昭和11年に彼が東京を去るに当たって目黒の雅叙園(註:この「目黒雅叙園」の記述は谷口の誤記で、「タウトの日記」*BT-11では「10月10日(土)、赤坂の(食事は和食で)〈幸楽〉の2階に50人ほどが集まった」とある) で催された送別会に列席した折のことなどを思い浮かべて、その死を悼むこと切なるものがあったのでありますが、その時私の胸に美しく輝くものは、やはり桂離宮のあの清らかで簡素極まりない美しさであったのであります。そして、タウトの燃えるがごとき創造欲を、タウトと同じく建築設計を専門とする私自身の胸に深く感じ、その桂の建築美を創り出した日本の国土に生を享けた日本の建築家として、心の奥に深く日本の新しい美の樹立を今さらのごとく覚悟したのであります。

筆者は、『タウト・建築芸術論』*BT-2を神田の古書店で購入していたが、その内容は素晴らしいものである。この本文は確かに天皇への御進講文体になっている。谷口のタウトの「簡素」な伊勢と桂の賛美に加えて、谷口自身の「日本建築から新しい美の創立」のために帰依する決意のように感じられる。谷口がタウトについて天皇への進講ができたのは、タウトが「伊勢神宮から桂離宮への系譜を発見してこれを皇室芸術と呼んだ」からである。(傍点筆者)

図I-16　ベルリン・無名戦士の廟
外部写真（仙田満撮影）

　次にもう1人のテセナウ（註：谷口は『雪あかり日記』ではテッセノウと称した）について、
由良は筆者に谷口の「ベルリン滞在日記」（未発表）の1938年12月25日の「無名戦士の廟」
の記述を提供していただいた。それには、テセノウに関係する部分で、

・12月25日（日）クリスマス
　ウンター・デン・リンデンを歩いていて、ちょうど新衛兵所の前まで来たとき軍楽隊の行
進に出会った。敬礼を終えて軍楽隊が去ったあと廟の内陣に入ってみたが、天窓から差し込
む陽光や碑の上に消え残っている淡雪のかもし出す劇的効果にほとんど衝撃的な感銘を受
け、暫く立ちつくすだけで、ただ設計者テッセノウに深甚の敬意を抱いた。感激がさめぬま
まに喫茶店に入り、慶應の小泉信三氏に宛てて報告の手紙を書いた。
・1月16日（月）
　ベルリンのテヒニッシュ・ホッホシューレ（工科大学）を見学。建築学科のテッセノウ教
授の部屋の前に立ち、ドアと名札をしばらく眺めて帰る。

　この廟は「新衛兵所」（図I-16）としてシンケルによって1818年に建てられたが、1931年、
テセナウにより「無名戦士廟」として改造された。谷口が関心を持ったのは「内陣」であった。
そして、ベルリン工科大学の教授をしているテセナウに面会すべく、大学を訪れていた。
　由良から私に送付された「ミクロ・ポリティークの構図」（八束はじめ＋小山 明『未完の帝国
―ナチス・ドイツの建築と都市』福武書店、1989年）の中に、八束は、

　　1930年にテセナウは、第一次大戦の犠牲者のためのインスタレーションをシンケル設計
　のノイエ・ヴァッエ（「新衛兵所」）の中に行うというコンペに、ベーレンス、ペルツィヒ、
　ミースらを押さえて一等を獲得した。テセナウの案は他のどの案にも増して簡素で芝居気
　のないデザインであった。
　　アヴァンギャルド的な難解なデザインでは全くないとしても、大衆受けするものでない
　ことには変わりがなく、それ故に「国家が世界史的な追憶をこととするためになす事業」に

図Ⅰ-17　音律体育学校 テセナウのヘレラウのリズム教育施設

ふさわしくない「イデオロギーを欠いたもの」だという非難を新聞などで買った。

　このテセナウの「内陣」のデザインは「ショーヴィニストが求めがちな誇大なジェスチャーではない」*ND-12が、その簡素さは結果的に谷口の感興を買うデザインであった。
　谷口は『雪あかり日記』に、それは「<u>最初の用途を変更して、別の目的に改造された転用建築に過ぎないが</u>（註：当初は衛兵所で廟ではなかった）<u>、いま観るように厳然たる無名戦士の廟建築として人の胸に迫ってくるのは、どうしたわけであろうか</u>」と自問している。その結論は「<u>使用目的を超えて、用途を飛び越え、時代を超越して、過去の＜形＞から強い表現力が新しく発揮される場合があり、人の心に直接響く表現の差である</u>」と、廟の内陣の銀製の花輪に霏々と降る雪が白く積もる光景は世にも美しいもので、そこに建築を庇護する大きな「神の手」のあることを感じている。（傍線筆者）
　八束はじめは、「テセナウの研究室にはシュペアを含む国家社会主義的な学生が集まっていた」*ND-12と、「一切の虚飾や誇張、過剰とは無縁な地点で手工業的な技術と結びついたテセナウの建築」と書いている。後にシュペーアは、その大学の日本人学生と谷口を誤認していた。
　『雪あかり日記』では「無名戦士の廟」の内部改修設計者のテセノウについて、谷口は、

　1910年に設計した「音律体育学校」講堂（図Ⅰ-17）（註：ヘレラウのリズム教育施設）は、ギリシャ神殿の美しい外観をもった建築であった。その点で、当時強い反伝統的な運動をおこしていた新しい国際主義建築に対して、一種の新しい伝統主義を守る建築家であった。だから氏もアポロ的な岸辺にたって、その流れから古典主義の洗礼を受けた建築家であった。

　その作風について、「早くから新古典主義の傾向を示していた」と、谷口がテセノウを「新古典主義建築家」と言っているのに注目したい。その谷口自身も「新古典主義建築家」である。
　谷口にはシンケルよりタウトとテセナウから大きな影響力を受けたと由良 滋が言うのは、谷口が「いや、シンケルはどうも馴染みが薄くてね」とシンケルを＜模倣主義者＞と呼んでいたとの太田茂比佐の表現にもよるのか。

第 II 章

「ギリシャの教訓」
ー「アテネのパルテノン神殿」憧憬ー
ベルリンの「日本大使館」

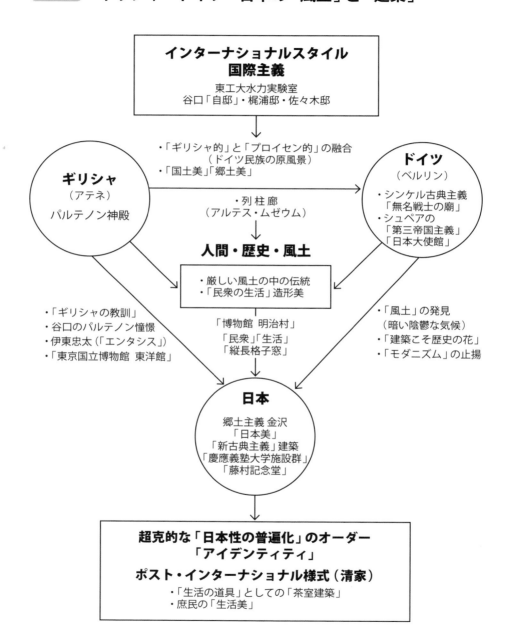

**インターナショナルスタイル
国際主義**

東工大水力実験室
谷口「自邸」・梶浦邸・佐々木邸

・「ギリシャ的」と「プロイセン的」の融合
　（ドイツ民族の原風景）
・「国土美」「郷土美」

ギリシャ
（アテネ）

パルテノン神殿

ドイツ
（ベルリン）

・シンケル古典主義
「無名戦士の廟」
・シュペアの
「第三帝国主義」
「日本大使館」

・列柱廊
（アルテス・ムゼウム）

人間・歴史・風土

・厳しい風土の中の伝統
・「民衆の生活」造形美

・「ギリシャの教訓」
・谷口のパルテノン憧憬
・伊東忠太（「エンタシス」）
・「東京国立博物館 東洋館」

「博物館 明治村」
「民衆」「生活」
「縦長格子窓」

・「風土」の発見
（暗い陰鬱な気候）
・「建築こそ歴史の花」
・「モダニズム」の止揚

日本

郷土主義 金沢
「日本美」
「新古典主義」建築
「慶應義塾大学施設群」
「藤村記念堂」

**超克的な「日本性の普遍化」のオーダー
「アイデンティティ」**

ポスト・インターナショナル様式（清家）

・「生活の道具」としての「茶室建築」
・庶民の「生活美」

図Ⅱ-1　ベルリン日本大使館
谷口のスケッチ（『雪あかり日記』）

図Ⅱ-2　ベルリン日本大使館平面図（1、2階）

図Ⅱ-3　シンケル 無名戦士の廟　正面玄関
A．谷口のスケッチ（『雪あかり日記』）

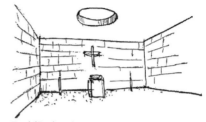

B．内部スケッチ

1. 谷口吉郎のパルテノン行 —シンケル憧憬

　　1938年の11月10日、谷口は東工大の助教授の時に、東大建築学科の指導教官であった伊東忠太の推薦で、ベルリンに建設中の「大日本帝国大使館」（図Ⅱ-1·2）および日本庭園の設計監修のために外務省の嘱託建築家として派遣され、その日現地に着いた。

　　谷口のベルリン滞在日記である『雪あかり日記』*T-5-22-Aの、「どんよりした日」に、「新衛兵所」であったが、第1次世界大戦にて戦死した兵士を祀る霊堂として内部改造された「無名戦士の廟」を訪れている（図Ⅱ-3A·B）。パルテノンに原型があるギリシャ神殿風の正面玄関には鉄兜の番兵が立っていて、谷口は、「設計者シンケルの鋭い眼が、日本の建築家である、この私を睨みつけているように見えた」と、他にもシンケルの作品を多数見学している。

　　カール・フリードリヒ・シンケル（1781-1841年）は、19世紀のドイツ古典主義建築家として「ギリシャ的なもの」と、「プロシャ的なもの」を、しっかりと結びつけたと谷口は評価しているが、20世紀の合理主義的建築論からすると古典の模倣主義として批判されている。しかし谷口は「シンケルは、私にとって＜ギリシャの教訓＞を身をもって教えてくれる一人の建築家であった」と、その模倣主義にもかかわらず「聖なる形式美」から「ドイツの魂がこんこんと湧出する」のが、その理由である。

　　『雪あかり日記』の「シンケル博物館」で、「シンケルの当時においては、ギリシャ的美しさは、やっと再発見されたばかりのもので、いわば、流行的なものであった」が、設計図や手記

に目を通していると、「シンケルの古典主義建築と、その手本である古代のギリシャ建築との比較にひかれていった。シンケルの設計図は、甚だパルテノンの比例と酷似していたが、しかし何かパルテノン全体から受けるものと甚だ違った性格の存している」。つまり、パルテノンのおおらかさや、豊かさがない。それは「人間の建築」に「神の建築」を当てはめようとした、「模倣」であった。ギリシャ神殿は、「全く神に捧げられた象徴建築」であるが、しかしそのギリシャの美しさを「模倣」することで、「最高に理想化された美の極地が、ギリシャに存する」ことを知る道であると、谷口は、

> シンケルの古典主義は、古代ギリシャに比肩（ひけん）することよりも、むしろその後、ドイツに新しく興る二十世紀のモダーン建築に対して指導的な影響を与えたことに、大きな意義があったのではなかろうか。……古典主義とは、ギリシャ的な美しさに愛情を捧げんとするものである。

そして「そんな強い美意識のために、アポロ的なものとは反対にディオニソス的な方向に、はげしく誘われることもある」としながらも、「ギリシャ神殿の美の奥の古典主義の作家的心情」を、「シンケル博物館」からの帰途、谷口は歩きながら考えていた。つまり谷口は「新古典主義」建築家となる予感である。この「ギリシャの教訓」が重要であるが、「二十世紀のモダーン建築」に対して「指導的な影響」を与えたとの指摘もしている。

「どんよりした日」に、

> 私は、こんな反省心から、シンケルの建築を眺め直してみたいと考えた。そうすることによって、ギリシャ古典の建築が、後世から見て如何なるものであるかを、一層はっきりと検討し、シンケルの仕事を再吟味したいと考えた。彼は古典を受け入れようとした。しかし、彼の古典主義建築が、その結果として、如何なるものになければならなかったか。そんな問題までも、彼から教えられると考えた。

この結論が、「グリーク・リヴァイバル」である「新古典主義」建築家となる谷口を実際にアテネのパルテノン神殿の見学へと強力に誘引するのである。

後に『雪あかり日記』の続編といえる『せせらぎ日記』*T-5-22-Aが書かれた。1939年8月21日の日記の「戦争の足音」の中で、谷口はギリシャの旅へ向かったが、ウィーンの公園のテラスで、隣りのテーブルの老婦人からの「数日のうちに、戦争が始まります」との帰国の忠告に対して、谷口は、「ベルリンからこのウィーンに来て、さらにブタペストを経てギリシャに行くつもりでいる」と答えると、婦人は小首をかたむけ、「とにかく一日も早くここを離れて、母のもとに帰りなさい」と熱心に言う。しかし谷口は翌日、さらにバルカン半島を南下して途中のハンガリーのブタペストでの記述には、「異郷で聞く虫の音に、遠く離れた故国の秋が思い出され、旅愁が郷愁をそそる」として、

図II-4A. ブダペストの
夜景

　夜、ブダの丘にのぼる。……このブダペストに私がはるばる来たのは、ギリシャのアテネ
に行きたいと思い、ウィーンを経てここに立ち寄ったのであるが、国際情勢が急変したの
で、これから先、途中はどうしようかと考える。ギリシャ行きはこの春にも計画したので
あったが、その時は、イタリアのアルバニア攻略が始まり、バルカン地方の旅行は危険とな
り、残念ながら、ギリシャ行きは断念した。

　その次に、夏の前、イタリアに行った時も、半島の先端から海を渡ってアテネへ行きたい
と思ったが、ベルリンに仕事が待っているので、ギリシャまで足を延ばす日数はなかった。
それで、こんどこそ是非アテネに行き、八月の烈日に輝やくアクロポリスの丘に立ち、パ
ルテノン神殿を仰ぎたいと出かけて来たのだが、突然に独ソの接近（註：独ソ不可侵条約、
1939年8月21日）が発表され、また国際情勢の雲行きが急にあやしくなってきた。もし
かするとベルリンに帰ることが困難になるかもしれぬ。そうなると大変と、足もとに鳴く
虫の声を耳に聞きながら、ひとまずウィーンに引きかえして情勢をみることにしようと考
える。

　谷口はこのブダの丘に聳える王宮から、崖下のドナウ河に架かる「ケーブル（くさり）橋」
のライトアップされた美しい夜景を眺めていた。橋の彼方には、対岸のペスト地区に大聖堂の
塔が見える。谷口ならずともその景色に感動しない人はいないと言われている名所の光景で
ある（図II-4A）。

　谷口は、この1939年には、春・初夏・盛夏と三度も、ギリシャへ行くべく計画したが、途
中まで来て、その都度の理由で中断させられている。その強い熱情は、谷口の師の伊東忠太が
パルテノン神殿を「世界第一の美建築」として、その「絶対の美が絶対の真なる」建築を視よ
うとする「意匠心」にあった。谷口はその後、生涯にわたって何時パルテノン神殿を見ること
ができたのであろうか。また、その時の記録にあるのだろうか。

　谷口は『雪あかり日記』の「雪ばれの日」に、ベルリンの「ペルガモン博物館」内にある東エー
ゲ海に臨むトルコに近い小アジアの都市ペルガモンで発見されてここに移設された遺蹟の「ゼ
ウスの祭壇」（図II-4B・C）に登り、

図Ⅱ-4B. ペルガモン博物館の「ゼウスの祭壇」
『雪あかり日記』の③谷口のスケッチ他

C.「ゼウスの祭壇」(仙田 満撮影)

図Ⅱ-5　慶應義塾大学日吉キャンパス協生館
環境デザイン研究所 仙田 満設計

　昔、この壇にのぼると、遠くにエーゲ海が望まれたことであろう。夕方になれば、海に沈
む太陽が海面や空をあかあかと染める。日が暮れるにつれて、空は紫紺色となる。祭りの夜
には、祭壇の周囲に「かがり火」が焚かれ、基壇の彫刻は、その火に照らし出されたにちが
いない。めらめらと燃える焔の火が動くたびに、巨怪たちの像は、ものすごく表情を変化さ
せたことだろうと、そんなことを想像しながら、私はいつまでも基壇の上に立っていた。

　まるでアクロポリスの丘に登り、パルテノン神殿からエーゲ海へ沈む西日を見ることを想
像しているような詩的な文章で、清家 清や堀口捨己の場合と比べると興味深い。谷口は、戦
後の1964年の初冬に久しぶりにベルリンを訪れている。そして、1971年にはオランダで「ホ
テルオークラ・アムステルダム」のホテルの設計していたので、ふたたびベルリンを訪れてい
て、「旧日本大使館」の廃屋の前まで行っている。その帰途にギリシャへ行きパルテノン神殿
を見たのであろうか。それともそれ以前ではなかったのかと、著作から推察も試みた。
　仙田 満設計の「慶應義塾日吉キャンパス協生館」(2008年)(図Ⅱ-5)は、「開かれた学塾」と
いうコンセプトを「理想の環境建築として世界へ羽ばたく跳躍台」として、イメージされた。
グランドを望む大きな段状の観客席があるが、その建物は『雪あかり日記』にある、シンケル
の「フンボルト旧邸」(図Ⅱ-6A・B)の影響を受けているようであり、またその段床はベルリン
に移設された「ゼウスの祭壇」のある「ペルガモン博物館」の基壇に似ている。仙田はその観

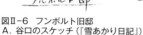

図Ⅱ-6　フンボルト旧邸
A. 谷口のスケッチ（『雪あかり日記』）

B. 正面写真（仙田 満撮影）

客席の壇上にいつまでも立ち続けていて、谷口のいるパルテノン神殿を想っていたのであろうか。

2. 谷口の戦後のパルテノン視察は何時か

　谷口の『修学院離宮』（毎日新聞社、1956年）の「Ⅱ・世紀の陰影」の「終曲」（1956年）に、「古代ギリシャのアテネにパルテノン神殿が、アクロポリスの丘にそびえていた。紀元前五世紀の中期に建てられたこの建築は、世界の最も美しい建築の1つとして、その遺蹟は今も真珠のように、いつも美術史の上に光り輝いている。その建築様式はドリア式と呼ばれ、柱も太く軒の感じも強い」と、「そびえていた」とか、「軒の感じも強い」と、実際に訪れて見た経験のある人の描写である。この文が書かれた1954年頃はすでにアテネに行っていたのか。「真珠のように」の表現は、ル・コルビュジエの「神殿はこの風景における、まさしく真珠なのだ！」（『東方への旅』石井 勉訳、鹿島出版会、1979年）の延用によるのか。（傍点筆者）

　仙田 満がある時、谷口吉生に「父の吉郎氏はギリシャを訪れたことがあったか」と問うと、吉生は「戦後直ぐに訪れた」と言ったそうである。それは1954年であるのか。その時の見学記が見あたらないのである。しかし谷口は、実際に終戦からこの1954年頃までの間にすでに実際にアテネを訪れて、パルテノン神殿を見ていたと考えるのが妥当である。

　谷口は普及版『修学院離宮』（淡交社、1962年）で、エレクテイオン神殿のイオニア式を「修学院離宮」に、ドリア式のパルテノン神殿を「桂離宮」に譬えて対比している。谷口は「修学院離宮」の「はなやかな美しさの陰に、一種の哀愁めいたものが、ひそむのはなぜだろうか」と、つまり、「女性的な意匠の発揮」の濃さによるとしている。谷口のギリシャ神殿風のスケッチが、すでに大戦直前の1940年に書き始められた『雪あかり日記』（東京出版、1947年）にある（図Ⅱ-7）。このスケッチは想像図なのであろうか。

　谷口は「美の美」（1954年10月20日）の「記念柱」に、

ローマ市の中央に、古代ローマの跡が、荒れはてた姿のままに残っている。倒れた柱、く

図Ⅱ-7 『雪あかり日記』のパルテノン神殿
谷口のスケッチ

　　ずれた庭、ゆがんだ段、そんな古い石の堆積を眺めながら歩いていると、心は遠い歴史の中
　　に吸いこまれていく。夜は電気で照明され、暗い影の奥に、白い大理石の肌が一層浮き立っ
　　ている。

　この記録の表現からすると、その描写には現地で見た臨場感のある印象で実際にローマ市
を訪れているから、戦後9年目のこの時、1954年に、ローマからアドリア海を渡りギリシャ
のアテネに立ち寄っていると推測できる。しかし谷口は、その見学記をまったく書き残してい
ないのである。何故なのであろうか。
　「ああ大和にしあらましかば」の明治の詩人「薄田泣菫詩碑」（1954年）*T-1-3-5-⑧を谷口が設
計して、瀬戸内海の見える丘の上に建てられている。
　谷口が瀬戸内海を遠望していると、「地中海を連想する。エーゲ海のあたりでは冬の海は青
く澄み、まぶしいほど光り輝いていたのを思い出す」と、谷口が、この碑の建つ倉敷市を訪れ
たのは1954（昭和29）年の1月であった。この表現からも谷口は、この時までにすでにエー
ゲ海を見ていた。つまりギリシャのパルテノン神殿を見ていたことが予想される。戦後10年
以内のことである。そうであるなれば年代は1953年以前としてよいだろう。谷口の「ヨーロッ
パの劇場から」（『婦人朝日』1948年10月）、「ピサの斜塔」（『塔』1949年5月）がある。する
と1948年、つまり昭和23年にはすでにギリシャに渡りアテネを訪れていたのか。
　谷口の「まいういーく」（1968年）*E-78に、

　　七月十四日（日）曇。梅雨あけず、涼し。今年は庭のアカンサスにも珍しく花が咲く。白
　　紫の花弁に古代ギリシャを回想。雁皮の花も可憐。終日、自宅にて休養、読書、手紙など。

　自邸の庭のアカンサスを見て、「古代ギリシャを回想」の表現にもギリシャへ行ったことを
思い出している。この谷口邸のアカンサスは、清家にも譲りそれが「私の家」にも植えられた
ものか、または逆に谷口が清家から譲り受けたものか。筆者の家にも、清家先生の「私の家」
から頂戴したアカンサスが植えられている*SS-11。遠い縁を感じる。

図II-8　慶應義塾大学第二研究室萬來舎
A．外観（写真）

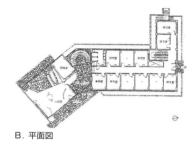

B．平面図

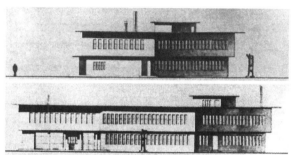

C．東・北東側立面図（上・下）

図II-9　イサム・ノグチと谷口吉郎

3. 三田山上のパルテノン−「萬來舎」−イサム・ノグチ

　1951年に慶応義塾大学三田に建築された第二研究室である新「萬來舎」（図II-8A・B・C）は谷口吉郎の設計である。1950年に来日したイサム・ノグチは、この設計に着手する直前に亡き父の野口米次郎が教鞭をとった慶應義塾大学の三田山上の敷地を視察した時に、同行した谷口は「彫刻と建築」（『新建築』1950年10月）に、

　　三田の丘へ、私はイサム・ノグチ氏（図II-9）とのぼった。品川湾の海を見おろす丘の上には、慶応義塾の校舎が建っている。夏の空は晴れ、白い雲の峰が美しい。イサム氏は「アクロポリスだ」と叫んだ。
　　古代ギリシャ人は、アクロポリスの丘の上に神殿や劇場を築いた。それが、市民生活の中心地となり、そこからあの美しいギリシャの文化が生まれたのであった。
　　ことに、アテネ市のパルテノン神殿は、古典美の最高峰である。その建築は彫刻家フェイディアスと、建築家イクティノスおよびカリステネスによって作られた。
　　私が、イサム・ノグチ氏と共に、三田の丘に設計した新「萬來舎」の建物は、「彫刻」と「建築」の協力による試作である。イサム氏がその「庭園」と「クラブ室の内部」を設計し、私がその「建築」を設計した。しかし、二人の仕事は分離したものでなく、互いに協力し、スケッ

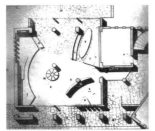

図Ⅱ-10 「ノグチ・ルーム」
A. 平面図

B. 床の間

　チにおいて、製図において、模型において、暑い夏の昼も、夜も、いろいろと熟議し合った。
……その故にこそ、イサム氏が三田の丘の上に立った時、氏は私に向かって「アクロポリス」
と叫んだのである（1950年）。

　それは「クラブ室」、つまり「ノグチ・ルーム」（談話室）（図Ⅱ-10A・B・C）のことで、建築家
の谷口がイクティノスもしくはカリステネスで、彫刻家のノグチがフェイディアスという役
割か。それで、「アクロポリス」と叫んだのであった。この年の1950年には、すでに谷口はギ
リシャに行っていたのであろうか。しかし「現代は、古代のギリシャではない。それ故に、私
たちの意図したものは新しい美意識によって、現代の造形美を開拓しようとするものである」
と、ふたたび「古代ギリシャではない」としながらも自分たちの共通の目的を書いている。こ
の谷口の「あの美しいギリシャの文化」の表現からは、この時、すでに谷口はギリシャを訪れ
ていた実感がある。したがって、「ピサの斜塔」について書いた終戦の3年後の1948年頃と
してよいのではないか。確かに谷口吉生の言うように戦後の早々であった。
　由良 滋は、1949年に東京藝術大学を卒業して清家 清の紹介で谷口の研究生となり最初に
担当したのが、「萬來舍」の設計と現場監理であった。由良の「記念性へのコラボレーション」
（『萬來舍—谷口吉郎とイサム・ノグチの協奏詩』杉山真紀子編、鹿島出版会、2006年）には、
「東洋のアクロポリスの願い」に、

　　ノグチの造形はきわめてユニークで、とにかく直線がない。逆に谷口の建築はすべて直線
　である。有機的な設計で知られた建築家の村野藤吾が谷口の作品集に寄せて、「線の造形だ」
　と評したように、まさに生涯の仕事をとおして垂直線と水平線の建築であった（唯一の例外
　が、萬來舍の玄関ホール廻りの階段である）。

　村野は谷口吉郎の追悼文を「線に詩趣あり」（『谷口吉郎作品集』淡交社、1981年）と題した。
そして「イサム・ノグチは三田の山を東洋のアクロポリスに例えた」のに対して谷口は、

C. テーブルとソファー

図Ⅱ-11　伊東忠太

　　三田の山の上に私は能舞台を作っている。彫刻とか絵画というオブジェは、能の世界の小道具である。

　建築と彫刻は、能ではワキとシテに谷口によって譬えられている。一方でイサム・ノグチも三越で催された「イサム・ノグチ作品展」（1950年8月18日〜30日）で、「それは一つの舞台です。……静かに劇的な」と書いている。「萬來舎」にはイサム・ノグチの彫刻、「無」と「若い人」がある。

　筆者もイサム・ノグチに会ったことがある。ある日、彼はA・レーモンドを西麻布の事務所に訪れて来て、休日であるが事務所で図面を描いていた私に駐車場に面するガラス窓と障子を開けて、顔を出して「レーモンドさんいますか」と言ったので、玄関へと導いて扉の鍵を開けてレーモンドのアトリエに案内した。当時所員は彼を「イサムさん」と呼んでいた。イサム・ノグチは「萬來舎」の後に、「リーダーズ・ダイジェスト東京支社」(1951年)の彫刻と庭園でレーモンドと協同していた。アクロポリスの丘に例えた三田山上での建築はシンケルの啓示を受けてか「萬來舎」のファサードは縦長窓の連窓である。谷口がモダニズム建築の水平連続窓を途中で止めて、縦長窓の連窓にしたのも、国際様式からの離脱であった。

4. 伊東忠太のパルテノン神殿のエンタシスの東漸

　谷口吉郎の東京帝国大学工学部建築学科の卒業研究の指導教官は、伊東忠太（図Ⅱ-11）と岸田日出刀であった。後に谷口は、伊東の推挙でドイツの「大日本帝国大使館」建設の監修のために1938年10月から約1年間、外務省の嘱託としてベルリンに出張した。しかし谷口は「恩師の伊東忠太教授から、いろいろとご指示を受けていた日本庭園はさまざまな事情によって完成することができなかった」と、完成直前に戦争の予兆により帰国している。

　伊東は「法隆寺建築論」を1893（明治26）年の『建築雑誌』11月号に、博士論文として書いた。その「法隆寺建築論」には法隆寺とパルテノン神殿との「比例」の比較図がある（図Ⅱ-12A）。「法隆寺の柱に見られるエンタシス（胴張り）」が、ギリシャ建築からの影響であ

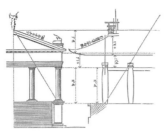

図Ⅱ-12A. パルテノン神殿と法隆寺の
柱の比較図表（伊東忠太）

図Ⅱ-12B. パルテノン神殿（伊東忠太の写真）
「世界第一の美建築―バンテノン」

るとして「法隆寺・エンタシスのギリシャ伝来説」として始まり、その後、1902年から1905年にかけて、法隆寺の柱の源流を求めて中国・インド・小アジアからヨーロッパへと旅行した。ギリシャのアテネには1904年1月26日から2月2日の約1週間の滞在であった。古代ギリシャについて詳細を「野帳」（伊東忠太資料）第12巻（日本建築学会蔵、1905年）に書き残している。

　この旅行の「ギリシャ旅行茶話」は、「伊東忠太建築文献・見学紀行」（『伊東忠太著作集』第5巻・原書房、1952年）の「三・アテネ府」に、

　　ピレオ（ピレウス）の市を離れると、もう目の前にアテネ府のアクロポリスが屹として聳えている。四方絶壁の台の上に数々の古建築が半ば崩れて立ち並んでいる中に、一きわ目立つパルテノンは、世界第一の美建築として、二千四百年前から威風堂々あたりを拂って立つたる有様、唯でもアッと歎賞しない訳には行かない。……アクロポリスは、磊々たる巨岩から出来ている小丘の上へ、更に人工で数丈の石壁を築いて造り上げたもので、今其の上に残っている古建築が先ず四つある。其の第一はパルテノンで、此れは世界開闢以来空前絶後の美建築であると唱えられ、已にこれに就いて数万言の讃辞が費されたが今尚更に数万言が費されつつある恐ろしい代物である。これに至っては簡単な純朴な社であるが、其の簡単で純朴な所に云うに言はれない妙味がある。これが所謂ドーリア式の一番好い標品である。此の社の直ぐ北に隣って、エレクテオン社がある。これは所謂イオニア式の好い遺品で、玄関柱の代りに女神の立像が用いられているので有名である。

　伊東はアテネの他に、コリントやミケネ、オリンピア、パトラスを経て、イタリアのブリンディシへ着いている。清家のコースとは逆になる。アクロポリスの丘で、パルテノン神殿について冷静に事実を記述している。問題は伊東がパルテノン神殿を実際に見て、「法隆寺建築論」における「法隆寺・エンタシスのギリシャ伝来説」についての仮説を確信したのか、それとも修正したのかである。その前に伊東のパルテノン論を見てみる。

　「世界第一の美建築―パルテノン」と、「大なる藝術は意に大なる科学と一致す」（『科学知識』1922年9月）に、パルテノンを「絶対の美」（図Ⅱ-12B）として、「古今を通じて何人も異論が無

いと云うのは何故であろうか。それは絶対の美が絶対の真なると同様に、時の古今と場所の東西を超越するからである」と、「パルテノンとは何か」を検証している。いったい、パルテノンが美しいというのは、そもそも何であるのか。それは第一に、「権衡各部の比例、換言すれば其の形が美しい」のである。そして、その建物を構成する処の「線」が極めて微妙なのである。

その「線」の運用によって「空前絶後の美しい形」が作り出されているのは、「線」が人の視覚の錯誤を矯正するための「微妙な工夫」、今は「錯視」と呼ばれている現象による。この「視覚錯誤の矯正」によって、「<u>パルテノンの美は即ち決して偶然ではなくして芸術家の科学的考察から出た必然の結果である</u>」と、基壇と軒の中央が膨れ上った凸曲線、柱の内に向い傾斜していること、隅柱が他の柱より直径が太いこと、柱のすべてが直線でなく「エンタシス」膨らみ（胴張り）のある「ハイパポラ曲線」であるなどの事例を挙げている。(傍線筆者)

エンタシスはすでに古くエジプトに於ても実現されて居るがギリシャに於て大成した。日本でも法隆寺伽藍には美しいエンタシスの柱がある。奈良時代にもなお多少の痕跡を残して居るがその後この手法が全く廃滅に帰したのは惜むべきことである。

しかし、ギリシャの東漸によるエンタシスの法隆寺の柱への影響について、伊東は確信として言及していない。「法隆寺建築論」では、法隆寺の中門の柱「ふくらみ」について、

其輪廓はギリシャの所謂エンタシス「胴張り」と名づく曲線より成り……クラシック建築の所謂エンタシスと相均し……以上の事実を解釈するに歴史的眼孔を以てし、東西交渉の結果となすに到りては余の曾て信ずる所と雖ども、猶ほ少しく信疑を存する所あり、姑く記して諸君の訓誨を俟つ。

（『建築雑誌』1893年11月）

ギリシャと日本との間に、「東西交渉」があったから、法隆寺もエンタシスは同じ形になっているとするが、伊東は、「少しく信疑を存する所あり」と、留保も付けている。3年間の旅を費やしても、その証拠は見つけられなかった。

筆者が注目する点は、その「同じ形」とか「比例」という通常の「線」より「曲線」について判断していることにある。「芸術」というより「科学的」である。

それと「錯視」という問題である。「作家が苦心惨憺かき出した微妙な線が、錯覚のために醜悪な線に見えるならば、それは大変な問題である」と、「この種の錯覚を徹底的に矯正すべき工夫を大成したのはギリシャ人である」と、

かの有名なるパルテノンは即ち、その最好例的で、建物を組織する線ことごとく微妙な曲線よりなり、一つでも直線がなく、一ヶ所でも直角がないという位なものである。

谷口もパルテノン神殿の「錯視」について、『雪あかり日記』の「雪ばれの日」に、

　　ギリシャ建築では、視覚的な効果を重んずるために、「錯覚」によって、形が歪んで見えるのを防ごうとして、いろいろ「形の修正」を行っている。柱の「エンタシス」。これは柱の胴をふくらしたもので、錯覚によって、柱が逆に細くくぼんで見え、そのために弱々しく感じられるのを防ごうとする。「溝彫り」（フリューティング）、これは柱の表面に、条線を縦に細く刻み込んだものであって、円柱の表面を、その陰影によって丸く見せ、さらに柱の垂直感を一層強調しようとする。……彫刻についても、それを仰ぎみる角度、すなわち「仰角」を考慮して部分の大きさに増減を加えている。このように、ギリシャ神殿の美は、建築も彫刻も錯覚に対して巧みな修正を加え、「人の目」に対して細かい注意を払っている。

　この谷口の文章はすでにパルテノンを視た人であるかのような表現なのであるが、そしてこの谷口の「錯覚」とする効果の確認も谷口をギリシャへ誘った一因であったかもしれない。そして、「ギリシャ神殿に飾られる彫刻もまた、＜聖なる装飾＞といわねばならぬ」と、「奉献の芸術」としている。「人の目」というのも谷口が多用したワードである。後に谷口に続いて清家清や篠原一男も「錯視」現象を研究している。

5. パンテノン神殿の「曲線」の錯視と屋根の「そり」

　谷口にも「線」についての記述も多い。『日本建築の曲線的意匠・序説』（新潮社、1960年）に、「日本の建築には直線が多い。柱も梁もみな直線である。稀に曲った材料を使っている場合もある」としながらも、「7.＜そり＞の意匠的表現」に、「西洋建築の屋根に＜そり＞が現れなかったかを考えてみることは、逆に東洋建築の屋根の＜そり＞の意匠的特性を解明することになるだろう」と、これが実質的な谷口のパルテノン論である。

　　ギリシャ神殿の建築術は、細部においては、細心な意匠的注意が払われていて、直線な要素は一つもないといっていいほど、曲線と曲面に仕上げられている。屋根だけについてみても軒の線は直線ではなく、彎曲している。しかも、中央部が上がり、両端が下がっている。凸曲線である。だから、日本建築の屋根の「そり」の凹曲線と全く逆である。これは何故か。パルテノン神殿の建てられたギリシャの時代は、造形の調和や統一などの意匠術が最も進歩した時代であった。だから軒を凸曲線にしたのは、錯覚による醜さをさけるために考慮されたのだと説明されている。すなわち、軒をただ水平にしただけでは目の錯覚によって、それが垂れ下がったように見え、従ってそれが醜悪に見えるから、それを修正するためにわざと中央を盛りあげて凸曲線としたのであった。しかし、それに対して、日本の屋根は軒の線を美しく見せるために、逆に凹曲線にしている。それは何故か。

Ⅱ-13　秩父セメント　　B. 外観　　　　　　　　　　　　図Ⅱ-14　八王子・乗泉寺　図Ⅱ-15　平和塔
第二工場　　　　　　　　　　　　　　　　　　　　　　　　　別院霊園の回向堂内部から（ピース・パゴダ）
Ａ. 原材置場　　　　　　　　　　　　　　　　　　　　　　　見る宝塔

　伊東忠太がパルテノン神殿と法隆寺の柱のエンタシスを同一視しているのに反して、谷口
は屋根の軒の線はパルテノンは凸曲線、法隆寺などの日本建築は凹曲線と「全く逆」であるこ
とに注目している。

　谷口は、「日本の家屋が木造であるためである。木材はまっすぐな材料である。従って、そ
れを組み合せた家の造形が直線で構成されるのは当然といえる。……このように日本建築で
は、外部にも内部にも直線がすみずみまで行きわたっていて、それがすばらしい意匠となって
いる。これは日本建築の美しさの特色だといい得る」と、谷口の建築の障子の桟、縦格子に直
線が数多く使われている理由の１つである。

　谷口が屋根形に凸形の曲線を用いたシェル構造のヴォールト屋根を架けたのは、「秩父セメン
ト第二工場」（1956年）（図Ⅱ-13A・B）と、「東工大創立70周年記念講堂」（1958年）の２例のみで、

　そして屋根の平面形に円を用いたのは「八王子乗泉寺霊園」（1971年）の宝塔（図Ⅱ-14）と
サンフランシスコの「平和塔」（ピース・パゴダ、1970年）（図Ⅱ-15）の２例のみである。谷口
の「ミカンの皮の意匠」（1962年）[E-67]に、みかんの内部の「シャーレン構造」に注目している
が、それは貝殻のような「シェル構造」のことで、この２例の曲面屋根への摘用を見る。

6. 堀口捨己のパルテノン行 ——「日本の古典への道」へ

　堀口捨己は、50年代の中頃に大型の数寄屋建築のいくつかを完成した時の「数寄屋造と現
代建築について」（『建築文化』1956年1月）に、1923（大正12）年の欧州旅行について、

　　私はかつてギリシャのパルテノンの傍に立ったことがあった。パルテノンの列柱の一つ
　が修繕のために地の上に一個一個がばらばらにして横たえてあった。その柱頭の所を見入っ
　て、20代の私は思わずうめき声をあげた。学校で習わされたドリア風の柱頭とは全く異なっ
　た生きもののごとき在り方であった。これはギリシャの地に生まれて、豊かな世界に育ちあ
　がったもので、アジアの東のはしの育ちには、歯のたつものでないことを、はっきりと知ら

図Ⅱ-16　パルテノン神殿のル・コルビュジエ

図Ⅱ-17　堀口捨己 紫烟荘
A．外観

B．内部

された。それは学ぼうとしても学び得るようなものでないこと、ギリシャ彫刻の女神の如き在り方であった。それは美しい。しかしそれを模ねようとしても、烏が孔雀の尾をつけたような笑われるべきものしかできないような質の全く異ったものであった。そこでギリシャの古典は、東のはしから来た若い男に「柄にあった身についた道を歩め」とささやいていてくれる女神ではなかったが、冷たくきびしく寄りつくすべもない美しさの中に、うちのめされて、柄にあう道を探さざるを得なかったのである。そこには近代建築の道がひらけて、そこに身についた柄にあう行く手を見出した。また、その立場の上で、新しく身についた古典をも見出した。妙喜庵茶室、桂離宮……等々の日本の数寄屋造りを。

　堀口の建築思想の原点をここに見る。ル・コルビュジエも堀口と同じようにパルテノン神殿で横たえてあった、大きな石柱の断面に肘を当てている写真がある（**図Ⅱ-16**）。しかし両者のその後は異なる道を歩んだ。国宝の妙喜庵待庵は京都のJR山崎駅を降りると直ぐにあり、千利休60歳代前半の作と伝えられている。2畳の極小の草庵茶室で侘に徹した室床である。堀口はこの茶室を研究している。

　そして堀口は帰国後に、欧州旅行中に魅了されたアムステルダム派風の草庵建築をミックスしたような「紫烟荘」（1926年）（**図Ⅱ-17A・B**）と呼ばれる建築を設計した。

　仙田 満は谷口研究室の先輩の関 龍夫が、「谷口吉郎は堀口捨己をライバル視していた」ことについて話してくれたことがあると言う。しかし、「"茶の湯"を語る夕」（『婦人乃友』1958年1月）で対談している。しかし、対パルテノン神殿についてはその対応が異なっていたことが後に、2人の建築の進路の違いを生み出した。1920年、東大建築科の卒業生の堀口の他5人は「分離派建築会」を設立し、「建築は一つの芸術である。このことを認めて下さい」と宣言した。それに対して谷口の「分離派批判」（1928年）は、同年の第7回展、最後の同会の展覧会の展評として書かれた。「現実よりの『分離』。これこそ分離派の現相だ。これこそ分離派の現相に巣食う無気力と不健康の原素である」と谷口は批判した。

　それに対して、長谷川 堯は「日本の表現派」（『近代建築』1968年9、10、11月）に、「しかし五十年ほど後の今日の時点において、私たちはこの谷口の批判に再批判を企てなければな

図Ⅱ-18A．堀口捨己
双鐘居 外観

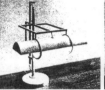

図Ⅱ-18B．堀口捨己 双鐘居 照明器具

らない。つまり、＜現実＞よ、驕るなかれ」と、書いた。そして長谷川は以後、谷口の建築について言及することはなかった。谷口が「表現派」でなかったことにもよる。しかし堀口との交遊は後も続いたのである。谷口は「分離派建築の会」について、「その茶室建築を囲る過去の環境を通して見、その背景の中に存する茶室建築を茶室建築たらしめた必然を掴み出して茶室を認識しなければならぬ」と、続けて堀口の次作の草庵建築についてそれを批判して、

なお、双鐘居について言及しなければならないのはその建築を産み出させた経済的背景である。その建築費その他のことは建築批判に際して、決して等閑視さるべきことでない。

それは「建築の芸術至上主義に走る贅沢」のための堀口の弁解にはならないとしている。堀口の「双鐘居」（1927年）（**図Ⅱ-18A**）は２階建の木造住宅で、和風であるが注目されるのは客間で、装飾志向が顕著な、華麗な色と照明デザインで、朱色や金粉硝子が使われ、吊り照明はガラス玉で濃密な色の世界で構成されていた（**図Ⅱ-18B**）。フランク・ロイド・ライトの影響も見られる。反対に谷口は「茶室」は材料も清貧であることを主張した。

7. 清家清のベルリン行 ──谷口吉郎追慕、「これは金沢だ！」

　清家 清の「風土と建築」（『谷口吉郎著作集』第四巻、淡交社、1981年）には、清家が1980年の暮れにベルリンを訪れたのは「グロピウス展」の日本での開催の「お礼参り」として、「バウハウス総合資料館」（バウハウス アルヒーブ）への表敬訪問と、ベルリンにおける谷口の旧「大日本帝国大使館」の調査と視察が目的であったことが書かれている。谷口は前年の1979年に亡くなっていた。まだベルリンの壁が崩壊していない東西ドイツの未統一の時代であった。清家は海軍軍人であったからか、当時の旧「日本大使館」に「大」と「帝国」を入れて、当時ボンにあった駐独日本大使館と区別して呼んでいた。「日独が世界との戦いに敗れて36年後の現在、ほとんどベルリン崩落の時点のままに残っている」と、清家は、

弾痕の跡などそのままに、雨の漏らない程度に修理された大使館の前に立つと、設計、施工などのイニシアチブはドイツ側にあり、監理に立ち会うだけに過ぎなかった谷口先生ではあるが、若き日の先生と直に向き合うよう、感慨深いものがあった。石造三階建てではあるが、優に四、五階分の高さはあり、まことに堂々とした量感でシュペア教授に率いられた当時の第三帝国様式のオーソドックスで清潔なデザインとディテールを持ち、健全な西洋建築といった趣の建築である。艶な中に質実剛健さを兼ね備えたこの建築に、谷口先生は案外感心されて、気に入られたのではないかとさえ思われる。というのも、その後の10年を経ずして竣工する三田の慶應義塾大学学生ホール（1949年）に、一見してそれとわかる影響が見られるからである。印象まことに鮮烈であったのではなかろうか。或いはこの建築にシンケルに遡るオーソドックスな西洋建築に対する目が開かれたのではないかとまで想像は広がる。東工大水力実験室に始まる先生の初期作品を彩ったインターナショナル様式が、ポストインターナショナリズムともいうべき第三帝国様式の横溢する当時のドイツ留学（註：日本大使館建設監修）を境として、以後の作品からは影をひそめてしまうからである。

　谷口先生後半の作品群のルーツはここにあるのではないかという思いがふと頭に湧く。そんな考えを弄びながらホテルへの道を辿る。

　それは「石造」ではなく構造主体は「レンガ造」に石貼りであったが、清家のこの判断は適確で、谷口の戦後の設計思想における「旧日本大使館」の重要性が書かれている。この「旧日本大使館」建築は、単に「第三帝国主義」建築と決め付けることは容易である。しかし、谷口は簡素なシンケルの古典主義の延長にあるプロシャ魂という伝統的な郷土意識を反映させた「風土建築」として認識していたことを、谷口門下生として清家は気付いていた。（傍線筆者）したがって以後の谷口の建築にとっても重要な建築であると言える。

8.『雪あかり日記』の金沢とK.F.シンケルの古典主義建築
──風土と伝統

　清家はベルリンの夜の闇を歩きながら「突然、これは金沢だ！ と気がついた」と、谷口の郷里への想いの深さを知る。つまり「ベルリンの風土、自然に仮託して郷里金沢への郷愁を書いたのが『雪あかり日記』である。『雪あかり日記』は金沢をキーワードに解くことができる」としている。その金沢への回帰は、「日本的なものへの回帰」であるとしながらも、「先生の眼前に聳え立ったのが、ギリシャにまで遡るシンケルなどの古典主義建築の数々であった」。その前に清家は、ベルリンに着くと、まず『雪あかり日記』の中で最も印象深く、また多くを割いて言及されているシンケルの「無名戦士の廟」（図Ⅱ–19A・B）を訪れようとしたが、東ベルリンにあるのでベルリンの壁に隔てられて「今回実見する機会を得なかったのが心に残った」と、再訪を期待している。清家は『雪あかり日記』にシンケルについて、

図Ⅱ-19　無名戦士の廟
A．正面

B．内部

　　先生は無意識に御自身をシンケルに擬していらっしゃるのではないかとも思った。シンケ
ルの西洋古典主義の建築に向き合うことによって、風土と伝統に開眼された。その思いは痛
切であったろう。シンケルは谷口先生にとって、ニュートンの林檎であったかもしれない。

　　それが戦後の第一作の「藤村記念堂」として結実する。この記念堂の前の小さな休憩所の設
計に加わっていた清家は、「創造性の故に、機能性と合理性が存在するということを私は先生
から教えていただいた。幸い私はよい師とよい伝承とよい国土、風土、自然を持った。」と「解
説」を結んでいる。この清家の言葉は難しい、シンケルの「創造性」のない単なる「模倣」だけ
の合理主義建築では不可で反省材料ということか。いや、それも「創造」なのである。

9. シンケルの「ギリシャの教訓」──「模倣」からドイツ「魂」が「湧出」

　　谷口はギリシャ建築の古典主義建築家のシンケルへの影響について『雪あかり日記』の、「ど
んよりした日」には、

　　過去様式から分離することのみを現代の目的と考え、その独断論によって、ギリシャの美
しさに感動する自分の内心をも偽り、古き昔の美的探究心を、ただ頭から軽々しく笑い去っ
ていたきらいがある。……その意味において、シンケルは、私にとって、「ギリシャの教訓」
を身をもって教訓してくれる一人の建築家であった。……しかし、とにかく模倣をこんな意
味に解釈すれば、シンケルの建築は、たしかにギリシャを模倣した模造品である。だが、そ
のギリシャの模倣から、不思議にも、ドイツの魂がこんこんと湧出する。それは何によるか。
これこそ私の考えねばならない問題であった。

　　当時のドイツでは、とにかくギリシャの文学・芸術・建築への関心は社会全体として格別に
強かったのである。
　　谷口の建築へのシンケルの影響については多くの指摘がある。その「教訓」は谷口にとって

図Ⅱ-20A. 新衛兵所 初期案（シンケル）

図Ⅱ-20B. 新衛兵所 実施案（シンケル）

は、自分たちは「日本の伝統的建築を古典として受け入れようとしているが、その結果は単な
る模写にならないのか」としながらも、「過去様式からの分離」を考えていて、それを危惧し
ていたのである。杉本俊多は、谷口の慶應義塾大学の諸施設の、「縦長の窓」、「玄関部の角柱」
は「シンケルにさかのぼる」と認めている。他の「東京国立博物館 東洋館」にも、「シンケル
の新古典主義の時代につくろうとした美学と、精神的にも共通している」としているが、私は
更にこの「東洋館」にパルテノン神殿の直接的な影響としての「写し」を感じている。谷口は
シンケルの「新衛兵所」の初期案（**図Ⅱ-20A**）の正面図について、

　　**六本の柱はドリア式の形ではなく、ただ四角い、全く無装飾的な石の柱にすぎない。ギリ
シャ式の「柱頭（キャピタル）」もなければ、「溝彫り」（フリューティング）もない。破風に
は彫刻もなく、ただ軒蛇腹には人の首の形をした装飾と、屋根の両脇に、鎧を兜と組み合し
た飾りがあるだけであった。**

　谷口はその初期案の原案をみて、当時のナチス・ドイツの建築に似ていることに驚いてい
る。しかし、それは新古典主義なのである。しかし筆者は実施案（**図Ⅱ-20B**）と初期案を見誤っ
て、簡素な四角柱のある建物を実施案と思ってしまった。ドリア式風の柱の方が実施案なので
ある。どうした訳であろうか。この疑問については誰も言わない。
　筆者は、「東工大水力実験室」の南立面をモダニズムではなく、ロマン風の古典美として評
価をしているが、より拡大解釈して、その時までに連続縦長窓をすでに設計していたから、シ
ンケル建築の縦長窓に容易に共感できたと考えられる。そして戦後も慶應義塾大学の一連「学
生ホール」（1949年）、普通部の「日吉校舎」（1951年）、「萬來舍」（1951年）の「縦長上げ下
げ窓」として頻出したのである。
　つまりシンケル建築を見る前から「縦長上げ下げ窓」の意識はすでにあったのである。そし
て縦線強調の実例をシンケルに視ている。杉本は、「ヨーロッパの古典主義の伝統をベースに
日本の伝統も吸収して超越的な建築美学を探究する方向に歩みつづける谷口の強固な路線が
見い出されるのである。なぜ縦線が強調されるのか」と、日本の伝統的建築への回帰を示唆し

ている。それが「ギリシャの教訓」であった。

　清家 清は、谷口論として「風土と建築」(『谷口吉郎著作集』第４巻作品篇Ⅰ)**T-1-4-1**の「解説」に、

　　　今となっては、先生に伺ってみるすべもないが、シンケルの作品の前で、御自身の来し方に
　　思いをめぐらされたに違いない。九谷焼の窯元に生れ、その自分が建築を志して、窯元の名家
　　を捨て、故郷を棄て、無国籍のインターナショナルスタイルを自己の様式として進んで来ら
　　れたわけだ。しかし丁度何か行きづまりに来ていて、思い悩んでおられたに違いない。

　谷口自身も「私は金沢を棄てた人間である」と話している。インターナショナルスタイルか
らも脱して、シンケルによって日本の伝統に気付いたことを適確に述べている。谷口にとっ
て、それが清家の言う「ニュートンの林檎」であったとは、西洋の古典主義によって日本の「風
土と伝統」に気付いた、しかしそれは、すでに金沢があったから「転向」という意識は谷口に
はなかった。つまり「回帰」であった。それは戦後の「藤村記念堂」として結実するが結果的
には「ギリシャの教訓」であった。しかし戦前の谷口「自邸」こそ、「一見、インターナショナ
ルな姿をしていても、本質は金沢に伝わる日本の伝統が脈打っていたわけだ」と、清家は重ね
て「風土への回帰の歴史について御自邸は一番よい標本である。そして日本的で和風である」
と、特異な評価をしている。それは清家流では「ポスト・インターナショナル」と言うのがよ
い表現である。(傍線筆者)　谷口吉生も父の設計の「自邸」の「作品解説」**Y-2**にも、

　　　父は、自邸を設計したのを機会に、建築に対する考え方を、「自余の弁」として、雑誌「国
　　際建築」に寄稿している。その中で、当時の外国からの影響や、新しい技術に非常に興味を
　　示すと同時に、それをいかに日本の気候風土や、生活様式にそれを調和させ、採用するかと
　　いうことを、熱心に述べており、後の、父の日本の伝統様式への強い傾倒が、すでに暗示さ
　　れている。
　　　　　　　　　　　　　　　　　　　　　　　　　　　　　　　　　　　　　　　(傍線筆者)

　したがって、谷口吉郎の日本建築への強い志向の初源を「自邸」に求める必要がある。その
「自余の弁」があるが、「自余は想像にまかせる」という意で、「それ以外」のことである。

10. 谷口吉郎「自邸」──日本の「風土」への回帰

□「ポスト・インターナショナル」(清家談)
　「自邸」についての「自余の弁」(『国際建築』1936年6月)の中の日本の「気候」についての
風土論とは、個別の環境への配慮、制御にかかわる工学的な実践でもあるとして、国際様式(イ
ンターナショナルスタイル)の背後に風土─環境的なパラダイム(註：谷口の言う「環境制御
の体系」)が入り込んでいくプロセス(八束はじめ「谷口吉郎─転向への射程」2005年)**G-48**

図II-21　谷口「自邸」　　　B. 内部（広間）　　　C. 完成時の南側立面（藤岡洋保）
A. 外部

である（**図II-21A・B・C**）。やはり、それを「ポスト・インターナショナル」と言うのか。

　筆者は2018年3月のある日、品川区小山の谷口吉郎自邸を訪れた。東急目黒線の洗足駅で降り、坂を上り、清家の設計した木造シェルの「うさぎ幼稚園」（1949年）のあった所を左へ曲ると、そこに谷口邸は位置していた。谷口吉生は「自邸」の「作品解説」[*Y-2]に、

　　　その後、現在にいたるまで、何度かの増改築がなされている。……そんな中で一番大きな
　　変化は、1964年頃の私が留学中のことであった。約5年の外国生活を終えて日本に帰って
　　みると、家の姿は全く変わり、構造体はもとのままであるという、父の言葉が信じがたいほ
　　どであった。（註：1965年に増改築）

　道路から裏面である北立面を見ると、木造の玄関門構えが新設され、大谷石の塀を設けている。東側の地下に車庫、1階に和室、2階に寝室が増築され間口は拡大されている。他にも、外壁が杉竪羽目板のアルミニウムペンキ塗で銀色であったのを、ラスモルタルのリシンガン吹付けに変更されていた。谷口のインターナショナル・モダニズムを終えた様相であった。そしてサッシュもアルミに取り替えられ、木製縦格子が付いている。私は竣工当時の写真のイメージでいたから、同じ建物とはまったく見えなかった。谷口吉生は、『こどもと住まい—50人の建築家の原風景—（上）』（仙田　満編著、住まいの図書館出版局、星雲社、1990年）の中の、「家・建築の思い出」に、

　　　こどもの頃住んでいたのは、父（谷口吉郎）が設計した家です。木造で壁構造的な設計で、
　　今でいうツーバイフォー的な感じでしたね。父がつくった、当時の白っぽいインターナショ
　　ナルスタイルの家にもいましたし、伝統的な金沢の祖父の家にも住んでいました。その後、
　　父の設計した家は、何度も父の建築が変わるたびに改修されました。たとえば、ホテルオー
　　クラを設計した当時は、家の一部がホテルオークラのロビーのようになりました。父は自分
　　の家を原寸の模型のように考えていたようです。

図Ⅱ-21　谷口「自邸」当初　　E. 平面スケッチ
D. 谷口吉生による外観（玄関）（『こどもと住まい（上）』）

谷口吉生自身による「自邸」の平面と玄関部のスケッチがある（図Ⅱ-21D・E）。

藤岡洋保による『合目的性を超えた意匠の世界─谷口吉郎自邸』（新建築社）に発表された増改築後の比較図を見ていなかったら、通り過ぎてしまったかもしれない。その外観に、谷口吉郎の建築が感じられない普通の家だったからである。

しかし谷口吉生は、最終的には内部は「数寄屋」建築になっていたと話している。谷口吉郎の「ポスト・インターナショナル」は、やはり逆向きのベクトルであった。

11.『イタリア紀行』シンケル ── 「古典美」と「中世美」

ゲーテの『イタリア紀行』*GL-2のように、ドイツの詩人や芸術家にとってギリシャだけでなくむしろ古代イタリア建築への関心は強かった。

シンケルも23歳の青年建築家として1803年にイタリアに入り、北方イタリアのゴシック建築だけではなく古代ローマのギリシャの植民地である、パエストウムの「ポセイドン神殿」の跡を訪ねている。

谷口は、シンケルの古典美と中世美について、「川風の吹く日」*T-1-1に、

　　シンケルにおいて問題となっていたのは、ギリシャ建築の「古典美」の均整ある統一と、「中世美」としてのゴシック建築の構造的な美が内在することで、そのどちらを選ぶかということよりも、その二つを貫く建築美の本質が、彼の旅行中に抱いた探究の目的であったと考えられる。

そしてギリシャ建築の「装飾的な模倣」よりも、ゴシック建築の「構造的な壁体の配分と建築の立体を造形的な韻律的な量感」によって、建築の立体を組み立てようとする方法は、「その後二十世紀のモダニズム建築に、盛んに採用されるに至る」と、谷口はシンケルの意匠の卓見を実証している。

谷口も1939年の初夏、5月に鉄道でイタリアに入っている。すでにモダニズム建築が始まっ

図Ⅱ-22A. ゲーテの『イタリア紀行』の口絵

ていて、新興イタリアの造形力はムッソリーニのファシストの党の公認となっていた。つまり当局による造形統制はなかったのである。

　谷口のイタリアへの旅行はあわただしく約半月と短かったが、「ベネチア、フィレンツェ、アッシジ、ピサ、ローマさらに昨年訪れた時のナポリ、ポンペイ、いろいろ感銘は深い」と、ミラノ「大聖堂」の前のアーケードのガレリアの前の小雨降るカフェ・テラスで疲れた体を休めながら感慨に沈んでいる。谷口は、このイタリアでフィレンツェ駅の新停車場の建築など、すでに新しいモダニズム建築を見ていた。しかし、もう少し足を延ばせばギリシャへ渡れるところまで来ていたのである。

12. 谷口吉郎と木下杢太郎のゲーテ・『イタリア紀行』

　谷口は『せせらぎ日記』*T-5-22-A の「国際列車」に、イタリア行きの国際列車で、国境のブレンネルのトンネルを越えるとイタリアで、

　　この峠をゲーテも越した。三十七歳の詩人が岩角に腰をおろし、遥かイタリアを遠望している構図の絵が、日本で出版された『イタリア紀行』の口絵（図Ⅱ-22A）となっていたのを思い出す。

　谷口は、「約半月ばかり、私はイタリアをひとりで歩き廻った。あわただしい旅で、いつも何か追いかけられているような気持に包まれていたのは、緊迫した時局のせいもあるが、このイタリアではどこへ行っても、名建築が多い。まったくその感銘に、私は圧倒された」と、それはゲーテを追憶する旅でもあった。同書の「ゲーテ・ハウス」*T-5-22-A にも、

　　ゲーテの学術的研究の範囲は広く、……建築だけを見ても、ゴシック寺院に関する論文や『イタリア紀行』の中で述べられている知識は該博である。イタリアへは1786年と1790年の２回旅行し、そこで見た古代ローマの建築や美術から受けた感銘は、この詩人の美意識に

強い影響を与えていた。私は学生時代にドイツ語の勉強のために『イタリア紀行』の抜粋を読んだことがあるが、その書物から得た教示が、こんど私がヨーロッパに来て、イタリアを旅行している時に思い出され、ゲーテの美意識が私に乗り移ってくるような気さえした。私がシンケルの設計した建築の強い精神に感銘を受けたのは、その奥にゲーテの詩的精神があったからである。そう思うと、私自身は建築家としてのゲーテに感銘を受けていたことになる。それほどゲーテの万能的な才能は建築にもすぐれていた。

谷口はシンケルの建築に「プロシャ魂」を感じていたが、それは「ゲーテの詩的精神」を通しての感銘であった。谷口は同じく「川風の吹く日に」*T-5-22-A に、

　　シンケルにとっても、この時のイタリア旅行は、彼の古典主義にしっかりとした確信を得る大きな契機となった。……シンケルにあっては、中世美は古典美とともに、彼の心をひくものであった。彼はイタリアにおいて、古代ローマやギリシャ植民地の跡を訪ね、その美しさに目をみはると同時に、北方イタリアに残っている古い中世寺院の美しさにも心をよせた。ことにゴシック建築の古い構造について興味をもち、それを熱心に研究している。それ故、ゲーテのごとく古典美は中世美と対立するものではなかった。

ここでも谷口は、「古典美」と「中世美」の二元性が「対立」するものではないとしながらも注目している。このイタリア半島における「ギリシャ植民地の跡」とは、パエストウムの「ポセイドン神殿」で、ゲーテも訪れている。ル・コルビュジエも『建築をめざして』において、ギリシャのパルテノン神殿と、このパエストウムの神殿を比較している。清家も訪れているが、谷口はどうであったか、このイタリア行では多分ここへは到達していなかったのではないか。しかし、ナポリまで来ていて、パエストウムは比較的に近い。そしてアテネまでは、アドリア海を隔ててもう一歩の距離にあったからである。

　ゲーテのイタリアの旅は、ベニスからボローニア、フィレンツェ、ローマからナポリを経てパエストウム、ポンペイからシチリアを廻り再びナポリに戻っているから、彼もギリシャへは行っていない。まさしく『イタリア紀行』であった。ゲーテは英人・ウァースリのもとで、パルテノン神殿の破風彫刻およびフリーズ浮彫の素描を見て感銘を受けたが、終始実物に関心を持ち、貧弱な素描や石膏模型を通して、その真正なギリシャ精神を感じ取っていた。

　筆者の愛蔵書である写真家の平山忠治の私家版『バウマイスター・ゲーテ―ゲーテと建築術』（1980年）（図Ⅱ-22B）に、平山はパエストウムの「ポセイドン神殿」（図Ⅱ-22C）の自分で撮った写真技術で、いわゆるその「崇高さ」（Sublime）の真髄を伝えられるかを冒頭で問うている。

　「花の書の会」の木下杢太郎の「ゲエテの伊太利亜紀行」（『セルパン』1932年3月）の末尾には、

　　若し僕が今、文科大学の学生であったとしたら、ゲエテの伊太利亜紀行を卒業論文の題目

図Ⅱ-22B．平山忠治の
『バウマイスター・ゲーテ』
の表紙

図Ⅱ-22C．パエストゥム神殿　写真（平山忠治）

として選んだであろう。……僕も38歳の時、1923年（大正12年）ゲエテのかの書を携えて
伊太利亜を旅行し、こんな筈ではなかったと思ったこともある。是等の近世の意識の層を通
じて、逆に回顧すると、ゲエテの姿はどの位まで歪んで見えるだろうか。そんな風な見方か
ら観察して見たいというのである。然しこの研究には中々手間がかかろう。文科大学の学生
でもないと、時間の余裕が十分に有る身でないと企てかねるのである。

　そして杢太郎は「僕の持っている『伊太利亜紀行』には、1904年9月12日と日付がしてあ
るが、その頃我々は高等学校の生徒」であった。岩本 禎先生から2年間を通じてこの書を教え
られ、大半を読み上げたものであった。この岩本 禎は、建築家の岩本 禄の兄である。岩本 禄
は大正期の建築家で、近代建築の先駆者として分離派の堀口捨己や創宇社の山口文象に影響
を与えた。岩本 禎は明治から昭和前期の哲学者で、一高教授としてドイツ語を教えた。漱石
の『三四郎』の「偉大な暗闇」として狩野亨吉とともに広田先生のモデルである。そして鷗外
の小説『青年』のモデルが杢太郎である。杢太郎は、1906年に独協会中学校を卒業し第一高
等学校第三部の医学コースへ入学したが、この岩本 禎の講義でゲーテの『イタリア紀行』に感
激し、文学者に憧れた。
　野田宇太郎は谷口の「詩人としての足跡」*J-17に、

　　『せせらぎ日記』は、『雪あかり日記』につづく著者（註：谷口吉郎）のヨーロッパ建築紀
　　行の姉妹篇である。……そういえば内容も、はじめは『雪あかり日記』につづく『せせらぎ
　　日記』として、建築家としてのヨーロッパの明るい自然の中の第一印象を書きとめようと
　　していたが、単行本では、ゲーテの『イタリア紀行』のように主として明るいヨーロッパの美
　　術に焦点が移っていると云ってよい。ドイツ滞在中の著者は『イタリア紀行』を書いたゲー
　　テのように若くて、好奇心が強かったのである。

　確かに34歳の谷口へのゲーテの『イタリア紀行』の影響は大きかったのである。建築でも

ドイツの古典主義建築よりローマ大学の新校舎などの新しいイタリアの党の公認を受けたモダニズムの合理主義建築に共感していた。

13. ゲーテの『ファウスト』からの影響 ──「悪魔の笑い声」

『せせらぎ日記』の末尾には、1939年10月谷口は日本へ帰国する靖国丸で、船尾のカラカラと不気味に鳴る音に、

> いつか見た『ファウスト』の舞台場面を思い出し、それが悪魔の笑い声のように聞える。悪魔メフィストによって魂を奪われた老ファウスト博士が若さを得て歓楽に酔い、広い国土に大規模な土木事業を起したが地獄に落ちた。そのように今、この地球も煉獄になろうとしている。……それをどこか遠い空から悪魔メフィストが眺めながら、せせら笑っているような気がする。そんな不吉な幻覚が私の頭の中に湧いてきた。船は激浪さかまく暗い夜の海を、遠い故国に向かって進んでいく。（完）

谷口の乗った帰国船の靖国丸で、帰国すれば戦争の足音が聞こえる日本には、それこそ「煉獄」の予感を暗示している。

ゲーテの戯曲の『ファウスト』（1808-1832年）は、ファウスト博士が悪魔メフィストフェレスとの契約で魔力を得て、享楽と冒険の遍歴生活をする物語である。第一部ではグレートヒェンとの悲恋、第二部では理想の国家建設への努力と、純粋な愛によって救われた魂の昇天が語られている。当時ドイツの政局は、ナチスのヒットラーがファウストにあたるのか、それともメフィストフェレスがヒットラーであるのかは、谷口は、「神は、英雄ナポレオンにセントヘレナの最期を与えられた。ヒットラーに、神は、いつぞ何を与えようとしているのだろう」と書いているから、ヒットラーはファウストで、神に背いた罪で破滅するのである。

「ドイツでは大詩人のゲーテも劇場の設計や都市計画の実現に情熱を燃やしている」と、ゲーテも建築に関心が深く、シンケルと同じように「古典ギリシャの美意識を探究し、その様式にこもる美的原理を追及することによって古典美の特性を知ろう」とする。

谷口の『せせらぎ日記』の「ゲーテ・ハウス」をはじめに、ゲーテに関する記述は実に多い。それは後の「花の書の会」の影響にも連なる。谷口の演劇指向にはゲーテがいるのか。

14. 東京国立博物館・東洋館 ──東洋のパルテノン神殿

筆者が浅草に住んでいた頃、浅草から西へ旧男坂を登り上野陸橋のＪＲの線路をわたり、上野公園通りの左手にある谷口設計の「日本学士院会館」（1974年）と、右手の「東京国立博物館 東洋館」（1968年）の前を通り東京藝大へ、そして谷中から団子坂上の「森 鷗外記念館」へ

とバスで通ることが多かったので、この谷口の２つの美しい建物をいつも興味深く見ている。筆者が少年時代には、この「東京国立博物館」本館の前庭の草原でバッタ捕りをしたこともあったが、まだこの「東洋館」は建っていなかった。

伊藤ていじの「＜写し＞の建築」―東京国立博物館 東洋館をみて―（『新建築』1968年12月）には、敷地の北西にある、片山東熊の「表慶館」（1908年）を伊藤は、ネオ・バロック様式を単に「西欧風」として、そして正面の渡辺 仁の本館「東京帝室博物館」（1937年）を帝冠式というより「日本風というより中国的」であると、「共に既存の２建築は＜写し＞の建物で、しかも相互に異なる様式をもっていた」としたうえで、今度の谷口の東洋館は、「平安時代の寝殿造を思い浮べる」と、

　　柱梁構造、深くつき出た軒、２階の床面の高さにめぐらされたベランダの組み合わせはそうして印象をつくりだす主な要素である。……単に木造建築のディメンジョンを拡大するだけで伝統的な日本建築の感覚をもった建物ができてしまうものらしい。

確かに柱梁のディメンジョンは木造より大きい。そして「このようにして中国風の＜本館＞に日本の美術品が、そして日本風の＜東洋館＞に東洋の美術品が展示されることになった」と、その数奇な巡り合せを感じとっている。しかし問題は、「既存の建築の様式がお互いに異質なものであったということであろう」と、谷口の「苦心も同じくそこにあったと思われる」。そして正面にある渡辺 仁の原案で伊東忠太＋宮内省内匠寮設計の「東京帝室博物館」（現「東京国立博物館本館」）は、帝冠スタイルのコンクリートの建物の上に全面瓦屋根を葺いた純伝統建築風であるが、渡辺 仁は設計競技の説明書で、「日本趣味のコンクリート建築は木造表現に重きを置かれども、斯かかる大建築に於ては構造上寧ろ、石造表現を至当と信じ詳細に至る迄是れに留意して設計せり」と、石造りで日本風、つまり「日本趣味の建築」ではなく、むしろ中国風のような感じであると私も常々奇異に思っていた。この上野の山の国立博物館の構内には以上のような建築様式が混在していた。

この「東京帝室博物館」の昭和６年（1931年）の前川國男のコンペ提出案（図Ⅱ-23）は、「日本趣味ヲ基調トスル東洋式トスルコト」との応募要項を無視した陸屋根のモダニズム建築ル・コルビュジエ風であり、その「コンペ案の趣旨書」に対して前川は、

　　紀元二千五百九十一年に鉄骨鉄筋コンクリートによって唐破風を作り斜めの千鳥破風を模すことは、光輝ある過去二千数百年の日本芸術史に対する一大冒瀆であると言わねばならぬ。

渡辺 仁の案は「似而非日本建築」と、前川はこの自分のやり方こそ「最も日本的なるものの一例」だとしている。前川國男はその後、「モダニズムの闘将」と呼ばれる存在となった。そ

図II-23　前川國男の「帝室博物館」のコンペ提出案

して「負ければ賊軍」の檄文が『国際建築』（1931年6月）に載った。前川はこの落選案について、後の68歳の時に、「もしあれが逆に建って今残っているとしたら、上野の山は目をあけて歩けないだろうといって笑っているんだがね」と発言していたが、筆者は少年の頃からこの上野の山で遊んでいた体験からすると、むしろこのような近代建築が望ましかった。同じ前川の東京文化会館のように。

　伊藤は結果的に谷口のこの「東京国立博物館　東洋館」（前掲、図I-2参照）のデザインは、

　　日本の伝統的な建築様式を「写す」ことによって、つくられた建築、あるいはそれを意識
　　してデザインされた建築は、多くの場合、現代デザインとしてはひ弱である。

　しかし、「この環境の中で＜写し＞の建築を谷口が試みたことは、賢明であった」として、その「写し」の対象建築としては、

　　寝殿造風の建物ではあるが、その建物を見て「王朝時代の寝殿造」を思い浮べることがで
　　きるとしたら、そこには歴史の連続性があったことになるだろう。

　まず「写し」とは、何の「写し」であるかというと、「王朝時代の寝殿造風」であるとの伊藤ていじの論理はある意味では適確ではない。その理由として何故に「東洋館」の建築が「寝殿造風」の「写し」なのかである。寝殿造の建築は現存しないが、原型をとどめているのは京都御所の紫宸殿、清涼殿である。その入母屋造りの勾欄の手摺と御簾などに似ているということか。何故に谷口が寝殿造を選択したのかその理由も不明である。単に好きなだけか、伊藤はもう少し東洋というものを広く捉えられないのか。単に同じ廻廊としての「高殿式」建築は谷口の佐伯宗義の山荘の「佐伯別邸」（1957年）がある。

　「写し」とは、例えば大徳寺の龍光院の密庵席の「写し」としてつくられた狐蓬庵の山雲床<ruby>さんうんじょう</ruby>や忘筌<ruby>ぼうせん</ruby>という茶室がある。この「名のある茶室」を模して新たな茶室をつくるという手法を「写し」という。そして写された原形を「本歌」という。和歌の技法「本歌取り」（意識的に先人の作

の用語・語句などを取り入れて和歌をつくること）に喩えられている。

　清家清は、エッセイ「東と西の交差点」で、ギリシャが東洋の西の端で、西洋との接点であると書いている。つまり東洋とは日本からギリシャまでが該当地なのである。

　谷口吉郎も、この東洋館の発表時に、「極東の美術眼」（東京国立博物館　東洋館）と題した小文（『新建築』1968年12月）に、

　　日本は東洋の極東。シルクロードの終着駅だった。さらにアジアの文化は南の海から波及し、歴史の各時代の文物が多く渡来した。そのために日本は「東洋美術の宝庫」となっている。

　シルクロードの起点はギリシャで、終点は日本で極東にあたる。谷口がその両端の建築を、東洋館の「写し」としない訳はない。

　同じく谷口は、『雪あかり日記』の「凍てつく日」*T-1-1-①に、

　　法隆寺の金堂や五重塔の建築に、われわれはその美しい文様を至る所で発見することができる。……伊東忠太先生が、「飛鳥模様」と名付けられたもので、わが飛鳥時代の仏教美術は、この唐草によって美しく装飾されていた。エジプトや小アジア、そのほかギリシャの野に咲いていた一茎の花の美しさが、遠い遠い東洋のはての大和の地まで到達した。それこそ幾山河の難路である、険阻を越えねばならなかった。……それにもかかわらず、この花の文様はその困苦を押し切って、はるばる東海の小島にたどりついた。

　この唐草文様は「忍冬唐草」のことで、ギリシャの壺などにも多数描かれていた。「一茎の花の美」だけではなく、「エンタシス」も大和の地に来ていた。この文章からも、谷口が東洋の領域をギリシャから日本・大和までと考えていたことが判る。清家も著書の『ぱるてのん』*SS-1でギリシャの野草の写真を載せている。

　谷口の師の伊東忠太も、法隆寺を「発見」して、それを遠く西域からギリシャに連なる系譜のなかに位置づけた建築史家であった。伊東はその後、法隆寺の柱のエンタシスの源流を求めて、中国、インドからギリシャへと旅立っているのも必然であった。つまりその旅はパルテノン神殿と法隆寺の柱を結ぶための論理を実証するのが目的であったとする説もある。

　筆者は、大学卒業直後にこの東洋館を意識して見た時からパルテノン神殿との近似を直感してきた。したがって東洋館の「写し」の「本歌」に、寝殿造の他に遥か遠方のパルテノン神殿を加えたい。しかし、東洋館の廂の先端部分が逆に跳ね上がっているが、全体的に緩やかな勾配の切妻屋根と、正面部分の列柱、そして2階の周囲にめぐらされた高殿の大きな勾欄（谷口の言うテレス）がパルテノン神殿の基壇の柱廊（ポーチ）のようである。この緩勾配のW形屋根について、谷口は「雨もりを防ぐために屋根は傾斜となり、銅板ぶき、ピン・ジョイント（図Ⅱ-24）により屋根は柱の軸部より構造的に分離して、亀裂のおそれを少なくする」と、説

図Ⅱ-24　東京国立博物館・東洋館　柱頭のピンジョイント（天井）

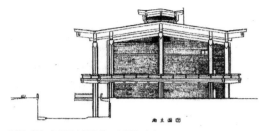

図Ⅱ-25　東京国立博物館・東洋館　南立面図

明している。その南立面図（**図Ⅱ-25**）である。

　伊東忠太の『木片集』（萬里閣書房、1928年）は、この本も筆者は本郷の東大前の古書店で買い求めていたが、「世界第一の美建築パルテノン」として、その屋根の形について谷口の説明と似ているが、

　　パルテノンの屋根は切妻で、その勾配は13度50分である。総てギリシャ建築の屋根は15度位が標準であった。パルテノンはやや普通より緩勾配であるが、実際見た処でまことに穏やかである。当地方の雨量から計算した結果は、パルテノンの大きさに於てパルテノンの勾配がピッタリと数学上の算定に適中すると云うことである。即ち屋根の輪郭（りんかく）は芸術上から案出した形と雨量の実際から測定した形とが符合したのである。

「東洋館」の屋根勾配は、比較してみるとパルテノン神殿よりもやや緩いことが解った。「東京国立博物館　東洋館」の「作品解説」で担当者の谷口吉郎研究室の白濱謙一は、

　　深い軒を支える列柱の上部は削りとられてわずかに木彫の切口を匂わせるのがギリシャのオーダーではない。和風の表現として使いなれた竪格子は、西北に正面をもつこの建物においては光を調節するルーバーとして合理的に機能している。

　柱はギリシャのオーダーではないとしても、ギリシャを意識していることは感じられる。平面形（**図Ⅱ-26**）はパルテノン神殿と近似している（**図Ⅱ-27**）。ベルリンの「アルテス・ムゼウム」（国立博物館旧館1823-1830年）（後掲、図Ⅵ-28A・B参照）は、18本のイオニア様式の列柱が並ぶそれにも類似している。柱の断面形は、円と四角のコーナーを落とした形と異なっているが、しかし、この「東洋館」の棟の中心には棟柱があるが、パルテノン神殿には棟柱がない。このことについてギリシャの古代遺跡を研究対象としている東大の川津彩可に質問すると、まず「東洋館の西側、長軸方向に独立柱の配された建物正面の佇まいは一見、日本の唐

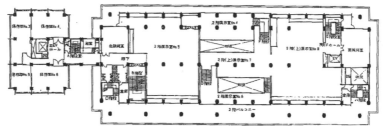

図Ⅱ-26　東京国立博物館・東洋館 平面図

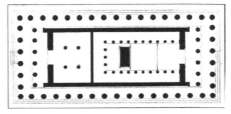

図Ⅱ-27　パルテノン神殿 平面図

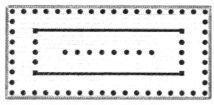

図Ⅱ-28A. テルモンのアポロ神殿 平面図

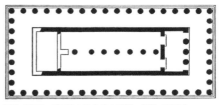

図Ⅱ-28B. パエストウムのヘラ第一神殿 平面図

招提寺や平安神宮を彷彿とさせるようでもあり、パルテノン神殿を含む古代ギリシャの周柱式の神殿を想起させるように思われます」と返書され、ギリシャ神殿にも中央に列柱のある著名な事例として、

・テルモンのアポロン神殿［ギリシャ本土］（図Ⅱ-28A）
・パエストウムのヘラ第一神殿（通称「バシリカ」）［南イタリア］（図Ⅱ-28B）

　この両神殿は、「花の書の会」の同人の村田潔の『ギリシャ神殿』（築地書店、1944年）に平面図とともに紹介されているが、谷口と村田は『ギリシャの文化』（大澤築地書店、1942年）を共同編集して出版しているから中央列柱は同書から認識した可能性がある。テルモンのアポロン神殿について、川津は、

その建造が紀元前7世紀末に遡るこの神殿は、最初期のギリシャ建築のひとつとして、ギリシャ建築の材料が木造から石造に移行したとされる文脈の中で語られることも多い周柱式の神殿建築です。

　長軸方向の中央に列柱を持っており、「創建当初の建物は石の基礎の上に建てられ、柱やエンタブラチェアは木造、壁は日乾煉瓦造であった」とされている。他のパエストゥムのヘラ第一神殿は紀元前6世紀中頃に建設された。パルテノン神殿より以前で、ギリシャ人によりイタリア半島に築かれた植民都市で、ゲーテも1787年に訪れていて『イタリア紀行』の中で同行している画家がスケッチしている。ル・コルビュジエも清家も訪れている。谷口もこのパエストゥムのある南イタリアまで行っていた記録もある。
　そして川津は、「東洋館の棟柱が、ギリシャ建築を意図したものだとするならば、以上に挙げたように建物長軸方向の中央列柱を持つ比較的古い時代のギリシャ神殿を谷口先生は意識されていたのではないかと感じた次第です」と、つまり木造時代の原型として、この構法を採用し、柱頭をピン構造にしていたのではとして、川津は、

　東洋館の短辺断面は棟を含めて5柱であるが、テルモンのアポロ神殿は棟を含めて3柱であるが、煉瓦壁列が柱の替りの外壁と考えると両建物は同種構造に近似している。

　つまり5柱式に相当すると川津は説明しているのである。それはパエストゥム神殿も同じである。杉本俊多も、「谷口吉郎小郡展」（1997年10月、福岡県小郡市）のシンポジウム*T-3-3の基調講演で、スライドを映しながら、

　「これは、東京国立博物館 東洋館です。……これも私の目にはこういう構造的な美学と映ります。柱梁という美学を日本的な発想で改めてつくり直したのではないか。それは先ほど言ったシンケルが新古典主義時代につくろうとした美学と、精神的には共通しているということです」

　杉本の「日本的発想」で作り直したとは、寝殿造そのままではなくて、シンケルが新古典主義で援用したギリシャ的手法を使ってである。暗にギリシャ神殿のことを言っている。しかし、「作り直し」に「写し」の思想の反映を見るのは、イオニア式の柱列の「アルテス・ムゼウム」なのである。「東洋館」のように柱と梁（屋根）が、ピン・ジョイントで柱と接合する構法は地震の多い木造の日本建築の伝統には少ない。それは西洋では珍しいパルテノン神殿の構法で、石造となる以前は、木造であったことは定説となっている。
　谷口の同種の建物には、<u>柱と梁の接合部にピン・ジョイント金具を使用した構法はない。</u>
（傍線筆者）　谷口吉郎は「7.＜そり＞の意匠的表現」*T-5-10で、

古代ギリシャの神殿建築は石造であった。しかし構造は柱と梁によるものであり、屋根は切妻であるから、見方によっては日本の木造建築と非常に似ている。しかし、屋根の勾配はゆるく、更に著しい相違は庇がないことである。すなわち、軒の出はほとんど認められないほどである。

　しかし「東洋館」は、日本は雨が著しく多いから庇は突出される。その庇先は逆にそり返って付けられている。それは「日本建築」の手法である。そしてギリシャ神殿の軒の線は、錯視の関係で中央が上がり凸曲線だが、日本の屋根の「そり」は凹曲線でまったく逆である。ギリシャ建築は石造なので非常に重いので中央部が沈下しやすいことにもよる。このような認識を持つ谷口が、「東洋館」で「日本＋ギリシャ」的な構造を併用したことは必然的である。
　谷口の『雪あかり日記』の「どんよりした日」*T-1-1-① に、テッセノウによって内部が「無名戦士の廟」として改修された。

　　二十世紀の合理主義建築の理論からいえば、この建築は、擬古主義の様式として古いギリシャの様式をそのまま模倣し、風土の全くちがった異国の様式をそのまま輸入したものであった。さらに、最初の用途を変更して、別の目的に改造された転用建築にすぎない。……ここに、建築の大きな課題があると私は思う。

　このようなギリシャ建築の他の風土の異なる土地への「転用」つまり「写し」について認識を持っている谷口が、「東洋館」に「パルテノン神殿」を「模倣」というか「写し」たのには理由がある。続けて谷口は、

　　ギリシャ建築は石造建築でありながら、古い木材建築の形から発生したものである。その柱や梁の細部に定められているいろいろな形式上の規範も、その原形は木造建築の手法から由来したものであると、建築歴史家によって論ぜられている。だから、ギリシャ建築の美しさも、いわば模倣から生じた形式美といわねばならぬ。

　したがって、その「柱の頭部」が削り取られるような「ピン・ジョイント」である。だが、それははたして「木造建築の手法」だけなのか。筆者にはギリシャ建築のドリア式、イオニア式、コリント式などの柱頭は単に装飾的な機能表現ではなく、柱頭部の力学的特性として反力の模倣構造でそのモーメントを伝えない機械的表現としての「ピン・ジョイント」の無装飾化を感じるのである（『清家 清の「私の家」』萌文社、2018年）。その柱頭化である。したがって、谷口はギリシャの「模倣から生じる形式美」をいかに寝殿造りと合体させるか、苦心していたのである。その後に、この「東洋館」は2009年から2012年に、安井建築設計事務所の設計で、「東洋館リニューアル」工事がなされ、耐震補強として柱頭のピン・ジョイント部の改修、無

図Ⅱ–28C. 東京国立博物館・法隆寺宝物館
正面と池

窓展示室の耐震壁の新設とその裏側に壁付展示ケースの設置を行った*T-4。やはりこの柱頭の
「ピン・ジョイント」の特殊構造は新耐震基準に適合しなかったのではないか。

　谷口の「どんよりした日」*T-1-1-①の結末部を再掲する。

　　とにかく模倣をこんな意味に解釈すれば、シンケルの建築は、たしかにギリシャを模倣し
　た模造品である。だが、そのギリシャの模倣から、不思議に、ドイツの魂がこんこんと湧出
　する。それは何によるか、これこそ私の考えねばならない問題であった。

　その回答が、この「東洋館」で、後述する「合一」の実態であった。ギリシャの模倣から日
本建築の魂が湧き出る、それは「東洋」という共通の歴史があったからである。そして「和風
建築ではなくて、日本建築の要素を備えた＜オーダー＞を自分なりに探したのです」とする
谷口吉生の「東京国立博物館　法隆寺宝物館」(図Ⅱ–28C) は、谷口吉郎の「東洋館」の対面に建
てられた。それが同一敷地内に対峙するのも谷口父子による奇縁であった。谷口吉生がここで
ギリシャ建築の用語の「オーダー」を用いているのも、以上の必然があった。

15. 東京国立博物館・法隆寺宝物館 ──普遍的オーダー

□ 谷口吉生の「日本建築の普遍化」(オーダー) ──ポスト・インターナショナルの建築家

　谷口吉生が、父・吉郎の「東洋館」の中庭を隔てて対面に、「東京国立博物館・法隆寺宝物館」
(1999年) を設計する。「背景の関連から建築を考える」(『十二組十三人の建築家』古谷誠章対
談集、LIXIL出版、2014年) に、谷口吉生は、

　　「当然、日本ということも意識しました。しかし法隆寺宝物館だからといって和風建築で
　いくわけにはいかない。また法隆寺の宝物を入れる器として、また国の博物館としてふさわ
　しい建築を一生懸命に考えました」

谷口吉生は、日本建築の要素を備えた「オーダー」を探していたのである。そして「茶室には＜写し＞という表現がありますが」と言いつつも、単なる日本建築や法隆寺の「写し」であることを否定している。

　　「日本文化に対する畏敬と共に、静かに思索できる場所をつくろうと思いました。また国の博物館にふさわしい品格を与えるためには、何か、整然としたオーダーがある建築にしようと考えました。日本建築の要素を備えたオーダーを自分なりに探したわけです」

　この吉生が重ねて言う「オーダー」とは何かが重要で、ギリシャ建築の「オーダー」とも比肩される「整然とした」日本建築の規範のことか。後述するが、それは谷口父子に共通する「普遍性」のことである。杉本俊多は「谷口吉郎のドイツ新古典主義との出会い」*J-23 で、

　　「後で、シンケルについて述べてみたいのだが、むしろこの谷口吉生氏の土門拳美術館（後掲、図Ⅶ-11B参照）などのデザインにどういうわけかシンケル的なものと強く直感させられており、父の谷口吉郎氏以上にシンケル的なというのはなぜなのか、不思議なものを覚えている。吉郎氏のモダニズム批判からくる風土性へのこだわりは、もはや吉生氏の世代においてはあまり意味をなさない。吉生氏にシンケル的な美学をより強く感じるのは、おそらく吉郎氏のこだわり部分が消えたからではないかと思うのである」　　　　　（傍線筆者）

　「モダニズム批判からの風土性へのこだわり」は、戦後の建築思潮で、現代では「風土」は「環境」に置き換わり、地球規模に拡大した。シンケルが「ドイツ的なもの」を求めたように、谷口吉生も単に「風土性」でない「日本的」なるものであるが、それを超える「オーダー」とは古典主義建築の各部分での比例のことではなく、「インターナショナル」な「普遍性」の「オーダー」（秩序としての規範）を「アイデンティティ」として探し求めていたと言える。清家はそれを「ポスト（後期）インターナショナルスタイル」と呼んでいる。（傍線筆者）
　続けて杉本は結論として、

　　「このような吉郎氏から吉生氏へのバトンタッチは日本の伝統が単なる表面的なスタイルの問題ではなく、内在的なものとして取り組まれ、やがて日本の枠を超える普遍的な形式を獲得してゆくプロセスそのものだったろう。谷口父子はドイツと日本の古典主義の建築美学を介して、より内在的な精神として日本性の普遍化に取り組んだとしてよいのではないか。……インターナショナルスタイル、そして新古典主義へと関心を持ってきたこと、その上で現代日本の建築を改めて考えようとしている問題設定が、なにか谷口父子が辿った道をなぞっているようにも思えるからである。もちろんこのテーマは私の個人的な問題ではなく、二十世紀の日本人に共通した、避けて通れない問題でもあるはずである」　　（傍線筆者）

図Ⅱ-29A. 東京国立博物館・法隆寺宝物館 縦格子・スクリーン

図Ⅱ-29B. 東京国立博物館・東洋館 縦格子・スクリーン

図Ⅱ-29C. 法隆寺 櫺子格子

　この杉本の「内在的な精神としての日本性の枠を超える普遍化」という言葉は、「アイデンティティ」として優れた表現で、かつての「日本的なるもの」の、軋轢の時代の変遷を経ての再度の「ユニバーサル化」とも言える。それが「二十世紀の日本人」の新しい道で吉生の言う「オーダー」である。したがって、谷口父子は、日本の新しい「新古典主義」の建築家と言える。谷口吉生は『LIXIL eye』（No.5）の「特集2　建築ソリューション5」の鼎談（2014年2月13日）で、

　　「共通しているのは、父の建築も僕の建築も建築の普遍的なことを深く追求することでしょうか。どちらも形や表現は地味ですが、時に僕は建築家の三代目ですから、建築というものの限度は、他の人よりも感じていると思います。例えばデザインの抑制ですかね。あまり時代の潮流に乗ったことをすると、将来、自分が変った時に必ず嫌になる」

　「普遍的なデザイン」の「抑制」として時代の潮流に乗らない自作を語っている。鈴木博之の「開かれてゆく風景 ─谷口吉生の美術館建築」[*Y-8]で、鈴木は「これは父・吉郎の建築に対する評言でもあるが、吉生の建築にも当てはまる評言ではなかろうか。絶対的水平のうえに建てられる垂直の建築が谷口吉生の建築である」と、「法隆寺宝物館」の垂直性を理由づけている（図Ⅱ-29A）。そして「建物のファサードにはめ込まれた縦のスクリーンはあたかも法隆寺を巡る回廊部の連子格子であるかのような印象を与える」とするが、その前の「東洋館」も2階の回廊の壁にも「縦のスクリーン」が同じように嵌め込まれている（図Ⅱ-29B）。やはり鈴木も和辻哲郎の『古寺巡礼』（岩波書店、1979年）のように法隆寺の歩廊の櫺子格子に注目している（図Ⅱ-29C）。

16.「鹿鳴館」の解体─「明治の愛惜」─「博物館 明治村」の建設

□ 建築は歴史の表現者

　谷口吉郎の『博物館明治村』（1976年、淡交社）の「発心」に、

昭和15（1940）年と云えば日本が戦争に突入する前年で、東京の街では防空演習の掛声が世相を緊張させていた。その年のある日、省線電車（註：現在の国電・ＪＲ）に乗っていた私は、新橋駅から有楽町に近づく頃、窓の外を眺めて驚いた。いつもなら帝国ホテルの横に見えるはずの「鹿鳴館」の姿がない。あの有名な洋風建築が取りこわされ、むざんな残骸となっている。それには全く驚いた。

　この日のことは谷口の「明治の愛惜」（東京日日新聞1940年11月8日）にも、より具体的に、

　先日も日比谷を通ると、黒門の奥にあった「鹿鳴館」の姿がなくなって、その跡に新しいバラックの建設工事が始まっていた。……取りこわされたものは明治初期の廃残にも等しい老朽建築だった。それに関する思い出も今から見れば、あまりいいものでもないかもしれない。しかしあの歴史的に意義のある建築をただこわしてしまわずに、何か有意義な目的に、それを活用することは出来なかったろうか。
　明治時代に生れた人たちが、自分の所持品を持ちよって、それを小博物館にすることは出来なかったろうか。それこそいい明治の記念物となったろうに。明治時代に生れた人々から、次の時代に贈るほんとにいい贈物になったことと思う。

　この「鹿鳴館」は帝国ホテルの南側の敷地、内幸町1-1の場所にあった。取り壊されたのは1940年3月6日で、この「明治の愛惜」こそ、「良いにつけ、悪いにつけ、私の心を明治時代に結びつける機縁となるものであろう」と、またその「心」が、「鹿鳴館」が取り壊された跡に建てられた「商工省分室という粗末なバラック建築」に、「明治の愛惜」を募らせ、「それ以後、明治建築の保存が私の宿願となり、その願望がいつも頭にこびりついていた」のである。（「明治村縁起—歴史の証言者—」の「発心」）*M-2-2
　その「発心」が「博物館明治村」*M-2の建設となったが、『私の履歴書』によると、

　そんな急激な明治建築の消滅に対して、私は「移築保存」を実行したいと考え、それを四高時代の旧友であった土川元夫氏に話して協力を求めた。当時、名古屋鉄道の副社長であった彼はすぐ私の提案を了解し、重役会を説得して、犬山市の郊外に広大な土地を提供してくれた。私はそこに野外博物館を作る計画を立案し、昭和37年に財団法人を設立し、待望の「博物館 明治村」が昭和40年に開設されたのである。
　過去の建築には、過ぎ去った時代の魂がひそんでいる、それゆえ、みすぼらしい姿となっていた明治の建築が、ここに移されて創立時代の魂をよみがえらせている。それが歴史の証言者となって無言の声を発し、訪れる人々の胸に明治の魂を語りかけている。

　谷口がベルリンの「日本大使館」の監修業務を終えて、帰国したのは、戦争直前の1939（昭

図Ⅱ-30　鹿鳴館 外部写真

和14）年10月であった。そして次年の1940（昭和15）年11月に「鹿鳴館」の解体跡地を目にしていた。

　谷口は戦後の1964（昭和39）年にベルリンを再訪し、「旧日本大使館」が、戦争により破壊されたまま残された廃屋を目にして、懐旧の情に胸を痛めている。次年の1965（昭和40）年に、「明治村」が開設されている。1940（昭和15）年に、「明治の愛惜」を書いてから25年後であった。

　井上章一は、この谷口の「奇縁」について、「どうやら、明治村のある愛知の犬山市と千代田区の内幸町（註：鹿鳴館のあった場所）は、ベルリンとも通じあっていたらしい。谷口吉郎という建築家を介し、赤い糸で結ばれている。私は、そういう想像をめぐらして、ひとり歴史へひたることがある」と、「明治村」と「鹿鳴館」と、ベルリンのシンケルの「新古典主義」建築とが三角関係の「赤い糸」で結ばれたと『夢と魅惑の全体主義』（文藝春秋社、2006年）に述べている。井上の興味深いロマン的な視点である。

□ コンドルの「鹿鳴館」〔1884（明治17）年－1940（昭和15）年〕

　ジョサイア・コンドルは、イギリスの建築家で工部大学校造家学科の初代教授として、明治10年に来日した、明治政府の御雇い外人建築家で、明治17年に文明開化の後半の華として「鹿鳴館」を迎賓館として設計し、そこでは欧米の賓客と日本の財政界や上流階級の人たちにより大舞踏会が催された。明治の欧化主義の頂点に立つ「鹿鳴館」の建築をコンドルは東洋と西洋の建築様式の調和を折衷としての「融和」と考えていたが、建設の総責任者であった外務卿の井上 馨により日本の伝統をまったく振り捨てた明治の日本の欧化主義の徒花のような建築となった（図Ⅱ-30）。

　『復元鹿鳴館・ニコライ堂・第一国立銀行』（藤森照信・初田 亨・内田祥士　ユーシープランニング、1995年）には、藤森は「鹿鳴館」建築の表現について、フランスの古典主義の様式をベースにしていて、フランス瓦葺のマンサード（腰折れ屋根）の寄せ棟構造である。1、2階のベランダには5スパンの半円アーチを支える柱の柱頭はアカンサスではなくヤシの葉であり、柱身（シャフト）には、インド・イスラム式の徳利状のような紡錘型で手摺はアラベスク紋様

である。コンドルは西欧と日本の中間地点であるインド・イスラム装飾を混交するが、コンドルと井上 馨との意図の間に、溝があったと考えられ、それが「ちぐはぐな印象を与える原因の一つである」と内田は書いている。そして1940（昭和15）年には解体されると、

　　この建築の解体を惜しんだ人物がいた。それが建築家の谷口吉郎である。彼は、その思いを当時の新聞に寄稿し、きちんと表明している（「明治の愛惜」東京日日新聞　昭和15年11月18日）と同時に、戦後も失うことなく持ち続けた。そして1965年、「博物館 明治村」を実現したのである。
　　皮相的欧化主義の象徴の鹿鳴館は、静かにこの世を去ったが、文明開化の象徴として大きな置き土産を、ちゃんと残していったのである。

　それが「博物館 明治村」である。内田の谷口論には他に「『雪あかり日記』考」（1997年）*T-2-5 もあるが、いずれも谷口に対する視線は暖たかいものがある。谷口の『雪あかり日記』の「薄日さす日」*T-1-1-① には、明治の建築について、

　　このように、明治維新に建てられた日本人の西洋館は、今から見れば、滑稽な漫画のような建築と云うことができたる。しかし、その設計者の胸には、きっと烈々たる気概のあったことであろう。当時の文明開化の新しい思想に燃え、外国の建築にも負けない立派な洋風建築をつくろうとして、こんな西洋館をつくりあげた日本の棟梁や大工の強い設計力に、むしろ、私は心をうたれる。

　谷口の場合には、この時代の「記念性」より「歴史の証言者」としての「意匠心」が、ドイツ滞在中に見たシンケルの新古典主義の建築を想起させていた。谷口は村松貞次郎との『対談集-1　建築の心と技』（新建築社、1976年）で、「建築を愛する心が明治村を実現させる」と、

　　「それが＜建築は歴史の証言者＞だと思うのです。それからもうひとつは＜思い出＞というものがあるのです。センチメンタルだ、郷愁だといわれても＜思い出＞というものは尊いものなのです。それは明治を知っている人だけではなくて未来にも、明治は＜思い出＞になってくる。そんな精神的な触媒作用を建築はもっているのです。それが明治の教訓かもしれません」

　この文章は2つの谷口自身の引用文から成っている。1つは「野田宇太郎記念館」に展示されている木下杢太郎の「過去は背中に回った未来だ」というアフォリズム（註：格言）として谷口はキャッチしていた、とする藤原惠洋の証言と、他の1つは、谷口がシンケルについて「ギリシャの教訓」だとした、それを同じ意味で明治村を「思い出」の「触媒作用」としての「明治

図Ⅱ-31　鹿鳴館　復元模型

の教訓」だとした、ともにアフォリズムによる表現である。現在、「鹿鳴館」の復元模型は「東京江戸博物館」に展示されている（**図Ⅱ-31**）。谷口は「思い出」という言葉をよく使う。

　谷口は「開村・明治村縁起」に、「明治期の時代も、建築の活躍期であった。特に徳川時代の鎖国を打破し、文明開化の思想によって、ヨーロッパおよびアメリカ合衆国の新しい思想と技術をとり入れ、日本に近代を切り開くために目ざましい急進ぶりを発揮した。それが明治時代の＜洋風建築＞である。それによって、日本建築の様式は文字通りに一新した」と、やはり谷口にとって「洋風建築」の進取が課題であった。後述するが、その根底には「南蛮建築」があった。

　『博物館 明治村』*M-2の「一座建立」（1976年）の末尾に、名古屋から明治村に向かう途中で、谷口は、

　　生き残った建築は「歴史の証言者」である。そんなことを考えながら、ふる雪の中にたたずんでいると、感慨が深まってきて、手塩にかけた明治時代の家のかずかずが、明治生れの私に、無言の言葉で親しく語りかけるような表情をしている。白い静寂の中で、そんな感慨にふけるのは、ふりしきる雪片に身を包まれたためであろう。

　谷口は、世界の建築を広く知りながらもやはり最後は、「風土」建築を郷里の金沢の雪片の中に見ている明治37年（1904年）生れの日本の建築家であった。

17. ベルリンの日本大使館 ―「第三帝国様式建築」―「新古典主義（ネオ・クラシシズム）」建築

□ 戦後の「藤村記念堂」・「慶應義塾大学・日吉校舎」へ

　東工大助教授であった谷口は、1938年（昭和13）年11月10日から、翌年の10月28日まで、ベルリンの「外交館地区」に新築される「日本大使館」の監修と庭園の設計に日本側の建築家として伊東忠太の紹介で外務省から嘱託されドイツに派遣された。敷地の東側にはイタリア大使館、そしてフランス総領事館のその隣に位置するのが日本大使館である。ベルリンに来てから3か月後の2月12日、谷口は「伯林便り」（1939年）*E-17として記録している。

図II-32A. アルバート・
シュペーア

B. シュペーアの設計の新総統官邸

C. 入口

　大使館の工事も労働者が、一時たくさんに国境方面の工事に出動したため人手が足らず大分遅れましたが、暫く人員も活気を呈してきました。

　煉瓦造の上に石灰岩を貼り付けてゆく簡単な施工法で、地盤も砂地なので杭もいらず、地下水面も低いので防水も至って簡単なものです。東京の工事に比べたら積み木細工のような気がして、こんなにたやすく不燃建築が出来てゆく土地の条件を羨ましく思う位です。外観は第三帝国の建築様式に従ってギリシャ様式のものです。建築家は、モスハマー（Moshamer）といって四、五年前のバウクンストに屋外劇場の設計案を出していた人です。五十四、五歳でしょう。室内は今度竣工した総統官邸の室内意匠を担当した、ピーナウ（Pinnow）という人がやります。こんな具合にドイツには外観と室内の建築家が二人いて、仕事の領域は判然と分かれています。それですから外観の建築家に室内のことを尋ねても一切それに触れず、口を閉ざしてしまうほどお互いに仕事の範囲が違っているので驚きました。

　「第三帝国様式」はナチスが「第三帝国」と自称していたからで、1930年代における新古典主義の一種だとされ、古典主義建築の骨格を浮き立たせて細部装飾はそぎ落とす、つまり「ナチス・ドイツ様式」である。神聖ローマ帝国を第一、ビスマルクのドイツ帝国を第二、このナチスの帝国を第三帝国とした。その代表建築は、アルバート・シュペーア（**図II-32A**）の設計により1931年1月に完成したヒトラー「新総統官邸」である（**図II-32B・C**）。

　シュペーアの「第三帝国様式」の原型は、19世紀のシンケルである。シュペーアは、ギリシャ文明を生んだのは北方からバルカン半島に移住してきたゲルマン民族だと考えており、それがギリシャを範とする新古典主義を好み、シンケルを尊敬していた理由である。

　『雪あかり日記』の「鉛色の日」*T-1-1-①には、谷口はアーホルン街の日本大使館事務所で「今日は新しい大使館の建築模型が出来てくる日だ」と大島 浩大使とともに、ドイツ側の建築家ルードヴィッヒ・モスハマーとカエサル・ピーナウの説明を聞いた（**図II-33**）。当時、ドイツでは国内の建築はすべて、ナチス党の最高機関である「建築総監」によって統率され、皆、「第三帝国様式」である。設計者のモスハマーは、「線の簡素さと構えの高貴さを設計の基本とし

図II-33　ベルリン日本大使館模型写真/谷口撮影
（谷口吉郎『建築に生きる』）

て、これを通じて日本的な美意識を表現することに意を注いだ」と言っていたことを当時の大島浩大使が話している。日独がイメージを共有していたことが解る（「ベルリン大使館物語6」サンケイ新聞・酒井南雄治記者、1984年6月30日）。この大島大使はヒトラー総統とも親密で1940年の日独伊三国同盟の直接の推進者で、戦後に東京裁判にかけられたがその時の証言の法廷用テープでは反省していた。その模型が示された時、立ち会った谷口は、

　　真っ白な石膏細工の模型は五十分の一の大きさで、建築の外観は堂々としている。
　　三階建ての大使館事務所に接続して、立派な大使公邸が正面を向いて、庭園も広々としていた。外部はドイツ産の石灰岩で貼られることになり、大使公邸の正面玄関には三階の軒まで届く高い柱が並んでいる。……私は模型を眺めながら、軒の出の工合、壁面の凹凸、陰影の調子、さらに日本庭園の規模、そんなものを専門的な立場から、ドイツの建築家たちと相談した。

　谷口はデザインにまで意見を提示しているが、修正を要求したり外観の様式に特殊な進言を言うことはまったくできないことになっていた。現在では、筆者がレーモンド設計事務所に在職中に、設計した外務省の在外公館の大使館は、カンボジアの日本大使館でも正面には大使公邸ではなく事務所が置かれ、公邸はその奥に位置するのが通例である。この日本大使館の大使公邸の正面玄関は、「第三帝国建築様式」の典型のポーティコと言って六本の無装飾の四角い列柱である。
　杉本俊多は「谷口吉郎のドイツ新古典主義との出会い」（『谷口吉郎の世界』）[T-2-3]で、シンケルの新古典主義の建築、例えば「シンケル博物館」の陳列品で見た「新衛兵所」の初期案のスケッチがある（前掲、図II-20A参照）。六本の柱は、ドリス式ではなく、無装飾の石の四角柱で小さな破風には彫刻もない。谷口は『雪あかり日記』に、

　　私はこの設計案を見て、第一に驚いたのは、その様式が今のナチス・ドイツの建築様式と甚だ似ていることである。即ち、ナチス・ドイツが主張する「第三帝国の建築様式」という

図Ⅱ-34　新総統官邸内部ギャラリー（回廊）

　ものは、建築の正面性を強調して、簡略なギリシャ的な構成方法によって、石造建築の重量
感を現そうとするものである。だから百年も前に、シンケルが考案した意匠が、今のナチス
の建築様式と甚だ似ているということは、確かに驚くべきことである。

　何故に、実施案がギリシャの古典様式に戻ってしまったかは不明である。谷口はシンケルが
「すでにナチスの建築様式を創案していた」ばかりではなく、古典的なものからモダニズムの
ルーツともなった革新性を賞賛している。つまり、ナチスの建築様式がシンケルを模倣したの
である。革新性それが「新古典主義」と呼ばれる理由である。しかし、「何かパルテノン全体
から受けるものと甚だ違った性格が存在している。それはギリシャ神殿から借りてきた正面
（ファサード）は、玄関という部分にしか過ぎない」との結論は、「神に捧げられた象徴建築」
との違いである。またそれは「人間の建築」に「神の建築」をあてはめようしたシンケルの悩
みであるとした。
　「建設総監局」に「総監」のシュペーア教授を谷口は表敬訪問する。ブランデンブルグ門に
近い「新総統官邸」（前掲、図Ⅱ-32B・C参照）の事務所で面会し手を握り合った。そこはシュ
ペーアの設計で1939年に竣工したばかりで、ナチス・ドイツ建築様式の代表建築である。
谷口はその竣工直後に、ピーナウの案内ですでにこの建物を訪れていた。シュペーアは、構想
中の首都改造計画「ゲルマニア」（後掲、図Ⅱ-38参照）の図面と模型を谷口に見せて意見を聞
いたという。シュペーアの印象は「私より一歳若い三十四歳の建設総監の態度には政治家タイ
プのいかめしさがなく、むしろ落ち着いた学究肌の性格が感じられた」（『建築に生きる』）と
書いている。谷口は、広く長い角柱の並ぶギャラリー（図Ⅱ-34）*T-5-16を通り、ヒトラーの書斎
へ行きテーブルの上に『マイン・カンプ』（我が闘争）が置いてあったことを思い出している。
　シュペーアは終戦後、ユダヤ人殺害行為の戦犯となり、ニュールンベルグ裁判にかけられ拘
置所に収監され、20年後に出所した。そして1981年亡くなる直前の約1か月前に、「谷口は
今どうしているか？」と日本人の取材者に聞いたが、しかしこの時、「谷口は世を去ってから
すでに2年過ぎていた」と、次女の杉山真紀子は「谷口吉郎と慶應義塾」（『萬來社―谷口吉郎
とイサム・ノグチの協奏詩』鹿島出版会）で記録している。このシュペーアに取材した建築学

者を調べると三宅理一で、そのインタビュー記事は『新建築』（1982年1月）の「アルバート・シュペア―なぜ、古典的造形を追い求めるのか―」であった。三宅が、オーストリアの国境に近いバイエルンの山荘を訪れたのは、1982年7月である。1920年代のドイツで「日本人の建築家と個人的に付き合ったことがあるか」との三宅の質問に、ベルリンの工科大学のペルツィヒ教授の学生の日本人建築家と付き合ったと、

　　「そのうちのひとりもしくはふたりとよく付き合いました。一緒によく食事に行ったものです。友情という大袈裟ですが、よい仲間でした。でも残念ながら名前は忘れてしまって……。そう、あるいはそのひとりはタニグチという名だったかも知れません」

　谷口を学生と混同している。しかし「谷口は今？」という質問は真実にあったのか。この証言後の45日目にシュペアはイギリスで突然に世を去っている。その時はすでに記憶も薄弱であったかもしれない。
　シュペア著の『ナチスの狂気の内幕』（品田豊治訳、読売新聞社、1970年）には、刑期中の独房で書かれた「日本語版によせて」には、

　　刑務所のなかで私は、日本の建築について、たくさんの本を手に入れた。そして、この繊細な感覚を持ち、芸術的才能の豊かな民族が、その伝統と手工芸的能力を、近代の生活形態と結びつけて、ひとつの共存を実現する方法を理解していることに驚嘆したのであった。この繊細な感覚をもって、私は解明しようとこころみた困難な諸問題を理解されんことを、日本の読者諸氏に切に期待する次第である。
　　　　　　　　　　　　　　　　　　　　　　　　　　　　　　　　（1970年9月28日）

　このシュペアの「共存を実現する方法」とは何か、また彼が「解明しようとした諸問題」とは何か、不明であるが興味深い。谷口と会ったことも、日本建築への関心となったと考えられる。それは「茶室」建築のことであろうか。
　「新総統官邸」にも谷口は、「モダニズムを超える何かを思いだしていたかのようにも思われる」（杉本俊多）と、確かに谷口にはナチス・ドイツの「第三帝国の建築様式に対する批判は見うけられない」が、しかし逆に肯定しているわけでもなく中立的である。それはシュペアが、多くの新古典主義の建築家との交流があったことにもよるが、谷口には、「ナチス建築の形式美」を理解する考えが「心の奥底に沈殿していたはずだ」と、シンケルから間接的に受容したのだと杉本は結論する。そして、

　　モダニストとして出発した谷口は、わずかながらのモダニズム批判を携えながらベルリンでシュペアというナチス党員ながらも穏健派の保守建築家に遭遇し、またモダニズムのルーツであるシンケルにより昇華された建築美学を見てしまったのだ。その後、日本とドイ

ツの敗戦を目の当たりにした谷口には、心の動揺が残ったことだろう。もはや単純にモダニズムに復帰できない。……谷口にとっては人間的なシュペアと新古典主義のシンケルを知ってしまったことがモダニズムへの復帰を躊躇させるものとなった。

　しかし谷口が、戦後モダニズムに復帰せずにもうひとつの戦後建築の出発点としたのは「風土」であった。

　杉本以上に谷口と「第三帝国建築様式」、つまり「ナチス・ドイツ（国家社会主義）様式」との関係を、井上章一は、「谷口吉郎—ファシズムかナチズムか」（『現代の建築家』2014年、エーディエー・エディター・トーキョウ）で、書いている。「戦後の建築界は、ときに谷口をナチズムへ近づけて受けとめた」とも「ファシズム体制の建築を高く買っていた」とまで言っているが、この谷口論には同意できない。

　戦後第一作の「藤村記念堂」について井上は、「堂の内部は、細長い通路状の建物になっている。いちばん奥の所で、訪れた客は藤村の彫像（石井鶴三作）と会える。藤村座像までの道のりに、もったいをつけた建築だと言える」と、その長い記念堂の内部を、ヒトラー総統官邸の総統執務室までの全長140ｍのギャラリーと較べて「奥に豪華なヒトラーの書斎のテーブルの上に、彼の著書『我が闘争』が一冊のせてあった」と、一方で「藤村座像」、他は『我が闘争』であった。この井上の説にも私は同意しない。別の根拠があるからである。

　戦前の「東工大水力実験室」はモダニズム建築の先駆けだと言われてきた。井上は「西側の立面には典型的なそのモダニズムの構成が窺われるが、しかし南側の立面は縦長窓を並べた窓枠は、古典的な列柱をしのばせなくもない」。確かに縦長窓の連続にローマ大学の新キャンパスのファシズムのクラシカルなモダンデザインと響き合うのを感じている（後掲、図Ⅱ-36A参照）。谷口は、すでにモダニズムの基層にある古典主義を実践していたから、ベルリンに来てシンケルに共鳴できたとも言える。それよりブルーノ・タウトが戦時中は黒く迷彩されていた東工大本館を「ロマン風」と言ったように古典主義の残滓としてのロマネスク様式に見える。

　そして井上は慶應義塾大学三田キャンパスの復興校舎（註：第三校舎の四号館・1949年、学生ホール・1949年、および第二研究室「萬來舎」・1951年）の「縦長窓を整然と並べる手法は、ナチス体制下の建築でも好まれた。屋根のかぶせ方（ゆるやかな寄棟）も、ナチス時代に数多く建てられたハイマート（故郷）様式のそれをしのばせる。……玄関（ポーティコ）の直線的な列柱も第三帝国様式の列柱を彷彿とさせないわけではない。ナチスの列柱とくらべれば、よりモダンによそわれている」と、そしてこの類似は、当時の日本の建築家たちの噂になっていて神代雄一郎も、「昭和の建築小史-2」[*1-1]の昭和22年の項に、「当時は、谷口の慶應義塾大学の縦長窓にナチの残滓を、そして丹下健三の巨大アーチにムッソリーニを……という人たちがあった」（『新建築』1959年10月）と書いている。ファシズムとの関係を言っているのであるが、この神代の谷口についての説にも筆者は賛同しない。

図Ⅱ-35　慶應義塾大学「三田演説館」
A. 外部

B. 内部

その理由について、関龍夫の「谷口先生と縦長上げ下げ窓」*T-2-4-3 には、

　　第三校舎や学生ホールは「縦長上げ下げ窓」である。なぜあの窓か、感覚的には納得して
いるはずであったが、若い私には腑に落ちなかった。1949年、第一回日本建築学会作品賞
を馬籠の記念堂と共に慶應義塾の作品で受賞された後、堀口捨己先生が見に来られて、学生
ホールの隣の大ホールの焼け跡で谷口先生とお話になっていてその窓のことが話題になっ
たが、「あの上げ下げ窓は、演説館（大銀杏の下で焼け残った明治の建築）もそうだから」と
谷口先生は答えておられた。

　原像は「演説館」にあったことを谷口はここで告白している。谷口の「慶應義塾の演説館と
図書館─文化財としての意義」（『三田評論』1969年2月）によると、「演説館」は1967（昭和
42）年に重要文化財に指定された（図Ⅱ-35A・B）。1875（明治8）年に建設され、一見したと
ころ木造の小屋であるが、内部はモダンな洋風で、屋根には日本瓦を葺き外壁は江戸期の「な
まこ壁」を転用し、和洋折衷であり設計も工事も普通の大工でその名前も判明しないが現存し
ている。この「演説館」の造形的特性には福澤諭吉の建学精神が結晶化し、谷口は、

　　この建築は福澤先生の造形に対する美的識見を実証した貴重な実例だと言ってよい。福澤
自身も「其の規模こそ小なれ、日本開闢以来、最第一着の建築」と言明されていた。建築美
に関する強い意思表示と言わねばならぬ。これこそ慶應義塾の造形的初心である。

　谷口は、その後のキャンパス内の建築に和風の「なまこ壁」や「日本瓦」ではなく福澤が渡
米して見つけた、アーリー・アメリカン様式（コロニアル）とも思える擬洋風の「縦長上げ下
げ窓」を選んだ。それは慶應義塾の象徴として「造形的初心」となった。谷口は、「この窓は古
典的であるけれど最も合理的であり美しい」と、言った。そして1934（昭和9）年9月21日
に関西地方に大風害を引き起こした室戸台風の大惨事以来、建築物に耐風対策が要望された
が、その後の台風の試練に耐えてその真価を発揮した。引き違い窓は風圧を伴った雨に対して

は殆んど無力であるが、「縦長上げ下げ窓」は完全に防水的であった。

　谷口の「風のゆかり」（『新風土』1943年2月）の「寅彦特集」には、1934年の室戸台風の時、谷口は鉄筋コンクリート造の東大の研究室にいたが3階の窓から木造の物置小屋の屋根が台風に吹き飛ぶ様子に、「風害に対する研究」の重要性を谷口は見て、日本学術振興会の委員となり、そこで寺田寅彦との出会いを期待していたが一度も会うこともなく寺田は1935年に亡くなり、「私は、＜風の息＞に関する研究をしていた先生からご指導をいただける予定であったが、不可能になってしまった」と、その寺田との「淡い御縁を、はかない＜風のゆかり＞として、いつまでも尊いものとして感じている」と、結んでいる。それを「ゆかり」（縁）として筆者は、谷口の人脈リストに寺田寅彦を記入した。

　谷口は三田山上の建築のデザインについて、

　　私はこの一連の建物に、意匠の一貫性を求めている。それは福澤諭吉によって創建された「演説館」（明治8年）に、こもる意匠のモラルを各校舎が新しく受け継ぐことによって、「福澤精神」のルネッサンスを表現したいと念ずる建築家の構想である。

（「慶應義塾大学第二研究室」（萬來舍）『新建築』1952年2月）

　「縦長上げ下げ窓」の原点は「福澤精神」にあった。そして三田山上を「能舞台」と考えていた。続けて「そんな建築を背景とし、彫刻や絵画の粧（よそお）いによって、＜福澤イズム＞の新しいルネッサンスが三田の学究の徒によって力強く演ぜられるのを、私は建築家として心から祈っている」と、結んでいる。「意匠のモラル」である。谷口は校舎群の設計について「青春の館」に、

　　私はこの演説館をテーマとして、三田の校庭に交響詩の作曲を夢見た。「五号館」の設計がその第1楽章であり、「四号館」の設計は第2楽章であり、こんどの「学生ホール」の設計がその第3楽章である。

（『三田文学』1950年4月）

　谷口は「私の設計テーマとして、それによって三田の丘の上に、＜造形交響曲＞を夢想しているが、新＜萬來舍＞もそのシンホニーの一章にしたいと思っている」と「交響詩」としても、「夢想」しているのである。「能舞台」としては「萬來舍」の部分だけで、他は「シンフォニー・ホール」だった。

　井上章一の「三田の校舎群」*ND-15について、谷口は、

　　イタリアのファシズム建築には、あこがれていた。ドイツの「第三帝国様式」についてはそう悪く受けとめていなかった。しかし、だからといって、谷口をファシストと見なすのは誤りである。絶対王制下の建築を設計のヒントにする建築家は今でもいる。……谷口は慶應大学でファシズム建築の意匠を手がかりにしたが、それは表面的なデザインの参照である。

図Ⅱ-36A. ローマ大学新校舎

建築家としては日本のファショ化に背を向けた。

以上が井上の結論であるが、イタリア・ファシズム建築はモダン建築であったことを考えれば、表現として妥当性を欠いているとは思えない。

谷口は1938（昭和13）年に「イタリアの意匠」*E-15を書いている。ムッソリーニの「過去の遺産を改造せんとするのに非ず。新しき芸術の創造。それこそ我等の課題なり」との新芸術政策によってローマ大学も分散していた個々の大学を綜合して、「モダンな大建築群が櫛比し、新しいイタリア科学の進展を期待せしめている」と宣言しているローマの新大学都市である。谷口は、ベルリン滞在中にイタリアに行く以前から、新しい建築様式の黎明期として、直接に見た後も「ローマ大学の新校舎はそのスタイルのモダンぶりに私は目を見張った」（図Ⅱ-36A）。清家 清の「シンメトリー」（『建築』1962年11月）に掲載した写真である。

谷口は『せせらぎ日記』の「ファシスト・イタリア」*T-1-1-②に、

　　　いずれにしても、ナチス・ドイツの建築界が国粋的な保守主義に固まり、スターリンのソ連でも建築界は民族主義のリアリズムに硬化している時、全体主義国家のイタリアにおいて、建築界も美術界も新鮮なモダンスタイルの美意識によって新しい農村や都会の建設に美術家たちが協力しているのに対して、心から声援したい気がする。

イタリア・ファシズムは、ムッソリーニの宣言により、モダニズムスタイルの芸術を採用し、「それはヒットラーとムッソリーニの著しい相違点である」と谷口は書いている。

谷口の「イタリアの意匠」（1938年）には、K教授（岸田日出刀）が外遊から帰ったのは1930年であるが、日本に持参した外国図書の中に、ドイツやフランスからの他に、2、3冊のイタリアの建築書が混じっていて、それを「もの珍しさから、手にしたほどだったが」と、その中に新興イタリアの芽生えが感じられて、急いで伊英字典を買い求めて来て、内容を探る位になり、そこに「建築は絶対に虚飾は避くべきで装飾は悪趣味」だとか、「住宅は生活のための合理的な機関でなければならない」と、「これを日本の現状と思い合わせ、多大の羨望を覚

図Ⅱ-36Bイ. カーサ・デル・ファッショ

Bロ. 内部

えると同時に、イタリアの素晴らしい将来を、その時予感せずにはいられなかった」が、谷口は、その年に渡独して、そこから次年にイタリアに行くことになる。

　谷口の『せせらぎ日記』の「ファシスト・イタリア」*T-1-1-②には、ベルリンの街で「レオナルド・ダ・ヴィンチ博覧会」がイタリアのミラノで開かれる予告ポスターを見ていたので、その会期に合わせてイタリアに向かった。この「博覧会はレオナルドだけではなくムッソリーニの偉業をたたえる大デモンストレーションであって、それによって新興イタリアの威力を、国の内外に向かって強力に宣伝しようとするものである」と、ドイツではナチスにより国粋的な伝統主義に固まっているのに、イタリアではモダニズムがファシスト党の国家の政策となっている。つまり官許の美術活動となっていた。芸術評論家のバルディがムッソリーニに「新興イタリアの建築は科学主義に立脚し、そのデザインは合理性を主張すべきである」と、意見書を出したと谷口は書いている。ローマ大学都市のプロジェクトでも古典的なモニュメント性とモダンな合理主義つまり「伝統と革新の融合」を目のあたりにしていた。

　この谷口のドイツでのナチスの第三帝国主義建築とイタリアの当時のモダニズムの分析に対して、外務省に勤務していた武居壽一から「正確を期せ」と提供されていた『夢と魅惑の全体主義』（井上章一、文春新書、2006年）には、「谷口の記述には誤りが多い。ひとことで言えば、モダンデザインをよく書き過ぎている」と、「ここイタリアはモダン美術の楽園のような気がする」などの表現は、実際に現地を見た人の記述であるとしながらも、それは首都ローマの一部の地域現象であると井上は判断している。ローマ大学新校舎について井上は、「現在では古典的で復古的な外観になっている」と評価しているが、それは新古典主義の延長だからである。谷口には、ドイツでシンケルなどの古典主義建築を多く見てきたので、イタリア建築は新鮮に目に映ったのかもしれない。

　実際にモダニズム的なのは、ジョゼッペ・テラーニの「カーサ・デル・ファッショ」（ファシスト党地方本部1936年）で、ファシズム期のイタリアを代表するモダニズム建築（図Ⅱ-36Bイ・ロ）で、谷口はそれを「ファシスト会館」と書いている。筆者はイタリア旅行中にミラノに行くべくコモ市を車で通過した時に道路の右手遠方に目にした建物であった。

　谷口の『せせらぎ日記』の５年前に書かれた「イタリア新建築の印象」（「造形芸術」1941年

3月）には、ミラノで行われた「レオナルド・ダ・ヴィンチ博覧会」について詳説されている。

さらに谷口の「機械時代の内省」（1936年）*E-11 に、一方のドイツでは、

　　特に、ナチス・ドイツの建築界が、農村住宅の聚落計画を当面の重要課題の一つとしていることや、……或いは「大衆」にむかって衛生保健生活の普及を目的として素晴らしい展示方法による建築展覧会を開催するなどの着眼点は、徒に烏合の衆に等しい日本の建築家達の特に学ぶべき点である。

　確かに、ヒトラーはナチス・ドイツにより、「大衆」をあらゆるメディアを通して煽動し続け、その支持を獲得することで権力構造の中にいたから、「大衆」を刺激する空間を演出する必要があった。しかし谷口は「大衆の衛生保健生活の普及」に注目している。（傍点筆者）　小山明は『未完の帝国―ナチス・ドイツの建築と都市』（八束はじめと共著・1991年、福武書店）の第3部の「ナチス・ドイツの様式」には、

　　ナチス・ドイツの建築を考える上で無視できないのは大衆である。建築が近代的形態をとるか、あるいは歴史主義的な形態になっているかは大きな問題ではない。重要なことは、それがどのように神話をつくり出してきたのか、その構造を大衆との関係において捉えることであるといえよう。

（傍点筆者）

　このナチス・ドイツの独裁主義帝国においても「大衆」に、谷口は大きな関心を抱いていた。谷口はベルリンで新しい集合住居を見学に行っている。中流階級向けのアパートで、すべてが電気で、室内の空気を汚染しないから良いと説明している。谷口は「庶民」という言葉をよく文章中で使うが、ナチス・ドイツ時代の「大衆」についても、そこに「庶民」以上のものを感じとっていたのである。（傍点筆者）

　谷口はドイツから帰国直後に、実に多くのナチス・ドイツ建築について書いている。

・「ナチスの建設活動」（『建築雑誌』1940年6月）
・「技術の実践と国策の実現―最近のドイツを視察して―」（『科学知識』1940年7月）
・「ドイツの建築」（『婦人画報』1940年9月）
・座談会「大ドイツを語る」（『公論』1940年11月）
・「道路と文化―ナチスの自動車道路に就て―」（『帝国大学新聞』1941年8月10日）
・「ドイツの建築総監」（『生活美術』1943年7月）

　その後は、『雪あかり日記』（1944年）も戦中に書かれている。『せせらぎ日記』（1946年）は戦後に書かれたエッセイであるが、上記の文章は報告書的にならざるを得なかった。

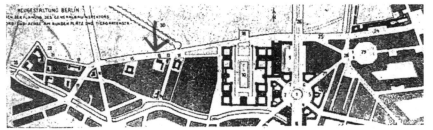

図Ⅱ-37　日本大使館（矢印）の敷地「ゲルマニア」の中枢部
ベルリン都市改造計画案（1938年）

18.「旧日本大使館」から「ベルリン日独センター」へ
──そして「日本大使館」へ

　「日本大使館」は、1938（昭和13）年に第2次世界大戦中にブランデンブルグ門に近いティアガルテン通り24-27番地のイタリア大使館の西側の「世界の新首都ゲルマニア」の中枢部（図Ⅱ-37）に建設が開始され1942（昭和17）年に完成したが、大戦中にイギリスの空爆とソ連の砲撃で大きく損傷した。建物の南面と内部がほとんど破壊され、ガラスは割れ荒れ果てたまま庭は雑草が背丈ほど伸びて、戦後もしばらくの間、菊の紋章をつけたまま永く放置されていた。

　村野藤吾の谷口論に「線に詩趣あり」（1981年）*MY-3 があるがその中で、村野は戦後7年の1952（昭和27）年の春に西ドイツのベルリンの谷口が工事監修した「旧日本大使館」を早々と訪れて、

　　わが大使館も例外ではなく、瓦礫のなかに八重桜が咲き、半壊の建物には紋章が光っていて、ただそれだけの日本が残っていた。在りし日の谷口先生の駐独時代の頃を偲んでいるのである。私のおぼろげな記憶では、大使館の建物は谷口先生の作品だと思っていた。

　そして、村野は「どこかに初期の作品である東工大の＜水力実験室＞に似たところがあり単純直截で力強い印象が残っていたからである」と、その類似に驚いている。谷口の「水力」がドイツの新古典主義建築の影響を受けていたということであるのか。しかし「水力」は渡独以前の作品である。そして、「水力」の「整然とした窓のたたずまいは、そのころすでに今日の作風が始まっていたと思う」と、結論として、谷口の卒業前後の時代は、「唯物論の時代であった」が、「建築家として成人されたとすれば時去り時移ってもその思想は消えないはずである。ただ時と共に磨きがかけられ色彩を帯びただけの相違であると思う」と、その時代の唯物論の谷口への影響を感じている村野ならではの優れた谷口についての結論である。

　谷口本人は1967年の『雪あかり日記』の第二版「雪華社」の「あとがき（二）」に、

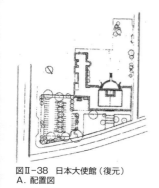
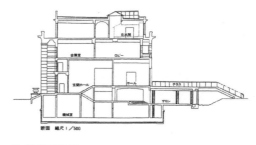

図Ⅱ-38　日本大使館（復元）
A. 配置図

B. 断面図（復元）

　　1964年の初頭、私は久しぶりにベルリンを訪れた。……そんな寒々とした光景の中に、私は日本大使館の建物を見つけた。25年ぶりの対面である。住む人のない建物は荒れはてているが、軒の正面に、菊の紋章が金色もはげずに光りかがやいているのを見た時には、なつかしさが私の胸にこみあがってきた。

　村野が訪れた12年後の谷口の「旧日本大使館」の視察であった。ふたたび1974年に「中央公論美術出版」から同書の第3版*T-5-15が出版され、その「あとがき（三）」にも、谷口は、

　　1971年の夏に、私は再びベルリンを訪れた。日本大使館のあった場所を探していくと、その建物の前に出た。まわりは鉄柵で囲まれ、廃屋となっているが、軒にかかげた菊の紋章が金色にかがやいている。……庭に植えられた日本の桜も幹が太くなっている。

　この時も、まだベルリン市は1961年に東西に分断され、「壁」があった。その「壁」は1989年に民主化により撤去されたが、この「旧日本大使館」の桜は今もあるのだろうか。
　1979年から建築史家のヴォルフガング・シェッヒェ教授の、現地調査により1980年1月に正式に西ベルリン市から「この旧大使館はワイマール共和国から第三帝国時代へかけてのドイツの現代建築の典型で、保存価値が高いものなので、極力原型復旧に努めてほしい」という日本の外務省への提言であった。その要望を受けて計画に参加した黒川紀章と山口泰治は、日独両国による財団ＩＢＡ（国際建築博覧会事務局）により外壁、特に大使公邸の正面とエントランスホールを原型に忠実に修復し、裏側の庭に面する部分には半円型のロビーと、旧事務棟には階段室を増築した（『黒川紀章・ノート』同文書院、1994年）。外壁は古いのを再利用できずに作り直して復元した。そして黒川記章は、その経過を「ベルリン日独センター」（1988年）の開館を記念しての記事として「歴史と現代の共用」（『新建築』1988年7月）に、谷口が監修した「日本大使館」の配置図・断面図（図Ⅱ-38A・B）と新「ベルリン日独センター」の正面写真

図Ⅱ-39 日本大使館（復元）正面

図Ⅱ-40 日本大使館
入口ホール内部

（図Ⅱ-39）と内部写真（図Ⅱ-40）を、正面図については『Kisho Kurokawa、1976-1989』（「ＳＤ」1989年6月）にもすでに掲載されている。

　「日本大使館」は、ヒトラーの側近のシュペーアが総指揮をとった建築だから、なぜナチス時代の建築を復元する必要があるのかという批判があったが、黒川は「日本大使館の改修保存の計画をこのような歴史観で見れば、これらの批判が反ナチズム感情によるきわめて狭い視野によるものだということが分かる」と、回答している。そして、「西ドイツ側の要望は、正面のファサード保存という初期の条件から次第にエスカレートし、内部についても新しい要素の付加についてきびしい制約を受けた。……あくまで修復保存という方針が貫かれたのである」と、結んでいる。

　　三宅理一は既掲前文で、シュペーアの建築様式を「インターナショナル・ネオ・クラシシズム」（「国際新古典主義」）としたが、その名は「日本大使館」に相応しい。（傍線筆者）

　　1987年11月に「ベルリン日独センター」として開始された。そして東西ドイツ再統一後の1998年から雨宮亮平により再度改修されて「日本大使館」として使用されている。

　　山口泰治は、東工大の昭和28年卒業で初期の清家研究室の篠原一男、宮坂修吉、番匠谷堯二らと同期である。山口泰治は「グロピウスの糸」（『ARCHITECT　清家 清』2006年、新建築社）に、清家との思い出を書いている。清家が米国のグロピウスのTACから帰国後に、メルマン・メックラーとの交流を山口にすすめ、「ある日、フランクフルト空港の設計に参加しますか」との誘いで1959年フランクフルトに赴き、ドイツの建築家資格を所有し、永住権も与えられた。以後、独立してフランクフルトに設計事務所を開くが清家との交流は続く。山口はそれを「グロピウス博士・清家先生・メックラー氏」と繋がれた「運命の糸」の不思議さを回想している。それに谷口吉郎が連らなるのかもしれない。したがって清家の師の谷口の「在ベルリン日本大使館」の改修の協同設計者の資格として山口は十二分である。

　　谷口のシンケルの「古典主義様式」より、むしろ「第三帝国様式」からの影響を、清家は感じ取っている。つまり「日本大使館建築は第三帝国らしい様式で、それが先生のお気に召していたことは諸般の事情から想像できる」と結論している。それは、「インターナショナルを超えて、日本へ、さらに金沢への回帰を果たさせることになったと考えたい」と、「風土への開

図Ⅱ-41　「アルテス・ムゼウム」
A. 内部写真（仙田 満撮影）

B. 「アルテス・ムゼウム」内部写真
（仙田 満撮影）

眼」の契機となった。「ポスト・インターナショナル」様式である。

　清家 清は仙田 満との対談*T-2-1で「シュペアなんかの話はね、あのころ谷口先生から写真を
たくさん見せてもらった。カラー写真が珍しかったころに、それを撮ってらしてね」と、シュ
ペーアへの関心は強かったようである。戦後、すぐに谷口がファシストと呼ばれる理由もそこ
にある。そして「旧日本大使館」を設計したモスハマーとピンナウという２人の建築家である
が、ピンナウはヒトラー総統官邸の内部設計をした人でもあり、ナチス・ドイツ建築様式への
かかわりの方がそのルーツであるシンケルよりも強かったのである。それを証言した清家の
記録もある。もちろん、谷口はナチス支持者であるわけでなく、一連の慶應義塾大学の施設が
確かに杉本の指摘するナチス建築と相似していたが、杉本も「谷口は総統官邸にモダニズムを
超える何かを見出したように思われる」と結論している。

19.「新古典主義」－シンケルからシュペーアへ－古典と近代の「融和」

　K．F．シンケルを谷口吉郎は「古典主義」建築家と称したが、杉本俊多は「新古典主義」と、
「新」を付けて称した。その理由は、「谷口吉郎展」のシンポジウム＜小郡＞*T-3-3で、「アルテス・
ムゼウム」美術館（旧国立美術館、1820～30年）（図Ⅱ-41A・B）について、

　　整然とイオニア式の柱が並び、水平の梁が走っていて、先ほど言ったナチス建築のルーツ
　みたいなものが、ここにあり、様式は新古典主義といって、ギリシャがとにかく一番いいん
　だとうことで、古代ギリシャをモデルとしてつくったスタイルということになります。19
　世紀の近代社会に入っているのですが、古い様式を使って、その時代性を反映させる。古代
　と近代が融合しているという意味合いがあります。

　つまり、「古典主義」に「近代」を加えて、その時代性を反映させたのが、「新古典主義」で、
その意味で筆者も谷口吉郎を日本の「新古典主義」建築家と名称したい。
　井上章一の『夢と魅惑の全体主義』（文春新書、2006年）では、「第三帝国様式」を細部装飾

B. 外観写真

図II-42 「ブランデンブルグ門」
A. 谷口のスケッチ

を簡略化した「新古典主義と呼ぶべきか」とする。つまり「古典主義」の建築は、「頂部にギリシャ神殿風の破風（ペディメント）がのせられ、正面には列柱（オーダー）で構成される」が、ベルリンの「旧日本大使館」は、「屋根のペディメントがはぶかれて、壁面も平滑に仕上げられていた。列柱はあるが、角柱であり柱頭の装飾は単純化されている」から、「古典主義」（クラシシズム）がモダニズムへと移行する、その過渡的な意匠を、細部が簡略化された「新古典様式」（ネオ・クラシシズム）と呼んでいる。つまり杉本の言うシンケルの「新古典主義」より、比例配分が古典の枠をこえたモダニズムに近づいたシュペーアの「第三帝国主義」を「新古典主義」と、井上は定義している。「新」とは、装飾の少ない「比例の簡略化」のことを意味している。

　ベルリンではラングハンス設計の「ブランデンブルグ門」（1788〜1791年）（図II-42A・B）が「新古典主義」の代表的建築である。

20. 谷口にとって「国際建築」の反省からの「第三帝国様式建築」

　谷口の「機械建築の内省」（『思想』1936年10月号）は、谷口がベルリンの日本大使館の建設の監修に渡独する2年前であるが、岸田日出刀の『ナチス独逸の建築』*ND-8の著作やドイツ語の建築雑誌についてその時の状況を書いている。谷口は「しかし、何といおうと、このドイツに起こった新建築の大変動は、撲殺にも似た弾圧行動であった。詳らかではないが、譬えようもない蹂躙が横行したであろうことは、今まで作品に最大の尊敬を払い得ていた多くの建築家達の名前が、卒然と、ドイツの建築雑誌から影を消し、その後作品の出現がないことによっても推察される」と、ナチスが嫌悪した「バウハウスの美術運動が、ドイツ国粋主義に対立する非ドイツ芸術主義の主張であり」と、さらにグロピウスからハーネスマイヤーの後任の

M. F. D. ローエが所長になると、1932年にバウハウスの閉鎖の大鉄槌が下される。谷口は続けて、バウハウスについて、

　　その名は、最新美術の尖端的前衛として世界に知れた建築革命の運動であった。しかし、それも、十三年間の短い歴史で、その跡を絶たねばならなくなったのである。「国際建築」の司令塔であった、バウハウスもハイル・ヒトラーの声にかかっては、ドイツ国民の徳性を傷つけるユダヤ主義の巣窟であった。その後、逆卍字の進軍によって、グロピウスやメンデルゾーンを始めその他の多くの有能な建築家は国を追われてしまった。

ナチズムは、逆に自分たちは「新しい精神」として「ドイツ固有の生活方針を重んじ、もって文化の統一的完成をはからねばならぬ」と、「反国際建築」の旗色を鮮明にした。谷口は、ナチズムが否定した「国際建築」の反省材料として、

　　「国際建築」の誤謬、例えば、郷土への依存をも無視せんとする国際建築、機械論的軽率に走り過ぎた機械建築、新奇の形式に捕われた新興建築、世界観の把持さえも忘れた工学建築、遊戯に化した実用建築など、いずれも主義の本旨から飛び離れてしまった狂躁に向かって、短刀を突きつけるように、急所に触れる辛辣味のあることに気づかねばならぬ。

谷口が「ル・コルビュジエ検討」（1930年）*E-8 で批判したり、自身がモダニズム建築を中止する理由とも重なる発言であるが、少々過剰な表現である。しかし、一方で「第三帝国主義建築」についても、

　　彼らのいう郷土への依存、材料と構造への本然的依拠も、十分に警戒をもって見詰める必要がある。例えば郷土主義の表現が、ただ建築の玄関や、広間の正面壁面に、黒鷲の紋章を仰々しく彫りつけたり、逆卍字を描くことであったり、重厚な歴史的意匠の復古であったりしては、これは官僚的な威圧建築への復帰に過ぎない。最近に建築されたドイツの官衙建築を見ても、この威圧臭味が濃厚に出て、再び、建築が暴君へ仕えた昔の建築時代へ逆戻りした感の深さに、話に聞く怪僧が横行した歴史時代の雰囲気がその意匠の中に漂うように思えるのは、ひがんだ見方だろうか。郷土の特産の材料への愛着についても、十分に良心的な警戒線を張らなければ、「げてもの趣味」に堕し、擬古臭味に陥る危険がある。

「郷土主義」（ハイマート・シュテイル）という名のもとで、擬古臭味の「装飾主義」が横行するのを警戒している。この「げてもの趣味」は、ブルーノ・タウトのいう「キッチュ」のことである。タウトもナチスによってドイツから逐われて、1933年日本に来ているユダヤ人との世評もあったが、A・レーモンドは実際にユダヤ人であった。この「機械建築の内省」の文章

117

が書かれた1936年は、谷口は「自邸」（1935年）を完成し、「梶浦邸」を発表した年で、まさしくモダニズム住宅の渦中にいた。翌1937年には「慶應義塾幼稚舎校舎」を完成している。その頃に書かれたモダニズムの反省として、「日本の新建築は、欧州の新建築運動を頭によって理解せず、ただ写真と図版による眼だけの受け入れ方に止まっていることは、日本新建築を板につかない真似事のようにしている根本原因であり、このゆえに、唾棄したいように浮薄極まる曲解の日本のモダン建築が、真の新興建築発展に自家中毒の危機を惹起せしめているのである」と、日本でのモダニズム建築適用をきびしく批判している。まだ渡独する以前である。「第三帝国主義建築」については、「大衆に向かって衛生保健生活の普及を目的として素晴らしい展示方法による建築展覧会を開催するなど」その長所をも、日本の建築設計界と比較している。そして、1938年にベルリンの「日本大使館」の監修のために渡独した記録として、ナチス・ドイツ建築を、実際に見てからの表現は、『せせらぎ日記』の「ナチス・ドイツの冬」（1938年）に詳説されている。西部国境のドイツとフランスの間の攻防態勢の緊張感と東部国境のポーランドとの、どこかで「導火線に点火される爆発は必死」と、戦機は熟していた。

　　私が建築工事に関係している日本大使館の建設も、このベルリン市の改造計画に含まれるもので、その位置はティアガルテン公園の南方の近くにあり、その附近一帯は「外交館地区」と呼ばれている。……日本大使館はこの1942年の7月に竣工の予定だが、それが完成すれば、世界の各国にある日本大使館のうちで、ここが最も規模の大きい立派なものとなるので、日本の外務省もヒトラーの計画案に期待をかけている。

　この大使館を「ヒトラーの計画案」というのは、ドイツの建築の設計はすべて「建設総監局」の統制に従い、「それはヒトラーに直属し、すべてこの指令と監理下に置かれている。その総監にアルベルト・シュペーア教授が新任し、最高の権限が与えられている」からである。谷口はこのシュペーアを「私が日本大使館の新築工事に関係する建築家であるので、監督官庁への表敬訪問」のために1月にシュペーアの設計により完成したばかりの「建設総監局」を訪れた。

　　それに盟邦の日本から派遣された建築家であり、同じく教授の間柄でもあるのだろう。お互いに打ちとけた気持で対坐する。
　　大島 浩大使からの伝言を伝え、工事中の日本大使館について技術的な要点などを打ち合わせていると、相手の落ちついた話しぶりや、温厚な表情に少しもいかめしさがない。そのためナチス政府の最高官吏に対面しているという感じがなく、同年輩の同僚と対談しているような気安い印象を受けた。

　そして谷口は奥の製図室に案内され、ベルリンの新しい都市計画の図面や石膏模型の説明を受けて退所している。重要なのは谷口はシュペーアと直接に新日本大使館について打合せ

をしていることである。以上から「新日本大使館」は、ヒットラー（最高計画者）→ シュペーア（建築総監）→ モスハマー（外観）・ピンナウ（内部）の設計・監理 → 谷口（監修）という指揮系統であったことが解る。つまり、まったくナチス・ドイツ建築なのである。今日では、それは機密保持の点から考えられないことである。筆者の経験では日本の海外の在外公館・大使館は既存の建物を借用する場合を除き、すべて日本の建築家の設計である。治外法権として機密保持のためであるとも言えるが、しかしこの日本大使館は外交館地区として土地は保有していなかった。今日では施工も日本の建設会社が行う場合が多い。それは機密保持のためである。

『雪あかり日記』の「雪あかりの日」には、ドイツにおけるシンケルの後継者はペーター・ベーレンスで、最大力作は「ＡＥＧ会社のタービン工場」（1909年）で、次は「ハーゲン郊外の火葬場」（1907年）であるが、他の代表作はロシアのセント・ピータースブルク（現在のサンクト・ペテルブルグ）の旧「ドイツ大使館」（1912年）で、「ドーリヤ式柱型の連立した正面の外観はたしかに意識的な新古典主義的精神を立証するものである。しかし彼らしい、しっかりした構造主義的意匠心を強く表現した点で、この作品は、今日のナチス建築の先駆をなすものといい得る」と、その建築の特徴は「構造主義的意匠」であったことが解る。戦後の谷口の建築作品は「構造主義的」なデザインとは言い難いが、その「意匠」には「第三帝国様式」が感じられるのである。谷口のモダニズムからの離脱劇には、「第三帝国様式」と「風土」が混然としていたのである。

モダニズム建築が目標とした他の１つが「インターナショナル」（国際主義）で、その背景には社会主義的な思想があり、健康的で衛生的な住居を理想化し「民衆」の立場に立ち、過去の古い生活様式と因習を捨て去ろうとした。しかし建築はそれが建つ地域の風土と文化と、その土地の気候と特異な周囲の環境を無視してはあり得ない。モダニズムはそれを新しい機械に模することで合理主義として技術的に解決しようとした。

谷口はベルリンで「第三帝国主義建築」が、当時の「インターナショナル」建築の流行に対してドイツの文化・風土を無視したとして「バウハウス」などのモダニズム建築家を排斥した現実を目のあたりにして、自己の金沢の風土・日本の伝統に準拠する必要性を感じるとともに、そのプロイセン的生活の拘泥にも、日本の「庶民」の生活への認識を新にしていた。それが、谷口の戦後の建築に反映してゆくのである。

21. 戦時中の、谷口の「神の建築を掌（つかさど）ること」とは何か

□ 日本的「伝統主義」と日本美の「国際性」

前川國男は、昭和初頭の「日本民族の民族的自覚の台頭時における伝統的日本建築の提唱時に、単に模写的復興は、擬古主義的な伝統主義が生まれる素地があった」と言うが、その時、一方で谷口吉郎の、「いわゆる＜神の建築＞を＜人の建築＞に簒奪（さんだつ）せんとした冒瀆（ぼうとく）にさえ気がつかなかったほどその伝統主義が具体性を欠いていた」とは何のことであろうか（松隈 洋「大

東亜建設委員会」『建築の前夜・前川國男論』みすず書房）。前川と谷口の伝統建築論の比較である。

　それは1942年7月の「大東亜建設委員会」の建築様式の小委員会で、米英に宣戦を布告した後の、大陸を含めての大東亜の造形文化の議論の終盤での建設委員の谷口吉郎は、決然として次の発言をする。1939年に谷口はすでにドイツから帰国していた。

　　　今迄やって居った建築と何か違ったもっと大きな制作欲と云ったようなものが自分の心の中に燃え上って来たように感じます。それはどう云うことかと申しますと、今迄の建築は先ず生活の為めのものであったわけで、それには間違いないのでありますが、此の頃では段々もう一つの何か自分としては所謂神の建築を掌るのだと云うようなことがはっきりと吾々の頭の中に浮び上って来たのではないかと実は考えて居るのであります。

　この谷口の発言について、松隈は「造形への意志とでも呼べる一種異様な精神状態に、建築様式をめぐる議論が突き動かされつつあった」と言い、「生活建築」に替わってこれが「神の建築」を「人の建築」に簒奪せんとした冒瀆であるとの実態であった。

　前川はこの前文に、「それは単なる様式の模写的復興に満足するものは抽象的な伝統主義に過ぎず……かつて欧州建築のもった19世紀的擬古主義がこの偏倚をあえて犯したのではなかったか」と書いて、谷口の「神の建築」を「人の建築」に簒奪せんとした冒瀆とは、外国の事例では「神の建築」であったパルテノン神殿を一般の「人間の建築」に模倣しようとしたシンケルなどの古典主義のことを指摘していたのである。谷口は「シンケル博物館」（『雪あかり日記』）で、パルテノン神殿の三段の基壇（スタイロベート）は「人間の足では登れないほどの高い段になっていた」と、それは「全く神に捧げられた象徴建築」としての「神の建築」であったが、他方でシンケルの建築の階段は、人間の足の寸法になっている「人間の建築」であった。

　谷口の発言は、確かに戦前までは「建築は生活のため」と、言っていたのに、この頃は「神の建築を支配する」とは何を言おうとしているのか。谷口は「神の口」とか、「神の手」という表現を多く用いたが、その「神の建築」とは「神社建築」のことであろうか。

　清家の「風土と建築」*T-1-4-1に、東工大の研究科（大学院）の頃に、入隊していた海軍から休暇で帰京して、谷口先生を訪ねると、「タイに建つ日泰文化会館の設計競技の設計をしておられた」と、それは1943年10月の「在バンコク盤谷日本文化会館」の設計競技で、丹下健三案が1等で前川國男案が2等であった。谷口案はどのような計画案だったのであろうか。倉方俊輔の「日泰文化館設計競技の経緯について」（『日本建築学会大会学術講演梗概集』[北陸]2002年8月）に詳述されている。その経緯について、倉方の調査では伊東忠太が審査委員長で、他の委員に内田祥三がいた。約80人の参加で、その内公表された人名は10名であった。その参加者の「経緯」には谷口吉郎の名は見当たらない。参加して提出したかどうかも不明である。

　戦後の谷口の『日本美の発見』（1956年）*E-50に、

新しい意味の日本的な造型様式と申しますのは、言葉の上では、同じく、「日本的」と申しますが、この主張の精神は、そのような国粋主義と著しく違っております。……言葉を添えますと、国粋主義は過去の歴史的価値と、その芸術的価値とを混同したのであります。古いものの価値は当然認めるものでありますが、その歴史的な遺産の中で新しい価値を持つものだけを、美的見地から日本的だと申したいのであります。

　谷口は「日本美の国際性」を言っているのである。しかし大戦時、大陸や東南アジアの植民地の設計競技には、前川國男と比べても積極的でなかった。その理由を「国土美」（1941年）に、

　アッシリアを亡ぼし、エジプトを攻めたペルシャは、その亡国の文化形式を借りねばならなかった。ギリシャを版図とした大ローマも、そのギリシャの造形美に服従しなければならなかった。東亜の新しい出発が口に論じられる時、我が朝鮮征伐の大陸進出や倭寇の南進が、その武力や気力に、如何なる造形美を持った建設が、それに伴って発展していったか、ひるがえって考えてみることも、無駄ではなかろう。

　谷口の「在盤谷（バンコック）の日本文化会館」の設計競技（1943年）の提出案は入選すらしなかったのだが是非見たいが、発表されていない。多くの案が日本回帰し、モダニズムに屈した事件（？）と言われた。谷口は時代と国土の様式樹立運動の必要性を主張した、「その土地の花は美しい」と。その土地の風土に準拠した設計を考えていたのではないか。したがって選に漏れたのか、または提出しなかったのである。つまりバンコックに建てるのならバンコックの国と風土を反映した建築と考えていたのかもしれない。
　清家は、「この丹下の建築案は設計だけに終わる。その間、谷口先生はドイツで見聞されたことをじっと胸の中で温め、合理主義、機能主義、そして伝統について考えていらっしゃった。それが藤村記念堂で開花する」と、当時の谷口建築を説明している。
　つまりこの頃、谷口は具体的には「生活美」に替って「国粋主義」でない「国土美」を重視していたのである。それはナチス・ドイツでは「その短い間に最も世界を驚かした建設事業は、空軍と自動車道路で、2つともナチスの最も力を入れた大事業であった」と、それは「ドイツの素晴らしい新風景である」と書いている。谷口の言う「神」ならぬ「ナチス」の建築事業であった。それが神に替る「高邁な意匠心」のことである。

22. ドイツ／ギリシャの「風土」から日本の「風土」へ

□ 風土の「倫理」（モラル）と表現の「詩情」（ポエジー）
　谷口の「きびしい風土の中の造形美」（『建築雑誌』1976年6月）の中に、郷里の金沢の「私たち北陸に育った者には、冬の雷は珍しいことではない。それを雪雷と言った」と、

北陸の冬は昼でも薄暗い。そんな冬空に突然、稲妻が光る。閃光とともに、雷鳴が地底を揺るがすようにとどろく。天候は険悪となり、霰（あられ）が家の雨戸を荒々しくたたく。それが豪雨の前ぶれとなって、雪がしんしんとふり続く。……このように北陸に住む人たちは、毎年訪れる冬の厳しい悪条件と戦いながら、冷酷な風土の試練に耐えねばならぬ。……気候が陰鬱であるために、日常の身辺と生活に、豊かな色彩の愉悦を渇望したのであろう。それが職人達の造形センスを旺盛にしたと考えられる。しかも、それが俗悪化せずに、風土色の濃い特色と洗練を発揮する造形に完成したのは、加賀藩の藩政による感化力が大きかったといえよう。……<u>北陸の土地は文化的拠点となって、きびしい風土に耐えていた。冷酷な気候の中に美しい造形を求める人々の暮らしと心が、そこに生き続けていた。農民や職人達は冷厳な風土を自分の郷土として、貧寒の地に美しい造形の開花を求めた。</u>

（傍線筆者）

　谷口の建築の原点ともなった金沢の厳しい「風土」は、職人たちの工芸によって「古九谷」のような美しい造形を促した。一方、清家 清は少年時代を京都、大津、神戸で暮らし成人して東京へと表日本で過ごしたこともあって、その建築は、谷口の言うように「北陸と表日本では冬の気象状況が極端に違う」から、まったく異なる「風土」認識の違いを反映している。清家が谷口のベルリンの足跡を訪れて、ここは「金沢だ！」と叫んだのも、必然である。谷口の在ベルリンでのドイツの「風土」感については、その記録である『雪あかり日記』の「鉛色の日」*T-1-1-① に書かれている。

　今日も、どんより曇っている。こんな陰鬱な日が、毎日続き、しかも日一日とその暗さが深まっていく。私の心も、その天候のように暗い。その暗さの中で、なにもかも、黒ずんで見える。これがドイツ特有の冬の天候である。……しかし日本人はヨーロッパに対して、まるで同じ緯度にある隣国の如く考えるのは、これはどうしたわけだろう。

　しかし、「日本とドイツの間には、人間の生活やものの考え方には類似点が多い。最近では、特別に模倣的な様相が著しい」と、

　ことに建築がそうである。どっしりとした立体感。深い陰影。濃厚な色彩。さらに「理論」で練り固めたような造形性。その強い意識的な匠気。「これでもか」というような建築思想。そんな特色こそ、この暗い天候から生まれたドイツ的な造形精神だといわねばならぬ。

　しかし、「東京とベルリンの気候は決して同じものではない。それをベルリンに、住んでみて、一層感じるようになった」と、ドイツの冬は「低温高湿」だから、「東京のように底冷えがするような感じが無くて、ベルリンの冬はしっとりとして、気温の割には冷え込んでこない」。しかしそれだからといって「風土」という相違点を無視することはできない。「美術、ことに建

築の美は風土と関係が強い」と結んでいる。

　日本との大きな相違点は、ドイツでは建築の壁体は、田園住宅でも煉瓦2枚積みの壁体でそれを縦に積み上げていく、レンガ造りの職人による施工であった。初期のM. F. D. ローエはスチール骨組みを中空ブロックの充填壁体とした。したがってあのデザインが可能であった。しかし、第三帝国建築様式では一切の鋼材の補強を禁止していた。谷口が監理した「日本帝国大使館」も同じ工法で、煉瓦の躯体に黒い石灰岩の「ドイツ大理石」を貼り、在来の伝統的工法を遵守しようとした。それはギリシャ建築の大理石積み工法の伝統として新古典主義建築にも引き継がれた。結果的にレンガの壁体は床から上階の床まで達し、したがって窓は縦長となった。つまり縦長窓にならざるを得なかったが、ドイツの冬の太陽高度は低いから、日射は部屋の奥まで届いた。それが縦長連続窓を多用した原因であった。

　したがって、戦後に谷口が慶應義塾大学の校舎群で主要デザインとなった縦長上げ下げ窓は、日本の金沢の虫籠窓などの伝統からだけではなく、ドイツの新古典主義建築の影響はあったが、バウハウスのインターナショナル建築への指向はドイツのこの伝統を否定するもので、ナチス建築が不採用としたフラットルーフ、横長連続窓、大きなガラスの開口部はプロシャ建築としての「風土」からの離反で、それは「国際性」を目指していた。

　ドイツ人の「ギリシャ憧憬」は建築にかぎらず文化や芸術にも及んでいる。ギリシャ語を話す民族が北方のドイツなどからギリシャの土地に入り込んできたのは、古く紀元前2000年前まで遡ると言われている。しかし、谷口は「どんよりした日」に、「古代ギリシャと十九世紀のプロシャでは、太陽高度もちがう土地に生まれる建築は、成立条件も根本的に異なる。その上に、建築を作る職人の技術も、国民の宗教も、社会の風俗習慣も、古代ギリシャとプロシャとは全く相違している」と、

　　　ナチスの今日に至って、「第三帝国の様式」というギリシャ様式の復古的建築が強い主流となり、それによって建築のみならず、絵画、彫刻、工芸を一丸として、新しい様式樹立のため、政治力が活発に動き出すに至ったのも、既に十九世紀に於いて、このシンケルが古典主義の美意識を主張し、それによってギリシャ的なものとプロシャ的なものを、しっかりと結びつけたといわねばならぬ、……それは建築発生の根本条件である風土の条件や、生活の条件、さらに時代の性格を無視して、昔のギリシャへ今日の建築様式を無理にも押し返そうとするものであった。

　谷口が建築の発生条件を「風土」と「生活」としていたことが簡明に書かれている。そして、「ギリシャの美しさに感動する自分の内心さえも偽り、古き昔の美的探求心を、ただ頭から軽々しく笑い去っていたきらいがある。私（註：谷口自身のこと）はこんな反省心から、シンケルの建築を眺め直してみたいと考えた。そうすることによって、ギリシャ古典の建築が、後世から見ていかなるものであるかを、いっそうはっきりと検討し、シンケルの仕事を再吟味し

たいと考えた」。それがギリシャの「パンテノン神殿」への強い視察願望となって幾度も試みられた。その検討の結果として、日本の「古典主義の伝統性」に気付き、まず「風土」的な「藤村記念堂」、そして「東京国立博物館 東洋館」の「日本的」デザインと「ギリシャの伝統」を融合させた「新様式」としての「新日本調」として結実するのである。(傍線筆者)

　谷口の戦後の「風土」の記述は、「日本住宅の合理性と詩情」(1960年) にまず「2. 厳しい国土」として日本の「温度」と「湿度」の夏と冬の厳しさ、「雨量の多さ」、「風」としての強い台風、そして「地震」と、「以上の如く日本の住居は、酷暑、厳寒、多雨、暴風、激烈な地震に堪え忍ばねばならぬ」と、これが日本の「風土」で、主として気象条件であった。だから「日本の家は厳しい気候と風土に耐えながら、しかも人間生活に必要な機能に基づいて独特なスタイルを完成している。この風土における＜倫理＞と表現における＜詩情＞こそ、日本の家の貴い特性であるから、無国籍性のインターナショナル (国際性) への指向は無用で、二十世紀のヨーロッパやアメリカに興った最も新しいモダン・アートの美意識をも驚嘆させるほどの真価を持つものだといってよかろう」と、つまりモダニズム建築の不必要性は「桂離宮」が既にあるのではないかとの論旨でもある。(傍線筆者)　そして、

　　「花」の美しさと、「家」の美しさは、甚だよく似ている。……だから日本の住宅建築の美しさは、高山植物にたとえることができる。……高山植物の花は、厳しい風土条件に耐えることによって、色彩を清純にし、香りの貴さを増している。だからそれを造花のように模倣するだけでは、その花の心を知り得ない。それゆえに、建物も、その美の成立条件とその意匠精神を深く理解し合うことから、出発することが大切であろう。

　日本の厳しい風土条件から生じる「花の心」のような「清純」な「詩情」が、美の成立条件である。戦後の谷口の「郷土主義」の建築は、信州馬籠の「藤村記念堂」として、結実してその第一作となる。それが結論であった。A・レーモンドも同種のことを書いている。
　筆者の同級生の山田孝延から、和辻哲郎の『風土』も参照したらとの提言により、まず谷口の「風土」からの影響を確認してみた。

23. ドイツの厳しい冬 ──「風土」と「造形」の「意匠心」の体験

　谷口の『せせらぎ日記』の最終章の「ベルゲン港まで」に、

　　そんなベルリンで私は冬を越したのであった。毎日、暗い天候が頭を押しつけ、気分を重くしめつける。それは想像以上のもので、日本の北陸地方で育った私にさえ、ドイツの冬の心理的重圧は、骨身にこたえた。しかし、それによってドイツの冬がドイツ人の美意識に強い影響力を与えていることを実感することができたのは、得がたい経験であった。それが日

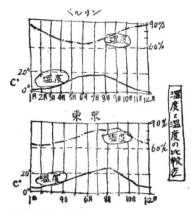

図Ⅱ-43 「ベルリンと東京」
谷口のスケッチ
A.「緯度の比較図」

B.「湿度と温度の比較表」

本の建築家である私の意匠心に、風土と造形という問題についていろいろな示唆を与えた。
　　そう考えると、緊迫したベルリンの世相の中で暗い冬を過ごしたことが、私にとって有意
義な体験であったと、今つくづく思う。

　　シンケルの新古典主義建築の影響より、ベルリンの冬の経験は、自分の意匠が日本の民族や
風土から逃れられないことを教えられた。(傍線筆者)
　『雪あかり日記』の「鉛色の日」に、ドイツ特有の冬の気候を、どんより曇っている陰鬱な日
が毎日続き、何もかも黒ずんで見えて、ドイツの冬は「低温高湿」で、「東京は北緯35度にあり、
ベルリンは北緯53度にある。北樺太か、シベリアのバイカル湖あたりに当たるだろう。ベル
リンはそんな北のはてにある都会である」と天候に大きな差がある。同書に、谷口の描いたベル
リンと東京の「緯度の比較図」と「湿度と温度の比較表」が図示されている（図Ⅱ-43A・B）。
『せせらぎ日記』の「戦争前夜」に、「ドイツで暗い冬を越し、その厳しい風土が建築や美術に
強い感化を与えていることも実感することができた」と、『雪あかり日記』の章名はすべて、
ドイツの気候を表わすタイトルになっている。

24. 和辻哲郎の『風土』——谷口による書評『桂離宮』

□ 和辻、木下、児島との交友

　　谷口が『古寺巡礼』（岩波書店、1919年）や『風土—人間学的考察—』（同、1935年）を書い
た和辻哲郎と会った記録がある。その機縁は、木下杢太郎の主催した「パンの會」に、和辻が
「新思潮」の同人として谷崎潤一郎とともに参加して以来である。美術史家で「白樺派」グルー

プにもいたがユマニストともなる児島喜久雄を含めて、この帝大系の3人は親交した。杢太郎は終生、和辻、児島両者と交友し、死の床にあって「書いたもののことは和辻、児島」にと、後事を託した仲であった。そして、谷口は「花の書の会」において杢太郎から和辻を紹介されたと考えられる。

　他日「茶会」を通じても谷口は和辻と会している。和辻の弟子で倫理学者の数江教一は「古寺巡礼の主―和辻哲郎博士訪問記―」（和辻 照編『和辻哲郎の思い出』岩波書店、1963年）に、茶の湯を大変好んだ和辻に、最近の茶会について聞くと、志賀直哉と柳 宗悦が欧州へ行く際の送別茶会が熱海の「桃李境」で行われたが、その時に参加したのは谷川徹三、堀口捨己、谷口吉郎などの肝いりにより、他は梅原龍三郎、安井曾太郎の両画家、里見 弴、広津和郎、川端康成などの高名な文人であった。

　谷川徹三の「写真による谷口さんの追憶」[*T-1-3-6]には、谷川が雑誌『思想』の編集責任者に和辻哲郎、林 達夫とともに就くと、板垣鷹穂の紹介で谷口に会い「自邸」を案内されている。そして谷口とは松永安左エ門の茶会で堀口捨己と3人で会っている。昭和23、24年頃、熱海伊豆山の「桃李境」の茶室で、谷口の、和辻、里見、志賀、柳、谷川、梅原らの写真がある。やはり谷口と和辻との接点は茶会が多い。

　和辻は杢太郎を「享楽人」と評したが、2人の関係は文学仲間から始まり、仏像などの古美術、精神史にまで及んでいる。そしてともに「日本的特色」への回帰の問題は共通していたが、和辻は杢太郎にゲーテを学ぶことと、『イタリア紀行』を示していた。その影響は近傍にいた谷口にも波及していたことは十分に考えられるが、谷口の和辻の著書『風土』への言及記録は目にしていない。そして和辻の「風土論」において建築との関係性で重要なのは、「人間存在の構造契機の自己了解が形として表れたものが建築物である」という、風土はこの「自己了解」を制約するのである。谷口は十分にその「自己了解」を文章で実証しているとともに、建築として表現している。和辻の『桂離宮』（創元社、1951年）に対して、その「製作過程の考察」であるとして、谷口は、書評「設計者の作風考察」―和辻哲郎著『桂離宮』（『毎日新聞』1955年11月28日）に、

　　京都地方の風土、当時の世相、時代の動きに注目し、桂離宮の造営に関与する人々の性格をも吟味して、八条宮初代智仁親王をその中心人物と見、特に建築と庭園の造形的意匠を重視している。すなわち、設計者の作風と様式に論拠を求めようとするのが、その考察の特色である。

谷口自身の研究姿勢と重なる部分があり、「風土」と「庭園」に言及し、さらにその結論として、

　　特に松琴亭前の小川にかけられている白川石の石橋に、スタイルの転換を見いだし、中書院、茶室などの造営を論述する筆法は、推理小説のように興味深い。読者はその意匠的解説

によって、一層この離宮の美しさに魅せられるであろう。

　谷口は、和辻の論述の方法と、桂離宮の美しさに、魅了されている。しかし、筆者も読んでみたが建築的な記述の少ないことは少々残念である。

　谷口吉生は、父は［日本建築とモダニズムの関係について、例えば桂離宮の松琴亭のコンポジション、線と面の構成などでモダニズムの関係を説明していました」と、鼎談で話している。谷口吉郎は多くの「書評」を書いているが、「和辻」論の唯一の資料であるかもしれない『風土―人間学的考察―』の「書評」があったら、ぜひ見てみたいものである。そこには、ドイツ、ギリシャ、日本の風土の違いについての見解が当然書かれているはずである。和辻は、戦前は「日本回復」を主導し、戦後はまた「日本学」の思想的主柱として偶像のごとく再興されようとしている。そして「日本的なるものの行方」は谷口ならずとも、「生活」の観点からも問われなければならない。

　和辻の『古寺巡礼』（1919年）*G-22 には、日本とギリシャの風土を同一視して、古代ギリシャの文明が飛鳥から天平の奈良へのギリシャ文明の東漸史観を示した。それは「東京国立博物館 東洋館」の設計にも影響を与えている。しかし、後の『風土』（1935年）になると、反転して日本とギリシャでは風土条件が異なると、逆に日本固有文化論へと変化していった。そして、日本人の風土的構造の反映は「家」があるとの結論へと至っている。谷口への影響も当然に考えられる。

第 III 章

科学（建築）と芸術（文学）の二元性
ー「両頭の蛇」的問題ー

科学する詩心（合一）

谷口が交友した主要な 建築家・文人と芸術家とその成句

文 学

島崎藤村

「簡素」 「遂に新しき詩歌の時は来たりぬ」

↓

森 鷗外

「両頭の蛇」 「過去ではなく未来への出発点である」

↓

室生犀星

「造園は作詩であり、庭園は詩集だ」
「うつくしき川は流れたり、そのほとりに我は住みぬ」

↓

木下杢太郎

「過去(古典)は背中に廻った未来だ」 「消え去ることは　よみがえることだ」
「科学も芸術も其の結果は世界的のものであり人道的のものである」
「建築はフィロゾフィーレンすることだ」
「嫌いなことをやることも大切だ」
「古き仲間も遠く去れば…」

↓

野田宇太郎

「建築こそ歴史の花」(谷口)
谷口はユマニスト(人道主義者)

↓

佐藤春夫

「文章は絹の糸」 「建築は詩的行為」

高村光太郎 ━━━ **川端康成**

「無機の形象」・「触媒作用」 「美しき日本」
「心」を与える 「一輪の花」

志賀直哉

「動より静を求め安息を願う」
「白いバラ一輪」

美 術

イサム・ノグチ ━━━ **猪熊弦一郎**

「三田山上のパルテノン」 「色のない色彩」 アンリ・マチス
「一つの舞台です。―静かな劇的な」能舞台(谷口)
「ジャパニーズ・モダン」

東山魁夷

「一本の野の草にも生命が宿っている」

谷口の交友・人脈 ―科学と芸術―

	■工学（建築）・医学・実業	■芸術・文学の「研究」	■芸術・文学の「創作」
金沢四高	星野信之（図学） 吉田鉄郎（建築家） 田山方南（明治村・書道研究家）	岩本禎（哲学者） 伊藤武雄（ドイツ語）	徳田秋聲（小説家） 中野重治（小説家）
東大・東工大・芸大他・建築関係	伊東忠太（建築） 佐野利器（建築） 関野克（建築） 内田祥三（建築） 岸田日出刀（建築） 長谷川輝雄（建築） 横山不学（構造） 土浦亀城（建築家） 前川國男（建築家） 市浦健（建築） 太田和夫（建築） 二見秀雄（構造） 和田小六（航空学） 森於菟（医学者） 吉田富三（病理学者） 団伊能（実業家・美術史学者） 諸井貫一（実業家） 小泉信三（慶應塾長） 槇智雄（慶應理事） 村野藤吾（建築家） 吉田五十八（建築家） 谷口忠（構造） 加藤六美（構造） 石橋正二郎（実業家） 板垣鷹穂（建築評論家） ブルーノ・タウト（建築家） 川添登（建築評論家） 山口文象（建築家） 大倉喜七郎（実業家） 森蘊（日本庭園史） 槇文彦（建築家） 清家清（建築家） 丹下健三（建築家） 藤岡通夫（建築史） 青木志郎（建築） 平井聖（建築史） 内藤昌（建築史） 浜口隆一（建築評論家） 仙田満（建築家） 由良滋（建築家） 内田祥哉（建築）	大塚保治（美学） 今井登志喜（歴史学） 土方定一（美術評論家） 鈴木大拙（宗教家・哲学者） 中川忠順（東洋絵画史） 寺田寅彦（物理学者・随筆家） 塩月弥栄子（茶道家） 小堀杏奴（随筆家） 河北倫明（美術評論家） 亀井勝一郎（文芸評論家） 白洲正子（美術評論家） 菊池重三郎（英文学者・詩人） 佐藤信三（文学者） 野上豊一郎（英文学者） 小山内薫（演劇）	松岡映丘（大和絵） 新海竹太郎（彫刻家） 小山内薫（劇作家・詩人） 高野辰之（作詞家・演劇史） 北原白秋（詩人） 富本憲吉（陶芸家） 石井漠（舞踊家） 佐藤春夫（詩人・小説家） 日夏耿之介（詩人） 永井荷風（小説家） 斎藤茂吉（歌人） 吉井勇（歌人） 石井柏亭（洋画家・版画家） 高村光太郎（詩人・彫刻家） 谷崎潤一郎（小説家） 東山魁夷（画家） 草野心平（詩人） イサム・ノグチ（彫刻家） 伊原通夫（彫刻家） 猪熊弦一郎（画家） 濱田庄司（陶芸家） 脇田和（洋画家） 中山義秀（小説家） 平山忠治（建築写真家） 林芙美子（小説家） 吉川英治（小説家） 清水崑（漫画家） 奥村土牛（画家） 室生犀星（詩人） 高田保（演出家） 火野葦平（小説家） 棟方志功（板画家） 東郷青児（画家） 永井龍男（小説家） 山本有三（小説家） 西脇順三郎（詩人） バーナード・リーチ（陶芸家） 五木寛之（小説家） 阿川弘之（小説家） 菊島一夫（劇作家） 豊島与志雄（小説家・仏文学者） 吉屋信子（小説家）
「花の書の会」	緒方富雄（病理学） 木下杢太郎（医学・芸術） 太田千鶴夫（小説家・西洋医学）	川田茂一（近代文学） 市川為雄（文芸評論家） 児島喜久雄（ギリシャ絵画） 植村敏夫（ドイツ文学） 石中象治（ドイツ文学） 滝精一（美術史） 野田宇太郎（文学研究・詩人） 村田潔（西洋美術史） 山岸外史（評論家）	海老原喜之助（洋画家） 木村章平（彫刻家） 長田秀雄（詩人） 服部良一（作曲家） 長谷川千秋（音楽評論・詩人） 阪本越郎（詩人・ドイツ文学） 吉田弥三右衛門（九谷焼）
「耳庵」茶会	松永安左エ門（実業家） 堀口捨己（建築家） 本多静雄（実業家・陶芸研究）	矢代幸雄（西洋美術史） 肥後和男（日本古代史） 芳賀幸四郎（日本史・東山文化） 谷川徹三（哲学者） 安倍能成（哲学者）	加藤唐九郎（陶芸家） 志賀直哉（小説家） 梅原龍三郎（画家）
「桃李境」茶会	杉村楚人冠（ジャーナリスト） 白川忍（実業家）	柳宗悦（民芸家） 安田靫彦（日本画家） 古田紹欽（仏教学者） 和辻哲郎（哲学者）	里見弴（小説家） 安井曾太郎（小説家） 広津和郎（小説家） 川端康成（小説家）
博物館明治村・茶会	土川元夫（実業家） 石坂泰三（実業家） 渋澤秀雄（実業家） 松方三郎（ジャーナリスト） 池島信平（出版社） 菊池重郎（建築史） 太田博太郎（建築史） 飯田喜四郎（建築史） 村松貞次郎（建築史）	今泉篤男（美術評論家） 伊藤整（文学者・小説家） 岡田譲（美術評論家） 嘉門安雄（美術評論家） 富永惣一（美術評論家） 荒垣秀雄（コラムニスト） 安藤鶴夫（演劇評論家）	徳川夢声（弁士） 小絲源太郎（画家） 井上靖（小説家） 今日出海（小説家・評論家） 高田博厚（彫刻家） 野間静六（美術史家）

1.「両頭の蛇」（I）　アポロ的とディオニソス的—「二元性」

　谷口は「コルを摑む」（『国際建築』1929年5月）の翌年の1930年に、批判に転じて「ル・コルビュジエ検討」（『思想』12月）を書いた。東大の建築学科の同級生の前川國男がパリのル・コルビュジエのアトリエに在籍していた（1928年8月～1930年4月）ことも遠因である。

　そのル・コルビュジエ自身の二元性について『ル・コルビュジエ』（C・ジェンクス著、佐々木宏訳、鹿島出版会、1945年）に「アポロ」と「メデューサ」のスケッチ（図Ⅲ-1）を掲載して、ル・コルビュジエの「理想と社会の間の闘争は悲劇的な二元性である」として、C・ジェンクスは、

> 　ル・コルビュジエがマルセイユのユニテ・ダビダシオンに関して権威筋と闘っていた頃に描いた絵の中にこの二元性を見ることができるのである。それはおそらく彼自身の二重肖像だろう。一部はアポロ、一部はメデューサ、一部は微笑している理性の太陽神、一部はディオニソス的なものであって下界の官能的な人物像である。暗い苦痛がまったくむき出しになっていて、喜びと光によって平衡が保たれているのである。

　そのメデューサはギリシャ神話中の怪物ゴルゴンの1人で頭髪は7本の蛇として描かれている。ル・コルビュジエ本人は、「芸術は＜理性−情熱＞の方程式の産物であり、私にとっては人間の幸福の拠り所であるのです」（『プレシジョン』上、井田安弘・芝 優子共訳、鹿島出版会、2015年）と、建築家と建築技術者と二元論である。そして「均衡」（平衡）こそが、「キーストーン」であると、それを「モデュロール」に求めた、26歳であった。丹下健三も、「MICHELANGELO頌—Le・Corbusier論への序説として」（『現代建築』1939年12号）に、太平洋戦争に突入し、困窮極まる時代を「新しい時代の到来」として、その要約は、

> 　ミケランジェロこそがアポロ的な可視的表象世界の誕生より前に未だ一切の限定のない闇の中に立ち、ディオニソス的な形成への渇望が押さえがたく湧き上がる真の創造者であると讃える。そして、ル・コルビュジエは現代におけるその再来であり、自分もミケランジェロの道を行くという決意を述べる。

　「パルテノン」、「ニーチェ」、「ミケランジェロ」、「ル・コルビュジエ」という事象からアポロとディオニソスの間を揺曳する「双面神」（ヤヌス）的問題への丹下の筆致は難解であるが、自己の創作の根幹を探ろうとしている。

　谷口も「二十世紀の建築様式の二つの流れに、その一つの流れがアポロ的なものとすれば、他の流れがディオニソス的といえた」と書いている。

　浜口隆一との対談「谷口吉郎氏との30分」（『新建築』1956年1月）の「芸術と科学の二元性」に、谷口の風洞実験などの「建築意匠の研究と工学的研究の二元性」について浜口が質すと、谷口は、

図Ⅲ-1 「アポロ」と「メデューサ」
のスケッチ（ル・コルビュジエ）

図Ⅲ-2 石川県繊維会館
階段吹抜け

　「僕たちの読んだもの、木下杢太郎、森 鷗外がありましたが、その杢太郎はちゃんと言っているのです。『嫌いなことをやることも大切なことだ』と、それから杢太郎の悲劇は医学と文芸と二つ、それが彼の性格の悪い点でありいい点である。二つのものが一緒になるかならないかは後の結果である。好きなことだけやれば、もちろん非常に幸せかもしれないが、嫌いなことをやらざるを得ないときには、無理にでも、嫌いなことに進んでいくのもひとつの勇気です」

　谷口は、建築設計と文章を書くこと、つまり文学との両立性のことも言っているが、建築でも設計意匠と工学的研究との二元性もあるし、意匠においても合理主義的で合目的意匠、つまり東工大の「水力実験室」のような洋風のモダニズム建築と、「藤村記念堂」とか、金沢の「石川県繊維会館」（図Ⅲ-2）のような和風、郷土建築のような二元性について浜口が質問すると、

　「それは私が持っている作風の断面だと思うのです。作家の作風というのは死んでからでなくては本当にわからないものでしょうが、私のは、いつも二元性を持っているように思います。……だからその二元性を持っているが故に自分を研磨してゆく、それを僕たちは背負っておるのじゃないかな。今おっしゃった東工大水力実験室とか、慶応の予科日吉寄宿舎（1938年）とか、これは僕としてはむしろ非常に作り易い、その反対のものは非常にむずかしいのです。その逆にそのむずかしいところにむしろ魅力を感じる。水力実験室だの、日吉だのはその当時非常に好きでしたが、しかし自分としては、その行き着くところがわかっているような気がしてくる。そこで何か違ったものに魅力を感じてそこに引き摺られてゆく」

　杢太郎と同じようなことを言っているが、「だから建築の近代化というものを、例えば機械と工業生産材料とかいったことだけに限らないで、＜手＞というのもやはり１つの近代的なものであり得るということになるのではないか。＜手＞というものに対しても近代性を認めてみたいと私は思うのです。……しかし、今となってくると、その合目的性がもっと巾を持っていいのではないか、という気がするのです」と、谷口のモダニズム建築に合目的性の「機械」だけでなく、近代的な＜手＞による手工業的な「拡張」を考えるべきで、明らかに「転向」とは異なる。

図Ⅲ-3　木下杢太郎
A. 仙台時代

B. 若き杢太郎の自画像

2.「両頭の蛇」(Ⅱ)　谷口の三重の二元性(回帰往復運動)
──日本的西洋建築

□ 工業(機械)主義的と郷土(風土)主義的－科学(建築)と芸術(文学)－設計(芸術)と教職(研究)

　浜口隆一との対談「谷口吉郎氏との30分」の「科学と芸術の二元性」には、谷口の工学的研究と建築家という芸術的な仕事の「2足のわらじ」について質問されると、谷口は木下杢太郎(図Ⅲ-3A・B)が医学研究と詩・戯曲・小説などの文学・芸術との自称「両頭の蛇」とする二元性を終生持ち合わせたように、谷口にはまず建築における「科学」(工学的研究)と「芸術」(設計)の両立・二元性があった。

　次に浜口は「建築作品における二元性」を指摘する。それは戦前の「東工大水力実験室」(1932年)や「慶應義塾大学予科日吉寄宿舎」(1938年)のような合理主義的な作品と、他の「藤村記念堂」(1947年)とか金沢の「石川県繊維会館」(1952年)とかの「風土」的な二元性があるとの問いに、谷口の回答は、「水力実験室」や「日吉寄宿舎」などのモダニズム建築は生来の日本建築のデザインではなく、西欧の例からその「行く方」が予測できている。

　しかし浜口は、それを総括して「谷口さんの設計の系列には二つの世界がなんの苦もなく共有していることに対する疑問なのです。必ずしも簡単に調和するとは考えられない対立的な二つの世界観のそのどちらもいいとして、両者を自由にとり替えられるように見えるあたりが一人の作家の態度としては何かおかしいというような感じがするのです」との見解に対して、谷口は、それは「作家的なモラルである」として、

　　「だから建築について、日本の工業主義的なスタイルと郷土主義的なスタイルについて、そのどちらかに割り切れといわれても僕にはできない。僕としてはどっちとも僕でしょう。むしろ二つに分かれていることのおかしさを僕は考える。ただ自分の作風というものが作家的な一つのモラルというものを貫いていればいいことだと思います。苦しんで苦しんで選んでいるわけです。二つともとるということは一つだけにいくことより実に苦しんでいるのです」

(傍点筆者)

谷口はその二元性を「工業主義的」と「郷土主義的」スタイルという名で例称している。そのスタイルを「二つともとる」という発言は「相対」という概念ではない。ましてや「転向」でもない。その間の往復運動があるからである。そして浜口が別の意味での二元性について「谷口さん、私個人の率直な希望としては、はやく大学の先生をお辞めになって、工学博士などという肩書を使わないで、要するに建築家谷口吉郎、人間谷口吉郎として、１本やりに押していって、それで死ぬまでの作品を残す方が如何にも谷口さんらしい感じがするのですけれども」との３番目の二元性の苦言は、設計と教職（研究）という「プロフェッサーアーキテクト」のことであるが、谷口は次の発言で結んでいる。

**　「建築家が芸術家であるならば、苦情と悩みと素朴な喜びというものがなければならない。それが日本のモダン建築に非常にないということは外国の現代建築との一つの違いであるかもしれませんね」**

　谷口は日本のモダニズム建築の「倫理」、「モラル」の欠如を言っているのである。（傍線筆者）谷口の二元性への指摘には多くの異説がある。「谷口吉郎先生の文化勲章受賞をお祝いして」（『新建築』1969年12月）の清家 清と菊池重郎の対談に、谷口の作品の二元性について、

清家：「初期はまさにインターナショナルで、ドイツに行き日本を離れることで日本を見直し、それが日本的なモノへの回帰となったように、金沢を離れたことで金沢への、北陸への回帰があったのでしょうね」

菊池：「西洋をよく見た上で、これではわれわれのモノがないではないかと、心をつかむという発想から、変ないい方だけれど日本的な西洋建築に戻っておられますね。……今いった様な回帰往復運動から生まれてきたのでしょう」

　２人の結論は、「日本的西洋建築」に、つまり「和魂洋才」というか「回帰往復運動」であると、つまり日本と西洋の二元的な建築の反復で、谷口自身にももともと有ったものだとしている。「メドゥーサ」は、ギリシャ神話中の怪物ゴルゴンの１人で頭髪は蛇で、見るものを石に化した。その「回帰往復」は「メドゥーサ」的である。

3. 木下杢太郎の「メドゥーサ」の自画像 ——高村光太郎とともに

　谷口の「花の書」（『太陽』1976年12月）には、木下杢太郎の自画像を掲載している（図Ⅲ-3C）。白い顔に２匹の蛇が絡み付く絵で、まさしく「両頭の蛇」の「メドゥーサ」のマスクである。
　太田正雄は皮膚病の権威であり、また木下杢太郎として、森 鷗外の『昴』（スバル）の時代、吉井 勇や北原白秋とともに文学や近代絵画にも造詣が深く、「科学も芸術も」持ち合せた人と

図Ⅲ-3C. 木下杢太郎筆
「メデゥサのマスク」(両頭の蛇)

評されている。

　このことは、後に「東京国立博物館」の東洋考古室長の杉山二郎は、『木下杢太郎 ―ユマニテの系譜―』(平凡社、1974年)の中で、第4章「ディオニソス的とアポロ的」として、杢太郎こと太田が文学の師と仰いだ森鷗外の小説『青年』(明治43年)の医科大学の学生で文学好きの大村荘之助がモデルであると想定して、

　　そのディオニソス的な狂乱の宴のなかにあっても、彼のアポロ的な強靭な思索力と道徳（モラル）が常に働いていた。スバル群像の青年詩人の誰よりもディオニソス的であり、また誰よりもアポロ的であった杢太郎の姿は、『青年』のなかにみごとに描き出されている。

　そして「スバル群像の青年詩人たちは等しく、その讃美者であり、パンの神に仕えるディオニソスの徒であった」として、

　　しかしながら、そのなかにあって、一人杢太郎は耽溺の淵に沈淪しなかった。彼のアポロ的な純潔と理性が、その徹底化を阻んだのである。

　北原白秋は杢太郎の詩集『食後の唄』1919（大正8）年に序文を寄せて、「ディオニソスの使徒であるとともに、アポロの神の使徒であった」ことを指摘している。後に谷口と親交する高村光太郎は、「デカダン」という詩に、日本橋の「パンの會」の会場の、「鎧橋の＜鴻の巣＞でリキュウルをなめながら／私はどこ吹く風かといふやうに酔ってゐる。／デカダンと人は言って興がるが／こんな痛い良心の眠ざめを曽て知らない／クルスの代わりに、このやくざ者の眼の前に／奇蹟のやうに現れたのが智恵子であった」と書いた（「暗愚小伝」1947年）。高村は「父との関係」に、1909（明治42）年にパリから帰国後、白秋や杢太郎の「パンの會」の狂瀾に巻き込まれたが、「パン」とはギリシャ神話の牧神で半獣神である。

　　私は帰国すると丁度それ「パンの會」にぶつかり、たちまちその渦中にまきこまれた。そ

図Ⅲ-3D. 木下杢太郎筆・
「パンの會」の歓談風景

れに刺激されて私の晩稲の青春が爆発した。一方勉強もよくしたが、さかんに飲み遊び、実
に手のつけられない若者となり、パリの社会になれた生活を目安にして、あらゆる方面の旧
体制（エンシェンレジイム）に楯ついた。……芸術界のことにしても既成の一切が気にくは
なかった。

　木下杢太郎筆の「パンの會」の絵（1912年）の右下端に光太郎が描かれている（図Ⅲ-3D）。
この杢太郎と光太郎こそ谷口が後に交友・師事した２人で、しかしその狂瀾に巻き込まれた真
にディオニソスの徒は杢太郎ではなく光太郎であった。
　谷口の『雪あかり日記』の「雪あかりの日」*T-1-1-①には、W・グロピウスの建築は「風土性」
や「祖国的」なものに対抗して「国際性」を最も大事なものとしてインターナショナルな建築
の「モダニズム」的建築意匠を主張したが、その革新思想の底には、いつも「古典主義」のシ
ンケルの影響が強かったと、谷口はそれを「シンケル魂の新しい継承である」として、

　　彼らの美意識はアポロ的となり、あるいはディオニソス的となっても、それに対してシ
　ンケルの建築精神は強い感化を与えている。そこにシンケルの偉大さがある。古典主義と
　は、ギリシャ的な美しさに愛情を捧げんとするものである。その美しさに向って作家的精
　神を誓約するのが、古典主義の作家である。だから、その誓約のために洗礼を受けるものは、
　清明な「真美」の信者である。そんな強い美意識のために、時たま、アポロ的なものとは
　反対にディオニソス的な方向に、はげしく誘われることがある。そんな時にも、いつもそ
　の心に宿っている美の教示は、清純な真美の「あかし」である。その実証こそギリシヤ神
　殿の美であって、それが記念塔のように、心の奥に聳え立っている。私は、そんなふうに、
　古典主義の作家的心情というものを、シンケル博物館からの帰途、歩きながら考えていた。

　谷口はアポロ的とディオニソス的について言及しているが、「美しさに誓約」し、「清明な真
美」に従うのだが、ディオニソス的な方向にも足をふみだしている。したがってそれを建築史
学者が「転向」とか「相対化」とかいう概念で捉えるより、谷口の自己の告白を信ずるのが適

図Ⅲ-4 長身黒服の
杢太郎

確である。ディオニソス的な「新古典主義」建築への指向である。

　谷口の「狂える意匠」（『清らかな意匠』1948年）に、「ひと頃には、私自身も表現派が流行した時には、あの古いものなら何でも叩きつぶして、新しい狂態に酔った建築思潮に心酔した時があった。三角定規もコンパスも投げ捨てて、当時の尖端的な美意識に刺戟されたことがあった」が、しかしこの言葉のように、ディオニソス的な官能に誘い込まれた時期にも若き日の谷口はいたのである。それは劇場の舞台装置に関心を持った大学生活の一時期のことであった。つまり、「両頭の蛇」であった時のことである。

　「東京国立博物館」東洋考古室長の杉山二郎は、『木下杢太郎─ユマニテの系譜』（平凡社選書29、1974年）で、

　　長身黒服の異相者の杢太郎（図Ⅲ-4）は、危機の青春時代を鬱愁（メランコリア）と悲哀と反抗を基調に、また美的生活を燃焼させて克服していった。彼のユニマテは、一方の極にアポロ的理性と知性を、他の極に惑溺と耽美頽唐のディオニソス的官能をもつ強靭な紐帯が、すさまじいほどの速度と唸りをあげて回転し、うって一丸とした現象の中にとらえられるのではなかろうか。

　谷口の「東京国立博物館　東洋館」は1968年に完成しているから、杉山二郎との面識の可能性もある。杢太郎の二元性の根幹を表現している。
　澤柳大五郎の『木下杢太郎』（小澤書店、1987年）には、

　　パンの宴の青春の歓喜と悲哀はもとより嘘ではない。しかしそれと共に身を滅ぼすの愚はしなかった。このディオニソスの徒は夙くその頃から餘のパンの族の誰もが持たぬ或るものを、事象を「永遠の相の下に万物を認識する」、Sub spaecie aeternitatis というスピノザの言葉に見ようとするアポロンの明智を裡に蔵していたのである。「蛇は時々皮を脱ぐ、つまり人間も sich häuten（脱皮）する要がある」とは木下杢太郎の鷗外から学んだ知恵である。

木下杢太郎の「森鷗外先生に就いて」(『文藝春秋』1933年4月)には、

> 僕は壮時文芸の事を好み、専念之に向おうかと考え惑うたことが再三度ならずあった。僕はそして森先生に近づいて行った。僕の先生から聴かうと欲した所は、万事を捨てて文芸の事に従えという言葉であった。而して先生は、一度もそれらしい言葉をば言われなかった。

同じことを杢太郎は、「両頭の蛇」に譬えて再び鷗外に問うてみたが、鷗外は答えなかったのである。杢太郎の「文学のためには万事を捨てる」という安易な考え方に鷗外は反対であることを感知した。後にも杢太郎の内面における科学と芸術は、「両頭の蛇」として人道的であることに依っては一体であり、「何等の矛盾もない」と、「ユマニテ」として真正であり佳良なものは世界的であるとした。そして鷗外について、

> 真の意味でのユマニストであった。一専門、一遊戯の一極に熱中する所謂天才肌の人ではなかった。

それは杢太郎自身の「ユマニスト」をも意味していた。鷗外は東洋と西洋に「二本足で立つ学者」と呼ばれていた。それが脱皮する蛇ではなく両頭の蛇であった。

野田宇太郎は『木下杢太郎の生涯と芸術』(平凡社、1980年)で、

> 鷗外は杢太郎を愛した。杢太郎は「スバル」時代に小鷗外といわれた。……それ程杢太郎の精神には鷗外の精神が移植されその修辞法も鷗外によるところが多かった。……鷗外夫人の志げと、実子の茉莉、杏奴、類は誰よりも杢太郎を慕った。志げは、或日夫の鷗外に向って茉莉もやがて結婚せねばならなくなるが、出来ることなら太田さんにもらってもらいたいがと、杢太郎のことを云った。……鷗外は本当に杢太郎を誰よりも理解し、誰よりも愛していた。

杢太郎は第一高等学校の時から絵画や文芸を好んでいたが、家族から認められず東大医学部に進学した。鷗外自身も医学者であり軍人であったが、「万事をすてて文芸の事に従う」という鷗外の言葉を杢太郎は終に聞かなかった。

4.「日本的なものへ、そして風土への回帰」(清家 清談)
——戦後の「藤村記念堂」としての「新古典主義」

谷口は渡独以前に、「東工大水力実験室」(1932年)と「慶応義塾幼稚舎校舎」(1937年)や、「慶応義塾大学予科日吉寄宿舎」(1938年)を完成している。しかし戦後の「慶應義塾大学学

生ホール」(1949年)などを清家は「シンケルに遡るオーソドックスな西洋建築に対する目が開かれたのではないかとまで想像は広がる。初期作品を彩ったインターナショナル様式が当時のドイツ留学を境として、逆に以後の作品からは影をひそめてしまうからである」と、それを『雪あかり日記』に中に書かれた思考過程を経て、清家はこの谷口について、

　　この傾斜の間、金沢への回帰というか、それはより日本的なものへの回帰とでもいうかもしれぬが、その回帰をじっくりと醸成される。

　清家は、とにかく谷口の変化を金沢、郷土への「回帰」というが、八束はじめの言う「転向」とはどう違うのか、清家は、「風土と建築」(1981年)*T-1-4-1 に

　　谷口先生の風土への回帰の歴史について、洗足に建築された御自邸(谷口邸・1935年)がいちばんよい標本である。勿論見方によっては、先生のご自宅は初めからかなり日本的であったともいえる。それはブルーノ・タウトが桂離宮を絶賛して、日本建築こそ現代のインターナショナルスタイルをリードするものだといっているような意味で日本的である。というものの竣工当初は広い吹抜けのガラス面の大きい、白亜の文字通りのインターナショナルスタイルであった。それが、現在はどうみても和風の住宅である。幾度にも亘る増改築で順次変貌したとはいえ当初の俤(てい)はない。しかし、先生のお宅は訪ねるたびに大きく変貌しているかというと、不思議なことに、たいした変化はない。玄関のたたずまいなど、当初とあまり変わっていないといえる。……<u>谷口先生の御自宅の極めて日本的な玄関の室礼(しつらい)というのは、当初のインターナショナルスタイル時代以来のものであり、伝統に添ったものであったことに気づく。先生御自身、当初から何も本質は変わっていらっしゃらなかったといえる。一見、インターナショナルな姿はしていても、本質は金沢に伝わる日本の伝統が脈打っていたわけだ。</u>

（傍線筆者）

　清家は、谷口「自邸」の内部の壁の多くの小さな棚の上や床の間の花器にも注目している。そこには日本の伝統様式が当初から脈打っていて、谷口の本質はその後も変わらないという。つまり「水力」も真の意味での「インターナショナル」ではなかった。筆者には、清家のように視る者がいる一方で、**評論する者の側が変節したのではないかとさえ思える。**清家の言う「回帰」とは、谷口に当初からの混在していた日本の伝統への回帰のことであり、戦後の、

　　藤村記念堂は、ベルリンと金沢の風土の類似が、いちど金沢を棄てた先生として、もういちど金沢を思い出させる役割を果たしたのではなかろうか。そうして、インターナショナルスタイルを超えて、日本への回帰、さらには金沢への回帰を果たさせることになったと考えたい。

清家の一連の谷口建築への言及の結論は、タウトが言った「日本建築（桂離宮）こそ現代のインターナショナルスタイルをリードするものだ」との指摘すら、このインターナショナルスタイルを「超えて、日本への回帰」が重要で、谷口はドイツから帰国後の1941年に「国土美」*E-20という小文を書いた。それは、「国土美」としての「風土美」のことである。

　谷口は亀井勝一郎との対談「新しい造形美を求めて」（『婦人倶楽部』1956年2月）で、

「変らないのは、その国の気候・風土ですから、それを忘れて表面だけのモダニズムに終っ
ては全く意味がないことです」

　谷口「自邸」は、「住宅はサナトリウム生活の実験室」であるとして、モダニズム建築に特有の「健康・衛生」の理由を付けていたが、やはり「風土性」というものが付加されてモダニズムに取って換ったというより当初から金沢生まれの谷口の意識の根底に流れていたと言える。

　谷口はベルリンに滞在中でも「近代主義建築」と「和風建築」の併存について「二元性」と自覚して考えていた。「近代主義建築」は自分にとって容易であるが、その限界を感じていて、ドイツの建築の実情と較べている。『雪あかり日記』の「どんよりした日」*T-1-1-①に、

**　ドイツの古典主義建築は、その別名のように、「模倣主義」または「擬古主義」の建築で**
あった。……「輸入主義建築」ともいわれるのも当たり前であった。
**　このように、ドイツの古典主義建築を、二十世紀の合理主義建築の立場から、それを模**
倣主義として批判することは、言葉の上では容易なことである。

　当時の建築事情を、シンケルのギリシャを理想としたドイツ古典主義を通して、再吟味することで、「その意味において、シンケルは、私にとって＜ギリシャの教訓＞を身にもって教訓してくれる一人の建築家であった」と、「ギリシャ古典主義」を「近代主義建築」と、そして「プロシャ的なもの」を、「日本的なもの＝和風建築」と比肩（ひけん）している。結論としては「このシンケルの古典主義の美意識を主張し、それによってギリシャ的なものとプロシャ的なものを、しっかりと結びつけたためと言わねばならぬ」と総括している。18世紀末の古典主義は「シンプルな幾何学形態」を強調したことから、新古典主義としてモダニズム建築の遠い起源ともみなされている。この論理から、同様に谷口の「自邸」に「日本らしさ」があることを逆に感じる。

　したがって谷口の戦後の建築を「転向」とすることは妥当ではなく、やはり清家の言う「回帰」として、それは「一回りして、元にもどること」で、往復運動のようであるが、

**　先生は無意識に御自身をシンケルに擬していらっしゃるのではないかとも思った。……シ**
ンケルの西洋古典主義の建築に向き合うことによって、風土と伝統に開眼された。……そし
て帰国された先生は、ドイツで得てこられた何かを麹（こうじ）にして、この閉塞の時代にそれを発

酵、醸造、戦後の第一作の「藤村記念堂」となる。

　それは「相対化」、つまり近代建築と和風建築が「互いに向き合っている関係において存在する」こと、併置、共存させようとする「意識」など谷口にはまったくない。それが谷口本人のいう「二元性」であるが、より困難な「和風建築」の方に傾いている。しかし「和風」という表現すら的確ではない。つまり「風土と伝統に開眼され、それを発酵、醸造した」との事象は、谷口が幾度もパルテノン神殿を訪れようとした熱意が、ル・コルビュジエのようにモダニズムの「序章」ではなく、逆に、ギリシャの風土からの「教訓」が目的であった。それは「回帰」のための「道程」であった。
　島崎藤村は『藤村詩集』の「合本詩集初版の序」（明治37年）で、

　　遂に、新しき詩歌の時は来りぬ。そはうつくしき曙のごとくなりき。あるものは古の預言者の如く叫び、あるものは西の詩人のごとくに呼ばはり、いづれも明光と新声と空想とに酔へるがごとくなりき。うらわかき想像は長き眠りより覚めて、民俗の言葉を飾れり。
　　伝説はふたたびよみがへりぬ。自然はふたたび新しき色を帯びぬ。

　近代浪漫詩として「和」から「洋」への詩人の移行現象が詠まれていた。藤村以後の詩人は、「新体詩人」を意味するようになった。しかし「藤村記念堂」を象徴するような「民俗」という言葉に、谷口の設計意図も感じられる。それは「新日本調」と称されて、合理主義に代わって近代感覚だけでなく、それまでタブーであった畳や障子や縁側などの伝統的な建築が復活している。つまり、「伝統と近代の結合」であったが、「疑似近代性」ともされた。それが「新古典主義」であり、谷口の場合は、後述するが伝統としての「茶」と「能」が伏流している。
　三輪正弘の「谷口吉郎の作品―その三つの時期と表象」（『建築』1965年8月）の「新古典主義」に、「谷口の感性に訴えた新古典主義は理知の眼に選択されたシンケルである」と、戦後の第一作の「藤村記念堂」を「回帰」とする以上に「戦後日本にあらわれた最初の新古典主義」として、シンケルの影響の直接的な結果であるとする。その意味でも、谷口を日本の近代の「新古典主義」の建築家である。三輪は谷口のある面について、

　　孤独な思索家、詩人として建築家谷口吉郎は存在しなければならない。1960年秋の建築学会の大会のとき、意匠部門で「作品を通しての建築論」という議題が論じられた。そのとき講演者に選ばれた谷口吉郎はそのときの面映ゆい気持を後に随想に書いている。
　　「なぜなら、自分の旧作が映写幕に映されているのを眺めると、それが時の流れの中にひとり歩いていて、私を他人の如くニラムのである。中にはベソをかきながら恐縮している作品もあるが、どれも設計当時の私をむきだしにしている。したがって私の弁護や言いわけを許さない。設計者の私に対して、いどみかかってくるのさえあった」

三輪は、「不在を造型によって〈いのち〉にする、そのようなことを書いているように、孤独な思索家であり詩情な作家であった谷口吉郎、人としてこの造型がこの一連の碑にもられているといえよう」と、とにかく谷口を「孤独な思索家としての詩人」としている。現実には谷口は孤独ではなかったが、建築家としての思想は孤独であった。

5. 森 鷗外－木下杢太郎と谷口吉郎（I）「花の書の会」
──雑草のクラマゴケとスベリヒユ

木下杢太郎は「森 鷗外先生に就いて」（『文藝春秋』1933年4月）に、

　　先生を語るという標題の下に、僕に故森 鷗外博士に就いて語れと云うが、博士の生前僕等は、博士に師事したと言うわけではなく、又博士も我々を門弟と見做したのではない。博士はそう言う事はきらいであったと思われる。

そして「始めて博士に見参に入ったのは、明治40年1月頃「新詩社」の会合で、その後「始めて其御宅に伺ったのは明治41年の9月24日かと思う」と、

　　その頃、先生の宅には毎月歌会（我々は之を観潮楼歌会と名付けた）が有り、それで僕も飛入して（註：事実、その日は明治41年10月3日である）、始めて歌らしきものを作り、予想外の高い点を得、それからは毎月その歌会に連なった。明治42年1月には「昴」が発刊せられ、また月々の歌会は継続していたから、僕等の先生の薫陶に浴する機会は甚だ繁かった。先生はいつもにこやかな顔をして居られた。……僕はそして森先生に近づいて行った。初めは好き機会をねらっては、こちらから能動的に近づいたのである。

　この歌会のことは、筆者が長年にわたり研究してきたアララギ派の歌人の長塚 節が明治40年7月6日に伊藤左千夫に連れられてただ一度だけ出席していたので詳しく知っていた。そして、筆者はその会の出席者の名前に、「新詩社」の木下杢太郎という歌人でない人がいるのを不思議に思っていた。杢太郎は計5回出席し12首の歌を詠んでいる。しかし時期的に長塚 節とは会っていない。
　最初の歌会では、「十月は枯草の香をかぎつつもチロルを越えてイタリアに入る」という、ゲーテの『伊太利亜紀行』への憧憬の歌であり、高い点を得ている。鷗外は、杢太郎が抱いていた「文学のためには万事を捨てる」という安易な考え方に反対であった。杢太郎は、そこに「偉大な鷗外を発見」して逆に安堵を覚えている。杢太郎が鷗外を尊敬した点は、日本の人道主義者の一般は「ユマニスト」ではないが、鷗外が「古典から現代に至る芸術と学問を総合した存在」、つまり真の「ユマニスト」（人間主義者）であったからで、杢太郎自身も同じ「ユマ

ニスト」として、鷗外のすぐれた理解者となった。野田宇太郎は「まことに杢太郎は人間自然の姿で鷗外にふれ得た最初の一人であった、と言えよう」と結んでいる（『木下杢太郎の生涯と芸術』（平凡社、1980年）。

杢太郎には鷗外に関する研究・評論が圧倒的に多い。1923（大正12）年1月〜4月半ばまでに旅行した「エジプト紀行」では「森 鷗外は謂わばテエベス百門の大都である」*K-16-4 とした。この有名なフレーズは限りない敬仰の心からである。テエベスとは古代エジプトの中、新王国の首都でカルナック神殿などがある。

1922（大正11）年7月号の『明星』は、森 鷗外を悼む記念号で、「私たちの間で、森 鷗外の衣鉢を継ぐ人は此の人だと思っている木下さん」と、與謝野晶子は杢太郎への期待を後記に書いている。人は「杢太郎を小鷗外」と呼んでいるが、「鷗外山脈の一連峰の人」（杉山二郎）であった。

建築家の谷口と医学者の太田千鶴夫が中心となって、1940（昭和15）年9月には『花の書』という総合雑誌を出した。「花の書」とは世阿弥の言葉から谷口が命名し、その執筆者の集いを「花の書の会」と言った。後に詩人で文学者の野田宇太郎も加わった。野田の「花の書の会のこと」（『四季』季刊6号、潮流社、1970年2月）に詳しく書かれている。

1945（昭和20）年10月16日、杢太郎のお通夜に野田、谷口と2人で本郷西片町の杢太郎の太田正雄邸に行っているが、その夜に当時は「百草図譜」と呼んでいたが、、後の『百花譜（ひゃっかふ）』のスケッチを1枚1枚改めて観ていたとき、ふと懐かしい一片を見つけた。それは、まず杢太郎の「雑草のスケッチ」の余白に、「くらまごけ、一名あたごごけ」と書かれた杢太郎の次のメモが添えられていた。「鞍馬苔」は常緑性のシダ植物で山林に生える、一名「愛宕苔」という。その当日の「花の書の会」は、

□1943年8月7日の高橋記念館で、谷口吉郎は、

「昭和18年8月7日、高橋（是清）記念館に花の書の会あり。集るもの太田千鶴夫、谷口吉郎、野田宇太郎……等、庭苑珍樹なけれども、あしらい宜し。赤松の樹頭に夕日かげ長く残る」

（註：以上、杢太郎のメモ）

「暑い日だったが、私たちはあかあかと照る夕日を縁側から眺めていた。その日は東北帝大の村田 潔さんがギリシャ美術の話をされ、詩人の長谷川千秋さんがベートーベンのことを話された。室内に残っていた赤い残映えも、夕日が沈むと次第に薄紫になっていったが、長谷川さんは熱心にいつまでも話を続けていられたのを思い出す」

□同日、この日のことは野田宇太郎も日記に書いていた。「花の書の会のこと」（『四季』季刊6号、潮流社、1970年2月）に、

「午後五時から赤坂高橋是清旧邸で花の書の会。木下杢太郎先生来会。はじめてその風貌に接する。案外ガンコなおじさんのようであり、またやさしい人のやうである。談論風発の後九時に帰られた。会は十時散会」

その日、杢太郎は高橋邸の庭で「鞍馬苔」などの雑草を摘んでいたがゲストとして紹かれて
いて以来、「花の書の会」にはなくてはならぬメンバーとなる。

□1944年5月17日　高橋記念館で、同じく野田宇太郎の日記には、
　　「夜、高橋旧邸で花の書の会。太田千鶴夫氏病気で欠席。谷口吉郎、長谷川千秋、自分と
　　三人だけで、十時まで大いに語る。主として茶道のことが話題となる。藝術とあそびについ
　　て。谷口氏おおいに論ず。小雨降る」とある。その頃は空襲警報はひんぴんと出て、東京は
　　壊滅前夜であった。

　「茶道」については谷口の独壇場である。この高橋旧邸をふくむ赤坂一帯も爆撃され、後日
には会場は変転し、再び野田の日記には、

□1944年9月3日　谷口吉郎邸にて、
　　「9月3日、日中は暑かった。午後一時から谷口吉郎宅で花の書の会。……遅れて木下杢太
　　郎先生が見える。海老原喜之助、木村章平、川田茂一、阪本越郎、太田千鶴夫、それに谷口
　　氏と自分を加へて八人。皆持ち寄りの食料を出し合ってテラスで夕食をたのしむ。食後には
　　太田氏持参の西瓜を食った。写真も撮る。当面の文化問題、芸術、文学、どれも熱烈に話し
　　あった。木下先生は、今日の文学も旗振り文学だと言われる。つまり綱引き競技の旗ふりで
　　ある。戦ひに勝つために旗を振る。それがどれほどの役に立つか。文学は旗振りであっては
　　いけない。……美しい月夜になって解散」

□同日のことは『木下杢太郎日記』（岩波書店、1948年）にも記載されている。ここで末尾の
「太田」とあるのは杢太郎である。
　　「午后一時に家を出ず。午后三時〈花の書〉の会によばれて谷口吉郎邸へゆく。野田宇太郎
　　「文藝」編輯を主幹とすることになりたるなり。皆々米菜持参。かぼちゃの棚の下にて夕め
　　しにする。［欄外］荏原区小山、七ノ五〇二也。谷口吉郎、太田千鶴夫、海老原喜之助、川田
　　茂一、木村章平、阪本越郎、野田宇太郎、太田」

　この日も、品川区洗足の谷口「自邸」に集まっている。杢太郎は遅刻したとは書いていない。
「旗振り文学論」の他に、野田の日記には、「日本の大道（道路）には、真中に一匹の猛虎が人
間を待ち構えている。この猛虎をどう処理するかという問題が木下先生から提議された」と、
口角泡をとばした論戦になっている。「その日を最後に、戦中の〈花の書の会〉は終わった。
もう会場を決めても翌日は焼けているかもわからないような慌しい時代になっていた」と野田
は結んでいる。もう交通機関も駄目になり、杢太郎は「もすこし戦争が何とかなってからにし
よう」と諦めている様子であった。。

この日、杢太郎は目蒲線の洗足駅からの谷口邸への道を誤り、1時間も到着が遅れたが、途中で路傍の雑草の「スベリヒユ」（註：別名がスカンポ＝タデ科の多年草で「虎杖」）を摘み取って来て、油でいためて食している。食料もいよいよ不足勝ちになった時期の「花の書の会」であった。

□この日の会合は木下杢太郎、野田宇太郎の他に谷口本人も、記録している。「木下杢太郎詩碑」（『泉』7号、1975年）に、

「家族が郷里の金沢市へ疎開していたので、私は台湾出身の学生、劉寒吉青年と自炊していた。戦時中の蒸し暑い日で、出席した会員が持参した食糧を混合して、オニギリを作った。そんな粗末な食事だったが私たちはすばらしい饗宴となった。当日、木下先生が持参されたのはスベリヒユという雑草。当時、食用の雑草を研究されていて、その一種を私達と試食するために持ってこられたのだが、劉君が油でいためると、おいしい。しかし、それは台湾で豚に食わせる草だというので、皆が大笑いした。このスベリヒユのことは先生が雑誌『文藝』に、随筆「すかんぽ」の中で書かれているが、その文章が先生の最後の寄稿となったことを思うと、その日、口にしたスベリヒユの珍しい味覚が、私には、はかない思い出となっている」

劉寒吉は本名濱田陸一で、台湾からの学生で『九州文学』の同人の小説家である。森鷗外旧居や北原白秋生家の復元に尽力した。後に、この濱田の碑は谷口吉生が設計している。なお、杢太郎先生はこんなことも話されたと、「長唄のお師匠さんに一人息子があったとする。家元を継ぐ大事な一人息子だが、決死隊を志願して出征するその時、わが子を送る女親の心境を、ほんとうの文学はどう表現すべきか。旗振り文学がその真情を表現できるだろうか」と、便乗的な戦争文学に対して疑問を述べられたが、私たちの返答を聞く前に、「＜これは宿題だ＞といわれたのを思い出す」と谷口は述懐している。スベリヒユは戦時下の食糧危機に際し、野生植物の可食性を提供する指針になると考えたのか『百花譜』にある。杢太郎は来る途中で道に迷って、そこでスベリヒユを見つけて持参したのである。

□この日のことを谷口は、1946（昭和21）年4月の『藝林閒歩』創刊号の「杢太郎先生」の中でも、1944年の9月3日に谷口邸で開かれた「花の書の会」であるとして、

「戦争文学」の話もでた。戦争のために、全文壇が、出版界のすべてがこの戦争文学に席捲されている時期だったが、誰かがそれを「旗振り文学」だと言った。

谷口は続けて、「誰か」は杢太郎であり、話したのは戦時中の「庶民」の戦争文学への関与の問題であった。

そんなことをたずねられた。これは「旗振り文学」に対する先生の抗議ともいうことがで

きよう。当時は、便乗的な戦争文学に対して抗議一つも表だって言うことはできない頃だった。「秘密警察」の鋭い目がどこにも光っていた。どんな所に、その耳が、聞き耳を立てているかもしれなかった。それに関するむごい深刻なことを私たちは知っていた。「旗振り文学」という文句さえも禁句だった。

このように書く谷口の、『雪あかり日記』も、当時の文学の状況を考えて理解しなければならない。それは紀行文だから著者の主張ではないと内田祥士は「『雪あかり日記』考」（『谷口吉郎の世界』1997年）*T-2-5 に書いている。

杢太郎没後十周年に郷里の伊東に詩碑を建てることになり、谷口は菩提寺のある裏山を建設地とし、杢太郎の詩『食後の唄』の「すかんぽ」（『スバル』1913年）に掲げた一節を「古き仲間」と改作し自筆で五曲の二面の板石に刻んだ。その詩は、

　古き仲間も遠く去れば、また日頃顔合わせねば、知らぬ昔と変わりなきはかなさよ。春になれば草の雨。三月、桜。四月、すかんぽの花のくれなゐ。また五月には、かきつばた。花とりどり、人ちりぢりの眺め。窗（まど）の外の入日雲。

谷口は、「この詩人の最後の随筆『すかんぽ』の中にも、故郷の伊東を思い出しながら引用されているので、詩人の切々たる望郷の情が感じられる」と結んでいる。スカンポは秋に白色の小花を多数つける。春出る若芽は酸味があって塩漬けにすると、酸味やエグ味のコリットした食感がよい。利尿、解毒剤となる。谷口たちが食したのは9月で若芽ではない。

後に、野田宇太郎は『明治村通信』105「谷口吉郎館長を悼む」（1979年）に、

　「花の書」は世阿弥の本からあなた（註：谷口）が選ばれた言葉でしたが、もう東京も敵機の爆撃にさらされはじめた頃の一夜、千利休の生涯をテーマに話し合ったことがありました。話し合うというより論じ会ったのですが、議論百出で会が高潮したとき、今夜は徹夜でやろうと云いだされたのもあなたでした。皆そのつもりになりましたが、夜中になって空襲警報が出たりすると困るので、そのときは深夜になって皆家路につくことになりました。
　「花の書の会」は皆夫々の分野で生きる限り最善のことをしようというのがお互いの誓いでありましたが、その「花の書」という言葉でもわかりますように、あなたは幽玄を日本人のすぐれた美意識として愛されました。そして詩を大切にされました。
　それは戦中戦後にかけてあなたが書きつづけられた『雪あかり日記』の＜雪あかり＞にも、『せせらぎ日記』の＜せせらぎ＞という言葉にもよくあらわれています。

谷口の千利休への関心は特殊なものであった。それは後日に結実した。清家は谷口を「詩情」（ポエジー）の建築家と呼ぶが、それは「幽玄」という世阿弥の能楽論の優雅、妖艶な情趣からか、

それとも余情を伴う静寂で「ひえさびた」美のことか、それは＜雪あかり＞や＜せせらぎ＞という光と音の言葉から類推できる。同じく光と音の谷口の「雪がみなり」（『室内』1969年4月）に、

　　私たち北国に育った者には、冬の雪は珍しいことではない。これを雪雷（ゆきがみなり）といった。暗い空に稲妻が一閃。雷鳴が地底をゆるがすように、とどろくと、アラレがガラス戸や雨戸を強くたたく。雪はしんしんと降り続いて、深い積雪に、家も町も積る。それが私たちの冬だった。

　谷口の「詩情」（ポエジー）は郷里・金沢の「雪」がもたらしたものであった。このことから、本書の副題を「白い雪片のように清冽な意匠心」とした。それは杢太郎の詩の近代西洋と古い江戸下町情調の織りなす絵巻のような南蛮・異国趣味とは少し異なる「北国」金沢の郷土主義であった。

6. 森 鷗外－木下杢太郎と谷口吉郎（Ⅱ）「鷗外記念館」
——碑は魂の肖像

　谷口吉郎の岡田 讓（東京国立近代美術館館長）との「新春対談」（「東京国立近代美術館ニュース・現代の眼」251号、1974年）の、「碑は魂の肖像画」に、谷口は、

　　「私は鷗外さんとは、お会いしたことはないわけです。それでも鷗外さんのモニュマン（註：碑）を作る機会に恵まれ四つ、いや五つやっておりますかね。観潮楼に私がはじめて行きました時は、空襲によって、全くひどい焼跡でした。そう、あなた（註：岡田 讓）は、生きている鷗外さんに接しておられ、私は亡くなったあとの鷗外さんに接している。碑というものは魂の肖像だと思っているのですよ。鷗外さんに私が私淑したのは、例の木下杢太郎さんを通してなんですよ。鷗外さんは医者であり、文芸の方でもあれだけ偉大な活躍された。杢太郎さんもそうなんです。二人ともとにかく医学と詩人が一緒でした。そういう一つの濾過を通していく間に、科学と芸術の結びつきのようなものが鷗外さんなんだ、と私にはうけとれてきたのです」

　鷗外と杢太郎、ともに医学と文学という「両頭の蛇」という二元性から、谷口も「科学（建築）と芸術（文学）」という二元性の影響を受けている。鷗外の長男の森 於菟（おと）の「砂に書かれた記録」（『父親としての森鷗外』筑摩書房、1969年）に、

　　野田宇太郎さんが鷗外記念事業のことで、度々大田区小林町（註：当時、於菟が住んでいた所）を訪れてくれて、一度は鷗外記念館の設計に当った東工大教授の谷口吉郎さんを伴って来られた。

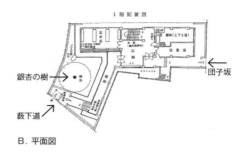

図Ⅲ-5　文京区立鷗外記念本郷図書館
A. 記念室回廊写真

B. 平面図

（図中ラベル）
1階配置図
銀杏の樹 →
薮下道
団子坂

　筆者はこの観潮楼跡地に建つ旧館の「文京区立鷗外記念館」（図Ⅲ-5A・B）を幾度も訪れている。その外廊下の庭の一部分が現在の「新館」にも残されている。
　谷口は「森鷗外詩碑・文学碑・遺言碑」の「鷗外さんと私」*T-1-3-5-③で、「私は森鷗外の記念碑をたびたび設計している。思い返すと五回になる」として、
　1．昭和29年　「観潮楼」の跡地に鷗外の「沙羅の木」の「詩碑」
　2．昭和37年　同敷地内に文京区立の「鷗外記念本郷図書館・記念室」
　3．昭和37年　北九州市小倉に「文学碑」
　4．昭和44年　東京都三鷹市の禅林寺に「遺言碑」
　5．昭和48年　島根県津和野市の藩校跡に「遺言碑」
まず「観潮楼」跡の「詩碑」について、谷口は、

　　発意されたのは、鷗外の詩心を敬慕する文人たちだった。特に情熱を発揮されたのは佐藤春夫、日夏耿之介の諸氏で、発起人には、荷風、信綱、茂吉、勇、柏亭、信三、光太郎らの十数名の名前が並んでいる。朝日新聞社の文化事業団が勧進元となり野田宇太郎氏と鷗外の長男の森於菟氏が幹事役となって計画が推進された。その発起人会に私も加えられ、碑の設計を担当することになった。

　この頃、木下杢太郎は1945（昭和20）年10月15日にすでに死去していたので、主として野田宇太郎が推進した。1954年にその「跡地」に「沙羅の木」の詩壁が建てられた。
　その除幕式の後の懇親会の席で、「記念館」の建設が決議されて、1962年に「文京区立鷗外記念本郷図書館」として「記念室」が設計された。「森鷗外詩碑」（1954年）の「作品解説」で担当者の関龍夫は、

　　谷口吉郎氏のお伴をして根津団子坂の森類さん宅、裏の観潮楼跡地に行ったのはつい先頃のような気がするが、もう二十数年たってしまった。当時戦争の痛手も回復し始めていて、観潮楼跡地の一角に鷗外さんの末の御子息の森類さんが書店を開いていた。この跡地

に記念碑を建てる打合せには森 於菟さん、小堀杏奴さんも見えて居られたのを覚えている。

　谷口と長男の森 於菟との交遊はすでに始まっていた。森 於菟は『父親としての森鷗外』（筑摩書房、1969年）に、

　　私が文京区に記念館の用地として寄附した地面の替地に、文京区から受取った同区駒込曙町11番地の地所に新築した平家一棟が昭和26年4月に竣工した。設計は谷口吉郎教授の推薦の東京工大助教授の清家 清氏であった。

　この住宅が「森博士の家」（1951年）で、清家のデビュー作となった。庭からの南立面の平山忠治の『新建築』の開放的な写真は圧巻で一躍この住宅を有名にした。筆者は、清家の長女の八木ゆりさんの案内で、「森博士の家」に住む森 於菟の長男の真章の妻の森 里子さんをお訪ねしたことがあった。この「森博士の家」は、谷口の馬籠の「藤村記念堂」（1948年）の作風とともに浜口隆一により「新日本調」と名付けられたことを、宮内嘉久は『建築ジャーナリズム無頼』（晶文社、1994年）で紹介している。庭から見ても美しい住宅で現存する。
　清家は『谷口吉郎の世界』の仙田 満との対談―「真っ黒なスケッチ」と「清らかな意匠」*T-2-1で、

　　「谷口先生はいろんな文学者の方とおつき合いがあって、私もその"おこぼれ"を頂戴して、森 鷗外さんのご子息のお宅（註：「森博士の家」）だとか、谷崎潤一郎さんの娘さんの佐藤さんという慶応の先生と結婚された方のお宅も、ちょうど同じ頃にやらせていただいた。……私は、これも何かのはずみで、谷口先生の娘さんたちが通っていた「うさぎ幼稚園」（1949年）の設計を任されました。これは私の処女作に近いんじゃないかな。先生はそのすぐ隣に住んでいるのに、全然やられないですね」

　確かに大田区洗足の谷口「自邸」のすぐ近傍に「うさぎ幼稚園」は現在もあるが、当時の木造シェル構造の園舎ではない。棟持柱のある「島津先生の家」（1962年）はその園長さんの家で現存する。清家はこの対談で続けて、

清家：私がやっても、谷口先生は「いいじゃない、うん、うん」なんて言っている。応援してくれるわけじゃない。「それいいじゃない」、「それ面白そうだね」なんておっしゃるぐらいで、ほかに何もおっしゃらない。出来たら出来たで、「なかなかよくできたね」ぐらいのことで、あんまり褒めていただけなかったから、先生はあんまり気にいられなかったんじゃないかと思うよ（笑）。

仙田：私は谷口研究室の最後から2番目なんですよ。でも私は谷口先生の部屋に入ったことがないんですよ。清家先生の部屋は行きましたけれども（笑）。恐ろしくてという

か、とにかく助手の関先生でさえも直立不動で部屋に入っていましたから。

　仙田は、この対談を「今日は、谷口先生の一番古い弟子と最後の弟子とが、あっちこっちまとまりなく話をしたということになってしまいました」と結んでいる。
　谷口は「詩」（ポエジー）の人で、清家は「理」（ロゴス）の人である。
　村松貞次郎は「建築家としての丈夫ぶり―鮮やかな切り口を見せるロゴス的意匠―」（『日本現代建築家シリーズ⑤　清家清』別冊「新建築」1982年10月）として、

　　谷口さんは第2次大戦直前にベルリンを中心にしてヨーロッパに学び、古典主義建築の真髄に触れて帰国、東西を超えた彼なりの建築造型の理念を"清らかな意匠"として確立した人である。その語るところも、作風もいわば「詩」であり、時に哲学的であるが、弟子の清家さんははるかに散文的であり、物おじしない技術観を持っている。"架構好きの坊ちゃん"でもあろう。アーキテクトというよりはデザイナー、そのデザインの部分の切り口は類い稀な見事さを持つが全体像としてはどうか、といった褒貶半ばするのもその辺りに体質的な理由がありそうだ。デザインの美しさと技術的なものとを両方ともきっちりと把握している。
　　清家さんの師匠の谷口吉郎さんは記念碑とか墓碑の名手としてよく知られていた。そうして造形の詩を謳いあげたのだが、その形にも使用した石にも、それぞれ深い思い入れの物語りとか詩が語り込まれている。ところが清家さんにはそうしたものを聞かない、見ないのである。あるのは「理」ロゴス、それが清家さんの魅力でもある。
　　谷口さんは眉の太い、ギョロリとした大きな目玉の偉丈夫だった。上背はそれほどでもなかったが、近寄ると威圧されるような大きさがあった。清家さんも日本人としては巨人の部類に属する。身体寸法だけからいえば谷口さんよりはるかに大きい。堂々たる体躯で挙措また悠々たるものがある。その印象は谷口さんと共通するところが多い。

　清家は谷口の追悼文の「悲しみの墓標」（『淡交』33-4-387）に、「先生の工学博士の称号をモジって、〈墓師〉という尊称を奉った。谷口は、〈仕方のない弟子どもだ〉というような顔をしていたが、お気に召していたほどであった」と、書いている。
　1962年10月、鷗外の生誕百年を迎えて、谷口の設計で完成した「文京区立鷗外記念本郷図書館」は、すでに現在は改築されている。旧館は団子坂の表通りの玄関から入るとまず図書館があるが、裏の細い藪下道の当初の木造の玄関である「正門の礎」から入ると廻廊を経て記念室に至る。
　その中庭には今も、1本の銀杏の木が生き残っている。空襲の焼け跡にも、その時、痛々しい姿をしていたが、戦後も17年を経ると、いきいきと見ちがえるように枝を広げている。銀杏の樹を作庭の主題とし、観潮楼をしのぶ記念公園を造園している。野田宇太郎は「鷗外記念事業十七年の記録」に、鷗外記念会の事業の発足するまで、その対応は「花の書の会」の谷口

吉郎と野田宇太郎、朝日新聞社の大内秀邦の3人がまず「沙羅の木」の詩壁を鷗外「三十三回忌」の供養のために1954年に建てることから始めた。

野田は、「私はどうしても灰燼の中から立ち上がって、杢太郎や鷗外の創造精神を生さねばならぬと決心した。……いよいよ谷口博士の記念図書館設計図が出来上り、建設準備委員会の机上にひろげられた」、皆その苦心の設計図に感歎し、

> 私の眼を一際強く引いたのは、戦傷から蘇生して巨木となった銀杏や庭石が狭い敷地に新しい建築をするためには邪魔に見えるのを、そのまま自然な姿に設計の中にとり入れられていることであった。あの銀杏の樹齢はせいぜい五、六十年位であろう。在りし日の鷗外を知り観潮楼の生活を知っている唯一の樹木である。そして自然の樹木は人為ではどうすることも出来ない偉大な自然の造形でもある。

谷口は生誕100年の「鷗外記念室」（1962年）の前の庭に「大銀杏」の木を残して設計した。その後、2012年11月に「生誕150年記念館」として改築されたが、鬱蒼とした巨木になっていた「大銀杏」は枝は刈り込まれ、樹幹は補強バンドで固定されているが、「三人冗語」の石や荷風散人筆の、「鷗外詩碑」（「沙羅の木」）とともに現在もかろうじて残存している。しかしそれは当時の「大銀杏」であろうか。

鷗外は1917（大正6）年12月に帝室博物館総長に任じられて週に3回上野の同館に通っていた。結婚直前の長女の茉莉がよく門まで訪れてきていた。後にその「東京国立博物館 東洋館」を谷口が、そして同じ博物館の「法隆寺宝物館」を息子の谷口吉生が設計することになったのも奇縁である。

7.「パンの會」（I） 隅田川をパリのセエヌ川になぞらえて
——カフェ文芸運動

木下杢太郎、本名 太田正雄は1907（明治40）年、東京帝国大学医学部2年の時に與謝野寛の主宰する「新詩社」同人に加わり、同年、その紹介で同年3月に『明星』に登場し、正式には次年の1908年10月3日の観潮楼歌会の席上で森 鷗外と対面した（**図III-6**）。北原白秋や吉井 勇などの若い詩人とともに1909（明治42）年1月、鷗外が主導する『昴』創刊に加わる。杢太郎の異国情緒の戯曲『南蛮寺門前』（1909年）などと南蛮詩は時代感覚の尖端をゆくものとして北原白秋の『邪宗門』（1909年）とともに認められた象徴派詩人であった。まだ医学生であったから木下杢太郎というペンネームを「パンの會」の頃から使用していた。

木下杢太郎の「パンの會の回想」（1927年）*K-16-5 にその概要が記録されている。「パン」とは牧羊神で、ヴィナス（美神）とバックス（酒神）の祭典でギリシャ神話の羊の角と足をもった半獣神のことである。1908（明治41）年頃、杢太郎は北原白秋、石井柏亭、山本 鼎、倉田

図Ⅲ-6　森 鷗外

白羊などが中心に、日本には「Café」カフェエというものがないから「カフェエ情調」を興してみようと、印象派の画論や、上田 敏の翻訳、パリの美術家、詩人などの影響もあるが、同時に浮世絵や小林清親の風景版画を通じ、江戸趣味が彼等の心を動かした。したがって「パンの會」は、「江戸情調的異国情調的憧憬」、つまり＜Stimmung＞の産物であった。東京の下町をパリとして隅田川をセエヌ川になぞらえて、世紀末パリに興った「カフェ文芸運動」のような会として出発した。

　レストランまがいの洋食屋を探して、まず両国橋手前の矢ノ倉河岸の木造西洋館の「第一やまと」で1908（明治41）年12月15日に初会合し、次は日本橋の大伝馬町の「三州屋」、明治42年深川の佐賀町の永代橋際の「永代亭」、日本橋の小網町の「メイゾン鴻の巣」、明治44年の浅草雷門の「よか楼」と隅田川の両岸を転々とした。毎週土曜日に開催され、夜は鷗外の「観潮楼歌会」に出席する者もいた。杢太郎もその1人であった。明治41年10月3日から明治42年4月5日まで計5回の出席記録が残っている。「パンの會」は、杢太郎の他に石井柏亭、小山内薫、北原白秋、吉井 勇、永井荷風、高村光太郎、石川啄木、與謝野 寛、谷崎潤一郎などが顔を出している。明治45年2月10日で会もこの年で終わる。

　「パンの會」には酒を飲む人が多く、ようやく単純な遊興の会となるが、青年詩人たちの「パンの神」に仕える「ディオニソス的な狂乱の宴」の中にあって、杢太郎は「耽溺の淵に沈淪」しなかった。彼のアポロ的純潔と理性がそれを阻んだのである。谷口と親交のあった室生犀星は、「パンの會」の人たちを、「憎むべきもの」として、その日夜の酒と江戸趣味と西洋趣味の中に境遇的な反感と憤慨を持ち、自己を「野の詩人」であるとした（「自叙伝的な風景」）から「パンの會」に加わらなかった。犀星の詩友の萩原朔太郎も同様であった。

　杢太郎は、「若いと云うものは好いもので、その頃は皆有頂天になり勿もこの少し放逸な会合に、大に文化的意義などを附して得意がったものである」と、まったく感傷性は微塵もない思い出を書いている。

　この「パンの會」の出席者には、後に杢太郎を通じて、谷口吉郎と知り合った文学者、詩人、芸術家も少なからずいる。

　筆者はそれまで研究し愛読していた野田宇太郎著の芸術選奨文部大臣賞を受けた『日本耽美

派文学の誕生』（河出書房新社、1975年）について、当初は『パンの會』という書名であったが、その「おぼえがき」に、野田は、

　　はじめて『パンの會』を刊行した序文に、わたしは「パンの會に向ってペンを執ろうと決意したのは、昭和20年10月15日の木下杢太郎先生の逝去の日からであった」と書いている。わたしは木下杢太郎の青春に導かれて「パンの會」の内部に這入り、華麗な迷宮のような明治末年の文学・美術を中心に、それ以前とそれ以後の文学史を実証的に研究することになったと云ってよい。

谷口は「パンの會」には直接に係わっていないが、「木下杢太郎先生」（『藝林間歩』1964年4月）に、谷口は、

　　いつだったか、先生の本郷の西片町のお部屋をお訪ねした晩のことであった。帰りぎわに、お玄関で私を見送りながら、先生は私の専門の「建築」に対して、「建築はフィロゾフィーレンすることだよ」と申された。そんなお言葉が今また私の耳に聞えてきた。

それはドイツ語で、philosophieren－哲学的に思索（論究）することである。
東工大の建築史家の藤岡通夫の谷口についての「哲学する建築」という「解説」には、

　　谷口先生は大学の卒業論文に建築哲学という題目を選んだとのことだが、初期の論文には哲学的思考による言辞が多い。

谷口の昭和3年の東京帝国大学建築学科の卒業論文は伊東忠太に指導を受けていた。

8.「パンの會」（II）　江戸情調・異国趣味への「回帰」

谷口は白洲正子との対談「心で趣味を」－「落葉一枚にも感動する美の意識」（『週刊読売』1977年1月19日）の問いに、

　　「私は、自分では日本的でも西洋的でもないように思っているのですけれどね。つまり自分の気がすむものである。というのは、その中に風土とか、何か血脈があるということでしょうね」

谷口吉郎が「風土」との「血脈」を語っていることが重要である。谷口吉生は、『建築家と云う生き方―27人が語る仕事とこだわり』（日経アーキテクチュア、2001年）に、

「父の建築はプロポーションとか見ても、晩年は伝統的な形式でしたが、和風ではないですね。例えば西欧的な建築を頼まれて、その中に日本間を一つ作ってくれ、という話があったとすると、父のデザインの形式がそのまま取り入れられます。父は西欧的な考えの中から伝統的な形に近づいていった経緯があるのは、わりとぴったり合うように感じるのです」

（傍線筆者）

谷口父子の、この両者の言質が最もいわゆる谷口吉郎の「転向」論の真実に近い。

　小能林宏城は谷口吉郎論である「工匠の末裔」（『建築』1965年8月）に、まず伊東忠太は、「谷口吉郎を＜建築＞の本家である西欧のドイツへ旅立たせることによって、谷口に深い原罪意識を喚起させることになってしまったのである。そこから、近代日本の建築家の幾多の課題が発生してくる」と、その「原罪意識」とは「明治維新後の日本にとって、西洋は手本であり、西洋から学び、いや当初は模倣することが必須の事柄であった」と、まるで谷口が『雪あかり日記』に書いている、シンケルが「ギリシャの模倣」としたことと同種の体験を谷口は自分も行っていたのである。それを小能林は「原罪」と言っている。例えば吉村順三の場合には、「原罪」は『旧約聖書』の「創世記」にあたる。

　小能林はそれを具体的に、「然らば日本固有の建築というものはどう云う姿のものであるか」には伊東忠太の「日本建築の変遷」を引用して、日本建築の将来への道を、

　もし歴史は繰返すと云うことが真理であるならば、今の欧米模倣の時代が過ぎたならば、その欧米建築の日本化の時代が来る筈だと云うことは言えると思う。……なるほど欧米化主義は手早いかも知れない。けれども、日本に建てられる、日本人の使う日本の建築が、どう考えても欧米建築そのままでよいという道理はない。先ほどから申す通り、第一に日本の気候風土の関係で行き悩むのであります。私はやはり昔、日本が支那建築を採って、それを日本化して、日本の建築にしたのと同じように、今日欧米建築を採って、それを日本化して日本人にピッタリと適するようにしなければならない。これが将来、我々の進むべき途であると云うことを確信しております。（傍線筆者）　　　　　　　小能林宏城「工匠の末裔」（『建築』1965年8月）

　小能林は、「支那建築」云々は別として「谷口の戦後作品に見られる東洋の美学による格調や明澄性は、すでにベルリンにおいて理念として結晶しようとしていたし、その無意識の表出は、戦前作品としても認められたものである」と、それは「ユマニスト」として「近代主義から古典へと志向する情念であったと思われてならない」と、しかし、そのような「日本化」への推測を、筆者は欧米建築の日本化にかつての南蛮建築を想起してしまうが、小能林は、

　はたして彼等（註：谷口吉郎と堀口捨己）は本当に日本へ回帰したのだろうか、そうではなく、それは思念の上だけのことであり、彼等は実は一足たりとも日本の土着の基盤から移

ることはなかったのではないか、という疑念を生じさせてきた。

つまり、「西洋という＜他人＞が、はたして＜私＞という近代日本の深層や感受性までおびやかし、根こそぎ変革しえただろうか」ということで、それは谷口の東工大の「水力実験室」（1932年）や堀口捨己の「若狭邸」（1939年）でも、

> それらは、インターナショナルの産物だろうか。そうではない。それらは江戸の美学の所産なのだ。……大正・昭和を生きてきた谷口や堀口にとって、江戸はまだ命脈を保っていたのだ。……谷口は「藤村記念堂」と共に戦後二度目に侵入してきた西洋の「他人」や幻影をはらんだ観念の革命の嵐のただなかに、佇ずまざるをえなかったのである。「工匠の末裔」の苦悩ははてることがなかったのだ。

小能林は、谷口が「江戸の統一・調和・洗練・品格を継承し磨きあげてゆく末裔であったのだ。私はいまだ、谷口からあの苦悩や暗さがとれているとは思えない。彼は、今後も『花伝書』を携えて自己の道筋を一歩も踏みはずすことなく歩み続けることだろう」と、結んでいる。

それは「パンの會」の活動の耽美主義を除いては実によく近似していた。谷口が終生親交した、木下杢太郎が主導した「パンの會」は、異国情調の一種、エキゾティシズムの活動で、江戸情緒といわれた一面もあった。しかし「パンの會」が近代文学史にもたらした一種の江戸趣味というのは、回顧趣味ではなくて「西洋人の眼を想定して我々自身の過去の伝統芸術を眺めた異国情調」であった。会場としては日本橋界隈や隅田川畔で催され、江戸の名残りをも惜しむ感傷もあった文芸活動である。

谷口は早期のインターナショナルスタイルの建築について、

> 「私が失敗を経験しているからです。私は日本のモダン建築は懺悔しなければならないと思っています。懺悔して控えなければならない」

川添 登が『建築家・人と作品』上（井上書院、1968年）で記録しているが、谷口をして「風土」の建築家へと促すのである。「パンの會」と建築については、筆者も若き日に愛読した長谷川堯の『都市廻廊』（相模書房、1975年）の「河のなかは江戸の唄」に詳しく書かれている。

9. 谷口の「南蛮建築」への杢太郎と白秋の「南蛮文学」の影響
——仙田 満への提言

谷口は研究室生の仙田 満に、卒業研究の発表会で、「君ね、南蛮建築をやりなさい。博士になれますよ」と、アドバイスしたという。しかし仙田はその道を選択しなかったが、その返答

として仙田の解釈は、後に『環境デザイン講義』（彰国社、2006年）に、

　　城をつくる人たち、……この武士の周りにさまざまな大工、そして大工だけでなく千利休
　のような、いうなれば文化人、南蛮文化や中国文化を非常に知っていたインテリ階級、ある
　いは南蛮人たちそのものも城の指図する中に入り込んでいったと思われます。

　この論旨から仙田は、やはり南蛮建築に関係する歴史的空間論「城と茶室」を卒業研究の
テーマに選んでいる。その意味では仙田は谷口の指示に応えたと言える。
　千利休は大阪の堺港から朝鮮・中国を通して、より遠方の南蛮との交易をしていた貸倉庫業
者の豪商であった。鉄砲や石材などの建築資材や軍需物質を取り扱う商人として、信長の時代
から安土城の建設にも関係していた。堺には耶蘇会士などが多く住んでいたが、信長の寵遇
を得て安土にも出没していたし、利休も「利（さと）きを休める」という自戒で近侍していた。
しかし本能寺の変以後は秀吉に茶頭（ちゃがしら）として洛南の山崎の妙喜庵の「待庵」（天正
10年、1582年）の建設の名を受けたが、最後には「利休賜死」で終わっている。
　谷口は「古城にみる建築美」（1973年）の末尾に、

　　日本の建築史で、各時代の様式は朝鮮や中国から伝来したものが多い。しかし桃山期に出
　現した城廓建築は、その原形や類型を海外に求めることはできない。当時のキリシタンは刺
　激となったろうが、建築の影響は薄かった。

　桃山調の「ホテルオークラ」のメインロビー（1962年）で谷口が熟考していたこともこの事
実と関連する。
　南蛮文化は、室町末期から江戸初期にかけてポルトガルやスペインなどの宣教師や貿易商
により伝えられた。「南蛮」とは、中国が周囲の民族への蔑称として用いたものであるが、室
町時代には単に「南方（の人）」などを指す言葉として用いられた。「南蛮人」とは主としてポ
ルトガル人など「南方」からの渡来人の呼称であった。1543年に宣教師フランシスコ・ザビ
エルの鹿児島渡来以後、キリスト教以外にも医術、天文学などの西欧文化が日本に伝来した。
　北原白秋は、詩集『邪宗門』（1909年）にポルトガルを「紅毛の不可思議国」と書いた。「邪宗」
とはキリスト教のことである。「南蛮屏風」（神戸市立博物館蔵）には、日本の寺院の内部を改
造してキリスト教会として、「南蛮寺」に使用されている様子が狩野派の画家により描かれて
いる。「南蛮寺」はキリスト教伝来以後、徳川幕府によるキリスト教の棄教までの期間、日本
に建てられた南蛮風の教会堂である。京の「都の南蛮寺」は、中京区蛸薬師通室町西入ルに、
1576年（天正4年）イエズス会により建てられたが、秀吉のバテレン追放令により破壊され
た。狩野元秀の「扇面洛中洛外名所図」には、木造3層の楼閣風の入母屋造りで、寝殿造り風
の回廊に手摺が付いていた。和風を基本としてイタリアの建築様式やキリスト教のモチーフ

図Ⅲ-7A. 南蛮寺図扇面（神戸市立博物館蔵）

が混在していた（**図Ⅲ-7A**）。

　谷口についての「哲学する建築」（『谷口吉郎著作集』第2巻、淡交社、1981年）を書いた建築史の藤岡通夫には「所請 南蛮寺建築考」（『建築知識』2・10、建築知識社、1936年10月）がある。まず「南蛮寺」とは、「一時的出現を見たキリスト教寺院の総称のことで、普通単に南蛮寺と俗称するも、当初この名称は、1575年に建てられた京都西条坊門にあった寺院である」と、

　　南蛮寺研究の困難なる点は、秀吉、家康の数次に亘る布教大禁圧により、建築的遺構が皆無となった為許りでなく、凡そキリスト教関係の文物は幕吏の目に付き次第破却された為にある。

　また藤岡は「南蛮屏風」などの絵画の研究から、「この絵画の建築を証拠立てる様な文献資料があるならば、我々は更に幸である」と、書いている。谷口は、このような難しい南蛮建築の研究を仙田 満に指示したのである。この藤岡の論文は、その時の約30年前の研究である。その難しさを具体的に書いている。

　　我国にキリスト教が初めて輸入されたにも係らず、それが日本建築に及ぼした影響が殆んどないと言ってよい位なのは、仏教の伝来が以後千数百年の日本建築の大勢を決したのに比して餘りにも淋しい、それが何故であろうかは可成りの大問題である。

　その問題の1つは、「キリスト教伝来当時は既に仏教の諸宗派も完成し、文化も相当に進んで居った事」であり、そのキリスト教と仏教の相互関係があった。

　『近世日本建築にひそむ西欧手法の謎』—「キリシタン建築」論序説（宮元健次、彰国社、1996年）には、1579（天正7）年に来日した東方巡察師のヴァリニャーノの書いた「日本イエズス会士礼法指針」によると、教会には茶室を設けることが書かれている。「南蛮屏風」の60余点から屏風に描かれた教会堂の特徴は、①日本家屋（座敷）、正面に日本庭園、縁側（廊下、コリドール）、教会の正面性（奥行が長くて間口が狭い）、②小屋の屋根に十字架、③礼拝の

図Ⅲ-7B. シャルトル
教会

前に手を浄化する聖水器がある、④茶室を必ず設ける。

　谷口は南蛮建築、とりわけ「南蛮寺」には茶室を設けることの必要性にも興味を覚えていたのではないか。それはキリスト教会の「懺悔」のためのブースのスペースであったのか。

　谷口は、「島崎藤村墓碑」（1949年）の場合、「若い藤村は明治学院時代にキリスト教に帰依した。そのために墓の設計には苦心を要したが、……仏教のわずらわしい儀軌は一切はぶいてしまった」と、その2つの宗教の間の「形象」の「融和」の表現に悩んでいた。藤村は西欧の近代文学とともに、キリスト教からも近代的思想を吸収していた。

　同じく「木下杢太郎詩碑」（1956年）でも、谷口は「中国の古い碑の形式と初期キリスト教の石棺とを組み合せて、それを新しい彫刻のようにまとめたものだった。私はそれによって杢太郎が抱いていた古代中国の造形に対する好みと、キリシタン研究にささげた情熱を表現したいと思ったのである」。しかし、この案は費用の点で実行されずに次案によって作成された。

　そして「正宗白鳥文学碑」（1965年）では、「若い時にキリスト教の洗礼を受け、死の直前には十字架に縋（すが）られた。そんな文学精神を碑に造形化するには、どうすべきか」と、除幕式もキリスト教の儀式として行われたが、谷口は最後まで、「碑を十字架の形にすることは躊躇していた」と、しかしその碑形は厚い十字架に見えると太田茂比佐は記している。

　<u>谷口は、宗教としてのキリスト教を「遺形」にする難しさを書き、「南蛮建築」の摘用に苦慮していた体験からの重要性として仙田にその研究を求めていたのである。単に谷口が親交した木下杢太郎の「南蛮研究」の影響だけとは考えられない。</u>（傍線筆者）

　谷口の「聖堂」は1963年に書かれた*NB-2。フランスのゴシック様式のパリ郊外の「シャルトル教会」（図Ⅲ-7B）を訪れている。その高窓のステンドグラスが宝石のように光り輝いていて、「美しい法悦」にひたっている。そこで老婆と男の子がマリア像の前で祈る姿に、

　　私はその姿をながめ、わが幼時を思い出した。北国に生れた私は、幼いころ、雪の日に祖母につれられてお寺に行った。五百羅漢の像が恐ろしかったのを憶えている。……しかし、そんな遠い日の記憶が遠く離れたフランスでふと頭に浮んできたのは、この古い聖堂の中に今も生きている篤信の姿に接したためであろう。

図Ⅲ-7C. ノートルダム
寺院

　その聖堂の中に今私は立っているのであるが、私の目の前には幼い子が聖母の像を一心にみつめている。両手を組み合わせた祈りの姿勢は祖母の指図によるものであろうが、あどけないひとみの奥には、ロウソクの光に照らされたマリアの像が、はっきりと投影されていることだろう。その映像は若い生命にどんな記憶を刻印しているだろうか。きっとこの少年も成人して、それを思い起こすことだろう。

　谷口の少年時代の祖母との仏教のお寺での原体験から、フランスのカテドラル空間での幼児の祈る姿とマリア像に「多くの詩人もたたえた美しさ」に共感している。谷口は、仏教寺院の空間よりキリスト教会空間に建築家として興味があったと言える。

　谷口は、「京都御所内にある清涼殿および、その他に桂離宮、修学院離宮」などを日本が世界に誇るべき名建築と、しながらも仏教寺院建築は避けられている。そしてキリスト教会の「ステンドグラスが閃く聖堂の空間を＜歴史＞の棒が一本、暗い聖壇から入口の、ローズウィンドーに向かって力強く貫いているのを」感じている。それは「藤村記念堂」の梁や桁が藤村座像に向うパースペクティブ状に収束しているのと同じである。

　そして、「洗われるノートルダム」（1968年）[*E-76]にも、30年前に見たパリのノートルダム寺院（**図Ⅲ-7C**）では高村光太郎の詩、「雨にうたれるカテドラル」（『明星』大正10年11月）を思い出しながら内部の暗い室内にステンドグラスからの微光を見て、「こんな荘厳さは木造の仏教寺院には感じられない。このような高い垂直線的な感動はカトリックの石造寺院だけがもつ独特の造形的効果だといい得るだろう」と、そのパイプオルガンの音響効果にも「カトリックの美」に涙ぐんでいる。それより、むしろ谷口はゲーテがゴシック建築を暗愚なものとして反感を抱いていたのに較べて、シンケルは北方イタリアの古い中世寺院のゴシック建築の「ランセット式の構造学的な美」に興味を持ち、熱心に研究していたことを『雪あかり日記』に書いている。そのゴシック建築の形容からドイツ・ロマン派の哲学者のF・シュレーゲルの「建築は凍れる音楽である」をゲーテが引用しているのを実感している。

　しかし谷口の「南蛮建築」の主意には、兄事した木下杢太郎の「南蛮文学」の影響があった。杢太郎の「明治末年の南蛮文学」（『全集』第18巻、1942年）[*NB-3-⑤]には、上野の帝国図書館や、

図Ⅲ-7D.「南蛮寺門
前」「扉挿図」

東大図書館で京都の南蛮寺の歴史についても細かくノートを取った。その語彙から、「緑金暮
春調」〔1908（明治41）年〕の詩の情調の「顔料」となっている。また、北原白秋の処女詩集
『邪宗門』（1909年）の巻頭の「邪宗門秘曲」には、「南蛮の桟留縞」など、「南蛮」の顔料の多
彩で豊富さは杢太郎の詩作の標題にも使われて、杢太郎の「緑金暮春調」の基本情調となった。
明治42年2月の『昴』に掲載した戯曲「南蛮寺門前」（一幕三景）は、杢太郎の南蛮趣味・吉利
支丹趣味が、詩的幻想のなかで戯曲脚本の表現形式とした実験作品であった。その「扉挿図」
（図Ⅲ-7D）には鉄扉と堅牢な門構えであるが、その舞台は京都四条で高い石垣のやや上手に門
の扉を開かれていて、門内の木立の向うに高堂があり、門前の街道に童子が集っている。

　この戯曲は、異国趣味のうち、徳川幕府の弾圧に反抗して殉死も辞さなかった吉利支丹宗徒
と、若い仏教僧や、武士もが、邪教として排斥されているキリスト教世界に、死をも忘れて飛
び込んでいく音楽劇であった。わが国の吉利支丹史研究は、明治初年に芽生え青年の間から
「南蛮文学」が興り、異国情調の讃歌が沸き上ったが、明治末年に近代文学の中に「南蛮文学」
を発揚したのは杢太郎であったが、しかし詩人北原白秋の方が杢太郎より詩壇的には先に認め
られた。

　谷口は「木下杢太郎詩碑」を1956年に、「北原白秋歌碑」（水影の碑）を1976年に設計してい
る。谷口が「南蛮建築」に興味を持ったのは、木下杢太郎の吉利支丹史の研究と、後に、白
秋からも「南蛮文学」の影響を受けていた。「北原白秋歌碑」（『記念碑散歩』2）に、

　　　白秋の短歌には白秋独特の多彩な色どりが鮮明に光り輝いていた、その美的感覚は「南蛮
　　調」となり、「キリシタン趣味」となり、「邪宗」となった。「耽美」となり、「童心」となった。
　　さらに「望郷」は情熱となって燃えた。柳川に建つ歌碑がその白秋の多彩な美的感情のひら
　　めきに応じねばならぬとすると、これは容易なことでないと、私は心に深く思う。

　谷口は、「南蛮建築」にも、白秋と同種の「南蛮調」の「美的感情のひらめき」を感じとって
いたのである。また谷口はこの歌碑評に、

その杢太郎が白秋の案内によって、新詩社の與謝野 寛、吉井 勇、平野萬里と共に、柳川を訪れたのは明治40年（1907年）だった。当時は、白秋も杢太郎も若く、ともに23歳。その折の旅行がこの若い二人の詩人に新しい詩情をたぎらせた。それが「耽美派」の思潮となり、杢太郎の南蛮風の作風を生み、白秋の『思い出』や『邪宗門』の詩境となったのであった。

　私はその柳川の地に来て、生前の杢太郎さんを思い出し、それによって一層、白秋の詩情が身近なものに感じられた。

　谷口の「南蛮風」への関心の基層には杢太郎と白秋の文学があった。若き日の杢太郎は1907年には九州のキリシタン遺跡探訪の旅で「新詩社」の北原白秋や吉井 勇、平野萬里、與謝野 寛らとともに、柳川から長崎、島原では「島原の乱」や「天草四郎」の文献を書き写していて、その時の杢太郎の詩を「南蛮詩」と呼んでいた。この頃からいわゆる「南蛮趣味」の文学が形成されていった。この5人の青年の九州への旅*K-16-12 は、「異国情調の発見」、「南蛮文学の嚆矢こうし」とされ、「五足の靴」（1907年）として発表された。その記録の発掘と紹介したのが、谷口の畏友である野田宇太郎であり谷口を「南蛮建築」へと促したのも、野田による調査と研究であろう。筆者も熊本の大矢野町に「天草四郎記念館」を設計担当した体験があるので感慨深い。

　「木下杢太郎詩碑」（『記念碑散歩』2）*T-1-3-5-② に、谷口は、

　　　年が改まり春が過ぎ夏になっても、私は構想をまとめるのに苦心していた。碑の主人公は優れた医学者であり、詩人である。そのほか、劇、美術、キリシタン研究、古代中国の研究などにも造詣が深い。……次にキリシタンにモチーフをとり、初期キリスト教や、南蛮風の石棺をいろいろ考えてみたが、それもうまくゆかない。

　杢太郎の詩碑は、結局「南蛮風」というより、最後の随筆「すかんぽ」の中の詩が5枚の板碑に、「科学も芸術も其の結果は、世界的のものであり、人道的のものである」が、3枚の板碑として各々選ばれた。杢太郎の「ユマニテ」（人道的）な面が強調された。どうも谷口はキリスト教関係の碑は「うまくゆかない」のであるが、何故なのであろうか。谷口本人が清家のようにキリスト教徒でないからか。

　「南蛮建築」の谷口の結論とも言うべき「化膿した建築意匠」（1936年）*E-12 には、利休などの茶人が関与して「日本的な形式」になったプロセスについて、

　　　なお、茶聖の仕事に注意すべきことは、当時、博多や堺などの貿易港より流れ込んだ南蛮文化に対して理解の眼を向け、その進歩的なものを進取するのに、決して躊躇していなかったことである。しかも、それが日本人の生活風土に適合した形式に、まとめ上げられ、それが南蛮渡来の形式とは思えないほど、渾然とした日本的統一に高揚されているのを、今か

ら、われわれが眺めて、まったく驚歎せざるを得ない。

　谷口のその結論は、初期の茶聖は「南蛮建築」ですら「日本風に適合した形成」の「生活意識」の下に実用の芸術としていったことを考えると、「現今日本建築界の化膿したようなひどい有様に対する憎悪心ともなるが、現代建築に対する新しい研究心と新しい設計欲となって燃え上がってくる」と、それに寄与することを希んでいる。(傍点谷口)　谷口は、日本の伝統建築、「和風」が西洋の例えばキリスト教建築と混淆された場合、どのような様式になるのか、「日本らしさ」の変質を歴史上の具体的な事例として知りたかったのである。それはモダニズム建築をどのように受け入れるのか、また西欧の建築は日本の風土に馴致するのか。中世の茶人を通して研究することは、谷口にとって先例として解決すべき重要な建築的課題であった。

　杢太郎は『南蛮寺門前』の跋文（1914年）の中で、それは東洋と西洋の対決で、

　　今迄の日本戯曲に未だ嘗って存して居なかった情調と、様式と並に絵画的効果とを始めて自分の手で確実に掴むことが出来たと云う喜びと誇りとが予を興奮せしめた。

　谷口の言質と共通する所がある。杢太郎はそれを把握できたことに歓喜している。

　谷口の「環境倫理」を指摘する内藤　昌の『復元・安土城』（講談社、1994年）*NB-3には、黄金の瓦屋根、黒塗の壁、朱の八角堂など、和様、唐様、南蛮風を統合して様式の復元案を仮想している。これが事実だとしたら、信長は優れた早期の建築二元論の先駆者と言える。

　内藤は、この『復元・安土城』に、まず「南蛮寺」について、

　　京都の有名な南蛮寺は天正三年に起工し、同六年に完工しているが、その建築にあたっては京都の大工・近国のキリシタン大名たちに混じってオルガンチノ（註：1530-1609年、イタリア人のイエズス会宣教師）が設計に加わっている。瓦屋根に勝利の旗としてまた栄光ある徽章として十字架を立てていたというこの三階建ての形容は、狩野元秀（宗秀）筆の「南蛮寺図扇面」と必ずしも一致しない。あるいはこれは永禄11年創建の南蛮寺（註：前南蛮寺の復興）であるかもしれないが、それにしても天主（守）といってもさしつかえないほどの様式的類似性が認められる。……すなわち、この程度の南蛮風の建築が、当時としては精いっぱいの西洋風であった。

　当時の宣教師は、日本の情報の多くをローマのヴァチカンに送っていたから、探せば残っているかもしれない。筆者はレーモンド設計にいる時、そのヴァチカンのサン・ピエトロ教会の資料館で、厖大な量の天草四郎の資料を探したことがあったからである。「天主」とはキリスト教を感じさせる表現であると言われている。

　そして内藤は、この状況を考察し自説の「安土城」の想像図を提示して、

安土城天守に認められる様式的特色は、帰するところ唐様である。しかし、その意味は、単に金閣寺の造形から理解されるような多分に日本化された唐様でなくして、より最新の極彩色の明様式の異国風を志向したと考えるのが至当であろう。その異国風は、また南蛮風にも通ずる。そうした唐様・南蛮風を包括する新しい「婆娑羅（バサラ）」であることによって、近世劈頭を飾る前衛たらんとしたのであろう。

　内藤 昌は「唐様」だが、「日本化」されたものではなく、安土城は「南蛮建築」であると結論している。「婆娑羅」とは、「華美で派手な様子や振る舞い」のことで、内藤はその多様性のことを言っている。谷口の、南蛮建築研究に仙田に替って答えたのは内藤で、その成果が、安土城の復元で城中には能舞台も突き出していたという吹き抜けと、不整形の八角形の天守台があった。そして師の藤岡通夫は内藤案に対して、「安土城天守も、ようやくその全貌がうかがえるようになったのは喜ばしい」と評価した。仙田は後に内藤のいる名古屋工大で教職に就いている。

　小説「安土城記」（大正14年）*NB-3-② は、もうひとつの杢太郎の南蛮文学の成果である。この「後記」に、

　　わたくしが伊太利のヴェネチアの一富豪の邸で右の書を抄写して以来、既に二年有余の日時が経過した。……その頃わたくしは何を措いても安土山に行って見ようと思っていた。いろいろな事情がわたくしの此計画を延引せしめた。そしてそう云う空想も涸れ果てたのち、ついに二箇月ばかり前に始めて安土の土を踏んだのであった。

　筆者も、かつて妻の実家の大津に近い琵琶湖の東岸にある「安土城」の跡地を訪れたが、広大な琵琶湖を望む丘の頂上部の城敷地は意外に狭かった記憶がある。そのイタリア人イエズス会の巡察師父のアレッサンドロ・ワリニヤニ（ヴァリニャーノ、1539-1606年）に随従した僧が書いた「師伝」では安土城の屋根は青瓦葺きであったことを記録している。そして杢太郎は、当時の安土城の姿を詳しく描いている。

　　中峯の最高処には信長公の居城が立つ。其宏壮華美、之をヨーロッパの最も美しき城廓に較べても決して遜色がない。……城郭の中心となるのは日本人の天守と名付くる塔である。荘厳で、それは七層より成り、各層に窓が開けられている。其内面は金及び各種鮮麗の色を以て置かれたる絵画を以て飾られ、其外面は日本の習慣の如く白壁に黒の窓で、又紅色や青色に彩色せらる。殊に上層閣の窓は金を以て飾られてある。この天守或は高塔は皆青色の瓦を以て葺かれている。
　　今その内部は美しき石階を登ると、まず廊を以て取り囲まれたる大堂に達する。……更に登って第二階に登ると、ここは主の居室である。第三階も数室に分れて居り、その内部には

図Ⅲ-7E.「安土城天守」
復元想像図（内藤 昌）

金を塗り、その上に奇獣及び木竹が画かれてあった。……塔の最上層は一種のクポラ（円筒形）であった。クポラの屋上には厚き金の冠を置いた。それ故朝暮の日に当たると燦然たる光華を発したのである。

　まさしく後年の内藤 昌による「幻の安土城－天守復元図」（図Ⅲ-7E）のように煌びやかな安土城の描写である。内藤は木下杢太郎のこの書に着想を得たとも考えられる。この「安土城記」が書かれた1925年は、その前年の5月に杢太郎はパリを発って、スペイン、ポルトガルの旅行に赴いたがそれは約3か月にわたる再度の南蛮熱熟成のための調査であった。その紀行文は、『えすぱにや、ぽるつがる記』（1929年）*K-16-11-①に収められた。また、その前の1921年のロンドン滞在中にも自身の「南蛮熱」が再発して本格的な吉利支丹学研究に足を踏み入れている。杢太郎の「南蛮寺の建築様式」（1926年）*NB-3-③には、『南蛮寺門前』（1919年）*NB-3-1-①という小戯曲を書いた時にはまだ、この南蛮寺という教会堂の知識はなく「自己の創造したものである」と、しかしその後の「南蛮熱」の極まりにより、「南蛮寺の建築の様式は、戯曲の以後の私の十数年来の宿疑であった」と記している。

　谷口は文学の師であり、建築にも詳しい木下杢太郎からの「南蛮建築」について、知識を得て研究対象になったと予想される。杉山二郎の『木下杢太郎―ユマニテの系譜―』（平凡社、1974年）にも、「杢太郎が最も心をこめて研鑽に努力した学問は本業の医学を除けば南蛮キリシタン学」で、それは彼にとって真の「ユマニテ」であった。谷口がそれを建築的に検証すべく「南蛮建築」を研究対象として重視していたことは実に興味深い事実であり、それを研究生の仙田に推薦したことは、彼の資質を充分に評価していたことが根底にある。（傍線筆者）

　それは谷口が杢太郎の影響で「乗泉寺」（1965年）のような仏教寺院でも、「東京国立博物館 東洋館」（1968年）でも、ギリシャ建築のような異国情調を漂わすのは、広義の「南蛮建築」を経て「日本回帰」した経過があったからである。それまで戦前の早くから、城の「天守閣」は基督教（キリスト教）の天主教信仰からとする起源説があった。しかし、それは考証学で否定されてきた。アレッサンドロ・ワリニヤニ師には安土城には青い屋根瓦が葺いてあったとの記録がある。つまり安土城を設計したのはキリスト教徒であると言われたが、それを実証す

図Ⅲ-8A. ヴァンス礼拝堂 南立面　　　　B. 西立面　　　　　　図Ⅲ-9 ヴァンス礼拝堂
　　　　　　　　　　　　　　　　　　　　　　　　　　　　　　　室内模型（谷口撮影）

る文献はなかった。戦前の洋式築城技術の伝来は、国粋主義もあって、「天守閣」は日本人の手による日本文化であるとされた。伊東忠太などは「欧羅巴の型による技術」を一貫して否定した。東工大の藤岡通夫も城の研究者であったが1930年頃から、「天守閣」への外来的な要素を否定してきた。しかしその10数年後に藤岡門下の内藤 昌により、「安土城の研究」（1976年）*NB-4 として、安土城の四層の吹抜けに西洋起源の可能性が高く、「南蛮建築の影響」を示唆していた。しかし、その説の根拠となる八角形平面説の資料は価値がないとの指摘から復元図は否定されてしまうが、城郭史研究の藤岡はそれでも内藤説を支持したのである。

　以上のように、谷口にとって藤岡、内藤、仙田も谷口の研究室の家中の徒であったから、仙田への「南蛮建築」研究の推挙も必然であった。後に建築家として自立し大成した仙田と谷口とが本件についての対談はあったのか、また仙田への南蛮建築の影響は興味深い。

10. マチスのヴァンスの「ロザリオ礼拝堂」の模型

□ 谷口が感動した「絵画」と「建築」の融和体 ──そして猪熊弦一郎

　「野獣派」と呼ばれる20世紀絵画のフォービスムの巨匠のアンリ・マチス（1869-1954）は、第2次世界大戦中、地中海に面するフランス・ニース近傍のヴァンスに別荘を借りて住んでいた。マチスが重病で臥していた頃の看護婦のジャック・マリーから、戦禍で焼け落ちたドミニコ会礼拝堂の再建の願いを聞いて、4年かかって、1951年に小さな「ヴァンス礼拝堂」、正式にはドミニク派尼僧院の「聖マリー・デュ・ロゼイル礼拝堂」（ロザリオ礼拝堂）（図Ⅲ-8A・B）を完成させた。マリーは修道尼シスタージャックとなっていた。

　マチスは礼拝堂設計の建築家にル・コルビュジエはどうかという提案を断って、オーギュスト・ペレーに基本計画の助けを求めたが、マチスは自己を夢の建築設計へと導いた。車付のベッドで運ばれながら、シスタージャックとともに模型を試作し、ステンドグラスの提案も行った。しかし、1951年6月25日の完成の奉献式にはマチスはモダンデザインすぎるとの不満が理由で、参加しなかった。マチスの献辞を代読したのはマリー・アラン・クーチュリエ神父である。

図Ⅲ-10 ヴァンス礼拝堂
外形模型（谷口撮影）

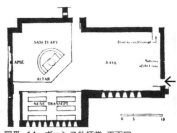

図Ⅲ-11 ヴァンス礼拝堂 平面図

図Ⅲ-12 ヴァンス礼拝堂の聖壇と
「聖ドミニックス像」と「生命の樹」

　クーチュリエ神父は、この礼拝堂の完成直後に、ル・コルビュジエに「ラ・トゥレット修道院」（1953年）や「ロンシャン礼拝堂」（1955年）の設計を依頼したドミニコ会の牧師であった。宗教美術の近代化・推進派の１人で、マチス、レジエ、ピカソ、ブラックなど今世紀の著名な芸術家と親交があった。マチスは、「この礼拝堂は私にとっては、全生涯の到達点であり、真摯で困難な努力の開花であります」と、述べている。ル・コルビュジエは、この礼拝堂について「すべてが喜び、清澄、若々しさ」に、「勇気を掻き立てられた」とマチスに書き送っている。

　谷口が詳細な数頁にも及ぶ「ヴァンス礼拝堂の模型」を書いたのは、この礼拝堂が完成し、その「アンリ・マチス展」が1951年の３月11日から５月13日まで上野の「東京国立博物館」の片山東熊設計の「表慶館」で開催された見学後の、『アトリエ』1951年６月の臨時増刊の「アンリ・マチス展特集」で、その時に加えて「フィレンツェ市のサン・ロレンツェ教会の奥にあるメディチ家の廟」の感動を、谷口は、

　　私は、マチス展に陳列されている「ヴァンス礼拝堂」の模型を眺めている時に、思い出したのであった。

この年は慶応義塾大学の「萬來舎」の完成した1951年でもあった。谷口は続けて、

　　展覧会の会場には、模型が二つ並べられていた。一つは、「十分の一」のもので、それは「室内」の模型（図Ⅲ-9）であり、他は「二十分の一」で、「外形」の模型（図Ⅲ-10）であった。その模型は、マチスが「壁画」や「ステンドグラス」の下絵を描いたり、「聖壇」の配置を考えたりするために用意されたものである。……私はこのマチスの模型に甚だ興味を抱いた。私自身の体は模型と同寸法に縮小して、その礼拝堂の外観を地上から眺めたり、また礼拝堂の室内に入りこんで、内部をいろいろと検分したりしているがごとくであった。そのために時間のたつのも忘れ、しまいには展覧会の閉場を告げるベルに驚いて場外に出たほどであった。

図Ⅲ-13
ヴァンス礼拝堂
「生命の樹」(切り絵)

図Ⅲ-14　ヴァンス礼拝堂
「十字架への道行き」とマ
チス

図Ⅲ-15 ヴァンス礼拝堂
釣鐘(マチス)

　この礼拝堂の模型は「東京国立博物館　表慶館」の入口ホールに展示されていて、谷口は愛用のカメラ(ライカ)で撮映したようである。その時の感動を谷口は、

　　建築家として私は画家マチスによって、わが胸をゆさぶられるのを感じた。そしてその小さいキリスト教の礼拝堂の模型を眺めながら、その模型の内部から聖歌が、わが耳に響いてきて、わが意匠心が、それによって、清められるのを覚えた。

　「ヴァンス礼拝堂」の平面図(図Ⅲ-11)を、谷口は「簡単な十字形」、つまり初期キリスト教会のバシリカ形式で、南の翼廊(アイル)は、聖歌隊の席で、その背後の壁には9窓のロマネスク風の縦長窓の「生命の樹」のステンドグラスがある。北の短い奥行きの翼廊の壁にはクーチュリエ神父がモデルの「聖ドミニックス」が描かれている(図Ⅲ-12)。

　交差部の中央の内陣には、半円型の純白の大理石の聖壇があり、斜に南東を向いている。その背後の内陣には「生命の樹」の2窓にステンドグラスが描かれている。中央の身廊(ネーブ)の信徒席の北面の壁には「聖母子像」が、そして背面(東面)には「十字架道行き」の壁画がある。信徒席の南面の壁にはやはり、6窓の「切り絵風」のステンドグラスの「生命の樹」がある(図Ⅲ-13)。

　この壁画は、白い釉薬をかけて焼いたタイルの上に黒の絵具でスケッチ状の画である。床も白い大理石で白と黒の空間である。そこに南仏特有の小さいシュロ状の仙人掌がステンドグラスで黄と青と緑色で図案化されている(図Ⅲ-14)。そこにマチスも椅子に座っている。礼拝堂は長さ16m、幅が狭いところで6m、広いところで10mである。高さは5mの小さな教会である。

　外壁は白漆喰で、屋根は青と白色の釉薬のかかった半筒型瓦葺で、ギザギザ模様で切妻屋根に葺かれている。その上に高さ15mもある金メッキの鋼製の十字架の下は美しい曲線で開いた四脚部の中に釣鐘が下っている(図Ⅲ-15)。谷口は、東の入口は平入りで狭く、室内に入ると広がりが感じられるのは「躙り口」から入る茶室と同じ効果であるとしている。

　マチスの芸術は豪華で奢侈であった。「ヴァンス礼拝堂」は、ロマネスク風のマチス的な縦

長窓のステンドグラスからの南欧の豊かな「多彩」の光の中に、白と黒の「無彩色」な空間で「簡素」な「谷口好み」の特異な二元性があったから、谷口の関心をあれほど引いたのであった。谷口は教会と茶室を同列で比較していた。「簡素」の中で「官能」があった。つまりこの教会堂は西洋式茶室であり、聖壇は床の間の大輪の白い茶花であった。

　庵主はクーチュリエ神父である。身廊（ネイブ）は茶室の立札席である入口は「躙り口」のように小さくてかがんで入った。谷口は、「建築家の私は画家のマチスによって、わが胸をゆさぶられるのを感じた。…わが意匠心がそれによって、清められるのを覚えた」と書いている。続けて谷口は、

> 　私は屋根に「釣鐘台」がある中心軸上の直下に立った場合を想像してみた。すると、わが身の全身が、この礼拝堂に包まれてくるのを感じ、同時に、私自身が建築家であることを意識して、なんだか制作欲が体のうちから燃えあがってくるのを禁じ得ない。……この礼拝堂は「新建築」の主義主張を含まないように見えて、したがって理論をことさらに得意とする建築運動家には、あるいは、注目をひかないかもしれぬ。しかし、この礼拝堂には、そんな「理論」が目立たないことにこそ、特色があるのではなかろうか。しかもそれでいて、そこに「建築」の核心がつかまれていることに、マチスの造形家としての「芸」の透徹さがあるのではなかろうか。この礼拝堂では、マチスの「絵」は「絵以上の」ものとなろうとしている。それが「建築」である。彼はそれを人とともに「神」に捧げようとしている。

　この谷口の、未だ実物を見ていないマチスの「ヴァンス礼拝堂」の模型を見ての建築論は、1951（昭和26）年という戦後初期の「新建築」についての、自身の建築思想が表現されていて興味深い。戦後の谷口のいわゆるディオニソス的な変化についての見解が語られている。その意味で、このエッセイは重要である。

　谷口の「破り継ぎ」（1963年）[*E-69]には、「私は先年、東京で開催されたマチス展でも、また昨年ニューヨークの近代美術館でも、マチスの「切り絵」による作品を見て、新鮮な美が表現されているのに強い感銘を受けた」と、この先年東京で開かれたマチス展とはこの1951年の東京国立博物館のことである。それは大型の「切り絵」も展示されていた。

　そして後の「乗泉寺」（1965年）は、仏教建築であり、祈りの空間である。その仏壇に向って左側の大きなジグザグ窓の連続は、採光方法として、「ヴァンス礼拝堂」に類似している。室内に芸術家の壁画を多用するなどその影響は明らかである。谷口は、このマチス展に陳列されている「ヴァンス礼拝堂」の模型を眺めている時に、フィレンツェ市の「サン・ロレンツォ教会」（図Ⅲ-16A・B・C）のその奥にある「メディチ家の廟」（1534年）（図Ⅲ-17A・B・C）を思い出したのであった。そのミケランジェロの設計した小さい「新聖具室」には、多くの「彫刻」が並べられている。それは「彫刻」と「建築」とが結びついた「融和体」で、その「造形美はこの上なく貴い」と、谷口はフィレンツェ市に滞在している時に、よくこの教会を訪ねていた。

図Ⅲ-16 サン・ロレンツォ聖室
A. 内部写真

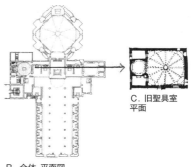

C. 旧聖具室
平面

B. 全体 平面図

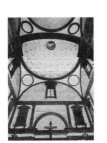

図Ⅲ-17A. メディチ家
の廟（フィレンツェ）

B. 礼拝堂・新聖具室
断面図

C. 礼拝堂・新聖具室の彫刻
写真

　そして、サン・ピエトロの丸屋根の大円盤（**図Ⅲ-17D**）を作者は「永遠そのもの」と評している。谷口の関心も同じくそこにあった。

　またマチス展での「ヴァンス礼拝堂」は同じく、「白」い壁と「黒」い線画の空間を「ミケランジェロの設計した＜メディチ家の廟＞の室内のような造形美の極致」として最も「幽玄な空間が探求されている」としているが、最後に谷口の注目すべき記述として、

　　マチスは「線」と「色彩」によって、絵画の歴史の上に「近代」を樹立しようとした。その一生の努力が、この礼拝堂の室内に、美しく結晶しようとしている。このような「絵画」と「建築」の純粋な融和に、私の心は、いたく感動を受けた。

　谷口は建築に日本の直線的な「線」によって「近代」を造ろうとした。そしてさらに、壁画として多くの芸術作品として建築に「絵画」を取り入れて、その「融和」を現実的な建築作品化した建築家であった。

　谷口の「ヴァンス礼拝堂の模型」（『アトリエ臨時増刊』1951年）には、この礼拝堂の室内は、「白」と「黒」で、それは「絵画と建築の融和体」であると、（傍線筆者）

図Ⅲ-17D. サン・ピエトロ寺院のクーポラ（大円盤）

　ほかに装飾は一つもなく壁に描かれたマチスの壁画は黒一色である。「聖母子像」、「十字架への道行き」、「聖ドミニックス」の下図を、展覧会で見て、私は全く心をうたれた。その黒一色の壁画が、白いタイルに焼き付けられて、礼拝堂の壁に貼り付けられるのである。床も白い大理石であって僅かに黒い模様が刻みつけられるに過ぎない。

　実際には、そこに「多色」のマチスのデザインによるステンドグラス窓が付加されて完成するのである。そして、この室内をフィレンツェのブルネレスコが設計した「サン・ロレンツオ教会」の奥のミケランジェロの設計した「メディチ家の廟」と比較して、それは「<u>彫刻と建築の融和体</u>」であると、そこには光太郎の「つゆの夜ふけ」（1934年）の詩のようなミケランジェロの「ロレンツオの像」、「ユリアノの像」、そして「昼」と「夜」の像、「朝」と「夕」の彫像が並べられていて、この室内も「白」と「黒」だけで色彩はない。（傍線筆者）

　壁は白い壁の上に、黒い石でアーチと柱型が区切られているだけで、大理石の彫刻も、白い石の肌だけであった。

　谷口は「ヴァンス礼拝堂」の模型を眺めながら、かつて訪れた「メディチ家の廟」の感動を思い出している。実際には黒ではなくて、フィレンツェ郊外の石切場で採取される青みが入った青灰色の砂岩の、「ピエトロ・セレナ」であった。谷口には黒く見えたのである。その青色の石材で、構造フレームの柱と梁でアーチを造りその隙間を白い漆喰でプレーンな壁とした。
　隈研吾は『点・線・面』（岩波書店、2020年）でこの礼拝堂を、「線」の可能性の建築として同種の感動の体験を書いている。このように谷口には「白」と「黒」の建築に注目している記述が多くある。「東宮御所」（1968年）の、「設計覚え書」*T-5-13に、「表門」は、

　形式は簡素なもので、門柱がなく、両袖にただ石の塀があるだけである。その石は稲田ミカゲで、表面は白く、笠石だけが黒ミカゲ。したがって、門の意匠は、白と黒の簡明な構成である。

同じく庭の池には白と黒の花崗岩が「簡素」で「簡明」に配色されて置かれていた。猪熊弦一郎との対談「日本の色、アメリカの色」（1966年）*D-11でも、谷口は、

　　　「黒板塀とか黒壁とか、お城にも黒いのと白いのとありますね、烏城と鷺城です。黒というのは洗練された美ですし、黒があるから、ほかのものが美しくみえる。婦人の着物の黒襟、それから髪の黒いことと合わせて非常にきれいですね。こういうのは日本の庶民が考えだした色彩美でしょうね」

　谷口は「庶民の色彩美」を黒色だとした。「室生犀星文学碑」（1964年）には、碑の後ろに白い塀を立て、それを背景に黒い御影石の角柱が、「その白と黒によって構成された空間に、春には桜の花が美しく咲く」と、それは「追憶」であると書いている。しかし、「北原白秋歌碑」（1976年）には、

　　　碑の姿は簡潔。色は赤・白・黒の構成。石の加工は入念。そんな意匠によって、私は白秋の詩精神と美意識に答えたいと考えた。

　「形」は「簡潔」だが、この赤を加えた三色の組み合わせは、白秋の詩集『思ひ出』（明治44年）の装丁に準じたものであった。「赤」は「南蛮」色として加えたのだろうか。
　この配色の方法は「肩身替わり」と言って、和服の右と左の半分を別々の布地や模様とすることにも通じる。それは陶器の半分ずつ異なる色の釉薬をかけたものにも使われている手法でもある。谷口がベルリンで見た新古典主義の建築や日本大使館の外壁はやはり大理石と言われる灰色の石灰石で、その色のみであった。
　谷口は「壁画と建築」（1950年）*MV-1を書くほど、「近代の絵は額縁の中に納まり、展覧会に陳列される絵」として、「会場芸術」であったのを「綜合芸術」として建築の中に新しい「融和」として、慶應義塾大学の「学生ホール」の学生食堂に猪熊弦一郎の壁画「デモクラシー」（図Ⅲ-18A）を中2階の高い室全体から見える位置に掲げた。清家はそれを画にしている（図Ⅲ-18B）。谷口は、

　　　「あの時代は材木も配給の時代、しかも絵の具がないときに猪熊さんといっしょに壁画を描こうという努力、そして戦後の学生ホールにそれを描こうという意志、それが出発点でした。そのとき学生は、いろんなものに飢えているときです。それこそ特攻隊に続いていた学生ですからね。そういう生き残った人たちのひからびた学生ホールの中に猪熊さんはいろいろな楽しい明るいものを描いてくださった。少年が笛を吹いていたり、馬が寝そべったり、娘たちが腕を組み合せて歌ったり、孤独な青年がいたり……」

（川添 登【対談】「谷口吉郎氏にきく」『新建築』1965年8月）

図Ⅲ-18A. 慶應義塾大学·
学生ホールの学生食堂
猪熊弦一郎の壁画
「デモクラシー」

図Ⅲ-18B. 清家清の画
（同前）

図Ⅲ-19　谷口吉郎、イサム・ノグチ、
猪熊弦一郎の３人

　それは谷口がミケランジェロのヴァチカン宮殿内の「システィーナ礼拝堂」の天井画の「最後の審判」に偉大さを感じていて、「建築は造形的に＜ワキ役＞であるべきものだと、私は信ずる」とまで言い切っていることと関係がある。谷口は猪熊弦一郎とは慶應義塾大学の設計で知り合い、イサム・ノグチとともに以後３人は親交する（**図Ⅲ-19**）。私たちもよく目にする上野駅中央コンコースの改札上の壁画「自由」は、1951年の猪熊の作品である。

　猪熊はマチスの信奉者で「マチス先生」と呼んで、多くの著作がある。1936年にはパリに２年間留学し、ニースのマチスの家を訪れて作品を見てもらい指導を受け、「その後の私がマチスのとりこになってしまい、どう描いてもマチス風になってしまう。そしていつの間にか＜猪熊はマチスだ＞という評言に苦しむことになる」（『私の履歴書』猪熊弦一郎、日本経済新聞社、1979年）。後に丹下健三もマチスをたずねると、「ヴァンス礼拝堂」を「私はサンチマン（感情）とこの手で表現したものです。建築家たちが頭脳を機械で作るところを、私は、サンチマンと手で作ったのです。コンビュジエも見にきてそれを非常に羨ましがっていました」と話していたことを丹下は記録している。谷口は「ヴァンス礼拝堂」の実物をいつ見たのだろうか。

　谷口と猪熊は1966年に対談し（「ふたりで話そう」『週刊朝日』71巻13号）で、「日本の町には色が足りない」とのテーマの話になっている。猪熊は「色のない色彩」と言い、それについて谷口は、「日本の建築の色は建築材料の材質」の色であると、さらに「黒と白」が日本の庶民が考え出した色彩美であるとしている。谷口吉郎没後、谷口吉生により「丸亀市猪熊弦一郎現代美術館」（**図Ⅲ-20**）が設計され、1991年に開館している。

　谷口と猪熊の建築壁画の制作を整理すると、

・**1949年－慶應義塾大学学生ホールの壁画「デモクラシー」**　谷口は、「美術史に特筆される多くの立派な壁画は、いずれも＜宗教＞のために、或いは＜権威＞のために描かれたものである。それに対して、ここの慶應では、私はそれを＜学生の生活＞に結びつけたかった。そんな意図のもとに学生ホールの室内には青春の心

173

図Ⅲ-20　丸亀市猪熊弦一郎現代美術館
（谷口吉生）

図Ⅲ-21　「高原の長屋」
A. 集団週末住居　広縁

B. 集団週末住居　居間

に響く壁画が、描かれることを私は望んだ」と、書いている。「デモクラシー」
と「生活」には谷口の思想が感じられる。清家はこの壁画を描いたスケッチを残
している。　　　　　　　　　　　　　　　　　　（前掲、図Ⅲ-18A・B参照）

・1955年－軽井沢に集団週末住居を「高原の長屋」と称し、「画架の森」として猪熊を囲ん
　で絵を習う家族同様の芸術家村の集団生活をイメージした。　　　（図Ⅲ-21A・B）
・1966年－帝国劇場ロビーのステンドグラス「律動」と、彫刻的オブジェと金色のシャン
　デリア「熨斗」
の
し
　　　　　　　　　　　　　　　　　　　　　　　　　　　　　　（図Ⅲ-22）
・1967年－名鉄バスターミナルビルのエントランスレリーフ
・1971年－東京會舘　本館ロビーのモザイク壁画照明装飾「金環」（A）と「都市・窓」（B）
　　　　　　　　　　　　　　　　　　　　　　　　　　　　　（図Ⅲ-23A・B）

　谷口の「エール大学の一日」（1968年）*E-77には、ニューヨーク滞在中に猪熊弦一郎に案内
されてニューヘブンのエール大学に行き、新築されたルイス・カーン設計の「イエール大学美
術館」（1953年）を訪れている。「マネ、ゴッホ、ピカソ、ブラック、ブランクーシ、ムーアの
名品がずらりと並んでいるので目を見はった。……私（註：谷口）はエール大学の新しい建築
の一つひとつを眺めながら、関心と回想を深めていたが、やがて夕方が近づいたので、猪熊氏
夫妻とともに、その町をあとにした」（5月26日）。筆者もこのエール大学を訪れたことがあり、
カーンの「アートギャラリー」などを見た青春の日々を思い出していた。

11.「花の書の会」と木下杢太郎とゲーテ

　『記念碑散歩』の「2・木下杢太郎詩碑」*T-1-3-5-②（図Ⅲ-24A・B）に谷口は、

　　終戦の昭和二十年八月十五日から二か月たった十月十五日夜、自宅へ電話がかかり、「太
　田先生が亡くなられた」という報せに驚く。
　　太田正雄先生は東京帝国大学医学部教授、医学博士で、専門は皮膚科。大学の研究室で癩

図Ⅲ-22　帝国劇場
ロビーの「熨斗」と「律動」

図Ⅲ-23　東京會舘
A．1階・「金環」

B．「都市・窓」

図Ⅲ-24　木下杢太郎詩碑
A．写真

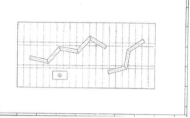
B．平面図

病や梅毒の研究に専念されていて、糸状菌などの分離法によって病理学の権威として広く学会にその名が知られている。その太田教授を私たちは「杢太郎さん」と親しく呼んでいた。ペンネームの「木下杢太郎」によって文壇に活躍され、詩、劇作、小説、評論、翻訳などに文筆を振るわれるほか、キリシタン研究、中国美術、近代絵画にも造詣が深く、その多方面の才能と学識に多くの人々が驚嘆するほどであった。その太田先生が遂に亡くなられたのである。

　谷口は、野田宇太郎から「すぐ本郷のお宅に来てほしい」との木下杢太郎の訃報の連絡で、本郷西片町の太田家に着くと、「親しい友の太田千鶴夫氏、野田宇太郎氏、川田茂一氏の3人がもう到着されている。しかし遺体に掛けた白い布の上には一振りの短刀がのせてあるが、見まわすと花がない。霊前にお供えする花もない。通夜の夜が淋しくふけていく、そして葬儀の御霊前に供える花を注文しに、花屋を探しに川田茂一と本郷3丁目まで行くと、花屋がポツンと残っていて、その店先の菊の花を盛り花にしてもらうことを注文して、それを私らの〈花の書の会〉からの先生の御霊前に捧げる花とした」と、谷口は「それが先生のおそば近くで匂っていることを思うと、私の重い心も、その花によって慰められるのを感じる」。谷口は墓碑や詩碑をよく設計したが「花一輪」をいつも供えている。木下杢太郎の死を阿部次郎は、「菊匂へ杢太郎茶毘の丘」（『文藝』1945年12月）と痛惜に詠んだ。それは谷口が供えた花であった。

　そして通夜の夜に集った3人に谷口を加えた4人は、谷口がドイツから帰国して翌年に開

図Ⅲ-24C.『百花譜』
葉鶏頭

かれた「花の書の会」と称する会の世話人で、谷口は、

> その会は太田先生（註：木下杢太郎）を中心として、文芸や美術のことを親しく語り合う
> 同好会であって、毎月1回、会合が催される。同名の同人誌も発行していた。メンバーは前
> 記の太田千鶴夫、野田宇太郎、川田茂一の各氏のほか、阪本越郎、長谷川千秋、緒方富雄、
> 村田 潔、石中象治氏等の文学、医学、美術史関係の人々に、画家の海老原喜之助、彫刻家の
> 木村章平氏等と私が加わり、太田先生と親しかった中野重治氏もよく会合に参加された。

その他に杢太郎の親友の和辻哲郎や児島喜久雄も加わることがあった。会の名称「花の書の
会」は谷口が考えたもので、「時勢が暗い方向へ押し流されて行く時、花の美しさ、いとおし
さに心をひかれ、書物を書いたり、美術や学術を話し合う会」という意味であった。
　通夜の会は、夜がふけると太田夫人により古い手箱の中からスケッチ帳や隅田川や東京の
下町の風景の写真や、北原白秋や吉井 勇たちと「パンの會」を結成した頃の自画像もあった
（前掲、図Ⅲ-3A参照）。そして「雑草のスケッチ」の枚数の多いのに特に驚いている。

> 昭和18年3月の日付から病院に入られるまでの期間、日課のように丹念にそれを描いて
> おられたのである。西洋紙の罫線にペンで描き、中には絵具で美しく彩色されたものも多
> い。大変な枚数で、おそらく千枚に近いかもしれない。紙の片すみには日記風のメモが書き
> こまれていて、その内容も興味深い。一枚一枚めくっていく私たちの目は、あまりの見事さ
> に惹きつけられてしまった。

それは当初の「花の書の会」では「百草図譜」と呼ばれていたが、三十数年後に『百花譜』上下
（岩波書店、1977年10月）（図Ⅲ-24C）として出版されている。昭和18年3月10日から病院に入
る昭和20年7月10日まで毎日のように描かれた。872点の植物写生図で、689種の植物である。
　そして戦争がきびしくなると、尊敬していた森 鷗外の旧邸である観潮楼も焼け、杢太郎も
胃癌に侵され、大学病院に入院し、スケッチも中断されたまま、描き続けられずに終った。

谷口は杢太郎の死後、「花のスケッチ」を手に取り、「ことに私たち＜花の書の会＞のものにとっては、これこそほんとうに、文字通りの美しい花の書」で、「美しい贈物」と書いている。

野田宇太郎は、1940年の秋、帝国ホテルのロビーで谷口吉郎とはじめて出会った。野田は「＜花の書の会＞のころ―谷口さんの思い出―」（『建築雑誌』1979年4月）に、

> 昭和15年頃から、谷口さんと作家で医者、森 鷗外の研究者だった太田千鶴夫さんとが中心になって『花の書』という不定期刊行の小冊だが、かなり凝った芸術文学の総合雑誌が刊行されていた。「花の書」は世阿弥の言葉をとった谷口さんの命名で、その雑誌の執筆者の集まりを「花の書の会」と言った。……「花の書の会」に始って私は谷口さんの建築以外の仕事では明治村の創立に至るまで常に一緒で、今年はもう39年になる。その矢先谷口さんは忽然として逝かれた。「花の書の会」の情熱と思い出だけを残したまま。

谷口吉郎の思想と建築を考える際に、この「花の書の会」の人たちとの交遊は重要である。川添 登との対談「谷口吉郎氏に聞く」（『建築』1965年8月）に、文学者との付き合いについて、

> 「杢太郎さんなどと、そのころ、＜花の書の会＞という名前を付けておりまして、詩人や画家、ドイツ文学の人などが杢太郎さんと集まって、リルケや鷗外なんか読み、戦争で食べ物がないからゲーテの詩なんか読んだりしてね。……私の場合、非常に自分が幸せだったと思っているのは、たとえば杢太郎はいよいよ医者から文学へいって、小説『ウィルヘルム・マイスター』のようなものを書きたいというときに、自分の研究した癌で死んでしまった。そういうことをみますと自分は、非常にありがたいと思っているんです。嫌いなことといっては悪いかも知れないけれど、それがみんなの建築の道に通じているということですね」

谷口が聞いていた杢太郎の瀕死の病床でのこの言葉を、直接面会して聞いた人は野田宇太郎で、『日本耽美派文学の誕生』（河出書房新社、1975年）に、それは、死の2週間ほど前に、

> 太田は、「僕は『木下杢太郎』という題の長篇小説が書いてみたい。―それは北原白秋や吉井 勇とは全く違った環境から文学を考えた自分としては、『ウィルヘルム・マイスター』のような小説を書きたい」と、いうのであった。自我建設的自伝小説を書くつもりであったらしいが、大体ここ（病院）でその構想は出来ていたらしいが、それは長逝に依って永遠に未完となってしまった。しかし、私には最後の時に於て、ゲーテの生涯が彼の脳裡に浮んでいた事実を、そして白秋や勇を語った事実を忘れることは出来ない。

この杢太郎、北原白秋、吉井 勇はいずれも「パンの會」の面々で、後に谷口の文学・美術的な人脈となった人もいた。ゲーテの『ウィルヘルム・マイスター』は長編のドイツ教養小説の

図Ⅲ-24D. 北原白秋の紫烟草舎

古典で、主人公は演劇人から社会人への成長を描いた「修業時代」（1796年）と社会人としての活動と自己形成を描いた「遍歴時代」（1829年）から構成されている。これに準じて杢太郎が「自我建設的自伝小説」を書きたいとの願望は、まさしく「ユマニスト」の人として、それを終生求めたことを如実に物語っている。

　この自叙伝の『木下杢太郎』は、1945年10月15日の杢太郎の長逝により、永遠に書かれずに終ったが、杉山二郎は『木下杢太郎 ―ユマニテの系譜』*K-19 の中で、「和辻・児島・長田、さらに鷗外、漱石、與謝野夫妻らが、同じ役割りで登場したかもしれない」と書いているが、谷口も登場人物の1人だったかもしれない。その1人の杢太郎の親友の北原白秋が江口章子と同棲していた江戸川畔の市川の真間の亀井院のある国府台や、その後に移り住んだ江戸川対岸の葛飾区北小岩8丁目の八幡神社の柴烟草舎（図Ⅲ-24D）のあったところをよく私は逍遥するが、杢太郎もこの家に来たことがあるだろうか。吉井 勇は谷崎潤一郎と2人で訪れていた。

12.「思い出は過去からの贈物」（リルケ）
――「消えさることは、美しくよみがえること」

　谷口の『記念碑十話』（1963年）*T-5-11 の「追憶」には、郷里の金沢での幼い日の「思い出」は、犀川べりの「雪あかり」の紫がかった暮色は童話のように美しかったと、

　　「思い出は過去からの贈物だ」と、リルケがいった。大詩人の名を一工人の私が持ち出して恐縮だが、この詩人は追憶を美しくうたっている。

　戦争中の「花の書の会」では、「太田正雄教授を中心として、詩人・文人・美術家が時々集まって、よくリルケが話題となり、空襲警報を聞きながら語りあう時に、私たちは心に響くものを感じた」と、谷口は、

　　第1次大戦の折、ドイツの若い兵士たちはリルケの詩集を背嚢に入れ、戦線に向った由で

あるが、生死の境をさまよいながら、砲煙のただ中にその詩が読まれたのであろう。リルケの詩は私には難解であるが、「孤独」、「祈り」、「死」から詩情がわき出ている。それが、「物」、「形象」、「質感」と結びつき、「労作」することをもって「霊感」とする詩術に、私は造形的な共感をおぼえる。この詩人はそんな造形的な目と心によって、時とともに移ろい、消えさっていく物の姿を、この詩人は愛惜し、追慕している。……詩人はいった。「消えさることは、美しくよみがえることであると」

（1963年4月15日）

「花の書の会」の愛読書はリルケとゲーテであった。座談会「人間・歴史・風土」―新しき共同体のために―（伊藤信吉、谷口吉郎、司会 栗田 勇）[*T-4-4]で、谷口は、

　　「時の移ろいに、美しさを増していく『物』なんです。リルケなんか、物ということを非常にいっていますが、リルケの物は、詩心を通した物だということでしょう。……私はわかりませんが、触媒というものがある。物質の触媒がいう化学作用をやるように、それが精神的触媒になる」

「物」を見ながら、精神的な「詩の心」を感じているが、化学用語の「触媒」という概念を応用して、リルケの「物」を説明している。その「触媒」作用は谷口の墓碑や詩碑に強い影響を与えた。

13. 谷口と杢太郎、鴎外とゲーテ
──「実学」（医学）と「虚学」（文学）の「相克」・科学する詩心

　谷口は「実学と虚学」（1976年）[*E-102]にも、「人間が成熟するためには、何が必要条件か吟味したい」と、杢太郎の死について、「相克」という言葉を用いて、

　　故人は「東大教授を定年で退職したらゲーテの『ウィルヘルム・マイスター』のようなものを書きたい」と申されていたから、「医」と「文」は一つの頭脳の中に互いに相克していたのかも知れぬ。しかし、二つの領域にすぐれた業績が成熟したのは、その相克が有意義な条件となっていたのではなかろうか。そのように互いに反目していた「実学」と「虚学」が苦節を乗り越えることによって、この人の学問と詩が錬磨されたのであろう。……そんなことを考え、詩人の郷里、伊豆の伊東に詩碑を設計した時、私は碑の地下に遺品の聴診器と万年筆の二つを埋めた（前掲、図Ⅲ-24A・B参照）。その木下杢太郎の敬慕していた森 鴎外も医者であり文人であった。そのうえ軍人であった。この鴎外のために私は詩碑、記念図書館、文学碑を設計しているので、その多方面の輝かしい業績に深い感銘を受けている。近代日本の医学界、文壇、詩壇、美術界に新しい道を切り開いた開拓者の広い学識には「実学」と「虚

179

学」の境界や分類は無意義であったろう。その鷗外はゲーテを敬慕していた。このドイツの大詩人は小説家、劇作家であることはもとより、ワイマール公国の宰相として産業、土木、財政、軍事、にも才腕を振った。自然科学の研究には有名な「植物変態論」（註：ウルプラント）や「色彩論」を発表している。その広い学識と鋭い洞察力は宇宙的と言われていた。

　私はフランクフルト・アム・マインの生家を訪ね、ゲーテが幼少のころに作った舞台装置の模型を見、ワイマールの「ゲーテ・ハウス」に保存されている鉱物や岩石の豊富な標本を見て、その多彩な才能に目をみはった。

　谷口はドイツの「日本国大使館」建設の監修のために在独中の1939年8月1日にゲーテの生家を訪ねていた。そしてゲーテの『伊太利亜紀行』を追体験するためにイタリアを旅している。谷口は、「数種の学問が一人の頭脳の中に、美しく開花し、みごとに結実するには、＜詩＞と＜美＞の触媒作用が必要条件であることを、私に教える」と、結んでいる。谷口は杢太郎の「医」（実学）と「文」（虚学）の「相克」という言葉をこのように使っていたのである。それも「相対」ではないのである。「ゲーテ・ハウス」の帰りに「シラー・ハウス」にも寄っている

　『森 鷗外』全集第7巻の月報の「餘論」（1972年）に、杢太郎は自分の好む芸術の道に進むのが純粋な生き方で、実利的な動機で職業を選ぶことは自分を偽ることと、それを最も尊敬する鷗外が2つ以上の生き方をしていることの謎について、

　余壯にして疑う所あり。一事を鷗外に問うた。答えて曰く。蛇は時々皮を脱ぐ、人間もsich häuten（脱皮）する要が有る。余、又問うて曰く。蛇両頭ならば如何。鷗外笑って答へず、余は鷗外を困らしたと考えた。今にして思へば鷗外自身は決して両頭の蛇ではなかったのである。

　杢太郎は「医学」から脱皮して「文学」に進むべく意向を鷗外に問うと、蛇は脱皮する必要があるが、両頭つまり双頭であれば、その必要はない。矛盾する二つの要素を一つの身体に備えていれば、その両方を満足できる。杢太郎が文学と医学を両立することを谷口は「相克」と言っているが、この言葉の使い方に注目したい。それはル・コルビュジエの「アポロ」と「ディオニュソス」の像のようである。

　川添登は『建築家・人と作品（上）』（1970年）*J-8で、谷口を、「詩をつくる建築家」、つまり「造形詩人」としてそれを建築家の宿命としながらも、対談者の谷口は、

　「文章を書くことは私にとって非常に苦痛です。だけど文章を書くと、設計をしたいという気持ちが強くなってくる。私は、建築家が誰も手をつけないものだけをやりました。人のやってないものに、それを発展させていくということをやります。……だから悪いというと個人主義なのです。苦痛だといってもそれをくぐり抜けたいというその頃は気持だった。それ

は杢太郎だの鷗外がいた頃のあれでしょう。日本人としてそういう偉大な人がいた。とくに杢太郎は、それを告白してまでやっているということが深く影響してますね」

そして「嫌いなことをやるのも大切なことだ」と杢太郎が言ったことをよく口に出しつつ実践を谷口は行っていた。しかし『木下杢太郎全集』第7巻の「鷗外文献」に杢太郎は、

> 鷗外博士は両頭の蛇では無かった。また世間の謂うようにディレッタントでも無かった。その青年時代に於て或は互に相せめいだかもしれぬ心中の諸像は、その齢のやうやく更けると共に渾然たる一体となった。其医務局に於けると文壇に於けると、決して別の世界に住むのではなかった。

杢太郎にとって鷗外は「両頭の蛇」でもなく、また「ディレッタント」（註：学問・芸術などを趣味的にする人・趣味人）でもなかった。しかし、この「渾然たる一体」は谷口にも共通する形容で自身のことも言っているのである。それは「相克」からの「合一」のことか。

14. リルケの詩 ──建築を庇護する大きな「神の手」、「神の口」

杢太郎の息子で、祖父の河合浩蔵の二代目の建築家となった河合正一は、「父と息子」（『文藝』11号、1945年12月）に、杢太郎の詩的気質はカロッサ、リルケ、ヘッセといった詩人たちを愛好したが、

> 或る時、私は父にカロッサとリルケのことを尋ねた。父は両方とも面白いと云った。だがリルケの方はずっと面白いな、彼はコスモポリットだからなと云って室の隅の方を見つめた。私はその時父の顔にコスモポリタンの影が通るのを見た。小学生の頃には綺麗な本だと思っていたものがリルケ全集だとは知らなかった。

杢太郎はゲーテの他に「コスモポリタン」（世界主義者・国際人）とされたリルケを愛読していた。リルケ（1875-1926年）はオーストリアの詩人で、繊細な抒情詩や哲学的境地を示す詩を書いた。小説に『マルテの手記』（1910年）がある。パリで生活する青年の不安と孤独を浮き彫りにした小説である。
谷口のリルケの詩の具体的な影響は、この「花の書の会」の内容から推量することは難しい。『雪あかり日記』の「雪あかりの日」には、「無名戦士の廟」に「瞑目しながら、日本の建築家である私の心に、建築を庇護する大きな＜手＞のあることが感じられた」と書いている。谷口はまさしく詩人建築家の面目躍如である。

詩人リルケは、秋の日に、ひらひらと木の葉が散るのを眺めながらこの地球を支えている「手」のあることを歌った。そのリルケの詩のように、やさしい神の手が、この「無名戦士の廟」を抱きかかえているように、私に思われた。この廟の中に、霏々と美しい雪片をふらしているのは、そんな「手」の美しい演出力であろう。

　深い淵の底のように暗くなってきた廟の中には、燭台に二つの火が燃え、それが大きなやさしい「手」に捧げられた燈明のように厳粛な光を静に放っていた。

　この「霏々として降る美しい雪片」から、それを本論の副題とした。谷口が引用した詩は『リルケ詩抄』（茅野蕭々訳、岩波文庫、2008年）の形象篇の第1巻の「秋」で、

　葉が落ちる。遠くからのやうに落ちる。大空の遠い園が枯れるやうに、物を否定する身振で落ちる。……我々はすべて落ちる。この手も落ちる。他を御覧。総べてに落下がある。しかし一人いる、この落下を限なくやさしく両手で支える者が。

　この茅野蕭々も「パンの會」に参加した詩人・小説家である。「落下」は（死）であり、「支える者」は＜神＞である。茅野は、リルケにとって、生に力を与えるのが「総べての物に神を見出す」ことであろうと、「汎神的」であり、「物即ち自然の本質」であるという。谷口が「無名戦士の廟」の内部で見た「霏々として降る美しい雪片」は、自己と万物が漸次親和し融合する景物であるから「神の手」になり得たのである。リルケは或る詩で「我々は神の口だ」とも言っている。その比喩的な形象は神秘化された肉感からである。リルケにとって、詩人は歌神と人間との仲介者、一種の呪術的な祭司で、「神の口」として機能する。しかし、谷口は「建築は口ではない」（『建築思潮』1929年）に、

　建築は口じゃないのです。文句を幾ら並べたって、建築は決して築き上がりません。……建築が厳とした実体だからです。建築は石のように無言です。それなのに建築に対して芝居的な誇張やまた口角泡を飛ばすのを聞くことが出来、また画することによって建築が存立し得ると考えるのは気狂い染みた建築の狂信者であります。……建築は口でもって築き上がると考える建築家が決して少なくないのです。建築は理窟ではなく実行です。

　この難解かつ長文は、谷口は初期にはこのような文章を書いていた。その大意は、建築は観念的なものではなく有用性からくる唯物論的な実体物であるから、合目的性に連動する「使用価値」のある理論的結果である。しかし「建築は口ではないという問題から、建築は手でなければならないという問題に這入ってくるのであります」と、やはりル・コルビュジエの建築家としての実践的な努力を評価している。

　谷口は、「建築は口ではないのです。建築は決して理論で終わってなりません。それは実践

まで進まなくちゃならないのです」。そして、「ル・コルビュジエの建築理論には未だ確乎たらざる不完全さを発見するのですが、彼の建築家としての実践を見る時、其の実践努力は我々を捩じ伏せる迄に引き掴んで離しません」と、「実践力」を評価し、まさしく「建築は口ではない」のであった。谷口の「分離派批判」（『建築思潮』1929年）には、「建築は理論で終ってはなりません。それは実践まで進まなくてはならないのです。<u>科学的正当さに立脚した＜科学的良心＞に摑まれた世界観を抱いていねばならないのです</u>」と言及した。この「科学的良心」も谷口がよく使う言葉である。「良心」とは「真実」であったのである。（傍線筆者）

そして谷口は自分自身については、座談会「人間・歴史・風土―新しき共同体のために―」（伊藤信吉、谷口吉郎、司会 栗田 勇）で設計、形のイメージについて聞かれると、谷口は、

> **「自分のことは、なかなか言いにくいです。言葉で言いあらわすことは、どうも、自分の気持ちを、よく伝えてくれない。だから、わたしは、自分の建築を言葉に表しますと、どうも、よそよそしい。自己弁護をいっているような気持なんです」**

それが「建築は口ではない」という主たる理由である。清家 清の『オーラル・ヒストリー』（C.O.E. オーラル政策研究プロジェクト）の「あとがき」に、長男の清家 篤は、尾高煌之助らに対する私信の中で、「清家先生はご自分の仕事の内容は口で表現できるものをはるかに超えている」ことに対して清家は、「そういうことは、言葉が説明できないから作品にしているのだ！ 私の考えは全て作品に出ているので、そこに聞いてくれ！」と言っている、つまり「自分は口舌の徒ではなく、造形作家なのだ。口で説明などできるか」というわけであると清家篤は結んでいる。

清家は師の谷口の「建築は口ではない」という言説を当然知ったうえでの発言である。

この「建築は口ではない」（『建築思潮』1929年）は谷口が東大を卒業した翌年、東工大の講師となった年、25歳の時に書かれているが、「建築の合理性、有用性つまり使用価値」について詳説されていて、若い時の建築思想が書かれている。藤岡通夫も「哲学する建築」で、谷口は学生に向かっても「建築は口ではないから、私のことは作品を通して見てくれ」とよく言われたと書いている。清家はこの谷口の言葉を使ったのである。

その建築の「使用価値」とは「人間の社会生活と不可分離的関係に立つもので、すなわち人間生活の発展を究明することで使用価値の発展の鍵を得る」。つまり「経済」が関係するから、

> **建築家の世界観というものは、最も健康な人間の生活と緊迫した関係を持った科学的正当さに立脚した科学的良心に掴まれた世界観を抱いていなければならないのです。しかもその世界観は建築を通して合理的実践にまでとどくものでなくちゃいけません。ここにおいて建築は口でないという問題から、建築は手でなければならないという問題に這ってくるのであります。……建築の理論と実践との交渉というものは、建築家の根本的な問題です。**

そこに建築家としての現実的な人間が現れるのです。　　　　　　　（傍点筆者）

　この理論の「口」から実践の「手」へとその「合理的実践」としての谷口の重要な「建築の世界観」についての概念である「科学的良心」からの「理論」と「実践」であるとの結論から、1年間の自己との「理論闘争」の後に、翌年に「手を」（1930年）*E-7 が書かれている。

　　ここ一年の間に、建築に対して語られた理論は実に多かった。……いろんなことが言い合わされた。だがそこに一体何が残されたろうか。……眼を見張るがいい。我々は現実にどんな建築物をもっているか。考えてみるがいい。どんな建築技術を自分達はもっているか。聴いてみろ、どんな建築学を一体我々は提示し得るか。技術家としての我々に立とう。政論的口吻よりも、論筆家的触手よりも、技術学的手だ。それこそ建築家の手でなくて何だろう。皆！　この手で互いに握り合おう。　　　　　　　　　　　　　（傍点谷口）

　「建築物」、「建築技術」、「建築学」に谷口は自ら傍点を付けてその「手で」、建築を「物」として建設することを提示し、宣言している。それを谷口は、「もっと建築の実質的検討、考究、研究に立ち入るべき〈転向〉が意識されねばならない」と、それを「口」から「手」へと「転向」と言っているのである。谷口自身の「転向」はこのように使われている。
　この年（1930年）に、谷口は「サイロ内に於ける粉状物質の流動」という学術論文をまとめ、1932年には「東工大水力実験室」を設計している。その時は既に、1928年に「分離派批判」を書いていて、それは「哲学的唯物論の病的な幻想、遁辞であることよ」と、批判して、実学への、自称思想的な「転向」であった。後にドイツから帰国後のモダニズム建築から「日本らしさ」への「転向」とされるが、それは谷口自身の言葉での「転向」ではなかった。（傍線筆者）
　後に戦後の『清らかな意匠』（1948年）*T-5-4 でも、その「あとがき」に、

　　建築は口を持たない。沈黙である。……しかし、建築は沈黙にもかかわらず、その「形」は表情を持ち、作者の心を伝える。小さい家であろうが、工場であろうが、或いは一個の墓標にしても、すべての「形ある物」は、それを築いたものの意匠心を示す。だから、建築の造形は、人間のこの世における「願い」や、「祈り」の表現でもある。

　この戦後の谷口の「建築は口をもたない」との「意匠心」は、「詩情」（ポエジー）の導入であった。篠原一男が、谷口建築は「合理主義精神を縦糸に、詩的感性を横糸に」構成されていると指摘しているが、戦後は「口」を閉じて、「横糸としての詩情」が加わって混合し、それが混然体となって自称「合一」されたのである。
　清家はそれを「**科学する詩心**」（「風土と建築」）*T-1-4-1 と称し、「詩情」（ポエジー）であるとしたが、この言葉は良い表現で、まさしく二元性の「合一」である。（傍線筆者）

その結果としての谷口建築全体について篠原一男は、「谷口先生の建築論はご自分の中に閉じてしまっているように見えた」とか、再度「谷口先生の空間についての情感は日本的な芸術システムで閉じられていた」と、そして「私たちは谷口先生とお話ししたことがない」と、篠原ですら清家研究室の助手時代と助教授時代を通して、それこそ谷口を「閉じられた」手のとどかぬ人であったと語っている。というより、谷口は外界の建築思潮より自己の二元性の「合一」のために「口を」、「閉じた」のであったと考えられる。

15. レオナルド・ダ・ヴィンチの「科学と芸術」の博覧会 ——イタリア・ミラノ

谷口は、『せせらぎ日記』の「ファシスト・イタリア」には、在ドイツ中に「こんどのイタリア旅行も、その博覧会の会期中に合わせたのであった」と、その博覧会はミラノ市で開かれていた「レオナルド・ダ・ヴィンチ博覧会」（1939年）であった。

これは画家レオナルド・ダ・ヴィンチの絵画だけでなく、科学者レオナルドの多方面な業績を総合的に集めたもので、私はこの博覧会の予告ポスターがベルリン市の冬季に、街角や美術館の掲示板に張り出された時、そのポスターを眺め、是非それを見たいと考えた。

やはり「科学と芸術」に谷口の関心はあった。その会場の絵画の部では、「受胎告知」、「三王の礼拝図」、「キリストの洗礼」、「レダ」などの大作と、「自画像」や、多くのスケッチである。そして重要なのは科学部門で、自然科学から土木、建築、機械、紡績、兵器、飛行機、などの工学技術の分野に及ぶ広範囲な研究や発明の業績が、豊富な資料によって展示されている。谷口はこの博覧会は、イタリア・ファシスト党の「国策的な一大デモストレーション」であったと書いている。

「この大天才のたくましい独創力と飽くことのない学究心に、私は全く圧倒された。それこそ人類の歴史に高く聳える巨峰の如き偉大さを、私は心に深く感じた」と、感動している。

この「ダ・ヴィンチ博覧会」以前に、学生時代の邂逅があった。谷口の「随想」の「鉄と私」（1975年）*E-100に、東大の高等部（大学院）で風圧の研究をしながらも、

その風洞実験をやりながら、私はレオナルド・ダ・ヴィンチのことを考えていました。それは私が大学生のころ、上野の東京美術学校へ行って矢代幸雄先生のレオナルド・ダ・ヴィンチの連続講義を聞き、私はその会の研究に感銘を受けたのです。レオナルド・ダ・ヴィンチは、天才の画家であると同時に、天才の科学者であり、流体の水や空気の流れについては、大変に学究的なスケッチを残しています。とくに、渦流の描線の美しさ（図Ⅲ-25A・B）に私は魅せられました。そんな記憶がありましたので、暑い夏の毎日、航空研究所に通って実験

図Ⅲ-25　レオナルド・ダ・ビンチ
A.「渦巻」のスケッチ

B.「流体」のスケッチ

に従事しておりましたときに、私を励ましてくれましたのは、そのレオナルド・ダ・ヴィンチのスケッチの美しさとこの画家の学究的な驚くべき観察力でした。

「その会」とは学術振興会の特別委員会で、台風に対する研究である。谷口の知人の児島喜久雄も、「太田正雄（木下杢太郎）の雑然たる思いで」（『文藝』太田博士追悼号）*K-24 に、

レオナルドの「最後の晩餐」の第一印象の無類によかったことを後年に至るまで度々話に出た。其度に、『あんな色の感じ・全く類の無いナー！』と三嘆して居た。（1945年12月）

杢太郎の親友であった児島喜久雄には労作の『レオナルド・ダ・ヴィンチ研究』（未完）があり、杢太郎は画家でもあったから、よりその感嘆は深いといえる。筆者もイタリアのミラノの「サンタ・マリア・デッレ・グラツィエ修道院」で、この「最後の晩餐」を見たことがあった。建物が改修中であったせいか、誰ひとりとして観客のいない部屋は、何か薄暗い印象であったことを覚えている。

16. 谷口の交友・人脈（Ⅰ）　高等学校時代 ──「健康志向」

谷口は『私の履歴書』*T-1-3-1 の「あとがきに」、その原稿を書くために机に向かうと、

その時、頭の中にひとすじの川がさらさらと流れてきた。郷里の金沢の犀川である。その川べりに私は生まれ、東京に出るまでの二十一年間、その流れを眺めながら暮した。その清流が脳裏に深く刻まれていて、それが私に呼びかけたのであろう。室生犀星さんの詩を思い出し、犀川を追憶しながら、この拙文を書き出した。……回顧すればもう七十年の時が流れ去ったが、その人生行路を思うと、私の目の奥には白い雪がふり積もり、耳に川音が聞えてくる。それと同時に多くの人々とのめぐり合いが思い出される。そんなことを背景に私の意匠心が育てられ、さまざまな邂逅によって設計の機会が与えられた。

図Ⅲ-26 田邊元 墓碑

　この谷口の追憶により「白い雪片のように清冽な意匠心」を本書の副題にした。谷口の交流を、時代を追って人脈として表として整理してみる。1922（大正11）年に谷口は金沢の第四高等学校の「理科甲類」に入学する。谷口の『私の履歴書』*T-1-3-1-⑨には、

　　高等図学は星野信之教授で、その授業が午後だったので、居ねむりする学生も多かったが、私には興味がわき、他の学生が苦手とする製図に熱中した。私が後年、建築の道をたどるようになる履歴に、それが導入部となっていることを思うと、温厚な星野教授に私は感謝せねばならぬ。ドイツ語の伊藤武雄教授は、築地小劇場が開場した時に上演されたゲーリング作「海戦」の翻訳者で、劇や映画にくわしかった。

　四高の教授からばかりでなく、谷口が高等学校時代に読んだ本についても『記念碑散歩』（谷口吉郎編）の「18、田邊 元墓碑」（図Ⅲ-26）*T-1-3-5-⑱の、「田邊哲学」の章に、

　　私は高等学校の理科の学生であったころ、田邊 元先生の著書『科学概論』を読んだことがある。読んだというよりも内容を覗いた程度だったが、自然科学は哲学の一部となる必要があると主張される先生の哲学的信念に啓発を受けた。

　そして田邊は、高等学校は理科の出身だが京都大学では哲学科に転科し弁証法の著書があることにも親近感を覚えている。他にも田邊の『哲学入門』（1968年）を読み、

　　その中に「幾何学」や「力学」のことが説かれていて、その説明によると古代ギリシャ人は理性によって物の形に美しい秩序と体系を認識しようとした。それが「幾何学」であるが、近世になると「力」が「物」を作る原動力として認識されるようになり、「力学」が重要な学問となった。……このように私は田邊哲学を技術的な立場から理解している者である。その私が先生の碑を設計することになったので、その碑には数理的に純粋で、幾何学的には端正なものを作りたいと思う。そんな考えから、その碑には「立方体」の姿がふさわしいと思った。

そして谷口は「ギリシャ神殿の美は比例によるものであって、その形は全体が統一されていると同時に細部も統一されていて、それがシンメトリアと言われている」と、

> そのほか、ギリシャの彫刻家ポリュクレイトスも人体の美的比例を「カノン」と称し、「八頭身」を美しい姿だと言っている。そんなギリシャの「シンメトリア」や「カノン」の意匠術に私も従ってみることにした。

その「比例」（シンメトリア）によって碑の構想はまとめられ、碑文の、「私の希求するところは、真実の外にはない」と「田邊 元墓碑」（1963年）には「ドイツで刊行されたハイデッカー記念論文集に寄せた博士の論文草稿から採られたものである」と、太田茂比佐は記録している。谷口のギリシャ美学には、田邊 元からの影響があるが、ギリシャの「シンメトリア」などの「美的比例」がこの墓碑以外で谷口の建築にも用いられたのかは不明である。

しかし谷口により紹介を受けた清家 清の設計による「森博士の家」（1951年）には「シンメトリア」として「黄金比」が多用されている。谷口研究室で「萬來舍」を担当した由良 滋は東京藝大から清家 清の紹介で谷口研究室に入ったが、昼間は谷口の下で「萬來舍」の設計をし、夜は清家の家で、この「森博士の家」の図面を描いていたという。この「森博士の家」では「黄金比」を用いたと由良は述懐している。

筆者はそれを検証してみたが確かに黄金比 1：1.618…は多用されていた。清家の家族と「私の家」の窓先に座っている由良の写真があるから、この家での作業であった。

この田邊 元に師事したのが谷川徹三である。

17. 谷口の交友・人脈（Ⅱ） 大学時代
――東大と美術学校の「両頭の蛇」・演劇と

谷口は1925年（大正14年）に東京帝国大学建築学科に入学する。谷口の『私の履歴書』[*T-1-3-1-⑪]には、東大建築学科の主任は伊東忠太で「日本建築史」を、関野 貞からは「中国建築史」、内田祥三から「建築構造」と「都市計画」、中村達太郎から「建築材料」、佐野利器からは「耐震構造」、塚本 靖から「建築計画」を、そして若い助教授の長谷川輝雄や岸田日出刀から「設計製図」の指導を受けている。東大建築学科の同級生の西村源与茂の回想では、「同級生のなかで設計をリードしていたのは谷口吉郎だった」と、同じく同級生の前川國男も後年、谷口を「じつにうまいんだね。僕らの手のつけ方とは違うんだね。彼自身の方法論をもってたよ」と、回想している（「回想のディプロマ・前川國男氏に聞く」『建築知識』別冊、1983年）。

浜口隆一との対談「谷口吉郎氏との30分」（『新建築』1956年7月）の「学生のころ」について、谷口は、

「僕は大学生としてはじめて田舎から出て来たのですが、学校時代に建築以外にも随分好きなことをやりました。芝居などもよく見ました。試験勉強は劇場へ行ってやるし、芝居の見方もその場でスケッチしないで、帰ってきてから、その場面をスケッチするのです。そして色を塗る。歌舞伎も随分見ましたが、築地の華やかな頃だったでしょう。それから美術などは、その頃の大塚保治さんの美学の講義などを聞きに行ったり、田村虎蔵さんの音楽史を聞きに行ったり、美術学校へ特別講義を聞きにいったり、松岡映丘さんの絵巻物の講義をずっと聞きにいったり、演劇では高野辰之さんの演劇史など、まだまだいろんなものを聞きました。駆けずり廻って聞いたのです」

　谷口は建築学の講義だけでなく、後に建築家となった時に滋養となる芸術家の講義も積極的に他校へも出かけて受講している。ここに谷口の建築家のスタートがある。他にも文学者や詩人との交流も含めて、文学・芸術の谷口の建築作品・建築論への影響は計り知れない。その交流は『私の履歴書』*T-1-3-1-⑫ により詳しく書かれている。大塚保治は友人の夏目漱石の恋人であった大塚楠緒子を妻としていた美学者であった。漱石の『吾輩は猫である』の「美学者」の「迷亭」のモデルとも言われている。
　他にも震災で火災にあったが改装された「歌舞伎座」や「築地小劇場」にも通っていて、その芝居の見方として、

　　舞台と小道具をスケッチ・ブックに鉛筆でメモする。下宿に帰って、その略図に絵の具で彩色する。だから、観劇というよりも舞台装置に関心を持ち、それに熱中していた。そんなスケッチ・ブックが数冊になっていたが、ある時、私はそれを破り捨ててしまった。……当時の私には、そんな凝り方を続けていると、しまいには芝居の奈落へ、わが身が引きずり込まれていくような気がした。そんな深い淵への誘惑を断ち切るために、私はスケッチを破ったのだが、そうしないと建築から脱落していくような不安さえ感じた。それほど演劇が当時の私を強くつかみかかっていた。

　それでも舞台の小道具への関心は強く、渡独後も『雪あかり日記』の「雪どけの日」（桜の園）に、ベルリンの「ドイッチェス・テアター」（国立・旧王立劇場）でチェーホフ作の「桜の園」を見て、第1幕目の「子供部屋」について、

　　舞台装置に注意すると、正面の壁には、例によって細長い四連窓がある。上手には、四角いペーチカがあり、下手には大きな戸棚がすえてある。そのほか、椅子の置き具合などが、以前に見た「築地小劇場」の舞台とそっくりだった。

　『雪あかり日記』に「桜の園」の第3幕目の谷口のスケッチがある（図Ⅲ-27）。そして、

図III-27 「桜の園」第3幕の谷口のスケッチ
（『雪あかり日記』）

小山内薫の「あの築地の人たちが演じた築地特有の＜しぐさ＞や＜せりふ＞が、ベルリンにいる私の目と耳によみがえってきた。それが、今、私の眺めているドイツ人の演技のうえに乗り移っているように見えた」と、「そんな舞台照明を思い出しても、小山内さんの演出には、余情に富んだ雰囲気がその幕切れにあったような気がする」と、学生服を着て、寒い冬の頃、空席の多い観客席で、ふるえながら舞台を見て、本郷の下宿に帰って、その舞台装置を思い出しながら、スケッチ・ブックに書いたのが、この「桜の園」であった。

　後年に谷口が舞台装置設計をする機会はなかったが、清家 清は劇団「雲」の「黄金の国」（1966年）や芥川比呂志の演出によるものなど多くを手がけている。また、谷口がベルリンで見たチェーホフ作の「桜の園」（1967年）では、その案内プログラムに「考えてみれば、建築というものは人生劇場の舞台装置なのかもしれませんから」との一文を寄せているが、清家は谷口のこの一文を見ていたのかもしれない。谷口のディオニソスの時代であった。

　谷口は「建築以外にもやったこと」は、東大の他学科や上野の東京美術学校の講義への出席であった。その詳細は『私の履歴書』に記録されている。

・「絵画の実習は高名な二人の美術家の石井柏亭、彫刻家の新海竹太郎だった」。柏亭は「パンの會」の一員であった。
・「建築学科の学生は文学部で美術史の講義を聴講することが許されていたので、まず滝 精一の日本美術史と、団 伊能の西洋美術史を聞いていた」
・「美術学校で特別講義があり、松岡映丘画伯の＜絵巻物＞、矢代幸雄の＜レオナルド・ダ・ヴィンチ＞、それと高村光雲の＜木寄せ法＞などを聴講し、今まで知らなかった美術方面の専門的な知識を多方面に知ることができた」
・「私の知識欲はさらに越境し、文学部の粗末なバラック教室で、大塚保治の＜美学＞、今井登志喜の＜歴史学＞、そのほか高野辰之の＜日本演劇史＞、中川忠順の＜日本絵画史＞などを聞きかじったので、私は工学部の学生と文学部の学生を兼ねていた」と、大学時代から谷口は「両頭の蛇」であった。
・「築地小劇場」の第2回公演のゲーリング作「海戦」の翻訳者はドイツ語の伊藤武雄であっ

た。「あの＜桜の園＞の第２幕目で、このホリツォントの空は美しかった。＜どん底＞、
＜伯父ワーニャ＞の舞台場面などの印象が深い。私は回数券を持つファンになっていた。
どこの会場だったか忘れたが、小山内薫の講演を聞いた時、建築学科の学生である私は、
氏の主張するドラマツルギーは建築設計にも大切なことだと思った」。ドラマツルギーと
はドイツ語で演劇・戯曲に関する理論、作劇法のことである。

谷口と槇 文彦との対談「建築における美意識」（1969年）*D-12 に、谷口は、

> 「形は沈黙のものだし、消えないものだということ。しかし、これが建築の逃げることの
> できない苦しさ……。それから逆にまた、形が消えるものもあります。例えば、昔、私が小
> 山内薫さんの話を聞いた時、『役者の仕事は雪の彫刻みたいだ』といわれたのを覚えていま
> す。つまり形が消えるということが条件なんだ。俳優の宿命でしょう」

谷口の周辺には、木下杢太郎、北原白秋、高村光太郎、石井柏亭、そしてこの小山内 薫など
の、「パンの會」人々と日夏耿之介、室生犀星、佐藤春夫などの鴎外人脈に連なる人々との重
複も多かった。

18. 谷口の交友・人脈（Ⅲ）「花の書の会」──詩と美術の饗宴

谷口の『私の履歴書』の「戦時中」*T-1-3-1-⑱ （一部前掲）に、

> このように戦時中、松永安左エ門氏からのご厚意に接していたほか、私は木下杢太郎さん
> からもご親交を受けていた。この高名な詩人の本名は太田正雄、東京大学医学部皮膚科の教
> 授で、医学の研究はもとより、詩・劇などの文筆活動のほかに、美術にも造詣が深い。その
> 東大の研究室へ私は友人の太田千鶴夫君と訪ねた。用件は私たちの「花の書の会」に参加し
> ていただくことだった。その会は詩と美術の同好会で、同人には医師で文人の太田千鶴夫、
> 病理学の緒方富雄、詩人の野田宇太郎、阪本越郎、長谷川千秋、そのほかドイツ文学の石中
> 象治、植村敏夫や川田茂一。それに画家の海老原喜之助や彫刻家の木村章平などの諸氏に、
> 建築の私が加わっていた。……だが戦時中、私の暮らしは貧窮していた。外食店の前で行列
> に加わり、芋や雑草まで食った。そのように食生活は貧窮のどん底であったが、精神の糧は
> 最高で、詩と美術の饗宴はこの上なく高貴だった。

谷口が大戦直前のドイツから帰国した直後で、河出書房の『文藝』は編集長が野田宇太郎、
編集顧問が木下杢太郎で、その２人のすすめで、ベルリン滞在記の『雪あかり日記』を５回連
載している。それが掲載されたあと、「野田宇太郎さんにつれられて文学者仲間の会合に出席
すると、佐藤春夫さん、川端康成さん、それに火野葦平さんなどから厚意ある言葉をよせてい

ただき」、文学者との親交が始まっている。「花の書の会」の会員は他に、

- ・太田千鶴夫は、小説家、西洋医学を専門とする警察医で鷗外研究家でもある。
- ・緒方富雄は、血清学者、医学史学者、病理学・蘭学も専門とする。
- ・阪本越郎は詩人、ドイツ文学者、心理学者。
- ・石中象治は、ドイツ文学者、ゲーテの翻訳がある。
- ・長谷川千秋（水原吉郎）は、音楽評論家、『ベートーベン』（岩波新書）がある。
- ・植村敏夫は、ドイツ文学者、『ゲーテと音楽』がある。
- ・川田茂一は、日本近代文学研究者、歌人で西洋と日本、武士道を視点において、鷗外における日本の意味を研究。
- ・木村章平は、彫刻家であるが不明である。
- ・海老原喜之助は、洋画家で「エビハラ・ブルー」と呼ばれた鮮やかな青の色を用いた。馬をモチーフとした。後に「乗泉寺」の本堂階段の壁画「合掌」を描いている。
- ・市川為雄は、「早稲田文学」で文芸評論家。
- ・村田 潔は、西洋美術史学者で、イギリスに滞在し古代ギリシャ・ローマ美術の研究者。
- ・中野重治は、木下杢太郎と親しかった関係で時折り参加した。小説家・詩人・評論家で、四高で学びプロレタリア文学運動に参加し、室生犀星に師事した。この中野の谷口への影響は特異である。
- ・吉田弥三右衛門は、九谷焼の名工で、赤絵細書飾り皿で有名。

　以上、会員には医学者の他にドイツ文学者が多い。1942（昭和17）年には谷口と村田 潔の共著で『ギリシャの文化』（大澤築地書店）* T-5-2 が出版された。この大澤築地書店は「花の書」を刊行していたが装幀は谷口である。谷口は「シンケルの古典主義建築」を掲載し、1947年に出版した『雪あかり日記』（東京出版）と同じ内容である。執筆者は「花の書の会」の会員も交っている。

- ・村田 潔の「人体比例説」
- ・緒方富雄の「ギリシャのカニ」
- ・阪本越郎の「シラーにおけるギリシャ的なもの」
- ・徳川義寛の「アクロポリス」
- ・児島喜久雄の「ギリシャ絵画」
- ・加藤成之の「ギリシャ音楽の記録的研究」

19. 谷口の交友・人脈（Ⅳ）　松永安左エ門「耳庵」の茶事
——堀口捨己・谷川徹三たちの「一期一会」

　谷口の『私の履歴書』の「戦時中」に、

図Ⅲ-28A. 柳瀬山荘
「久木庵」

　東京も空襲を受け、妻は国民学校四年生の長女 真美子、一年生の長男 吉生、生まれたばかりの次女 真紀子を伴って金沢へ疎開した。私は東京の留守宅で、台湾出身の学生 劉君と共に外食や自炊で暮らしていた。……このように戦争が激しさを加えている時、私は松永安左エ門氏から親交をうけた。この電力会の巨頭は、「耳庵」と号し、埼玉県の志木に柳瀬山荘を設け、そこに閑居し、茶を楽しんでいた。その翁から茶会の招待を受け、山荘の茶室「久木庵」でお目にかかったのが初対面であった。

　以後、矢代幸雄、谷川徹三、堀口捨己、肥後和男、芳賀幸四郎、本多静雄、加藤唐九郎などの諸氏とともに、たびたび招待された。というより耳庵翁の指南を受けた。……それこそ戦国時代の秀吉と利休の茶のごとく、耳庵翁の茶も戦乱の茶事であった。私は柳瀬山荘を訪れる途中、敵機襲来の警報が鳴り、道ばたの堤に躰をかくしたこともあった。……私は柳瀬に泊ることもあった。ある冬の日、夜があけると庭に白い雪が一面に積もっている。清浄な雪景色の朝、静寂な気配の中で耳庵翁から受けた一碗の茶には、一期一会の心がこもり、それが感銘深く胸に響いた。

　谷口にとって茶事は重要で、建築家として茶室の設計をする際にも必要な体験だが、この「耳庵」での松永翁を囲む茶人たちとの交友の輪は、著名な人々に拡がっていた。その一人の志賀直哉から代々木の「不二禅堂」（1969年）の紹介を受け設計している。

　埼玉県所沢から新座へ抜ける国道463号線の、新座市の「西側」のバス停の上の高台にその「耳庵」はあった。「電力王」の松永安左エ門は昭和5年からここで隠居生活をした。国道に面する正面から斜路を登ると薄暗い林間の涯上に「柳瀬山荘」の裏門の直ぐに重文の萱葺の「黄林閣」で、隣りは「斜月亭」で、渡り廊下につながる二畳台目の千宗旦好みといわれる茶室で「久木庵」があった（**図Ⅲ-28A**）。解体されていた江戸初期の部材を使った二畳台目の茶室である。筆者が訪れたのは2019年のある日の休館日ですべて雨戸が閉じていた。谷口が来る途中、警報で身を隠した「堤」とはこの台地の崖であった。この「柳瀬山荘」を訪れた茶人の面々は都心から、当時は人里離れたこの不便な「山荘」をよく訪れていたものだと、実感した。

　戦後の1955（昭和30）年2月12日、小田原の松永安左エ門の「老欅荘」の茶会では、谷口、

図Ⅲ-28B.「耳庵」

図Ⅲ-29　松永安左エ門

図Ⅲ-30　徳田秋聲 文学碑

谷川、梅原、安倍そして志賀も加わって楽しい半日を過している。

　この松永「耳庵」（**図Ⅲ-28B**）の茶客は道具商や美術関係者が多く、実業家は意外にも少なかった。戦争のため疎開以前に開かれた茶会には、学者グループの哲学者の谷川徹三を正客として、他には団 伊能、鈴木大拙、桑田忠親、佐藤信三、田山方南、長谷川如是閑や安倍能成が来るという時もあった。戦時中の茶会は母屋の西隅にある「久木庵」で催された。

　松永安左エ門は電力界の鬼として『論語』の「六十にして耳に入るところみなこれ順う」の一句から「耳庵」と号し、60歳を好機として茶の湯に専心した。福沢諭吉門下の逸材で、堂々とした魁偉な風貌である（**図Ⅲ-29**）。松永は堀口捨己が『思想』に書いた「利休の茶」という論文を読んで感心して、堀口を茶会に招いた。谷川徹三は、

　私も堀口さんと共に松永翁に茶に招かれ、19年から20年、21年と、やがて谷口吉郎さんも加わって柳瀬通いが随分続いたものだ。池袋から東武線で志木で電車を降りて一里の道を幾度歩いて往復したことか。初めはボロタクシーが駅前にいたが、戦争の苛烈と共にそれも姿を消し、歩くよりほかなかったのだ。相当降り積った雪を踏んで往復したこともあった。……戦争が終ってから私は松永さんに強要せられて、離れに炉を切っただけで茶室もない私の家で、松永さんを正客に堀口さんと谷口さんと三人を茶に招いたことがある。

（『松永安左エ門著作集』第一巻「解説」谷川徹三、五月書房、1982年）

　松永翁は、終戦後ほどなく、この山荘の茶室の一部の「春草盧」を東京国立博物館に寄付して小田原の板橋町に移った。

20. 谷口の交友・人脈（Ⅴ）　金沢の文人たち

□ 室生犀星、中野重治、井上 靖、五木寛之

　谷口は郷里、金沢市の卯辰山の「徳田秋聲文学碑」（1947年）（**図Ⅲ-30**）の、秋聲の残したことばを銘文に刻むためにその染筆を依頼に室生犀星を、大田区大森の馬込東の新築された家

に訪ねている。『私の履歴書』の冒頭の「犀川」*T-1-3-1-①に、犀星は、造園に深い愛情を抱いていて、「その情熱は東京大森の自宅と軽井沢の別邸に、自作の庭として凝結している」と、

　　その二つ庭を私は拝見しているが、ひと目でそれが金沢の庭であることを感じた。同時に私は室生さんの本心を覗いたような気がした。この詩人は、「造園は作詩であり、庭園は詩集だ」と申されていたので、この二つの庭には詩人犀星の本心が露出しているのを私は強く感じた。それほど作庭というものは、作者の作意をあからさまに示す。その点で、室生さんの庭には、幼年期に郷里の川で育てられた造形心がこもり、そこに室生さんらしい執念さえ露呈しているのを私は認めた。
　　そんな金沢の川から受ける感化は、室生さんだけに限らない。金沢の市内を流れるもう一つの川、「浅の川」の近くで育った徳田秋聲にも、その影響は濃い。

　犀星には「庭をつくる人」という『中央公論』（大正15年6月）に載せた随筆がある。筆者の手元に、その文庫化の『庭をつくる人』（ウェッジ、2009年）がある。大森馬込でも田端でも犀星は借家の庭に「入らざる数寄を凝らしている」と芥川龍之介はその庭について書いている。谷口の設計による「徳田秋聲文学碑」（1947年）は卯辰山公園内にある。他にも「泉鏡花は浅の川の近くに生まれた。その物語の中にもよくこの川が美しく描写されている」と、

　　そのほか金沢の川の感化は、金沢人だけでなく、金沢に住んだ文人にも影響を濃く与えている。たとえば中野重治氏、井上靖氏、五木寛之氏。この三氏にお近づきを得ているが、ご自身もそれを自覚されていることであろう。

　筆者は伊豆の修善寺にある「昭和の森会館」内の「井上 靖 文学館」の設計の打ち合わせで、井上邸を訪れて面談したことがあった。膝の屈伸を披露してくれた。京大で柔道をやってたとか体の柔らかい人であった。そして谷口は、馬込の室生邸を訪れた。

　　その時の訪問が機縁となって、私はそれ以来、犀星さんから親交を得、軽井沢の山荘をたずねたりした。ご自身が建立された文学碑にも案内していただき、また私の設計した家を見てくださるなど、親しいおつきあいに接していた。

　1962年に犀星が亡くなると生家に近い、また谷口が移り住んだ寺町台の谷口邸とは対岸の中川除町の川岸の「室生犀星文学碑」（1964年）は、「流し雛」（雛人形）をかたどって詩情を託し赤ミカゲ石でつくられた（図Ⅲ-31A）。その碑には、犀星の『抒情小曲集』（1918年）の「小景異情」から、「あんずよ　花着け　地ぞ早やに輝やけ　あんずよ花着け　あんずよ燃えよ」と犀星のペン書き書体の原稿による、この杏の詩が刻まれた。同じく『抒情小曲集』の「犀川」

図Ⅲ-31A. 室生犀星
文学碑 犀川の杏の碑

図Ⅲ-31B. 室生犀星
文学碑 「流し雛」の形

という詩は、

うつくしき川は流れたり　そのほとりに我は住みぬ……
いまもその川ながれ　美しき微風ととも　蒼き波たたへたり

谷口は「室生犀星文学碑」（1964年）に、その制作について、

思い悩んだあげく、私の幼少の頃、母が「流し雛」を犀川に流したのを思い出し、それをテーマとしたいと思った。……子の病や災を避けるため、小さな雛を身代りとして川に流す。……そんな土俗的な風習に、世の母の愛情がこもり、流れ去っていく小さい無心の身代りに、はかない哀愁がそそられる。

そして碑は「流し雛」の形となった（図Ⅲ-31B）（『建築に生きる』表紙カット）。犀星は生母から離されて7歳の時、雨宝院の養子となり、太田茂比佐は「作品解説」で「生母への果されない思慕となり、転じて女性そのものに対する激しい執着となって終生変わることがなかった」と、その碑の「女性モチーフ」を書いている。

室生朝子は「犀星文学碑あれこれ」（『記念碑散歩』文藝春秋、1979年）に、

子供の頃は、父は毎年桃の節句に人形を買ってくれていた。……ある年は立ち雛という、平いらな布地でこしらえてある人形で、足元には竹のへらのようなものがついている。……谷口氏の設計が、あまりにも、父の生活の一部分とぴったりしているので、私は挨拶の時、不覚にも鼻をつまらせてしまった。

これは犀星の娘の朝子の「流し雛」碑への思いであった。

東工大化学科卒の『文学における原風景』（集英社、1972年）を書いた文芸評論家の奥野健男は、犀星を「大正以後の最大の文学者」として、終生"女（ひと）"の美を求め続けたと、それ

図Ⅲ-32　桃李境
A. 本館ロビー

B. 客室玄関

C. 離れ洋室

は「行方知らずになった生母への思慕、血のつながらない姉への愛、自分を虐待した義母のかなしさ」などで、それが碑の“女（ひと）”の表現となった。それを谷口は「流し雛」に形象した。

　奥野は東工大の学生の時に、本館の時計塔の7階にあった『大岡山文学』の吉本隆明と同じ同人で、その文学部室によく通ったと書いている。筆者はそのことを知らなかった。今から思えば残念でその文学部に加わりたかった。

21. 谷口の他の茶会での人脈 ——桃李境茶会、明治村茶会

　谷口の茶事における人脈は、木下杢太郎の友人の哲学者の**谷川徹三**の「写真による谷口さんの追憶」（『谷口吉郎著作集』第3巻の「解説」）に2人の交流が詳説されている。谷口はバウハウスやル・コルビュジエなどの、西欧建築についての評論家の**板垣鷹穂**の紹介で初めて谷川と会った。そして谷口「自邸」（1932年）を案内するが、その時は**堀口捨己**も一緒で、谷口と谷川の交流には堀口が介在していた。しかし谷口と谷川は1933年頃に五反田の土浦亀城邸でのダンスパーティでも同じメンバーであった。

　戦後の1948、49（昭和23、24）年の写真には、熱海伊豆山の「桃李境」茶会（図Ⅲ-32A・B・C・D）のもので、熱海の稲村大洞台に移った**志賀直哉**の顔も見える。谷川は、そこに谷口を案内している。

　その他、**柳 宗悦**、バーナード・リーチ、**濱田庄司、肥後和男、狩野近雄、古田紹欽、加藤唐九郎、鈴木大拙**、他の写真には**和辻哲郎、里見 弴、梅原龍三郎、川端康成、廣津和郎、安田靫彦**など、文学者、芸術家、画家、宗教家などが何枚かの茶事の写真に谷口と同席している。**有島武郎**などの「白樺派」の人々も数人いる。

　次に「明治村茶会」で、谷川の所有している写真には、谷口の他に、**平櫛田中、イサム・ノグチ、井上五郎、小山富士夫、田山方南**などがいる。他にもセット写真に**井上 靖、脇村義太郎**が谷口とともに写っている。資生堂の粋人の**白川 忍**の喜寿の祝の会では、谷口、谷川の他に**奥村土牛、今泉篤男**、そして東宮御所の内覧会では壁画「日月四季図」（図Ⅲ-33）の作者の**東山魁夷**などと志賀直哉も招待されたが、その写真を所有していないことを谷川は残念

D. 付属家から相模湾を望む

図III-33　東宮御所の東山魁夷の壁画
「日月四季図」（欄間上）

がっている。

　今泉篤男も「谷口吉郎さんのこと」（『谷口吉郎著作集』第3巻　解説）*T-1-3-6 に、東山魁夷とともに金沢に招かれ、印象深かったのは、

> 　谷口さんの妹さんが金沢で茶の師匠をしておられ、そこに谷口さんが私を招いてくれて、お茶をいただいたことである。……その後も度々谷口さんとお茶会の同席でお招伴しているが、お茶席の谷口さんのお客振りは少しも通ぶったところがなく、淡々と素人っぽくて見事なものであった。

　その後も今泉は、「東京国立近代美術館」（1969年）や、山形の上山市「斎藤茂吉記念館」（1967年）の設計を谷口に依頼している。

　谷口の茶会での人脈はこの今泉篤男など、建築家の堀口捨己の紹介が多い。堀口の人脈には1943年（昭和18年）に茶道文化研究会の設立に尽力するが、財界人も多かった。戦後は茶道文化研究会を変えて、茶道研究会を設立した。

　横川茂樹の「堀口捨己をめぐる人びと」*HS-4 によれば、「1954年12月の熱海の茶会の忘年会には堀口、谷口の他に、鈴木大拙、志賀直哉などを迎えて、柳　宗悦、谷川徹三、古田紹欽も参加している。その他、堀口の人脈は和辻哲郎、里見　弴の他に、表千家、裏千家の茶道関係者など交流した人びとは済々にわたっている。堀口と谷口は親交するとともに、競合相手、ライバルでもあったが、その紹介も多かった。

22.「茶会」と「人間の（発展的な）生活」——自然と人間の闘争

　谷口の「建築とヒューマニズム」（1937年）*E-13 には機械建築と合理主義建築について述べている。「新しい合理主義の建築」について、谷口はここで幾度も「人間の生活」のための建築を言っていて、谷口の建築論で最も重要なワードである。茶室すら「人間の生活」のための建築であるとする。谷口は「建築は口ではない」で、

しかし建築家の世界観とても、たとえ建築家の心の中に如何に偉大な厳しい世界観が燃え上がっても、人間生活の本当の発展的な生活を睨み取る眼を持っていなければ、……結局取り残されたもののあがき、藻搔きに過ぎません。

　その「人間の（発展的な）生活」とは、「新陳代謝過程こそ生ける生活の根本条件です。生ける人間生活は自然に働きかけて、その自然から生活の糧を獲得し、それを消費することによって人間の活力を燃やし、楽しみ味わい、更に自然に刃向かうのです。人間は地球の変革者たらんとするものです」と、「自然と人間の闘争」こそが、人間生活全般を規定すると、谷口は定義している。(傍線筆者)　谷口の根本の建築論である。
　谷口は「茶釜に松風の音を聞く茶人には茶席は必要でしょうが、工場にハンマーを叩く労働者に茶室は必需品とはいえません。彼らにはむしろ住むための機械たり得る住宅を必要とする住居問題が、彼らの建築の現在の問題であります」と建築の「使用価値」まで、「人間の生活」の概念を拡張している。(傍線筆者)谷口の「人間の生活」が少しは解った気がする。正直な人である。しかし、谷口は「工場建築」にも「人間の生活」を重視している建築家で、美しい工場建築を作る人であり「人間の生活」を重視することなど、谷口は特異な建築家である。しかし機械的な唯物論的な建築観の片鱗も見える。

23. 谷口の「桂離宮」(姉) と「修学院離宮」(妹) の二項対比 ——姉妹芸術

□ アポロとディオニソス ——ドリス的 (パルテノン) とイオニア的 (エレクテイオン)

　谷口の『修学院離宮』(淡交新社、1962年) を清家研究室の先輩の武居壽一から寄贈された。「桂離宮」と「修学院離宮」はともに17世紀の作で使用目的も、規模も、様式もよく似ていて、「瓜二つの姉と妹」として「姉妹山荘」と言えると、「桂」の意匠には姉らしい年長の分別が示され、「修学院」には妹らしい年若い自由を発揮している。
　また2つの「山荘」の「美的性格」の相違は、「桂」をアポロとすると「修学院」はディオニソスであると、その対比を谷口は感じている。他の対比方法として漢字を書き写す「書体」とすると、「桂」が「行書」なら、「修学院」は「草書」であり、「桂」の「行書」的性格は、「庇」と「石組み」に、「修学院」の庭の「眺望」と「水の流れ」は、女文字の「草書」的である。さらに、谷口は両山荘をギリシャ建築と比較している。それは和辻哲郎の『桂離宮—製作過程の考察』* BT-3 を参考にしている。

　「桂」の設計が智仁親王の男性的意匠に、その妃の常照院の女性的意匠が加味したものと推断すれば、それはドリア的男性味にイオニア的女性味が加わったものといっていい。その点で、「桂」はまさしくパルテノン神殿的である。それに対して「修学院」はまさしくイオニア的といっていい。そのうえに、かなり女性的色彩の濃厚なものになった。不思議なくらい

ギリシャのエレクテイオン神殿と合致する点が多い。

　谷口の論述には、二項対立的に比較する事例が多い。この「姉妹山荘」についても同様で、アクロポリスの丘の二神殿と対比し、ドリア様式とイオニア様式の「両方の美は同質的でない」と、神殿の「神聖な美」と、他方は山荘の「現世の美」としながらも、ともに優れたものとしている。

　谷口が著書としては『修学院離宮』の方を選択したのも、「桂」がすでに人口に膾炙していることもその理由の一つであるが、「修学院」のはなやかな美しさの陰に、一種の哀愁めいたものが、潜むのはなぜだろうか、「桂」にはそんな哀愁感が少ないと、それを「一種の幸福感」としている。そして、「修学院」は「色彩もはなやかで、装飾も美しい。しかしその建築と庭園の美は世のあわれを多く包んでいるように見える」と、やはりアポロに対するディオニソスのような性格である。この説明は最も明確である。

　井上章一の『つくられた桂離宮神話』（弘文堂、1986年）では、ブルーノ・タウト自身が「私は桂離宮の『発見者』だと自負してよさそうだ」と、日本滞在中の日記に書いたことから、桂離宮の評価は高まり、再認識されることになった。それは桂離宮を拝観したとき、「結局これは機能的であり、或はまた合目的な建築と言い得るということに一致した」と、同行した「日本インターナショナル建築会」の上野伊三郎らと見解が同じであった。それはモダニストたちが標榜する建築観であった。しかし何をもって機能的かつ合目的だとするのか。

　タウトの著作『建築芸術論』（篠田英雄訳、岩波書店、1948年）に、「桂離宮が、原理的に見て現代建築の好模範たる所以である」として、

　　桂離宮の美は、機能を使役してこの建築を創造したところのものが実に釣合であることをまったく意識しなくても、観る人の感情にひしひしと迫るのである。『すぐれた機能を有するものは、その外観もまたすぐれている』とは、まさしく桂離宮の謂である。桂離宮は、建築に対する機能の意義を直截に説明している。桂こそ、建築的機能の概念のいわば『建築せられた』定義にほかならない。

　つまり桂離宮に「現代に特有の機能的傾向がこの建築によって如実に立証されていることを知った」と、実用性を絶讃し、外観もそれが古典の「釣合」であることを言い、それが「絶対的に現代的である」とするが、本当に人の使用する時の「機能」など見ることができなかったのに、モダニズムの建築とするのである。しかしタウトは表現主義的建築家なのである。東工大の谷口の「水力実験室」を見て、「即物的（バッハリッヒ）だ。しかし素晴らしい」と言ったのも当然である。それは表現主義的な視点からであった。

　タウトの『画帖　桂離宮』（篠田英雄訳、岩波書店、1981年）には、2度目の見学（1934年5月7日）の際に、その感想を画集として記録した。その「第十二面」は、「新御殿」の前庭を大

きく描いたもので、その詞書は、

　　生活　そのものが　最も簡素な形式を与える　自然は形式である　御殿　結合点として
の一株の樹　飛石道　芝生　繁み　躑躅　一切が最も簡素な生活形式だ！

　桂離宮に「多様性の究極としての形式」として、それに「簡素」な自然と結合した「生活形式」
を見ていると同時に、「日本家屋の木造榀式構造、庭土の上に張出した縁側や庇、その他日本
建築に特有な一切の細部から、日本人の風俗及び生活形式にいたるまで、すべてかかる風土か
ら生じたのである。……そしてかかる家屋とよく調和した生活を営み、自然に対して独得の愛
を懐くようになったのである」と、「風土から生じた＜最も簡素な＞生活形式」にも注目して
いる。つまり日本の大地、風土、庶民の生活から日本の住居を考え、そこに「永遠なるもの」（古
典的、永続的なもの）を見ていた。（傍点筆者）　それはタウトの「日本の家屋と生活」（『永遠な
るもの』岩波書店、1966年）に所収されている。しかしそれが「モダニズム」建築だとは、私
には不可思議で、強いて言うならばそれは「日本的モダニズム」で、いわゆる「世界建築史的
なモダニズム」ではないと考える。「モダニズム」は土地の特殊性、風土とは直接に関係しない
インターナショナルの機能を有するから「モダニズム」なのである。「永遠」だからよいのか。

□ 谷口の「桂離宮」の評価

　谷口の研究室関係者には、桂離宮研究者の庭園史家の森 蘊や建築史家の藤岡通夫や内藤 昌
がいたから、桂離宮の「一見異様な意匠」については充分に知り得る状況にいた。他にも友
人に志賀直哉、和辻哲郎、堀口捨己など「桂離宮」に詳しい人たちも多い。しかし谷口の師の
伊東忠太は川添 登との対談でブルーノ・タウトについて「桂離宮などを、パルテノンと同等に
比較するような人物は、大した建築家ではない」とはっきりと断定し、少しも評価しなかった
と回想している。明治大正期の桂離宮の評価は低かったが、昭和初期のモダニストが日本建築
の原点として＜簡素美＞に求めていたからタウトに同調というより、その一面だけを誇張し拡
大して引用したのである。

　谷口は「日本美の発見」（1956年）で、タウトが日光の「東照宮」へ行って、そのけばけばし
い装飾の多い様式を「キッチュ」、日本語で「インチキ・スタイル」とか呼んでいるのを受けて
それを「モダン・インチキ」と呼んでいる。それは「桂離宮」も同様ではなかったのか。

　しかし、谷口は「化膿した建築意匠」（1936年）*E-12 に、通俗な茶人たちが、推奨する「柱
や棚、欄間、障子の引手などの枝葉の問題」を、その狭い視野はむしろ桂離宮を曲解すると、
意匠の根本原理は、つまり「住」と「用」を目的とする明確な解決、特有の気候に対する対策、
保健生活のための開放的な間取り、構造、材料などである。もちろん現代とは「生活様式」は
符号しない点はあるが、茶室建築の「精神」には感得している。それは機械時代の今日でも、
新しい建築技術の「新精神」として「現代の世界的水準をいくフランス、ドイツなどの新興建

築家と同列にあり、それ以上と断言し得る」ほどの「モダン建築の極北」として見ていた。それが谷口の「桂離宮論」の評価であった。(傍線筆者)

清家 清は平良敬一との対談(『建築』＜清家特集＞、1962年)で、

「建築家は、建築をいつでも空家の状態で考えがちなんです。桂離宮は大変美しいと思いますが現在は空家ですからね。われわれが現在もっているイメージとしての桂は空家のそれなんです。今日の住宅にしても何かそれと似た誤りがあるような気がします」

「現実的」な建築家の清家による桂離宮論である。つまり清家は、美しいことではなく住宅は「住んで"なんぼ"」と言っているのである。

谷口は、モダニズム・合理主義の美・醜の問題を、「新しい造形的な意匠心」で解決しようとしていた。タウトが桂離宮を「十七世紀のこの建物は実際は日本の古典的建築だ、例えばアテネのアクロポリスのように。……しかも絶対的に現代的(モデル)である」と、したように、特に日本人にとって「精神的な意味での機能的な美しさだ」とも言っている。(傍線筆者)それは皇族の別荘でありながら、設計は小堀遠州であるとし、その簡素さに庶民性を見い出し、日本の住居というものを考えていた。むしろ桂＝モダニズム論は谷口にとっては「おまけ」であった。したがって、それほど深い関心はなかった。桂の建設された当時、「モダニズム」建築など日本にも世界にも無かったからである。「精神的な機能の美しさ」であるか。「うまい」とも言う。

杉本俊多は「谷口吉郎のドイツ新古典主義との出会い」(『谷口吉郎の世界』)[*T-2-3]で、来日したタウトが、ドイツでは表現主義の建築家であったものの伊勢神宮や桂離宮など日本の古典主義を発見し、賞賛した。谷口は、桂離宮の新書院にタウトが見たのは「表現主義的なコンポジション」であるとした。(傍線筆者)　それと、谷口が「水力」以後、近代建築に批判的になる時期が重なることについて、

タウトは自らの内に隠れていたプロイセン的なものをはるか旅先の日本で再発見してしまったようである。まるで谷口とタウトは刺し違えるかのようにお互いの旅先で内なる古典主義を発見するのだった。……そしてその現象が谷口のドイツ体験の在り様になんらかの影響を及ぼしたかもしれないが、それは筆者(註：杉本)の憶測にすぎない。……谷口への直接の影響は考えにくいものの、タウトの一見矛盾を孕むふるまいは、その構図を裏返すと谷口自身のふるまいを理解する手だてともなる。

装飾主義者ではないが表現主義者であったタウトが、日本の異国地で、郷土主義、伝統主義による簡素な桂離宮、しかし内実は装飾的な「桂棚」(後掲、図Ⅵ-22A参照)、引手、欄間などを含みながら風土建築として日本古典主義の延長にある意匠を賞賛したのであって、モダニ

ズムによる「永遠」の発見では決してなかった。それが在ドイツ中の「谷口のふるまい」との相似を杉本は言って、谷口はそのタウトをよく知っていたのである。したがって、由良 滋は谷口への影響についてはシンケルよりタウトを重要視している。谷口は1951年の桂離宮の腐朽調査に委員として参加している。

谷口の『修学院離宮』（淡交新社、1962年）の「はしがき」に、

> 「修学院離宮」を純粋の歴史学的立場から論じ、その創設や変遷を明らかにすることは、もとより大切であるが、その方面にはそれぞれの研究書がある。ことに森 蘊博士の研究は、古図や古い記録によって造営の規模を復原されたものであるが、私はそれから多くの知識を得たことを深く感謝したい。

それは森 蘊の『修学院離宮の復元研究』（奈良文化財研究所、1954年）であった。森 蘊は、学生が東工大の学部の4年生の京都研修旅行の際に、桂離宮や修学院離宮の御案内をいただいた。森先生のご子息の藤岡研究室助手の森 史夫にも指導を受けた。

田中栄治の「庭園研究者・造園家 森 蘊と建築家 谷口吉郎」―昭和前半期における建築家と造園家の交流―には、谷口は昭和初期に東工大で1950年に森の「桂離宮研究」の協力者となり、1953年には森が東工大に提出した学位請求論文の審査員が谷口と藤岡通夫であった。谷口は1962年に『修学院離宮』を出版するが、実は「桂離宮」についても知識があったが、ついぞ「桂離宮論」を書くことは何故か無かった。しかし、「吉屋信子墓碑」の追悼文「机の上の幾山河」を書いた著者の脚本家の若城希伊子は、

> 私は学生時代、三田の焼け残った教室で、谷口先生からうかがった、桂離宮のスライドを見せていただきながらのお講義を忘れることができない。一大交響楽をなす桂離宮の美のあり方を、先生は魔法の笛でも吹かれるようにありありと感じさせて下さった。八条宮智仁親王の詩魂が谷口先生の現し身を通して惻々と身に迫るのを覚えた。

若城は、「その時から私はロマンティシズムの源には厳しい合理性がなければならぬのを学んだ」と、それを谷口先生から教えられたと書いている。

慶應義塾大学の文学部の美術史学の専攻者に、谷口は建築史の講義を隔年で続けていた。

谷口の「桂離宮」についての考え方は、谷口による「設計者の作風考察―和辻哲郎著・桂離宮」の書評（毎日新聞、1955年11月28日）を参考としたい。さらに、桂離宮についてのタウトのモダニズム論についても、「日本美の発見」（『日本美の発見』「解説」日本放送出版協会、1956年）に、タウトは「桂離宮」と「伊勢神宮」を見て、「実に世界の奇蹟だ」と、「永遠の美」であると、賞讃した。谷口はそれについて、

このように日本の古い伝統的な美しさの中には、世界を驚歎せしめ、二十世紀の新しい建設に通用し得るところの美的特質というものを持っているのであります。……ところが、そのタウトが日光の「東照宮」へ参りまして、これは建築の本質を誤るものだと申したのであります。そうして、そんなけばけばしい装飾の多い様式を、日本語で「インチキ・スタイル」だと、罵っておるのであります。それは、新しいモダン建築が追求しようとしている構造の簡明な表現と相反するものであります。

（傍線筆者）

　谷口はタウトが「桂離宮」に、「モダニズム建築」との類似としての「美的特質」を見い出したことは評価していたのである。
　しかし一方で、その実態についても、モダニズムでは説明できない装飾過多で派手すぎる「桂棚」などが簡素な美とは調和しないこと、および修理による調査で、モダニズムとの違和を森 蘊から聞いていたのである。それらを総て理解したうえでの桂離宮についての谷口の評価であった。谷口は、当初は東照宮を評価していたこともあり、それが「桂離宮」論を書かなかった理由かもしれない。谷口はそのような人である。パルテノン論を書かなかったのも同じ理由によるのかもしれない。

第 IV 章

「茶の心」
－千利休の影響－

数寄の趣向（こころ）

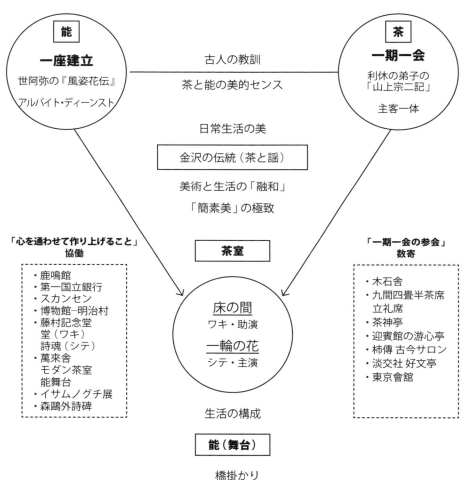

チャート 「茶の心」（意匠の余韻）
― 生活様式 ―

能
一座建立
世阿弥の『風姿花伝』
アルバイト・ディーンスト

茶
一期一会
利休の弟子の
「山上宗二記」
主客一体

古人の教訓
茶と能の美的センス

日常生活の美

金沢の伝統（茶と謡）

美術と生活の「融和」
「簡素美」の極致

茶室

床の間
ワキ・助演
一輪の花
シテ・主演

「心を通わせて作り上げること」
協働

・鹿鳴館
・第一国立銀行
・スカンセン
・博物館―明治村
・藤村記念堂
　堂（ワキ）
　詩魂（シテ）
・萬來舎
　モダン茶室
　能舞台
・イサムノグチ展
・森鷗外詩碑

「一期一会の参会」
数寄

・木石舎
・九間四畳半茶席
　立礼席
・茶神亭
・迎賓館の游心亭
・柿傳 古今サロン
・淡交社 好文亭
・東京會舘

生活の構成

能（舞台）

橋掛かり

・藤村記念堂
・志賀直哉邸の露地
・梶浦邸
・不二禅堂の露地
・世阿弥『風姿花伝』
・谷口「演劇青年」
　舞台装置

1. 利休「茶会」−生活と（実用）美術の「融和」−「簡素美」の極致

　谷口の「日本美の発見」*E-50-2 の「10・古人の教訓」（1956年）には、「千利休の意匠が目的としたものは、生活と美術の融和でした。しかも、彼の創造した建築様式は、簡素美の極致であります」と、かつ「生活と美術」の「融和」で、「茶はただ、湯を沸かして飲むまで」という利休の草庵の密室よる対座の狭さは、やはり「生活」指向なのである。そしてその教訓は「ジャポニカスタイル」とか、「日本の古い伝統美の模倣」であってはならないとしている。谷口には「建築と絵画」の「融和」とか、この言葉が多い。

　谷口は、独自の道、「お茶」や「お花」という極小の平面による生活の原理と、また求道の手法まで純化して、虚飾は排除され二畳台目の待庵を理想化して機械的な「モダニズム」から離反していった。

2. 茶室の「土壁」（床の間）と「花一輪」——ワキとシテ、非対称の美の様式

　谷口の「化膿した建築意匠」（1936年）*E-12 や、『清らかな意匠』（1948年）*T-5-4 の「1. 環境の意匠」や「6. 旗の意匠」などの「意匠」の言説を引用し、近藤康子の「谷口吉郎の建築思想における茶室の意味—「ワキ」と「種子」なる概念を通して—」（『建築学会論文集』2012年7月）*KG-13 を参考として、谷口の「茶室」の「生活（実用）芸術」を解析する。

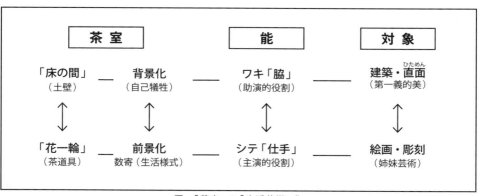

図　「茶室」の「生活芸術」化

　「花」は「芽」と「実」の中間に存在するが、まず「種子」から植物は始まり、1つの「様式」が完成されるまでの途中の状態のことである。日常生活としての環境は、様式の美に憧がれる意匠力としての「種子」がまかれた後に、「萌芽」する時に発生する。そして「花」が摘みとられて、「床の間」の「花入れ」に一輪生けられる「茶室」で、「生活（実用）芸術」のための前景

化となる。その時、「床の間」の露出された土壁は「自己犠牲」として背景となり、生花は茶道具とともに前景化する（207頁、「茶室」の「生活芸術」化の図参照）。

したがって「花」は、能でいう主演的役割のシテとなり、「壁」は「建築」として助演的役割のワキを担う。また壁は壁体として人命を保護するとともに、外部からの熱や水を防禦する。つまり壁の「背景化」は、花に花以上の美を発揮せしめるために、壁は「自己犠牲」とならなければならない。それによって花以上の美が発現される。これこそ「数寄の極意」である。「花」とは、「数寄」としての「生活の様式」と言える。

「様式」を「花」に言い換え、「様式樹立」について、「美しき形に憧れる心」つまり「制作」が現実的に実践化していく。谷口は、茶室は「生活の道具」として、「建築がほかの姉妹芸術たる絵画・工芸・生花・庭園を総括して、常に実用的根拠を指令する建築家の芸術支配運動であった」と、つまり「生活の目的」のために「融和」された簡素な「生活様式」が茶室であった。

谷口の『みんなの住まい』（1956年）*T-5-8 には、「日本住宅の伝統を意義」に、

> 「茶室建築」は日本が世界に誇りうる独創的な建築様式ですが、それは非対称の美の極致といってもよいでしょう。建築ばかりでなく、庭も、工芸も、花の置き方、食器の並べ方、人間の動作までが非対称の美に統一されていました。

茶室の「茶道具」（花）も、そして「動線」も「世界に誇りうる独創的な建築様式」としての「対称」という形式を超えた「非対称」の美で、暗に古典主義をも超えた、それは岸田日出刀の言う「モダンの極致」であることを示している。「非対称」が「モダン」なのである。

「桂離宮」や「修学院離宮」でも、「非対称」で日本のそれは「現代的な美的様式」として近代の、「重要な革新的要素」であることを、谷口は「対称と非対称」で書いている。

3. 建築（家）は能のワキの「直面（ひためん）」――「科学的良心」・「第一義的な美」

谷口の『清らかな意匠』（1948年）*T-5-4-⑥ の「6・旗の意匠」に、

> 建築は能のワキの如く、面をつけない、直面である。……舞台の指導者たる大役の自覚を、かた時も忘れない。その指導者たるためには、建築は、他の美術にも増して、科学的良心を持たねばならぬ。ローマ時代の建築家のヴィトルヴィウスは「建築家はすべからく文字を、図面を、幾何学を、算術を、光学を、歴史を、自然哲学を、道徳哲学を、法学を、医学を、占星学を、音楽を知るべきである」と、ワキ役にもかかわらず、建築家は、このような修業を自ら極めなければならぬ。科学が進歩した現代に於いては、その修業はなおさら広く、深い。しかも建築家は直面でなければならぬ。フランスの思想家でモラリストのアラン（1868-1951年）が言った如く、建築の美は最も虚偽を嫌う。

（傍点筆者）

建築家は面を付けない「直面（ひためん）」としてのワキ（脇役）で、シテ（「仕手」・主役）は、「空間」であり「生活者」なのである。そして、「直面」に必要な素養が、その心の「はたらき」を自覚する「科学的良心」である。つまり「科学的に判断する意識」である。すると「面」とは何かである。芸術の「美」そのもののことか。何故に面をつけるのか。しかし建築家は何故に面を付けないのか。建築の美が、虚偽を嫌うからである。

　茶室の壁の「自己犠牲」による背景化は茶道具を前景として、その関係を能における助演的役割としての「ワキ」との関係を重ね合わせて、谷口はさらに、

　　それと同じく、建築は、絵画や彫刻などの姉妹芸術の美に対して、常にワキ役となる。……しかしワキだからと云って、決して建築が、絵画や彫刻に対して追従するものではない。むしろ建築自身は第一義的な美を発揮しようとし、同時に絵画や彫刻に向っても、第一義的な美を要求する。……建築は能のワキ役の如く、舞台の指導者たる大役の自覚を、片時も忘れない。

「第一義的な美」とは、最も根本的な美のことで、建築が絵画や彫刻に対して独自な美を追求せよ、つまり「指導者たる大役」であるということで谷口の好むワードである。

　谷口は「東京国立近代美術館」の設計をするうえでも、

　　美術館建築では、あくまで美術作品がシテであって、建築がワキであることが肝要です。最近では近代的な鑑賞をねらってディスプレー過剰になる場合がありますが、美術品の本来の姿を重視することに、主眼をおきました。しかし「能」で、シテより実際においては、ワキの方がもっと難しいと言われているように、シテの美術品を引き立てようとすると、ワキ役の建築の難しさをつくづく感じています。

　　　　　　　　　　　（「設計者としての所感」『東京国立近代美術館ニュース』1967年8月）

「東京国立近代美術館」（1969年）は、この文のようにシテの美術品を引き立てるために、ワキ役の建築として、「劇的な展示空間」構成し、1階から3階まである吹き抜けに階段が象徴的に設けられた。手摺は赤茶色のアクリル樹脂塗装で、螺旋状で円形の踊り場のような「見晴し台」があったり、遊歩道みたいに、それ自体が造形作品のようである。この階段のデザインが現代美術作品としての「能」の劇的空間であった（図Ⅳ-1）。しかし、その後の改築によりこの吹き抜けの螺旋状の階段という劇的空間のための装置は取り外されて現在はない。「シテ」の美術作品を喚起するためか、同じ「シテ」か、それ以上になってしまったからなのか。ロビーには菅井汲の壁画「フェスティバル・東京」を設けたりして、劇的空間であった。しかしその経緯について、櫻間裕子の「日本の美術館建築における劇的空間是非論 —谷口吉郎の東京国立近代美術館設計を中心に— 」（2014年）*KG-18 に詳説されている。参照されたい。

図Ⅳ-1　東京国立近代美術館の吹抜け階段

図Ⅳ-2A.　藤村記念堂の藩塀
と冠木門

4.「藤村記念堂」はワキ、藤村の「詩魂」はシテ、「旧本陣」跡地の 「焼け石」はツレ

　谷口の「記念碑十話（十）」*ST-7 には「戦後僕の建築の出発は馬籠の記念堂である」と、「藤村記念堂（下）」（『毎日新聞』1963年4月26日）に、その設計案を谷口は1947年3月に本陣の隠居所に戦時中から大磯から疎開して、そこに引き続き住んでいた英文学者で詩人の菊池重三郎に手紙で送った。

　　素人の工事だから構造は簡単にし、青写真には細部を詳細に書き入れた。木組みの仕口は信州地方のしきたりに従って、土地の工法を用いたが、建築そのものはいいかげんなものであってはならないので、材質感やプロポーションは念入りに吟味した。
　　その建築は細長い回廊のような形をして、内部には石井鶴三氏作の藤村像が置かれるものだったが、私の構想では、この建築はシテではなく、むしろワキだと考えた。シテはあくまで藤村の詩魂で、記念堂の建築はその余情を触媒するワキ役である。それゆえに、はじめ記念事業が計画された時、馬籠の人や周囲の人は火事で焼失した本陣の復興を要望したが、それを私は強く拒否した。うんと予算をかけても、復元は剝製にすぎない。資材も工費もとぼしければハリボテになるのが関の山である。見本か教材ならともかく、それでは木曾の詩心をけがすことになる。
　　そのかわり、荒れはてている本陣の焼け跡をきれいに整地して、そこに川砂を敷き詰め、二、三個残る基礎の小さい焼け石を地表に露出させることにした。昔の本陣の建物がシテなら、その消え去ったシテのかわりに、この焼け石はシテのツレを演じてくれるだろうと思ったからである。それに対して、新しく建つ記念堂の建物はワキ役となる。

　中世の昔、スイスのアルプスの山奥に、村人が自分たちで神に捧げられた小さい教会堂を建てたのと同じく、日本の木曾では村人が手仕事で記念堂を建てた。それは神のためではなく、藤村の「詩魂」に捧げられた建築であると、谷口は「馬籠の記念堂」（『新建築』1949年3月）

図Ⅳ-2B. 孤篷庵の忘筌席

図Ⅳ-2C. 藤村記念堂 用水溜り

に書いている。藤村は17歳の時に明治学院でキリスト教の洗礼を受け、それから近代的思想を吸収した。その愛と美の考え方は『若菜集』（明治30年）の「初恋」（『文学界』明治29年10月）という近代詩の最初の恋愛詩となった。その旧道徳からの解放というより、藤村の詩には「農民」の詩が多いように、谷口は「藤村記念堂」には馬籠の風土を表現した。

　大磯の「菊池重三郎記念館」には「藤村記念堂」の初期の計画案の青焼図面が5枚残されている。

5.「藤村記念堂」——旧本陣と隠居所の「藤村好み」の「写し」

□「細長い廊空間」＝「一畳台目」の茶屋風＋能舞台の「橋懸り」

　ここで重要なのは、能に例えられたワキ（脇）とは、シテ（仕手）の相手役のことである。つまり、新記念堂は、1895（明治28）年に藤村24歳の時に焼失した昔の旧本陣がシテとして主役であるのに対してワキ役なのである。しかし、谷口が本陣の復興を拒否したからといって、新記念堂にその「木曾の詩心」を有する旧本陣の姿をまったく無視したことは考えられない。むしろ積極的に、ワキとしてその遺形の余情を「触媒」にしたと想像できる。そこに「藤村記念堂」のデザインの原点を探し求めたい。そのためには、まず谷口がこの記念堂をどのように設計し表現しているかを確認してみたい。

　「藤村記念堂」（1947年）は、旧中仙道の木曾十一宿の一番の馬籠宿にある。街道に面して煤と柿渋を塗った黒い板塀と冠木門をまず建てた（**図Ⅳ-2A**）。この門は他の宿場の本陣や脇本陣にもある伝統的なもので、谷口の独自の意匠ではない。冠木門の突き当りには藩塀という目隠しの白い漆喰を塗った土塀がある。

　その藩塀の左手には梅の老樹があるので、賓「客」としての来訪者はこの飛び石の露地から右へと内露地の玄関に入ると、京都の孤篷庵の茶室の忘筌（**図Ⅳ-2B**）のように、壁の下が吹き抜けになっていて、それは茶室の意匠で、「用水溜り」の水面が見える（**図Ⅳ-2C**）。左側の壁は柱の一部を内壁に埋め込んで大壁として外に柱を見せない意匠で、吉田五十八などの新興数寄屋の木割りの工法であると、谷口は、「吉田五十八」（1954年）***MY-5**に書いている。それは土壁を「露出化せしめた」茶室の手法である。そして、入り口の狭い躙り口のような舞良

図Ⅳ-3Aイ. 記念堂の「玄室」

図Ⅳ-3Aロ. 藤村座像

3Aハ. 藤村座像正面

戸を右に引き開けると、谷口の言う棺のある部屋という意味の「玄室」としての展示室である（**図Ⅳ-3Aイ**）。右手には内露地のような腰掛けもある。床は土間で天井の垂木や登り梁と桁は表しで、室の幅は7尺、奥行きは七間半（45尺）と言われる広さで、遠くの奥の突き当りの壁には石井鶴三作の木製の藤村座像（**図Ⅳ-3Aロ・ハ**）が亭「主」として座っている。その脇の小さな書院には下地窓が付いていて、花まで生けてある。茶室の発生時の会堂には祖師の像を置いた儀式によるが、この座像はそれを思わせる。後の「木石舎」（1951年）の立礼席の茶室でも床の間はニッチ状に壁をくり抜いて小さな床になっている。右側の腰掛の上の長い側壁は展示のための間口の広い「大きな床」の間といえる。

　この記念堂の「小さな床」の間のような書院は原設計図にはなく、実施設計の時に変更して付けられたのである。「亭主」（藤村）と「賓客」（来訪者）の心の融合を意図して、谷口が「無賓主」の茶とする「主客一体」を意味する。

　「馬籠の記念堂」（『信濃教育』1953年8月）に、谷口は、藤村座像について、

　　その像に向かって、室内のあらゆる水平線がパースペクティブに集中する。……全ての水平線が、視覚的にその像に向かって集中している。そんな放射線の焦点に安置されている。

　その像は「首をうなだれ、瞑想しているかのごとくである」と、それは谷口の言う「家」とか「絆」とか「狂気」に「自己犠牲」によって抗う「亭主」の藤村の姿である。その水平線はブルーノ・タウトが「桂離宮では眼が思惟する。修学院離宮では眼は見る」と『画帖』*BT-12 に描いた「黄色の線」で、「差し込む光は次の間なる唯一の単なる形へ向かう」と、同じ種類の線である。

　谷口の「かげろうの日」（『別冊　文藝春秋』1948年、第8号）に、「床の間」は最初の頃は、仏画を掛け仏具を飾ったりして、礼拝の場所であったが、次に桃山時代になると装飾的な絵画も設けられた床棚になったが、

　　その当時に、「茶室」が出現していた。それは豪華なものに対して簡素の美を求める哲理を有していたため、茶室に於ける「床の間」は無装飾で、従って壁面も白い紙を張ったまま

か、或いは書や花のためであった。しかし、そんな場合に於いても、床に掛けられている「墨蹟」に対しては、その筆者の徳をしのび、それに向かって礼をするのが茶道の礼儀となっていた。従って、茶室の「床の間」にも礼拝の目的が伴っていることは否めない。

「藤村記念堂」が「茶室」に模擬されるとしたら、「藤村座像」の傍らの書院風の「床の間」に活けられた花とともに藤村の遺徳を偲びつつ礼をするための礼拝の場でもあった。「床の間」に掛けられた「墨蹟」とは藤村の遺徳である。

□「藤村記念堂」は「千家」の「茶室」である ──「極侘び」

　床の脇壁にあける窓や墨蹟窓には掛物を照らす役割があったが、利休はそれをあまり好まなかった。しかし、室内には適切な明暗の濃淡の分布をつくり出した。それもこの「藤村記念堂」にも反映している。北向き茶室を南向きに利休が変えたことも関係する。

　右の側壁の下には待合の縁のような束立ての腰掛け待合が茶室の立礼席のように長く一列に続き、そこに座り全面に腰板貼りのベンガラ色の家紋が描かれた４枚の腰高障子を開けると、旧本陣の跡地を皆が同一方向に見る。奥の回廊の先には肘掛け窓の外に突き出した手摺りの内側にやはり４枚障子があるが、原設計では合わせて四間に８枚障子が建てられている。その一間を取って小さな書院に変更している。この手摺りも当宿場の家々や奥の藤村も住んだことのある隠居所の２階にも付けられているが、当地方の伝統的な意匠であった。右側の長い壁の展示物は茶室の床の間の掛け軸に相当する茶道具で、賓客はそれに背を向けるがその前に座る必要があった。

　長い壁は谷口の言う「公共のトコノマ」である。室の幅員が７尺なのは腰掛けが１尺５寸で残りの回廊の幅員が丁度６尺弱つまり4.5尺までではないが5.5尺の一畳台目強の畳の長手の寸法である。一畳台目の茶室でも、利休の「待庵」の二畳台目の茶室でもこの６尺が単位である。その連続の八間である。しかし室の実際寸法は７尺×72尺（12間）なのである。引き違い障子が４間に８枚入った柱間と壁が３間の９尺（1.5間）の梁間が８スパンあるということで、14坪の建物である。そして短辺方向のディメンジョンとしても茶室なのである。「狭い」という見学者の印象はそこにあるが、庭に向けた障子窓によりその印象を拭い去っている。それは桂離宮などと同じ手法である。主として腰掛けから庭を見たり、庭を回遊するという手法はこの「桂」や「修学院」の手法である。それが当時の貴族の楽しみであった。

　千家三代目の利休の孫の千宗旦が利休像を祭る祖堂に寄り添うようにして造った一畳台目の茶室は現在の裏千家「今日庵」の原型で、床の間さえ取り去り「床なしの一畳半」の茶室で軸や花や掛けるのは「壁床」しかない。利休の「極侘び」の徹底である。新「記念堂」はその一畳台目の茶室の連結型といってよく、飛び石床の内露地（27尺つまり４間半）＋茶室の土間（45尺つまり７間半）の内腰掛スタイルで、全12間である。もちろん畳もなく炉もない。奥行１尺半の腰掛けは長い床の間または立礼立礼席と考えてよい。床は土間である。当時、谷口

図IV-3B. 修学院離宮
上の茶屋「隣雲亭」

図IV-4　藤村記念堂 島崎正樹の隠居所
A. 正面

は「タタミ」と「イス」の関係を調べていた。「修学院離宮」の上の茶室の「隣雲亭」と似ていて、軒の下に長い腰掛けのある縁側が続いていて、そこからの眺めが雄大である（図IV-3B）。

□「廊的空間」 ──全体が「遊環構造」(仙田 満)

　そして藤村座像の右脇から外の渡り廊下に出ると、藤村の父の島崎正樹翁の隠居所（図IV-4A・B・C）があり、その前には『夜明け前』の主人公の青山半蔵が狂死した木小屋の跡（土蔵）も残っている。飛び石伝いに記念堂の反対側から白砂の向こうから見ると記念堂を「前景」化して、全体としては離宮の回遊式庭園の途中にある茶屋のようである。そこには現在、外部用の腰掛けもセットしてある。その園路の飛び石の外側には桃や楓、棗(なつめ)などが植えられていた。地元の人々も谷口に倣ってそれを「回廊」と呼んでいた。したがって仙田 満は「廊的な記念館」としている。しかし本当の「背景」は旧本陣跡の顕在化としての白砂の「露出化された」庭地である。利休が秀吉の来る直前に庭の朝顔をすべて刈り取って、一輪のみを床の間に「前景」として生けたように、その花は藤村座像で潜在化した「死」である。谷口の茶室の概念から読み解くと「数寄の極意」である。

　谷口の「歴史の総合美」(『裏千家今日庵』淡交社、1977年）には、茶室とロマネスクの「バシリカ教会堂」を比較しているが、その類似性を、裏千家の茶会に招かれた場合に、

**　まず表の通りに面して門があり、それを「兜門」と称する。それを潜ると庭があり、周囲には塀と垣で囲まれているので、「内庭」となっている。……茶の庭は「露地」と称され、鑑賞よりも歩行に伴う静寂の心境が尊ばれる。それ故、兜門の向こうに続く石畳の通路を進んでいくと、一種の宗教的な気分に包まれる。その庭の奥に「玄関」がある。その玄関から室内にあがると、母屋の奥に「祖堂」がある。そこに利休の像が安置され、その前に燈明の火が光り、花が供えられている。……客は「茶室」に入ると「床の間」にかかる墨蹟に向かって頭をさげる。それは教会の「聖壇」に向かって聖像に礼拝するのに似る。その教会の内部に絵画や彫刻、工芸が飾られるように、茶室の内部でも茶器、絵画、花などが鑑賞され、その美の精神性が尊ばれる。**

B. 立面図

C. 清家清のスケッチ

　この記述から、まずマチスの「ヴァンス礼拝堂」を想起してしまうが、筆者は「藤村記念堂」の冠木門から、白壁の藩塀から石畳みの露地へと歩み玄関へと至り内室の奥の先に「藤村座像」を見る（前掲、図Ⅳ-3Aイ参照）。そこでは長い壁に茶室の掛け軸のような藤村ゆかりの人物の展示物が掲げられている。茶室の立礼席のような腰掛けに座して藤村の作家精神を忍ぶ。「藤村座像」の脇の下地窓の棚には花が生けられている（前掲、図Ⅳ-3Aロ参照）。このような「藤村記念堂」は「茶室」なのである。京都山崎の「待庵」の誕生過程で、天王山宝積寺の阿弥陀堂待庵には、次の間の隣の一畳に阿弥陀如来の座像室がある。それが「藤村座像」（前掲、図Ⅳ-3Aハ参照）に相当する。

　そして谷口は千利休から続く裏千家の14世淡々斎好みの「立礼席」にもふれ、茶室は「住居」として「住まいの機能と茶の美意識」が「家」のすみずみに行き届いていることに、「歴史的意匠」の特性を指摘している。「藤村記念堂」は藤村の「魂」の住まいとしての「家」である。

□ 能舞台の「橋懸り」──「茶」と「能」の合体

　「記念堂」をワキとしたように能の視点も必要である。この「堂」は能舞台における「橋懸り」（図Ⅳ-5A）であることに気が付いた。幅も7尺でその標準寸法である。それは揚幕から本舞台までの手摺りもある渡り廊下状の舞台の一部で、あの世とこの世を結ぶ道である。冠木門から土塀を経て、露地から玄関の躙り口を経て、内部の回廊を経て、正樹の隠居所と半蔵の狂死した木小屋の跡を本舞台とすると、「記念堂」は「橋懸り」で本陣跡地は逆に観客席となる。しかも実際に「橋懸り」の前には小石を敷いた白洲がある。まさしく観客席である。そして「記念堂」の天井の木組みを見て驚いた。「橋懸り」のそれとまったく同じ架構ではないか。

　谷口が慶応義塾大学の「萬來舎」（1951年）でも「茶室のセレモニーホール」として「ノグチ・ルーム」を茶室として作ったが、それも能舞台のワキであるとしているのと同種で、「茶」と「能」の合体である。

　「志賀直哉邸」（1955年）でも、表門には幅7尺長さ9間の土地を譲り受けて露地状に、「橋懸り」のようにつくっている。実際の能舞台の「橋懸り」の7尺という幅員と関係があるのか。「梶浦邸」でも「不二禅堂」にも橋懸りとしての裏露地がある。

図IV-5A. 能舞台の
「橋掛り」

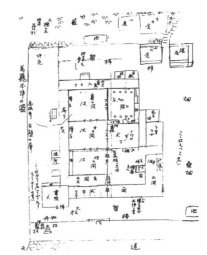

図IV-5B. 旧本陣の「イメージ図」

　昭和初期の日本の設計界では、「日本的なもの」の是非の解釈が注目されていたが、谷口は「京都の清涼殿及び桂離宮、修学院離宮」を"世界に誇るべき名建築"とし、ほかにも民家や茶室も評価していていた。杉本俊多は、「日本の民衆が培った伝統を新しい民主主義社会の息吹をもって活性化させつつ制作された」と、この記念堂を評価する。まさしく地元の民衆によって建設された建築であった。（傍線筆者）　その原像としては、旧本陣の建物があった。ここを訪れた建築家の多くが「場」を感じると話しているのも、そこに9歳で離村したが心は常に帰郷していた藤村の詩精神が堂内に漂っているからである。実際にも9回帰郷していた。

　谷口がこの旧本陣の昔の建物について地元の人々から聞いたか、または図面や写真を見て参考にしたのかどうか資料を探した。

　菊池重三郎の『木曾 馬籠 ―藤村先生の故郷』（小山書店、1958年）には、藤村の姉の長女の高瀬家に嫁いだ小園から聞いた文久2（1862）年に再建された旧本陣の「イメージ図」（図IV-5B）と、その清書の「平面図」（前掲、図1-9E参照）が掲載されている。しかし小園が本陣を正面から見た絵も思い出を頼りに描いていたという図はないが、菊池はこの図を見ていたのであろうか。実景のようである。

　　黒板塀と門柱の奥に、今日の馬籠でも到底見られない格式を持った邸が構えている。正面玄関の右手の勝手口の障子戸が見え、それに「本陣」の二字が読めるが、左手書院の障子の白さと共に、いったいこの暗いこの山国の建築の灯点しごろの美しさをおもわせる。書院前の牡丹の赤さ、松の翠、正面右の梨の木、また桑畑、遠く奥に見える隠居所など、総てこれらの配置は芝居の背景のように効果的でさえある。

谷口がこの絵を菊池から見せられていた可能性も充分にある。「黒板塀」、「門柱」、「障子の紋様」、「障子の白さ」などの「芝居の背景」のような配置は、すべて新「記念堂」に引き継がれている。

　「平面図」でも、生家は本陣、庄屋、問屋からなり、奥の間、中の間、次の間と長く続く南面する部屋の前の廊下には明かり障子が入っているが、それが外から見ると美しく見えたのである。それが新「記念堂」のデザインのモチーフとなった。

　『島崎藤村　生家の建築』（財団法人藤村記念郷、2006年）には、1940（昭和15）年「木曽教育会」の有志が東京の麹町区六番町の新居の藤村宅を訪ね記念堂の建設の話をすると、「大変ありがたいことです。作っていただけるならば、あの馬籠の隠居所を中心として考えていただけたら」と、答えている。それは江戸時代、文久2年（1862年）の遺構で、藤村も2階の8畳間に祖母の桂と暮らした所である。したがって谷口もその話を聞いていてこの隠居所の建築の意匠を旧本陣より重視したと考えることは妥当である。その白い壁、大きな障子窓そして手摺をデザインモチーフとしている（前掲、図IV-4A・B参照）。清家のスケッチもある*ST-15（前掲、図IV-4C参照）。

　「藤村好み」（『藝林開歩』東京出版、1948年）に、谷口は、1946（昭和21）年10月28日に、野田宇太郎とともに馬籠を訪れた。出迎えた島崎楠雄と菊池重三郎の案内で旧本陣跡に来て、

　　私は馬籠に来て、周囲から藤村氏に関係あるものを、造形的な角度から探し求めた。作家藤村を生んだ環境から、私は建築家として、自分の目をカメラのレンズのようにして、「藤村的なもの」の造形的映像を捕えようとした。

　それは「藤村」らしい「好み」を探ることである。この長い谷口のエッセイは重要である。

　まず本陣では、「畑となった屋敷跡にも土台石が見えず、そのために昔の建築の構えや間取りをそれによって推測してみることも、難しかった」が、後に礎石は掘り出されている。しかし隠居所だけは幸いに残っていて、「この地方の民家として珍しい様式のものであった」と、谷口は、

　　幸いにも残っている隠居所には、「ゲーテの家」のように、藤村の手回り品や遺愛の品を陳列することもよかろう。裏の筒井戸の水で、馬籠を訪れる人にお茶を接待する設備を作るのもよかろう。土蔵跡の古池あたりに腰掛けを配置して、人々の語り合う場所とするのもよかろう。

　谷口の新「記念堂」の外部の腰掛けの着想の一端が述べられている。谷口の言う通り実際に、現在も白砂地の向こうには腰掛けのベンチが置かれている。腰掛けを用意し、井戸の水を使い茶を振る舞うことに着想している。それが新「記念堂」の茶屋風の発想となった。

　菊池重三郎は、『木曽馬籠』（1958年）*ST-6で、完成した冠木門を目のあたりにして、「まる

図Ⅳ-5C. 記念堂外部の腰掛け

で芝居の門構えのようなものが出来上った」と書いている。そして村人の1人も、「おいら、何だかここで芝居をば演（や）りたくなったよ」と話している。その場所は冠木門のあたりの、白い土塀との間の飛び石のあるスペースである。というより、筆者はむしろ土塀の向こう側の本陣跡の白い砂地の方が似付かわしいと考える。そこの場所が「シテ」だからである。その土塀の裏に木製のベンチが現在置かれている（図Ⅳ-5C）。

　谷口は東大の学生時代に歌舞伎座や築地小劇場にも通い、舞台装置をスケッチして本郷森川町の下宿に帰り図化している。谷口は演劇に関心が深かった。しかし舞台装置の設計は現実的にはすることがなかったが、清家は、遠藤周作の「黄金の国」（1966年）を劇団「雲」で舞台装置の処女作として設計している。その舞台にはスレンダーな冠木門が2か所もセットされている。それは「藤村記念堂」の影響であるのか。

□ 石造りの円形・野外劇場 ——「藤村会館」

　実は「藤村記念堂」の本陣跡地は能舞台として、白い砂地もあるし、「記念堂」の「橋懸り」とする内腰掛けに座ると、まさしく舞台として相応しい。砂地の向こうには、外腰掛け（ベンチ）もある。谷口には「記念堂」の完成後の2期工事として、敷地奥の裏の竹やぶの現在の第3文庫・常設展示室の所へ、古代ローマ時代の石造りのような一千人も収容する「野外劇場」を建設するための梵天山より石を集める作業も始まっていた。その名称を「藤村会館」とすることまで考えていた。「堂」の次は「会館」か。

　谷口の「野外劇場」（『群像』1953年2月）には、川底から石を運んで積み上げるのだが、

　　その計画は遅れて、まだ完成していないが、私はこんな山深い寒村に、村人の手で、野外劇場を造ってみたいと思ったのは、藤村のゆかりの地に、村人の素朴な催物により、藤村の作品が劇化されたり作曲されたりする時に、そこに初演されたり或いは藤村の霊に捧げたりしたら、どんなにいいだろうと思ったからだった。

　谷口はドイツ、スイス、イタリアなどの例をあげて日本での野外劇場の実現を夢見ていた。

谷口は東大の学生時代に劇場に通った経験からの発想からである。仙田 満はこの谷口の円形
野外劇場を早くから注視し、自分の作品に採用したのではないか、その影響を感じていた。
仙田は東工大を卒業し菊竹清訓建築事務所に勤務していた時にも、ときどき母校の東工大の
製図室を訪れて仙田と親しかった私たち後輩の米田良三君にギリシャの「円形野外劇場」風の
建築設計をアドバイスしていたのを、筆者は目にしている。

　谷口の「藤村好み」(『藝林閒歩』1948年1月）には、「藤村記念堂」を設計するために、敷地
を訪れて、

> 旧々本陣は万延元年（1850年）に類焼したが広さは130坪あった。そして文久元年（1861
> 年）に再建されたが半分の74坪で、それが旧本陣であったが明治28年（1895年）に大火で
> 焼失した。その間取りは、次の間、中の間、に奥の間が南面に続き、さらに西側に床の間と
> 書院のある十畳の上段の間があった。廊下も長く矩折(かねお)りに続いていた(前掲、図IV−5A参照）。

「藤村記念堂」の原形はここにある。しかし、本陣跡の復興、昔の建物の再建だが、そのために
は、建築史学的研究が必要で、信用のおける資料に基づいて復元工事をしなければならないが、
その簡単な「平面図」がある。

> 　しかしこの建物が火事で焼失する前の様子は全く不明となってしまい、ともに今日のよう
> に建築資材が実に乏しい時には、良心的復元工事は甚だむつかしいと見なければならない。

　それと、俗悪な看板建築が建てられるより、「その跡を清く浄化することによって、かえっ
て追想を美しくすることができる」と、「ゲーテの家」のように藤村の遺愛の品を陳列するこ
とで現実感を出そうとしている。
　「藤村記念堂」の落成式には、佐藤春夫は式辞に、「詩人藤村の頌」の詩を、「これわが国の
ワイマール……」と、朗読した。そして、谷口も、この日本の地で「ゲーテやシラーの記念の
仕方を一歩進めたい」と、話している。つまり佐藤も谷口もドイツの小都市のワイマール公
国で活躍したゲーテやシラーのことを考えている。谷口は1934年8月には、在ベルリン中に
自動車でワイマールの「ゲーテ・ハウス」を訪れて、「シラー・ハウス」にも立ち寄っている。
そこで記念館の展示の方法も学んでいたから、それを参考に、と詠んだのが佐藤の詩である。
谷口もまた、「高山植物の美しさを僕の建築として現したい」と、馬籠の地元の人に話していた。

□ 藤村の文体から
　谷口は藤村が用いていた原稿用紙の枠の縦と横の十文字に交差した部分も、そしてお墓の
石一本にも、「本陣跡の設計に対する鍵が潜んでいることに気が付いた」と、そんな「藤村好
み」の意匠が「私の造形心を刺戟した」と、結んでいる。

そして谷口は、「藤村全集」の写真にある四畳半の狭い机だけある藤村の書斎にも、その「好み」を感じている。

東工大で谷口と同時期に、教授として英語を一般教養で教えていた文芸評論家の伊藤 整の死後の出版の『近代日本人の発想の諸形式』（奥野健男編・解説、岩波文庫、1981年）には、島崎藤村の文体について、

> 藤村の文体は、近代日本文学の中で最も特殊なものの一つである。物事を明確に言わず、暗示的に言い、しかも圧力が強く、強引である。……広汎な層の民衆に対しては、暗示的な圧迫的な強い言葉の方が利き目をあらわす。それを藤村は挨拶の言葉から学んだのである。

その伊藤に私淑し『大岡山文学』を吉本隆明とともに始めた奥野健男は『間の構造』（集英社、1983年）に、この伊藤の藤村の文体論の箇所について、それは「藤村の文学が、気持ちが、言いたいことが論理を超えて心でわかるのである」と、その「風土性と人間関係の中から必然的に発生したものではないか」と強く、馬籠の風土と島崎家の人間関係に因ると、藤村の文体から「藤村記念堂」の必然を示唆している。しかし、奥野は反対に、「物事を明確に言わず、暗示的に言い強引である」と、文壇では非現実的と言われた伊藤 整の見解を掲げている。すると、藤村の「簡素」という書は、理想、目標を書いたと言ってもよい。東大からMIT（マサチューセッツ工科大学）に学んだ伊藤 滋は「私の父（伊藤 整）と谷口さんとは親しいのですよ」と谷口吉生に話している。谷口吉郎は、伊藤 整を「博物館 明治村」の理事として迎えている。伊藤は幾度も東工大本館3階にあった谷口研究室を訪れていた記録がある。

□ 完成その後、平山忠治・清家 清・仙田 満

菊池重三郎の『木曾 馬籠』1977年）*ST-6には、冠木門と塀が完成したので、検分に見に来た谷口は、帰京した後の8月21日の菊池への手紙に、

> 私にも、ふるさとが一つ増えることになるのを嬉しく感じました。藤村さんの記念事業のおかげで、馬籠は、私の思い出深い土地になりましょう。藤村の言われた心のふるさとが、多くの人と共に、私の心のふるさとになりましょう。……村の若い方々の努力を、ことに喜ばしく思います。

単に「一座建立」とか「アルバイト・ディーンスト」などという言葉では括ることのできない、谷口の地元民の「ふるさと友の会」の人々との協働の喜びであった。したがって、もう谷口のモダニズム様式からの「自覚のない」転向などという問題ではない。「自覚のある」風土への「回帰」である。それを「転向」などというのは相応しくない。谷口本人も、「もっと建築の実質的検討、考究、研究に立ち入るべき転向が意識されねばならぬ」と述べている。一般的

には、それは戦後の「庶民」による人道主義（ヒューマニズム）建築への「転向」である。

平山忠治はこの記念堂を撮影したが、「谷口さんのは、あれは現代建築とは言えないね」と答えている（『眼の力』建築家会館叢書、1996年）。そして「日本人の室内感覚というのは、奥行きのない横ひろがり並列型の愛好で、ヨーロッパの室内空間の観念は縦深型の愛好である、ということだが、これはヨーロッパにいる時に、シンケルのベルリン国立劇場を見たときに気が付いたのだが」と、その理由を説明している。あまりにも並列型の日本的であるということである。

清家 清は「作品解説」で、青木志郎とともに谷口に連れられて現場を訪れた日から、「あれから、三十年その後訪れる機会もない。私の一番教えられた作品である」と結んでいる。清家の４年後の「森博士の家」（1951年）や、「斎藤助教授の家」（1953年）への影響が顕著であることが「日記」にある。

仙田 満は『遊環構造デザイン―円い空間が未来をひらく』（放送大学叢書053、左右社、2021年）の「1 環境の意匠」に、藤村の生家の焼け跡を虚なる空間として残し、その前にささやかな「廊空間」である、この藤村記念堂を「遊環構造理論」の典型で、片側開放の「単廊」であるとする。師の建築に対するまさしく適宜とも言える分析である。そのベンチの意味も筆者に教えてくれた。そして、村人たちの「参加・協同のデザイン」が強く意識されたことに、感動している。

6. 佐藤春夫と花─「一つのこりて咲きにけり」─「花癡（かち）」

戦時中、文芸雑誌としては河出書房の『文藝』が唯一認められ、谷口はベルリン滞在記を「雪あかり日記」（1944～1945年）として５回連載した。その後、谷口が文学者仲間の会合に出席すると、佐藤春夫や川端康成によってその「雪あかり日記」に厚意ある言葉をもらい交流が始まった。

1953年には青森県十和田湖畔の奥入瀬に「奥入瀬渓谷の賦」の「佐藤春夫詩碑」を建てた。そして20年後の1974年に春夫の没後、母校の慶應義塾大学の三田に追慕する人たちによって同じく「佐藤春夫詩碑」が図書館の近くの三田詩林に建てられた。

　　さまよひくれば秋ぐさの　　　　一つのこりて咲きにけり
　　おもかげ見えてなつかしく　　　手折ればくるし花ちりぬ（たお）

谷口は、この碑に「一輪の花か、あるいは葉だけの小枝であってもいい。それが花立てに挿してあれば、この碑を訪れる人は、それを眺め、石に刻んだ詩を口ずさみなから思慕の念を深めることになろう。そんなことを私は念じた」と書いている。

この詩は春夫の『殉情詩集』の中の、28歳の時の四行詩の「断章」にある。谷口は、

「春の日の会」というのは春夫さんの誕生日を祝うために、その詩風を慕う人たちが春の日に集まって、親しく語りあう会で、私も数回出席している。門弟三千人といわれるだけあって、にぎやかな楽しい集いであった。その「春の日の会」の人たちによって、佐藤の没後十年に当り、三田の岡の上に詩碑が建てられるに至ったのは喜ばしい。

　春夫が「花」をテーマにしていたことは詩碑の歌でもわかるが、「庭と家と花のオブジェ」を愛したと川本三郎は『大正幻影』（岩波現代文庫、2008年）で書いている。小石川区音羽町の家では壁に、凌霄花（のうぜんかづら）を這わせ、庭にはマロニエを植えた。そして作品には「家」が出てくるが、それは「家」を超えて「イエ」という人工物・オブジェであった。『田園の憂鬱』（大正7年）には、おびただしく花が氾濫している。とくに薔薇（ばら）を愛した。自分を「花癡（かち）」、「花に痴れる」つまり「花気狂い」と呼んでいた。「花の作家」である。

　春夫が師の永井荷風の死に霊前に捧げたのはマロニエの一枝であった。春夫は野生の花ではなく栽培された人工のひ弱な花を好んだが、一方で木下杢太郎は野生の花や草木、雑草を着色して描いた。谷口が、「花の書の会」を作ったり、墓碑に花を捧げたのも春夫の影響が強く同じく「花癡」であった。しかし、逆に谷口は終戦の頃に佐藤春夫に、「谷口さんの文章は純米のお握りを食べる様だ」と評されたと語ったことを、弟子の関龍夫は書き残している。

　佐藤春夫は建築が好きで家のデッサンをして、「紙上建築」として模型まで造っていた。実際に自分の家まで建てている。しかし、春夫は、

　　私は住むために家を建てるのではなく、建てるという事を楽しみたいのである。つまり私は文学以外のもので、私の詩を造ってみたくなったのである。

　やはり家の設計は「詩的事業」と称した詩的行為なのであった。春夫は老建築家を主人公にして「淡い幻想」の小説『美しい町』（1919年）を隅田川の中州を舞台に書いている。そこには今日、その当時の面影はまったくない。

　谷口が「建築も詩である」と常々言っていたのも佐藤春夫の影響を強く感じる。

　村松貞次郎との対談で谷口は、「それを初めて詩人と会って、詩というものを知ったとき感じました。詩人は純粋な感動を自分の生き方に求めている」と、その詩人の１人に佐藤がいる。

7.「文章は蚕の絹糸」（春夫）――「建築は水晶の結晶」（谷口）

　谷口が文章を書くことは「設計の図面を書くことに較べるとずっと気が重い」と、師事していた佐藤春夫に告げると、「文章は蚕が絹を吐くようなものだ」と言われ、その詩人らしい言葉に谷口は感動している。そして、

図IV-6A.「春の日の会」での
佐藤春夫と谷口吉郎

　なるほど、蚕は一本の糸を吐き続け、美しい繭（まゆ）を作る。小さい一匹の虫がこれに命をこめ
る。文章というものは、詩人の佐藤さんにはそういうものであろう。その言葉を聞き、それ
ならば私の専門とする建築とは何であろうかと考えてみた。文章が蚕の絹糸であるなら、建
築とは水晶のようなものではなかろうか。むろん石にもいろんな種類のものがあって、普通
の石もあれば、貴重な石もある。したがって各種のものがあるが、文章に詩があるように、
建築にも詩があるとすれば、私の求めているのは、水晶の結晶のごとき建築であろうか。そ
んな建築を私は念願している。

　谷口はそのような建築を作るために、「自分の生き方に純度を保ちたい」と自分に言い聞か
せている。「純度が高い水晶」のような建築である。「文章」は軟かい「絹の糸」で、「建築」は
節理のある硬い「水晶の結晶」のようだとは何を意味するのであろうか。谷口の「追憶」（「記
念碑十話」1963年）*T-5-11 に、より「結晶」について詳しく書かれている。それは「詩」であり、

　　時は流れ、生きるものはすべて消え去っていく。その流動と消滅の中に結晶する文字が
「詩」というものであるなら、造形にもそんな結晶体があるはずと思う。

　陵墓などは「追憶の造形であり、哀悼の結晶体」である。ブルーノ・タウトの「アルプス建築」
（1919年）『タウト全集』第6巻（1944年）には「クリスタルハウス」（水晶宮）として、多く
のスケッチがあり、

　　光り輝くクリスタルハウス！　その内部には深い沈黙。建築材料はすべてガラス、壁も天
井も床もすべて。

　それはゲルマン的な「自然崇拝」心が色濃くただよい、自然の清澄性を現わそうとしている。
谷口の意味する「建築は水晶」にも、この影響はあるものと考えられる。
　佐藤春夫と谷口吉郎が2人で話している写真（**図IV-6A**）がある。何かの集まりか畳敷の大広

図Ⅳ-6B．藤村記念堂の竣工式の参加者の記念写真

図Ⅳ-6C．十和田湖畔の「乙女の像」の序幕パーティ

間に多くの人々の集う中で鉤の手に2人が坐り、卓の上には酒器も見える。何を話していたのか、谷口は身を傾けて佐藤に話しかけて親交している様子である。春夫の誕生日を祝う「春の日の会」の一場面であろうか。

　1947（昭和22）年11月15日に、「藤村記念堂」は完成し、落成式（**図Ⅳ-6B**）の式典に佐藤が加わり、自作の「詩人藤村の頌」を朗読し祝辞に代えている。そして藤村の有名な「まだあげ初めし前髪の林檎のもとに見えしとき、前にさしたる花櫛の花ある君と思ひけり」と『若菜集』の「初恋」の詩を佐藤が揮毫して、堂の白壁に掛けられている。その時の写真がある。

　そして1953年11月15日に、十和田湖畔に建つ高村光太郎の「裸婦の像」が完成するが、谷口はその台座を設計した。それにも佐藤春夫は参画していて、記念碑の序幕パーティの写真では、谷口は高村光太郎の隣席に座り、前には佐藤夫妻と草野心平が建設委員として出席している。谷口を中心に隣りに春男と光太郎という写真（**図Ⅳ-6C**）もある。

　谷口は「十和田湖記念像由来」（1956年）*E-51 に、

　　佐藤春夫さんと私の関係は、それ以前、戦後間もない時だったが、信州の馬籠に島崎藤村の記念堂が建った折も、その建設について御指示をいただいていた。またペンクラブと三田文学の協同で広島市に原民喜の詩碑が建てられる計画についても、私は同氏と御相談していた。そんな関係で、私は記念碑の建設事業を通じて、佐藤春夫さんとは前々からお近づきを得ていたので、この十和田湖の場合でも、同氏の御意見を最初から尊重していた。

　1951年11月13日の広島市基町城址公園の「原 民喜詩碑」の除幕式に2人は出席し、その後一緒に宮島を見学している。現在は平和記念公園に再建されている。

　佐藤は「わが敬愛と友情のしるしに―谷口博士に贈る」と、「藤村記念堂」について、旧本陣のあつかい方の、その詩想を賞賛している。

　戦後は、木下杢太郎の亡き後の谷口の文学の友人は野田宇太郎の他には主として佐藤春夫であった。それは佐藤が慶應の予科で学んでいて、「三田には明治43年9月から大正2年9月まで6年間も文学部に在籍した―放縦なる青春の記念の地― であった」と、佐藤は述懐して、

校舎は、わが敬愛する谷口博士の設計にかかる漸新で純潔な、新校舎に代えて世に誇るに足るものが出来て学園にすがすがしい気分を添えた。

谷口が三田で設計した新校舎は、戦後の1949（昭和24）年の三田の慶應義塾大学第三校舎（四号館）が初めてであるからその校舎のことであろうか。

8.「一輪の花」と森 鷗外詩碑 ——「沙羅の木」

□ 谷口「自邸」の枝垂れ梅一輪

清家 清と仙田 満の対談「真っ黒なスケッチ」と「清らかな意匠」—『谷口吉郎の世界』モダニズム相対化がひらいた地平（『建築文化』1997年9月）で、清家は、

> 「そうね。先生の家で私がえらく感心するのは、いつ行っても同じなんだな。私の家なんか、いつ来ても変わっているんじゃないかと思う（笑）。たとえば棚があるとすると、その棚は違ったものが置いてあったりなんかするけど、建築は変わらないんだね。しつらえ（室礼）が少しずつ変わったりなんかするぐらいで」

清家は、谷口邸には「あちこちにちょこっと物が置いてある」と記録している。確かに谷口「自邸」の写真（『新建築』1936年6月）を見ると、1階の「応接スペース」の玄関側の壁に小さな棚があり、小物がその下の地袋棚の甲板の上には立壺が置いてあるが、九谷焼であろうか。広間のニッチにも、花びんに花が、2階の吹抜に面する書斎にも壺に草が生けられている。2階の和室の窓脇の長い小さな奥行きの棚にも花以外の小物が、そして床の間の地袋の焼物には椿か梅か白い花が一輪挿してある。この位置が入れ替った写真もある。とにかく小棚が多かった。清家の「私の家」や、「続・私の家」にも随所に花器や花でない小物が置いてあった。確かに「続・私の家」も机と椅子の配置は筆者が訪れる度によく変っていた。

清家は「風土と建築」*T-1-4-1で、谷口吉郎の持つ「詩情」（ポエジー）とは住宅建築を「容れ物としての単なる箱ではなく、生活の装置たらしめる在り方」として、「自邸に見られる小さな棚の上の炉」に、そこに「生きる人間の生活」までの演出を心得ている「手の内」を感じている。

谷口の「わたしの城・気の向く所がすべて城」（『週刊朝日』1972年12月7日）に、

> 好きな書物を数冊、手もとに置いて、勝手に見る。そんなのんきな読者である。机も手軽なもので、位置は自由。時には、柱にもたれかかり、あるいは畳の上に寝ころんだり、気ままである。畳があきると、食堂や応接のテーブルを使う。原稿も、設計のスケッチも気の向く所で書く。従って、自らの城と言えるような書斎はない。

図IV-7　谷口「自邸」　　　　　B. 庭での谷口吉郎　　　　　C. 私の書斎
A. 増築後の庭先

　増築された「自邸」和室の太い柱に寄り掛かり、眼の前の窓外の枝垂れ白梅を眺めて、机の前に座る谷口の右脇の放熱器らしい収納庫の上の細長い棚板の上には小皿や花瓶が置かれている（図IV-7A・B・C・D）。谷口吉生の『せせらぎ日記』の「あとがき」（1980年1月）[*T-5-20]には、

　　谷口吉郎の原稿を書く場所は、……特に自宅の和室で、庭の大きな垂梅の見える位置が気にいっている様子であった。

その谷口が垂梅(しだれうめ)を見て坐っている写真がこの場所である（前掲、図IV-7C参照）。

□「銀製の花一輪」──大きな「神の手」

　『雪あかり日記』の「雪あかりの日」には、ウンター・デン・リンデン街に建っている「無名戦士の廟」を訪れるが、雪あかりは夕方でもう紫紺色になっていた（前掲、図II-19A参照）。

　　内陣の壁は、黒ずんだドイツ大理石で仕上げられている。その石の肌は粗く、いかにも固そうだった。壁の表面には装飾一つなく、窓もない。床には、黒い小石が敷きつめてある。このように内陣は、黒色を基調とした四角い空間にすぎない。ただ、正面の壁には木製の十字架が掲げられ、その左右に燭台が立つ。……その上には、銀色の花輪が一つ飾ってある。……天井の中央には、丸窓が一つあけられていた。日中ならば、この丸窓を通して天空の一部が見あげられる。お天気のいい日には、この丸窓から日光が射しこんで、銀製の花輪が美しく光り輝く。室内の黒ずんだ空間の中で、銀色の花輪が輝いている光景は、静寂で、感銘的な印象だった。

　幾度も「銀色（製）の花輪」と書く、この空間体験は谷口にとって、室内空間としての原点となった。谷口は、大はローマの「パンテオン」のドームの天空光や、小は茶室の明かり窓まで、天上からの光に魅かれていた。そして内陣はいよいよ暗くなって、壁、床、台石などすべて「黒色を基調」とした薄暗い壁の前の一輪の「銀製の花輪」に天井の丸窓から射す紫紺色の、ほのかな「雪あかり」を残して、

D. 床の間の「一輪の花」

図Ⅳ-8A. 森 鷗外詩碑 「沙羅の木」

　今朝から霏々（ひひ）と降っている雪は、丸窓からも降り込んできて、金属製の花輪の上や、台石の周囲に、白く積っている。

　「その光景は世にも美しいもの」として、「日本の建築家である私の心に、建築を庇護する大きな＜手＞のあることが感じられた」と、その「手」とは、「そのリルケの詩のように、やさしい神の手が、この＜無名戦士の廟＞を抱きかかえているように、私に思われた」と、感受した谷口だが、それを「手」の美しい演出力であろうとしている。
　建築内部の設計者はテッセノウである。谷口は、テッセノウを「当時強い反伝統的な運動を起こしていた新しい国際主義建築に対して、一種の新しい伝統主義を守る建築家であった」として、「早くから新古典主義の傾向を示していた」と、自身も「新古典主義の建築家になる」予感をにじませている。現在、この廟の内部は改修されてケーラ・コルヴィッツの『ピエタ』の母子像が置いてある。

□「森 鷗外詩碑」──「沙羅の木」の白き花
　戦後、焼失した鷗外の観潮楼跡地に、1954年の鷗外の33回忌の命日に、谷口の設計で詩碑（図Ⅳ-8A）が建立され、その後の1962年に、「文京区立鷗外記念本郷図書館」が同じく谷口の設計で建設された。その時に、当初の詩碑に用いられた永井荷風の書による銘板は藪下道に面した外部の廻廊の壁に移された。その碑は野田宇太郎により選ばれた鷗外の「沙羅の木」の詩（『明星』1915年9月）である。

> 褐色（かちいろ）の根府川石に　　　　白き花はたと落ちたり
> ありとしも青葉がくれに　　　　　　見えざりし沙羅の木の花

　森 於菟は『父親としての森鷗外』（筑摩書店、1969年）に、「＜沙羅の木＞は観潮楼の西南側にあった植込みの中で隣家の酒井子爵邸の近くにあり、初夏には白い花が咲くが、気を付けて見ないと見すごすほど、淋しい花であった」と、木犀（もくせい）であると於菟は書いているが、「沙羅

227

図Ⅳ-8B. 夏椿（ナツツバキ＝
サラノキ）

の木」で、鷗外が2階の和室の書斎から庭を見下ろした時のことか、白い花が枝を離れ庭石に
落ちて、その一瞬、鷗外の心をよぎったのは命の儚さに対する感慨か、静謐な畏敬への思いで
あったのであろうか。その花は一輪咲いて一輪散る。その孤独の死、鷗外自らの絶唱の余情詩
である。とにかく白く小さい花々で、筆者も近年にかつての場所で目にして手に取っている。
　谷口はこの詩碑発表の時、「鷗外の命日の7月9日には、その花が白く、ほころぶ」（『新建築』
1955年4月）と書いている。実際には詩碑の左に鷗外の胸像が置かれ、右には3本の「沙羅の
木」が植えられていた。現在の新「森 鷗外記念館」の庭の壁にこの碑が埋め込まれているとと
もに、当時の場所に近い庭の隅の根府川石の傍に「沙羅の木」が新しくひっそりと植えられて
いる。旧館の時から、この詩碑は訪れるたびに目にしてきた。
　『文学散歩 ―鷗外生誕百年の記念』（1962年）に、野田宇太郎は、

　　毎年夏になると庭石の上に沙羅の木の白い花片をこぼした。多忙な鷗外ではあったが、或
　　日その花のこぼれる音をきいて、季節の暦を読んだ。ひそかに咲く花は美しいが、美しいも
　　のは、また亡びやすい。「沙羅の木」の詩を読むと、あらゆる俗世の肩書などをかなぐり捨
　　てた人間鷗外の孤独な姿が髣髴する。その詩が好きだった私は詩碑の建設を建設委員会に
　　はかり、それが決定したわけである。

　実際は、森 於菟と野田宇太郎と谷口によって選ばれた詩であった。鷗外自筆草稿『花暦』の
6月18日に「サラノ木」と記されている。
　この樹は夏椿（**図Ⅳ-8B**）で、誤って「沙羅の木」と呼ばれたため、その小形を「姫沙羅」と
された。「シャラノキ」は、この木をインドのシャラノキ（沙羅樹）と間違ったことに基づく。
鷗外の次女の小堀杏奴は『晩年の父』（岩波書店、1981年）に、

　　父の死んだ年、何時もそれほど花の咲いた事もない沙羅の花が一面に咲乱れて、石の上
　　や、黒い土の上に後から後からそのままの形でいっぱい散った。
　　母はそれを拾っては父の位牌に供えていたが、その翌年はもう枯れてしまって、どのよう

に丹精してみても駄目になってしまった。……父が気にして落ちると拾いに出ていた花が、その死と共に直ぐに枯れてしまったのを母はひどく心細がっていた。

　暫くして母と二人で散歩に出たら、夜店に思い掛けなく小さい沙羅の木の植わった盆栽があったので、買ってきてそれを少し離れた場所に植えて置いた。

現在、記念館に植えられている細い「沙羅の木」は杏奴の植えたその時のものだろうか。

「火野葦平文学碑」（1960年）*T-1-3-5-⑥ は、北九州市若松の高塔山に谷口の設計で建設された。葦平の四行詩の前半の「泥によごれし背囊に　さす一輪の菊の香や」とあるが、ここでも一輪の菊の花で、白色の花であろうか。谷口はこの詩の採用にも同意している。

谷口の場合は、文学の素養の他に、茶事生活の体験と知識がある。そこから「花一輪」が詩碑や墓碑に表現されている。

9.「茶室」の壁の「自己犠牲」（ワキ）と「一輪の花の美」（シテ）

谷口の「旗の美」（1942年）*E-23 に、「明徹した意匠精神こそ茶祖の村田珠光から武野紹鷗に、紹鷗から利休に伝えられた＜数寄＞にほかならない」として、その極意を発揮した例として、

　今でこそ、日本住宅の座敷には、「床の間」があって、その壁は、いずれも土壁になっている。しかし珠光以前ではその壁は、「張付け」といって、鳥の子紙などを張り、それに絵などが書きつけてあった。しかし珠光はこれを「白張付け」にした。つまり鳥の子紙だけにして、絵をかかず、無地とした。次に紹鷗に至ると、その紙さえ剝ぎとって、土壁をむき出しにした。

続けて、「壁をむき出しに土壁とした」理由を、

　これは床の間にかけられる掛物や、花の美を効果的に表現するために、それと壁面の調和を考え、そのために、わざと土壁を露出せしめたのである。即ち、絵や花の美のために、建築から一切の対立的なものを、除去したのである。姉妹芸術のために、建築は文字通りに我が身を裸にしてしまった姿であった。

そして「床の間」の土壁に、一輪の花が掛けられる構図が出現したのである。何か谷口の建築を象徴する主意で、

　それは、絵に絵の美を発揮せしめ、花に花の美を発揮せしめるために、壁は、むしろ、自己犠牲とならねばならぬ。その自己犠牲によって、茶室の内に絵以上の、花以上の美が発現されるのである。これこそ数寄の極意である。これは、利休の秘伝書とされる『南方録』の

中に書き伝えられている一つの例である。

　ワキの「壁」を、シテの絵と花のために「自己犠牲」にするとは、谷口の「壁」と、室内空間を感じる。谷口「自邸」が外観からモダニズム建築とされるが、室内には、多くの小棚に置かれた花器に花が生けられるように、「壁」を比較的奥行の浅いが平坦な横長の床の間状としたデザインである。それは数寄の極意である。谷口と中村昌生の対談「谷口吉郎の和風─建築と風土・建築に生きる─」（『木』1977年4月）では、中村が東京の学会における谷口の講演で「利休の『南方録』の中に、日本の建築美学というか建築論のようなものを見る」という話を聞いたとの発言について谷口は、

　　「私は『南方録』を読んでおりましても、決してお茶の本として読んでいるんじゃないのです。ですから南方録を読みましても、……利休の言っている"わび・さび"と、私たちが言っているのとは果して同じかというと、必ずしもそうとは言えない。"わび"というのは、もっと少しきれいな、明るいものがあるような気がしますね」

（傍線筆者）

　『南方録』（1593年頃）とは、南坊宗啓の書いた利休茶道の秘伝書である。谷口は「侘び」とは汚れてくすぶったものではなく、「もっとさわやかで生き生きした世界でしょうね」とも言っている。つまり飾りやおごりのない閑寂な味わいのことである。谷口は「侘び数寄」の建築家と言える。（傍線筆者）

　谷口は千利休の死に「潔白な美」を求めた「清冽な意匠」として「花をいけ、香をたき、静かに茶をたてた。それが終った時、従容として茶室の中で自害したと伝えられる」と、谷口は書いている。そして利休の「朝顔の茶会」とは、秀吉が利休の庭の朝顔の花を見ることを希んだため開かれた茶会で、当日、利休は庭の朝顔の花を全部摘み取り、床の間の花入れにたった一輪の朝顔の花が生けられていた。「床の間」の壁には「一輪の花」のみが、「数寄」であるとの利休の最期の茶事であった。

　谷口は「形と線と」（帝国大学新聞、1941年11月10日）に、

　　一輪の花を見ても、私はその形の構成方法に心を惹かれる。蕾に包まれていた時の形から、次第に咲きだして花になるまでの間に、如何に花弁が畳みこまれていたか、その薄い材料の構造学的な用い方を考えてみても、その巧みさに驚かされてしまう。……こんなに、ものの美しい形を、構造や材料から考えてみることは、いわゆる「上から」の考えに対して、「下から」ものを考えていくやり方かもしれない。その点で、技術者的と軽蔑されるものかもしれない。だが一茎の花を見ていても、私の心には、次第に造形的な作意が、ゆり動かされてくる。

谷口は墓碑に捧げるための「一輪の花」だけではなく、それを建築家にとって美しい形として、「構成方法」と、「造形的な作意」に揺り動かされている。

　『雪あかり日記』の「うすら寒い日」に、ベルリンの街に出て小さな骨董屋の店に寄った様子が書かれている。棚に九谷の壺が1つ置いてあったが、「浜もの」という安物で、しかし「こんな所に日本の品物があったのは嬉しかった。その壺に、花の枝が挿してある。朱色をしたホホズキのようなものが2つ3つぶらさがっているので、手でさわってみると、かさかさ乾燥した音がして、それが造花だとわかった」そして葬式の造花のようで不吉に感じているが、それでも谷口の小さな「一輪の花」への愛着は変らない。

　谷口の「花の思い出」（1968年）*E-79 には、「自邸」の庭の垂梅の他にも

**　　毎年春になって、東京のせまいわが家の庭にツバキの花が咲きだすと、私の記憶の中にも母の送ってくれた白いツバキの花が咲きだす。このように花とは、花の美しさだけでなく、各人の追憶がそれに美しく添っていて、一層心に深く感じられるのであろう。それが花の心というものであろうか。**

　「花の心」とは付随してくる美しい「追憶」のことである。筆者の家の玄関前には、やはり母の植えた赤い花の咲く椿と清家先生からいただいた紫色の花の咲くアカンサスが植えられている。それも先生のへ追憶である。

10. 千利休を手本に ――「つつしみ深く、おごらぬ心」を「侘び」という

　谷口の『せせらぎ日記』の「月明りのマッターホーン」に、スイスのツェルマットの村で、「今日は晴天に恵まれ、雪景色の中に立ちながら、山中の静寂を凝視している」と、

　　　「見渡せば花も紅葉もなかりけり　　浦の苫屋(とまや)の秋の夕ぐれ」

　藤原定家の歌であるが、千利休の師である紹鷗は、この歌を好み、それを「わびの美」の信条とした。千家流に伝えられる七事式(しちじしき)の法策書（おきてがき）の1つである。それは、華やかさを切り捨て、漁村にただよう、ものさびしい「秋」の気配に感応する美意識であった。もう「紅葉」すらなかった。

　その紹鷗の「秋」の「好み」に対して、弟子の利休は「冬」の意匠を好み、「わびの本意」として次の歌を愛誦した。

　　　「花をのみ待つらん人に山里の　　雪間の草の春を見せばや」

図Ⅳ-9A. 柿傳9階「残月の間」と書院

図Ⅳ-9B. 柿傳9階「茶室」の「一与庵」

　これは藤原家隆の歌で「冬」の意匠である。しかし、ただ寒々としたものでなく、寒中の雪間に仄見える「花」を待つ春のきざしを「数寄」の美とするものであった。枯れさびたものの中に萌えでる華やかさを利休は探求したが、その美に殉死した。谷口の建築は「冬」の意匠のようにみえるが、郷里の金沢の雪の「仄明り」に、春のきざしを感じる「数寄」の美である。（傍線筆者）　この両歌の引用文は岡倉天心の『茶の本』（村岡博訳、岩波書店、1929年）の第4章「茶室」と第7章「茶の宗匠」からこの両歌について述べた文などによる。

　松崎照明の「清らかな意匠」と「綺麗さび」―広間の茶室・谷口吉郎の美を解く―（『住宅建築』2013年2月）には、新宿駅東口を出ると、すぐ隣に明石信道の設計の八角形平面の建物があり、その6階「古今サロン」（1969年）、8階「椅子席」ラウンジ・カウンター（1970年）、9階「畳席」の「茶室」（1977年）に、谷口が内装を設計した京懐石料亭の「柿傳」がある。

　　九階奥の「残月の間」十二畳（図Ⅳ-9A）は、利休色付九間の廊下側の一間通りを省いた、今も京都の表千家に伝えられる残月亭と呼ばれる建物の写しです。……そう見ると、十畳の「中の座敷」は利休九間にあった次の間（八畳）に相当し、これを挟んで三畳半台目の本席、「一与庵」（図Ⅳ-9B）をつくっていることがわかります。最後に、六階「古今サロン」ですが、千利休の色付九間の形式を下敷きにしていることは明らかだろうと思います。
　　……それらすべての基礎となった利休を手本としています。そして、その中に近代建築の方法という、新しい造形原理を入れ、利休が求めた、建築の意匠を抑制することで建築と人、人と人との「間」（関係性）を鮮やかに演出してみせる「清らかな意匠」を創り出そうとしたのです。

　その「残月亭写し」は、「床の間」は2畳で、残りの10畳は座敷である。村野藤吾の「残月床」には本歌に倣って上段の床とはせずに、「自邸」でも踏込床としていた。しかし谷口は堀口捨己の「八勝館」の「残月の間」と同じように、柿傳の「残月の間」は、ほぼ忠実に写している。筆者は2019年の初夏のある日、仲居さんに案内されて見学したが、彼女は建築に詳しく縦格子や障子の桟の見付けを小さくするために斜に削いだ「猿頬」または「猿面」という手法であ

ると教えてくれた。

　谷口吉郎に関する千利休の影響については、より研究する必要性がある。谷口の「日本美の発見」の「10. 古人の教訓」（1956年）*E-50-⑩に、

　　千利休（1522–1591）はすぐれた茶人でした。彼の意匠が目的としたものは、美術と生活の融和でした。しかも、彼の創造した建築様式は、簡素美の極致であります。そのような美の求道者であった彼は、自分の切り開いた道について、「この道は、まもなく衰えるであろう。しかし、かえって、その衰えた時こそ、世間に流行するであろう」と自ら語っています。……美的造形は常に時代の生活建設の中に生きていなければならないと思います。

　谷口は千利休の「茶室」の「簡素美」を語るにも、「美術と生活」の「融和」を忘れてはいない。谷口は「狂える意匠」（『清らかな意匠』）*T-5-4-③の「二笑亭」で、

　　もっとも、二畳の茶室は、既に利休によって創案されていて、京都に近い山崎の妙喜庵にある「待庵」（たいあん）は、やはり二畳の茶席であった。……利休の主張した茶は、「草庵の茶」で、つまり「わび」の極致の探求であった。従って、最小の茶室の「待庵」こそ、この「草庵の茶」の、最も徹底した造形的表現にほかならぬ。二畳の「小座敷」で、狭い「床の間」のついた極小の造形的空間であった。

　　　　　　　　　　　　　　　　　　　　　　　　　　　　　　　　　　　　（傍線筆者）

　筆者はかつて見た「待庵」のうす暗い室内を思い出した。『南方録』には「二畳向炉、是草庵第一ノ住居ナルヘシ」と、利休は二畳敷茶室をこのうえなく愛した。この利休の「待庵」の「床の間」廻りには柱が壁によって塗り込まれていて見えない「室床」（むろどこ）で、「床の間」の上の天井と壁も隅が丸く塗り廻されている。

　利休は「茶の湯七箇条」で、第一に「花は野にあるように」と教えている。「野にあるように」一輪の花は生けられる。花との「一期一会」のことである。（傍線筆者）　そして他の挿話に、利休が茶室に客を招いた日は、あいにく雪が降っていた。客が茶室に入ると、床の間には掛軸も花もなかった。そして利休は、「雪も花である。雪の日に花は要らぬ」雪は自然がもたらした美しい花であるから、その上にさらに花は必要あるまいということである。しかし一方で小堀遠州は、その教えの中で「雪の日には紅梅一輪」と言っている。茶室の薄暗い床の間を見た時に、寂しさを感じさせないためにも、せめて紅梅の色でその温もりを与えるために「紅梅一輪挿し」を、という主旨である。利休と遠州ではその時代が違うこともある。谷口の場合、白い雪の一片のような「白い花一輪」であった。やはり利休の徒であった。

□ 千利休の「数寄の美」・「南蛮」文化 ── 日本の「生活」文化

　谷口と白洲正子との対談「日本人のこころ」（『週刊読売』1997年11月19日）に、

「利休などが言っています。〈数寄の美〉というものは、簡素な中に日本だけのものじゃなくて、オランダ、中国、南方のものも取り入れた総合美でございますからね。当時、最も新しい演出方法だったと思うんです。決して古いものじゃなく、今的なものもちゃんと使っている」

「数寄の美」は「南蛮」つまり、シャムやジャワなどの南方諸地域を経て、ポルトガル人やスペイン人なども渡来したため、その本国や植民地からのキリスト教を含めての異国風な文物をいうが、その影響のことを谷口は言っている。仙田に言った「南蛮建築云々」もこのことが含まれていると考えられる。（傍線筆者）　谷口が親交した川端康成は『舞姫』（1951年）でも、『古都』（1962年）でも、「織部燈籠を、キリシタン燈籠ともいうでしょう。……古田織部の好みで、燈籠の柱に、キリストを抱いた、マリアらしい像が彫りこんである」と、織部はバテレンたちとも交際があったから、その南蛮風の意匠をとり入れた可能性がある。織部は利休の高弟であり、そのことを谷口は発言している。利休も南蛮への旅の望みがあったと言われている。谷口の「化膿した建築意匠」（1936年）*E-12には、

　なお茶聖の仕事に注意すべきことは、当時、博多や堺などの貿易港より流れ込んだ南蛮文化に対して、理解を向け、その進歩的なものを進取するのに、決して躊躇しなかったことである。しかも、それが日本人の生活風土に適合した形式に、まとめ上げられ、それが南蛮文化の形式とは思えないほど、渾然とした日本的統一に高揚されているものを、今から、われわれが眺めて、全く驚歎せざるを得ない。

　この利休たち茶聖の「新しい奮発心」に谷口は、自身の今の姿を見ている重要な一文である。日本人としての日本建築に、外国建築、インターナショナルな建築と、どのように「合一」するか、つまり「和」と「洋」との「融和」の前例として、当時の茶聖の南蛮建築に対する姿に見ているのである。したがって谷口にとって「南蛮建築」は重要であった。（傍線筆者）
　谷口の長女の真美子は、裏千家第15代家元の千宗室の次男の納屋嘉治に嫁いだ。仲人は吉川英治であった。納屋は裏千家の機関誌の「淡交社」を創設していて、『谷口吉郎著作集』などを出版している。谷口は京都の大徳寺に近い「淡交ビルヂング」（1968年）を設計している。
　裏千家は千利休の孫の宗旦の四男の仙叟宗室から始まる。仙叟は茶堂として前田利常に出仕し加賀で40年間多くの茶会を催した。この時代に加賀文化が華開いた。
　谷口の父は寺町の住居の庭に前田家の家老の横山家にあった茶席「一種庵」を移し、客を招いてよく茶会を催していた。谷口の妹も金沢で茶の宗匠であった。
　今泉篤男の「谷口さんのこと」（『谷口吉郎著作集』第3巻、昭和56年1月記）には、谷口のお茶席には度々ご相伴しているが「お茶席の谷口さんの客ぶりは少しも通ぶったところがなく、淡々と素人っぽくて見事なものであった」と書かれている。（傍線筆者）
　谷口の建築を思わせる茶事の作法である。今泉と谷口の交友は「国立近代美術館」（1969年）

や山形の上山の「斎藤茂吉記念館」（1968年）へとその紹介は広がっていった。谷口は身辺でも千利休とは縁が深く、裏千家との関係で、谷口は利休とは時代を越えた遠い姻戚関係になっていたのである。

□「一輪の白い花」──「床の間」の日常空間から「詩的」な非日常空間の「趣向」（こころ）へ

谷口が理想とした茶人の千利休は茶室の花に関して多くの「趣向」がある。1562（永禄5）年の俵屋宗達（生年不詳・没年1640年頃）を招いた茶会では花器に「花を入れず水ばかり」、それは「花は頭の中に活けて下さい」という意味であった。後に1567（永禄10）年の松屋久政を招いた茶会でも花を入れず水だけを入れるというのは、「花入を賞玩して欲しい」と、茶席の花の究極の姿であった。その花入は「鶴の一声」という細口の古銅花入であった。それは「趣向」（作意）であり「こころ」を心構えする非日常の世界である。（傍線筆者）

利休は赤い椿を使用した会席は一度もなく、白梅や水仙などの白い花を用いた。それは谷口も同じで「白い花一輪」のみを生けた。床の間の花は何のためにあるのか。谷口は、花とか花道具などは主演的役割として能のシテであるとして、その背景にある床の間の壁を助演的役割としてのワキであるとした。

谷口は金沢の九谷焼の窯元の家に生まれたから茶事に使われる陶磁器である用具も良く知っていたし、生家に茶室もあり父の谷口吉次郎も裏千家の茶人であった。狭小な茶室空間は、日常空間であるが、生物としての花が飾られると詩的な非日常空間となる。（傍線筆者）

谷口が「自邸」の和室の柱に寄り掛かって、物書きする姿勢で、ふり返っている写真（前掲、図IV-7C参照）がある。それは庭先に咲いた垂梅の花を部屋の内から眺めている。その時、花は床の間に掛けられているのではなく、より庭先という「自然という日常」にある「物」である。谷口の茶花についての考えを象徴する写真である。「利休好み」の非日常の趣向であったに違いない。

11.「一座建立」（I）　世阿弥の『風姿花伝』──主客一体

村松貞次郎との対談集 ─『建築の心と技』・1（新建築社、1976年）の「谷口吉郎」の章で、谷口は、

　　「日本の＜能＞に"一座建立"ということばがありますが、お茶でもそういっていますけれども、みんな力を合わせ、精神的な結びつきで仕事をすることを大切にします。建築にもそういうことが重要な気がしますね」

「一座建立」という言葉は、世阿弥の最初の能楽論集の『風姿花伝』つまり「花伝書」にある。谷口は、「一期一会」や「一座建立」について「私はそれを文字の上だけで知っていたが、私

は墓碑の設計にたずさわる機会を得て、その文字の意味を少しながら体験できたような気がする」と、茶席での「亭主」と招いた「賓客」との心の通う、「主客一体」感を生じる充実した心の動きとして理解した。

12.「一座建立」(Ⅱ)「博物館 明治村」——「歴史の証言者」

□「建築は凍れる音楽」(シェリング)

『博物館 明治村』(文・谷口吉郎、写真・二川幸夫、淡交社、1976年) は、筆者の東工大の同級生の、西尾雅敏 (「博物館 明治村」建築担当部長) から進呈された豪華な本である。他の資料の提供も受けた。西尾は明治村のF.L.ライトの「帝国ホテル中央玄関」の他、国宝茶室「如庵」の移築など約30件を谷口の下で担当した。

谷口の「明治村縁起 —歴史の証言者」*M-2-2 に「一座建立」が説かれている。

　　思えば、昭和15年に取りこわされた「鹿鳴館」が、私に明治建築の保存を願望させた。それ以来二十五年の年月がたち、ようやく「明治村」の開設となったが、それには親しい人々との「めぐりあい」が機縁となったことを思うと、私に寄せられた多くの厚意に対して心から感謝したい。その点で、「時」と「人」との出会いを尊いものに思い、「一座建立」という言葉の意味を身にしみて感じている。

多くの協力者の中で谷口は、まず旧制四高の親友で、名鉄副社長の土川元夫による敷地の提供という「友情」から出発した。その他に造園学の田村 剛、そして後に明治村初代村長となる徳川夢声、石坂泰三の名を記している。谷口は、次の言葉でこの文を締め括っている。

　　「家」というものには、それを建てた人、そこに住んだ人々の心がこもっている。その姿には時代の美意識がひそんでいる。それが時代の魂となって、後世の人に語りかけようとする。それ故、生き残った建築は「歴史の証言者」である。そんなことを考えながら、ふる雪の中にたたずんでいると、感慨が深まってきて、手塩にかけた明治時代の家のかずかずが、明治生れの私に、無言の言葉で親しく語りかけるような表情をしている。白い静寂の中で、そんな感慨にふけるのは、ふりしきる雪片に身を包まれたためであろう。

「明治村」と「藤村記念堂」は谷口の言う「一座建立」の姿勢が最も実現化した施設、建築であると言える。

西尾雅敏は、1968年に東工大の卒業時に藤岡通夫の紹介で谷口館長との面接の時、「谷口先生のような建築家になりたい」と、答えたと西尾は書いて「博物館 明治村」に奉職し、谷口館長の許で多くの修理・復元を担当した。その中で、F.L.ライトの「帝国ホテル中央玄関」

の移築は主要な物件で、東京で解体され明治村に移設するまで17年の歳月を要した。西尾は
その師事の中で、「建築は凍れる音楽である」との谷口の表現が最も記憶に残っていると、筆
者に提供された自著の『帝国ホテル中央玄関復元記』（2010年）*M-6に書いている。
　谷口の「博物館 明治村」（1976年）の「移築保存」に、古建築の保存方法には、「現地保存」と「移
築保存」があるが、「明治村」は主として「移築保存」を採用している。しかし他の方法として、

　　「様式保存」は外形又は室内の姿を復元することを目的としている。元来、様式とは、構造・
　材料・用途などの諸条件と密接な関係を持つものであるが。その諸条件を維持するのが困難
　となった場合に「様式」のみを復元しようとする方法である。

　「帝国ホテル」は老朽のため「明治村」が保存を引き受けることになったが、根本的な改修
が必要になり、構造は鉄筋コンクリートとし、大谷石とコンクリート・ブロックなどの新製品
によってライト様式を復元しようとした「様式保存」方式である。その困難な作業は、西尾の
『帝国ホテル中央玄関復元記』に詳説されている。建築史的にも重要な記録である。筆者は「帝
国ホテル」を設計監理したA・レーモンドが描いた帝国ホテルの図面を見たことがあるが、素
晴らしい透視図もあった。
　谷口は『せせらぎ日記』で、「建築は凍れる音楽」について、

　　この言葉は、ゴシック寺院などの高い建築が聳え立つ光景を形容する時に、よく使われる
　言葉であるが、ドイツ文学の研究者によると哲学者のシェリング（1775–1854）が言いだし、
　それを大詩人のゲーテが引用したので一層有名な言葉となったのだと言われている。いず
　れにしても、中世の人々が祈りを心を込めて、天にとどくように高く築きあげた石造建築の
　大伽藍に接した時、それは「凍れる音楽」の如き強い感銘を与える。……それは日本の仏教
　伽藍に接した時の印象と異なって、いかにもドイツの哲学者や詩人が形容するように、ヨー
　ロッパ的な、特にドイツ的な感動をゴシックの建築が表現している。

　谷口は、ヨーロッパに来て、シンケルと同じように多くのゴシック建築を自分の目で見て、
この言葉を実感している。そしてドイツから帰国して戦後すぐに「藤村記念堂」を設計した。
　座談会「人間・歴史・風土―新しき共同体のために―」（伊藤信吉・谷口吉郎・司会 栗田
勇）*T-1-4には、

　　「馬籠の記念堂は、専門の大工が建てた建築じゃない。全部、村の素人がつくったもので、
　村の人の手仕事なんです」

この谷口の証言で、まさしく「一座建立」であったことがわかる。

清家 清の「藤村記念堂」（1947年）*ST-12の「作品解説」には、谷口と馬籠の現場へ青木志郎と清水夏雄とで「落合川」という駅から一里半の道を歩いた。

　　村の青年団が主力で小学生までが手伝って川原から石を運びあげたり、営林署から材木をいただいたりして、建立したのがこの記念堂である。中世の寺院もこうした奉仕、勤行で建立されたにちがいないとおっしゃった。アルバイト・ディーンストというのはこういうものだよと谷口先生がおっしゃったのを憶えている。……私が一番教えられた作品である。

「アルバイト・ディーンスト」とは「本業以外の労働提供」ということか。

日本語では「一座建立」なのだが、清家は、「風土であるとか伝統であるとか、或いは歴史、環境、自然というものは克服するのではなくて、それを生かして形にするということではないだろうか」と「風土と建築」*T-1-4-1に書いている。

藤村の「記念館だより」（1997年5月1日）の「旧ふるさと友の会会員による・回想そしてあの時代」*ST-17に、「記念堂の設計図を広げて、谷口先生が我々大工を待っていました」と、大工の牧野要治は、谷口たちが宿泊所としていた旧本陣の隣の島崎楠雄の家「緑屋」で、

　　記念堂といってもそれがどんなものか私たちには全く判らなかったが、その設計図をはじめて見る時が来ました。時期は忘れたが、我々大工二人、緑屋の二階に呼ばれて初めて谷口先生に会いました。初めて見る記念堂の設計図を広げており、「どうぞ宜しくお願い致します」と言って深く頭を下げられた。エライ背が高く、青年のようでしたが、とても物腰の低い方でした。設計図を説明しながら「どうですか」と、その時我々に質問を求めたと思う。

　　実は、設計図を見る前までは、安藤義雄と二人で「俺たちのようなもので、間に合うかな」などと言っとたが、図面を見て安心した事を覚えている。設計図は解りやすく、思ったより簡単そうだった。

「谷口吉郎 ―生きることを建築に求めて」（『建築の心と技・村松貞次郎対談集－1』新建築社、1976年）には「藤村記念堂」との同種の体験を、渡欧時のスイスで、

　　「建築の純粋さというものを、むしろそういう人たちに教えられた。＜ポエジー＞が農村の人たちにあったのです。私は戦前スイスの山奥へ行って小さい教会を見たときの感動と同じものを感じました。村人がつくった素朴な教会へ入って行きますと、私は恥ずかしいけれども涙が出てしまうのです。建築にはそういう訴えるものが何かあるのでしょう」

西欧の小さな町や村には必ず中心に小さな教会がある。それを「村人全員」で教会を作る純粋な心に谷口は「ポエジー」（詩情）を感じている。さらに、

「キリスト教のベネディクト派ではお坊さんが教会をつくることが修道のひとつとなっているのです。それから日本の＜能＞に“一座建立”ということばがありますが、お茶でもそういっていますけれども。みんな力を合わせ、精神的な結びつきで仕事をすることを大切にします。建築にもそういうことが必要な気がします」

　ベネディクト派は西洋で最も古い修道会であるが、メソジスト派のキリスト教徒である清家 清も、「教会は一人一人の信者が作るものですから、華美なものは必要ありません。そこで祈ることが重要なのですから」と言っている。谷口の「一座建立」の思想を受け継いでいる。「秩父セメント第二工場」の設計主旨の「セメント・シンホニー」（『新建築』1956年10月）に、谷口は「昔の人々は力を合わせて美しい寺院を築いた」のと同じように、人々の協同によって作られたこのセメント工場は、やはり「一座建立」の良き実例で、「人々が奏するセメント・シンホニーだと言い得るかもしれない」と交響曲に例えている。
　仙田 満の「卒業論文と城」（2006年）*NB-10 は、「環境建築家をめざして」という講演会での内容で、卒業論文（1969年）の安土桃山時代の歴史的空間論「城と茶室」について、

　　戦国武将、茶人、田舎大工が、どんどん大きなものを作るようになりました。新しい技能者、大工たちがコラボレーション（協働）して、「城」という様式をたった50年間で形成していったのです。
　　茶室もそうですが、茶室と城は、日本の2000年に及ぶ建築の長い歴史の中で、非常に特異なものであり、たった50年足らずで様式が完成されました。新しい時代の様式をつくり上げるためには、優れた多様なデザイナーの協働が必要なのではないか、というのが僕の卒業論文の結論でした。

　そして、仙田は4人の同級生と「グループ4」を編成し、卒業設計を共同で大学の街をテーマとして作成した。まさしく谷口研究生として「一座建立」の考え方を準用した、卒業研究および設計であった。それは後に「環境建築」と「こども」とともに環境デザイン研究所の3本の柱となっている。

13.「一座建立」（Ⅲ）「能舞台」――「萬來舎」と「イサム・ノグチ作品展」

□「彫刻」と「建築」のコラボレーション ――ジャパニーズ・モダン
　谷口研究室の由良 滋は「記念性へのコラボレーション」（杉山真紀子編『萬來舎 ―谷口吉郎とイサム・ノグチの協奏詩』鹿島出版会、2006年）で、「萬來舎」の設計監理を担当していたが、その「未来に向けて過去をつくる」に、「萬來舎」は慶應義塾大学の三田山上の「能舞台」で、イサム・ノグチの設計した彫刻の「無」、「学生」、「若い人」とともに、家具も能の小道具であっ

図Ⅳ-10　日本橋三越百貨店
A. 会場　石膏原型《無》とテラコッタ
素焼き塑像「イサム・ノグチ作品展」

B. 谷口と萬來舍の模型
「イサム・ノグチ作品展」

た。由良は、それは「彫刻家と建築家のコラボレーション。その作業は、身体と手を使って思
考するノグチと、視覚を通して思考する谷口との厳しい出会いのなかから生み出されてゆく」
と述べ、そして1950年8月に開催された日本橋三越百貨店での「イサム・ノグチ作品展」も手
伝った（図Ⅳ-10A・B）。

　　2週間にわたって谷口とノグチのコラボレーションの手足となったのは7人。谷口門下
の関龍夫、三枝守正、長塚和郎と私（由良 滋）の4人、ノグチの弟子となった彫刻家・広井
力など、われわれはふたりのイメージをできるだけ理解し、何度も図面や模型を書き起こ
し、つくり変えながら最終案まで漕ぎつけた。それは苦しい道のりであったが、新しいもの
を創造する喜びとして味わうことで耐えた。
　　谷口は展覧会の展示計画、萬來舍の展示パネル、模型制作にわれわれと残る力を注いだ。
この凄まじい光景は谷口が好んだ世阿弥の『風姿花伝』のなかの言葉「一座建立」、まさに
そのものだった。

　　この「イサム・ノグチ作品展」は、「一座建立」とともに終戦直後の建築界と美術界に「ジャ
パニーズ・モダン」として大きな反響を巻き起こした。

14.「鹿鳴館」-「博物館 明治村」-「建築こそ歴史の花」

　「博物館 明治村」の「一座建立」は、旧友の土川元夫の友情から出発したが、逆に考えてゆ
くと、木下杢太郎の「パンの會」にもこの「一座建立」と似た「衆人愛敬」の精神が流れていた
のではないか。その会はディオニソス的で「若さと美を享楽する放埓な響宴」であるが、「こ
の文学史の絢爛としたひとくぎりも、現実に戻れば一瞬の幻影」にすぎなかった。「一座」が
「建立」したのは何であったのか。谷口がもっと若かったら当然「パンの會」に加わっていた
だろうが、谷口にとっては「パンの會」に相当するのは「花の書の会」であった。

図Ⅳ-11A. 兜町の第一国立銀行
の谷口のスケッチ（『雪あかり日記』）

『せせらぎ日記』の「グルンドヴィヒ記念教会堂」に、谷口はスウェーデンのストックホル
ムを訪れて、

　　有名な「スカンセン」の博物館も訪れたが、その印象は忘れられない。広い公園のような
　敷地に、スウェーデン各地の古い民家が移築されていて、古い村の鍛冶屋、町の印刷屋、ガ
　ラス工場などが保存されていた。古い木造の教会堂では結婚式が行われていて、古びた聖壇
　の前で若い二人が互いに誓約すると、それを祝福して、屋根の上に聳えている小さい鐘楼で
　鐘が鳴り出した。こんな民俗博物館こそ日本にも欲しいと、私はつくづく思った。

　「スカンセン」は谷口の「明治村」への基点となった博物館である。1996年1月に外務省の
大使館建築の調査員の一員として「スカンセン」の小高い丘の上に点在する諸建物をレーモンド
設計事務所の川田宏二と夕暮れの景色の中で、次々とめぐった時の楽しさを思い出した。川田
のメモには「明治村」と似ていると記入がある。
　「明治村縁起・歴史の証言者」*M-2-2に、谷口は「北欧地方の野外博物館にも移築保存の実例
が多い。ストックホルムのこの＜スカンセン＞（野外民俗博物館、1891年）は有名で、古代か
ら近代に至る民家や民具が展示されている」と、「移築保存」の実例として挙げている。
　谷口は「兜町第一国立銀行」（1872年）について『雪あかり日記』の「薄日さす日」に、「フ
ンボルトの邸宅」を見て、「シンケルの古典主義建築に、明治初期の洋風建築を連想した私の
心は、なぜか、もっと晴々とした気持になりたかった。それは、ドイツの古典主義にひそむプ
ロシャ精神によるものかもしれぬ」と、日本の「明治初期の洋風建築」である「兜町第一国立
銀行」を西洋館のひとつとして連想して挙げている。この「第一国立銀行」は1872（明治5）
年に竣工した。現在の東京証券取引所の場所にあった。谷口のスケッチ（図Ⅳ-11A）がある。

　　建物は木造の骨組に石を積み、窓には防火扉があり、二階にはベランダがあったというか
　ら至極ハイカラなものだった。しかし屋根にそびえていた大きな塔も、日本の城にある天守

図Ⅳ-11B. 築地ホテル館

図Ⅳ-12　東京會舘　ショールーム

閣のような形をしていて、千鳥破風や唐破風をもった三角屋根であった。それに避雷針や旗竿、風見がついていたというから、これも頗る奇妙な西洋館であったにちがいない。

　ドイツの模倣主義もこうしたものではなかったろうか。……ドイツ人らしい克明さが、一層彼らの古典主義建築を、ギリシャの直写のように正確なものにさせたのであろう。しかし、それにもかかわらず、その作品は、ひたぶる模倣の奥に祖国プロシャの性格をはっきりと示して、自己の本音をかくすことはできなかった。それが「古典」というものの感化であるかもしれない。

　谷口は日本の「擬洋風建築」を思い浮べてベルリンで祖国日本をなつかしく思っている。
　同じく「明治初期の洋風建築」として、明治元年に竣工した「築地ホテル館」(図Ⅳ-11B)をあげて、「第一国立銀行」と同じ設計者であった当時の棟梁二代目、清水喜助に注目している。しかし5年後、火事で消失してしまう。錦絵によると、「全く和洋混合の、それこそ奇想天外な設計」で、「築地ホテル館」も「鹿鳴館」、「兜町第一国立銀行」とともに「西洋館」、つまり「擬洋風建築」であった。谷口は「当時の文明開化の新しい思想に燃え、外国の建築にも負けぬと立派な洋風建築をつくろうとして、こんな西洋館をつくりあげた日本の棟梁や大工の強い設計・建設力に、むしろ私の心をうたれる」と、それが後の「博物館 明治村」建設への強い動機となっている。

15.「東京會舘」-「一期一会」の意匠 -「意匠の余韻」

　谷口は「＜街かどの独白＞-＜東京會舘＞（1971年）について」（『新建築』1972年3月）で、砂川雄二郎が担当した会館の集会場というものについて「そこに喜怒哀楽が交錯する。善意のふれあいもあれば、悪意の策謀もあろう。しかし、どれも人世のひとこまである。それがその意匠を包むことになる。社交というものは、過ぎ去ったあとに回想が残り、それをなつかしむ人が多い」と、書いている。
　したがって、その意匠については、谷口は、

図Ⅳ-13　木石舎（新日本茶道展覧会）　　図Ⅳ-14　出光美術館　　　　　　　　B. 出光美術館　露地
　　　　　　　　　　　　　　　　　　A. 茶神亭　茶席

　それ故、<u>会館に集まった人の思い出には、私の意匠が追憶の背景となる場合もあろう。そ</u><u>う思うと、私の意匠はそんな余韻をもつことになり、その余韻を深めるためには、会館の印</u><u>象が情趣を含むものとならなければならぬ。それは人世のひとこまに充実を与えることで</u><u>あり、その求真こそ「一期一会」の意匠というものであろう。</u>

（傍線筆者）

　「会館」は、社交というものの「影」の「哀愁」、つまり淡い感傷に「詩情」を求める「意匠の余韻」を与える所である。この「一期一会」もまた茶会に臨む際の心がまえの言葉である。

　それは「能の世界」での「一期一会」の舞台でもあった。そのために「会館にふさわしい色彩の演出」を考え、その吹き抜けのロビーに「都市・窓」と題する猪熊弦一郎の赤・青・黄色のモザイク壁画や「金環」と題する円形の天井に散らばる星のような豆電球シャンデリアがデザインされた。そして「私の目には宗達や光琳の画心や郷里の古九谷の五彩を感じていたと、谷口は書いている*E-87。

16. 九間（ここのま）の四畳半の茶席と立礼席

　「谷口吉郎の和風」（『木』1977年）*J-11には、神代雄一郎は「谷口文化」の中で、1951年の「木石舎」（註：「新日本茶道展でつくられた新しい茶室の一試案」）*TN-1（図Ⅳ-13）から始まり、次は出光美術館内の「茶神亭」（1966年）（図Ⅳ-14A・B）と経て、「赤坂離宮迎賓館和風別館」（1974年）（図Ⅳ-15Aイ・ロ）の「游心亭」の広間（図Ⅳ-15B）、そして四畳半茶席（図Ⅳ-15Cイ・ロ・ハ）と立礼席茶席の統一が見られる。また「茶神亭」について、神代は、

　三間四方のカーペットの敷きつめられた広間の、その四分の一が一段高くなって四畳半の茶席になり、残りの空間が立礼の茶に対応したものである。三間四方、つまり九間と呼ばれる大きさの広間は、室町から桃山に好まれたもので、他に能舞台の大きさも、蹴鞠の四本掛もその大きさである。……つまり谷口先生は、茶神亭をこの九間の大きさでつくり、その四分の一だけに畳を入れて、四畳半の茶席をつくり、それをまた九間全体の床（とこ）のように仕立

図Ⅳ-15　赤坂離宮迎賓館和風別館
Aイ. 玄関ポーチ

Aロ. 玄関ロビーから見る取次

B. 游心亭の広間

図Ⅳ-15Cイ. 游心亭の茶室

Cロ. 游心亭の広間の違い棚

Cハ. 照明器具と屏風

て、立礼の席をつくり、現代生活にあわせた茶席の「茶神亭」全体を構成している。

　そして、この「茶神亭」を＜真＞とすると「迎賓館の游心亭の茶席」は＜行＞の姿として、それらは利休の聚楽第屋敷の九間から、表千家の色付け書院「残月亭」への展開を神代は想い起している。最もくずした書体の＜草＞に該当する茶室は何か。その他にも、「柿傳」9階の「残月の間」（1972年）（前掲、図Ⅳ-9A参照）などがある。京都の「淡交ビルヂング」（1968年）（図Ⅳ-16A）の中の茶席の「好文庵」（図Ⅳ-16Bイ・ロ）には、やはり「立礼」と「坐礼」を結び合わせて、畳を敷いた席が、能舞台のような役目をしている。谷口は「設計と私」（『私の履歴書』）＊T-1-3-1-㉕に、

　　客はそれをイス席からながめながら、茶の接待を受ける。したがって茶の作法を心得た者ばかりでなく、その心得のない者も、また外人も同席することができる。そんな構えの茶席に、私は茶の精神に徹する新しい意匠をこめてみた。

　この新しい茶の精神に徹した茶席の「構え」は谷口の「新しい意匠」である。
　「藤村記念堂」では、「壁に沿った腰掛の部分を建物の＜外部＞とし、そこから焼失した本陣跡を眺め、それから休憩室に入る初期案」がある。すると白砂の庭は＜内部＞つまり「能舞台」である、と考えていた。

図IV-16　淡交ビルヂング
A．正面夜景

図IV-16Bイ．好文庵（立礼席）腰掛待合

Bロ．好文庵（露地）

17. 志賀直哉邸の露地庭 ——能舞台の「橋懸り」

　谷口は鷗外・漱石らの文豪とは直接に会っていないが、その影響は少なからずある。しかし熱海に住んでいた志賀直哉とは、1952（昭和27）年4月17日、1953（昭和28）年4月10日など近くの「桃李境の茶会」（前掲、図III-32A・B・C・D参照）の「寒月庵」で会っていた。ここは谷口が手がけた唯一の和風旅館で「プール・付属家」（1953年）、「本館ロビー・玄関・離れ客室」（1961年）（同前）を設計した。その茶会には多くの画家、工芸家、文人、学者が出席しており、梅原、安井、和辻、廣津、里見、柳、谷川、堀口、川端、武者小路、濱田、長與などで、後に谷口の人脈を形成した。

　志賀からは直接、熱海の大洞台から渋谷の常盤松の高台へ移転のための自邸の設計依頼があった。しかし「今度、建てる東京の家は、希望だけ言って平面図まで全部谷口吉郎君の設計に任せた」（『志賀直哉全集』第9巻「新年随想」すまい、岩波書店）とはいえ、その時の「今度のすまい」（1955年）に志賀は、谷口とのエピソードを交えて、

　　二年程前、その時は家を建てようという気もない時だったが、谷口吉郎君に、「全く洒落気のない、丈夫で、便利な家を作るとして、坪幾ら位かかりますか」と訊いた事がある。谷口君は笑って、「それが一番贅沢な注文なんですよ。洒落れた事をしてもよければ幾らでも誤魔化せますが、洒落れちゃいけないと云はれて、いい家を建てるのは一番むつかしいですよ」と云った。それはそうだろうなと私も思った。谷口君はそのつもりで、苦心して、そういう家を建ててくれた。私は大変ありがたく思っている。玄関前に思い切って深い軒を作り、其所を大谷石の塀と新しい形式の櫺子格子（れんじこうし）で囲い、その辺を見せ場にしたが、これが大変効果的で、素人には到底考えつかない事だと思った。

谷口は「設計者の立場」（『芸術新潮』1955年9月）で、この「見せ場」について、

　　裏口に幅七尺長さ九間の土地を譲り受けて、そこに表門を作って石段を不要とし、その細

図Ⅳ-17A. 志賀直哉邸
露地庭

図Ⅳ-17B. 志賀直哉邸
玄関ポーチ　土廂

図Ⅳ-17C. 不二禅堂露地庭

長い幅七尺の通路を露地庭に仕立てたので、それが能舞台の「橋がかり」のようになって、敷地に奥深い感じを添えることができた（図Ⅳ-17A）。更に玄関との間に土廂を設け、大谷石の塀で隣地との境界をさえぎったので、空間的な「ゆとり」が生じた（図Ⅳ-17B）。この露地庭と土廂がこの家の「序章」のような効果となった。

谷口は能舞台の揚幕（あげまく）から舞台に通ずる橋状の路である「橋懸り」を参考にして「露地庭」空間を形成していた。現地を見ると、そうしないと、玄関へのアクセスは反対側の下の道路から石段を登ることになってしまうからである。代々木の「不二禅堂」（1963年）は志賀直哉の推挙により設計を依頼されたが、表門から長い玄関までの露地庭で、戦前の「梶浦邸」でも用いられた手法である。ここでは桂離宮の真の石組の手法を参考にしている（図Ⅳ-17C）。

谷口は「この設計をお引き受けした時、私が一番懸念したことは、志賀が文芸の達人であり、同時に造形美術にも眼識の深い住まい手の＜好み＞に、私の意匠が果して適合し得るかどうか、それが心配だった。それに応ずるために、私は日頃の意匠心を隅々まで行き届かせることによって、なんとかすっきりと仕上げたいと念じた」。志賀の弟子の阿川弘之とは「こまかな打合せ」をしている（『志賀直哉（下）』新潮文庫、1994年）。とにかく志賀直哉という人は、「転宅の名人だからね」と言われていたが、志賀は、

「住」は何所（どこ）までも自分達の住む所で、客に見せるためのものではないという事に徹したいと思っていたが、今度、谷口吉郎君に建てて貰った家は殆ど完全にそういう家になって、私は大変満足している。

（「衣食住」1955年）

その15畳の食堂兼居間と隣接する8畳の日本間は見た目には簡素なものが使われていた。志賀は、「我孫子に七年半、京都の山科に二年、奈良の上高畑に十三年、熱海の大洞台に七年余と移り住んで、僕の引越しはこれで二十二、三回になる」、そのような転宅の名人の住宅を無事に終えた谷口の手腕を高く、買っていた。筆者はかつて、我孫子の手賀沼の「白樺村」にあった志賀直哉旧居跡や、奈良の上高畑の旧居も訪ねたことがある。志賀はこの常磐松の新住

図Ⅳ-17D. 志賀直哉邸 居間から見るテラスと庭

図Ⅳ-17E.
志賀直哉の葬斎檀

宅の「洋間から見た龍安寺風の庭」（**図Ⅳ-17D**）も、「却々いい庭になった」と書いている。

　この奈良の上高畑住宅（1929年）は数寄屋風で、「桂離宮の意匠を多く取り入れられた」と井上章一の『つくられた桂離宮神話』（弘文堂、1986年）に記録されている。志賀は「桂離宮」の研究者でもあった。

18. 志賀直哉の葬斎壇 ——「白いバラの花一輪」

　志賀は1971（昭和46）年10月21日に88歳の生涯を閉じた。そして谷口は追悼文の「白いバラ一輪」（1971年）*E-85を書いた。葬儀は10月26日に青山斎場で行われ、谷口は葬儀と告別式の斎場の設計を依頼された（**図Ⅳ-17E**）。

　　斎場の両袖の壁面に白い布をかけ、床にも白い布を敷きつめる。さらに正面にはアイボリー色の幕を垂れ、落ちついた色調をだす。次に、白い床の上に大谷石の切り石を敷きならべて、延べ壇を作るのだが、石の肌はけずり仕上げとして、表面の感触をやわらげる。その上に木製の台座を置く。材はサワラで、表面は生地のまま、その木製の台座の上に、小さい木の台を置いて、骨壺の受け台とする。その色は黒。その上に、白無垢の布に包んだ骨壺を置く。……その幕に土門拳氏の撮影による遺影が掲げられる。骨壺は濱田庄司氏の作で、生前に用意された。……花器にも日ごろ志賀さんが愛用されていた濱田さん作の湯のみ茶わんを代用し、ご夫妻が好きだったバラの白い花一輪いけてくだされば、式場が志賀さんの斎場らしく、清楚にひきしまると考えた。式場にはその他の花はいっさい置かない。だから、白バラ一輪の斎場となる。

　谷口は2時間の斎場式典のために何度も図面を引き直し職人たちに指示している。「志賀さんの文章にふさわしい意匠は至難だが、それを傷つけないものにしたいと考えた」との言葉も残っている。阿川弘之はその斎場の初印象は、渋谷の常磐松の志賀邸の居間の「たたづまい」と、そっくりであったと『志賀直哉』（新潮社、1997年）に書いているので、筆者はこの志賀に

とって最後の家となった常磐松（現在は渋谷区東1丁目2-12）の家をやっと探し出すと、その跡地は、斜面の上の4階建てのマンションに変っていた。しかし「橋懸り」と言った露地庭は今も裏通路として姿を変えて使われていたが、すでに露地庭ではなかった。

　志賀直哉の葬儀は無宗教で行われたから僧侶の読経も神官の祝詞（のりと）もなく、飾りづけは一切なかった。『暗夜行路』の主人公の謙作も「人生行路」として帰らぬ旅 に立たれた。

　また直哉は青年時代に内村鑑三のもとでキリスト教に接していた。しかし文学作品にその影響は見られなかった。そして白樺派などの西洋美術の一点張りの時期もあったが東洋美術、仏教美術への機会は15年間の関西暮らしにより漢詩や墨絵とか仏像仏画の名品に惹かれた。しかし無神論であった。

　その和と洋への対応は、谷口の場合もよく似ていた。その硬質な文章は、ニーチェの実存主義哲学風であり、谷口の「融和」を想起させる。その反映が、渋谷の「志賀直哉邸」として結実した。

　谷口は謙作の告白として、「その美術の古さ、その時代まで自身を押しやって瞬間的にも現在の不安焦燥を忘れたかった」とし、謙作は「安息の場所」を求めていたが、そこは「暗夜」であった（「一冊の本」『座右宝』1965年）。

19.「藤村記念堂」の「家紋」——「家」と「時代」

　「藤村記念堂」は敗戦の翌々年の1947年に完成した。

　その評価は、戦前の東工大の「水力実験室」（1932年）や、谷口「自邸」（1935年）のようなモダニズム風建築から、和風「日本的なもの」への「転向」と考えられた。しかしその本質は何であったのか。

　谷口の「馬籠の記念堂」（『信濃教育』1953年8月）には、その経過が詳細に書かれている。島崎藤村は生家に9歳まで少年時代を過ごした「本陣屋敷」は小説『夜明け前』で有名だが、藤村が24歳の時、1895（明治28）年の火事で焼失し、その跡地は畠地となっていた。

　　藤村顕彰の記念事業として記念堂の設計を依頼されたが、本陣の焼跡に昔の建築を再興したいという案もあったが、私は焼跡はそのまま残すことが、かえって記念となるのではなかろうかと考えた。そのために、本陣跡の畠地を整理して村の川から砂を運び、焼跡を清浄な砂地とした。畠の中からは、焼けた土台石も出て、それが庭石のように、その砂地に静かな風情を添えた。それに、隣地との境界には奥行七尺、長さ十三間半という細長い建物を造り、その中に藤村と「ゆかり」のある人々の作品を並べて「藤村記念堂」とした。作品を掛けた壁の下に腰掛けをしつらえ、それに腰掛けて、障子を開ければ、本陣跡の砂地が目の前にみえる。障子には島崎家の家紋を渋いベンガラ色で描いた。この紋章こそ、藤村の多くの作品に特有な性格を与えた「家」であり、青年詩人がそれから離脱せんとした「時代」を意味するものである。

「家紋」こそ「家」のシンボルとして谷口の使う手法であった。それは金沢の自家の「窯元の金陽堂」の看板に「家紋」が描かれていたからである。「丸に鶴」で、右上に赤い日の丸を下に翼を広げ飛ぶ白い鶴である。それは生家の「金陽堂」の『建築に生きる』の写真の2階の軒に架かっている。

谷口は「紋章」（1940年）*E-19 に、「今どき紋章のことなどをいい出すと古臭い気がするかもしれない」としながらも、

　　日本の家々に伝わる古い紋章は、こうも花ばかりになったものだと驚くほど花を図案化したものが多い。たまには他の自然物や幾何学的な文様があってもよいが、四季に咲く美しい花の数々はたいがい紋章化されている。それにその意匠がどれも美しい。歴史的な変遷をたどっていったら、もっと美しい形をしたものがたくさんにあったことであろう。こんなに美しい花を家門のしるしにし、<u>その清らかな花の心を自己の信条とした人たちがいたということは、世にも美しいことのように思える。それが我々の祖先であったということは、誇らしい気もする。</u>しかも、そんな美しい意匠心を、一部の人だけでなく、世の人々が一般に誰でも抱いていたということは驚くべきことのように思える。

（傍線筆者）

島崎家の「家紋」は「花菱紋に丸い木瓜」（前掲、図Ｉ-8参照）もケシ科の四弁花とバラ科の五弁花の組み合わせである。谷口は紋章の他に『雪あかり日記』や『せせらぎ日記』などの表紙中にも、ギリシャの人物や仏寺の有様などの小さな絵の数々のスケッチがある。これらも何か紋章と同種のような気がする。

川添 登は「谷口吉郎」（『建築家・人と作品・上』井上書院）の中で「菊竹清訓も、彼の最近作の建物の壁面や扉などによく＜紋どころ＞を入れるが、その先例として、藤村記念堂があるからだ」と、書いている。

20. 芝居趣味－演劇青年－舞台装置

谷口の次女の杉山真紀子の「建築への道」によると、谷口は関東大震災（1923年）の直後の「少年時代からよく母に連れられて東京に行き、「帝劇」や「歌舞伎座」などを見学したり、スケッチをしていた」と、帝都崩壊を見て、「建築家になることを決意した」と書いている。谷口の「大学時代」は、震災後の演劇界も活気を取り戻し、新しい機運に燃えようとしている時で、「帝劇」や「歌舞伎座」が改築され、「新橋演舞場」が開場し、劇場建築も数を増していた。その中で、味気ない本郷森川町にある「静修館」という裏町の下宿生活からの逃避として、「築地小劇場」へ谷口はよく通った。

　　それが開場したのは、私がまだ金沢の四高にいた時で、第一回公演のゲーリング作「海戦」

の翻訳者がドイツ語の伊藤武雄教授だったので、その伊藤先生から、この小劇場のことはよく聞いていた。それで上京するとすぐ見にいった。

　そして谷口は「どこの会場だったのか忘れたが、小山内薫さんの講演を聞いた時、建築学科の学生である私は、氏の主張する＜ドラマツルギー＞（演劇論）は建築設計にも大切なことだと思った」と、舞台装置に関心を持ち、それに熱中していた。
　太田茂比佐の「《魔笛》そのほか」（『谷口吉郎の世界』）*T-2-4-6に、谷口がベルリンで「シンケル博物館」を訪ねて、「モーツァルトの歌劇《魔笛》の舞台装置の原図を見たい」と所望したことが『雪あかり日記』に書かれている。しかしその原図はオペラ劇場に貸出しているからないと断られている。太田は、他の図面でなく「なぜ、まず《魔笛》だったのですか」と、谷口に訊ねたことがある。すると谷口の回答は、

　　「いや、シンケルはどうも昔から馴染みが薄くてね。ただ《魔笛》のあれは若いころ大田黒元雄さんの本で見て感心していたから、ぜひ原画をと思っていた。ただそれだけだ」

　そして「《魔笛》の三日月なんか完全に中近東趣味だねえ。しかし、考えてみるとなるほど建築とはあまり関係ないね」と、谷口はそう言って、微かな苦笑を浮べたという。谷口は舞台装置について実に詳しかったのである。しかし、「シンケルは馴染みが薄い」という言葉は重要である。谷口にとって親しみがないと言うことか。
　当時の谷口の「演劇青年」については、太田茂比佐の「解題の代わりに」（谷口吉郎編『記念碑散歩』）*T-1-3-5で、

　　若いころの谷口は一箇の演劇青年であったという。ただ、この演劇青年は自分で芝居をやりたいわけではなく、戯曲は単なるレーゼ・ドラマに過ぎず、音楽もほとんどだめであった。関心は専ら舞台装置……築地小劇場に通いつめた話は有名であったし、在ベルリン中もシーズンには毎晩のように劇場通いをしていた。本当は舞台装置家になりたかったのだという話も一度ならず聞かされたことがあり、もし、そうなっていたら建築家であるよりもはるかに幸福だったのではなかろうか、などと私も考えたものであった。

　「レーゼ・ドラマ」とは、上演を目的とせず、読んで味わう戯曲のことである。谷口にとっては墓碑の設計も舞台装置と同様に、区切られた比較的に小さな空間の中での造形であるので、納得しやすく安心できる仕事であったかもしれない。

図Ⅳ-18A. 萬來舍「ノグチ・ルーム」
模型写真

21.「萬來舍」の「ノグチ・ルーム」(クラブ室)
－ジャパニーズ・モダン茶室－建築と彫刻の結合

□ 三段階の床のレベル ──視線の一致

谷口は「彫刻と建築」(『新建築』1950年10月)には、本来は教授の研究室であるが、

> 今日の日本では、彫刻と建築が分離し、美術が人間の集団生活から隔離している時に、私らは姉妹芸術の新しい協力を願い、生活と美の結合を念ずる。また、人生から失われたポエジーを探し求めんとする。その探求に際して、天分のゆたかな現代彫刻家イサム・ノグチ氏の深い友情を得たことを私は心から感謝したい。

この文は「萬來舍」の「ノグチ・ルーム」の建築と彫刻を協働していた時に書かれた。谷口はイサム・ノグチの作品に「生活と美の結合」を見ていたのである。そして建築を「ワキ」としての彫刻を「シテ」とともに「姉妹芸術」と考えていた。後に谷口は生活と美の「結合」を「融合」と言い換えている (図Ⅳ-18A)。

イサム・ノグチの談話をまとめた「禅の芸術」(1950年)[IN-3]がある。ノグチは日本へ来る前から「禅」と「コミュニティ」(集団社会)に注目し、「禅はコミュニティ程大きなものではないが、その考え方にはコミュニティの要素的なものがある」と、

> 「ある家と、生け花と、庭と、その中にいる人、その存在する人がこの小さい世界にどのように生きられるものか、禅はそれをよく教えているでしょう。どういうように動き、どういうように喋り、どういうように坐る、それが非常に重要な問題です。いかに立派な思想があっても、その中にある技術がなければいけないと私は考えます。禅は生きることの技術です」

ノグチは「ある家」を「茶室」のこととしたら、その中にある「技術」とは「生活の技術」にそうようにしたもので、「作法」のことを言っている。

図Ⅳ-18B. 萬來舎「ノグチ・ルーム」
「旧萬來舎」

図Ⅳ-18C. 萬來舎「ノグチ・ルーム」
竣工記念茶会

　谷口は「萬來舎のノグチ・ルーム」の建設（1951年）を通して、「茶」という「コミュニティ」における「生活」の「技術」をノグチから学んでいた。

　「演説館」に隣接する「萬來舎」は当初、木造平屋の和風建物で1876年に創設されたが、その名は「千客万来」に由来し、「すべての人々を歓迎して迎え入れる」という教職員と学生の懇談室（クラブ室）であり、団欒の場であり、「演説館」の来客をもてなす場でもあった。当然、茶会も行われた。現在では旧館の「慶応義塾大学第二研究室」、いわゆる「萬來舎」は解体され新校舎の３階テラス部に2005年３月に現地保存でなくて復元された様式移築として、それを「旧萬來舎」と呼んでいる（図Ⅳ-18B）。

　仙田 満の紹介で、慶應義塾大学の繁森 隆に案内されて改築された新々「萬來舎」つまり「旧萬來舎」を見学した。旧館の状況を想定しながら、その「ノグチ・ルーム」を説明する。

　平面は約10ｍ正方形の一室空間であり、西側の４本の角柱のあるポルチコの正面入口から入ると、谷口には珍しい円形階段を左に見ながら右の入口扉を開けて入ると、フローリングの床のホールで、正面に床の間が見える。ドウス昌代の『イサム・ノグチ－宿命の越境者』（下）（講談社、2000年）をベースに少々加筆した。

　この室内デザインで最も注目すべき点は、三段階に設定された床の材質と高さである。

- 第一は靴をはいて「歩くため」に鉄平石を敷いた西側庭園に続く土間である。そこには、楕円形のテーブルと背もたれをシュロで巻き上げた４人掛けの縄の長椅子２脚がある。1951年当時の竣工記念に開かれた茶会（図Ⅳ-18C）では縦長の床の間の前で亭主が小上りの籐マットに正座し、客には低いコーヒーテーブルと丸い腰掛け４つがある。一部は立礼席のスタイルで、「モダン茶会」である。
- 第二は少し高い床レベルは「歩くことも座ることも可能な」フローリングの床である。室内中央には二本の打放しコンクリートの丸い大柱の間に暖炉を置き、鉄板の爪や瓜のような形のフードが架っている。その一本は中空の煙突である。部屋全体が自然に日本風にも機能する工夫がなされている。大広間の手前には、読書室として湾曲した間仕切屏風のような壁に囲まれた中には腰掛けと棚と小さな三角形のテーブルが縦長窓面にあ

図Ⅳ-19 「イサム・ノグチ作品展」の協力メンバー「七人の侍」広井・三枝・由良・植野・長塚・関・撮影者橋本

る。洋式の水屋のようでもある。日本の近代文化は、「座っている人間」と「立っている人間」との対決であったといわれる。……東西二つの文化を血とする、IN-BETWEENであるイサム・ノグチは「座っている人間」と「立っている人間」との共存を信じようとした。
・第三は「座るため」の藤マットの畳のコーナーで、「腰掛け」として、床の前の部分で、全く「座る」ためである。
「新萬來舎」の室内デザインには、新生日本へのイサム・ノグチの祈りが感じられる。

　石貼りの床は「東洋」を、フローリング床は「西洋」を、藤マット床は「日本」を表わすとされた。谷口は1950年に、「私たちの仕事に、日本の風土から生れた美しい伝統をモダン化し、さらにそれを世界的な共鳴まで高めることを望んでいる。それは、建築と彫刻の握手によって、新しい造形の詩を構想しようとするものである」と、イサム・ノグチとの、この「萬來舎」での協働について、それを「新しい造形の詩」としている（図Ⅳ-19）。
　この「ノグチ・ルーム」の庭のテラスにあるコンクリート製の藤棚の先の西側庭園には、イサムの彫刻「無」があり、イサムは、「沈んで行く太陽が私の彫刻の＜無＞をシルエットにして浮き出させる」と、アクロポリスの丘の日没の光景を反映させている。また東側庭園には正面入口の前に彫刻「若い人」が設置されていた。
　谷口は「彫刻と建築」*E-35に、パルテノン神殿の場合と同じように、

　　私が、イサム・ノグチ氏と共に、三田の丘に設計した新「萬來舎」の建物は、「彫刻」と「建築」の協力による試作である。イサム氏がその「庭園」と「クラブ室の内部」を設計し、私がその「建築」を設計した。しかし、二人の仕事は分離したものではなく、互いに協力し、スケッチにおいて、製図において、模型において、暑い暑い夏の昼も、夜もいろいろと熟議し合った。

　谷口はこのルームを「ノグチ・ルーム」（クラブ室）と呼び、より人が集う機能を、大きな「床の間」と「炉」と「点前座」のある座席と立礼席のある「ジャパニーズ・モダン」の「モダン茶

室」とした。しかし総ての線が「ノグチ流楕円」の円弧である。施工監理を担当した由良 滋は、工事中にイサム・ノグチからの暖炉の廻りの床を下げて、腰掛けのようにしてくれとの要望を断ったことを後に残念がっている。

谷口は座談会「現代建築について」(『心』1956年9月)で、「日本建築の美点欠点」において、

> 「W・グロピウスは、ヨーロッパが求めた新しい合理的空間が日本には既にあり、それが畳に造形の原理があると言うが、来日時には畳の上に椅子を持ち出して腰掛けていたが、畳というものは原理的な利点と同時に、現実的な欠点もあり、畳は非常に綺麗なものであると同時に、非常に汚いものなんです。……畳の部屋は不経済と申しますか、美点と実用が対立しているのです。それですから、一般の住居生活に和風の住い方は、いろいろの点で改良される必要があります」

一方で、椅子式についても、「日本人が新しく取り入れようとしているヨーロッパの椅子というものも非常に窮屈な椅子式ですから、日本の伝統の坐り方も検討しなければならないと同時に、現代の姿勢を考案する必要があります。だからヨーロッパ式も必ずしも合理的だということではない」と、「美しい生活の仕方とその環境を皆で考えなければならぬ時代になって来たと言えるでしょう」と、語っている。しかし、この座談会は1956 (昭和31) 年に行われたもので、すでに今日の時代は椅子式が主流である。この椅子式と座式という問題は「洋風」と「和風」の様式のことにも連なってくる。谷口の住宅も、この椅子式と座式の問題は常に存在していた。「イスザ(椅子座)とユカザ(床座)の問題は衣服様式と関連する二重生活の問題である」と、西山夘三は戦後の住宅論で書いている。

内田祥哉は「建築家・清家 清」(『ARCHITECT 清家 清1918-2005』(新建築社、2006年)に、清家は「伝統的和風を脱し、国際性を持ちながら洋風でない様式」を模索していた時、その椅子式と座式の「視線の高さの一致」を考えていた。農家の畳敷の居間と土間では目線が一致していた。清家の住宅は「移動畳」により、その目線は解決していたが、「萬來舍」の「ノグチ・ルーム」ではその椅子座と床座の問題は充分に処理されていて、まさしく「ジャパニーズ・モダン」である。つまり空間として日本でも西洋でもなく東西文化を超えて誰でも受け入れてくれる場所である。谷口と清家はこの時期には同じ問題と対峙していたのである。その一例である。吉田五十八も自邸の和室と縁側の洋室は床を下げて目線を一致させている。

22. 金沢の「茶と能」の「美的センス」に「感化」——庶民の真情

谷口の『建築に生きる』の「わが父」*T-1-3-1-⑥ には、父の吉次郎は、工芸教育のための「金沢区工業学校」に学び、祖父の開いた窯元「金陽堂」を継いで、日英博覧会には陶磁界の代表として二度も欧州に赴いている (図IV-20)。谷口は、

図Ⅳ-20　父・谷口吉次郎

図Ⅳ-21　金沢・石黒家
の２階窓部　虫籠窓

　私の母は直江といい、正木家から嫁いでいた。父と母は謡と茶をたしなみ、私は父母につれられ、加賀宝生の能舞台を見にいったこともある。小学生のころ、父は片町の職場から住まいだけを寺町に移したが、その庭に家老の横山家にあった茶席「一種庵」を移し、父母は客を招いてよく茶会を催していた。金沢にはこのように、茶と能が家庭に普及している。しかし、父母は私にそのけいこを強要しなかった。それにもかかわらず、茶と能は父母を通して、私の美的センスに感化を与えている。最期の日、父はかすかな声で謡曲「翁」のひとふしを口ずさんだ。その臨終の声を思いだすと、私の胸は切ない。

　谷口家は、茶と能と嗜む家で、それが谷口の「美的センス」に感化を与えている。当然に、建築にも「茶と能」の影響は大きい。能では『翁』役は白色尉という白い翁面を、三番曳役の黒色尉という黒い面を付ける。谷口家はやはり黒と白であった。
　谷口は「淡交ビルヂング」（1968年）を設計している。そこの茶室の「好文庵」は、鉤の手の腰掛の立礼席と、床の間としての四畳台目がある。目隠しのスクリーンは珍しく横格子である（前掲、図Ⅳ-16Bロ参照）。
　原田伴彦の『町人茶道史』（筑摩書房、1979年）の「14・加州金沢の茶湯」には、

　金沢はいまでも街角を歩いていると「空（そら）から謡曲が降ってくる」といわれるほど、市民の間の能楽がさかんなところで、これは江戸時代いらいの伝統である。金沢の町人の間では能楽ほどではないが茶湯への関心もかなり高かったのである。……金沢と茶湯との関係は、藩祖前田利家、二代利長が茶湯の世界に接触していたこと、利休に師事した利長が、追放された高山右近を庇護したことなどにみられるようにその由来は古い。

　そして、千家の第四世で裏千家の祖の千宗室は、号を仙曳といい今日庵を継ぎ加賀前田家に仕えて、藩士に茶道を教授したことから有力な上層町人の間にも茶湯が広まっていった。また明治初頭、金沢は茶器の道具商売の生産地の観を呈しいていたことにもよる。しかし筆者が驚愕したのは、この本の「薬種商官許三家の一、石黒家」の２階窓部の写真（**図Ⅳ-21**）である。

図Ⅳ-22　古九谷の絵皿

何と白壁の出窓に縦格子の連続パターンが掲図されていた。これは「虫籠窓」のことである。
一連の慶応義塾大学校舎の谷口の「縦長の上げ下げ窓」の連続の意匠を想起した。それは偶然
ではあり得ない。谷口は子どもの頃からこの窓を見ていたからである。この「石黒伝七商店」
の上田悟郎は金沢二中の谷口の同級生である。谷口は『建築に生きる』の「片町素描」*T-1-3-1-④に、

　　私の家の向かいには、金沢の菓子で有名な「森ハ」の支店があり、少しいくと「亀田」とい
　う薬種屋があった。そこは町年寄の亀田是庵の家で、「奥の細道」の芭蕉がこの亀田家に泊ま
　り、「あかあかと日はつれなくも秋の風」の句をよんだのは、犀川の付近だと伝えられている。

この亀田是庵は片町で薬種業を営み、町年寄をつとめる家柄町人であった。幕末の伊右衛門
が、天保年間につくったのが茶室「是庵」である。金沢に残る茶室では「夕顔亭」につぐ古い
ものである。亀田と同じ薬種商の官許三家といわれる福久屋伝六「石黒家」も特権町人で、明
治の金沢茶人としてまたその名品所持で名があった。その家がこの写真の石黒家である。
　谷口の「五彩の美意識」(『日本のやきもの・18「九谷」』講談社、1975年)には、郷里、金沢
の「古九谷」の大皿の花鳥の絵や石畳の文様(図Ⅳ-22)について、

　　明治も末の頃だったから古い話になるが、加賀地方の家庭では祭りの時や、めでたい日に
　は、蔵から九谷の皿を持ちだして、それに料理を盛った。……当時、古九谷は今のように高
　価なものではなく、箱も黒く煤け、その紐も細引の粗末なものであった。だが、あの色彩の
　美しい大皿が実用品として身近かに使用される時代が続いていたことを思いだすと、その
　頃がなつかしい。……古九谷を実用品として使用し、その美しさに強い愛着をよせたのは地
　元の人々の日常生活であった。……そんな人々の心情や生活、風土条件と、古九谷の美は無
　縁でなかろう。工芸にも美意識は地元の人々の生活と風土と密接に結びつくことによって、
　個性美を発揮するものと私は考えている。

金沢の厳しい気象があの古九谷の肌が持つ強い堅さと、色彩の鮮やかな輝きへの美的祈願

が五彩の磁器を作り、使用することに生活の慰安を求めていたと結んでいる。美術品でも生活の実用品として輝き、風土と密接に結びつくことを、自家の生産品として製造していた体験を、モノを作る建築家として実感している。

谷口の「世相の表情」（1955年）*E-49に、

> 過去の美術は寺院に育てられ、宮殿を飾るものであった。それに対して、近代の美は人間に結び付き、日常生活の中に築かれようとしている。だから、その美意識が私たち庶民の暮らしの中に芽生えて、生活環境の美しい建設に真情があふれてこなければならぬ。

谷口が、美術や建築に「庶民」の日常生活の美を求めるのは、それは金沢の古九谷焼の窯元の家に生まれ育ったことと深く関係する。金沢には他にも、蒔絵、指物などの「加賀」の美術工芸の職人が多くいた。「近代美術」が「庶民の日常生活」に結び付いてこそ美しい「真情」（まごころ）となることを言っている。（傍線筆者）

谷口の「厳しい風土の中の造形美」（1976年）*E-103に、

> 「古九谷」の五彩は鮮明であり、発色は独特な風格を持つ。そんな色彩の鮮やかさと文様の卓抜さは古九谷のみでなく、蒔絵、友禅、象嵌、指物などにも共通する美的性格であることを思うと、北陸の暗い風土条件が多種の工芸に鮮やかな色彩感覚を成長させる重要な原動力となっている。……農民や職人たちは冷厳の風土を自分の郷土として、貧寒の地に美しい造形の開花を求めた。

谷口の「ごきみつさん」（1966年）*E-73に、金沢弁の「ごきみつさん」とは感謝の言葉で、「ごていねいに、ありがとう」の意味で、谷口は「金沢の町の姿や日常の暮らしに、個性ある美しさを育てようとする篤実な気持ち、そんな庶民的な感情こそ、金沢言葉の＜ごきみつさん＞に含まれていた意味ではあるまいか」と、金沢の庶民的感情の言葉を説明している。谷口は白洲正子との対談の「日本人のこころ」で「簡素ということは正直だということで、これが数寄の美に通じます。日本人は島国に育って、しかも非常に貧乏ですよ。貧乏の中で、美と倫理観が結びつき洗練されました」と、その「簡素」な美の「余情」も言っている。（傍線筆者）

23. 堀口捨己も「歌人」建築家 ──「生活構成」の芸術・調和の美

堀口捨己の弟子の早川正夫は、「私は、堀口先生の本質は＜詩人＞だと思います。常に詩を考えておられました。そのことに最初に気づいたのは立原道造だと思います」（「堀口捨己─ロマン主義と合理主義の狭間で─」対談　早川正夫＋藤岡洋保）*HS-5。立原道造は、東京大学の建築学科の出身の詩人である。堀口も若年の頃から歌人であった。堀口は1968年の新年の歌

会始めの３人に選ばれたのが「梢より梢にわたる風の音の心に通う春の夜一夜」。この歌を本人が書いて掛け物として床の間に飾っていた。

堀口の建築は茶室論とともに評価されているが、そのキーワードは、

　　茶の湯は「生活構成」の芸術である。……生活が生活である間は、……それは芸術ではない。生活が如何に調和ある生活であっても、それは美しい生活とか宜しい生活とは云えるが直に芸術ではない。調和ある生活が物語になる時、絵に描かれる時、劇に演ぜられるとき始めて芸術にはなり得る。
　　　　　　　　　　　　　　　（傍線筆者）（「茶室の思想的背景と其構成」1932年）*HS-1

生活が単に「美しい」、「調和ある」生活であっても芸術にはならないことを堀口は、それが茶の湯のような「物語」、「絵」、「劇」になってこそ、つまり「芸術化」された時、茶室も「建築」として認識されると言っている。その点では谷口と大きく異なるのである。

この論文で、堀口は、茶の湯を「生活構成の芸術」と定義し、生活を基礎にしつつ、それが美に高められた世界だという。それは「生活の最高の調和と美」であり、「今迄の美学の取扱った如何なる範疇にも属さないとしても芸術と云う名が一番ふさわしい」とする。その「生活構成」のもとになるのは庭園（露地）、建築（茶室）、器具（茶器）、人（茶人）など、すべてのジャンルが統合し調和した大芸術として、茶の湯を再定義することについて提案している。しかし、堀口の文章に「用」という語はみられるものの、「機能」と建築の関係についての言及がほとんどない。「機能」が堀口の重要な主要テーマではなかった。茶室の美が「用」を前提にした美であり、彼が現代建築の美の理想として称掲した合目的の美の典型例だとした。しかしその「生活構成」は「用」を前提として、「功利的必要」とか「使用」という話が使われているが、「機能」が重要な要素になっていない。谷口吉郎も、堀口建築の「機能」の無さを指摘している。それは一般的な民衆のための「用」ではない。谷口が「堀口は機械（機能）が解っていない」と批判するのもここにある。つまり「生活」についての考え方が異なっていたのである。

つまり堀口の「建築の非都市的なものについて」（1926年）の論文で述べられた「眠る」、「休む」、「養う」、「育む」といった「構成」された計画、表現は直接に生活そのものではない。しかし、茶室の極小の平面に「生活」（それは茶事として式事の生活であるか）の組織化の原理を見ようとした。「機能」がないと本当の「モダニズム建築」にもならない。

堀口は秀吉の黄金の茶室を桃山の数寄の精神であると肯定していて、それを実際に「MOA美術館」の「黄金の茶室」として作っている。そこには美はあるが「生活」はまったくない。谷口の「木石舎」は、茶の湯の復興をめざして1951年上野の松坂屋で開催された「新日本茶道展覧会」の茶室を堀口と谷口の２人が指命されて各々１つ仮設した。しかし、それらはまったく異なっていた。堀口は「美似居」（ビニール）で、その洒落た命名通り、光沢のあるビニールレザーを扉に、透かし模様のビニールクロスを明り障子に太鼓に貼って、当時としては意表の材料構成で、点前はもちろん「立礼」であった。

第 V 章

「環境学的建築」

ー風圧・温度 と 室内気候ー

「生活環境の美」

チャート 谷口の造形的環境要素と建築計画原論

厳しい風土条件 ― 日本には日本の家

エネルギーの拡散 の手法

光
- 陽炎（かげろう）太陽光と熱
- 薄暮（くれかた）の光線
- やわらかい光線「しぶい美」
- ゲーテの色彩論
- 無名戦士の廟（天空光）
- 「家族のサナトリウムの実験室」（谷口自邸）
- パンテオン（ローマ）の天空光

熱
- 形（表面）の温度（内なる形）
- 「防熱の造形」
- 「みかんの皮」の意匠
- 輻射熱 保温性
- 窯の「赤い炎」（九谷焼）ほてり
- 開放教室（慶應義塾幼稚舎）
- 木製テレスの熱容量

各種窓
- 縦長上下窓の連続
- 縦繁格子
- ジグザグ窓
- 排気窓（天窓）
- 虫籠（むしこ）窓

雪
- 雪明かり ― 薄紫
- 雪雷（ゆきがみなり）
- 六角形・麻の葉模様 白い雪片
- 照明器具 拡散光
- 水晶・ダイヤモンド光

風
- 風圧の低減
- 風洞実験（空気流動）
- シュリーレンの方法（室内気流）
- ジグザグ窓・風災対策（東工大記念講堂）（乗泉寺）

水
- 水紋 波模様（東宮御所）
- 川音 犀川の流れ
- 水影 揺るる水照
- オランジェリー美術館（モネの睡蓮 池の水面）
- 水音（修学院離宮）
- せせらぎ

音
- 耳の人（オーレン・メンシュ）
- 音響の思索（東工大記念講堂）
- ベルリンの街の音
- 水音（修学院離宮）
- 「さらさら」と「さくさく」
- オランジュリー美術館（靴音）

1. 回想の「舞台」の場面 ——金沢の犀川の思い出

□「目の人」と「耳の人」そして「鼻の人」でも

　谷口吉郎の『私の履歴書』*T-1-3-1-①には、「知人のゲーテ研究家によると、人間には＜耳の人＞（オーレン・メンシュ）と＜目の人＞（アウゲン・メンシュ）があり、その分類によれば、自分は＜視覚的人間＞かもしれぬ」と、したがって「私の記憶する履歴には、視覚的な映像が連続している」と、谷口の記憶には回想の「舞台」の場面が形や色として鮮明にスケッチされている。

　まず『私の履歴書』の冒頭に、ふるさとの金沢には犀川と浅の川の2つの清流が流れ、「川が詩人の詩心に感化を与えているように、私の意匠心もこの川の影響を受けている」と、谷口と同じ犀川の「大橋」の近くに育った室生犀星と、浅の川の近くに育った徳田秋聲を例にしている。谷口も、川は子どもの時は楽しい遊び場で、

　　犀川の近くで生まれ、童心を川岸で育てられた私の意匠心に、その清流がいろいろな感化や影響を与えていることは、もとよりであろう。私は仕事の関係で郷里を訪れる機会が多いが、その折、犀川の川岸にたたずみ、川音に耳を傾けると、なつかしい童心が胸にこみ上げてくる。

確かに谷口は「目の人」でもあるが、川音に耳を傾ける「耳の人」でもあった。

　　人生のめぐり合いと、回想の舞台に登場するのは、めぐり合った多くの人々で、私はその人達に導かれて人生を歩いているにすぎない。しかも、目に見えてくるのは、人よりもその舞台の場面であって、当時の形や色が鮮明となる。

つまり「舞台」上の風景として、詩人谷口はその「人脈」に登場する多くの人々とともにその場面を建築の形や色として想起しているのである。大学時代に舞台装置について研究した谷口である。金沢の町並みの谷口への影響は、「片町素描」に、「そんな和風建築の店のほかに、洋風スタイルの店も目立ち、明治時代の文明開化の気分も片町にただよっていた」と、

　　金沢は古い城下町で、今でも市内に藩政時代の武家屋敷や土塀が残り、昔のたたずまいが濃いが、片町あたりにはハイカラな活気がみなぎっていた。しかし町の住人には伝統に育てられた美的教養が重んじられ、ハイカラな新風の中にも、城下町にふさわしい気品が尊ばれていた。私はそんな町内に育った。

この記録には、谷口の「原風景」として、すでに伝統的な建築と「ハイカラ」な洋風建築が

261

混在していた。それは香林坊に近いからか、古い城下町でも特異な風景ではないが、それを記述している谷口の意識が問題で、建築家となってからも伝統的日本建築と現代建築の二元性の「融和」として継続していった。

谷口の生家は片町六番地の九谷焼の窯元（第Ⅰ章前掲、図Ⅰ-5A参照）で、「家の構えは大きな二階家で、和風の大屋根には、どっしりとした練り瓦が並び、下屋の庇には看板が出ていて、赤い日の丸に白い鶴が飛び立つ姿が、それは＜舞い鶴＞という窯元＜金陽堂＞の紋章だった」。そして、

> 表の店には各種の九谷焼の製品が陳列され、その奥が住まいとなっていた。隠居の祖父母夫婦が中庭の奥に住み、その奥に庭があって、それを囲んで大きな土蔵が三つ並んでいる。白地の磁器がぎっしりつまっていて、その庭には太い松の木が枝をたれ、庭のすみに茶室があった。家はさらに奥へ続く。土間の裏が上絵の窯場となって、松の薪が音を立てながら燃え、その赤い炎が、今も私の目に焼き付いている。……その窯元に私は生まれたので、絵付けをする陶工たちの仕事ぶりや、勢いよく燃える窯の炎が、私の目に焼きついている。その窯から取り出される製品の発色が、私には忘れられない鮮やかな色彩となっている。

旧家の屋敷の窯場で燃える「赤い炎」は、谷口の建築計画原論による散乱光の「風洞実験」のように「陽炎（かげろう）」となって、現実の建築に表出するのである。そして「雪国の冬」*T-3-1-②には、

> 幼いころの記憶には、雪は冷たいものではなく、楽しく美しいものだった。……暗い雪国には生活の中に美しさを求める意匠があった。それは年中行事となり、日常の用具となり暗さの中に光と色を美しく発揮している。

そして、「美しい雪」の中を元旦の晩には、母とお買い初めに出かけ、

> 家に帰るころは夜が明けそめて、あたりは雪あかりとなる。その薄紫色の雪景色が童話の絵のように美しかった。

その「雪あかり」の薄紫の光景と、家の中の裸電灯の照明は、暗い雪国の色彩と光明であった。谷口の原風景は、「人生行路を思うと、私の目の奥には、白い雪がふり積もり、耳には川音が聞こえてくる。それと人々とのめぐり合いを背景に私の意匠心を育ててくれた」と、「赤い炎」と「白い雪」と「川音」が後に建築の「意匠心」の原風景となっていった。

そして夕闇の「雪あかり」も原風景で、いつも薄紫色であり、「世にも美しいもの」に見えている。それは、生活の中に美しさを求める意匠となった。同章で谷口は、

頭の上から、室内に射しこんでくる光線というものは、人の心に落ちつきを与え、静寂な感銘を与える。
　　日本の茶室建築に用いられている「つきあげ窓」も、狭い室内に静かな広がりを感じさせ、ことに日本紙を透したやわらかい光は、一層、狭い室内にいる人の心に、静かな落ちつきと親しさを与える。

谷口は「明かり窓」（「日本美の発見」1975年）*E-95 で、茶室のその窓による、和らげられた室内光線を映す床の間の花が主役である。在ベルリン中に「無名戦士の廟」の「内陣」の天上からの日光に美しく輝く「銀色の十字架」に茶室の「一輪の花」を感じていた。

谷口の「世界語としての〈しぶい〉」（1960年）*E-64 には、アメリカの家庭雑誌の『ハウス・ビューティフル』誌に、

　　日本の家の採光にも注目して、障子、ガラス戸、スダレ、雨戸などの各種の建具によって、外光をうまく調節される方法に感心している。それによって室内が、外国の建築に見られぬほど、柔らかい光線によって照明されていて、そのために、日本のしぶい美が発生するに至った大きな原因だと指摘しているのは、卓見だと言い得る。

（傍点谷口）

外国人は、日本の室内が「柔らかい光線」によって、「しぶい美」がつくり出されていることに注目している。日本住宅は、この光からしてすでに「モダニズム」建築ではないのである。
　「雪あかり」、「陽炎」（かげろう）、「水紋」、「柔らかい光」、「暮方の天空からの薄暗い光線」などの、散乱光による「物」の変化を、「状態」として表現する感性と欲望を日本人は持っていた。谷口はそれを注視していたのである。
　『記念碑十話』の「追憶」（1963年）*E-71 に、谷口は、

　　「思い出」にもいろいろな型があるらしい。過去の記憶が目に浮かんでくる人もあれば、耳に聞こえる人もあろう。……その点で、耳に自信のない私には、人様の名前や約束した会合の時刻は、耳で聞いただけでは頭にはいらず、いつも失敗と恐縮をくりかえしている。しかし、「形」となると輪郭はもとより、色彩、陰影、材質までが目にありありと浮かんでくる。だから、私は目ばかりの人間かもしれぬ。これは生まれつきの性分によるのだろう。ことに幼いころの印象がはっきりしている。

谷口は「思い出」として過去の記憶が目に浮んでくるから「目ばかりの人間」と自称するほどに、幼い頃から「形」の建築家としての素質が備わっていた。
　しかし、在西欧中の『せせらぎ日記』の「モネと睡蓮」に、パリの「オランジュリー美術館」で帰ろうとすると、

私の足音のほかに、誰かもう一人の足音が耳に聞こえる。それが私に近づき遠のいていく。しかし、姿はなく靴音だけである。それで気がついた。この展示室は楕円形となっているので、室内に焦点が二つある。そのため私の靴音は壁に反射して、他の位置に焦点を結ぶ。その反射音が私の移動によって弱くなったり、強くなったりして、他人の足音のように聞こえるのである。

　このように「耳の人」でもある。室内は暗くなり、「薄暗い光線の中で、絵画の色彩は飽和度に増し、一層幻想的に見える」、そして「私自身の身体が池の水面に浮かんでいるような幻覚を受ける」と、「目の人」である。筆者もこのパリの小さな美術館を訪れたことがあるが平面が楕円形であることは後に知ったが、その靴音の現象に気がつくはずもなかった。

　美術館の内部はますます暗くなってきた。私の身体は池の水面から深い淵に吸い込まれていく。すると、耳に、印象派音楽のドビュッシーの曲が、かすかに聞こえてくる。そんな美的陶酔に、私は我を忘れてひたっていた。

　「幻覚」を含めて、確かに「目の人」であるとともに「耳の人」でもあった。しかし、谷口自身は、目を通した感性に自信があった。
　谷口吉郎と槇 文彦の対談「建築における美意識」（1969年）*D-12では、谷口は「やはり目の人間と耳の人間という二つの型があるんですね」と、幾度もこの種の発言をしている。
　『雪あかり日記』でも、「彫刻は＜人の目＞に見せることが要望され」とか、「人の目」が随処に出てくる。しかし「うすら寒い日」に種々の「音」が聞こえている。
・スエズを過ぎ船がナポリに着くと、「少女たちは＜蛍の光＞を歌って」
・フリッツ・ヘーゲルの設計した教会の「高い塔の上で鐘が鳴りだした」
・小さな骨董屋の小箱の「オルゴールの音楽が鳴り出した」
・クーワフュルステンダム街から「ヒトラー少年団の鼓笛隊の行進曲が聞こえてきた」
・ふいに、「窓の外から音楽が聞こえてきた。オルガンのような音の音楽が室内に流れ込んでくる。やがて窓の下から、その男の歌うバリトンの声が室内に聞こえてきた」
・葬儀場の告別式で、「パイプオルガンの音が静かに聞こえてきて、それが次第に大きくなってきた。讃美歌の声が、高い天井に響き渡る」と、オペラの場面のような印象である。
　他の章にも「音」や「曲」を「聞く」場面が多い。
　谷口の「東工大創立70周年記念講堂」（1958年）の「音響と思索」（『建築文化』1959年1月）には、オーディトリアムの室内設計には、「新しい建築音響学に基づく設計に、一種の物足りなさを感じる声を聞く」と、

　会堂の建物は、そこに人が集まり、そこで人の声を聞き、人の動作を見る場所である。従っ

て、目で見、耳で聞く条件が第一の主要目的であることは無論であるが、人はそれを目と耳ばかりでなく、胸にも、さらに記憶の内に収めようとする。感銘、思い出、親和、了解、そんなものが会堂の内から醸し出される。そうだとすれば、そんな人生の一コマーコマにいろどりを与える要素も会堂の室内には大切なことになる。

そして「私たちの室内感覚にも一種の思索や、情趣を求める気分があるのではなかろうか。それを思うと、新しい音響学に基づく設計にもそんな意匠が必要となろう」と結んでいる。筆者は、高校・大学の入学式、卒業式にはこの講堂にいたが、この設計主旨である谷口の計画には思いも至らなかったが、ただ式の雰囲気は今でも記憶に残っていて、学生集会でも、マイクロホンはあまり使われずに肉声であった気がする。谷口は学生時代に劇場に通いつめていた経験から、「スピーカーの音に頼らずに、生の肉声が後の席までよく通る」設計をしたと書いている。

慶應義塾の「幼稚舎講堂・自尊館」（1964年）でも、「音響の意匠」を実現すべく、松井昌幸東工大教授の協力で20分の1の模型を作り「マイクロホンなしに肉声の届く講堂の実現を図った」と、谷口は「新しい音響学にもとづく設計」をしている。

谷口の『修学院離宮』（毎日新聞社、1956年）について、堀口捨己は、谷口吉郎と数江教一との座談会の「"茶の湯"を語る夕」（『婦人の友』1958年1月）の、「庭と音」で、

「谷口さんは最近『修学院離宮』というりっぱな大冊の本を書かれましたが、その中で離宮の庭に、音を考えておられますね。第一楽章、第二楽章という風に章でわけて、庭のもつ変化を音によってききわけておられる。われわれは修学院を幾度も拝見しているのに、音楽の素養がないのか、そういうことは気が付きませんでした。ところが谷口さんはまず第一に庭を踏む御自分の足から音を感じ、それから小さい流れとか、滝とか順々に庭の音の発展する微妙な変化を聞きわけておられるのを読んで、なるほどと感歎いたしました。『せせらぎ日記』などという随筆も出されていますし、あなたは余程ああいう音がお好きなようですね」

谷口は、本当は、このように「耳」の鋭い人である。それは、この堀口の話を受けて、谷口が「庭園や茶室へ入ってゆくこの自分の足音のひびきによって、いっそう美しいものに対する内省的な考えを強められ、いわば思索の散策みたいなものを私は非常に感じるのです」と、この人が「耳の人」でない筈はない。

『雪あかり日記』の1.「うすら寒い日」で、

誰の設計にも、必ず作者の気風や品格の如きものが体臭の如くつきまとっていた。その体臭は設計のいい時には匂いのいい香気となったが、悪い時には鼻もちのならない臭気となった。

図V-1 東宮御所の表公室の
南面の池の水紋

　これは『文藝』（河出書房、昭和19年11月）に掲載されたものである。谷口がベルリンから帰国直後、会誌の『花の書』に書き、中断していたのを再掲した戦争中の文章なので「秘密警察」の鋭い目が光っていた時代であった。しかし、何故か「臭気」とう記述は3年後にはすべて「体臭」と改められた。つまり「人間」中心としたのである。

　後に、30年を経ての1966年3月の雪華社版でも、1974年9月の中央公論美術出版でもやはり「体臭」であった。『雪あかり日記』考*T-2で内田祥士はそれを検証している。

　設計者の「作風」としての「品格や気風」を「体臭」という感覚的な概念で表現している。しかし、その設計が良い作品の場合「香気」となり、悪い時には「臭気」になる。それは作者の意匠心がその雰囲気を作っていた。谷口は「臭覚」にも感覚的で、「目の人」、「耳の人」だけではなく、「鼻の人」でもあった。人間の「五感」の内、視覚、聴覚、嗅覚まで使って建築を説明する谷口は、センシティブで感覚が鋭い人である。『雪あかり日記』の「花火の日」でも、東大受験のため上京した上野駅で、「東京の匂い」を感じて以後、「雪深い北陸から上京してきた私の嗅覚を、まず刺激したのであろう」と、しかしその嗅覚も東京という都市に次第に馴致していった。

2. 水紋と陽炎（かげろう）－「歴史の流れ」－シュリーレン方法－東宮御所の池

　「東宮御所」（現・赤坂御所）（図V-1）は1960年の春に落成した。『私の履歴書』の「住まいの意匠」*T-1-3-1-㉓に、「これは国の代表的な公館建築であるが、やはり住宅だといえよう」と、成婚直後の「東宮」つまり皇太子の新居を「住宅」としているのは谷口らしい。

　　その南庭に池を作った。晴れた日には、池の水面が室内に明るく反射して、水面の水紋が
　天井や壁にゆらゆらと美しい波模様を描く。それは光琳の絵のように見える。

　谷口はそれも「日本の住宅が古くから持っている美的詩情」であるとしている。
　谷口の「東宮御所」（『新建築』1960年6月）の「設計メモ」の詩に、

水面から　コンクリートの角柱が　そそり立って　高殿の庇を支える
　　お天気の晴れた日には　池のさざ波が　明るい日ざしを反射して
　　ゆらゆらと庇の裏に　美しい水紋を描く
　　大応接と大食堂の室内から　それを眺めていると
　　水紋の奥から　歴史の流れが静かに　私たちの胸にそそぎこんでくる

「東宮御所」の池の水紋の美しさの表現はここまでで、その造形の継承を、

　　過去において　御所の建築は美を守護した　造形の古典が　そこからわきでた
　　風土の厳しさによって　洗練され　誠実な手仕事によって　親しみを打ち込んだ
　　その美を　今ここに　この時代に　いきいきと　さわやかに　よみがえらせてみたい
　　それが　この建築に対する私の意匠の念願

　谷口の建築原論のような「意匠の念願」が、「風土の厳しさ」にもさわやかな美しい「水紋」
として谷口の胸にもゆらゆらと波紋を描いている。
　谷口と東山魁夷の対談「建築と絵画 ―東宮御所の竣成に際して」（『三彩』128号、1960年7
月）に、「ギリシャ建築でも、ゴシック建築の優れたものを見ましても、絵や彫刻が主役で建
築はワキです」と、「東宮御所」の大食堂の壁画の「日月四季図」の作者の東山魁夷に対して、

　　「むしろワキ役の建築のほうが、かえって難しい仕事をやらなければならない場合が多い
　のです。シテの絵画を引き立て、そのためにシテ以上の役目を自覚しなければならないので
　す。つまりワキ役というのはシテと同様にむつかしい仕事を演じ、しかも相手を殺してはい
　けないのです」

　そして、「東宮御所の大食堂の主題は東山さんの絵『日月四季図』と、この水紋の反射です」
と、池の水面の波が反射して廂や天井に水紋が美しく写ることを、「美を守護する建築」と称
して、具体的には障子も櫺子（縦格子）もそれに参加している。担当した砂川雄二郎は、いず
れも池の水深は15㎝位でとても浅いと書いている。
　「谷口吉郎・吉生記念 金沢建築館」（2019年7月開館）でも、谷口吉郎設計の「迎賓館赤坂
離宮和風別館」（1974年）の「游心亭」の主和室と立礼席の茶室が2階に再現されている。池
の水に反射した光が庇と天井の奥深くより入り込んでいる。たしか、「東京国立博物館 東洋館」
の前庭側にも、小さな池があった記憶があるが。
　『せせらぎ日記』の「モネと睡蓮」には、京都の「修学院離宮」の「上の茶屋」の大きな池の、
「美しい水面が作庭の主要テーマとなっている」と、パリの「オランジュリー美術館」でも、モ
ネの「睡蓮」の画には池の水面に浮かんだ睡蓮に、

歩みながらその絵を眺める者の目に、太陽光線の変化が印象づけられ、朝から日没に至るまでに、池の水面や睡蓮の花が美しく色彩の変化する様子に、深い感銘を受ける。

　そして、「私自身の身体が池の水面に浮かんでいるような幻覚を受ける」とし、絵の睡蓮よりもむしろ「水面」に谷口の視線が及んでいる。『私の履歴書』の冒頭の「犀川」*T-1-3-1-① では、「うつくしき川は流れたり／そのほとりに我は住めり」と、親交した室生犀星の詩の「犀川」の書出しで、金沢の郷里には犀川が流れていて、「私の意匠心もこの川から影響を受けていることを思うと、私は室生さんの詩に心を引かれる」と、

　幼い私は河原で小石を組んで小川を作り、木片で橋をかけた。その小さな手作りの庭を身をかがめながら股眼鏡でながめると、遠くに戸室山や医王山の山々が、美しい絵のように見える。両足の間に、白い雲が青空に浮かび、それが小川の水面に映って大庭園のように見えた。

　そして「建築家となった私の意匠心はこのように童心のころから、ふるさとの川から造形的な感化を受けていた」と、谷口の原風景であった。
　谷口の随筆「人工かげろう」（『知性』1954年11月）*E-43 に春の野や夏の砂浜で、遠い景色がゆらゆら動いて見える「かげろう」は、「地面が太陽光を吸収して、その熱によって地表に近い空気が暖められ、それが上昇する時、その流動した空気を透かして遠景を見ると、光線が屈折してゆらゆら動いて見える」現象である。
　室内でも、放熱器から発散される温かい空気がどんな経路で伝わっていくかは、「シュリーレン方法」という撮影装置で模型内の空気の流れをスクリーンに映写して温度差によって生ずる光線の屈折率の変化を応用して調べていた。谷口は実験室を出ても、普通の部屋でストーブの気流に、

　むらむらと立ち上る上昇気流が、入道雲の如く見えてくるような気がして、私は神通力を授かった少年のように、ひとりほほえんだこともあった。

　まるで「童話の魔法使いになったような気がした」と感じていた。この「シュリーレンの装置」というものは、東工大の「水力実験室」にもあった。ガラスの大きなスクリーンで「陽炎の原理を利用して、空気の動きを調べる装置である。谷口先生はこの現象に着目されて、現在でも珍しい装置を開発され実験に供用されていた」と、清家 清は復員して来た時に谷口のその姿を、「風土と建築」*T-1-4-1 に記録している。
　それは、谷口の随筆のタイトルにも多い人工的に「かげろう」を作る装置で、谷口はそれを建築的には「光と影」であると言っている。

図V-2　相模原ゴルフ
クラブハウスの池と
開場記念碑（弟橘媛歌碑）

図V-3　乗泉寺の池と霊堂

図V-4　赤坂離宮迎賓館和風別館「游心亭」の主
和室と池

　谷口は「風洞実験」をやりながら、レオナルド・ダ・ヴィンチのことを考えていた。東大生
のころ上野の東京美術学校へ矢代幸雄のダ・ヴィンチの流体の水と空気の流れについての連続
講義を聞きに行き、スケッチの渦流の描線の美しさに魅せられていたからである。

3. 薄暮の鬱憂（めらんこりあ）——木下杢太郎の「緑金暮春調」

□「雪あかり」・「陽炎」・「水紋」

　谷口の『記念碑十話』の「追憶」（1963年）*E-71 に、郷里の金沢は、

　　雪国だったから、雪の思い出も深い。童心には雪は冷たいものでなく、楽しく美しいもの
　だった。色も白いだけでなく、いろいろの色があった。ことに夕暮れの「雪あかり」の色は
　忘れがたい。桔梗の花びらのような青い紫がかった暮色に包まれた犀川べりの雪景色は、幼
　い目にはそれこそ童話のように美しかった。

　それは「薄暮」に見た薄紫色の「雪あかり」であった。
　「東宮御所」（1960年）でも高殿の廻廊の下には池を巡らしている。谷口の建築には、「相模
原ゴルフクラブハウス（1955年）（図V-2）、「乗泉寺」（1965年）（図V-3）、「迎賓館赤坂離宮
和風の別館(游心亭)」（1974年）（図V-4）、「河文・水かがみの間」（1972年）（図V-5A・B・C・D）
など実に池を有する建築が多い。水紋も「シュリーレン方法」の一種であった。河文の「水か
がみの間」（『新建築』1973年8月）には、名古屋市の中心部なのに池の清らかな水の表面には、
四季の移り変わりが映る。晴れた日には、明るい日ざし。白雲。雨が降れば、雨の足。夕方に
は夕映え。街の騒音も聞こえるが、時には渡り鳥の鳴き声が余情をそえる。そんな水面を座敷
から眺めていると、瞑想の中で、人のなさけと時の流れが思い浮かぶ。その部屋を「水かがみ
の間」と呼んでいる。
　「京都御所」の清涼殿の渡り廊下の白壁や、横浜の「三渓園」の池に面する障子にも美しい

図V-5　河文・水かがみの間
A. 中庭（池）

B. 広間

C. 床の間の違い棚

D. 天井廻りと照明器具

波模様が写っていると、谷口は記録している。

　木下杢太郎の「薄暮と夜と」（『木下杢太郎全集』20巻）[*K-16-10] の「日光の代わりに薄暮の調和・二重照光」には、谷口吉郎の光と水の空間を形容するのと同種の表現がある。

**　そこで明るい所からは逃れ出て、薄明るみ、暗やみを慕うようになった。きらきらした日光の代わりに「薄暮の調和」が祝がれた。柔らかな夕やみが地上に拡まる。初めのうちはやはり「二重照光」の効果が喜ばれた。斜日の赤みがあった光が四囲風物の上に残っているのに、而も既に銀色の月影のさし昇るようなところである。……独り月光のみが、かの銀色の輝きを赤い屋根、青い池水に流すようになった。或いは星光が銀色に薄暮の空に煌く。**

　杢太郎の詩には「薄明るみの夕やみ」のような「薄暮」の空間表現が多い。1908（明治41）年に発表された、まだ医学生時代の詩の「緑金暮春調」（1908年）（当初題は「暮春調」）には、

**　ゆるやかに、薄暮のほの白き大水盤に、さらﾗめく、きらﾗめく、暮春の鬱憂よ。**
**　その律やや濁り、緑金の水沫かをれば、今日もまたいと重くうち湿り、空気淀みぬ。**

　「暮春」の「薄暮」は「鬱憂」（めらんこりあ）である。杢太郎の心象風景を暮春の水と光と空気の絵画的な筆致と音楽的な諧調で青春時代の「鬱憂」に収束させている。「さらﾗめく」は水

C. 白秋の生家で谷口と野田宇太郎

図V-6　北原白秋歌碑
A.「水影の碑」

B.「水影の碑」

沫の落ちる「音」で、「きららめく」は水沫の輝く「光」の様（さま）である。「パンの會」が開かれていた頃の「音」と「光」の饗宴の風景詩である。

　川添 登の「谷口吉郎氏にきく」（『建築』1965年8月）で、谷口は、

　　「私の発想方法は一種の造形詩を心がけています。日本人の調（しらべ）というものは、抽象概念や理論的でゆくよりも、ものというものいわゆる花鳥風月で心に響く、世阿弥は花で発言しています。……私は建築家だから詩を作っても散文詩ぐらいでしょうね。いつだったか杢太郎さんがぼくに向かって、＜建築はフィロゾフィーレンすることだ＞と、いわれたこともある。杢太郎のことばとして、私は心にとめていますが、日本人の心には非常に息づかいとか、調（しらべ）というものは響き易いんじゃないでしょうか」

　「フィロゾフィーレン」とはドイツ語で「哲学する」と「知を愛する」という意味がある。谷口は杢太郎の忠告に従って、「調」が「心に響く」、「造形詩」であることを建築の発想の原点に置いている。杢太郎は「律」（しらべ）としている。

4. 北原白秋歌碑－「水影の碑」－「揺るる水照（みでり）に影」

　台湾出身の劉 寒吉は「谷口吉郎先生と九州」（『明治村通信』105「谷口吉郎館長を悼む」）で、「谷口吉郎先生と九州とは深い因縁で結ばれている。すなわち谷口先生は九州に四基もの文学碑を遺されているのである」と、

　　谷口作品がもうひとつ柳川にのこされている。　昔は藩主の立花氏の別業で、いまは旅館になっている「お花」の白い土蔵の前の水辺に建つ「水影の碑」（図V-6A・B・C）である。
　　先生は柳川の旅では幾度も野田宇太郎氏と川下りに興じたが、そのたびに、この川のどこかの水土に白秋の詩か歌を刻んだ文学碑が欲しいな、ということが話題になった。それが実現したのが「お花」の水辺に立つスウェーデン産の赤御影の歌碑である。

我つひに還り来にけり倉下や　揺るる水照に影はありつつ　　　白秋

　除幕式は1976（昭和51）年5月2日だった。夫妻で臨席された先生は、式のあと、近くの橋の上に立って、小雨のしぶく川に影をうかべている碑をながく感慨ふかげに見入られていた。この碑にかぎっては白秋歌碑などとはいわずに、「水影の碑」と呼びたいな、と話されたのはその時だったようである。

　谷口は「水影」という語を使いたかったのである。「みずかげ」または、「みかげ」と読むのか。「水照」の水面が日光で光るその水紋の「影」のことである。その除幕式のとき劉は、「谷口さんという人は、石で詩をかく詩人だな」と、野田宇太郎に話している。

5. 「形（表面）」の温度 ──「内の形」の意匠

□ 熱線の放射と保温－「格子」と「折板」－ミカンの友の意匠
　「谷口吉郎氏にきく」（川添 登『新建築』1965年8月）では、川添の「火鉢がなくなったり、囲炉裏がなくなったりするということは、同時に生活の道具によって秩序づけられる生活というものがなくなってきているが、何を基準に住宅を考えるのか」との質問に、

　　「部屋の材料も、いわゆる土壁ではなくなったり、コンクリートの壁に囲まれている。しかし、その中の住まい方というものは変わっていない。ところが、人間に体温があるように建物にも体温があるわけですが、それが従来のものと非常に違っている。例えば壁の表面温度だって昔は今とは非常に違うわけです。私たちの皮膚と、材料の表面温度というものの絶対温度の差によって、輻射熱は非常に違っているわけです」

　「建物の体温」に、つまり「壁の表面温度」について注視している。それは「住宅の基準」としての「断熱性能向上」のための環境工学の導入である。「木造の壁体構造」に確たる基準を持ち合わせていない当時の日本建築界の現状に、痛切な心もとなさを覚えている。谷口の「自邸」でも、外壁仕上げ材と内壁仕上げ材の間に、3層の空気層を設けて、ブリキ板により「熱輻射・反射の原理に基づく防熱・保温壁の手法に見習ったもの」であった。したがって谷口「自邸」は断熱の効果を試みる実験住宅でもあった。
　人間の目に「光」として感じるのは紫色から赤色光線の範囲内であるが、谷口は「物体の表面から発せられる輻射エネルギーは、この可視光線のみではない」と、いわゆる波長の長い「赤外線」は、目に見えず、皮膚に「熱」として感じるが、「形の温度」（1946年）*E-25に、

　　その熱線をあらゆる物の表面が空気中に放射している。……だから室内にいる人間は四方

八方の壁面はもとより、家具、棚、絨毯などから発せられる熱線を身体に受けている。同時に人体の皮膚表面からも体温に相当する熱線を、四方の空気中に向かって放射している。この両者の熱線の授受によって、人間の温度感覚が生じる。したがって人間の身体に向かって入ってくる熱線の量が多い方向には皮膚は熱を感じ、その量の少ない方向に対しては、冷たさを感じる。

つまり「中間に介在している空気の温度に関係しない」から物の「表面温度」を皮膚は感じている。「皮膚は熱線の反射、吸収、透過によって、室内の造形の立体感を意識している」のである。人体だけではなく物体の表面からも熱線が放射されているとは驚きである。つまり「形には温度がある」ということで、造形美は飽くまで「形の美しさ」であるが、谷口は「内なる形」、つまり「室内の壁面温度」を電気的に測定したりした。そして「輻射線による全身の感覚がそれに影響している」と、結論している。谷口の好きな薄紫色は、可視光線の中で波長が短い。もう今日ではよく知られた現象である。
　したがって、谷口の「室外」のみならず「室内」には、「格子」が壁や天井に多用されていたり、壁面が「折板状」になっているのは、この「表面積を多く」して、「輻射線」の増加を計っているように見える。（傍線筆者）「薄紫色」の「輻射熱」を補おうとしているのか。谷口のデザインは、以上のように極めて理性的かつ建築工学的な判断に依るといえる。それは、櫺子などの縦格子の「内なる形」について、谷口は、「形の温度」（1946年）*E-25 に、建築には「室内」という「建築の造形」として「内の形」を持つ。「私は建築家として、それを突き詰めてみたいと、かねがね思っていた」、そのために室内の壁面温度を測定している。そして、

　　　古い美しい建築、地方の愛すべき民家、その中にある建具や工芸品などに、私はその美しさに心を奪われると同時に、その造形が甚だ熱学的に設計されているのに驚く時がある。そのたびに、私はそんな私らしい喜びを感じ、「形の温度」というものをもっと造形的に研究してみたいと考えている。

　谷口の関心は表面積の多い縦格子に向かっていた。そして、「壁体」は人命を擁護するためだけではなく、その目的は、「その室内に、人間の生活を包含する必要がある。人が働き、眠り、喜び、悲しみ、幼い子が成長して、死に至るまでの人生に対して、建築の壁面はいつも人間生活と肌を接していることを忘れてはいけない」としている。今日、新型コロナウイルス感染症（COVID-19）の感染防止策として建物の入り口で体温をいとも簡単に計測できる装置があることからも実感できるであろう。
　谷口は、室内の造形性は人間の皮膚の温度によって感覚されているとして、

　　　それは視線のように目の前方にある視器のみの感覚でなく、背中や頭や足にも目がある

ように、身体全体で室内の造形性を知っている。熱線で室内の造形を探知しているということができる。

　壁体の材質の表面からの「輻射線」（熱線）を身体全体の皮膚の表面から感じている。赤外線は熱効果が大きい。したがって谷口の頻用する縦格子は、その表面積の大きいことで平滑な面より多くの熱線を人体に与えることができると考えられる。谷口「自邸」についての説明の「自余の弁」（1936年）*E-10 には、

　　　木板は熱に対する遮断性を持ち、湿気に対する吸湿及び放湿性とともに木材内部に対して、手軽にして良き保護材と断定することができる。……板貼はこの意味で、壁体内部のドライ・ロット（dry・rot─木材腐朽菌）を防ぐに役立つ好材料ともいえる。

　したがって、木製縦格子もこの意味で熱線の遮断性もあるだけではなく、防湿性でも人体に効果的と言える。「生活のなかの近代美術」（1956年）*E-50-1 の「三つの空間 ─着物と室内と戸外」には、空気層について、

　　　寒いときや暑い場合には、人間は着物だけでは自分の体温を調節することができず、「家」というものを考え出したものである。……だから「家」というものは、着物の外側に作った第二の人工的空気層だということができる。それが「室内」というものである。……こう考えると、人間の皮膚の外側には、三つの空気層が設けられている。皮膚の直接外部には衣服によって包まれる空間、その外部には「家」によって囲まれた室内の空間、その外に自然界という広い空間がある。この三層の空間を人間は自分の生活のために、いろいろと加工しようと努力しているのである。

　谷口は、それを「人間の生活空間」だから、土地の気候要素と密接な関係を持っているとして、建物の内壁の仕様の重要性を言っている。それが谷口の建築を「風土」と結び付けることになる。
　谷口の「ミカンの皮の意匠」（1962年）*E-67 の「防熱の造形」に、

　　　ミカンの皮の構造は、内部は綿のように空気の泡を豊富に含んで、良好な断熱材の組織となっている。更に皮の表面が、極めて良質の耐水層に覆われている。……ミカンの皮も内部に生きている果実の中身を、外界の温度変化から保護するために、あのような熱学的組織になっているのだ。……天然のミカンの皮の造形は実に美しい。……ミカンの皮は、貝殻のような構造（シャーレン構造）で力学的な点ばかりでなく、更に「熱」に対しても保温性を兼ね備えたやり方になっている点に、ミカンの皮の特色がある。

「ミカンの皮」は、保温性、構造的、仕上げ材として耐水性も優れ、その光沢が美しい。建築の壁としても効果的である。「シャーレン構造」とは曲面の「シェル（貝殻）構造」のことである。

　　そう考えると、私はミカンの皮の「意匠」に、つくづく感心してしまう。それは構造力学的にも、熱力学的に合理的であるばかりでなく、造形的にも美しい。そんなことを考えて、私は「ミカンの皮」の如きものにも、我が意匠心が浄化されているのを感じている。

　谷口の「意匠心」は、ミカンの皮の性能、性質という合理的な素材からだけではなく、美しい光沢、生き生きとした新鮮さ、そして手触りなどに感応している。谷口の「意匠心」の一端が見える。壁としての素材と形状とともに、熱と構造の点から分析していた。
「コンクリートの表面仕上げ」（1928年）*E-1 には、

　　表面とは単なる皮相に限るものでは断じてない。コンクリートの表面仕上げにおいても、その表面は、付加的表面として内部のコンクリートをただ隠閉するがためのみのものではない。それは内部の延長発展でなければならぬ。即ち、内部のコンクリートが表面として登場する場合の欠点を除外し、その不十分性を補足せんためのものである。外装はその努力の実践であり、その努力こそ外装の意義を与えうるものである。換言すれば、コンクリートの現在の不完全性が、その外装の必要に原因するのである。

　谷口は、コンクリートの素材の表面に拘泥するのには物理的な理由のほかに外装材としての心理的な要因もある。前川國男やA・レーモンドのようには「コンクリート打ち放し仕上げ」を使用しなかったのも、その表面仕上げの陶磁器と較べての外見上の「不完全性」による。つまり凝固の際の発熱に因る「ほてり」の余韻が感じられないからである。
　座談会「人間・歴史・風土 —新しき共同体のために—」（伊藤信吉・谷口吉郎・司会 栗田勇）*T-4-4 で、谷口は、

　　「窯の脇で生まれた人間ですから、窯に燃える炎火を知っています。また火がおさまった後、窯の肌が、あったかく体温のようにぬくもりが残っているのを覚えています。あのほてりというものが、なんともいえません」

　「窯の肌」の表面の温度の上昇により体が熱くなる「火照り」に興味を持ったのは、生家の金沢の窯であった。コンクリートも凝固する時に発熱する。しかし谷口はそれを仕上げ材として使うことはなかった。火と熱を感じられなかったのだろうか。仙田 満の兄の仙田 守はコンクリートの技師であったが、打放しコンクリートの表面は黒い方がよいと言っていた。この「ほてり」を少しでも感じ取りたいと言うことか。

谷口の「九谷焼」には、その肌の体温について、それは色絵磁器の「古九谷」のことで、

　　九谷のああいうきれいな発色、そして京都のものなどにはない、もっと強い描線の、火で固く焼き締めるもの。九谷というものをつくっている人たち、そういうものに対する、やはり、一種の焼成<ruby>焼成<rt>しょうせい</rt></ruby>でしょう。だから物をつくる者として、むしろ秩序へすがるんじゃないでしょうか。詩的秩序への他力本願しているのかもしれません。

「物」を作る、建築家としての火によって焼成された「<ruby>物<rt>もの</rt></ruby>」の「詩的秩序」への依存の必然性のことである。九谷には焼成感があったのである。コンクリートの打ち放し仕上げには、その表面に焼成感が感じられないとしている。

6.「ホテルオークラ」－華美でない優雅さ－桃山式琳派

□ 桃山調の《3・4・5・6の数のディメンジョン形象空間》──「和風でない日本的意匠」

　「ホテルオークラ」（ロビー・メインダイニング、1962年）は、大倉喜七郎が旧邸跡地に国際級のホテルとして計画した。谷口と共同設計者の観光企画の柴田陽三は『谷口吉郎著作集第四巻』作品編1の「作品解説」で、大倉会長のデザインのイメージは「日本美といってもいわゆる侘びや寂びではなくて、絢爛豪華な日本文化として、安土桃山から宗達・光琳にようやく光悦が入るかといった感じであったとおもいます」と、そして同じく伊藤喜三郎も、「当時の進歩的な建築家にとって日本的といえば、伊勢や数寄屋だったでしょう。だからそうしたものとは相当距離のある感じでした」と、話した。その要望に対して谷口はというと、柴田は、

　　その状況の中で、谷口氏は常に寡黙に、冷静に、総てを大きく包み込むかのよう対応しておられるのが非常に印象的であった。今にして思えば、その時の氏は施主のこのような意欲と情熱を大きく吸収して、それを現代の建築に生かす方法をじっと考えておられたに違いない。

　この「安土桃山時代」の美術を意匠にという方針に対して、谷口は「温かい禅問答」のように、その要請に対応したという。大倉会長と野田岩次郎社長を交えての設計委員会は36回にも及んだ。
　篠原一男は「日本空間」（『日本建築学会計画系論文集』1994年）に、茶と茶室は大阪・堺の町人によってつくられたもので、それは新興権力の豊臣氏の権力を背景とする豪華な桃山美術に対抗するための弱者からの反抗であると書いている。茶人としての谷口はこの桃山文化の意匠とともに建築史的な事実も考えていたのである。
　内田祥士の「ホテルオークラ ─議論をしたら、最初に失われてしまうもの」（『再読／日本の

モダン・アーキテクチャー』1997年7月）において、この設計委員会での経過を詳説している。その委員会は谷口を委員長に、小坂秀雄、清水 一、柴田陽三、伊藤喜三郎、W・シュラーガーの5人であった。谷口が、ロビーとメイン・ダイニング、玄関ホールを担当し、小坂が外観を、柴田は客室を分担した。

　このホテルを大倉喜七郎は「欧米の模倣でなく、日本の特色を出したホテル」として、「帝国ホテル」に負けない「日本調」を求めた。そして大倉集古館から持ってきた「平家納経」を委員会に示し、「派手づくりな桃山様式よりも藤原時代の洗練された優雅さを基調とする。装飾については、同じ日本風装飾画の伝統ながら、光琳の豪華絢爛さではなく、その先駆けの琳派の初期の光悦や宗達に見られる優美追求の精神を汲んでものにするという考え方」（「ホテルオークラ20年史」）へと、少しは豪華さへの緩和が見られた。しかし、大倉会長から「朱塗りの欄干の付いた太鼓橋をロビーに架けたい」との要望には、谷口は首を縦には振らずにメザニン（中二階）を設けることで、「その精神だけを採りいれましょう」ということで妥協した。

　谷口は、「谷口吉郎 ─生きることを建築に求めて」（『新建築』1974年1月）に、「清貧というのも一種の豊かさだと思うのです。琳派のようなのもまた豊かさです。琳派の宗達ですとやはり高雅な意匠心がある。（傍線筆者）　私は例えば＜ホテルオークラ＞などほんとうに安くつくっているわけです。そしてそれができるのは、職人が私に協力してくれるからです」と、谷口が「ホテルオークラ」の琳派のデザインについて書いている「一座建立」についての記録である。

　昭和40年代の建築青年の多くは、栗田勇の『伝統の逆説─日本美と空間』（七耀社、1962年）を愛読した。筆者もそのひとりであった。

□『伝統の逆説』（栗田 勇）

　仙田 満の『環境デザイン講義』（彰国社、2006年）の「歴史から学べ」には、「大学3年の時に、栗田 勇さんの『伝統の逆説』という本を読んで、建築の歴史に目を開かれました。それがきっかけで卒論では、安土桃山期の建築様式というか、城と茶室の研究を『歴史的空間論』としてテーマに選びました」と、その後にも仙田に重要な影響を与えている。この桃山文化は、千利休の活躍した時代であったが南蛮文化の影響が見られるのである。その『伝統の逆説』の「1・伝統の二つの顔」には、

　　今日の話題はホテルオークラにおける桃山的日本調の復活であり、「日本的意匠」であり「日本の伝統と近代建築技術の統一」である。そして少なくとも最近の話題作は、室内装飾においてもクラフト・デザインにおいても、日本美を巧みに生かすという名のりをあげているようである。

　そして、「伝統とは緊迫した対立関係において成立する」と、その伝統論の実例として、丁度この本の出版時に竣工したホテルオークラについて、続けて栗田は、

日本一デラックスで桃山調の伝統的装飾の復活という歌い文句で、ホテルオークラが完成したのは、まことに暗示的な意味で私には興味深かった。……外壁に倉敷の倉庫のなまこ壁の壁面をわざわざ用いるとか、あるいは桃山時代の城の天守閣の味わいを出す、というようなことも行われているらしい。その狙いはやはり安土桃山の様式に近いものである。いままで日本調といわれ、日本の伝統といわれるのは、侘びであり、寂びであり、かぼそいものであった。華美で豪華な装飾性よりは、簡素で抑制された機能性ということが、もっぱら日本建築の伝統であり、日本の美の伝統といわれてきたわけである。しかし、このホテルオークラは日本的伝統をとりいれるというときに、いわば今までの逆の形、華美なるものとして過小評価されてきた日本文化の系列、例えば二条城とか東照宮などにおける装飾性を恐れることなく取入れ、それを日本の伝統として認めた点においても評価されねばならない。

　それを「伝統の逆説」と栗田は言う。そして桃山時代を「日本のルネッサンス期」であったと、史学会の説をあげて、「その模倣された伝統様式が、現代とかみ合う時、それは一つのエネルギーとなるであろう。われわれはその芽生えをこのホテルオークラに期待したい」と、つまり、「桃山を伝統として取り上げることは、やはり、現代の新しい現実の発生の一例」として、「伝統復帰が姿勢を変えて未来へ立ち向かうとするならば、われわれにとって貴重なのは、この伝統の逆説なのである」と、まるで「日本の美の伝統」の「転向」のようである。この本の題名である主題から「ホテルオークラ」の桃山時代の意匠の採用提示について論述している。
　しかしこの栗田の書では茶室について、

　　桃山時代から次第に城の茶室が厳格な書院造りと対立することを止め、茶室それ自体として、単独に成立するようになった時、それは対立者としての精神を失い、数寄屋風という折衷様式と化していく道をたどるのである。

　谷口が得意とする茶室だが、このホテルの設計には当初は数寄屋を超越した豪華な桃山様式を要請されていたのである。それこそ谷口にとって「伝統の逆説」であった。それは「日本らしさ」として折衷することなのか。しかし事態は途中で緩和して委員会の「温かい禅問答」により、「藤原時代の洗練された優雅さ」と、「桃山時代に代表される絢爛豪華さ」の間で、対話の中から「優雅さ」の空間を採用することになったのである。しかしその時、結果的には谷口が研究の対象とする同じ桃山時代でありながら千利休の茶室の侘び寂びは消えたのである。というより、『明るい侘び数寄』という、まさに谷口の好む様式となったのである。「逆説」の成せる効果であった。(傍線筆者)　しかし栗田 勇は谷口と『現代日本建築家全集6　谷口吉郎』（三一書房、1970年）で対談した時に、この8年前の「ホテルオークラ」の「伝統の逆説」にはまったく言及していないのは、筆者には実に不可解である。
　清家 清は『「私の家」白書—戦後小住宅の半世紀』（住まい学体系080、1997年）の、「イン

タビュー／時代と背景」の「谷口吉郎先生の思い出」に、

　　谷口先生が桂離宮よりも日光東照宮が好きだといわれたのが記憶に残っています。九谷焼というのは文化の系列でどちらかというと桂離宮じゃない、日光東照宮ですね。最終的には谷口先生も桂離宮を評価されるようになってしまうけれど、あの頃は東照宮派だった。

　まさか谷口が、ブルーノ・タウトが「キッチュ」という東照宮を、という「あの頃」はドイツから帰った直後の戦時中で昭和18年の在盤谷日本文化会館の設計競技に応募していた頃である、と清家は書いている。しかし谷口の参加の記録が見当たらない。谷口の、戦争直後の「藤村記念堂」の「郷土」への「転向」以前に、戦時中に日光東照宮のような装飾的な「日本らしさ」へのベクトルの不可解な一時期があったのである。後に谷口は『日本美の発見』（1956年）*E-50に、

　　「日本的」と申しますが、この主張はそのような国粋主義と著しく違っております。その美的原理が私たちの生活に、新しい可能性を発展させるものを、特に日本的だと主張したいのであります。国粋主義は、過去の歴史的価値とその芸術的価値とを混同したのであります。

　谷口は「国粋主義の侮辱」として、その「仮面」を非難したのであって、「日本らしさ」そのものの装飾性ではない。そして戦後17年を経て、安土桃山時代の華美な装飾の意匠を施主のホテルオークラより要請されたのである。その時に、<u>谷口が「寡黙」で「冷静」であったのは、再び「装飾」という「日本らしさ」の伝統へのディオニュソス的な「回帰」に対して、その実行の方法を「熟慮」していたのである。それは「伝統の逆説」と言える。</u>（傍線筆者）
　その結果の実態については「ホテルオークラ」の実作の意匠について、そのデザインモチーフをロビーの室内装飾と家具に見てみる。カッコ内は**「文様」**のその形態の**「ディメンジョン」**（**次元**）**としての関連数字**である。五、七、五、七、七という歌句の語調のようである。

窓	：摺り上げ（雪見）障子の格子（4）
欄　間	：正六角形の麻の葉文様の備州桧の組子（3、6）
壁　面	：四弁花の西陣の綴れ織りの屏風　富本憲吉の意匠（4）
天　井	：杉柾の猿頬の面落ち棹縁天井とアクリルの六角形のダウンライト（4、6）
照明器具	：「オークラ・ランターン」五角形の菱形六面体の切子玉形の五つ重ねで、古墳時代の首に飾る水晶玉状（5、6）
家　具	：上から見ると梅鉢文様　漆塗の丸いテーブルと五脚の低い花弁形の椅子（5）（天井照明と床の家具には（5）の数字が共通している）

　しかし、谷口の意匠には（6）の亀甲紋が多い、やはり雪片の形象も六角形である。

隈 研吾のこのロビーの感想は、シンポジウム「谷口吉郎を通して『伝統』を考える」(『谷口吉郎の世界』建築文化 1997 年 9 月) で、この空間には「何もない」という感じだが「場」を感じると、天井が高くかつ一般の床から 3 段分低いことと、テーブルとイスが低いことにより、椅子のプロポーションも普通の空間に比べて「がらんどう」で小さすぎると、それは空間の広がり感によるのか。しかし「ディメンジョン」の「数」が「場」をつくっているのである。

　「ホテルオークラ」別館 (1973 年) のロビーにも、棟方志功の版画をもとにしたモザイク画の「鷺畷の柵」には、鷺の頭と尾と二枚の羽の (4) 個の突起物が描かれている。以上のように「ホテルオークラ」の装飾文様は、すべて「数の形象」(ディメンジョン) で、結果的に見て「このディメンジョン」の方法が装飾過多に陥るのを防ぐための「数」の導入であった。(傍線筆者)

　谷口が関与した多くの意匠に、(3)、(4)、(5)、(6) の数値の「ディメンジョン」が潜在されている。谷口はそこに時代と様式を超えた「数の意匠」を込めたのではないかと推察される。それが「明るい侘び数寄」であった。(傍線筆者)　それは「紋様」であるのか。谷口の『清らかな意匠』(1948 年)*T-5-4 の装幀にも六角の組子格子の意匠が用いられ、今回のこの本の装幀にもそれを準用した。谷口は古九谷を五彩の色絵磁器の美意識としてその多彩さを「九」谷との「五」という色彩の「数」で表現している。

　後に、2015 年にこのロビーは谷口吉生により「オークラ・プレステジタワー」の「ホテルオークラ・東京」のロビーとして再現されるが、谷口吉生は、「和風でない日本らしさ」を目途としていると書いているが、それは父の吉郎がよく発言していた言葉であり、谷口「自邸」でも良く使われてきていた。(傍線筆者)　すると谷口吉郎の「転向」の軸は戦後もまったく廻っていなかったことになる。しかし実際には、このまま「華美・豪華でない優雅さ」のデザインをすることはふたたび別の「転向」の軸が廻り始めることを恐れていたから谷口は「黙考」していたのである。

　しかし、清家 清は、「谷口吉郎先生おめでとうございます」(文化勲章受章のお祝いの言葉、1973 年)*KG-4-④ に、

　　谷口先生のご生家は九谷焼の窯元で、その情熱的な様相が、先生の作品のなかに発現しているようです。……特に九谷は清楚で荘重な美しい形、それに釉の鍵麗な色彩が特徴ですが、先生の作品にはこの九谷の特徴を何となく感じるのです。科学的な様相と芸術的な様相が相克するのではなくて、調和して九谷焼の美しい磁器のように発現するのが先生の作品の特徴でしょう。

そして、「ヨーロッパから帰国し、その後に金沢に、さらに九谷焼の窯場にまで回帰させることになるかもしれません。先生の作品には日本文化、加賀文化、九谷焼と連なる伝統への反芻があるといってもよいのでは」と、「転向」の軸は確かに廻っていたのである。清家は師の谷口の装飾性への嗜好についても良く知る人であった。その「装飾」の軸だけは少しは「転向」

図V-7 「大倉集古館」伊東忠太

の気配を見せていたのである。それは清家の言う「相克」の結果か。

　しかし、谷口はほとんど「ホテルオークラ」のデザインについては発言していない。ただ参考になるのは、「東京會舘」（1971）年の「街かどの独白」*E-87である。社交というのは喜怒哀楽が交錯する場であるから人生の一こまとして回想が残りそれが追憶の背景となる。その余韻を深めるために、「會舘の印象が情趣を含むものとならなければならない」と、その「装飾が情趣」に富むことの必要性である。その情趣が「侘び数寄」であった。そして、華やかさには淡い感傷と詩情を求めた。ここまでくると確かに「転向」の軸は少しは廻っていた。その「感傷と詩情」には、清家の言う「芸術的な様相」の他に「科学的な様相」として、谷口が研究していた建築計画原論の「人工かげろう」や「水紋」の「ゆらぎ」を、「ホテルオークラ」のロビーの「ディメンジョン」の装飾文様として「調和」させることができる。ともに、流動している空気を通して光線が屈曲する自然現象の「紋様」としての「揺らぎ」である。（傍線筆者）

　「紋様の印象」といえば、ナチスのハーケン・クロイツの旗印の逆卍字の紋章も（4）の数が強く感じられが、谷口の『雪あかり日記』の「花火の日」の総統の行進に詳説されている。

　谷口と「ホテルオークラ」との関係は、このホテル敷地の霊南坂側にある、日本初の私設美術館の「大倉集古館」（1927年）（図V-7）は、谷口の師の伊東忠太の設計である。また、このホテルのエピソードとして谷口が師事した川端康成が好んで定宿として利用していたのである。川端の若い頃の趣味に百貨店見物があり「モダン都市東京」を彷徨して、特に浅草の「松屋」へ通い続けていた。そして「ここではアメリカ直訳風ではなく、大胆な和洋混合とする」と、1930年代に「日本のモダニズムはあるか」という問いを発していた。それで後に川端が「ホテルオークラ」を定宿とした理由もわかる。そして、日本にモダニズムがあったとすれば、和洋混合の当時の浅草であろうか。しかし、1930年代の終わりの頃の川端は『浅草紅団』（1930年）という作品を残して『雪国』（1937年）に旅発つのである。まさしくモダニズムの次に「郷土主義」があるように同じ道程を歩む谷口と川端の交歓であった（参考：海野 弘『東京風景史の人々』「川端康成の都市彷徨」中央公論社、1988年）。　谷口は川端のために新宿に懐石料理店の「柿傳」（1970年）を設計している。その時の写真も残されている。

　新宿の割烹店「柿傳」について、谷口は、「私の意匠心は故人（註：川端康成）の文学精神に

いろいろと啓発を受けている。その意味で、あの和風の部屋（註：数奇屋風の茶室）は川端に捧げた私の作品である」と書いている。

7.「ゲーテ・ハウス」の書斎の「緑色」の壁 ──杢太郎も

谷口の『せせらぎ日記』*T-5-19 の「ゲーテ・ハウス」は、「麦秋」のある日、ベルリンから友人の英文学者で能研究者の野上豊一郎氏ご夫妻と自動車で「ドイツ共和国」のあった文化都市のワイマールの「ゲーテ・ハウス」（図V-8A）を訪れたことから始まる。

1775年、26歳の青年詩人のゲーテは、長編詩劇の『ファウスト』の構想中にワイマール公国で政務を担当した。ゲーテは土木や建築にも造詣が深かった。谷口は、

> ゲーテはそのうち建築だけを見ても、ゴシック寺院に関する論文や『イタリア紀行』の抜粋を読んだことがあるが、その書物から得た教示が、こんど私がヨーロッパに来て、イタリアを旅行しているときに想い出され、ゲーテの美意識が私に乗り移ってくるような気さえした。

ゲーテはワイマールに来て10年後にイタリア旅行（1786年）に発つ。そして『イタリア紀行』（前掲、図II-22A参照）を出版した。その紀行をたどって、写真集にしたのが平山忠治の『「バウマイスター・ゲーテ」──ゲーテと建築術』*GL-4（前掲、図II-22B参照）で、1980年に私家版として出版された。筆者はレーモンド建築設計事務所で、東工大の先輩の五代信作からこの本を譲り受け愛蔵していた。A・レーモンドと平山忠治は「リーダーズ・ダイジェスト東京支社」の写真撮影を通じて交流があった。筆者は以後手元に置いて、ときどき目を通していた。平山は「谷口自邸」、「藤村記念堂」や「萬來舍」など谷口吉郎の主要な建築作品の多くの写真や清家清の「森博士の家」も撮っている。谷口は、続けてシンケルについて、

> シンケルがワイマールに来て、ベルリンに建てる「国立劇場」の設計についてゲーテから指導を受けている。シンケルはドイツのすぐれた古典主義建築家として、1818年、ベルリンに「衛兵所」を建てた。それは現在の「無名戦士廟」となっているものだが、そのほかに「フンボルト邸」、「国立美術館」（旧博物館アルテス・ムゼウム）、「国立劇場」（シャウシュピールハウス）や、ポツダムの「ニコライ教会」など、すぐれた建築を多く設計し、私はその建築を訪ねて、シンケルの建築精神に深い感銘を受けたのは、その奥にゲーテの詩的精神があったからである。そう思うと、私自身は建築家としてゲーテに感銘を受けていたことになる。それほどゲーテの万能的な才能は建築にも優れていた。

建築家としてのゲーテについては、谷口のベルリンでのシンケル体験に詳しい杉本俊多の『ドイツ新古典主義建築』（中央公論美術出版、1996年）の「第二章、ゲーテの建築思想の変遷」

図V-8A.「ゲーテハウ
ス」外観

図V-8B.「ゲーテハウス」内部（仙田満撮影）

に詳説されている。谷口は建築についてもシンケルよりゲーテに注目している。

　ゲーテの建築思想は、まず青年期のゴシック礼賛から直ぐに古典主義に転じ、イタリアの「パエストウム神殿」の遺跡とか「パラディオ」を礼賛する一方で、ふたたびゴシック様式を評価するという三転した。つまり古典対ゴシックという様式上の転化が見られた。そして結果的には新古典主義を完成に導いた。

　谷口は「ゲーテ・ハウス」の諸室を通り抜けながら、室内にギリシャやローマに関する絵や彫刻が置いてあるのを見ている。そしてドイツの古典主義の美的性格を、

　　古典ギリシャの美意識を探求し、その様式にこもる美的原理を追求することによって古典美の特性を知ろうとする。それがゲーテ時代の新しい思想であり、詩的制作の根源だと考えられていた。建築家シンケルの作風もそんな古典主義の思想に基づくものであった。

　谷口は、自身をシンケルやゲーテに擬えて、ギリシャの美意識を追求しようとしていた。「ゲーテ・ハウス」の諸室の、書斎、寝室、控え室、広間の各々が異なる色で仕上げられていた。特に書斎の壁は、くすんだ緑色（図V-8B）をしていて、

　　緑色こそ、われわれの目に満足感を与える色である。二つの原色、黄と青が混合されると、均衡を得た色となり、目と心に安らいだ印象を与える。

　ゲーテの「色彩論」に説明されているが、この書斎の緑色が「ゲーテにふさわしい色彩だという気がする」と、谷口は「ゲーテの詩魂と学究心がいまそこに生きているように感じられた」と、その色彩効果を書いている *GL-3。

　木下杢太郎も「空気銀緑にして」とか「緑金の水沫」などと、緑色を最も好んだ色であったと野田宇太郎は記録している。ゲーテは白と黒、明と暗、光と暗闇の対立という古代理論を基礎として、明るさの対比と色の対比についての色彩調和理論であり、「補色を混合すれば無彩色になる」という反対色説の色相配置を「ゲーテ色環」としている。続けて谷口は、

図V-9 日夏耿之介 詩碑

　日本の軍医、森 鷗外によって書かれたゲーテ最後の場面は、多くの日本人に深く感銘を与えている。その最後のベッドが、今私の目の前にある。「もっと光を」と、ゲーテがつぶやいたと伝えられる窓から、あわい光が差し込み、くすんだ緑色の壁で囲まれた室内に静寂がただよう。

　森 鷗外の『ギョオテ伝』（1913年）には、「も少し明かりを」（Mehr Licht）とある。同じく鷗外のゲーテの戯曲『ファウスト』訳（1913年）は、木下杢太郎の装釘と編集により上下2冊本として冨山房から刊行された。
　仙田 満も「ゲーテハウス」を訪れていたので写真を提供してくれた。

8.「黒衣聖母」の詩人−「日夏耿之助 詩碑」−黒と白の葛藤

　座談会「人間・歴史・風土―新しき共同体のために―」（伊藤信吉、谷口吉郎、司会 栗田勇）*T-7-4-4に、谷口は、

　　「日夏耿之介さんというのは、薄田泣菫さんや森 鷗外の系列の方ですから、ギリシャ的、ドイツ的な所もありましょう。＜黒衣聖母＞ですか、あれにヒントを得て、真っ黒なプリズム型の碑をつくりました」

　確かに日夏は、鷗外や木下杢太郎とも親交していた詩人で、研究書『鷗外文学』がある。この「日夏耿之介詩碑」（1962年）（図V-9）の建設プロセスの詳細は『記念碑散歩』谷口吉郎編*T-1-3-5-⑪にある。谷口は、日夏が動議として提案した「鷗外記念図書館」の建設や倉敷市の「薄田泣菫碑」の建設に関与することになり、2人の関係は深い。その詩碑の構想、打合せのために長野県飯田市の日夏家を谷口は野田宇太郎とともに訪れ、炉の脇で日夏と対座し、「当時ヨーロッパに流行していた文芸思想」について、多くの教示を受けた。谷口は、

その部屋の壁に小さなイコンがかかっていた。その黒い聖母像を眺めると、私は「黒衣聖母」の詩人に対座していることに、ひとしお、親愛と尊敬の念をおぼえた。そんなことを思い出したので、飯田市に建てられる詩碑の意匠には先生の主張されるゴシック・ロマンを象徴したいと考えた。

日夏耿之介の「黒衣聖母」の中心部分の詩を碑に表現するために、

　　わが胸の深淵に　黒衣聖母のあり　心して赴け　道ゆく旅人よ

日夏は「魔道の博物者」とされる英文学者でもある。『黒衣聖母』は1921（大正10）年に発表されたゴシック・ロマン詩体の詩集である。上田 敏の訳詩集『海潮音』（1905年）から深い影響を受けている。詩集の中の「黒衣聖母」の詩は、「悲愁憂悶」にみちた美の権化の黒衣（喪服）の聖母にほかならない。詩人は常にそれを内に包んでいるが必ずしも「わが胸の深淵に」存するのみでなく、「渚の顔しかめる水面」や、「明るい湿った処女村のいちいの樹の繁みの中」にもいる。「若き人は自分の心の奥ふかくに、けだかい黒衣の聖母の像を発見してひざまずけよ。真理は常に永久に重厚深重で万般に偏在するものであるから」と、その「脚註」にある。まさしく「ロマン詩」である。

谷口は、この「日夏耿之介詩碑」の詩碑の形を「ゴシック・ロマン体」と表現している。しかし採用された詩文は「呪文の周囲」の終節3行であった。

　　その詩情を象徴するために、私の設計は、黒いミカゲ石の六角柱を地上に立てることにする。石肌を漆黒に磨く。その上端を鋭く尖らすと、各稜は上方に聳え、ゴシックの尖塔を暗示する。

谷口が「白」を斥けて「黒」に偏向したのは、横線の白いモダニズム建築の時代を終えて、戦後は縦線の「郷土」（ローカリティ）の風土性の建築であったから当然と言える。シンケルがイタリアに旅した際に「ミラノ大聖堂」（ドゥオーモ）を見て、ゴシック様式の感性を発見している。谷口もイタリアのミラノの旅の終日、この「大聖堂」の前にいたが、ゴシックはシンケルの影響である。

木下杢太郎の『食後の唄』（1910年）*K-16-1-①は「パンの會」の時代の記念詩集であり、その序文は畏友の北原白秋が書いているが、杢太郎はまだ医学生で、

　　彼（註：杢太郎）は、彼の身辺を修飾するに一見質実にして訥朴な黒鍔広帽子に黒の背広とを以てしたに過ぎなかった。時としてはまた黒に金釦の大学学生の制服さへ著けて拮屈としていた。（前掲、図Ⅲ-3C参照）

そして「彼は常に陰愁に満ち、気難しく潔癖にして謹直……初めて碧眼紅毛の邪宗僧を迎えた長崎青年のそれらの如く……」と、北原は、

　　おお、此の光彩陸離たる不可思議国の風光の中に在って、常に黙々として手に太き洋杖を握りつつ徘徊する長身黒服の異相者、彼木下杢太郎の渋面を看よ。

木下杢太郎も「黒衣の聖女」ならぬ吉利支丹研究する「黒服の異相者」（前掲、図Ⅲ-4参照）であった。

9.「玻璃」－白いダイヤモンド光－透明なglass-blue「緑金」

□ 谷口の美学のエキス ——清浄、清冽な意匠心

　杢太郎の「玻璃問屋」は1909（明治42）年8月号の『昴』（スバル）に発表され、現実と幻想の世界を混淆した代表作である。「パンの會」が開かれた年である。その抜粋は、

　　空気銀緑にしていと冷き、五月の薄暮、ぎやまんの、
　　数々ならぶ横町の玻璃問屋の店先に……青き玉、水色の玉、珊瑚珠、……
　　ぎやまんの群よりめざめ、ゆらゆらと あえかに立てる玻璃の少女、……
　　落しし涙が水盤に小波を立て、くるくると赤き車ぞ　うちめぐる。
　　車は廻れ、波おこれ、波起すべく風来れ。……

　「玻璃問屋」とは下町のガラス問屋で、店先に青や水色の珊瑚珠のようなビイドロ（ガラスの古称）がこぼれ出て、水が流れ出し小波を立てて、ガラスの水車を回し、ガラスの風鈴がかすかに鳴り出して、現実と幻想をないまぜたファンタスティックな世界である。
　翌年の1910（明治43）年7月号の『三田文学』に発表された「食後の歌」の4篇の中の「金粉酒」にも、「黄金浮く酒、おお五月、五月、小酒盞、わが酒舗の彩色玻璃、街にふる雨の紫」とある。「盞」とは「グラス」で、「彩色玻璃」とは「リキュールグラス」のことである。
　杢太郎の南蛮情緒のワードは、他にも多くあるが「玻璃」の他に、代表詩の「緑金暮春調」(1908年)にも「緑金の水沫」は緑と金の交った色の「しぶき」のことで晩春の薄暮の鬱憂を音楽的かつ絵画的な詩としている。杢太郎もゲーテと同じく「緑色」が好きであった。谷口はどうであったのであろうか。
　草野心平は、「谷口吉郎追悼」（『明治村通信』105「谷口吉郎館長を悼む」）*M-3-3-②の中で、『雪あかり日記』の谷口の「あとがき（一）」で、本書の背表紙の「建築こそ歴史の花であろう。過去の花、現代の花、色とりどりの中で、いつも私の心をひくものは、その建築の美しさにひそむ清浄な意匠心である。私は清冽な意匠の心を求めつつ、ヨーロッパをさまよい歩いていた」

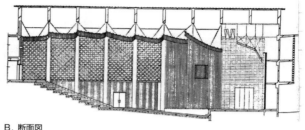

図V-10　東工大創立70周年
記念講堂
A. 格子窓内部

B. 断面図

という箇所を引き合いにし、32年前に書かれた谷口の「独白」について言及している。

　　清浄、清冽は谷口美学のエキスであり、それを色彩化すれば、白やダイヤモンド光、或い
　は透明なglass-blueといった類ひではないだろうか。

　草野は詩人であるから当然、木下杢太郎の詩「緑金暮春調」は知っている。その「緑金」の「玻
璃」が、glass-blueで、「建築は水晶」だと言った谷口への杢太郎詩の影響であることも。その
「清冽な意匠心」とは、谷口の建築を象徴する言葉で、詩的「独白」である。

10. 風圧の軽減（Ⅰ）　東工大「創立70周年記念講堂」と「乗泉寺」の 「ジグザグ窓」

□「ジグザグ窓」・「折板サッシュ」

　「東工大創立70周年記念講堂」（1959年）（図V-10A・B）の「作品解説」で、担当者であった
谷口研究室の関 龍夫は、慶應義塾大学での古典調の縦長窓のスタイルから、何らかの転機を
求めていた谷口の、東工大のこの講堂について、

　　今までとは違ってコンクリート打ち放しを使い、側面の縦のジグザグの窓の連続（これは
　大きなガラス面の風圧を意識したジグザグでもある）、その先のプレコンと丸と四角の穴状
　陶板のジグザグと新しい手法は今までにないもので、水力実験室（1932年）の国際建築（イ
　ンターナショナル）的な雰囲気とは同一作家の手になる作品とは見えない変貌である。

　「ジグザグの新しい手法のサッシュ」とは、谷口の「建造物に作用する風圧の実験研究」は強
風の複雑な流動現象の調査に基づいていて、「風災の対策」に利用された。「東工大の水力実験
室」の風洞実験の成果である。その講堂の前を歩む谷口の写真もある（図V-11A・B）。

図V-11　東工大創立70周年記念講堂
A．南側面を歩く谷口吉郎

B．正面、入口部

図V-12　乗泉寺本堂
内部の折板状サッシュ

　外部は○と◇形の淡褐色のテラカッタで、内部は桧製の「麻の葉様」の木の組子である。砂川雄二郎はその「作品解説」で、この「折板サッシュ」手法は「乗泉寺」（1965年）の本堂でも採用され、本堂の折板状サッシュが「竪繁格子」のように連続すると書いている（図V-12）。

　この関 龍夫の言う「変貌」とは、どのようにしてなされたのか、『水力』からの27年間に何があったのか。

11. 風圧の軽減（Ⅱ）　慶應義塾大学の「縦長上げ下げ窓」

□「左上光線」の陰影効果と部屋の奥への採光

　『萬來舎―谷口吉郎とイサム・ノグチの協奏詩』（杉山真紀子編、鹿島出版会、2006年）の「計画時のドローイング」（1950年）には、「萬來舎」の立面図のドローイングが掲載されている（前掲、図Ⅱ-10A参照）。イサム・ノグチの彫刻の「無」や「若い人」も小さく墨入れしてある。壁面への庇の隠影、縦長の窓枠の鍵形の影、平面の「くの字型」による建物自体による自影などが濃く描かれていて、関 龍夫の「谷口先生と縦長上げ下げ窓」（「谷口吉郎の世界―モダニズムの相対化がひらいた地平」『建築文化』1997年9月別冊）にそのテクニックが説明されている。慶應義塾大学の「第三校舎」（1949年）や「学生ホール」（1949年）についても、

　　後に新制作展に展示したこれらの建物のエレベーションは、シンケル風に、左上光線で陰になる線を太くするのを好まれた。先生のスケッチは推敲を重ねる度に線が増え、いつの間にか真っ黒になり捨てられ、イメージスケッチは残っていない。
　　私の憶測だが、講義室は左光線の方向の奥は暗いから高い窓にしたい。換気は、自然の場合は上げ下げ窓は都合がよい。雨仕舞いもよく、ガラスの節約等々、差し迫った問題は解決された。

　谷口のスケッチは黒と赤の鉛筆で描かれ、消しゴムも使われた。「縦長上げ下げ窓」は、左上光線を部屋の奥まで充分に確保する目的と、それは窓サッシュへの「風圧」の軽減のためで

図V-13 谷口吉郎の佐々木邸 外観写真

図V-14 谷口吉郎の梶浦邸
A. 外観

B. 室内

C. 平面

D. 梶浦邸の露地

もあった。西欧の建築には中世から頻用された連続縦長窓である。

12. 谷口吉郎のモダニズム建築の原点
——初期住宅、谷口自邸と佐々木邸・梶浦邸

　槇 文彦は『記憶の形象—都市と建築の間で』（筑摩書房、1992年）の中の「近代主義の光と影」に、

　　その後、見たり訪れたりすることのあった幾つかのモダン建築−たとえば谷口吉郎氏の
　　初期の作品である田園調布の佐々木邸、日比谷の日東ハウス、あるいは自宅の近くにあった
　　西村伊作邸は、今考えてみると私にとって体験的な近代建築との遭遇といってよい。

　日比谷の「日東ハウス」（1938年）は竹中工務店の早良俊夫の設計による初期のモダニズム
建築で、また「西村伊作邸」は文化学院の創設者である。西村の自邸（1914年）は、大正モダ
ンの建築で和歌山県新宮市にあり記念館になっている。谷口の初期住宅は、まず田園調布の
「佐々木邸」（1933年）が処女作で「S氏邸」と呼ばれていて、担当者の菊池重郎は「ウルトラ・
モダン」な意匠と言っている（**図V-13**）。そして、谷口「自邸」（1935年）、次に「K氏邸」と
呼ばれる中野の「梶浦邸」（1936年）で、モダニズムから脱却の兆候があると菊池は書いてい
る（**図V-14A・B・C・D**）。清家には「東工大の水力実験室」であったように、槇 文彦にとって「白

図V-15　土浦亀城の自邸
ー上大崎の長者丸（1935年）
A．南立面

B．室内

C．平面図

図V-15　土浦亀城の五反田の最初の自邸
（1931年）
D．外観

E．パーティメンバー

い箱」型のモダニズム建築に対する谷口吉郎からの影響が語られている。

　谷口の「自邸」は1935年に完成しているが、同時期のモダニズムの木造乾式工法の住宅の「土浦亀城邸」も同じ年に建てられている。品川区の上大崎長者丸のクルドサックにある住宅地に現存しており、筆者は2019年に探し出して外部から視察できた（図V-15A・B・C）。『土浦亀城と白い家』（田中厚子、鹿島出版会、2014年）には、1931年に建てられた五反田の最初の「土浦自邸」ではダンスパーティがよく開かれて、谷口吉郎夫妻をはじめ同期生の前川國男、市浦 健、谷川徹三も3年間位はよく参加したと言う。1階に広いリビングのある住宅である（図V-15D・E）。

13. 東工大「水力実験室」のモダニズム的評価と「ポエジー」（詩情）

□「清らかな意匠」の始まり ──なぜ「清らか」なのか

　谷口は、東工大に赴任してきて「建築衛生」の講座の担当となり、東大の「伝染病研究所」の講習を受けて防疫の「細菌学」の実習も準備した。「私の専門外の勉強にも熱中していたが、東工大では専門の建築に関して＜屋内空気の自然対流に関する模型実験＞を進めていた」。つまり、粉塵の流動や暖気流の研究など「建築物の風圧に関する研究」として、後に日本建築学会学術賞を1939年に受賞している。その研究をしたのが、東工大の「水力実験室」で、その設計を「復興部工務課」から一任され、落成は谷口が28歳の1932年で、「自邸」の2年前で、デビュー作となった。白い箱型の美しい建物であった。2004年2月に実験に起因する水銀汚

染により解体されて今は残されていない。

　清家は篠原一男との対談「習慣の深度─1950年代の建築表現をめぐって」(『新建築』2000年10月)に、

　清家　：　谷口先生の「東京工業大学水力実験室」は凄いね。
　篠原　：　でも先生、それはモダニズムですね。
　清家　：　モダニズムの最たるものです。バウハウスそのもの！

　日本の近代建築として白い箱型のモダニズム建築は、この「水力実験室」から始まるのか。また真実にモダニズム建築なのか。清家が東京工業大学で谷口の謦咳に接したのは1941年である。『谷口吉郎著作集』第4巻「風土と建築」に、

　　先生のデビュー作と目される工業大学水力実験室(1932年8月)は、……私はこの水力実験室が好きで、工業大学へ入って谷口先生の教えをいただこうと決意するきっかけとなるほどの感銘を受けた作品である。たまたま私の家が工業大学の近くなので、絵具箱をかついでは、この水力実験室をモチーフにさせていただいた。
　　インターナショナルスタイルの白い建物と、導水管、貯水槽、樋門、そしてそのすぐ隣を走る目蒲線のガントリー(発車台)などのメカニックな環境が、いやがうえにも現代風な景観を呈し、……冬の夕日に刻々と色を変えてゆく印象はまことに鮮やかで、その印象をなんとか額縁に切りとりたいものと、繰り返し繰り返し足を運んでスケッチした。その頃は富士山がよく見えた。

　その時の「水力」の絵が清家 清の長女の八木ゆりさんの話では、清家の家のどこかに今でも残っているという。筆者が東工大附属高校の入学式の時から、後に私たちが「水力」と称した建物を目にしていた以後、大学の日々の生活で、美術部へと続くモスケ坂の入り口にあったから毎日と言ってよいくらい見ていた。同じく谷口の設計による「東工大創立70周年記念講堂」(1958年)も目にしながら構内を歩いた。この付近は確かに絵になる場所であった。「水力」のあった場所の近くには、現在は篠原一男の「東工大百周年記念館」(1987年)が建っている。清家は引き続き、

　　水力実験室は考え方によっては、インターナショナル様式、適確な場所に出ているキャンチレバーのバルコニー、庇のない大きなガラス面、白い壁面など、バウハウスのボキャブラリーを駆使した鉄＋ガラス＋コンクリートの箱、全く以って科学的、合理的で合理主義建築の典型のような立面＝エレベーションを持っている。
　　なぜこの「水力」が先生の出発を飾る記念碑的作品として当時も世評高く、また私にとっ

ても印象深い作品として記憶に止められたのであろうか。

　それこそ谷口先生の持つポエジーではないだろうか。一見合理主義的であり機能主義の
かたまりであるかのごとき建築に、劇的な演出をもたらし、建築を容れ物としての単なる箱
ではなく、生活の装置たらしめる在り方を充分心得ておられたのではないか。　　（傍点筆者）

この清家の言う「生活の装置」たらしめる「ポエジー」（詩情）を、谷口自身は「意匠心」と
呼んでいる。この「ポエジー」については、清家は「モダニズムの最たるもの」と言いながら、
「私たち若き建築学生を魅了しおおせた先生のポエジーは生得のものであろう。……舶来の合
理主義建築を理解するうえにも、機能主義の根元にまで届く眼があったからこそ、そこにポエ
ジーを謳うこともできたのであろうか」と、それは、郷里金沢によって育まれたものとしてい
る。しかし「インターナショナル様式」に「ポエジー」とは、本来それは相反するものだから
その表現は何かそぐわないが、それは建築の造形に志向する心、つまり「インテンション」の
純粋な感受性のことで、つまり「意匠心」であり、清家の言及は民族や国土の魂の表現、つま
り「日本への回帰」にまで及んでいる。ここに問題がある。しかし、篠原はそれを縦糸と横糸
としてあっさり説明している。谷口の「ポエジー」はすでに「モダニズム」からの離反を秘め
ていたのである。それが後に、目の前の「東京工業大学創立70周年記念講堂」（1958年）とな
る。谷口の「ポエジー」は、この「水力」から始まっていたのである。（傍線筆者）
　『国際建築』（1932年11月）の、谷口は東工大「水力実験室覚え書」の「はじめに」に、

　竣工は昭和7年8月24日、8ヶ月間の短期工事。出来上った気持は、わけもなく嬉しい。
秋の陽に映えたその壁面には、自分の帽子をポンとそれに拋りつけてやりたい位新しく建っ
たものの愛着を感ずる。然し、その前に立った時、ベートーベンのレコードでも聴いた時の
ように、なんだか我が身の羞ずかしさを感ずるのは、決して世間風な謙遜のためではなく、
反って、より以上の仕事を唆かされるのがためである。

谷口は納得がいった作品の前では、いつも交響曲が聞こえている。同書の「3・採光」には、

　南北に窓を出来るだけ広い面積を開けるため、各々3メートルの柱間を6ヶ所全部高く
窓に開孔。ギャラリー中央部の空間を縦に照明するために、これも亦東西側に各1ヶ所に高
く窓に開放。

すでにこの水力実験室から縦長窓が採用されていて、ベルリンでシンケル窓を見る前の、後
の慶應義塾大学の一連のスリットのような縦長窓は早期にこのインターナショナルスタイル
の建築から始まっていたのである。しかし、モダニズム建築であるのに横長窓ではなく縦長窓
の連窓である。それが「詩情」（ポエジー）なのであるが、筆者はそれに「ロマネスク」様式を

視るのだが。それは「モダニズム」からの離反の準備・予兆であった。確かに谷口は「モダニズム」とは言っていない。

『幻の蔵前 ―東京高工から東京工大へ―』(オーム社、1991年)の著者の中田 孝は、東工大機械工学科の第1回生だが、「水力実験室」について、

　　この実験室に設備された可変速風洞が谷口吉郎先生の重要研究に役立ったのである。応用力学などには程遠いと思われ、一見文学青年のような先生が風洞の吹き口測定部に板を敷き、その上に小学校や長屋の模型を配し、空気流による建物の周囲の風圧分布を測られた。蜘蛛の巣のように張り巡らした熱線風速計の電線や、ピトー管のゴム管に挟まれて夜遅くまで濃い不精髭をはやし、鷹のような目で測定されている彫の深い先生のプロフィールが、いまだに私の記憶に残っている。

この研究の発端は、1934年9月の室戸台風の災害が直接の原因であった。谷口の研究に対する姿勢がリアルに描かれている。谷口は「結婚の頃」に、

　　その実験室の設計を進めている時、清純な造形にあこがれる意匠心がわきあがってくるのを感じた。そんな「<u>清らかな意匠</u>」は、その後も私の設計に継続する念願となるが、その<u>方向への私の意匠心が志向する</u>ようになったのが、この「水力実験室」の設計であった。その建築が落成したのが昭和7年(1932年)、私は28歳だった。結婚の翌年で私のデビュー作となった。
　　　　　　　　　　　　　　　　(傍線筆者)(『建築に生きる』日本経済新聞社、1974年)

谷口はこの頃の「水力実験室」から始まる谷口の主要な概念である「清らかな意匠」を意識する早熟な建築家であった。そう考えると谷口の初期の作品はモダニズムではなく「清らかな」意匠であって、「生活の装置」でありそれがモダニズムに見えたのか。

篠原一男の「谷口吉郎先生を悼む―表現様式の洗練追及」(『信濃毎日新聞』1979年2月6日)には、谷口吉郎を偲んで、「東工大の水力実験室」から戦争直後の「藤村記念堂」への様式の移行について、それを「転向」などとせずに、「いささかの通俗化も許さず、表現様式の洗練をひたすらに追及されてきた建築家」として、谷口の『雪あかり日記』の中の本書の副題でもある一節を引用して、その「洗練」の根拠として、

　　いつも私の心をひくものは、その建築の美しさにひそむ清浄な意匠心であった。私は清冽な意匠心を求めつつヨーロッパをさまよい歩いていた。

その「意匠心」は「感情のおもむくままに表現される抒情詩とは異質のものである」が、意匠とは「工夫」とか「趣向」で、英語で言うと「Intention」である。として、谷口を「日本の近

代主義の正統の巨匠」として位置づけている。しかしその「近代主義」はモダニズムでなかった。「清浄」という言葉は「水が清らかで冷たいこと」である。したがって東工大の関係者が呼称する「水力」とは関係があったのである。「清らかな」意匠とは冷たい水のことか。

14. 谷口吉郎「自邸」（Ⅰ）「家庭のサナトリウム生活の実験室」
——「健康住宅」（予防医学）

□「予防医学」の「空気療法」

　谷口の品川区小山の「自邸」（1935年）は木造2階建て126㎡で、「自余の弁」（『国際建築』1936年6月）の「通気」に、大正4年（1914年）から「虚偽構造」（シャム・コンストラクション）は是か非か——、つまり「洋式組積構造」にみせかけたと論争の的となっていた壁体ではなく、木造の「乾式構造」である。外壁も石綿スレートの「つきつけ目地」ではなく、「ありふれた板羽目」を採用する。そして壁で遮熱しても夏の夜の暑熱がこもるということで、中央を吹抜けにして屋根の排気塔を介して熱を逃したり、ガラス窓におけるヒートゲインのコントロール装置として庇や雨戸を付け、サッシュ割りを上中下の三分割にして、通風の必要に適した窓の開け方を可能にしている。暖房としては床のパネルヒーティングを採用した。

　　夏季の夜分には暑熱が反って室内に停滞を余儀なくされるような破目にも立ち至っていた。それで、一階の広間の天井は一部を二階まで吹抜けとして、更に屋根の排気塔に直結したのは、かかる場合の考慮でもあるが、更に、室内の空気を常に新鮮とする予防医学の定説に従ったのも、その大きな理由である。天井排気口には水平移動の扉を設け、更に排気塔の中にはダンパーを取り付けて、それらは紐によって二階書斎から調節自在にした。医者によって確立された空気療法の定説は、サナトリウム内だけに限られる問題でなく、それを一般日常生活にまで押し広め、予防医学を徹底せしめるのは建築家の役目である。窓も必要に応じた所に欄間を設け、二階寝室および南側の縁側（日光浴室でもある）の窓は、上中下三段として通気の調節を出来るだけ自在にするようなことは、既に病院建築では試みられていることであるが、それを住宅にも適用したのは以上の意味に基づく。それで我が家の寝室は、家庭のサナトリウム生活の実験室でもある。

　何故に谷口が「自邸」の寝室を「家庭のサナトリウム生活の実験室」とまで言い、それを「空気療法」として試みたのは、家族に胸部疾患者がいたのかとも思っていたが、古谷誠章対談集『十二組十三人の建築』（LIXIL出版）で、谷口吉生は、

　　「私は、子どもの頃にひどい小児ぜんそくで、小学校は半分くらいしか行けなかったんです。ちょっとした風邪などですぐにぜんそくになり、1か月、2か月と非常に苦しい思い出

をしましたので内向的になるというか、神経質な子どもになる、そんなこともありました」

　谷口吉生は、自身の『私の履歴書』*Y-13-⑤にも、「家庭のサナトリウム生活の実験室」に生活していたが、

　　“健康住宅”に暮らしていながら、私はひどく身体の弱い子どもだった。小児ぜんそくで小学校は半分は通っていない。

　しかし谷口吉郎が「自邸」を、「家庭のサナトリウム生活の実験室」と名付けた時には、まだ長男の吉生は生まれていなかったから、吉生の「小児ぜんそく症」のために「実験室」にしたわけではなく、また清家のように夫人の胸部疾患のためでもなく、谷口の場合は「予防医学」から、そうしたのである。しかし、真実の理由は単にスイスの病院で用いられていた床の温水暖房を参考にしたと谷口は書いている。単に、ル・コルビュジエなどのモダニズム建築の「衛生及び健康」思想の理念なのかは不明であるが、それより谷口の「空気療法」の研究からの建築計画原論によると筆者は考える。
　しかし谷口吉生は、「自邸」建設当時は「結核は恐ろしい病気であった」と、鼎談で話している。確かにその家族の共通認識があった。今日の世界に蔓延する新型コロナウイルス（COVID-19）の感染症に対しても充分対応できるベンチレーションのある住宅であった。

□ 谷口のル・コルビュジエへの「経済観」の評価 ──「衛生的」と「民衆化」（大衆の幸福）

　前川だけではなく谷口もル・コルビュジエに関心を持っていた。「コルを摑む」（1929年）*E-5で、「今の自分の心を捩じ伏せるまでに引き摑んで離さない」のか、「何がそこに存しているのか」と、自問する。

　　彼（註：ル・コルビュジエ）の建築の経済観に到達したのである。それは如何にして安価に、衛生的健康なよい建築をつくるべきか？ そうして新しい材料によき新住宅の民衆化－大衆の幸福を求め、必要型、機能型、目的型、家具型の探求、標準の決定、工業による連続生産等を意図するものである。
　　　　　　　　　　　　　　　　　　　　　　　　　　　　　　　　　　　　（傍線筆者）

　ル・コルビュジエの建築の本質をとらえている。「衛生的な健康住宅」と「新住宅の民衆化」である。そして「建築の経済観」としての「大衆の幸福」を意図していて、決して形ではないことに注目したい。（傍線筆者） 「コルを摑む」の末尾を、「コルの告白は我が友前川國男の訳による。彼は今コルのもとで働いている。＜友よ、コルを摑んで帰れ！＞」と、谷口は結んでいる。
　しかし翌1930年の「ル・コルビュジエ検討」では、「ブルジョア的」で「装飾的」に陥ったと、批判的な方向に転じ、前川がル・コルビュジエを初めて訪れた時に案内された「ガルシュの家」

（1927年）の内部平面の曲線の乱用を、「貴婦人化」し、いまや「高級フランス製化粧水の容器となり終わった」と、冷静にル・コルビュジエの平面構成を否定的に分析しているが、ル・コルビュジエの「建築の経済観」と「衛生建築」への注視は先見性がある。

　この直後、東工大の「水力実験室」（1932年）を設計している。そして小学生の「健康・衛生主義」的な「慶應義塾幼稚舎」（1937年）へとつながっていく。モダニズムというより「経済・健康」主義的な「清冽な意匠」と言える。谷口はコルビュジエ対応にも冷静なポエジーを感じていた。

15. 谷口吉郎「自邸」（Ⅱ）　子どもたちは木製のテラスで
──イサム・ノグチや猪熊弦一郎とともに

谷口吉生は「建築を学ぶ」の「建築との関わり」*Y-5-①で、

　　生まれ育った私の家は、当時の日本の住宅としては非常に変わった建築であった。今から60年ほど前、昭和初期に建てられた家であるにもかかわらず、居間は2階まで吹き抜けとなっていて、ロープを引くと天井が自動的に開閉する装置までつけられていた。壁は柔らかい肌触りのする当時の新素材が白く塗装されたものであり、床はフローリングの下に現在でもめずらしい温水による床暖房のためのパイプが全面に配管されていた。……決して豪勢な家ではないが斬新なこの建築は、その時20代後半の建築家であった父が設計したものであった。
　　この家はその後、父の建築に対する考え方が変化するにつれて、芯の構造はそのままにして表層の意匠は次第に変貌していった。新しい設計の仕事が始まると建設中の建物の材料を部分的に貼ってみたり、試作品の家具などを試しに置いてみたり、父が自宅をいつも原寸模型のように使っていたことを、母はあまり歓迎していない様子であった。そして、いつの間にかこの白いモダンな家は、茶室がある数寄屋建築へと変わり、その中で静かに原稿を書く父の姿もまた和服へと変わっていた。

　この「ロープを引くと天井が自動的に開閉する装置」とは、「広間上部の排気口の水平扉及びダンパーを調整する紐」である*E-10（図V−16A・B）。この天井の排気筒は夏期の熱気を逃すためのベンチレーションであるが、モダニズム建築の「健康・衛生」主義というより、茶室建築の「突き上げ窓」のような趣がある。槇 文彦との対談「建築における美意識」（『三田評論』1969年684号）でも、谷口吉郎は、

　　「天井からの採光というのは、ローマに行くと、パンテオンの天井は素晴らしい。……ただ天窓では、日本人が小さい規模でうまくやっているのは、茶室の中の天窓ですね。あの静

図V-16 谷口「自邸」
A. 断面図

B. 谷口「自邸」の庭の
木製テレス

図V-17 パンテオン(「万神殿」)
A. 外観

B. 内部 オクルス(眼)

寂な光りは、茶人のすぐれた意匠です。……そういう小さい窓から光を採って、そして三畳位のところに五、六人集まって、一つのお椀から茶をすするなんていうのは、日本人の非常に得意とする意匠だと思うのです」

　「パンテオン(万神殿)は霊廟で頂部のオクルス」(眼)と呼ばれる直径9mの穴があいている円蓋建築で、太陽光とともに雨水さえ進入する。谷口はこの写真を雑誌に掲載している(図V-17A・B)。「自邸」の場合は、採光ではなく換気が目的であった。そして吉生は、父の吉郎の建築の和と洋の「二元性」についても、一見して「西洋風」に見えるこの住宅に「和風」もすでにあったのであると説明している。清家 清は、玄関は立派な和風で、低く横に長い棚の上に花器などが置いてあって、「一輪の花」が生けられていると、「和」が内蔵されていた。そして、吉生は「この白いモダンな家は茶室がある数寄屋建築へと変わり」と、吉郎の和服衣裳とともに和風へと「転向」ではなく自然に吉生の言う「モダンな家」から「超克」していった。
　また、谷口吉郎の次女の杉山真紀子の「はじめに―ドラゴンたちの絆」(『萬來舍―谷口吉郎とイサム・ノグチの協奏詩』(鹿島出版会、2006年)の中で、

　戦後になって新しい萬來舍を設計していた私の父・谷口吉郎と私たち家族は、そのころ東京・品川区に住んでいた。父が設計した自宅には木製の広いテラスがあり、暑い夏の日の夕方、父は毎日のように三田の慶應義塾の工事現場からイサム・ノグチさんと画家の猪熊弦一郎さんを伴って帰ってきた。そして3人でよくこのテラスで涼んでいた。
　そのテラスの脇には風呂場があり、幼かった私は姉や兄たちと風呂場で行水をして、そのまま庭のテラスに飛び出てはしゃいでいた。イサムさんもこの風呂場がとても気に入っていて、工事現場での汚れと汗を風呂場で流し、浴衣を着てテラスに出てきて、猪熊夫人と私の母の手料理を楽しんでいた。よくイサムさんは「僕は浴衣は大好きなのですが、浴衣の前がはだけるので困ります」と言っていたので、私はイサムさんの膝の上に座り、慣れない浴衣がはだけないように重石の役目をしながら食事をしていた。つまりイサムさんの膝の上は、私だけに許された特等席だったのだ。

図Ｖ-18Ａ. 慶應義塾幼稚舎校舎 外観

　三田の「萬來舎」の建設中の話である。谷口邸の南の庭に面した「テレス」(前掲、図Ｖ-16Ｂ参照)での３人は、まさしく３匹のドラゴン(竜)であった*E-10。谷口は、

　　広間と浴室の前に広いテレスが庭に突出して、外気・日光・空気を享受する。コンクリート造のテレスは熱容量が大で、従って夏には甚だ暑いほてりを感ずるので、その欠点を防ぐためにテレスは木製の簀の子の材質は耐久のための台檜。　　　　　　　　　　　(傍点谷口)

　谷口の言う「テレス」は「テラス」(terrace)、つまり和風建築では「露台」である。そして、「浴室」が「広間」の西側の南面する隣室に位置している。つまり「テレス」を介して「広間」とつながっていることが真紀子の思い出話で解る。これこそ「健康住宅」である。
　清家は「森博士の家」(1951年)では浴室は北東の隅に、「斎藤助教授の家」(1952年)や「私の家」(1954年)では、浴室すら設けていない。つまり湿気が居間に浸潤することを危惧しているからである。それにしても、谷口「自邸」の浴室は「衛生住宅」として上手な解決方法である。
　谷口吉生が米国の留学から帰ると(1964年)、「いつの間にかこの白いモダンな家は茶室がある数寄屋建築へと変わり」とあるのは、谷口吉郎の生活スタイルと、「その衣裳が和風」になったこととの併行現象であった。しかし、谷口吉生は、「父が目指したのも懐古趣味としての和風建築ではなく、日本の伝統的な様式に現代性を見い出し建築に生かすことだった。自邸はそうした父の生涯を通した目標の軌跡である」と、意識的な「転向」でないことを示唆している。「目標の軌跡」とは上手な表現である。それが結論である。(傍線筆者)

16. 慶應義塾幼稚舎－「健康第一主義」の美－佐野利器の市民衛生思想

　谷口「自邸」の衛生工学的な建築は、槇 文彦が通った「慶應義塾幼稚舎」(1937年)(図Ｖ-18Ａ)に引き継がれる。2000年にDOCOMOの日本支部の20選に指定され、現在も渋谷の天現寺にある小学校である。『清らかな意匠』の「4. 校舎の意匠」*T-5-4-④には、

私は、まず自分の設計に対して、児童の「健康第一主義」に徹底すべきことを根本方針として、それを設計の信条とし、そのために従来のありきたりの方法にとらわれず、むしろ衛生的な建築と設備を通して、小学生の新しい生活を作りだすことを、設計の眼目とした。

　近来の不健康な都会生活は、多くの児童を「虚弱児童」たらしめている。……私は学校建築を児童の健全な成長のために衛生的な機関たらしめ、この校舎に、健康そのものの明快な「美」を発揮せしめたいと願った。

　谷口はそれを採光と通風に配慮することで衛生学的な要素である「予防医学」の観点から「健康美」への「実験的な試み」であった。谷口の東大時代の師である佐野利器教授は、東京市建設局長も兼ねていて、小学校建築の不燃化（鉄筋コンクリート造）を推進し、小学校を都市不燃化のモデルにするとともに水洗便所化するなど、「子供を通して市民の衛生思想を高めたいと念願していた」から谷口はその佐野の衛生思想を具現化したとも言える。

　谷口は、各テーマに対して具体的に説明している。

□ **開放教室－「日光」の照射・「外気」の導入－「予防・治療医学」**

　この幼稚舎の建築は、現代式のサナトリウムの如く、どこも健康にして、新しい「治療医学」が教える如くに、豊かな「日光」を享受し、新鮮な「外気」を満喫して、児童の萌え出でんとする知力と発育力を積極的に助長してやる、そんな衛生的な校舎を実現すべきだと考えた。それで、教室の全部を、スイスのサナトリウムの如く、「開放室」にした。

　「健康」、「衛生」、「サナトリウム」を幾度も引用して、「日光」と「外気」を得るための「開放教室」を説明している。それは太陽光線中の「紫外線」の児童の健康への必要性からである。

□ **紫外線の「殺菌作用＋生理作用」－窓の100％開放－「引き開きサッシュ」**

　窓ガラスを開放して、太陽光線を室内に導入し、その殺菌作用や生理作用を十分に利用する必要がある。窓面積を極度に大きく、床から天井までを全部窓にすると同時に、窓のサッシュは「引き開き」とした。普通の「上げ下げ窓」や「引違い窓」の開放率は50パーセントであるが、ここでは窓は六枚の「引分け」にして、それを畳み込み、外方に向かって「押し開く」ことのできる「引き開きサッシュ」という特別製の扉をつけた。窓台も、床までに達しているから、従って窓の開放率は100パーセントとなった。

　清家の「私の家」は、書斎の南面の窓（註：清家は「間戸」と言う）の開放率は、書斎の地下への「引き落し窓」によりこの部分に限ると100％で、その理由はやはり「予防医学」であった。そして庭に面する居間の大きな「間戸」は、「建物の南面は全部開放して戸外と接触できる」と大型の「片引きガラス戸」で、それでも80％で、それに「多目的な移動壁によって、室

内気候の調整を試みようとしたガラリ戸」(「清家 清と現代の住居デザイン」林 昌二) が付いていた。「ガラリ戸」を「移動壁」と考えていたことがわかる、清家の場合は、「片引き間戸」であった。谷口は雨戸を、「夜間は保温壁となる以上に、昼間は優良な日光調節となる」と、「ガラリ戸」を使った清家とよく似た考え方であった。

□ 外気の通風 −「環境衛生学」− 屋上排気筒

　　閉め切った部屋の中に大勢の人がつめこまれていると、気分が重くなり、遂に吐き気さえ催す者もある。この原因は、人間の口から吐きだされる悪いガス、即ち「群集毒素」によるものと考えられていたが、新しい衛生学では、「温度」、「湿度」、「通気」の状態が悪条件になった結果による。雨の日や寒い日には、窓を閉めきっておかねばならないので、換気のために、廊下側の壁に換気孔を作り込んで、それが屋上の換気筒に連絡して、窓が密閉した場合でも、教室内の自然換気が有効になるように考慮した。

谷口は「自邸」でも夏の夜のこもった暑熱が、中央を吹抜けにより屋根の排気塔を介して熱を逃がす同じ手法を用いている。2022年の今日では新型コロナウイルスの拡大による感染のための良好な換気がより求められている。

□ 低温輻射床暖房 −「対流暖房」と併用 −「開放窓」が可能

　　特別な設備として、床の全面に「温水」を循環せしめる鉄パイプのコイルを埋めこんだ。これは、床面を温め、その表面から放射する「輻射熱」によって、室内を暖房しようとするためで、「輻射暖房」というのは熱線の輻射によって、人間の皮膚に温感を直接感ぜしめる方法で、窓を開放しておいてよい。

「フロア・ヒーティング」のことである。谷口の『せせらぎ日記』の「グルンドヴィヒ記念教会堂」に、

　　この「床暖房」の方法は、私は、慶應義塾の「幼稚舎」(1937年) を設計したときに、新しく試みてみた。スイスのアルプス地方の結核療養所で、パネルヒーティングが用いられていることを書物で知り、それを研究して、日本の気候や技術に適合するようにして、新しく建つ小学校の床に、それを実験的に実施した。

やはりスイスのサナトリウム「結核療養所」の床暖房が原点であった。この温水パイプのコイルによる床暖房方式は、「低温輻射暖房」で、清家の「私の家」(1954年) もこの方法であった。普通の「蒸気暖房」や「温水暖房」のような放熱器 (ラジエータ) による「対流暖房」ではなく熱線の輻射であるから、室の塵埃などを浮遊し撹乱させることがなく衛生的である。一部

図V-18B. 慶應義塾
幼稚舎校舎 テレス

の人から反対があったが、ボイラーを焚く石炭の消費量が比較的に少量で、暖房費も節約となることから、反対意見も納得し施工された。谷口のスイス建築の知識が効果的であった。

□ **雛段式テレス－直接に運動場へ－カンバス庇**（図V-18B）

　「日光の照射」、「外気の通風」、「窓の100パーセント開放」、「低温輻射床暖房」のほかに、「テレス」（註：テラス）によって「開放教室」の効果を一層有効にしたいと考えた。……各テレスには、鉄製パイプの差し出しを、軒に設けて、夏季にはカンバスや葭簀（よしず）の日蔽（ひおお）いを、掛けられるようにした。

　清家は「私の家」を南面の前庭は「Living Garden」と称（よ）んでいるが、幼稚舎の内部の床と同一レベルの「テレス」をこの「Living Garden」と考えれば、幼稚舎の衛生・健康についてのコンセプトは、そのまま清家の「私の家」にあてはまる。まさしく清家は谷口の嫡子（ちゃくし）であった。

□ **建築に「魂」を入れてほしい－槇 智雄 理事－「健康・第一主義」**

　谷口は末尾の「敷地と配置」に、本当の予防医学として、

　だから装飾は、何一つない。即ち、設計者として表現したいと思ったものは、ただ「健康」そのものの明快さであった。……はじめ、この幼稚舎の設計の話が私にあった時、理事の槇智雄先生は、その時「幼稚舎の建築に魂を入れてほしい」と申された。ご注文はただそれだけであった。……しかし世間には、年若くて病魔のために、早くこの世を去った子は多い。その痛ましい子らのことを思うと、その小さい霊に、私ら担当建築家はこの作品を捧げたいと思う。

　谷口にとってその入れた「魂」が「健康・第一主義」であった。この慶応義塾の槇 智雄 理事の甥が建築家の槇 文彦で、この幼稚舎に学んでいてその思い出を詳細に語っている。『記憶の形象 ―都市と建築の間で』（筑摩書房、1992年）の「幼稚舎周辺」には、槇 文彦がモダニズム

の建築家になった原体験がこの「幼稚舎」にあったことが書かれている。その抜粋は、

　　　私の子どもの時代、もっとも想い出の深かったところといえば、やはり現在天現寺にある
　　慶応義塾幼稚舎であり、その周辺の情景であったといえよう。
　　　私が幼稚舎の二年の三学期、昭和一二年の初めに、新装なったこの建物が旧い木造の三田
　　の校舎から移ってきた時の興奮はいまでも忘れることはできない。当時、東洋一モダーン
　　な小学校といわれたこの白亜の建物は故・谷口吉郎博士の建築家としてのデビュー作になっ
　　たものである。そして爾後四年有余、人生の形成期にあって貴重な教育と経験を与えてくれ
　　た場として、また後年、漠然としてではあるが、やがて自分でもこんな建物をつくってみた
　　いという、建築家を志す動機を与えてくれるようになったものとして、この幼稚舎は、私に
　　とって二重に重要な意味をもっている。
　　　私が子ども心に興奮を覚えた一つに、この学校が多くの秘密めいた場所を提供してくれ
　　たことがある。今でこそあまり珍しくはないがすべての教室の外側に、床にガラス・ブロッ
　　クのはめこまれたテラスがあり、そこから外の運動場に出られたし、またテラスから屋上庭
　　園にいくことができ、それはわれわれのギャングごっこのための恰好な場所を提供してく
　　れたのである。また東の一隅にある工作室は、当時珍しく、一部が半階下、その上がメザニ
　　ン（註：中２階）になっていて、子ども心にも胸のときめくような雰囲気があったのをよく
　　覚えている。あるいは理科教室のクローヴァー型のテーブルに至るまで、建物の隅々にまで
　　新しい創意と意匠が盛られていた。

それは槇にとって「こうした想い出ぶかい原風景が、あぶり出し絵のように、見えないまま
存在しているのも事実である」と結んでいる。谷口吉郎と槇の対談「建築における美意識」（『三
田評論』684号、1969年）に、

槇　：今でも覚えておりますが、私が東大にいたとき、ちょうど岸田日出刀先生がいらっ
　　　　しゃって、試験の時に一番印象に残った建物を書けと言われたことがあります。その
　　　　時、私は慶應幼稚舎のことを書いたんですが、本当にあの幼稚舎ができたときに行っ
　　　　てびっくりしたんですね。子ども心にあれだけ強烈な印象を受けた建物というもの
　　　　は、他になかったですね。
谷口：いや恐縮です。あれは、もともとあなたの伯父さんに当たる槇 智雄さんの依頼によ
　　　　り、私はあれを設計したのです。だからあなたが受けた印象は、隔世遺伝というわけ
　　　　ですね。（笑声）
槇　：伯父さんは大変建築に興味を持っていましたからね。しかし、あの頃というと、やは
　　　　り建築史の上からは機能主義というか、例のバウハウスが日本に紹介されたその直
　　　　後ぐらいになりますでしょうか。

谷口：ええ、バウハウスというのは、日本では、グロピウスなんかの、いわゆる機能的な面だけが非常に強調されているが、バウハウスそのものはそれだけとはいえない。むしろ建築家と美術家の協力を重要視、機械的なものと、手工芸的なものを、余り対立させてはいない。手織りの織物をやったり、それから陶器をやったりしている。ところが日本に受けいれられたバウハウスというものは、なんでも全部、機械でなくちゃならないといった受けとりかたで、ひどく理論的であった。

　谷口が注視したのはバウハウスの単にモダニズムの機械主義の建築形態ではなく、その「運動なり思想」としての理論的な展開であった。(傍線筆者)　谷口の槇については「槇さんとの結縁」(『三田評論』1968年12月)*E-80などがある。単に、谷口建築をモダニズムとは言い難い。

17. 民衆の「生活環境」の造形と計画原論的研究

□ 谷口吉郎から清家 清へ、そして仙田 満へ環境建築家の系譜

　谷口の『清らかな意匠』(1948年)に、「1.環境の意匠」*T-5-4-①がある。谷口の「環境建築」論が書かれていて、谷口は今日から見ても「環境建築」の先駆者である。

　まず、「駅頭風景」では、鉄道の駅前商店の広告の看板の醜悪な集合に呆れ果てている。しかしそれは「都市美」に対しての一般民衆の造形センスの反映である。その美術眼が「世相」としての「都市美」を構成し、「郷土美」を築き、大きく「国土美」を建設していく。谷口は「従って看板が、都市美や国土美をけがす罪は許し得ない」としている。つまり「日常生活」に含まれる「形ある物」、すべて庶民生活の衣食住の「形」と「色彩」や「材質」の「生活環境」の造形こそ重要な意匠である。そして「フロシキ」などでさえ、「民衆に最も親しく接触している物である以上、その＜造形＞は、日常生活に根をおろしている＜生活環境＞の小さい物事にも、簡素でありながら、美の豊かさをたたえようとする。そうした意匠心から、やがて町を美しくし、国を美しくする造形力が芽ばえてくる」と、「庶民生活の生活美」を、能や茶などの「型」としての「様式美」さえ見て、それが一国の文化的水準に到達するとして、「様式美」の社会的条件の健全性も言っている。

　谷口にとって、「環境美」は究極的には、その時代の「様式美」の反映になるが、谷口の環境論は「美」的だけではない。「科学と技術こそ、二十世紀の新しい造形の立役者とならなければならぬ」のに、「その自覚を放棄していることでは、新しい＜環境美＞は、いつまでも実現され得ない。現代の＜様式＞はいつまでも誕生してこない」と、芸術だけでなく、科学技術の必要性を説いている。

　「日本の家は厳しい気候と風土に耐えながら、しかも人間生活に必要な機能に基づいて、独特なスタイルを完成している」と、日本の「厳しい風土」を克服するための「雨量」、「風」、「地

震」など、「日本の気候は最も悪条件の揃った世界最悪といってよい」と、建築の理学的特性の研究を東工大で着手した。1934（昭和9）年9月の室戸台風の被害が史上最大で多くの死傷者と倒壊家屋を出したのもその研究への誘引となった。

「風圧の研究」に、東京駒場の「東大航空研究所」で、「風洞実験」に専念し、1943年に日本建築学会学術賞を与えられている。東工大の「水力実験室」では「屋内気候」の研究をし、環境工学的研究も同時に行っていた。しかし、本人は「誰もがやりたがらない研究をする事も重要である」と、建築家として「環境」という計画原論的研究として科学と芸術との二元性に関与していたのである。

1930年代から1940年代にかけて、以上のような「環境」について言及した建築家は谷口以外にはない。

清家 清も東工大での「水力実験室」における谷口のシュリーレン装置を使っての陽炎の原理をはじめ、流体力学、気動、通風、換気や粉流などの動力学的な研究をし、自分の学位論文の一部である「動線計画」（モーション＆タイム・スタディ）への大きな示唆となっていると、「風土と建築」（『谷口吉郎著作集』第4巻の「解説」）に書いている。

清家は1980年の年末にベルリンにある旧「大日本帝国大使館」の調査と視察が目的で西ドイツを訪れている。それは谷口の『雪あかり日記』の追体験でもあった。廃墟のままの菊の御紋章がまだ付いたままの「帝国大使館」を訪れた帰路、「ベルリンの風土に育まれた息づかいに触れ、突然これは＜金沢＞だ！」と気が付いて、「ベルリンの風土・自然に仮託して郷里金沢への郷愁を語ったのが『雪あかり日記』であろう」と、「すべてのことは谷口先生における金沢を考えることで、解明できるものではないかという思いが頭を横切った」と、このベルリンで「風土への開眼」をされ、それが「藤村記念堂」で開花する。「風土であるとか、伝統であるとか、或いは歴史、環境、自然というようなものは克服するのではなくて、それを生かして形にするということではなかろうか」と、谷口が「環境」を広くとらえていた建築家であったと説いている。それが谷口の環境の「倫理」（モラル）であった。

清家と仙田の対談「真っ黒なスケッチ」と「清らかな意匠」（『谷口吉郎の世界』1997年）*T-2-1 に、谷口が「サイエンティフィックなこと」も好きだったと、

> 清家：谷口先生はそういうのが好きだったね。だから、「水力実験室」で「風水」を全部やった。風洞とかも含めてね。最近の環境問題なんていうのを先取りしている。
>
> 仙田：そうですね。谷口先生の本を読みますと、景観的な配慮だとか、あるいは設備的なというか、室内環境を含めて、そういう科学的な部分とか、環境的な視野を非常にもっておられましたね

清家は自身の「風水」の研究を環境問題として、捉えていた。この谷口の「環境的な視野」は仙田にも影響を与えている。谷口研究室出身の仙田 満は『環境デザイン講義』（彰国社、

2006年）で、「地球環境建築家をめざせ」と、「環境デザイン21講」を提示している。その「空間デザインから環境デザイン」で、谷口の『清らかな意匠』の中の、やはり「環境の意匠」を取りあげて、自身の事務所名を「環境デザイン研究所」と命名するとともに、「こどものあそび環境」などの研究から、自身を「環境建築家」と称し、日本建築家協会長として「地球環境憲章」の制定まで推進している。その総合的なデザインこそが「環境建築」であり、すなわち「環築」であるとする。そして「環境デザインは関係のデザインである」とし、その「関係」とは、谷口が「環境の意匠」で言う、「小さい事」（日常生活）から、「村を美しく、町を美しく、国を美しくする」という、「様式」の止揚とも考えられる構築のシステムによる。

谷口はその一例として、「ある外国詩人の日本印象記に、こんなことが書いてあった」（「国土美」1941年）*E-20 と、

春の美しく花の咲きみだれた日本の公園に行けば、桜の枝には人々が自作の歌を書いた紙片が結びつけてあり、その樹下で喫した菓子の一片にさえ、人口に膾炙された歌の一句が書きこんであったといって、日本人の日常生活に詩のとけこんでいることが称えてあった。

これは単に日本人の日常の「詩的生活」のことだけを言っているのではなくて、ある意味で日本人の「日常生活」の「様式美」を言っているのである。仙田の「関係のデザイン」には、単に建物の周辺環境だけでなくこの「様式」の臭いがする。

仙田は「環境と子どもの成育―創造力を育む建築、コミュニティ」（『新建築』2019年6月）*NB-12 に東工大の谷口研究生の時に、

卒論の結論では「城という新しい時代の建築様式は、多様なデザイナーの協力によってつくられた」とまとめました。武将はもちろん、砦をつくる工兵としての田舎大工、千利休のような中国やヨーロッパとの交流を持つ文化人、渡来してきた南蛮人などの多様な人が、合戦で短期間に建て、勝ち、都市のシンボルとしてつくった様式が城だと言えるわけです。この協働の考え方は、1968年に立ち上げた私の事務所である環境デザイン研究所のコンセプトにも繋がっていきます。谷口先生からは著作を通してさまざまに学びました。特に建築に対する環境工学的な視点には大きな影響を受けました。先生は1943年に「建築物の風圧に関する研究」をテーマに学位を取られているのですが、そうした設計と研究の両立は、その後の私の姿勢に繋がっていきます。

仙田の環境デザインに対する谷口先生の直接的な影響が語られている。それと間接的には、「協働の考え方」とは谷口の「一座建立」の思想である。仙田はそれも「城」の研究から学んでいる。まさしく仙田は「環境建築」という点で、環境建築家の第一号で谷口の東工大での「嫡子」と言える。

谷口が「自邸」や「慶應義塾幼稚舎」に用いた建築衛生学は、計画原論となり、戦後は建築設備と合わせて建築環境工学となった。

第 VI 章

「日本的なるもの」と「合一」
ー「民衆の造形物」ー

美的モラル（環境倫理）

谷口吉郎の空間の原像

「厳しい風土の中の造形美」―光線の拡散と壁面の消去―

日本の風土（金沢）
- 母と家に帰るころは夜が明けそめて、あたりは雪あかりとなる、その薄紫色の雪景色が絵のように美しかった。
- 雪片の大きいぼたん雪がしんしんとふり積って、雪は冷たいものではなく楽しいもので、夜が明けそめて、あたりは雪あかりとなる。

- 建築の美は風土と関係が深い。
- 清家清がベルリンの風土に「金沢だ！」と気が付いた。（風土と建築）
- 庶民の生活の造形的な美意識

ドイツの風土（ベルリン）
- ドイツの冬は「低温高湿」である。
- 毎日どんより曇った日が続き、なにもかも黒ずんで見える。これがドイツ特有の冬の気候である。
- この暗い天候から生れたドイツ的な造形精神は光を欲した。
- 雪がふり出し、白い雪片が舞って夕方のようである。

金沢の生家
- 家の構えは大きな２階家で表の店には九谷焼が陳列された。その奥に住まいと茶室があった。
- その奥は窯場となって、赤い炎が今も私の目に焼きついている。

雪あかり
積った雪が反射で夜も周囲が薄明るく見えること
（大辞林）

「無名戦士廟」の内陣
- 黒色を基調とした四角い空間にすぎない。壁の表面には装飾ひとつなく窓もない。
- 夕闇の天井の丸窓から霏々とふってくる淡雪とさし込んでくる紫紺色の夕闇は雪あかりとなって美しいものに見えた。

光線の拡散　　線の平等　　壁面の消去　　構成の否定

線　と　面

○
- 縦繁格子 虫籠窓
- 線（繁）の平等化
- 明かり障子の拡散光
- 縦の細縞 唐桟
- 雪華（六角形）

真っ黒なスケッチから「一本の線」を

○
- 面や素材の重さと材質の圧迫を消す（壁のない建築）
- 上方からさし込む光（明かり窓）（高窓・天窓・突上げ窓）
- 壁の（レリーフ）の多用

物質を弱くする

新日本的作用
- オブジェ・プロポーション（かたち）の否定
- 見えざる形
- 線に詩趣（ポエジー）モダニズムの後退
- 意識の浮揚化

ボイド（虚）"何もない"機能も場所も

「立面は平面となり、その面は線となり、線は点に縮み、点はゼロを吸う」（花・結晶）

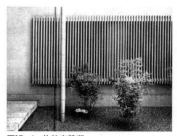

図Ⅵ-1　佐伯宗義邸
A. 玄関前の格子

1.「線に詩趣あり」と「新日本的作風」
——村野藤吾の谷口建築観《曲線と直線》

この小題の「線に詩趣あり」は『谷口吉郎作品集』（淡交社、1981年）の村野藤吾の「刊行によせて」（1981年1月9日記）の表題である。村野は、谷口の作風としての「線とは何か、直線の中に潜むものは何か」と考える。

　　何とかして純粋無垢な線が創れないものであろうか。そこで、谷口先生の人及び作風のことが胸中に往来するようになり、先生について線を学び、面について教えを受けたいという心になるのだが、それには、もっと自分自身を責め自分自身について学ばねばならないのではないか。

曲線を多用する村野が、直線の谷口の作風の「線と面」について、教示を受けたいと謙虚であるが、実に鋭い谷口についての建築観である。そして結論として、

　　私は今、……私の図板の上にあった製図紙に、やわらかい鉛筆で一本の線を引いてみた。すると、紙背を透して、幾本もの線が見えて来た。最初の一本は磨かれたステンレスの細い線である。光に渋さがあり知性が漂っていると思った。次は、清らかな、しかし、底光りのする柔らかい線である。よく見ればピンと張った絹糸であった。その次は、みやびやかだが、それでいて風流でもない早春の梅林が見えてきた。線と思ったのは、一条の光芒であった。最後に見えたのは、名工の作でもあろうか。細くて慎ましやかなタテシゲの美しい木格子だった。まぎれもなく谷口先生の映像のように思った。　　　　　　　　　　　　　　　（傍点村野）

村野が傍点を付けた「タテシゲ」とは、「縦繁格子」つまり垂木や桟などが密度細かく配された「繁垂木」のことで「佐伯宗義邸」（1957年）の玄関前の格子などである（図Ⅵ-1A）。まさしく谷口の建築を象徴し、壁や天井などにも多く用いられた。

さらに「谷口先生」(『建築雑誌』1979年4月)に村野藤吾は、

　絹糸をピンと張ったような作風であった。銀いぶしの底光りするなかに知性を包み、柔らかく、文学的で静かな詩情がただよっているように思う。主張のようなもの、理論のようなものがあっても、すべて、繊細で清潔な美しいディテールがオブラートのような柔らかさで包んでいるように思う。私は、先生の作風を新日本の「新日本的作風」だと言ったことがある。外国は勿論、日本の建築家も持ち合わせていない作風である。あらゆる、練磨の結果というより、むしろ、先生が先天的に身に付けておられた、いうならば天分ではないかと思う。まことに、羨望の至りである。

　同じ線の建築家の村野は曲線で、谷口はステンレスとか絹糸をピンと張った直線の「新日本的」作風であるとする。浜口隆一はそれを「新日本調」と命名していた。「新日本」が共通する。谷口と村野の2人にはル・コルビュジエおよびモダニズムへの対応に特殊性があった。
　清家 清と仙田 満の対談 ─「真っ黒なスケッチ」と「清らかな意匠」─(『谷口吉郎の世界』建築文化、1997年9月号)には、

仙田：谷口先生は、真っ黒なスケッチをされたと聞いていますが、関 龍夫さんもそう言っていましたね。とにかく、スケッチは、みんな真っ黒になっちゃうから残らないと(笑)。
清家：全くそのとおり、真っ黒けになっちゃうんだ。田中 一さんは、その真っ黒の中から線を引き出して図面を一生懸命書いていたからね(笑)。
仙田：谷口先生は、関さんがドラフトした線の上に真っ黒になるまで手をいれて、そのなかからまた線を見つけられて、それをまた真っ黒にするという繰り返しだったようですが。文章を書くのもまた、書いては消して書いては消しだったと言われています。

そして清家は、さらにそれを詳しく説明している。清家の「風土と建築」[*T-1-4-1]に、

　谷口先生にはスケッチらしいスケッチがない。先生の手許にあるスケッチは線が何本も真っ黒になるほどひかれて、何が何やらさっぱりわからない。先生はその真っ黒な紙面に、先生のイメージが凝るのを待っていらっしゃるように見える。エスキースの間に何度も手を洗いに立たれる。真っ黒な紙の上に手をのせるとまた線を引かれるのだから、手の黒く汚れるのは当たり前、それにどちらかといえば潔癖な先生である。
　この何本も何本も引かれて真っ黒になったスケッチの中に、先生のイメージに合致した線が一本だけある。この真っ黒なスケッチの中に凝る霊感のイメージがあった。

その何本も引かれた結果の「線」の集積が「縦繁格子」といえそうだ。

図Ⅵ-1 「河文・水かがみの間」
Bイ. 天井1 〈再掲〉

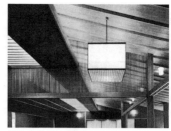

Bロ. 天井2 〈再掲〉

谷口吉生も『雪あかり日記／せせらぎ日記』（中央公論社、2015年）の「あとがき」に、

　　設計においては建物が竣工するまで、執拗に詳細部分のスケッチをくりかえす様に、著作においても何度も筆を入れていた。父の机の上には、よく鉛筆の跡が黒々とした設計進行中の建物のスケッチと、書きかけの原稿が並んで置かれており、スケッチも原稿も全く同じように、赤とか黒の線が複雑に交叉しているのが思い出される。

「真っ黒なスケッチや原稿」は鉛筆で書かれていたことがわかる。そして吉生は、「私の父なんかしょっちゅう消しゴムを使っていましたが、ぼくはあまり消しゴムは使いません」（槇文彦との対談「ものをつくる」1981年）[Y-1]と、話している。

　谷口の「河文・水かがみの間」（1972年）の天井の写真（**図Ⅵ-1Bイ・ロ**）を見ると、線ばかりである。まず斜天井の繁垂木、平天井のルーバー、欄間の縦格子など、「繁」つまり同じものが数多いこと、「平等」なる多くの「線」により、天井、壁、欄間などの大きな「面」が作られている。筆者はそれを「線の平等」と「面の否定」と感じられる。（傍点筆者）

　藤岡洋保は、「意匠への傾倒―“プロポーションの世界”の可能性―」[T-2-2]で、格子を「“和風”のモチーフの抽象化」とするが、この「線が増えた縦格子」は単にそれはもう単純に「和風」ではない。「縦格子」は、壁や「柱と違って、支持する、支持されるという重力の表現から自由であるために、断面や間隔を自由に変えることができ、見た目の重さを消せるなど、様々な効果を出せる可能性を秘めている」が、他にも「表面温度」による「輻射熱」の効果がある。そして、「このように谷口は“線”によってつくられるプロポーションの世界に新たな表現の可能性を見いだし、それを追求し続けたのである」。さらに藤岡は「プロポーションというのは近代主義美術の基本概念のひとつ」として、その延長上にあり、「＜清らかな意匠＞は、このようなプロポーションにより空間をコントロールする手法によってつくり出されたのである」とするが、しかし谷口のその縦格子の「手法」は「釣り合い」や「比例」としての概念の「プロポーション」でない。したがって「モダニズム」の延長でもない。

　しかし、筆者は、近代モダニズムを「相対」化したという藤岡が指摘する谷口の建築は、あ

る部分で「プロポーション」の消去が第一義であったと考えている。それは、天井、壁、窓部の数多くの「細線の平等化」によって、面そのものや材質感までも消滅し、意識の浮揚化が起きている。自己の存在の縮小化もしくは無化も同時に促している。実際に筆者は多くの谷口建築にそれを体験している。とくに内部空間の場合であるが外部空間でも、縦長窓の繰り返しによりパルテノン神殿の長辺方向の列柱面と同じような「面の全体化」が見られる。もはや藤岡の言う「プロポーション」としての面内の釣り合いの対象としての比例構成ではない。

　そのことは谷口の室内空間の認識方法として「形の温度」（1946年）*E-25 に書かれている。

　　　部屋の中を見まわしてみる。四方に壁がある。上に天井、下に床がある。当りまえのことだが、この上下左右から「壁面」で囲まれた四角い「空間」が、いわゆる「室内」と呼ばれているものである。
　　　このように人は自分の「室内」を知るために、視線をぐるりと廻転してみなければならぬ。映画の移動撮影のように、室内の各場面が目の奥の網膜にひとこまひとこま写っている。その各映像を捕らえて、自分の周囲を知る。……従って、壁で囲まれたこの「空間」の中にいる時、自分の精神が、その形によって影響を受ける心理的な精神状態も、視覚的判断によって決定している。……このことは室内を設計する「図案」においてもいえる。……壁や天井や床を一枚の紙の上にひきのばした「展開図」がそれであるが、「図案家」がその上に描くものは「線」と「色」である。

　谷口のカメラのショット写真のような室内空間の認識方法、そして設計方法が述べられている。この手法を「プロポーションによって空間をコントロールする手法」と言えるだろうか。「建築は彫刻とちがって＜外の形＞ばかりでなく＜内部＞、すなわち＜室内＞という＜内の形＞持つ造形術であると、美術の分野で言われている。その＜内の形＞とは、どんなものであるか。私（註：谷口のこと）は建築家としてつきつめたいと、かねがね思っていた。もっと＜内なる形＞というものを研究して、真に建築の造形というものをつかんでみたいと考えていた」と、谷口はその「美しさを肌身が感じたかった」と述べている。その主旨で谷口の内部空間を体験しなければならない。

2. 金沢の六角形の白い雪片の「意匠心」と「美しい記憶の背景」

　谷口吉郎が六角形の図形を用いたことを、筆者の恩師の青木志郎（註：元谷口研究室助手）は、谷口吉郎展の＜東京第2回＞のシンポジウムで谷口の六角形について、それは「郷里・金沢の雪の結晶」にあることを付言しているが、谷口自身の発言であったのかは不明である。谷口の『雪あかり日記』の「雪あかりの日」には、ベルリンの「シンケル博物館」で、

図VI-2 相模原ゴルフクラブ
A. 浴室棟

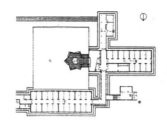

B. 平面図

図VI-3 千鳥ヶ淵戦没者墓苑の
六角堂 外観

　　窓の外はそろそろ暗くなってきた。まだ午後の三時頃だが、もう、夕方のように見える。窓ガラスの外には、雪がふりだして、白い雪片が舞っている。それを眺めていると、雪国で育った私は自分の幼時を思い出し、雪片がひらひらと私の顔にふりかかってくるような気がした。私の思い出には、ふるさとの雪が美しい記憶となって、眼の奥にふり積もっている。

　確かに谷口建築の六角形は、郷里金沢の「白い雪片」の結晶であった。村松貞次郎の「意匠の遍歴―谷口吉郎さんの人と作風」(『谷口吉郎著作集』第5巻の「解説」)の「歴史の花」には、谷口の『建築に生きる』*T-1-3-1の「あとがき」の一節を引用し、その時のことを谷口は、

　　戦争の危機が迫ってくる不安な気分も、白い雪になぐさめられたのは、私の童心にふるさとの雪がなつかしい思い出となっていたためであろう。そう思うと、私の物の見方や考え方に郷里の「雪」がいつも美しい背景となっているような気がする。そのために私の意匠心もその感化を受けていることを、この「履歴書」を書きながら、いっそう心に深く感じた。……回顧すればもう七十年の時が流れ去ったが、その人生行路を思うと、私の目の奥には白い雪がふり積もり、耳に川音が聞こえてくる。

　　　　　　　　　　　　　　　　　　　　　　　　　　　　　　　　（1974年11月）

　本文は「1979年2月2日に谷口が亡くなる4年3ヶ月前のことである」と、村松貞次郎は「建築家・谷口吉郎、その生は、まことに見事な意匠であった。歴史の花であった」と、結んでいる。
　谷口には六角形の平面や六角錐の建築と照明器具などが多くある。建築としては、
・相模原ゴルフクラブ・浴室棟（1955年）（図VI-2A・B）
・千鳥ヶ淵の戦没者墓苑の六角堂（1959年）（図VI-3、4）
・八王子乗泉寺の宝塔の基壇（1965年）（前掲、図II-14参照）
　三輪正弘は、「日本での古い仏教世界の建築の中では、六角堂というのは共通の形態としてイメージされている」と、仏教と関係付けている。しかし谷口の建築は、あまり仏教的でないし仏教寺院への関心も薄いから、六角形は仏教からではなく、やはり郷里の雪の結晶からである。
　「千鳥ヶ淵の戦没者墓苑」の六角堂も建設当初は、六角形の各面がオープンな面と縦格子面

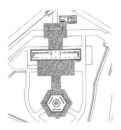

図Ⅵ-4 千鳥ヶ淵戦没者
墓苑の六角堂 平面図

図Ⅵ-5 ホテル
オークラ メイン
ロビーの照明器具
(ランターン)

図Ⅵ-6 ホテルオークラ 別館
ロビーロビーの照明器具

図Ⅵ-7 ホテルオークラ・
アムステルダム (メイン
ロビー) の照明器具

図Ⅵ-8 資生堂会館の9階貴賓室

図Ⅵ-9 東京會舘の9階バン
ケットホール
壁画「ファンタジア」脇田 和

が交互に配置されていたが、後に正面の中央部の棺前に花を供える対面が開放面として、左右の2面が縦格子壁として、つまり軸線を通して、対面の千鳥ヶ淵が見えるように改修された。雪の結晶のように3軸対称形ではなく、1軸対称形のシンメトリーに変更されたのである。

墓苑以外にも吊り下げられた「枝垂れ提灯」の照明器具(ランターン)も、「ホテルオークラ」関係のホテルのメインロビー(1962年)(図Ⅵ-5、6、7)や、「資生堂会館」(1962年)(図Ⅵ-8)や、「東京會舘」(1971年)(図Ⅵ-9)にも、天井付のダウンライトにも六角形のアクリル板に木片を挟んだものが用いられている。

谷口は「ミカンの皮」だけではなく「卵の殻」のように、薄い壁によって「建築材料を極端に節約し、力学的に著しく強くて、しかも大きな構造体を建てようとする目的」で、清家が従軍していた「カマボコ型の大きな飛行機の格納庫も、シェル(シャーレン)構造のそれであった。谷口は、「ミカンの皮はシャーレン構造としてとっくの昔から実現しているのである」とそれを保温材料としてだけではなく構造体として注視していた。そして、その「意匠」にも感心している。後に、「ミカンの房」の意匠も1970年の米国のサンフランシスコのジャパン・センターの「平和塔(The Peace Pagoda)」(前掲、図Ⅱ-15参照)は円形屋根で基礎の六角形に応用される。他に「室生犀星文学碑」(図Ⅵ-10)のように五角形の台座もある。

谷口の『清らかな意匠』(朝日新聞社、1948年)の装幀は六角形の格子模様(図Ⅵ-11)である

図Ⅵ-10 室生犀星文学碑
（1964年）

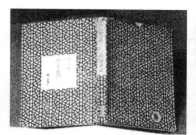
図Ⅵ-11 『清らかな意匠』の表紙

図Ⅵ-12 豊田市立美術館
谷口吉生

から、そのデザインを本著の表紙に援用した。

　谷口の「細線面」で構成された空間には桟や格子が平滑で、面としての物質感を弱めているが、白い箱やグリッド状の格子空間とは異なって透明性もない。＜機能＞もないから、そこに人がいるなら、点のように縮小された茶室の中で座しているような存在であるが、心としての＜意識＞はある。

　それは面として物質感を消して非人間的なような空間であるが、「石川県繊維会館」（1952年）（前掲、図Ⅲ-2参照）のように、谷口はそこに六角形パターンの陶板ブロックを腰壁に貼って、天井から折り鶴のモニュメントを吊り下げて、「雨と糸」をテーマとする装飾を用いた人間的な官能のある空間である。「雨と糸」（1953年）*E-40は、この「石川県繊維会館」の解説として書かれたが、会館のデザインの主題は、「宋時代の陶工は青磁の色つやに雨後天晴を求めたのが、この会館には宋窯のようなそれを念願した」と、それが「雨」で、「糸」は「主賓」のことである。「糸の生産が、昔から栄えている金沢の土地には、雨が多い」からである。天井から吊り下げられた「折り鶴」は、「織り鶴」で糸を布で織ることで、当然「糸」のシンボルである。腰壁の亀甲形とともに「鶴亀」（つるとかめ）の、長寿のお祝いで脇能物にもある。以上は谷口の「雨と糸」の意味について、筆者の仮説である。

　「細線面」については、それを極度に推し進めたのが谷口吉生で、その平滑性の建築に「豊田市美術館」（1995年）（**図Ⅵ-12**）などがある。そこは「閉じた宇宙」で、「いま」という＜時間＞も「ここ」という＜場所＞とは無関係に広がる空間である。

　その四角い箱の室内の側面の窓や天井に高窓があったとしても、その光は自然光としての太陽の直接光ではなく、格子の障子紙を通しての散乱光もしくは照明光である。外部の天空などからの自然光を感じさせない。金沢の冬の雪の日の格子戸や障子戸から部屋に射し込む鉛色の薄日のようである。谷口の『雪あかり日記』の章題は、「うすら寒い日」、「鉛色の日」、「どんよりとした日」、「薄日さす日」、「雪あかりの日」など、すべて間接光のような状景である。縦格子は江戸時代の風景版画の雨のような細い線の連続で、雪はその軌跡である。

　谷口がモダニズム建築から「転向」したと考えるなら、太陽の直接光を全面ガラスの大きな開口部で受光しないで、間口の小さな縦長の窓からの部分的な直接光や格子窓からの間接光

図Ⅵ-13 明治村の「東松家」の
吹抜けの見上げ

による拡散光とした現象にみられると言ってよい。しかし「吹き抜け」（「日本美の発明」1977年）には、「明治村」の「東松家」は名古屋の油間屋の三層の木造住宅で、「三階の窓の＜格子＞や＜障子＞などが美しい組合せとなっていて、吹き抜けには茶室もありモダンな美しささえ感じている」と、現代的なデザインとの同種の美を見せている（図Ⅵ-13）。

谷口の生家は金沢の「金陽堂・谷口」という窯元で片町六番地の犀川の大橋から右側の五、六軒目にあった。大きな２階建の町家の家構えで、「和風の大きな屋根にはどっしりとした練り瓦が並び、軒に街燈が取り付けられて、明治時代の古風な絵」のようであった（『私の履歴書』）。２階には半間ばかり１階より後退し、虫籠窓がある。その空間表現を谷口は「明かり窓」（「日本美の発見」1975年）*E-97に、「日本の家では大きな開口部が日常生活に親しまれている」と、

　　ところが、その農家の土間や納戸などでは外壁が室内を囲んでいる。それゆえ、室内は外界から遮断され、窓も小さい。そのため薄暗く、いかにも隠気な感じをうける。しかし、そこでは、全面開放の場合とは違って、落ち着いた気分がただよっていて、家庭的な親しみをおぼえる。人間は壁に囲まれると、一種の安息感を感ずるのであろう。

そして「小さな窓から射し込む光にも家庭的な親しみを感ずる。そんな部屋の窓を"明かりとり"あるいは"明かり窓"という」と、郷里の金沢の家の２階の「明かりとり」の連子窓は、

　　それは物理的には採光を意味するが、"あかり"といえば心理的な意味を含んで、部屋の内部に射し込んでくる光線と余韻が感ぜられる。ぎらぎら輝く光よりも、ほのかに澄んだ明るさが、人の心に思索や瞑想をよびかける。

「茶室ではいろいろな"明かり窓"が考案されていて、その巧みな意匠が人の目に感銘を与える」と、小さな「茶室」にその原点があった。「明かり窓」（「日本美の発見」1975年）*E-97に、茶室は「壁」と「明かり窓」によって構成された閉塞空間で、「その室内で＜人＞と＜物＞の美しい親愛が演出される」と「田舎家」でも片すみの荒壁に粗末な窓が開けられていて、ささや

図Ⅵ-14　幸田露伴の旧居

かな光を放射している家庭的な親しみがある。

　「障子」（同書）でも、和紙を張った「明り障子」や「透かし障子」からの拡散光の入射照明によって日本人の生活感情が育てられる。谷口は東京の向島にあったが明治村に移築された「幸田露伴邸」の旧居の書斎の2本桟の障子にもそれが生きていると書いている（図Ⅵ-14）。

　谷口は「展覧会・会場構成」の「展示について」（『国際建築』1955年1月）に、

　　「外光」（自然光）、「人工光線」、「拡散光」の三種の採光を採用することによって、博物館
　　でも、芝居の三幕物を見る時のように、印象の連続に気分の展開を求めたのである。

　谷口が美術館などを設計する際の「光」の工夫である。その谷口研究室出身の『博物館建築』（鹿島出版会、1991年）を書いた研究者に半澤重信がいる。

　谷口の「日本の住の心」（1977年）に「吹抜け」*E-108は、

　　家の両隣が隣家の壁に接しているので、側壁に窓を開けることができない。そのために採
　　光や換気が困難となるが、それを解決するために、上部を「吹き抜け」としている。その屋
　　根裏に天窓や高窓を設ければ、採光面積が、小さくても照明効果はいい。

　商家の吹き抜けの2階から突き出した「廻り縁」、それに取りつけた「手摺」、そのほか3階の窓の「格子」や「障子」などの組み合わせにより、「明かり窓」の「高い部分から射し込む光線」によって立体感は強調されると、自己の金沢の生家のような表現である。

　しかし谷口「自邸」の吹き抜けの天井の高窓は採光窓ではなく換気塔であった。

3. 江戸小紋・縦縞－杢太郎の郷愁－唐桟と谷口の装釘趣味

　雨宮庸蔵の「江戸小紋への執心など―杢太郎追憶―」（1983年）*K-16-11-②には、谷崎潤一郎が『青春物語』の装釘を木下杢太郎に頼んだことは杢太郎の随筆「本の装釘」（1943年）にも

図VI-15
『食後の唄』の挿画（木下杢太郎画）

図VI-16
『南蛮寺門前』装釘

書かれているが、江戸小紋への執着を見せている。それは杢太郎が「パンの會」を主導した時代であり、本所深川の隅田川近辺の江戸情緒に親しんだり、広重や北斎らの浮世絵や為永春水が理想像として描いたのが「いき」な辰巳芸者であった（図VI-15）。江戸町民の粋で垢抜けした細かい単位模様である小紋への執着であった。雨宮は、

> 江戸情緒の雰囲気のしみこんだ青春の回想として小紋にかわるものとすれば、格子か縞しかない。だが、格子縞は侠客や力士などの伊達者が好んで着用した文様で、『青春物語』にはふさわしくない。随って縦縞。これはすっきりとして粋で一途な心情を示している。色は鼠、媚茶、紺など、杢太郎はこの縦縞を或は太く或は細く描き、……木版装釘としても、そこに青春への郷愁を託した。

詩集『食後の唄』（アララギ発行所、1919年）*K-1 の装釘は杢太郎の案であるが小絲源太郎となっていて、唐桟布地を生かして濃紺地の太縞7本に金色の細線を3本づつ流して、渋みを出している。『木下杢太郎詩集』（1930年）*K-23 の装釘でも同じ唐桟布地を使っている。この「唐桟（とうざん）」とは、色彩が美しい雅趣ある縦縞織物である。全体の装釘は杢太郎の原案に、ボール堅紙の表紙には唐桟の縞模様の木版2色で印刷されている。本としての形は西洋で、表紙図柄は江戸という、杢太郎調の西洋と江戸との絵画的な情緒がミックスされている。戯曲『南蛮寺門前』（春陽堂、1914年）も「パンの會」の定連のドイツ青年のフリッツ・ルンプの装釘である（図VI-16）。谷口も戦時中の文学誌『文藝』の表紙や自著の『清らかな意匠』などのデザインや装釘を多く手がけているが、杢太郎の影響である。この「唐桟」は江戸時代に南蛮貿易で輸入された木綿の赤、黄、紺、白の細い縦縞で、通人の羽織仕立てにした。後に国内産の「桟留（さんとめ）」も同名で言われた。筆者も本書の装釘を試みてみた。

4.「まっ黒なスケッチ・細線面」―「線の平等化」―「面の否定」

シンポジウム「谷口吉郎を通して"伝統"を考える」（『谷口吉郎の世界』建築文化、1997年

９月別冊）、隈 研吾、藤森照信、藤岡洋保との３人の鼎談は、

> 藤岡：「場」の形式ということですね。要するにソリッドなものを作るということよりもボ
> 　　　イドなものを作るというか、その虚なるものをある場所に置くことで何かできる。そ
> 　　　ういうふうなところがかなり面白いのではないか。
> 隈　：私はホテルオークラのロビーの室内空間のほうが "何もない" 感じというか、「場」
> 　　　を感じますね。ホテルオークラの椅子のプロポーションも、普通の感じでいうと空間
> 　　　にくらべて小さすぎる感じがするし、異常に "何もない" という感じがします。
> 藤森："がらんどう" な感じ。
> 隈　：障子の向こうには何も見えないし、光があるだけでしょう。本当に "何もない" とい
> 　　　う感じですね。

　３人の会談者の認識には、「がらんどう」、「ボイド」、「何もない」、「光だけ」と、しかし「場」
はあるが、プロポーションの実感がないのである。谷口の空間についての３人の表現は筆者も
同じ体験をした感覚がある。隈は「縦格子」について、

> 隈　：谷口さんはあまり浮かせるという意識はない作家のような気がします。ただ面とし
> 　　　ての重さを消すことだけ関心がある。浮かせるのと重さを消すというのは同じじゃ
> 　　　ないかと言われるかもしれませんが、違うんですね。面の強さと圧迫感を消したい。
> 　　　線で分割することによってその面をどう弱めるかに関心があった。格子も物質を弱
> 　　　める手法です。

　「線で分割することで面を弱める」ことで「重さを消し」て、しかし「浮揚」しない。既述
した「面の否定」を具体的に言い替えた表現である。同シンポジウムの講演で、隈は、谷口
の「"かたち" のない素材、自然との融合というテーマ」について、

> 隈　：谷口さんは、そのように物体がオブジェとして完結することを執拗に拒否しようと
> 　　　したのではないかと思います。縦のエレメントで物体を覆うということで、目が物体
> 　　　を一回りしなくなる。目は一箇所で上下運動を繰り返す。このことによって物体はオ
> 　　　ブジェとして出現せず、単なる素材として出現したり、面として出現したりする。そ
> 　　　のようにして建築を形態としてではなく、面や素材として出現させるという精神が
> 　　　「縦」という精神のなかにあるのではないかと思います。

　そして、同じ「縦」の精神として、「オブジェ（かたち）を否定」する、つまり「プロポーショ
ン」もない。室内外にも「出たり、入ったり」することのない「面」は、「単に素材として出現

する」のであり、もう物質としては素材感すら少ない。「平等化された線」として縦線を多用する隈 研吾の明確な谷口空間建築論である。

　隈 研吾は「藤村記念堂」の「垂直性という概念」の中で、「垂直」こそが強い「重力」への抵抗を象徴的に示す概念で、それは黒く力強い冠木門に象徴された「垂直」の軸であると、その反対の横長の「記念堂」の「水平線」の交差するところに、大きな「日本的なもの」を、見るものに与える特質が秘められていると指摘している。隈はこの「藤村記念堂」を「日本の"伝統"というものの本質を定義した建物」と評価は高い（『新・建築入門』筑摩書房、1994年）。この「記念堂」の前例として島崎家の姻戚の馬籠の脇本陣や妻籠の本陣にも黒い冠木門が建てられていて、谷口はその伝統を踏襲したのである。

　隈 研吾の近著に『点・線・面』（岩波書店、2020年）がある。そこで隈は環境とは点・線・面の構成主義的ではなく、カンディンスキーの「点・線・面」の作る「肌理（きり）」つまり質感による構成主義である、と書いている縦繁格子は、その「肌理」と言ってよい。

5. 吉田五十八の横線（横しげ）を少なく ——「明朗化」

□ 谷口吉郎の縦線（縦しげ）を多く ——「風土性」

　ル・コルビュジエは1955年11月に日本を訪れた時、桂離宮を坂倉準三に案内され、「線が多すぎる」と言った。

　吉田五十八は『饒舌抄』*MY-13の「和装の七紐」（『新装』1935年10月）には、日本の着物の横桟のその横線の少ない方が女の容姿を引き立てていて、その「明朗性」がある一方で、「日本固有の建築には、長押、鴨居、廻縁、竿縁、地袋、違棚といったように横の線が洋室のそれに比べて実に多い。それは、日本住宅の＜七紐＞として目にさわって、部屋の明朗さを減すること甚だしい」と。日本の住宅の「明朗化」を考えれば、横線を少なくするために、着物から早くワンピースに着替えなければならないというのが論旨である。（傍点吉田、以下同じ）　吉田の近代数寄屋の試みは、その装飾による＜線＞を、「私の方法は引算なのだ。引いたところへ西欧のものを入れようというのが私の式です」と、「昔の日本建築はエレメントが多過ぎ、しかもいらないものがいっぱいくっついている」と、ル・コルビュジエの印象と似た発言であるが、「伝統の木割から独自の木割」へと、吉田は「黄金率」も使用していた。

　吉田の「近代数寄屋住宅と明朗性」（『建築と社会』1935年10月）には、数寄屋建築特有の「ウルササ」を排除して明朗度を増加させる方法は、「長押、鴨居、付鴨居を全部大壁に入れて、内法下の壁面と小壁、天井とを同一仕上げの一部と考え、建具を除くときは、室全体を床の面と壁天井との二画面に見なす考え方」とし、「今日の数寄屋住宅は一段の明朗化に生き生きとして若き近代人を迎えねばならない」と、書いている。弟子の今里 隆は、村野藤吾、堀口捨己、谷口吉郎らと、吉田の大壁建築工法を比較している（吉田五十八『素顔の大建築家たち』[02]建築資料研究社、2001年）。この説明からすると、谷口の建築は、線を集中させて「縦線をよ

図VI-17　吉田五十八「横しげ」
A. 床の間の吉田のスケッチ

B. 障子の桟　吉住小三郎邸

り多く」使った「風土性」のデザインであると言える。吉田は障子の桟に非「明朗化」の「横しげ」という言葉を使っている。谷口は「縦しげ」である（図VI-17A・B）。

　谷口の「吉田五十八・人と作品」（『芸術新潮』1954年8月）に、関東大震災によって真壁構造の家がひどく倒壊し、西洋建築の木造のように大壁が日本家屋にも必要になり、

　　この大壁を吉田五十八さんが、実にうまくつかんだのである。即ち、木割を破ろうとして、大壁の構造を数寄屋に採用し、今までの古い型にはまった外観や室内を旧式なスタイルから解放して、新しい自由なコンポジションの美を吹きこんだのは、全く吉田さんの造形的才能による。言葉をかえれば、構造と仕上げを分離することにより、構造の絆から離脱して、仕上げの自由をつかんだのであった。
　　このように、吉田さんの意匠を形容するには、イキだとか、スイだとか、或いはアダとか、そんな形容詞を使いたくなるほど、「吉田好み」の情緒は、長唄としっくり合う。ゲーテならずとも、「凍れる長唄」と讃美せざるを得ない。…「コマタの切れあがった」感じ、これは下町情調の美的感覚だが、それを建築意匠でやりとげようとするのが、建築家吉田五十八であろう。

　「小股の切れ上がった」とは「キリリとして小粋な感じ」のことで、江戸の女性の姿に使われるが、谷口が「謡」を、吉田は（財）長唄研精会の理事長で「長唄」を得意とする。谷口は吉田の「新興数寄屋建築」を「凍れる日本の音曲」、つまり「凍れる長唄」と言っている。そして吉田は、江戸の「ど真ん中」とも言って良いそのイキな日本橋生まれである。
　座談会「日本建築」（『芸術新潮』1954年6月）*D-2で、谷口吉郎と吉田五十八、堀口捨己、岸田日出刀は、伊勢神宮、民家、桂離宮、修学院離宮について自説を披露しながら後半で「日本建築の将来」を語り合うが、谷口のみが「私たちは風土に依存しているし、土地の材料を持っているのですから、そういうものが新しい生活にどう生きて行くか、生かして行くべきか」と、「生活の改革的な演出がもっと考えられていい、生活作用が造型作用に結晶するのでしょう。或いは造型心が生活力を動かして、新しい建設力にもなるのです」（傍点筆者）　と「生活」とい

う言葉を重ねて述べている。「生活→改革→造型→建設」という理念を語るのは、谷口ただ
１人である。

　そして谷口は、スイスとかスカンジナビアの建築も新しい１つの特色を持っていると、風土
を反映した建築を例示し、それは「日本でもずっとあると思う」と示唆している。谷口研究室
出身の由良 滋は、研究室で『スイス・ビルディング』の本を谷口がよく眺めていたことを述懐
し、垂直線や格子の影響はシンケルよりスイスの方が谷口にとって影響があると教示してく
れた。

6. 碑と墓－「見える形」と「見えざる形」－「無言の感情」

　「見えざる形」とは、『清らかな意匠』の「5. 聖なる意匠」*T-5-4-⑤の「墳墓の美術」にある概
念で、前提とする谷口の言葉は、谷口と槇 文彦との対談「建築における美意識」(『三田評論』
684号、1969年)に、「無言」について、谷口は、

　　**「もともと建築も彫刻も、実際には無言のものなんですが。だけど表現感情は持っている。
　　だから、イサム・ノグチさんの場合には、彫刻家として、センスの中に無言の発言が響いて
　　いるんじゃないですか」**

　「センスの中に無言の発言」とは詩的である。同じく谷口の「建築は口ではない」(1929
年)*E-6で、

　　**建築が厳とした実体だからです。内身を持った生命のある建築をいっているのです。だか
　　ら建築に如何にいい寄っても、また寄り添うても建築は黙っています。建築は石のように無
　　言です。**

　「建築は無言」で「黙っている」とするこの言説は、レトリックなのである。主旨は、「建築
というものは、即ち建築活動とは、ある一つの方向を有った目的に指し示され、それを実現せ
んとする意識行動です。……だから建築は決して自然物の単なる形態の変化ではないといった
のです。その根底には観念というものがあり、……即ちこの方向に建築意志というものが発足
するのです。ですからその方向を目指すには、その方向を目指すべき建築の目的というものが
明らかに示されていなければなりません」と、それが「表現感情」のことである。以上を認識
して、この「無言」の建築である谷口の「見えざる形」を考えなければならない。筆者には石
造の西洋建築に特にそれを感じる。

　村松貞次郎と谷口吉郎の対談「生きることを建築に求めて」(『建築の心と技』I、新建築社、
1976年)にも、谷口は、

「石は無言のことばをもっているのです。そのことばを聞こうとする耳をこっちがもっていなければならぬ。それが大切です」

　石は「無言」であるが、実は多くの「表現感情」としての「言葉」を持っている。建築も同様で、「口ではない」から、しゃべりはしないが表情で意志・目的を訴えているのである。谷口はそれを「耳」でも聞こうとしている。谷口の『修学院離宮』（1956年）*T-5-9 では、「音」がテーマになっていると、田中栄治の「庭園研究者・造園家 森 蘊と建築家 谷口吉郎―昭和前半期における建築家と造園家の交流―」*KG-19 で、

　　文章全体が楽章として展開し、庭を踏む足音や遣水の流れや滝の音など、傾斜地に３か所に分かれた修学院離宮の地理的特徴や空間構成、造形の意匠の特徴をさまざまな音を聞き分けることで表現している。ここには「環境」の一要素である「音」に注目している点に谷口らしい視点が設定されている。

　谷口の庭園研究の協力者の森 蘊は東工大の教授の学位請求論文は「桂離宮の研究」であった。谷口は1950年代になると、『修学院離宮』（毎日新聞社、1956年）を出版するなど、森 蘊に協力し、「人間生活の美の向上」を目的とする空間芸術としての庭園という技術を「清らかな意匠」という視点から日本庭園を見つめ直した。谷口が茶会で同席した和辻哲郎の『桂離宮―様式の背後を探る』（中央公論社、1958年）には森 蘊の『桂離宮の研究』（1955年）を「製作過程の考証」としてまとめたと書いている。
　谷口の「修学院離宮の庭」（『新建築』1957年4月）には、小砂利を敷いた小道を踏むと、自分の足音がさわやかに響く、そして「修学院離宮」の造形を音楽にたとえるなら、この「庭の足音」こそ第一主題である。第二主題は、「水音」で、

　　さらに修学院の林泉には、いつも水音が、さらさらと鳴っている。……「遣り水」の音。池の水面に注ぐ水音。岩間をせせらぐ小川の音。滝の音。岩に落ちるしぶきの音。水門の音。そんな水の音がいつも次々と耳に響いてくる。……音羽川の水はこの離宮の高所にある「上の茶屋」の、奥深い谷間に導きこまれ、それが高さ20尺あまりの「大滝」となって、岩組みに落下する。その水は急流となって林間をくぐり、「浴龍池」と称する大池に注ぐ。その落ち水の音が満々と水をたたえた水面に反響している。さて「大滝」の威勢のいい滝音に耳を傾けていると、さらにもう一つの滝音が聞こえてくる。それは「小滝」の音で、水量は細いが、音はさえている。「大滝」はバリトンの如く、「小滝」はソプラノのように、二つの滝音が和して二重奏となり、あるいは強く、あるいは弱く、二つの滝音が鳴り渡っている。

谷口は自称「目の人」だけではなく、まったく「耳の人」でもある表現である。

続けて谷口は、「"茶の湯"を語る夕」『婦人乃友』（1958年1月）において堀口捨己らとの対談で、「茶事」の場合でも、

　　「音楽ではないけれども、静かなお茶室の中には音が重要な要素として取り入れてあり、釜の音も、松風の音として重視されておりましょう。……例えばお茶時の時や、庭を歩く時に、園下駄というのがありましょう。あの園下駄をはく自分の足音が、庭の中にいる私というものを感じさせ、それに触れるいろんな表面の感触 —例えば庭石、砂利、橋などを歩く時の足音が、一種の演出となるのです」

　第三主題の音は茶室の場合には、「釜の音」とともに「園下駄」つまり「露地下駄」の音である。谷口は庭石などとともに表面の感触として、他にも壁のテクスチャーなどに大きな関心があった建築家である。音だけではなく、石の素肌について谷口の眼を通した感性の記述も多い。その石は「野面」である。つまり加工してない石の表面のことである。
　谷口は「雪あかりの日」の「シンケル博物館」で、

　　私の思い出には、ふるさとの雪が美しい記憶となって眼の奥に降り積もっている。そんなことを考えていると、日本の歌舞伎で、雪景色の場面などに、舞台裏から、どーんどーんと聞こえてくる太鼓の音のように、深い冬の気配が私の耳の奥にも響いてきた。

　視覚とともに聴覚の人でもあった谷口は、「どーんどーんと、響いてきた冬の気配」を象徴するのは戦争の気配のような場合もある。谷口の書かれた本の中で、「私は眼ばかりの人だ。しかし形になると輪郭はもとより、色彩、陰影、材質までが眼のあたりに浮んでくる。だから、私は眼ばかり人間かも知れぬ。それは生まれつきの性分によるだろう」と書いているが、耳も充分に機能している。それどころか「水音」を含め「音」だけでなく「匂い」や「光」にも敏感であった。戦争直前のドイツ滞在やヨーロッパ旅行の体験を『雪あかり日記』や『せせらぎ日記』と称したのも「あかり」と「せせらぎ」、つまり「光と音」のシンホニーがその理由である。

□ **風圧と気配 —「魂の住まい」**
　「私は街をぶらぶら散歩する時にも、そこに漂う気配を気にする」と、「街頭の印象にも、路上の偶感」にも「気」とか「気配」を通しての感受性を働かしていた。筆者は谷口の「風圧」という工学的研究にも、風の人間の皮膚への刺激とか感覚というか嗜好を見てしまう。
　「芸術と科学」の融合の現象がある。谷口はレオナルド・ダ・ヴィンチのように風の流れに線の科学と芸術を感じられる人で、眼や耳、鼻の感覚の鋭い人というか、常に「心」と「体」がsensitiveな状態にあった人と言える。
　「見える形」と「見えざる形」については、川添 登との対談（「谷口吉郎氏に聞く」『建築』

1965年8月）で、彫刻と墓との違いについて、

　　「彫刻家のつくられるお墓と違って、私のは建築家としての墓でなくちゃならん。これが
　むずかしい所です。……建築家の墓はスペースの中に死というものが入っていなければなら
　ない。形の中には死が入ってなければならないということでしょう。……墓は死の住まいで
　はなくちゃならんということでしょうね。魂の住まいでなければならない。その形の中かそ
　の下に魂というものが眠っていること、表面的ではなくて材料とか空間が示さなくちゃね」

　そしてさらに「魂の眠る住まい」のスペースとしての墓と碑の違いについて、

　　「碑と墓は違いますね。文学碑というのは一つの顕彰碑、その人を称えるものです。墓と
　いうものは、死を連想するもの、無言であっても脱帽するものでしょうね。だから非常にき
　びしい孤独なものです」

　谷口研究室の太田茂比佐は「解題の代わりに」（『記念碑散歩』谷口吉郎編、文藝春秋社、
1979年）に、

　　碑は谷口のいう通り《魂の肖像》でいいのだが、その魂を直接描くことよりも、「もの」
　を媒体とすることが多かった。墓の場合は遺骨という「もの」が出てくるのは当然であるが、
　その他の碑の場合でも遺品、遺髪、遺著というように「もの」は執拗に出てくる。……碑に
　容器の形を借りることが多いとよく指摘されたが、単にその形に惹かれてという動機と、中
　に何か入っていることを暗示したいという動機と、これは互いに相半ばしているのであっ
　て、どちらが常に先行するというわけではない。

　碑も墓もその「外形」は「見える形」である。一方で土中に埋められた墳墓は「内形」で「見
えざる形」であるとする。「見えざる形」は、「土中に固く封じ込められた」聖なる「幽界の造形」
として「全く見えない物」、「肉眼によって見られることを禁じる」意味の事柄として、人間の
視覚の届かない形である。しかし、地下に秘められた墳墓の真暗な室内は、単に「見えざる形」
ではない。

7. 有機無機−「祈禱の造形」の「触媒」−高村光太郎

　谷口の「有機無機」（『読売新聞』＜人生のことば＞1970年4月5日）に、

　　高村光太郎さんと私との出会いは、雪のふる日だった。昭和28年（1953年）3月、佐藤

春夫の書簡を持って岩手県花巻の山小屋を訪れ、私は十和田湖に建つ記念像を作っていただくように、お願いした。それが高村さんの上京をうながし、10月に東京中野のアトリエで「乙女の像」の制作が始まった。お仕事中にも私はたびたびお会いしたが、その時よく「有機無機」という言葉をお聞きしたのを覚えている。

　　高村さんは彫刻家であると同時に詩人である。そのために、この言葉には造形と詩心の極限がこもっている。さらに『智恵子抄』や東北への隠棲を思うと、この作家の口から発する有機無機には制作の気迫のほかに、きびしい告白を含む、生きるための鎮魂さえ、私の耳に響いてくる。たとえば「雪白く積めり」（1945年）の詩の中に、「風なきに蕭々と鳴って梢を渡り、万境人をして詩を吐かしむ」と、澄明を求める有機無機の境地が、私の心を捕える。

筆者は、この花巻の光太郎の山小屋跡を訪れたことがある。光太郎が1945年から7年間住んだ太田村山口の小屋は、元は鉱山事務所だったもので囲炉裏とその周りに三畳のたたみと手製の日時計のある吹雪もふきこむ粗末な建物であった。確か傍らに小さな記念館があったような記憶があるが、今日は「光太郎記念館」として2015年にリニューアルされている。

　　具体的には高村から伝えられた「有機無機」を、谷口はどのように理解していたのか。川添登との対談「谷口吉郎氏に聞く」（1965年）*D-10 には、建築の墓の石にはその形の中に死人の魂というのが眠っているが、谷口は、

　　　「生きている人間には、やっぱりいい材料ではありませんね。だが、無機だって私は非常に大事なものだと思っているんです。たとえば光太郎は智恵子がだんだん有機的世界から離れてゆくときには、人間商売さらりとして無機の世界に入ってゆくことに対する憧れを詩にしています。

　　　無機は非人間的なものかも知れないが、智恵子が発狂して松の花粉の中にさまよっているときの救いというものは、もう有機というのはないでしょう。むしろ、有機に対する、のろいでしょう。そのときにただ耳に聞こえるのは、チィチィという千鳥のなき声ぐらいで、松風がなぐさめになってくるんだから」

単に有機は「生」で、無機は「死」であるとするのではなくて、その間の「詩情」（ポエジー）を言っている。それを谷口は、「ただの無機じゃないですよ。なまぬるい有機に対するきびしい無機、それも美でしょう」と、「無機」にも「美」を見ている。

　　谷口は「魂の肖像」（『記念碑十話』）*T-5-11 の中に光太郎の「千鳥と遊ぶ智恵子」の詩（1937年）を載せている。千葉の真亀納屋の海岸で療養している智恵子の姿である。筆者は高村智恵子の酒造家の生家を福島の二本松に訪れたことがあるが、街道に面する土間が奥の庭に抜ける大きな家であった。

図Ⅵ-18　高村光太郎
葬儀の斎壇

　ちい、ちい、ちい、ちい、ちい ─
　人間商売さらりとやめて
　もう天然の向うへ行ってしまった智恵子の
　うしろの姿がぽつんと見える。
　二丁も離れた防風林の夕日の中で
　松の花粉をあびながら私はいつまでも立ち尽くす。

　谷口は、1952年に十和田湖畔に光太郎の「二人の乙女の裸像」の台座を設計するなど親交
していた。この詩を例に「有機」から「無機」へと、智恵子が死の世界へと入る現象を具体的
に説明している。「松の花粉」や「千鳥のなき声」が有機から無機への「触媒」である。高村
光太郎の「十和田湖畔の裸像に与ふ」（1953年）の詩には、

　銅とスズの合金が立っている。どんな造形が行はれようと、無機質の図形にはちがひがな
い。はらわたや粘液や脂や汗や生きものの、きたならしさはここにない。……女の裸像が二
人　影と形のやうに立っている。……立つなら幾千年でも黙って立ってろ。

　「金属という無機物で形づくられた彫像」のことを言っている。谷口が詩碑や墓碑などに「無
機」の概念を使ったのは光太郎の影響による。東工大卒の文学研究者の１人である北川太一は
『高村光太郎の生涯』（1992年）*G-33で、光太郎の晩年は、「血を吐きながらこの国の文化のゆ
くすえを思い、東洋の運命を思い、ごうごうとめぐる無機の世界に聞き入る光太郎がいる」と、
宿痾の肺結核で吐血しながら詩を詠む光太郎に注視している。
　1956（昭和31）年４月４日の光太郎の葬儀の斎壇は谷口が設計したが、「無地の屏風、大
谷石の台、台座、白木の棺、枠なしの写真、ガラスのコップ１個、それに黄色い＜連翹＞の
花の一枝それだけであった」（図Ⅵ-18）。読経のあと、光太郎の肉声を録音した「風にのる智恵
子」などのテープレコーダーによる詩の朗読が拡声器から流れた。（傍線筆者）　それを聞いてい
る谷口の目が次第にうるんでいった。（「斎壇の設計」＜高村光太郎葬儀＞『心』1956年６月）

谷口の「石の伽藍」（1961年）*E-66に、高村光太郎の「雨にうたるるカテドラル」（1921年）、つまりパリのノートルダム寺院の前に立った時の一節の、

真理と誠実との永遠への大足場。あなたはただ黙って立つ。吹きあてる嵐の力をぢっと受けて立つ。……おう、かかる時黙り返って聳え立つカテドラル。

「異国の石の造形によって生きる力を得た人々が多かったと思っている」と、谷口は「洗われるノートルダム」（1968年）*E-76でも、光太郎のこの詩を引用して、ミサのパイプオルガンの響きと合唱の声が石の壁に反響するのに感銘していた。谷口は戦後にも再訪して雨水の流れる黒ずんだ外壁に昔の姿をなつかしんでいる。石に対する谷口の愛着は厳しく、「時の移ろい」の美を感じている。筆者はその石の壁に手を触れたことを憶えている。

1956年4月2日の光太郎の逝去の日には、中野のアトリエの庭には春の雪が白く積もり、黄色の＜連翹＞の花が満開であった。谷口は「その日は未明から雪がふりだした。私との出会いは雪に始まり、決別は雪で終った」と、谷口が光太郎に師事したり、北原白秋の詩碑に熱情をいだくのは、2人がともに木下杢太郎の主宰した「パンの會」の定連であったからで、白秋はその発起人の1人であり光太郎はパリから帰国したばかりで「パンの會」に参加していた。杢太郎からの縁が谷口を高村へと近づけたと言える。

8. 建築に「心」を与える「霊的触媒」──無機の形象作用

谷口の「魂の肖像」には、白い布で包まれた父や母の遺骨の小箱は、その前に立った人の胸に悲しみの情を電流のごとく伝える「霊的触媒」で、「聖なる形象とはこんな霊的反応を触媒する無機の造形である」と、谷口の造る墓碑、詩碑、記念碑のたぐいは、この精神がこめられていた。

それを総括して、谷口の「記念の造形──墓碑設計者の片言─」（『新建築』1955年4月）の「4、触媒」に、具体的には、

化学に触媒というのがある。二酸化マンガン、白金粉。その存在によって、化学反応が早められるが、自身は変化に何ら関係のない物質。それを触媒と言うなら、過去から、思い出を贈るものは、何の反応であろうか。いったい、何によって、消え去ったものが、美しく、よみがえるのであろうか。それこそ「形見」の作用と言うべく、記念の造形と言うものであろう。その触媒によって、時計の刻みが、逆に、時の流れをさかのぼり、地に埋められた筆に、人が花を献花する。それこそ「たましい」と「いのち」の反応。そんな有機の反応速度を進め、しかも自身は、ただ静かに立っている無機の形象。

「触媒」とは、過去から「記念の造（遺）形」としての「思い出」を贈る反応を進める「無機

の形象作用」のことである。谷口は建築にも、「思い出」のように、「過去からおくられた尊い贈り物」を求めている。それは「花」でもある。「形は＜うつろう＞ことによって、色を増し、消えることによって、美を生む」と書いている。「花」も有機の「触媒」である。(傍点筆者)

9. 形の残像 ——霊的反応を有機的「触媒」にして余熱に「感応」

　「墓碑は死せる人の魂を表示するからこれは＜魂の肖像＞だというべきだろう」と、「私の追憶には、いつも＜形＞の残像がハバをきかしている」、つまり死者には「魂」の、一般的には「形」の「残像」が、谷口の追憶には働いていて、それには「温度」の印象が忘れがたい思い出として関係する。

　その「温度」は自分の母の遺骨の小箱に感じた「余熱」を「触媒」として「感応」し、「聖なる形象とはこんな霊的反応を有機的に＜触媒＞する無機の造形」である。目、耳、鼻などは「遠く離れた対象を検知する感覚器であり、また人体の皮膚も他人の軸射熱(赤外線)を感知する機能を持っていることが知られている。エドワード・ホールの『かくれた次元』(みすず書房、1971年)に詳説されている。谷口はその知識をすでに持っていて母の遺骨の箱にも、心でその皮膚熱を余熱として感じていたのである。

10.「祈禱の造形」の「触媒」の「作用」と「反応」

　谷口は「記念の造形—墓碑設計者の片言—」(1955年)[*E-45]に、

　　　時には、あきらめ、時には、ほほえみ、また、にくしみに燃えるが、祈禱の造形が発する触媒作用によって、心を洗われ、消え去ったものに向かって、花を捧げる。

　「触媒」とは、有機的なものを無機的なものにする一つの媒体」で、お墓・記念碑であるが、具体的には壊れた茶碗、遺愛の時計、遺品の筆、メガネ、万年筆や「白き花一輪」である。またその逆の「魂」の蘇生作用もある。すなわち有機と無機が逆になる。つまり基碑を「作る」ことと、そこから「魂」を「感応」することは逆作用である。

　『谷口吉郎著作集』の「第一巻」や「第三巻」の中から、「触媒」の事例を整理してチャート化すると、次頁のよう図となる。

　具体的な作品に実例を見てみる。設計時は左から右で、建立後はこの図の左右が逆になる。

1）島崎藤村墓碑（1949年）（図Ⅵ-19）（『文藝春秋』1953年2月）

　谷口は1947年は馬籠に「藤村記念堂」を作っている。そして藤村の終焉の地の神奈川県大磯町にこの墓を設計した。その「藤村と梅の木」（『文藝春秋』1953年2月）に、

「触媒」の効果図

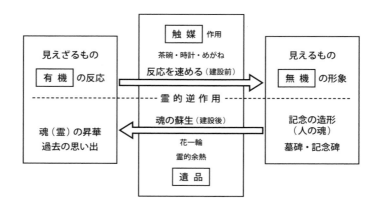

『落梅集』の詩人藤村は、梅を愛した。大磯に居を移したのも、この土地の梅にひかれたためであった。その梅の木の下に、骨を埋めたいと、生前から望んでいた。遺志に従って、遺骸は地福寺の庭に、土葬を以て埋葬されたのである。愛用のタバコとパイプ、筆や紙も、夫人の心尽しによって一緒に埋められた。……なお、墓標の前に「花立て」を建てたが、それも右手に一箇だけとし、花が一輪か、数本立てられるほどの小形にした。

小形の寝棺型の黒ミカゲによる台石の角柱の墓標が、無機の「形象」で、老梅の木と花、その他に遺品が「触媒」である。そして谷口は続けて、

私は墓標の上に咲き匂う白い梅花を見上げ、藤村の霊の「昇華」のごとく感じた。

この霊の「昇華」が、有機の「反応」なのである。谷口は筆者が作成した上記の触媒「効果」図に沿った記述の仕方をしている。谷口は別紙で「藤村の詩心には＜かたち＞に結晶するもの、つまり藤村自身の形象を感じた。暗い影のつきまとった簡素さ、そんな形に私の意匠心が吸い込まれていった」と表現していた。しかし、「若い藤村は明治学院時代にキリスト教に帰依したために、墓の設計には苦心を要して」いた。そして仏教的な儀軌は一部はぶいている。この大磯には「菊池重三郎」記念館もあることから訪れてみたい。この「簡素」は藤村の好んだ言葉でもある。

2）木下杢太郎詩碑（1956年）（前掲、図Ⅲ-24A参照）（『群像』1957年11月）
　杢太郎の誕生地の静岡県伊東市に建つ「すかんぽ碑」である。谷口は、

図Ⅵ-19　島崎藤村墓碑

図Ⅵ-20　永井荷風文学碑

　昭和20年の10月15日、杢太郎はこの世を去った。戦争が終った直後であるため、お通夜は淋しく、霊前に供える花にも困った。あれほど花を愛し、死がせまるまで、「百草図譜」の絵筆をとり、毎日花を描きつづける詩人の死の床には、花さえなかった。それからもう9年のながい年月が流れ去っている。

　その「図譜」を、石の画帖のように地上に組み立てることにし、板石を8枚の内5枚を正面に、残りの3枚を脇に離して建てた。そして石の画帖の前には花立て、その下に遺品の万年筆と聴診器を埋めた。それが「触媒」である。

　その他の墓碑、詩碑の「触媒」としては、

3）徳田秋聲文学碑（1947年）　石碑の下に故人の著書と遺品の筆を埋めた。（前掲、図Ⅲ-30参照）

4）高田 保墓碑（1954年）　五角の花台の上に香箱型の墓石。

5）森 鷗外詩碑（1954年）　鷗外の胸像と根府川石の飛び石と沙羅の木。（前掲、図Ⅳ-8A参照）

6）幸田 延音楽碑（1956年）　池上本門寺墓地に楽譜の像がある。八木幸二に教えられた。

7）日夏耿之助詩碑（1962年）　六角柱（ゴシック型）の尖塔を三角形に刻んだオベリスク。（前掲、図Ⅴ-9参照）

8）田邊 元記念碑（1963年）　正四角六面体（立方体）の「シュムメトリア」・「カノン」。（前掲、図Ⅲ-26参照）

9）吉川英治墓所（1963年）　文机の石の台座の上に小さな経筒の墓。

10）永井荷風文学碑（1963年）　小さな畳紙（たとう）の袋物を置き、合せて「花たとう」と呼ぶ。前に小さな花立、遺歯2枚と愛用の小筆が地下に埋められた。（図Ⅵ-20）

　そして、最も重要なのは供えられた「花」である。つまり香華（こうげ）であり仏前に供えられる「こうばな」である。吉川英治が谷口「自邸」の「白い壁に白い牡丹の花もいいものですね」と申したと、谷口は書いている。「椿と仏像」（『科学知識』1938年4月）には、唐招提寺の鑑真和尚の像について、この像は「近頃、私の最も心に惹かれているものの一つで、〈人間〉の気魄が

331

うかがえる」と、

　　この鑑真和尚の像に何かお供え物をするとしたら、私は八朔か白玉椿のひと枝を生けた
　い。白い中咲きの一輪を、一、二枚葉をつけたまま、形のいい古銅の花生けに挿して、お供
　えしたい。それがこの高僧の像にいちばんふさわしい気がする。

　谷口にとって一番の有機の「触媒」は「白い花一輪」であった。『記念碑散歩』（谷口吉郎編、
文藝春秋、1979年）には、多くの人の記念碑・詩碑・墓碑には捧げられた「花一輪」の名が書
かれていたが、他の『谷口吉郎著作集』4巻、5巻も参考にして**香華**を抽出してみると、

森　鷗外	白い沙羅の木（ナツツバキ）	永井荷風	白菊（白つつじ、山茶花）
室生犀星	杏子（白アンズ）	火野葦平	白菊
吉川英治	白い牡丹	吉屋信子	赤いバラ
志賀直哉	白いバラ	熊谷守一	白菊
島崎藤村	白い梅	高村光太郎	黄色の連翹

　白いツバキや白い枝垂れ梅など白い花が大多数であるが、女性の吉屋信子のみが赤い色の
花であった。

11.「建物には体温がある」──輻射熱「思い出」

　人間に体温があるようにコンクリートの壁に囲まれている建物にも「体温」があるが、川添
登との対談「谷口吉郎氏に聞く」（1965年）*D-10 に、谷口は、

　　「私はコンクリートの家の伝熱をサーモカップルを使って測ったり、コンクリートの建物
　の暑さやひえびえとした寒さ、屋根裏の熱さを自分で身をもって測定しているわけです。そ
　してその蒸し暑い中に亡くなろうとする人の横に坐っていることも体験しました」

　人の「体温の印象」というのは「思い出」のこと、建築計画原論的には建築物の表面の「輻
射熱」で、物理的に測定している。

12.「路傍の形」−「民衆の造形物」の美的水準−「世相」の「美醜」

　谷口の『意匠日記』（読売新聞社、1954年）に、

「美術眼」というものは、なにも美術の展覧会場の中ばかりにあるものではない。むしろ、民衆の美術眼は街頭にある。好むと好まざるとに限らず、民衆の造形的センスは、カンバンに、ポスターに、そればかりではなくポストの形に、警官の制服のスタイルに、あるいは橋の形などに、はっきりと表現されてくる。

そんな「路傍の形」こそ、民衆の造形物である。「世相」とは、世間の様々な様相であるが、造形的な角度からながめれば、その世相こそ民衆の造形的作品といわねばならぬ。だから世相の造形的美醜こそ、民衆の美的水準を示す。

(傍点筆者)

谷口の幾度もの「民衆の造形」などの表現を使い愛着を覚えているが、高村光太郎はこの「谷口吉郎著『意匠日記』書評」(読売新聞、1954年5月16日) で、この部分を引用して、この「路傍の形」の重大性を一国文化の消長にかけて確認しているのは、いかにもこの「新鋭建築家の正しい神経を感じさせる」と、論評している。谷口は、1953年に高村光太郎作の「智恵子像」としての「乙女の像」を十和田湖畔に、「十和田記念碑」として台座を設計している。

13.「記念の造形」の原形 ——「祈りの結晶体」(無機) と「花の種子」(有機)

□ 〈いのち〉を発する〈かたみ〉 ——「思い出」こそ「清い余韻」

谷口の「記念の造形 —墓碑設計者の片言—」(『新建築』1955年4月) には、時計や筆などの故人の残した遺愛の品は、「形身の造形として、機能を乗りこえて〈いのち〉を発する〈かたみ〉である」と、

そんな万物消滅の中に、人間は喜び悲しみながら、その日その日を生きていくが、その喜・怒・哀・楽も過去へ消え去って行かねばならぬ。忘却は立体を平面となし、その面は線となり、線は点に縮み、点はゼロを吸う。ただ第四次元だけが、未来、現在から遥かな過去へ続く。

そして、「消え去ったものに向って、花を捧げる」という谷口の、その葬斎壇に「一輪の花」を活ける根拠が「花数寄」の世阿弥の心とともにこの一文で解った。清家 清も、教会の十字架の交叉する点に人の生命の彼方の、「ゼロ点」を見ていることと共通する。谷口の場合は「立体」から「面」となり「線」へと、そして「点」から「ゼロ」へと縮小して、そして消え去った過去から浮かび上がって、「よみがえる思い出こそ清い余韻をひいて、胸に響く」と、「その無機の形象が触媒となり、人間の〈魂〉を、今なお強くゆすぶる」が、その「無機の形象」について、「6・原形」に、「一粒の種子の中に、その植物自体の形が、こもっている。小さい一つの〈つぼみ〉の中に、その花自体の原形が、ひそむ。鉱物の結晶体もまた、それぞれの結晶軸を有るが如く」として、具体的にはその「種子」の有機の「花」と無機の「結晶体」を掲げている。他にも、世界的な**「聖なる形象」**の**「結晶体」**としては、

・ピラミッド、方墳、円墳、前方後円墳などの、古代の陵墓
・ストゥーパ、塔婆、仏塔などは、仏陀のシンボル
・十字架、バシリカ、カンパニーレなどは、神の福音の形
・ドーム、ミナレットの抽象文様は、回教徒の、祈りの形象
・千木、勝男木、鳥居は、「宮」ミヤ・「社」シロの形態
・ギリシャ神殿の木造の美しさは、大理石に替わっても
・ローマのバシリカの形式は、キリスト教のバシリカ教会堂に
・インドのストゥーパは、遠く日本に渡って五重塔に

　まず、谷口の具体例としては「藤村記念堂」の冠木門である。これら、「清浄にして簡明な祈りの＜結晶体＞は、時の流れに生えぬき、生き永がらえんとする」、その「祈りの＜原形＞は材料、構造を、つき抜き、時代を、つらぬき通す」と。
　谷口吉郎編の『記念碑散歩』（文藝春秋社、1979年）の「石の詩人として」の「序にかえて」―墓碑設計者のメモ― にも、同じ主旨のことを総括して、その「原形」には、

　　　一粒の種子に、その植物自体の形態がひそみ、鉱物の結晶にも、それぞれ固有の結晶軸が存在する。そのように、記念の造形にも、原形というものが備わっているのではなかろうか。神のシンボルとなれば、十字架も鳥居も、その形は最も単純化された架構体となる。祈りのためには、キリスト教の鐘楼も、仏教の塔婆も、回教のミナレットも、地上にそびえる垂直体となって、人の目を高く仰がしめる。
　　　このような聖なる形象は、時と所を超えて、いつも純潔な基本的形体に結晶しようとする。これこそ祈禱の造形の浄化作用であろう。
　　　　　　　　　　　　　　　　　　　　　　　　　　　　　　　　　　　（傍線筆者）

　つまり「種子」とは、やはり「純潔な基本的形体の結晶」である。この「種子」は森 鷗外はドイツ語で「フォルシュンク」（Forschung）、つまり「学問研究」のことであるとしたが、しかし「相当する言葉がない」と鷗外はしきりに言っている。「種子果実」という譬えを使って、「学問の種子」であるとする。自分が、研究して何かを発見していくことが「学問の種子」の潜在的な力である。谷口はこの哲学用語を知っての「種子」の「原形としての援用であろうか。今日では、総じて思想を日常化して人間不在の学問になってしまっていると、その学問的雰囲気のないことの訳語になっている。
　それらの「思い出の造形」に対して、「祈禱の造形」は、素朴で清いとして、「祈禱の造形が発する触媒作用によって、心を洗われ、消え去ったもの＜思い出＞に向かって、花を捧げる」と、結んでいる。（傍線筆者）　谷口が以上に掲げた「原形」は、『雪あかり日記』の各章でも、象徴的に表現されていることを例証したが、さらに「種子」について考察したい。
　『清らかな意匠』（毎日新聞社、1948年）の中の「環境の意匠」には、

たくましい制作欲をもった造形運動がなければならぬ。それは将来に誕生すべき様式の美に憧れる意匠力である。種子を蒔かねばならぬ時に、咲く花の美しさを考え、結ぶ実の豊かさを考える事もできなければ、萌え出ようとしている芽を培う気力も稀薄となり、従って、結実を貧相なものにしてしまう。

　「様式の発生」する時期は、「萌える芽」として表現されている。その「芽」と「実」の中間に位置するのが「花」であるが、「様式の発生」する前の「蒔く」、「種子」とは何なのであろうか。それは「芽」の前の「発生」以前の起源として、将来に誕生すべき「様式」への「憧れる」意匠力である。(傍線筆者)
　それは、茶室との関係において、「茶室はいずれ完成されるべき侘びや寂びという＜様式＞とともに、そのような＜様式＞を伴うものとしての包括的な茶の湯が、常に設けられているということを谷口は看取していた」(近藤康子「谷口吉郎の建築思想における茶室の意味」―「ワキ」と「種子」なる概念を通して―)*KG-13とする。それを谷口は茶室について「生活の芸術」として、「様式」を生む、人間の「生活」の意匠力であるとしている。「様式」とは設計前のコンセプトである。

14.「石は野づら」−魂の遍歴の表現−篠原一男の谷口論

　「篠原一男(インタビュー)・1950-60年代の建築とその言説空間」(『言説としての日本近代建築』10＋1、INAX出版、NO.20、2000年)で、篠原は東工大での谷口吉郎と清家 清について(一部重複)、

　　「建築論について谷口先生はご自分の中で閉じてしまっているように見えましたし、清家先生はプロセスの断面をスタッフたちに見せたんだけれども、個別的な建築論をされなかった。……私たちは谷口先生と直接お話したことがないのですが、例えば、『清らかな意匠』は、たしか、「石は野づら」という印象的な出だしでしたが、これは日本語では特別な響きをもっていても英訳では伝わらないでしょう。石の表面は仕上げてなかったということですから。谷口先生の空間についての情感は日本的な芸術のシステムで閉じられていた。清家先生はもっと直接感覚の事物について、われわれに議論としてではなく話された。つまり議論しなくてもできるということがある」

　確かに清家はロゴスの人であるから議論はそれほど必要はない。しかし谷口の『清らかな意匠』には、その「出だし」以外にも「石は野づら」と篠原が感じた印象の部分を探してみたが、直接的な表現の該当部分がなく他の著作との誤解ではなかったのか。それにしても谷口は『雪あかり日記』の「凍てつく日」の「ベルリンの庭石」でも、「旧日本大使館」の日本庭園の庭石

の獲得に努力していた。篠原はこの部分を『清らかな意匠』の部分と見当違いをしたのではないか。「野づら」とは「野面」で、石の加工しない自然のままの表面のことである。確かに谷口は『雪あかり日記』に、「野石」のことについては書いている。

　　ここに来て、「石」のために、こんなに苦労するとは思わなかった。ここには「切り石」はあっても、天然の肌をもった「野石」は、石ころ一つも見あたらない。ドイツでは、家も、橋も、道もすべて石でできているのに、不思議なことには、自然石は野石はおろか、川石も、山石も見あたらない。……私もドイツにやって来て、庭を作る以上、この土地の「骨」となるような、がっしりとした肌の石を探しだしたかった。それを土にふかぶかと埋めこんで、「血」がかようように水を流してみたかった。……従って、たとえ池もなく、小川もない石だけの庭であっても、水の流れるような清澄な雰囲気が、作庭にただようことが大切だと橘俊綱の「作庭記（さくていき）」は説いている。これこそ日本庭園の秘訣だと言わねばならぬ。

この石の肌石のことを「石は野づら」と篠原は書いたのか。この「日本庭園」造りの業務が、今度の谷口のベルリンの新日本大使館への外務省から委嘱された主業務であった。したがって、谷口がドイツ中に庭石を探してみても不可能だったら、この「日本大使館」の外壁に使用している「ドイツ大理石」を考えていた。その石は、ドイツとフランスの国境に近いユラ山脈から切り出される石灰岩で、砂や泥が混入しているために色は浅黒く、肌も荒かった。しかしドイツ人は、それを「大理石」と誇らしく呼んでいた。自然石ではないのである。つまり切り石であった。

　　或いは、日本から庭石がとどくなら、少数の石でもいい。僅か十五個ばかりの石で龍安寺のように静かな石庭を作ってみよう。そんなことを考えていると、私の目には、白砂に浮島のように庭石が並んだ静かな石庭の姿が浮かんできた。

しかし、「私自身に、そんな龍安寺のような石庭を、ここで試みてみる資格があるだろうか」とか、「あるいは、日本から石が一つも来なかったら、いっそのこと、石の無い庭にしてしまおうか」とも考えていた。井上章一の『夢と魅惑の全体主義』（文春新書526、2006年）には、1939年にアメリカで開かれていた万国博用の日本庭園の庭石をドイツに運ぶことを計画し日本郵船の快諾でそれは実現している。どのような日本庭園になっていたのだろうか。外務省の営繕室に在職していた武居壽一に聞いてみたが不明であった。それは、黒川紀章による戦後の改修時に復元されたのだろうか。

15.「ベルリンの日本大使館」の庭園 ──白砂に白い花の木と「十三重の石塔」

　『雪あかり日記』には「ベルリンの庭石」や他の章にも「石」の記述が非常に多い。日本大使

館の本体の施工監修と日本庭園の造園の建設のため、日本で描いてきた設計図には「十三重の石塔」（註：石造りで十三層構造の塔婆）や、雪見燈籠、飛び石などの詳細図まであった。

　谷口はそのための「石」を探したのだが、しかし、ドイツには野石が１つもないから、庭園には日本の庭石を送ってもらい龍安寺のような石庭にすることも考えたが、結局、京都御所の清涼殿の「萩坪」のような、石のない、白砂に萩を植えただけの、「秋には、薄紅や白い花びらが、白砂に、ほろほろとこぼれ落ちる、清かな坪庭」を作ろうとしている。そして、それにふさわしい「花木」をドイツ中に探し求めている。また、西欧人の石に対する人工美と、利休の「数寄」の美学として日本の「石ころ」の美を考えている。

　『せせらぎ日記』の「早春のパリ」では、ノートルダム大聖堂に行き、石の肌に直接に手にふれ、高村光太郎の「雨にうたるるカテドラル」（1921年）の詩の、「あなたの石の肌に人しれず接吻したいばかりに。……昔の信ある人々の手で一つづつ積まれ刻まれた幾億の石のかたまり」と、風雪に耐えた石の肌の造形力に胸をゆすぶられている。

　谷口は生涯で実に多くの詩碑、文学碑、墓碑を作成しているが、その多くは、「石碑」で石との格闘であった。

　　「碑」とは、固い造形の結晶体である。従って、きびしい風雪に耐え忍ばねばならぬ。実に、その形は、人の胸に響かねばならぬ。一つの石、一本の柱、一塊の土、たとえばどんな素朴な形であっても、それが碑となれば、その「形」に向かって、人は首を垂れ、涙さえ流す（「佐々木小次郎の碑」1951年）。

　『記念碑散歩』（文藝春秋社、1979年）にも石との格闘が描かれている。千葉の成田山の新勝寺にある「中山義秀文学碑」（1971年）（図Ⅵ-21）は、筆者も訪ね探したものの見つけられなかったが、福島県から運ばれた自然石には、《野の花にも美しさはある》との義秀の言葉が刻まれている。

　　ことに自然石を選ぶ場合、選ばれた石は選定した人間の心底を見ぬく。……そう思うと、私の頭の中には石塊との格闘が続く。

谷口は、「私の設計した中山義秀文学碑は自然石を主題としたため、風雪に耐えた石の肌が、碑の主人公のいたましい魂の遍歴を暗示することになったと思う」と、やはり石の肌、つまり「石の野づら」を、「故人の遺志」として表現しているのである。

　高村光太郎の十和田湖畔の2人の裸像「乙女の像」（1953年）の台座の安山岩の表面は、「野づら」のままで、それは人も像も「形と影」のように「実」と「虚」の相似の形であるとしている。

　『雪あかり日記』の『ベルリンの庭石には、

**　新大使館の庭には「日本庭園」を作ろうという計画が、日本にいる時に立案されていた。そのため恩師の伊東忠太先生のお指図に従って、その設計図を私は出発の間際まで書いていた。遠景には築山が築かれ、植え込みの中には十三重の石塔が立つことになっていた。十三重の石塔は、台石に刻む梵字のために、鎌倉時代の文字まで参考のために写したりしてきて、用意は手落ちなく整えてきた。**

　筆者は、この「十三重の石塔」の計画の文を読んで衝撃を覚えた。それは平成の初め頃、清家先生から電話があり、自分の家の庭師である柴田造園が明治時代に筑波の小田山から持ち運んできた詞書きの石碑が付いた「十三重の石塔」を自分の東京の倉庫に所持しているから、「松野君、それを元の小田山にもどしてくれないか」という指示であった。柴田造園とともに、つくば市と相談して折衝したが金額が折り合わずに不首尾に終わってしまい、先生にその顛末を報告すると残念そうだったことを今でも鮮明に記憶している。

　このことを自著『清家 清と「私の家」』の冒頭に記録していた。そうか、清家先生にとって「十三重の石塔」とは、恩師の谷口先生の因縁の塔であったのである。しかも、伊東忠太からの指示で谷口吉郎、そして清家 清へと続く宿縁でもあった。清家先生もそのことを筆者に教えてくだされればとも思った。何せ「十三重の石塔」とは、実は塔というより墓石なのである。多分それは、小田山での武士の霊であるように在ドイツ中に死んだ日本人の霊塔を作ろうとしていたのかもしれない。それが伊東の思いでもあったのだ。

　この塔は実際に大使館の日本庭園に建てられたのであろうか。もし作られたとしても、あの英ソの攻撃で破壊されてしまったに違いない。

　清家は1980年に、この「旧日本大使館」を視察のために訪れていたが、その時に庭まで入り確認したのであろうか。多分できなかったに違いない。

　谷口は在ベルリン時に、この日本庭園の庭石のための野石を探し歩いていたが見つからず、結局は十五個の庭石だけでもよいと塔はあきらめていた気配がある。谷口は「日本庭園」全体ですら完成せずに帰国せざるを得なかった。この十五の庭石とは「十三重の石塔」のことであった。

　その後に、つくば市在住の小玉祐一郎と、再度、小田山への「十三重の石塔」の移設を試みたのだが、山下の駐車場なら、との話までに至ったが、結局再び費用のことなどから柴田造園の不同意で成立しなかったので、今も駒沢の同園に売られずに苔生して残っているかもしれない。

16.『雪あかり日記』——ベルリンの「空模様」を背景に、「風物」を前景に

蔵田周忠の「書評『雪あかり日記』—谷口吉郎著」（『建築雑誌』1948年5月）には、「詩想・思想ともに潤いの豊かな近頃の好著である」として同書に親しんでいる。

　　まず「1. うすら寒い日」、「2. 鉛色の日」……「10. 花火の日」まで、ベルリンの冬の日の空模様が題に出ている。そしてまた一つ一つ〈ベルリンの歩道〉、〈暗い気候〉と内容を示す題がつけてある。前の空模様と対置されて一つの詩境をかもしだすことに成功している。……いたるところに久しぶりに、ベルリンの風物を思い出しながら、新知識の谷口氏の思弁を聞くのは、近頃楽しいことであった。

　谷口は、章題の「空模様」を背景に、〈風物〉を前景として対置し、〈鋭く光る眼〉で〈詩境〉を描いた、その〈風物〉が「詩境」として蔵田に注視されている。
　蔵田は、バウハウスに学んだことの経験からベルリンには詳しかった。「著者（註：谷口）はベルリンの冬の日に良いきっかけを得て、造形のあらゆる分野を考え直して見たのである。その時間は著者にとっても幸福な思い出になるに違いない」と結んでいる。
　この蔵田の考察に準じて章題の「空模様」である「気象」と副題の「詩境」の〈風物〉を章ごとにそれを添えてみると、ドイツの天候の暗さから「黒」というシンボルが浮かんでくる。
　　第 1 章 「うすら寒い日」の〈ベルリンの歩道〉
　　第 2 章 「鉛色の日」の〈暗い気候〉
　　第 3 章 「凍てつく日」の〈ベルリンの庭石〉
　　第 4 章 「どんよりした日」の〈無名戦士の廟〉
　　第 5 章 「薄日さす日」の〈フンボルトの旧邸〉
　　第 6 章 「川風の吹く日」の〈シュロス橋〉
　　第 7 章 「雪ばれの日」の〈ペルガモン博物館〉
　　第 8 章 「雪あかりの日」の〈シンケル博物館〉
　　第 9 章 「雪どけの日」の〈桜の園〉
　　第 10 章「花火の日」の〈逆卍の紋章〉
　　それぞれの副題には、いわゆる〈風物〉「意趣」があり、建築物も多く含まれていた。

17. 平山忠治 ——谷口「自邸」の"民族的""好みの一隅"

□「平入り横並び一直線」への愛好

　『眼の力・平山忠治』（建築家会館叢書、1996年）の第Ⅱ部の平山忠治と宮内嘉久との対談では、谷口「自邸」を撮影しようとした時、茶室の増築が始まった「不具合」があり、平山は「茶

室を増築する前の方が強い関心があった」と、

　　「つまり芸術作家（アーキテクト）・谷口吉郎の空間的好みが、まさにここに凝集している
　　とひそかに目をつけていた、一見さりげない一隅があったんだ。旧前川邸と同類の吹き抜け
　　空間もあったしね。そうだ、さっき話した前川邸、谷口邸のことだけどね、ぼくの言う<u>民族
　　的好みの力</u>というやつはもうまちがいなくあのひとたちにも働いているよ」　　　（傍線筆者）

　筆者の手許には平山の谷口「自邸」の写真でその「一隅」がこれではないかと推定できる写真
がある。いずれも清家も指摘する横に長い小さな棚で小壺が置いてある。（前掲、図Ⅰ-7参照）
　平山は「民族的好みの一隅」という言葉を幾度も使って、「日本的なる空間」を探し求めて
いた。それは、「さりげない一隅」のことである。（傍線筆者）　他にも、

　　「その日本的空間の特質というやつの根底にはね、目には見えない民族固有の好みの力、
　　というかつまりみんなが誰言うともなくなにか好ましいと思うものに、あるいはそうした
　　いとかそうありたいとか思うことに、そういうなにかいっそう近づきたいとみんなに思わ
　　せてしまうような暗黙の力のことだけどね。具体的にいうと、ここでは建築の平面羅列とい
　　うか平入り横並び一直線の愛好というやつのことだけど、この民族的好みという目には見
　　えない暗黙の力が、どんな具合に働くか、働いたかを見るにはなんてったってきみ、……」

　それは、まず「藤村記念堂」が「平入り横並び一直線」の典型であると、そして平山は「これ
また豪勢な茶室の増築だった」とする谷口「自邸」の室の中で、<u>「横並び一直線」のものといえ
ば、それは小さな花器や香炉が置かれた横長の小さな棚であった。</u>（傍線筆者）　それは2階の日
本間の南西の隅の壁の南面の窓下と西面の窓上に位置する床から、2尺位の高さに架けられ
ていて微妙な高さである。右脇には立派な床の間がある。いずれも清家が、「例えば棚がある
とその棚に」とする小棚である。（前掲、図Ⅳ-7参照）
　桂離宮の新御殿の「桂棚」（かつらだな）は複雑な構成で、桂離宮を象徴する意匠として有名である
（図Ⅵ-22A・B・C・D）。タウトのモダニズムの指摘の以前の鑑賞者は、しばしばこの「桂棚」を高
く評価した。しかし以後は「装飾過多の感じが深い」と、同じく庭園史の森 蘊も欠点として黙
殺へと変化していった。谷口の『清らかな意匠』の「狂える意匠」*T-5-4-③に、この「桂棚」の写
真を掲載し、その横並びの棚板の連続は、

　　もし、この建築（註：「二笑亭」）を強いて「奇狂な意匠」と言わねばならないとしたら、
　　小堀遠州の作だと伝えられているあの「桂離宮」の奥にある「桂棚」の意匠も、ことによっ
　　たら狂気だといわねばならぬかもしれない。

図Ⅵ-22　桂離宮
A.「桂棚」

B. 桂離宮の「木瓜形刳貫」

C. 修学院離宮の「霞棚」

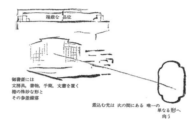

御書斎には
文房具、書物、手鏡、文書を置く
棚の精妙な形と
その参差錯落

差込む光は 次の間にある 唯一の
単なる形へ
向う

端厳な気位

D. 桂離宮の「第十八面の一筋の直線」
（ブルーノ・タウト）（前掲、図Ⅲ-38参照）

　同種の棚は修学院離宮の「霞棚」がある（前掲、図Ⅵ-22A・B・C）。タウトが1933（昭和8）年5月3日に来日し、翌4日に桂離宮を見学したが、日記に「今日は恐らく私の一生の内で最も善美な誕生日であったろう」と書き、桂離宮をアクロポリスのパルテノン神殿と並ぶ世界的な建築物であると賞賛した。そしてタウトは直後の5月28日に吉田鉄郎、山田守、谷口吉郎の案内で各人の作品である東京の諸建築を視察している。

　谷口の『建築に生きる』（1974年）の「住まいの意匠」*T-1-3-1-㉓に、

　　ブルーノ・タウトを感動させたのは、この日本の建築にひそむ美しい「設計のモラル」であった。私はそんな美的モラルを東宮御所の設計に、新しく発揮をしたいと思った。

　実際にタウトと話した時に、「東宮御所」の設計に実現したいと思った設計の「美的モラル」とはなんであったのであろう。「東宮御所」の設計時は、「谷口は前衛派の花形建築家としてゆるぎない存在であった」と菊池重郎は書いている。この谷口の「モラル」を「倫理」として内藤昌は重視している。<u>谷口は『清らかな意匠』の「建築意匠・序説」に「設計はモラルを要求し、表現は詩を要求する」と書いている。その美的「モラル」である。</u>（傍線筆者）

　由良滋は、「弟子の見た巨匠＜谷口吉郎＞の世界」（'97建築文化講演会）*J-23-③の杉本俊多との対談で、多くの時間を割いて、「ブルーノ・タウトに学ぶ東洋と西洋」として谷口への影響はシンケルよりむしろブルーノ・タウトの影響を重視し、彼が書いた「桂離宮」のシークエン

ス、つまり「空間の連続手法」を叙述的に記述していることを強調している。谷口へのタウトの影響の研究は今後の課題である。

18. 谷口の机上の3冊の洋書 ──「風土」と「縦格子の線」の原型

□ スイス建築の「美的良心」

三枝守正も「幾つかの教訓」(『谷口吉郎の世界』のエッセイ「存りし日の教え」)*T-2-4-4で、

先生の研究室にて設計が始まると、しばらくは、講義用に作られたのか、大版に1枚づつ貼ってある有名な建築作品の写真を沢山机の上に置かれて、ゆっくりとご覧になっていられることがたびたびあった。これらの作品は、みな先生の頭に入っているのに、なぜ設計の前にご覧になるだろうと思っていた。あるとき、自分流に考えたことはご自分の意匠心をこれらの作品の位置まで高めてから設計に入られるのではなかろうか。ご自分の創造心を刺激するためであられたのではなかったか、ということである。

『素顔の大建築家たち 02』(建築資料研究社、2001年)*J-30の、由良 滋の講演の「谷口吉郎──とらえがたい心の奥を建築にした人」の、「研究室での谷口先生」には東工大本館3階の狭くて小さな谷口研究室での1年間の研究生の間、谷口の座右の書の1つは仏像の写真集と、

それから、ベン・ニコルソン (1894–1982) というイギリスの抽象アーティストの作品集で『ホワイト・レリーフ』(1935年) という有名なものがありました。そしてもう一つは『スイス・ビルヂング』(Switzerland Build.) という本です。谷口先生がこれを通読していらっしゃるのを見て、私も欲しくて欲しくて……。安月給の中からついに東光堂から買いました。今でも大切にしています。1936年に先生がお書きになった文章の中に風土という話が出てきます。そこで、自分が一番親密さを感じたのは、スイスの建築だと書いています。先生の机の上にはいつもこの『ホワイト・レリーフ』と『スイス・ビルヂング』そして「仏像の写真集」と一緒に置かれてありました。

その後、由良 滋からの筆者への手紙では、洋書が3冊で、それは、『ホワイト・レリーフ』と、『スイス・ビルヂング』と、他の1冊は『スウェーデン・ビルヂング』であった。この『スイス・ビルヂング』について由良は続けて、

水平線、垂直、格子などのボキャブラリーの建物が、とくに学校建築などにあるんです。その本は、スイスの各県、各地方なりの紹介がまずあって、それから二十世紀の近代建築、コルビュジエも入っていましたが、そういうものをずっと紹介しているんです。つまり、風

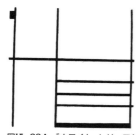

図VI-23A.『ホワイト・レリーフ』
モンドリアンの「カアレー」

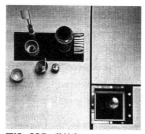

図VI-23B. 茶神亭
炉と長板飾り

図VI-24　中宮寺の
如意輪観音

**土と現代建築の流れの中で構成されているんです。著書からも谷口先生がスイスの建築に
すごく愛着をもっていたということがわかりますが、私は垂直線や格子は、シンケルよりも
むしろこっちが下敷きになったのではないかなと思うんです。**

　由良は今、居住している太宰府に来れば、その本とともに太田茂比佐から受領している資料
を見せたい、と筆者に手紙で書いてこられた。イギリスの画家 ベン・ニコルソンの『ホワイト・
レリーフ』について、由良は『弟子の見た巨匠・谷口吉郎の世界』*J-30 の中で、『現代日本建築
家全集６ 谷口吉郎』*T-4 に収録されている説明のない写真のことについてだが、それは全集の
編纂時に「谷口先生がここに挿入するように」と指示されたのを記憶している。「格子的なも
ので……障子のボキャブラリーも出て」（**図VI-23A**）いるのが特徴的であるとして、この『ホワ
イト・レリーフ』が掲載されたのではないかという。それを改めて見てみると、白い彫刻のよ
うで幾何学的形態を浮彫（レリーフ）状の浅い奥行きの空間の中に表現してある。それはピエ
ト・モンドリアンの「白・黒・赤のコンポジション（1936年）」であり、その「格子」を「カアレー」
と称した。
　しかし洋書のうち『スイス・ビルヂング』には、スイスで育ったル・コルビュジエが何故に
モダニズム建築を作り得たかで、それは「風土」である。日本の場合は、その一例が「出光美
術館」の「茶神亭」（1966年）の「炉」と「長板飾り」である（**図VI-23B**）。
　同じく谷口研究生であった田島 學は、筆者との面談の時に、谷口先生の机の上には常に
何かの写真がピンで留められて貼ってあったと話された。その「仏像の写真集」だが、木下
杢太郎は中国や東南アジアの仏像の画、スケッチを描いていたから、それらも提供されて混
じっていたのではなかろうか。それとも和辻哲郎の本か、または自分で撮影した写真か。
　しかし、谷口の「椿と仏像」（1938年）*E-14 には、

**中宮寺の如意輪観音（弥勒菩薩半跏像）（図VI-24）を拝観した時の感銘以来……この観音
の開眼によって、私はこれまで閉じられていた一つの美しい世界を、ひきつけられるよう
に、押し開くことが出来たのであった。……私の心の隅には、いつも何処かに、最初に感銘**

343

した中宮寺の観音像が残っていて、あのまなざしがまぢかに憶い起されてくるのであった。あの黒い乾漆で出来た御姿は、きめ細かい椿の葉のように美しい。

（傍点谷口）

　谷口は、パリの「プティ・パレ美術館」において「唐招提寺展」が1977年に行われていたが、鑑真和尚の像も展示されていて、東山魁夷とともに会場構成を手伝っている。そして鑑真和尚の像には、「白い中咲きの白玉椿の一輪を一、二枚葉をつけたまま、形のいい古銅の花生けに挿して、お供えしたい。それが、この高僧の像にいちばんふさわしい気がする」と、述べていたから、谷口の机の上の写真は、おそらくこの如意輪観音像か鑑真和尚像のどちらかであったのであろう。

　この弥勒菩薩半跏思惟像は、「古典的微笑」（アルカイックスマイル）の典型として、ダ・ヴィンチのモナリザの微笑と並んで評価されている。やはり谷口は日本の仏像の中に、西欧の美を見ていて、日本人の笑みと西欧人の笑みを比較していたのかも知れない。和辻哲郎の『古寺巡礼』（1924年初版、築地書房）の末尾の旅は中宮寺で、その観音像は、「うっとりと閉じた目に、かすかにほほえんだそのあたりで、その頬に指先をつけた手のふるいつきたいような形のよさ」と、顔写真を掲載して、和辻は、

　　そこには慈愛と悲哀との杯がなみなみと充たされ……まことに至純な美しさで、また美しいとのみでは云いつくせない神聖な美しさである。

　和辻はそれを「観音」と云うより「聖女」と呼んでいる。谷口は、『せせらぎ日記』の「月明りのマッターホルン」に生活様式の「靴」と「素足」について、

　　中宮寺の弥勒菩薩も、素足が美しい。みほとけの像を厨子の右側から拝すると、半跏の右足が目の前に見える。その足の裏や、指先を眺めると、それこそ蓮の花を踏まれるのにふさわしく、こうごうしいほど美しい。

　谷口はこの像の笑みだけではなく、素足の美しさにも感動している。

　木下杢太郎は1920年に画家の木村荘八と朝鮮紀行し、京城の博物館で金銅の如意輪観音の半跏思惟像のスケッチをして、日本の中宮寺のそれを和辻と比較し、「日本的特色」を探している。谷口はこのこともよく知っていた。

　そして由良はシンケルよりこの『スイス・ビルヂング』の本が谷口の格子デザインモチーフの下敷と考えている。しかし、金沢では「虫籠」（ムシコ）の窓があり、2階の外壁に付けられる一種の台形格子で、普通は四寸角の材を六つ割にしたものを芯にして縄を巻き付けたものを竪子（たてこ）として白い漆喰を塗った「虫籠格子」をもったものを「虫籠窓」（図Ⅵ-25A）という、一方で、繊細な加賀格子は「木虫籠」（キムシコ）（図Ⅵ-25B）からまって、「キムスコ」とも呼ばれた、はめこみ式

図VI-25A. 金沢（加賀）格子
「虫籠」（ムシコ）窓

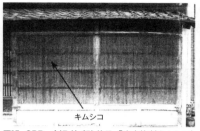

図VI-25B. 金沢（加賀）格子「木虫籠」（キムシコ）
（島村 昇『金沢の町家』鹿島出版会）

図VI-26 慶應義塾大学
第三校舎（四号館）の
「縦長の上げ下げ窓」

の白木の細い欟子（連子）格子のことである。

　したがって戦後の一連の慶應義塾大学の校舎などの縦長窓（図VI-26）や格子窓の原型は、シンケルなどというより、谷口の郷土の金沢の町家建築の2階窓の「虫籠窓」にあると言えるのではないか。戦後の谷口の日本建築への「超克」の基点はここにもあった。由良は、「金沢へ行くと格子を＜簾虫籠＞っていって、言ってみればすだれ的な……もうちょっと粗いんですけども、竹でできている。簾と格子のちょうど中間みたいなもの。そういうもんね」と、谷口の垂直線のルーツとするが、対談の聞き手の杉本俊多が、慶應義塾大学の「三田の第三校舎の四号館などの縦長の窓はドイツ、シンケルとつながっているか不明だが」を受けての由良の「虫籠窓」である。

　しかし筆者の同級生の金沢出身の村田秀彦に問い合わせると詳細が判明した。他にも<u>「キモスコ」というヒバで作られた断面が台形格子で色街の町家に使われた。</u>（傍線筆者）　外からは見えにくいが室内からはよく見えるのだそうだ。それは「スモスコ」と同種のものか。

　「虫籠窓」は、金沢の薬種商の石黒家の蔵造りの商店用としての2階窓の白漆喰の角柱の並ぶ防火窓である。それは場合によっては黒漆喰塗となる。ドイツの黒色壁を思わせる。以上のような縦長窓の連続模様のルーツは郷里の金沢にあった。

　スイス建築については、谷口は槇 文彦との対談「建築における美意識」[*D-12]で、

　　　「例えばスイスとか、フィンランドとか、スウェーデン、日本もそこにはいるかとも思いますが、何かつつましいものに、又は個人的なものに美的良心を求めようとする傾向があるのではないでしょうか。造形に限らず、文学的にも、生活にも」

　谷口が、スイスの建築などの本を机上に置いていた理由は、「**美的良心**」であるが、難しい概念である。依拠する判断が「善的でかつ知情意を備えた個人的な良心」のことか。浜口隆一との対談の「谷口吉郎氏との30分（1956年）」[*D-3]で、谷口は、

「学生時代にコルビュジエの、都市計画の本が出ていますが、ル・コルビュジエの魅力は、スイスの住宅、ああいうものなんか特に感じますね」

ル・コルビュジエの作品でも郷里のスイスのラ・ショウ・ド・フォンの木造建築の「ファレ邸」（1905年）や「ジャクメ邸」（1907年）、「シュトツェル邸」（1907年）があるが、とにかく谷口はスイスの建築をル・コルビュジエとの関係だけではなく評価するのである。谷口の「機械建築の内省」（1936年）*E-11 には、

スイスの新建築界には、この点において、最も良心的にスイスの郷土的な根拠に立っていながら、全世界を抱擁する新しさに輝いているものといわなければならない。それには長編小説のような迫力に乏しいかもしれないが、或いは幾分、私小説的な小世界に自分だけの清節を把持する知識人めいた手の白さはあるが、その技術の手堅さと世界観の清らかさは、現今新建築界に聳える高峰であろう。

スイス近代建築への賞揚として、その内容は複雑だが意味は伝わる。スイスの伝統建築も「白い手」の近代建築も、ともに谷口の注視の対象である。「技術の手堅さと世界観の清らかさ」は「美的良心」のことなのか。それよりスイスに自分の郷里の金沢を見ていたのかもしれない。同じ美術工芸の地として。

『せせらぎ日記』でも、「陽暮のスイス」などに、ホテルが表戸を閉めていたため、畑道で老婆と出会うと自分の家へ来たらどうかと校倉造り風のスイスの民家の2階に宿泊する。

スイスは小国だが、食料と思想は豊かだ。朝の食卓に並べられた食品は質素だが、色彩は美しいし、香りもいい。まるで油絵に描かれた「静物」のように見とれながら、私はここの庶民生活の健康さと清潔さに感心した。食器や家具、そのほか室内のデザインも素朴で、しっくりと落ち着き、いかにも家庭的な気安さが心にしみこんでくるのを羨ましく思う。

筆者もスイスのアイガー山の麓のグリンデルバルトで同じような木造の民家風の小さな宿家に泊まった体験がある。やはり老婦人が宿の主人であったことを思い出した。谷口はこのような清潔で美しい「庶民」の家庭的な「生活」を理想としてスイスの建築の本にも見ていたのではないかと想像する。それらはともにモダニズムの「白い家」ではなかった。

19.「転向の射程」と「生活意匠」——文学的風土と工業的風土の「合一」

八束はじめの「転向の射程」（『思想としての日本近代建築』岩波書店、2005年）は、谷口吉郎論で、この「転向」は最も典型的な例であると八束は指摘するが、私は「転向」という概

念が谷口の場合に適切だとは思わない。しかし、八束は谷口には「おそらく転向の自覚はない」ままに行われたと、つまり「自然に経過するんだ」となり、金沢の「石川県繊維会館」（1952年）を、伝統的で非モダンな建物として例証している。筆者もこの作品に注目しているが、しかし参考になったのは八束の谷口論の末尾の「藤村記念堂」についてである。

　　谷口の後期の著作でしきりに「意匠」ということばが用いられるが、それは環境制御のための細部の工夫、つまり生活意匠というニュアンスで語られることが多い。谷口の風土と伝統とは、そうした意匠の発見の上に成立している。

　しかし谷口の「意匠」の使用は戦前の早期からで、例えば「清らかな意匠」だとか、後には単に「心の眼」だけではなく、工学的な「環境制御するための生活に基づいた装置」のことである。谷口は村松貞次郎との対談で「意匠心というのはひとつの造形化されたポエジーなのです。つまり造形にポエジーをもつということなんです」と、「ポエジー」（詩情）とは郷土の「環境生活」を造形化するための「詩心」のことである。それは清家の言うように「清らかな意匠」として使われる。（傍線筆者）　八束はじめは「藤村記念堂」は、その「意匠的要素」の集合体であると、冠木門、白壁、玄関、堂本体そして庭などの建築デザインを「景観装置」として説明している。そして結論として、「風土」という建築家・作家のイメージを、

　　結局イメージでしかない文学的風土と社会・経済的事実である工業的風土の間の距離は逆に果てなく遠いとも考えられる。この距離のうちに谷口吉郎の転向の射程がある。

　はたして「文学的風土」はイメージでしかないのか、問題であるが、その「文学的風土」と「工学的風土」という「二元性」の間の「射程」（距離）を「遠い」と考えているが、谷口はこの遠い「射程」を「生活意匠」によって、縮小もしくは無化しようとしていたのである。それを谷口の言う「合一」という方法により、一体化しようと常に意識的に試みていたと筆者は考えている。
　しかし谷口本人にはその自覚がない、つまり「意識されざる転向」であったと八束は書いている。しかし谷口自身は「転向」という語を、「建築の出動」（1929年）に、「建築は今まで他の芸術の最後部に追従していたが、現代建築は、芸術戦線の最前線で統率的立場に立とうとしている」が、続けて「かかる建築の転向は、同じ建築それ自身の独立的転向に非ずして」と、まったく、谷口にとって「転向」という概念は、左翼イデオロギー的でもなければ、建築の様式的な使い方でもない「芸術」戦線のそれである。
　そして八束が「風土論と、環境制御に関わる工学的な研究および設計実践は、間然することなく結び付くように見える」と、「日本的なもの」や「モダニズム」に関しても、その「空き間」を縮めようとしている。それが「合一」としての「転向」の実体である。しかし八束はじめが、谷口の「環境制御論」に言及していることは注目したい。

清家　清は、『谷口吉郎著作集』第4巻』（淡交社、1981年）の「解説」の「風土と建築」に、

　　ベルリンと金沢が似ているのはこの交通の便の悪さとお天気の悪さである。……そうした風土の類似が、いちど金沢を棄てた先生をして、もういちど金沢を思い出させる役割を果たしたのではなかろうか。そうしてインターナショナルを超えて、日本への回帰、さらに金沢への回帰を果させることになったと考えたい。

　この清家の言う「回帰」は谷口の3種類の「二元性」の中の「建築様式」の「風土」への「回帰」現象のことを言っている。しかし谷口の意識の中では、「インターナショナル」を超えて、「ベルリン」と「金沢」を「日本」を間にして距離を縮めるための「合一」と言うのが相応しい。「いちど金沢を棄てた」との清家の言及は、実は谷口本人の口から出た言葉であった。金沢という故郷を棄てるということは「日本らしさ」や「和風」を棄てることではなく、その距離を縮めて逆に「風土」に「回帰」していったのである。それには「相対」化などとして、併置するのではなく「合一」するしか方法がない。（傍線筆者）　座談会「綜合美について」（『心』平凡社、1967年5月）に、谷口は嘉門安雄、谷川徹三との「何故日本人は都市作りができないか」の鼎談で、

　　「利休時代のお茶では、日本の品物だけではなくて、その当時の世界のものを一つの部屋に置き合わせて、更に時代も古いものと新しいものをうまく取り合わせる感覚を利休だのそのほかの茶人が手本を示しています。ああいう感覚をもっと広めて、古いものと新しいものとの綜合、それから個人生活と公共生活との綜合、そういうものをただ理念だけではなくて、一つの美の建設というか、形のあるものとしてもっとやるようにしたいと思うのです」

　谷口の建築の「和」と「洋」、そして「古いもの」、つまり「古典（クラシシズム）」と「新しいもの」、つまり「モダニズム」の相克を「綜合」、つまり弁証法的に「合一」しようとした問題を利休などの茶人と重ね合わせて考えている。同様のことを、谷口の「化膿した建築意匠」（1936年）で、茶聖たちが博多や堺から流れ込んだ南蛮文化に対して、「それが日本人の生活風土に適合した形式に、まとめ上げられ、それが南蛮渡来の定式とは思えないほど、渾然とした日本的統一に高揚されている」のに驚嘆している。それが「合一」の実例として、谷口はそのようにして「洋」と「和」の「綜合」を今日的課題として考えていたのである。（傍線筆者）谷口の建築についての重要な一文である。
　吉田五十八は『現代日本建築家全集3・吉田五十八』（三一書房、1974年）の東山魁夷との座談会で、

　　「あんまり、日本的なものを多くすると、古くなってしまう。あんまり西洋を多くすると、

日本的でなくなってしまうんだよ。どこまでいって、どこに線を引くむずかしい」

　この「線を引く」とは「歩止まり」のことで、日本と西洋の割合いのことである。それが吉田の場合での「合一」の実態であった。

20. 谷口は戦後日本の「新古典主義」(ネオ・クラシシズム) 建築家

　三輪正弘は「谷口吉郎の作品」(『建築』1965年8月)で、まず「藤村記念堂」を「いちがいに日本への回帰と断ずるわけにはいかない」としながらも、

　　谷口の感性に訴えた新古典主義は理知の眼に選択されたシンケルであった。藤村の記念堂はこのような意味で戦後日本にあらわれた最初の新古典主義である。……谷口吉郎の理性は新古典主義の造型をここに求めた。

　2年後の慶應義塾大学の三田の一連の校舎などは、福澤時代からの「演説館」の影響もあり、シンケルなどの「新古典主義はそうした時点へ彼を立ち戻らせるのに、格好の条件を与えたのである」と、谷口は理性的な「新古典主義」の建築家と言ってよい。近代建築史における「新古典主義」(ネオ・クラシシズム)とは、18世紀中頃から19世紀初期の西欧での建築思潮で、バロックからロココ趣味への反発からギリシャ建築への憧憬へと至ったもので、伝統的な古典主義に対して普遍的で原理的なものへの遡及が認められる。代表的な建築としてはベルリンのG・ラングハンス設計の「ブランデンブルク門」(1789年)などがあり、装飾は本質的なものではなく、表層的な飾りを取り除いたフォルムにこそ建築の理念は純粋に示されると、量体(ヴォリウム)は明晰に分節された。しかし後に歴史主義へと移行してしまう。シンケルは新古典主義を完成に導き、「ノイエ・ヴァッヘ」(新衛兵所、1818年)や「アルテス・ムゼウム」(博物館旧館、1828年)(図VI-27A・B)が代表作とされる。

　同時代のロマン主義と対立し、融合し合い「ロマンティック・クラシシズム」と呼名される場合がある美しい呼称であるが、西欧と同じくアメリカでも見られる。シンケルの「宮廷庭師の家」(1829-31年)は汎用のロマネスク・ルネッサンス様式の窓が付いている。この「ロマネスク」は無装飾の中で由一の装飾というか、一部の曲線的表現であることに注目しておきたい。ブルーノ・タウトが「ロマン風」と言った「東工大本館」は、この「ロマンティック・クラシシズム」に相応しい。(傍線筆者)　これで筆者の高校時代の疑問への終止符を打てた。

　杉本俊多の『建築　夢の系譜―ドイツ精神の19世紀』(鹿島出版会、1991年)で、「18世紀後半から19世紀初頭にかけての新古典主義」として、「単純な矩形の壁面を見せ、装飾はわずかに限定され、軒や円柱などにもはっきりとしたフォルムを持つ彫刻的な装飾が施されて、壁面を縁取る程度に抑えられる。その分、壁面は大きく見え、何も語らない寡黙さが、人々に強

図Ⅵ-27　アルテス・ムゼウム（旧美術館）
A. 立面図

B. 外観

い力を及ぼし「崇高」（サブライム）という概念が使われている。

　つまり、シンケルの「新衛兵所」の初期計画案の図面を想起させる（前掲、図Ⅱ-20A参照）。そして19世紀中頃に、その新古典主義の修正が始まるのである。

　谷口は「シンケルは古典主義（ギリシャ的）にも、中世美（ゴシック的）にも惹かれた」として、「シンケルの古典主義建築」（『ギリシャの文化』大沢築地書店、1942年）には、シンケルを「新古典主義」ではなく、単に「古典主義」とした。しかし、杉本俊多は、それを「古い様式だが、さらにその時代を反映させ、古代と近代を融合させる」、そのために比較的装飾の少ない「新古典主義」となったと、シンケルの「新衛兵所」を掲げている。谷口は、第三帝国様式の旧日本大使館やテッセノウによる「新衛兵所」の「無名戦士の廟」としての内部改修にも、その新しい傾向を感じていて、新古典主義の「藤村記念堂」としてその理念は結実する。

　谷口を、この日本での「新古典主義」建築家とする理由は、ロマネスク風の曲線的な窓も付いていて以上の記述による。

21. 谷口の「清らかな意匠」 ── 東工大「水力実験室」から「東宮御所」へ

□ 設計は「美のモラル（環境倫理）」と表現は「美的ポエジー（詩情）」

　谷口門下の内藤 昌は、『近世大工の美学 ──環境倫理としての日本古典建築学』（中公文庫、1997年）として「日本の建築学には環境に関わって地球をまもる＜環境倫理＞が必須である」

とし、また谷口の『清らかな意匠』では、「建築家のモラルを意識して改めて歴史評価すべきである」と、その体験の原点として、

　　　日本におけるモダニズム建築の先駆者である谷口吉郎先生は、1930年後半期にドイツに留学する。〈国際主義〉やく機能主義〉などを典型とするモダニズム建築論発生の地であるヨーロッパでの実感をふまえ、特にドイツにおけるナチズム（国家社会主義）の「退廃芸術論」全盛期の動向を日本大使館設計過程において、つぶさに知られただけに、第2次大戦前後の日本建築思想界に与えた影響は限りなく大きい。具体的には建築家のモラルを意識して、『清らかな意匠』を求め、建築学の歴史的体系とその現代的意義を説く。それは倫理であり、谷口は「建築家は美の作者となる態度を要求する。設計はモラルを要求し、表現は詩を要求する。
　　　　　　　　　　　　　　　　　　　　　　　　　　　　　　　　　　（傍線筆者）

　谷口の「倫理」（モラル）は、ナチズムの実感から感得されたとして、内藤は、「理性」より「美の創作者」としての「倫理」と「詩情」が建築家に求められると、谷口自身も「住まいの意匠」（『建築に生きる』）*T-1-3-1-㉓に、「清らかな意匠」は、「倫理」（モラル）であった。

　　　日本建築の歴史にはいろいろの様式があって、古い住宅はそれぞれ時代の美的性格を発揮している。それは日本の風土に調和し、日本の建築材料の特色を発揮したものである。ブルーノ・タウトを感動させたのは、この日本建築にひそむ美しい「設計のモラル」であった。私はそんな美的モラルを東宮御所の設計に、新しく発揮したいと思った。……そんな御所の建築に、日本の住宅が古くから持っていた美的詩情が新しくよみがえることを、設計者は念じた。

　美しい「設計モラル」を、日本の庶民の住宅の美しい「詩情」に求めたのは「東宮御所」であった。戦中から戦争直後に考えていた「清らかな意匠」として、それは結実する。谷口はタウトにモダニズムではなく「設計モラル」を日本で発見したとしていて、それが真実であった。内藤は、谷口のこの設計の「美的モラル」を「倫理」（モラル）として、「詩情」（ポエジー）との合体を「美的詩情」とする。（傍線筆者）　内藤が引用したのは谷口のこの部分である。

　　　意匠の問題は、過去の問題ではなく、現代の問題である。将来にかかる問題である。徒に華やかだった過去の夢を追うことは許さない。建築美に対する傍観者でなく、その美の作者となる態度を要求する。
　　　設計はモラルを要求し、表現は詩を要求する。
　　　この時に当たって、屈せざる力と、清らかな心を用意して、以て真に「建築意匠術」の出発点から吟味してかかる必要があろう。
　　　　　　　　　　　　　　　　　　　　　　　　　（『清らかな意匠』7.建築の意匠）

内藤と谷口の言説は一致している。それが「美的良心」である。

谷口の「こころにひびくことば―正直な美のモラル―」（『PHP』1974年8月）には、「**正直に　慎み深く　おごらざる様を　侘びという**」と書かれている。

ワビとかサビと言えば、単に茶室の色のくすんだものや、形のゆがんだものとされているが、利休の師の紹鷗が教える「侘び」とは、谷口にとってはこのような正直な美のモラル、「この覚悟のなかに数寄者の意匠心が清く澄んでいるのだ」とする美意識で、それが「清らかな意匠」であった。

谷口の「観光施設と美的倫理」（『朝日新聞』1960年3月5日）には、宮城県の松島の「五大堂」は大同2年（807年）に造られ昭和28（1953）年に国宝に指定されたが、

> この建物が最初にこの島に建てられたときには、その出現は島や松の風景に対して冒険であったろう。だが、その建設行為に内在していた美的倫理ともいうべきものが、時の風景に耐えて、この建物と周囲と調和せしめ、さらに、点景的な効果によってその風景をいっそう引き立てているのである。

優れた環境の中に建つ施設は美的効果を倫理的に風致に調和させるべくことを指摘している。この「五大堂」はよい事例である。内藤 昌はそれを必然の「環境倫理」と称している。

22.「**過去（古典）とは背中に廻った未来だ**」――木下杢太郎

□ 谷口吉郎も「ユマニスト」

由良 滋は「記念性へのコラボレーション」〔杉山真紀子編『萬來舎―谷口吉郎とイサム・ノグチの協奏詩』（鹿島出版会、2006年）〕で、谷口の指導で、「萬來舎」の設計・監理を担当した。その末尾で、

> 「今、私たちは過去をつくっている。その過去をつくっている現代、それが本当に未来へ向けてのエネルギーになるにはどうしていったらいいのか」。谷口が遺したこの言葉をわれわれはもう一度考え直さねばならない。

谷口のこの「言葉」に類似した言説を、谷口と「花の書の会」で親交した野田宇太郎は「木下杢太郎断想」（『木下杢太郎の生涯と芸術』平凡社、1980年）で、詳しく説明している。

> 鷗外も杢太郎も晩年に近づくに従って回顧的に東洋風になったのではなく、自らの民族の「古典」にまでようやく到着したということにほかならなかったのである。それはユマニストとして自然な在り方であり、鷗外も杢太郎も何ら特殊の人ではなく世界的日本人の

典型として絶えず未来へと努力する姿に他ならなかった。杢太郎はいみじくも云っている、「古典とは背中に廻った未来だ」と。

　この文章から、まず谷口の「萬來舍」での「私たちは過去をつくっている」との言説は、木下杢太郎の、「古典とは背中に廻った未来だ」という言葉に拠ることが解る。するとやはり谷口も古典に依拠する「ユマニスト」であったことを再考してみるのが、妥当である。
　第4回谷口吉郎展＜小郡展＞（1997年10月）のシンポジウム*T-3-3で、司会の藤原惠洋は、

　　野田宇太郎文学資料館に展示されている中に、木下杢太郎さんの「過去は背中に廻った未来だ」っていう言葉があって、谷口先生はそれをとても重要なアフォリズム（註：格言）としてキャッチされていたようなのですが、そういう歴史理解みたいなものがかなり根幹に影響しているわけですね。だとすると、モダニズム建築そのものは意外なことに谷口先生にさほど影響を与えていなかったかも知れない。

　この＜小郡展＞は福岡県の小郡市の文化会館ホールで行われたが、この会館の右側に「野田宇太郎文学資料館」があり、野田宇太郎は筑後松崎の小郡市の出身で、これらの建物の設計は由良 滋であった。藤原は確かに「過去は背中に廻った未来だ」という「格言」を谷口が杢太郎から教示されたことを発表している。
　この「格言」の出典を「野田宇太郎文学資料館」に問い合わせると、それは、木下杢太郎の講演「国字国語改良問題に対する管見」（『木下杢太郎全集　16巻』岩波書店、1982年）に書かれていた。

　　古典というものの中には、之れ丈の力があるのであって、過去は決して過ぎ去ったものでなく、背中の方に廻った未来だと考えることが出来ます。

　野田宇太郎はこの格言を受けて、「過去の目標を失えば、同時に未来の目標も失う」とし、「文学散歩」を実行することを始めた。元来この杢太郎の「格言」は、森 鷗外が「パンの會」に対して、「過去ではなく未来への出発点である」と言ったことから始まると考える。野田の一連の「文学散歩」書は筆者の愛読書である。
　谷口は、この格言から「博物館 明治村」建設への背中を推されたといえる。由良 滋は「慶應義塾との絆―新萬來舍建設から解体へ―」*IN-6に、

　　谷口吉郎と野田宇太郎、二人の生涯の恩師である木下杢太郎の残した言葉「過去とは背中に廻った未来である」、この言葉を継いで谷口は「明治村」の創設へ、野田は「文学散歩」の著作に情熱を注ぐのである。

しかし、由良は、「しかし、社会が強く要望した現地保存は無視され、『萬來舎』はついに解体されてしまった。……"ノグチ・ルーム"は予定通り移築され、そのレプリカはやがて出来るだろう。しかし原型の持つ証言者としての谷口、ノグチの詩魂は永遠に消え去ってしまったのだ」と結んでいる。このような事態のため「博物館 明治村」の存在は大きい。

　「萬來舎」は解体されることになるが、その情報を知った関係者は署名運動、講演会と、仙田 満はじめ他の谷口門下生の保存活動、有識者の嘆願書、イサム・ノグチ財団の現地保存要望書、そして解体工事差し止めの訴訟にまで発展していったが、しかし、社会が強く要望した現地保存は無視され解体されてしまったのである。そして今、移転改築されている。

　谷口はよく、「消え去ることは、よみがえることだと詩人は言った」と書いていたが、この詩人も木下杢太郎である。そして谷口もユマニストである。

第 VII 章

「まとめ」
ー谷口吉郎・吉生による
「日本性の普遍化」ー

花と、面白きと、珍しきと

1.「様式のパラドックス」(内藤 昌) ——「装飾主義」の綺想風体

□ 清家 清・篠原一男の谷口論から ——「二元性」はパラドックス現象

　「パラドックス」(逆説)とは、真理に背いているように見えて、実は一面の真理を言い表している場合、もしくは結論としては矛盾をはらむ命題のことである。

　建築史家の内藤 昌は、東工大の清家研究室で「プロポーション論」として木材の間隔の割合の「木割り」の寸法論を研究していたが、後に谷口からは建築の「歴史研究」を意匠に結びつけるように指示を受けた。『桂離宮』(内藤 昌 他編、講談社、1977年)に、

> 　寝殿造りや書院造りをそのまま復古再生しているのではなくして、数寄屋造りにも帰納できる様式対比を試みていて、一見、不統一とさえ思えるほどに、「様式のパラドックス」が認められる。……桂離宮は機能主義建築の典型の如き印象を世人に与えているが……むしろ桂離宮の実相は……主知に徹した綺想風体にあり、その志向するところの本質は、「様式のパラドックス」と言えるほどに、古典を意識した装飾主義にある。
> （傍線筆者）

　1976年の春から桂離宮は創建以来の「昭和の大修理」による解体修理が始まった。その調査による内藤の研究である。つまり「機能主義の典型の如き印象」だが、本質はつまり「綺想風体」とまで「古典を意識した装飾主義」であることを、「様式のパラドックス」と呼んでいる。そしてブルーノ・タウトが顕揚した桂離宮の「無装飾性、簡潔性」は「近代建築の機能的な理想像であるとする分析に誤解を含む」としている。真実は逆の、タウトの言う「キッチュ」風であったとする。これは当然で、桂離宮の建設時には、今日のモダニズム建築などはなかったからである。

　内藤は、谷口の建築作品自体にも、ある意味での「様式のパラドックス」を感じている。

　内藤の他にもう1人の清家研究室出身の建築家の篠原一男は、「谷口論」である「合理精神の記念碑－谷口吉郎先生の作品をたどって」(『建築雑誌』1972年1月)には、

> 　〈詩人・谷口吉郎〉或いは〈芸術的なものと科学的なものを併せもつ個性的な建築家〉というような定説が既に出来上がってしまっているからです。……先生の全作品を貫いているもの、それは本物の合理精神であり、この合理精神を縦糸に、もうひとつの先生のたぐいまれな個性、詩的な感性がたえず横糸となって織りこまれています。……私はこの豊かな先生の詩的表現力さえも決して、一方の合理精神 ——これは科学や工学と地続きのものです—— と機械的に対立したものではなく、同じ土壌に生きる精神なのだと述べた理由もここにあります。
> （傍線筆者）

　しかし、谷口の本物の「合理精神」について篠原は明確に書いてはいない。それは書けな

いのである。筆者も谷口の作品に強いて「合理主義」は感じない、「意匠」を感じるからである。それと、「詩的な感性」との二元性については本論で展開してきた。この二元性そのものが、詩的表現力を合理精神の中で持つことが、ある意味で「パラドックス」現象と言える。（傍線筆者）　つまり矛盾をはらんでいるからである。篠原は谷口の「作品の系譜」の中で、具体的に渡欧直前のモダニズム住宅である「梶浦邸」（1937年）（前掲、図Ⅴ-14A・B・C・D参照）について、「その後の先生の数多くの制作の中に展開していくテーマの片鱗が含まれている」と、

　　この小住宅のなかにはもはやく谷口吉郎的なもの＞が、はっきりと視野の中に立ちあらわれています。先生のお仕事のうちでは一般にく合理主義的な時代＞と評される時のものでありながら、もう単なる合理精神というだけではとらえられることのできない要素を内在させています。後期において先生の制作の重要なテーマのひとつとなった「日本的なもの」も既にここにみえがくれしています。丸太の独立柱のとりあつかいに、バルコンの意匠に、或いは室内の屏風にも既に原形は作られたと考える。多くの合理主義建築がやがて衰弱し、枯渇していく運命を誰よりも鋭敏に感じとったこの建築家の目を支えたのが、この感動力、造形力というく横糸＞であったのだと思います。

　篠原は自己の建築の変遷を語っているようである。「日本的なもの」は合理主義的ではないのか。それは篠原の建築論になってしまうので、これ以上言及しないが。この「丸太の独立柱」とは、「梶浦邸」の1階広間の窓側2本の丸太柱である（前掲、図Ⅴ-14C参照）。外部の窓先のテラスにも同じ丸太柱が2本立っている。一見して「モダニズム」風でありながら誰もこの柱を合理主義的だとは思わない。後に篠原設計の「白の家」（1966年）の居間の大空間に太い丸太が1本迄立している。それは篠原にとっても「詩的感性」であった。清家の場合は、「斎藤助教授の家」（1952年）の居間の丸柱は、藤森照信によってミースの住宅との相似を重ねて指摘されているが、筆者には、その柱は空間での場所を認識するための感性的な「室礼（しつらえ）」にしか見えない。しかし、それは清家の「和風」の「詩的造形」であったのである。元来、日本では「合理主義」とは概念だけで実体はないのではないか。A・レーモンドの丸太柱の「芯外し工法」をどのように位置づければよいか。それにより解答が見つかるかもしれない。

　清家は仙田　満との対談で、幾度も引用するが、谷口「自邸」の「床の間などに、ちょこんと何か置くというのが上手ね」と話している。それは、洋間でも壁の数箇所に小さな棚に置かれた「和風」の花器や壺である。清家はインターナショナルを「洋」とするなら、「日本的なもの」の「和」との「パラドックス」のことを言っている。しかしその本質は、「風土」と矛盾対立するものではなく郷里の伝統として括られている。梶浦邸だけではなく、谷口「自邸」にもすでに「日本的なもの」があったのである。

　「桂離宮」の「新御殿」の「一の間」の床の間の上部の隅に三角形の「桂棚」（前掲、図Ⅵ-22A・B参照）がある。それと、「修学院離宮」の「中の茶屋」の「客殿」の「一の間」の飾り棚は「霞棚」

（前掲、図Ⅵ-22C参照）と呼ばれ5枚の棚板が霞のように掛かっている。地袋の上に三角の隅棚がある。それらはともに谷口「自邸」の清家が注目する各所に分散された小さな棚の原型となったと言える。それは、もはや機能的とは言えない。

　清家と篠原の東工大の谷口の門下生の2人の建築家による、戦前の谷口のモダニズム住宅にひそむ「和」についての的確な分析である。やはり身近にいた弟子たちの建築家の目は鋭い。清家が谷口「自邸」が当初から日本的であったと同じことを、実際に住んでいた谷口吉生も言っている。その点でも「パラドックス」で、それが特徴である。しかし、結果的には「風土」が解決する。

　次に金沢で大学の教職に就いていたパルテノン論の建築史家の竺 覚暁の『谷口吉郎展報告書』*T-3-5にあるシンポジウム＜金沢＞の発言の中の「パラドックス論」を引用する。

　　「藤村記念堂」のようないわゆる和風という言葉は私は谷口先生の作品にはあたらないと思っていて、先ほども和風とモダニズムとうまい言葉がなくて、「アウフヘーベン」止揚したと言いましたけれども……単に和風を取り入れたとか、それがモダニズムと融合したとか言うのではなくて、それがもっと、その根本のところで日本建築の中にモダニズムを見るというか、日本建築の中にモダニズムを抽出してくるということだと思うのです。そう言う意味で、日本建築における形の抑制というものが、金沢的な、あるいは北国的なもののあふれてくるものを抑制する。そう言う緊張関係において、谷口先生の造形というもの、とくに和風といわれる造形が生まれたというふうに私には思えるのです。
　　　　　　　　　　　　　　　　　　　　　　　　　　　　　　　　　　　　　（傍線筆者）

　日本建築の中に「モダニズムを抽出する」にブルーノ・タウト的な証言を見るが、竺はそれを「止揚」（アウフヘーベン）という概念で説明している。やはり郷里金沢の「風土」の「融出」を「抑制」しつつ、モダニズムを「抽出」するという「パラドックス」を「止揚」するキーワードである。竺の「モダニズム」論は適確である。しかし近代モダニズムと日本建築はまったく関係ないと私は考えている。それは時代が異なるからである。それとモダニズムはその地の風土とは無縁のインターナショナルであるからである。

　ドイツのシンケルたちの古典主義建築は遠くギリシャ文化を自国のルーツとして郷土性としてプロシャ精神を建築に取り入れているのを見て、谷口はそれを「ギリシャの教訓」と称した。はたしてそれがよいのか。当時、逆にW・グロピウスたちの国際主義建築を郷土的でないとの理由で排撃したナチス・ドイツの建築は装飾性のない柱梁による構築建築であったが、結果的にはモダニズム建築に近似していて、谷口はベルリンの日本大使館の監修という体験を通してその実態を目の当たりにしていた。それも「様式のパラドックス」であった。

　戦後の日本はインターナショナルな建築を西欧近代化として受容するが、もはや谷口はその道を選ばなかった。そして「日本らしさ」、「和風」を風土性として逆説的な手法としてモチーフとするが、それは「パラドックス」を解決するための「詩情」による「止揚」であり、日本の伝統

図Ⅶ−1A. 佐伯宗義邸 北面玄関前の格子

B. 佐伯宗義邸の玄関溜り

建築として「風土」を見ていた。繰り返すが谷口は、もう「和風」という概念はないと言っている。

　それはブルーノ・タウトが桂離宮に簡素な「永遠の美」を発見したのと、同じ視点で谷口がタウトに誤りも含めて親近性を感じていたのもその理由からである。「パラドックス」（逆説）を解消するためには「アウフヘーベン」（止揚）が有効である。そのための谷口のストラグル（闘争）の象徴が「石川県繊維会館」（1952年）の内部の写真である（前掲、図Ⅲ−2参照）。亀甲紋の腰壁の上部の天井から折り鶴が下がっている。谷口の「パラドックス」の「詩情」による「止揚」の努力が垣間見える。

　最後に谷口の「和風と洋風」（『芸術新潮』1958年1月号）を引用して谷口の回答とする。

　　現在日本の建築家にとって、「和」と「洋」の専門的差別は解消していることになっている。しかしまた、果して自分は現代の建築家として和洋の差別から独立したことによって、建築の実体をつかみ得ているのであろうかと、自問したい気がすることがある。……日本の詩が日本の言葉に含まれている息づかいから離れることがむずかしいように、建築にもそんな意匠の独自な息づかいがあるはずである。……日本の風土の審判はきびしい。それに対して私たち建築家はつねに手持ちの技術で耐えねばならぬのである。私たちの富の程度、それを私たちは清貧といっているが、それを誇りとして自分たちの社会を支え、日常の生活を美しく表現しようとする強い意匠、それが即ち、私たち建築家の「和風」だといえるのではなかろうか。

（傍線筆者）

　谷口は「和洋の差別」から独立することを「パラドックス」からの離脱と考えていて、谷口にとって「和風」は、日本の清貧な「庶民」の日常「生活」を美しくする簡素な「風土」建築である。もうあの「日本建築」の「和風」ではない。A・レーモンドがそれを日本の大地から生えた茸と喩えたのも同様である。谷口は実例として千代田区一番町の「佐伯宗義邸」（1957年）（図Ⅶ−1A・B）について、「室内の使い方は洋式であり、部屋によっては今までの日本家屋のような土壁や紙障子もない所があるが、それにもかかわらず、少しは和風めいたものが浮かびあがってきた」と、鉄筋コンクリート造の2階建てであるが「和風」めいたとしている。

『芸術新潮』（1958年1月号）の「グッド・デザイン・コーナー」には、この「佐伯宗義邸」の写真と、谷口のこの「和風と洋風」の小文が掲載されている。そして「佐伯邸」の感想記ともいえる浜口隆一は「通人の至芸」に、

　　このすまいを批判するということは、率直にいって私には大変難しい。複雑なコンプレックスに捲きこまれてしまうのである。好きで嫌いで、嫌いで好きで……というような感じである。われわれの職業意識の一面からすれば実に上手なのである。

　それは窓の外に付けられた櫺子（連子）格子もその一部で「住まいの内と外を微妙に区切っている」と、さらに浜口は、

　　しかし、同時にこの部屋のデザインに対して、私の職業意識は、ざくざくと批判の鎌首を持ち上げてくる。ここでは近代建築というものが取り組んでいる本格的な問題に対して逃避的としか思えないような所が、多く見られる。……さらに重要な問題としては、住宅内部の生活空間としてのこの部屋の機能のあやしさがある。

　それは具体的には、床が「石の床」、「木の床」、「畳」の部屋と３種類のはきものが異なる「不便さ以上の問題」があり、それが浜口の言う「近代建築」の本格的な問題である「機能のあやしさ」であり、「住生活様式の問題として本質的な（西洋との）相違である」とまで指摘する。しかし、谷口は1957年の慶應義塾大学の新「萬來舎」の「ノグチ・ルーム」において、同じく３種類の靴と裸足の床と、その高さを変えた建築をイサム・ノグチとともに作っているが、しかしそれは「洋風茶室」で「ジャパニーズ・モダン」であった。この２つの建築は1957年の同年の作品であるとともに、まさしく「様式のパラドックス」として感じている。
　その根源を、続けて浜口は、

　　建築家、谷口吉郎氏は、大分前の話だが立礼式の茶室をデザインして注目されたことがある。現代の茶室をという谷口氏の創作努力の延長と考えるのが、この部屋のデザインを解く鍵かも知れない。

　その茶室は、「新日本茶道展」（上野松坂屋）（1951年）での「木石舎」（新しい茶室の一試案）*E-37 である。立礼席のある洋風の茶室である、「和風か洋風か」というより、「和式か洋式か」という「生活様式」の変革まで迫ろうとする提案である。そこに谷口の「パラドックス」の原点を見い出している浜口の視線は鋭い。それは単に「通人の至芸」などではなく、「止揚」の試みであった。私は浜口隆一という建築史家をその著書の『ヒューマニズムの建築』*G-7 より以上に、谷口論に関しては評価したい。

図Ⅶ-2 佐伯別邸 両面

図Ⅶ-3 佐伯別邸
食堂から見る客室

　そして、ほぼ同時期に短期間の4週間で竣工した谷口の「佐伯別邸」（1957年）（**図Ⅶ-2、3**）は、軽井沢の木造の山荘で「入口を入るとすぐに客間がある。これは和風の6畳であるが、それに続く食堂は、椅子式で台所と同室。書斎は椅子式であるが、寝室は6畳の畳敷」と、当然のような椅子式と座式の様子だが、ことさらその違いを強調している。外部は、傾斜地なので、柱列の内側の広い縁側が高床のように全面に延び、屋根は「ゆるい勾配の寄棟」だが、木造なのに深い庇の出は全くフラットルーフのように見える。しかし縁側の込隅に櫺子（縦木）格子が床から天井まで伸びてスクリーンのようである。美しい外観で谷口の新しい境地を予見させていて、「形態のパラドックス」後の「東宮御所」（1960年）や、「迎賓館和風別館」（1974年）へと延長する住宅で、筆者の特に好きな住宅作品で、おかしな表現だが「和風」のモダニズムすら感じさせる。この「佐伯別邸」は、あの時期の谷口の形態と機能の「様式のパラドックス」の「止揚」のまず一応の到達点であると考える。後の谷口吉生の建築を感じさせる。

　谷口吉生は『建築家という生き方―27人が語る仕事とこだわり』（日経BP社、2001年）に、「父は西欧的な考えの中から伝統的な形に近づいていった経過がある」と、「和風でない伝統的形式」が谷口吉郎建築の鍵である。（傍線筆者）　上手な表現であるが、その部分を再掲すると、

　　父の建築のプロポーションとか、いろいろな設計を見ても、父の建築は、晩年は伝統的な形式でしたが、和風ではないですね。例えば西欧的な建築を頼まれて、その中に日本間を一つ作ってくれ、という話があったとすると、父のデザインの形式がそのまま取り入れられます。父の場合は、西欧的な考えの中から伝統的な形に近づいていった経過があるので、わりとぴったり合うような感じするのです。

　戦後、1951年の「慶應義塾大学第二研究室・萬來舎」は、縦長上げ下げ連続窓が美しい2階建で、「和風」とも「洋風」とも言い難い外観をしている。むしろ「ドイツ風」の「新古典主義風」とでもいう方が似つかわしい。谷口吉生は、それは「和風ではない」と言っている。

　とくに三田の「萬來舎」の1階には、イサム・ノグチによる「茶室」とも言える曲線ばかりのクラブ室の「ノグチ・ルーム」があった。「和」としての「洋」が内蔵されていた。まさしく

谷口吉生の言う「和風でない日本の伝統的な形式」の具現化の実現であった。

　谷口の「日本間と西洋間の区別」（1942年）*E-22に、日本間と西洋間という部屋の相違とは、ただ椅子式と坐式のちがいであると言っている。つまり「生活様式」の違いである。

　その他に、谷口の作品の椅子式と坐式が混在する事例としては、

1. 谷口「自邸」（1935年）（前掲、図Ⅱ-21参照）
2. 萬來舎の「ノグチ・ルーム」（1951年）（前掲、図Ⅳ-18A参照）
3. 集団週末住居・「画架の森」（1955年）
4. 佐伯宗義邸（1957年）（前掲、図Ⅶ-1A参照）
5. 佐伯別邸（1957年）（前掲、図Ⅶ-2および3参照）
6. 出光美術館・「茶神亭」（1966年）（前掲、図Ⅳ-14参照）
7. 淡交社ビル・「好文庵」（1967年）（前掲、図Ⅳ-16参照）
8. 迎賓館赤坂離宮　和風別館・「游心亭」（1974年）（前掲、図Ⅳ-15C参照）
9. 谷口吉郎・吉生記念金沢建築館・「游心亭」復元（2019年）（後掲、図Ⅶ-12参照）

　やはり茶席が多いが坐り方が空間デザインに趣きと影響を与えている。「生活」から「和」と「洋」を考える谷口の一例である。住宅の根本的な問題、すなわち住むということはどういうことか、それが日本の風土と、現代風俗に適合するにはいかなるものであるべきか、さらにその新しい美しさとは、どんなものかということが重要な問題で、通俗的な現在の日本の住宅に混在する椅子式か座式の選択ではない。

2. W・グロピウス「多様のなかの統一」──「モンタージュ論」

□ 茶室は「モダニズム建築の極北」(谷口)

　W・グロピウスは「日本の建築」（『デモクラシーのアポロン―建築家の文化的責任』桐敷真次郎［訳］、彰国社、1976年）の中で、茶室について、

　　日本の住宅や茶室はこうした強い独自性を特によく示しております。……平面の開放性と融通性を結合しております。これらの時間を超越した美点は、今日われわれの新しい技術的手段を用いれば、手工芸の時代よりもさらにうまく活用できるでありましょう。
　　茶道は単なる茶の湯以上のものであります。それは生活の仕方のすべてをよく表現しています。……わたくしは、茶道の影響がすべての伝統的建築の概念に行き渡っていることを発見して驚嘆したのであります。

　モダニズム建築の推進者であるW・グロピウスが、1954年に来日時の記録が『グロピウスと日本文化』（彰国社、1956年）にも書かれている。谷口は「ワルター・グロピウスをいたむ」（1969年）に、グロピウスが86歳で逝去したニュースを聞いて、その功績は、「合理的な機能

主義を主張し、風土条件を乗り越えて国際様式を樹立しようとする活動は花々しかった」と、やはり「風土」を意識していたのだが、それを日本の場合には、タタミへの強い愛着で、谷口は、

　　今日の日本人はタタミを古くさいもの、不衛生で非能率なものと考えているが、W・グロピウスはそれに優れた造形原理を認めようとする。それは規格統一された大量生産品であるにもかかわらず、それが組み合される美しい座敷が出現する。そんなタタミは彼の主張するモンタージュ論を立証するものであった。そのたくみな設計方法を日本の職人は16世紀の昔に考案している。それに感心して、彼は日本の木造家屋にその上ない愛着をよせていた。

　「モンタージュ論」とは、「多様のなかの統一」ということで、「自然の多様なパターンやデザインは、変化する条件によりよく順応するようにたえず自らを修正しているのです。……多数の建築家が多くの異なった材料や方法を用いて、ひとつの完璧なバランスを発展させたことが見出されるのであります」と、その「多様のなかの統一」の理想的な実例を、ビザンチン・ロマネスクからゴシックまで混在するベニスの「サン・マルコ広場」であるとしている。それが「風土条件を克服して国際様式を樹立する」活動の根底の理念となる。（傍線筆者）　この「多様のなかの統一」に、谷口は「和と洋」からの「合一」と類似の感性を見る。適確な概念である。
　W・グロピウスは来日時に、「丹下健三」自邸（1953年）と、清家 清の「斎藤助教授の家」（1954年）などを見学して賞賛している。「斎藤助教授の家」は板貼りの客間の隣りに畳敷の和室があり、この丸柱の素材は何かと質問している。「私の家」は完成間近であったから、「移動式畳」は見ることができただろうか。W・グロピウスは同書で、「日本の畳」として、「茶室の場合のさまざまな畳の敷きかたを示したもの」として、エンゲルの『日本住宅』より、「一畳台目の茶室」、「二畳の茶室」、「二畳台目の茶室」の３パターンの間取り例図を掲げている。どこか清家の「移動式畳」を連想してしまう。しかし谷口は「タタミとイス」（1955年）[*E-46] に、

　　先日来朝したW・グロピウス氏も、日本のタタミを非常にほめた。そんなタタミに関する感想を、私たち日本の建築家は、箱根の一旅館で、氏を囲みながら論じ合ったのであった。その時、タタミの上に坐っている者は、足のシビレを気にし、特にW・グロピウス氏はタタミの上に足を投げだし、遂にタタミの上にイスを持ち込み、それに腰掛けながら、講演を続けられた姿は、ちょっと皮肉な光景であった。

　このW・グロピウスのタタミ（畳）への椅子の適用は「皮肉な光景」というより、W・グロピウスの「風土条件を克服して国際主義へ」を象徴する細やかな行為で「多様の中の統一」であったと言える。国際主義は風土条件を克服できるのかが問題である。
　谷口自身の茶室とモダニズム建築の言及については、「化膿した建築意匠」（1936年）[*E-12] に、日本の遠州、利休、宗旦などの茶人達の建築精神について、

この日本の茶聖達の技法は最も新しい建築技法の「新精神」として、機械時代の今日に生き生きと蘇っているのを驚かねばならぬ。それは真のいい意味におけるモ・ダ・ン建築の極北とさえ考えられる。それは現代の世界的水準をいくフランス、ドイツ、オランダ、スイスなどの新興建築家と同列であり、それ以上と断言し得るほどの新しい技法にみなぎっている。（傍点筆者）

谷口は茶室を「モダン建築の極北」とする以上に、建築家の魂が茶聖の建築精神にまで匹敵せんとする闘志が、現代建築に対する新しい設計欲となって燃え上る期待を言っているのである。しかし、谷口は「茶室」を「モダニズム」建築に喩えてはいない。あくまでもモダン「現代」建築である。その必要性もないし、時代も遠く離れていて、相互の実態的な影響もないからである。A・レーモンドも同様であった。

3. 谷口の「転向」(?)の「射程」

□「藤村記念堂」と「秩父セメント第二工場」の距離と時間

山田孝延から、あと谷口論で未論考なのは「秩父セメント第二工場」(1956年)(前掲、図Ⅱ－13参照)であるとの指摘をされた。それには、八束はじめによる谷口についての「意識されざる転向」(『思想としての日本近代建築』岩波書店、2005年)がその考察の契機となった。

この八束の「転向」論の論旨は、

　　戦後の谷口は、もう一つ藤村記念堂よりはビルディング・タイプとしてもデザインとしても東工大水力実験室の延長上に成立するような秩父セメント第二工場をつくっている。転向者であればつくらなかったであろう類のデザインである。この三つ（註：366頁の図表の囲み部分）を互いにどう位置づけるか？　しかしこの問いに答えるには迂回が必要である。

「転向者であればつくらなかった云々」は微妙である。ということは谷口が「転向」者であると断定してのことか。つまり「転向」を前提として八束は考えているのである。八束は迂回と言うより種々の検証を行い結論としている。それは、再掲すると、

　　こうして見ると秩父セメント第二工場と藤村記念堂は意外に近い位置にあるともいえるが、逆にイメージでしかない文学的風土と、社会経済的事実である工業的風土の間の距離は果てしなく遠いとも考えられる。この距離のうちに谷口の転向の射程がある。

「秩父セメント工場」と「藤村記念堂」は、ともに「イメージ」も「経済的事実」も異なるが「風土」という環境的視点により、ともにモダニズム建築の「水力実験室」から「転向」したのだとすると、「秩父」と「水力」は同じ「工場」的建築ということで、24年だが「藤村記念堂」

図Ⅶ-4　谷口吉郎の東大卒業設計ー「製鉄所」計画案　　B. 南側立面図
A.「圧延工場断面図」1928年

より近い距離の「転向」（？）であり、その工業的な「射程」は短いが、つまり「水力」と「藤村記念堂」の「和風」の「文学的風土」は遠い「射程」にあると言っている。

谷口の「風圧の研究」（『建築に生きる』）*T-1-3-1-⑬には、

　　大学の三年生になると、卒業設計には「製鉄所」（図Ⅶ-4A・B）を選んだ。工場建築を意匠的に扱ってみたいと考えた。その設計図がパスし昭和3年、大学を卒業した。教授たちの推薦により、その製図が建築学会誌の『建築雑誌』に掲載され、それが私の仕事が学会誌にのる最初となった。

そして大学院に残り、工場建築の研究をしていたから、谷口の建築観には「工業的風土」がすでにあったのである。しかし外観には縦格子としての「和風」もある。

しかし「秩父セメント工場」はシェル型屋根の鉄骨コンクリートの四面構造で「洋風」、一見モダニズム的であるがそれは緩傾斜屋根という点では雨量の多い「日本的なもの」で、環境の配慮のために塵埃を外に出さない「風土」という生活意匠を用いていた。「秩父セメント株式会社第二工場」（『国際建築』1956年9月）には、安全と衛生を確保し、「敷地内に緑の芝生を作り、花壇に四季の花を咲かせる庭園計画と、気持ちのいい、生産環境」により、「進歩的で、気品があり、かつ人間味のあるものになったと思う」と、谷口は述べている。この「人間味」について、松隈 洋は、それは工場でも「健康な生活の場」であるとしている（『モダニズム建築紀行』六耀社、2016年）。谷口は工場建築でも「機械」としてだけではなく「生活」を優先する建築家であった。「東工大創立70周年記念講堂」も理工学系大学のための施設として、純「和風」のデザインは回避されているが、しかし、「秩父セメント工場」は同じ「工場」風でありながら「水力実験室」とはまったく異なり、「和風」が混在していた。むしろ「藤村記念堂」とは、八束の言うように「意外に近い位置に」あったといえる。年数の違いもたかが9年である。それでも、八束はともにそれを「転向」とする。それを図表で検討してみる。

しかし、筆者にはこの次の図表で判るように、「転向」という語は相応しくなく、やはり段階的な「合一」現象のように見える。

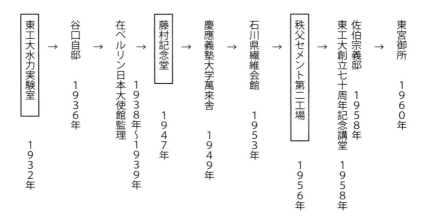

図　谷口吉郎の主要建築

東工大水力実験室　1932年　→　谷口自邸　1936年　→　在ベルリン日本大使館監理　1938年〜1939年　→　藤村記念堂　1947年　→　慶應義塾大学萬來舍　1949年　→　石川県繊維会館　1953年　→　秩父セメント第二工場　1956年　→　佐伯宗義邸　1958年　東工大創立七十周年記念講堂　1958年　→　東宮御所　1960年

　以上３つの対象の主要建築（註：図表の□印）を挟んで、他の建築を年代的に並べると、一度に「転向」したのではなくて、徐々に「洋」から「和」へと変化していったことが判る。つまり「射程」は極端に短くそして徐々に変わっていき、もはや「転向」とはいえない。（傍線筆者）しかし、八束は「おそらく転向の自覚」がないままに行われたとする。それにしてもベルリン滞在中に、シンケルの古典主義建築および第三帝国主義建築の影響を受けたことと、帰国後の「日本らしさ」―「風土」と「環境」への「回帰」は「転向」などではまったくなく、徐々に「日本的なもの」に「合一」し「融和」していったと考えられる。

　谷口は「和風と洋風」（『芸術新潮』1958年1月号）の中で、「私はよく人から＜専門は日本建築ですか、西洋建築ですか＞とよくたずねられるが、私はいつも返答に窮してしまう」と、しかし、

　　私は日本建築家であると同時に、西洋建築家であるということになる。……つまり、日本の建築界は和洋の差別の解消によって、一つの進歩的な段階を登ったことは確かだが、それによって反対に失ったものがあるような気がしてならぬ。それは建築家自身が異邦人となり、建築から独自性が消えようとしていることに対する心配である。

　以上が谷口本人の結論である。谷口本人は「自分は必ずしも変わっていない」と話しているが、呼称としての「和風」でも「洋風」でもどちらでもよかったのである。その「和風と洋風」の「佐伯宗義邸」は、「東工大創立七十周年記念講堂」と同年の1958年完成である。そこに、この両建築の共通性がある。その実体は「融和」であったからで、「相対化」して併置するのではなく、谷口はむしろ日本人の建築家としての「独自性」と建築における「詩情」の消失を心配していたのである。

清家 清は、『日本現代建築家シリーズ⑤ 清家 清』（別冊『新建築』1982年）に、自身の「和風」への転換について、

　　私としては、いわゆる和風を意識しているわけのではなく、和風と皆さんが言って下さるだけの話だと思います。モダニズムの一環でしょうね。畳や障子にしても、何も捨てる必要はないわけだから、これらをデザイン・ボキャブラリーとして取り入れたというより捨てなかったというだけのことです。モダニズムを「西洋風」という意味に解釈していただければそれもそうかといえるかもしれません。

やはり清家は谷口の弟子であったが、「次世代」の建築家であった。同種のことを言っているが、谷口は少々「和風」の意識が強かっただけなのである。清家はそれをここでは珍しく「モダニズム」と言っている。
　清家は「すまいつくり―住宅設計における私の方法」（『新建築』1966年1月）に「和風といわず、洋風といわず、現代風という中に、それを融合させる空間を採っている」と、立礼座礼の問題の解決でそれを実現させようとしていた。谷口の場合は茶室の場合の立礼席がそれに該当する。
　筆者は、その「和」「洋」の問題について、建築家を含めて「世間」の認識が変わったと考える方が適切かなと思ったりしている。

4.「新日本調」（「日本的なもの」） ──和洋「合一」＝「和」＋「洋」（非和）

□ 谷口の「二元性」──建築家としての十字架（和魂洋才）
　「藤村記念堂」（1947年）の直後に、清家 清が谷口の紹介で、森 鷗外の長男の森 於菟の「森博士の家」（1951年）を設計し竣工するが、戦後の初期にとして『ヒューマニズムの建築』（雄鶏社、1947年）を発表した建築評論家の浜口隆一は、この2つの建築を「新日本調」と名付けて、「日本的なもの」の嚆矢（こうし）として高く評価した。筆者はこの「森博士の家」を見学したが、畳の床（トコ）はまるで洋間の床（ユカ）の素材のように見えたし、感じられたのである。
　浜口の「日本国民建築様式の問題」（1944年）*G-6 には、1930年代に戦時中まで続いた激しい論争を繰りひろげた「日本的なもの」問題の総括であった。「建築＜個々のもの＞というよりは、日本の過去の建築様式を貫く基本的な傾向」とは何かを問うて、それを「日本国民様式」と称した。このような「日本趣味」について、八束はじめは、『思想としての日本近代建築』（岩波書店、2005年）で、谷口の言説から、それは戦時中の、

　　伊勢神宮や、出雲大社の真の日本建築の形式が示す「純正な真の建築」とは違って、「あまりにひどい愚劣」による、「毒々しいまでの独りよがりの醜状」を呈する「国粋の侮辱」であるという。

谷口は法隆寺や平等院などの仏教建築を「日本独特の古い文化財」という評価をする一方で、

　桂離宮、修学院離宮、あるいは京都御所などというものに甚だ違った感銘を私たちは抱きます。桂などの美は今日の造形力を刺激し、世界の心ある作家の新しい建設精神をゆすぶるのである。

だからといって、いわゆるモダニズムではない。谷口は神社や仏教寺院などの、いわゆる「寺社」ではなく、御所とは別の「離宮」を含めて天皇や庶民の「人間」の「すまい」（住居）にも関心が高かったのである。「建築における日本的なもの」への対象は、天皇を含めての「人間」の住宅建築や茶室建築であった。したがって「日本趣味」は「すまう」ことにより、「風土」論と結びつけて、「庶民の生活」方式改善のための建築による「近代の超克」へと向かったのである。それは日本の「環境決定論」に基づく「倫理」であったが、「日本回帰」という「退行現象」または「転向」と見られてしまった。しかし篠原一男は、それを「谷口吉郎様式」として独自性を見ていた。

　この谷口の新「様式」を、「新日本調」と命名した浜口隆一は、「谷口吉郎氏との30分」（『新建築』1956年1月）の対談では、「東工大水力実験室」や戦後の一連の「慶應義塾大学の諸建築」と、「藤村記念堂」などの2つの種別について、谷口は、

　「それは私が持っている作風の断面だと思うのです。作家の作風というのは死んでからでなくては本当はわからないものでしょうが、私のはいつも二元性を持っているように思います。……だからその二元性を持っているが故に自分を研磨してゆく。それが僕の背負っておるものじゃないかな」

そして「東工大水力実験室などは非常に作り易い。その反対のものは非常にむずかしいのです。そして逆にそのむずかしいところに魅力を感ずる。……二つもとるということは、一つだけにいくことより実に苦しんでいるわけです」として、それは「合一」のことで、その「二元性」の違いを克服するために、続けて、

　「だからむずかしい方にいってしまうのです。僕の性格にそれが体臭みたいにあるのかも知れませんね、血液みたいに。つまりA型とB型と二つ持ってる人みたいに。だからそれを「合一」することが私の背負っている、大袈裟にいえば、建築家としての十字架かもしれない。それを詩精神をうちにもって作品を作るのが僕の課題です」

谷口は自身の建築思想の「二つとも」という「両頭」の「二元性」を認めながらも、それを「合一」するという「止揚」する方法を話している。それは「合一」、つまり「和洋合一」で、例

えば「和魂洋才」のようなものである。つまり日本人の心を持ちながら西洋の建築を受け入れることである。しかし、それは谷口にとって「建築家としての十字架」であると告白している。(傍線筆者) 逆に「洋魂和才」であると、本来の「洋」の組立てに「和」を入れるという折衷主義になってしまう。今日まで、それは「転向」だとか、「相対化」とか、「回帰」だとか、「逆説」(パラドックス)とか各者により評論されてきたが、正しくは本人の言う「合一」であった。それを「和」(風)をA、「洋」(風)をBとすると、「転向」はA→B、またはB→A、「相対化」はA≒B、「逆説」はA≠B→(非A)、「合一」はA＋B→(非A)ということになる。それは「融和」、まさしく和すること、と言ってもよい。それはA＝Bである。

谷口がその「二元性」の現象を他者にも見い出していたが、谷口はその実例として、対談では、小説家、詩人などの作家と建築家について、

「作家にも散文精神を持つ人と、それから詩精神も持っても詩と小説の両方をやる人と二つあるわけです。それは詩でも即興詩もあれば、劇詩みたいなものもある。僕も一つに限ってみたいとは思わない。近代建築も合目的性をもっと巾をもってもいいのではないか。
建築家でもオットー・ワグナーなどもやはり二元性を持っている。スタインホーフ教会(1904–1907年建設)に対して、ウィーンの貯金局(前期1904-1906年、後期1910-1912年建設)、あれははっきりと二元性です」

そして文学、芸術の師ともいえる木下杢太郎についても、谷口は、

「その杢太郎はちゃんといっているのです。＜嫌いなことをやるのも大切なことだ＞と、それから杢太郎の悲劇は医学と文芸と二つ、それが彼の性格の悪い点でもありいい点でもある。そして或る文芸作品を頭に考えていながらついにそれを果たさずに、病気で死んでいった。両者のものが一つになるかならないかは後の結果である。……例えば文章を書くことは私にとって非常に苦痛です。だけど文章を書くと設計をしたいという気持が非常に強くなって来る。それと＜合一＞することは、やっぱりミケランジョロとか、ダ・ヴィンチとか、ああいうところにいかないと＜合一＞しないのではないか」

幾度も「合一」という言葉を用いて説明し、その理想をレオナルド・ダ・ヴィンチやミケランジェロなどとしている。とにかくこの2人の芸術家を好んでいた。具体的でよく解る。この杢太郎の「或る文芸作品」とは、再掲するが野田宇太郎が杢太郎との最後の面会の「終焉の記」(1945年)に、杢太郎は、

僕は例えば、ゲーテの「ウィリヘルム・マイステル」のような長篇が書きたい。大体ここ(病院)で、その構想は出来ている。題は「木下杢太郎」ということにしたい。

しかし、この杢太郎の自叙伝は、昭和20年10月15日の長逝により永遠に書かれずに終った。杉山二郎は『木下杢太郎—ユマニテの系譜』*K-19で、その本の名の、

　　この題の『木下杢太郎』こそ、和魂洋才の一典型の産んだ、近代日本ユマニテ育成史の重要なドキュマン（註：専門書）であったに違いない。

　中国文化やインド文化の東洋ユマニテの本質を、その芸術作品を通じ、美意識の問題から人間性の問題に止揚し、古典教養の重要さに気づき、さらに西欧ユマニテとも対決していたのである。それは「和魂洋才」の一典型で、弟子の谷口吉郎にもまったくあてはまるに違いない。
　浜口隆一は『ヒューマニズムの建築』（雄鶏社、1947年）を書いた人で、この谷口との「30分」の対談は、谷口から「二元性」および「合一」という言説を引き出した重要な対談であったと言える。
　谷口をシンケルと同じように「新古典主義」の建築家と、筆者が判断する理由は鈴木博之の『建築の世紀末』（晶文社、1977年）に、19世紀建築家の新古典主義の「二つの方向性」について詳説されている点に注目したからである。それは単にギリシャを選ぶか、ローマを選ぶかという二者択一ではない。<u>その「二つの方向性」とは、「考古学的実証を通しての源泉への遡行」（建築史的実証）と「論理的な純粋形態・原型への探求」（理念的純化）とが、問題であった。つまり「古代の建築」と「理想の建築」とが分離し始めていたが、シンケルはそれをプロシャの郷土性で統合しようとした。それが「新古典主義」であった。</u>（傍線筆者）
　谷口がシンケルに見た「ギリシャの教訓」と称した考え方もその顕著な側面であった。それには「二者択一」ではない「二元性」が根底にあった。

□「合一」とは「和魂洋才」の「融和」である

　ヘーゲルの弁証法において、はじめの主張を「テーゼ」（正）または「即自」として「洋風」とすると、それを否定する立場を「アンチテーゼ」（反）または「対自」といい、それを「和風」とすると、その2つを統一して、より高い次元の考えを生み出すことを「アウフヘーベン」（止揚）と言い、その生み出されたものを「ジンテーゼ」（合）または「即自かつ対自」と言い、「和魂洋才」と名付けられるような結果的に「絶対知」を手に入れることができる。谷口は「弁証法」的な作家であった。
　谷口の言う「合一」とは、この「ジンテーゼ」のことであり、竺 覚暁の言う「止揚」とは「合一」のためのプロセスのことである。谷口の戦後の建築作品は「和魂洋才」というか、哲学上の思考の結果である。つまり日本の「心」をもって、西洋の「知性」を受け入れることである。つまり「ユマニスム」と言える。したがって、芸術的な葛藤により得られたもので単なる折衷案ではない、それは「安易な道ではなく、むずかしい道だ」と川添 登との対談「谷口吉郎氏に聞く」（『建築』1965年8月）で谷口は話している。新しい大和心や日本建築の上に来るべく時代

とするのを「和魂洋才」と呼んだが、和洋折衷と見られてしまう。その「合一」の実態は谷口の言葉では「融和」である。それに相当する西欧の哲学の概念としての弁証法がある。しかし、谷口が「融和」とするこの言葉は哲学用語だと思ったが、実は文学用語で、夏目漱石、長塚 節や森 鷗外が、「対立的な要素がなくなって調和する」概念としていた。寺田寅彦も「量子説と古典的な物理学とが矛盾するが、その間の融和をとる」と書いている。多分、谷口は鷗外の他に寺田寅彦の著書からの知識であったかもしれない。「和」と「洋」の「合一」には、「矛盾する要素を除去する」ために「融和」が必要だったからである。

谷口は「歴史の総合美」（『裏千家今日庵 ―重要文化財』千 宗室編、淡交社、1977年）において、「カソリック教会」と「茶室」とを建築的に考察して、その「相互に似た点が多いのに驚いて」いる。教会の内部には絵画や彫刻、工芸が飾られ、茶室の内部でも茶器、絵画、花などが鑑賞される。谷口は「その類似性には、相違点も含んでいる」が、それを「類似性」による「合一」として、共通点を「西欧」と「日本」の建築美について考察している。ラベンナの「ヴァンス礼拝堂」も茶室と教会の共通性がある。南蛮建築への関心もその延長にある。

つまり「相対」化、向き合って併立し対立する関係ではなく「相互に似た点を見付ける」観点でつまり「合一」化である。そして谷口は結びの付言として、

**　茶室の建築自身は宗教建築ではない。「住居」である。従って、昭和51年に重要文化財に指定（註：「今日庵」）された場合も「住宅」となっている。このことは大徳寺がその他の寺院に付属している名席と異なり、ここでは「住」と「茶」が直結している、それによって住まいの機能を茶の美意識が「家のすみずみに行きとどいていることを実証し、それがこの建築と庭園の歴史及び意匠の特性となっている点」を大いに認める必要がある。**

「今日庵」は裏千家の家元にある2畳の茶室で、千利休の孫の千宗旦の創建である隠居所であったから寺の塔中の茶室とは異なっていた。やはり谷口は、「社寺」などの宗教建築ではなく「住居」に関心が深く、「茶室」も「住居」系の名席の意匠の特性についての必要性を問うている。「今日庵」の茶室も「住居」だと言っている。この方法が「融和」の具体例なのである。

□ 谷口の「二元性」－木下杢太郎の戯曲・その解決－「融和」－「非ず非ず」

二元論とは哲学用語で、「相対立する二つの原理（例えば、物質と精神、善と悪など）によってすべての現象を説明しようとする立場」で、その2つの元が「対立」していることが重要である。つまり「パラドックス」なのである。

木下杢太郎の劇文学を貫いているのは何であったかと、村田稲造は「杢太郎の戯曲」（『木下杢太郎―郷土から世界人へ』（1995年）に、杢太郎が「当時予の気稟の二元的傾向はその矛盾の絶頂に達して予を苦しめることが甚だしく、予はこれを芸術化しようと試みたのである」と、発言していることについて、

371

杢太郎の気質の中にある二つの生き方の矛盾に苦しめられ、それを芸術化、つまり戯曲にしてみようと思ったことを言っています。二つの生き方の矛盾というのは、彼は、少年時代から、「医者になるか、芸術家になるか」の二節の選択に苦しみました。家の人たちは、医者になれ、と言います。ところが、杢太郎は、芸術家－絵かきとか文学者になりたいと思いました。家の人たちは芸術などの気晴らし、遊び事に過ぎない、男のやる仕事ではない、そんなに言うなら、学費一切出さぬと、大反対です。とうとう仕方なく、医科に進まざるをえませんでした。彼は、この頃を、「煩悩時代」と呼んでおり、この間の苦悩がすべて戯曲作曲となって表現されることになりました。

　杢太郎は戯曲の形で表現することで、「二節の選択」の問題を解決しようとしていた。東洋と西洋、新と旧、当時、日本の近代化の中でいろいろなものが対立し、その一方だけを短絡に主張する傾向が多かったことに対して異質なものを同質化するのが、杢太郎の夢であった。その代表が戯曲の『南蛮寺門前』（1909年）*NB-3-①で、「新しいものと、旧いもの、つまりキリスト教思想と、日本古来の仏教、儒教など、あらゆる言葉が混然とせめぎ合い、従来の、日本の道徳に目をふさがれ、自我の意味を見つけることの出来なかった、若い僧、武士が邪教として排斥されているキリスト教世界に、死を忘れて飛びこんでいく、ロマンチックな音楽劇」である。この戯曲は「楽劇」と呼ばれ、多くの音楽を作曲した山田耕作は、当時を回想して、

　　　木下君は巧みに、子供の声を利用して快い夢幻的な情緒を描き出すのに成功した。それは『夕やけの歌』で、新しい童謡のさきがけをなしたものだ。なつかしい、夢幻的な木下君の歌は、われわれの胸に美しい夢として、ながくながく歌われることだろう。

　『南蛮寺門前』は、「夕やけ、小やけ……鐘が鳴る、寺の御堂の十字の金はきらきら光る」という、少年少女の歌声で始まっている。杢太郎はそのキリスト教と日本古来の仏教など、西洋と東洋という二元性を、子どもの歌声で解決している。谷口の「南蛮」文化への関心は、杢太郎のこの影響が根底にある。この杢太郎の方法は、完全な『融和』と言える。杢太郎が「ユマニスト」と言われる所以である。仙田 満に進言した南蛮建築もこの種の結果を求めていた。
　室町時代の茶道の始祖とされる禅僧村田珠光（1423-1502）は「和漢の境を紛らわす」と、外国文化に敏感でありながら、それを日本の風土に適合することを意味した。「和」と「洋」の場合でも、「融和」という表現が近似している。その珠光の弟子の武野紹鷗のまた弟子からキリスト教への多くの入信者が出た。
　東工大の「本館」の谷口研究室の隣室にいた建築史家の平井 聖は、谷口と同じ金沢の出身であるが、「＜谷口吉郎展＞金沢部会」*T-3-5のシンポジウムで、「石川県美術館」（1959年）についての谷口の次の言葉を思い出して、「われわれの中には、日本人の寸法の感覚が流れている」と発言をしている。問題は、それをどうするかである。

同会で杉本俊多は、谷口吉郎、吉生の父子は「ドイツと日本の古典主義の建築美学を介して、より内在的な精神としての日本性の普遍化に取り組んだ、としてよいのではないか」と話しているが、その「普遍化」とは、自己の「アイデンティティ」として新しいスタイルとして置き換えていく、つまり改めて表現できるかということで、それ谷口のいう「オーダー」を求めることで、「日本人のモデュール」の感覚のこととも言える。この日本性の「普遍化」というコンセプトもある意味で「融和」のための方法である。（傍線筆者）

　平井は、やはり谷口の言葉として、「秩父セメント第二工場」と、「藤村記念堂」のデザインの違いについての質問に、谷口は「私が両方とも設計したのだ。これがあなたがたにはそういうふうに違って見えるとすれば、私の力量が足りないからです」と回答していたことを伝えている。谷口はすべてを知って言っているのである。

　この「両方とも」の概念が重要で、浜口隆一との対談でも、「二つとも取るということは、一つだけにいくことより実に苦しんでいるのです」と話している。その「両方」の実体といえば、谷口の「和風と洋風」に、「果たして自分は現代の建築家として、和洋の差別から独立したことによって、建築の実体をつかみ得ているのであろうかと、自問したい気がするのです」と、それが本心であった。そのプロセスについて、谷口吉生は、「父は西欧的な考えの中から伝統的な形に近づいていった経過がある」と、『建築家の生き方』[*Y-6]に書いている。この谷口の思考過程は弁証法では顕著なプロセスであった。まさしくそれが「融和」策であった。

　原 広司の『空間＜機能から様相へ＞』（岩波書店、2007年）の「＜非ず非ず＞と日本の空間的伝統」には、正、反、合の弁証法的論理の哲学的構想として、西田幾多郎の「絶対矛盾的自己同一」が書かれている。谷口は「田邊 元 墓碑」（1963年）の「作品解説」[*E-71]に学生の頃の記憶に、「西田哲学は文科の学生に多く読まれたが、田邊哲学は理科の学生に人気があった」と、田邊の『科学概論』や『哲学入門』を金沢の四高時代に読んでいる。西田は四高の先輩で、2人はともに京都学派の碩学であった。

　原 広司の＜非ず非ず＞の解説には、（1）肯定「A」、（2）否定「非A」、（3）肯定でもなく否定でもないもの「非A非非A」となる。この「非ず非ず」の概念は日本の中世の美学では、藤原定家の「見渡せば花も紅葉もなかりけり　浦の苫屋の秋の夕暮れ」の歌で、茶書『南方録』によると紹鷗が、これぞ茶の本心であったと、また谷口も岡倉天心の『茶の本』から引用している歌である。谷口の場合はこの「A」は「和風」としてよいし、「洋風」としてもよい。

　原 広司は、「伝統なる概念は、ナショナリズムに帰属するのではなく、インターナショナリズムに帰属する概念である」と、原自身の、日本の茶室のような空間をアフリカや中米での現地調査で見た体験から書いている。するとこの場合は「A」は「和風」のことである。

　以上、谷口の二元性とその弁証法的な考察事例を模索してみたが、この「和風」と「洋風」という2つの相矛盾する命題であり、「定立」（和風）と「反定立」（洋風）とが等しい合理的根拠をもって主張されていることを二律背反（アンチノミー）と言い、ヘーゲルの弁証法では正・反・合によりその矛盾は、竺 覚暁らにより「止揚」されるとする。今まで谷口の努力は八束は

じめにより「転向」と言われたが、それは哲学的には「止揚」と言われている。

　谷口は、この併立のままの状況を「二つとも苦しい」と告白している。谷口の東工大の教授として一時期をともにした文学者の伊藤整の文学について、弟子の文芸評論家の奥野健男は、「平衡操作による文学」としながらも、その両極を対置させて、均衡を保つということから何の運動も生まれないと、「相対化」と同等の無力性を言っている。この相対化には、心理学用語の「合理化」、つまり事態を隠蔽しようと無意識的に働く心理的な自己防衛の感じがある。

　「定立」と「反定立」とは、「政治と文学」、「生活と芸術」のほかに、当時の文学状況はプロレタリア文学と新感覚派のモダニズム文学という問題を「二律背反」として、両者を統一しようとしていた。

　戦後の建築における「二元性」とされた「二律背反」として文学界と共通する問題を、特に谷口は背負っていた時期があったのである。

5. 水音・水紋・波・風・炎
　－「1/fのゆらぎ」－意匠心の潜在意識・原風景

□「1/fのゆらぎ」現象 ──縦繁格子

　谷口は郷里の金沢の犀川の「美しき微風と蒼き波」および「川音」に耳を傾けて、また冬の「雪あかり」と、生家の仏壇の「灯明」の「瞬き」と、九谷焼の窯場の「赤い炎」を目に焼き付けている。

　東大建築学科での「室内気候の自然対流」や「粒状物質の流動」の研究に、レオナルド・ダ・ヴィンチの描いた水の流れや渦のスケッチは風洞実験をする谷口に影響を与えた。以上の「波・風・炎」の「原風景」は、意匠心の潜在意識となったと谷口は述懐している。

　そして建築作品としては「東宮御所」の表公室の庭の水面の波紋が反射して室内の天井に美しい波の文様を揺らしている。「赤坂離宮迎賓館の和風別館」の「游心亭」でも、同じ「水紋」を見ている。「修学院離宮」の庭の小川の音の「ちょろちょろ」と聞こえる「水音」も耳に響いていた。

　谷口はそれらの「揺らぎ」現象に「歴史のリズム」の「時」の流れを感じている。この一連の快い「ゆらぎ」効果の感性を括る原理は何なのであろうか。それは「揺動」で、ある量が平均値は一定であるものの瞬間的にはその平均値に近い変動している現象を言う。谷口の小文「かげろう」（1940年）で、温度の異なる空気の内部に屈折率の違った部分が生じ、そこに光を投ずると光線は屈折して明暗を生じる「陽炎」を研究している。それに「深い淵に沈んでゆく気がする」と哀調を感じている。それは谷口の科学的な研究と、文学的な意匠心の一致する現象であった。谷口はそれを、意匠として選んだ分野であった。（傍線筆者）

　元東工大教授の物理学者の武者利光の『ゆらぎの発想―1/fのゆらぎの謎にせまる』（日本放送出版協会、1994年）には、「1/fのゆらぎ」とは、振動数・周波数（フリクエンシー＝f）の成分の強さの「パワースペクトル」の密度が、周波数の「f」に反比例する「ゆらぎ」のこと

である。筆者はこの「ゆらぎ」が谷口の感性による意匠の世界を解明できると考えた。武者教授は1966（昭和41）年頃から東工大の長津田キャンパスの研究棟の最上階の11階で、この「1／fのゆらぎ」の振動を研究していた。

　日本家屋、特に茶室に居ると落ち着くのは「1／fのゆらぎ」があるからで、木目のある柱梁その他の木材で作られている心安まる「やすらぎ」の空間である。木材は柾目と板目どちらもスペクトル分析をすると、「1／fのゆらぎ」で心地よく感じられる。木目模様の美しさの秘密は、〈ホワイトノイズ〉ランダムなゆらぎをもつ〈白色スペクトル〉にもならず、そうかといって反対の「1／f²スペクトル」（ブラウン運動型）にもならずに、目で見て「やすらぎ」のある「1／f型」になっている。

　この原理で、谷口の縦繁格子の多用と、水紋や川の水音などの現象の接点が見つかった。谷口の縦繁格子は、「河文・みずかがみの間」の天井のように細かい格子で構成されていて、柾木目の木肌の拡大されたようで、「1／fのゆらぎ」はより認識されやすくなっている。ここに谷口空間の秘密がある。

　谷口は郷里の金沢の町家の櫺子格子や簾などの「格子」窓から「ゆらぎ」を感じるとともに、冬の日には霙となる雪が吹き霰が「たばしる」様子は、まさに「雪ぐ」ような「ゆらぎ」現象で、子どもの頃からの原風景であった。その後、東工大の「水力」でのサイロの粒状物質から「物の流れ」とともに風や水の研究に至っている。1934年の9月21日の室戸台風では、東工大のポプラの木が柳のように揺れ動いているのに驚いている。

　風洞実験ではレオナルド・ダ・ヴィンチの流体の水や空気の流れの美しさに魅せられている。その「ゆらぎ」の原風景は、室生犀星の詩のように犀川の「蒼き波」や「美しい微風」とともに、谷口の「意匠心」にいつまでも強い感化を与え続けている。

　谷口が好ましいと感じる空間の「線」および「波」や「音」はすべてこの「1／fのゆらぎ」であったと言ってよい。書籍の装釘の格子と小紋のデザインや、日本庭園さえも「1／fのゆらぎ」現象である。つまり「単調」（f2、3、4…と多くなるにつれ）から「乱雑」（fに無関係）になるほどデタラメな〈ホワイトノイズ〉になるが、「心地よい変化」が「1／f」である。谷口が「1／fのゆらぎ」を好んだのも理解できる。その「心地よさ」は、「詩情」と言える。

　そのことを具体的に「東京會舘」を担当した砂川雄二郎は「作品解説」で「線を限際なく加えていくと、ついにはまたもとの均質な面となってしまうから、ここの場合、割付寸法は臨界的な大きさになっているように思う。つまり、まさに均質な面として意識される直前の状態となっていて、やっと微細な網目が幽かに存在しているのが判る」と、「面」と「線」の効果について書いている。「ホテルオークラ」の「ディメンション」も数のデザインも「1／f」で制御している。

　摘要建築としては、谷口吉郎の「河文・みずかがみの間」の天井、「東工大創立70周年記念講堂」や、「乗泉寺」の折れサッシュ、谷口吉生の「東京国立博物館　法隆寺館」のホール、そして金沢の「谷口吉郎・吉生記念 金沢建築館」のラウンジなどのスクリーン・サッシュ

図Ⅶ-5A.「谷口吉郎・吉生記念 金沢建築館」
ラウンジ　設計 谷口吉生

図Ⅶ-5B.「国際教養大学中島記念図書館」 設計 仙田 満

（**図Ⅶ-5A**）は、まさしく「１／ｆのゆらぎ」そのものである。そして弟子の仙田 満の「国際教養大学中島記念図書館」の天井の木造建築（**図Ⅶ-5B**）で、その傘状の梁は水紋状であるが、本のページの断面でもあるのか。

　ブルーノ・タウトは『ニッポン』（森 儁郎訳、明治書房、1941年）で、「わたしは、森の中の湖の岸に何週間も腰をおろして、水が風を受けてさざ波やうねりを形づくるさまや、木々の芽が水面に映るさまを観察した」、そして日本の版画の自然探究をまなび、法則性を見つけ出そうとしているが、日本を訪れて「桂離宮」を発見することになる。谷口がタウトに魅かれるのはこの「ゆらぎ」への興味性にもあるかもしれない。

　和辻哲郎は『古寺巡礼』（岩波書店、1979年）の「22. 法隆寺―中門内の印象」に、寺の中門の内側に入って金堂と塔と歩廊（前掲、図Ⅱ-30B参照）をながめた瞬間の印象を木下杢太郎に書いている。

　　サアァツという音響のようなものを感じます。二度目からは痺れに似た感じです。次の瞬間に「魂の森のなかにいる」といった、妙な静けさを感じます。

　その記憶は法隆寺の「歩廊全体の黒ずんだ菱角の櫺子は、整然とした並行直線の姿で、無数に並列しています」と、「サアァツという音響」の「しらべ」も「１／ｆのゆらぎ」である。

　これは「１／ｆのゆらぎ」現象の実体験記は、谷口の友人の和辻の体験であることの関係も興味深い。タウトも和辻も森の中でそれを感じている。

　同書の「解説」で谷川徹三はこの「痺れの感じ」と「無数の古木の櫺子」に「感覚的根源性」を見ている。それを木下杢太郎は「律」と、そして谷口吉郎は「調」と、ともに「しらべ」であった。つまり「音律」、「ピッチ」のことで音程の単位でもある。

　谷口は金沢で九谷焼の窯元の家に生まれた。その窯場で薪が赤い炎をあげて燃えているのが目に焼きついている。子どもの頃に遊んだ犀川の水紋や陽炎、そしてせせらぎの音は、冬の雪雷や海鳴りとともに原風景となっていた。谷口の原風景にはすべて「揺らぎ」現象であった。

　家の中でも仏壇の灯明が鈍い光となって瞬き、それらは美意識として、造形感覚となるが、

その自然現象の多くは「ゆらぎ」、つまり「揺動」を伴っていた。

　谷口は東大で風圧の研究をし、東工大に移ってからも伝熱、気候の自然対流、粒状物質の流動の研究を続けた。レオナルド・ダ・ヴィンチの水の渦流（前掲、図Ⅲ-25A・B参照）にも感動し、芸術と科学の「合一」に、目を見張っている。

　焼き物は、土に水を加えて捏和（ねつ）した器を火によって水を追い出し、その火は風の力を受けてより焼成される。つまり、土、水、火に風を加えて四大元素の粒子性と波動性により自然理学を心的に感知させる。自然現象が「ゆらぐ」ほど、心は「安らぐ」という弁証法にさえ陥る。

　具体的には、谷口は「修学院離宮」の小川や滝の水音に耳をかたむけ「桂離宮」などの日本庭園にも、茶室の内部の素材は明かり窓や格子窓に「ゆらぎ」の現象を見て心を安らかにしている。建築作品として「東宮御所」の池の水紋が天井に写る様に美的な感覚とともに建築に気候風土を挿入している。<u>「ゆらぎ」現象を平行線の間隔としているのが柾目の木目によく似ている。まるで縦長格子のようである。</u>（傍線筆者）

　「和」という語は、日本という意味と、うちとけて仲よくするという意味もある。それを「和合」と言う。その意味から谷口の「和」を日本建築の伝統と風土に準ずるという意味と、西欧、「洋」と「融和」するという意味もあるとしても良いのではないか。結論として、それが谷口の言う「合一」の実体であった。<u>「和」には直線の集積である「1/fのゆらぎ」があったのである。</u>（傍線筆者）　谷口の「すだれ」（『婦人の暮らし』春の号、＜日本人の住の心＞1973年）に、

**　それが微風に揺れると、肌ばかりではなく心にも涼しさが感じられる。一種の心理効果といえよう。……幽艶が、すだれの隠にただよい、その奥に洗練の極致が澄んでいた。その風韻が現代人の目と心に、今も美しく響いている。**

　その「揺れ」は「1/fのゆらぎ」現象である。このような表現は谷口の「詩情」からと言える。格子と簾の平行線の多くの並列への微細な感覚の建築家は稀少である。谷口はよく「建築は凍れる音楽」であるという言葉を口にしていたが「1/fのゆらぎ」現象は、「凍れる音楽」のようにその音を夥しい線による楽譜のように見える。つまり交響曲（symphony）なのであり、谷口が目標にした表現である。筆者は、最近、実際に自家の簾（すだれ）に細い格子はすでにランダムな「ゆらぎ」現象を目のあたりに再認識した。

6. 村野藤吾の唯物論的谷口論 ——「簡素」な直線による「使用価値」

　村野藤吾の「谷口先生」（『村野藤吾著作集　第1巻』同朋社出版、1991年）に、

**　谷口先生は1928（昭和3）年に東大を卒業されたのだから歳からいえば一まわり以上の先輩である。そのころの建築界は澎湃（ほうはい）たる唯物論の時代であったと思う。先生もまたそのよう**

な風潮のなかに建築家として成人されたとすれば、時去り時移っても、その思想は消えないはずである。

　すでに第Ⅵ章１節において村野藤吾と親交した谷口吉郎論である「線に詩趣あり―谷口吉郎作品集に寄せて―」（1981年）*MY-3について言及したが、他の多くの建築史家の谷口論より秀逸な村野の結論は、

　　直線多用の現代建築の傾向は単純生産の消費表現であると思う。生産力の高い国ほど建築表現は直線多用の傾向を帯びることになる。しかし直線のなかに潜む矛盾、ストレス、その他生産にまつわるもろもろの事情は解消されているだろうか、それが不安である。かつてわれわれは十七世紀時代の建築の主たる表現が曲線の多様であることを学んだ（註：様式再興主義・リヴァイヴァリズム）。それは生産が主として、王侯の支配のもとで消費表現となったからであると思う。しかし、その反面、われわれは芸術の自由を得た。ところで、今日はどうであろうか。このようなことを考えながらついに谷口先生の作風のところまでたどり着いたように思う。

　村野は、Ｊ・ワット（1736-1819）の発明による蒸気機関の改良原動機の直線運動と回転運動のピストンの往復運動を資本社会の生産過程にあてはめて建築論を展開して、それを直線論まで援用したが、自己の曲線建築の解説のようにも見える。谷口の唯物論的な「矛盾やストレスの多い」と村野が言う「情感を主としない」、「単純生産の消費表現」とする直線論へと至る。しかし谷口は「建築は口ではない」（1929年）で、「２点間の最短距離が直線である」を例に引いて、「建築の使用価値」論へと人間生活との関係性に至るのである。谷口の直線は「簡素」により「使用価値」を発展させるものであるとする。谷口の初期の論文は重要である。
　「点と点とを結んだピンと張った絹糸は一本しかないが、しかし、点と点を結ぶ多様な曲線には多くの解がある」から、筆者には村野が曲線の建築は難しいと自己の建築を語っているように感じられる。しかし、村野は「詩もやっぱり一種の建築でしょう」という谷口の言葉を挙げて、そこに「銀いぶしの底光りするなかに知性を包み、柔らかく文学的な静かな詩情が漂っているように思う」と、それを、谷口を「新日本的作風」であるとしながらも、「生産」と「詩情」にやはり二元性を感じている。
　谷口が東大大学院２年の時に書いた「建築随想」（1929年）*E-3には、前年の「分離派批判」の、「現実よりの『分離』、これこそ分離派の理想だ。そこに巣食う無気力と不健康の原素である」と批判している。それは「分離派」の表現主義に対して、そして、「意識が生活を規定するのではなくて、生活こそ意識を規定するのだ」と、その「分離派」の哲学的唯心論を「病的な幻想」とまで言っているが、まさに谷口は唯物論者である。「谷口先生は大学の卒業論文に建築哲学という題目を選んだとのことだが、初期の論文には哲学的思考による言辞が多い」と、

藤岡通夫は書いている*T-1-2-4。しかしその論文の内容は不明で公開されていない。この「建築随想」では、「建築は決して観念論的存在でもなければ、単なる唯物論的存在でもない」とするが、さらに谷口は、

　　　観念論者は、西に落ちた太陽に不安を感じ、明日の日の出を期待することができず、夜の闇を恐れ、自暴自棄して、神秘の中の金泥で色塗られた人為的太陽を描き、闇の集慮を誤魔化さんとする。
　　　唯物論者は、それに反して、西に沈んだ夕陽を見て、地球の一自転後において東に現れる太陽を知り、手を拱いて、それを待つ。だが、・自・分・達は、その自然法則を知るが故に、明日の暁を知るが故に、それまで準備を計画して、朗らかな睡眠を取り、明日を待とう。
　　　「用意はいいか」。その言葉をもって明日の建築に到達する一歩一歩を登ろう。そして、一切の欺瞞に対して、率直に、文字通りに、「さよなら」を宣言しよう。　　　　　　　（傍点筆者）

　まるで「アポロ」と「ディオニソス」のような比較である。ここで「自分達」とは、谷口自身のことである。谷口は、当時の「新建築」理論の多くが自然的存在に基づく科学的唯物論に頼りすぎていているから、その結果単なる機械論的唯物論に陥ってしまっていることを「科学的良心」から指摘している。谷口の戦前の、1937年の「建築とヒューマニズム」*E-13において、その要旨は、

　　　新しい合理主義の建築は、能率などの機械論的独断に立ったりすることなく、人間性の発展のために、生活の向上の目的と合一し、健康な建築美を築き上げることで、真のヒューマニズム建築となる。

　「使用価値」を重視して「人間の生活」の向上のための建築論であった。まさしく「建築家の科学的良心」からの新しい「生活美」や「ヒューマニズム」の建築論で、茶室にその原点を求め、すべて谷口の唯物論の「範疇」（カテゴリー）、つまり「経験的認識を得るための悟性の働き・概念」であった。その中の形式の一つが「ヒューマニズム」という「清らかな意匠」の「美的良心」であった。その「人間性への強い熱情」は当時流行していた「機械主義建築論」とは対立した。谷口が建築論の中で「庶民」の「人間の生活」を強調したのも、下部構造への強い誘引であった。（傍線筆者）　下部構造とは物質的な生産関係のことである。西洋の場合には唯物論思想は、自然界の物と人間の間に神身などの霊魂は認めなかった。しかし、「旧約聖書」やヘブライ教では万物と人間の間には心情を含めた神を認めている。近代モダニズムなどの唯物論的機械論では、神や精霊などとは関係のない国際的、インターナショナルであった。谷口は、学生の頃唯物論を研究してきたからモダニズム的指向も一時あったものの、やはり意匠心としての日本的霊性を認めていたが、新古典主義建築家として普遍性を求めて融和していった。

しかし、一方で村野藤吾は早稲田大学の卒業論文「都市建築論」（1919年）*MY-2と、翌年の『建築と社会』誌に発表された「様式の上にあれ」*MY-1に、「科学をヒューマナイズする以外に吾等＜民衆＞に残されたる何等の方法もない」と、28歳の時に書いている。やはり唯物史観に基づく、人道（人文）主義を損なう「唯物的」思想に対して、従来の科学技術の破綻による唯物的なモダニズムの暴走への恐れは顕著であった。

　村野は、「将に破綻せる科学に対する無批判なる全信頼」が、現代建築様式を邪道に陥らせた原因である」とした、と、「科学」がその「技術」を国家間の戦いの殺戮道具として活用したことであった。それが村野を、例え自己のデザインが、少々ル・コルビュジエ的であってもモダニズム建築へ向かわせない大きな理由であった。

　長谷川堯の『村野藤吾の建築 ─昭和・戦前』（鹿島出版会、2011年）に、村野は経済に関心が深くて戦中から戦後にかけて向坂逸郎訳のマルクスの『資本論』（岩波文庫、1927年）の「一頁一頁にメモを書き入れながら読み、いっぱいになると、ところどころ短冊を挟み込んでいたそうです」と、また他にも経済学の本にも親しんでいたことが記録されている。村野は、「装飾の価値は大衆の関心を呼び起こすための建築の経済的価値を増すためのものだ」としている。（傍線筆者）　このことこそ村野の建築観の根底にある。それは村野の『SPACE　MODULATOR』（1960年1月）*MY-5の次の文章、「マルクスはやはりヒューマニストだと思う。マルクスがこれだけ多くの人に影響を与えたのは、資本論がわかりやすいということ、科学的であることによる」と、経済学を離れて建築はないとした。

　村野が谷口の直線に詩趣を感じていたのは、それは交情のあったこの2人の反モダニズムの唯物論的意匠論の建築家の足跡であった。（傍線筆者）　昭和初期には『唯物史観と建築』（1929年）*G-24を書いた東工大卒の原沢東吾や石原憲二、そして創宇社の山口文象などの唯物論史観の建築を「科学的」に理論武装させようと試みた建築家や建築史家もいた。

　戦後の浜口隆一による『ヒューマニズムの建築 ─日本近代建築の反省と展望』（1947年）は、「高級建築」として近代建築＝ヒューマニズム（人間中心の建築）と、「下級建築」としての機能主義（人民の建築）とを無前提に結合させたと批判された。前川國男が丁度その頃に、「暖かいヒューマニズム」と言ったのも、時代の反映であった。それは、「明るい近代的・民主的な生活様式」の実現であった。

　谷口は、「コルを掴む」（1929年）*E-5では、「衛生的な健康住宅である」と評価したが次の年には、谷口はル・コルビュジエに対して「ル・コルビュジエ検討」*E-8で批判的な方向へ転じ、「ガルシェの家」（1927年）曲線の乱用をモダンな「貴婦人化」せしめたと、冷静にその平面構成を否定的に分析して、「高級フランス製化粧水の容器」に変質したと譬えて批判した。村野はその谷口に対して、

　其の王者（註：ル・コルビュジエ）に対して無礼者が出だした。『ル・コルビュジエ検討』などとやりだすものが出た。

その「無礼者」とは谷口吉郎であった。村野は「単に建築として見たるコルの作風は今尚我々の胸を打つものがある」と、《ル・コルビュジエ好み》を表明していたからである。

　逆に、谷口の「村野さんの作風」（1956年）*E-53には、

　　村野氏の作風にどことなくロマネスク的な気分がただよっているのは、何故だろうか。修
　行時代の仕事にもロマネスク様式のものもあるが、そんな外見的なものではなしに、陰影の
　奥行というか、素材の深みというか、それをロマネスクといっては当たらないかもしれない
　が、そんな味わいの濃い意匠が板についている。

　村野のロマネスクの風土性の意匠に、谷口は「その作風に格別の関心と感服」をよせている。
するとロマネスクは、「矛盾やストレス」がない幻想的な曲線建築のことであろうか。しかし、
ロマネスクとは11世紀から12世紀にかけて西欧の教会や修道院に用いられた無装飾的な様
式であることから、谷口が村野の建築にロマネスクを見たことは理解し難かったが、長谷川
堯の『都市廻廊』（相模書房、1975年）の村野についての言及部分に、ロマネスク様式とは、「人
間たちの手による追認と再構築によって表れた、手の復権であった」との説明で、谷口の言説
が理解できた。そこに、アカンサスやモールディングに費やされる労力的問題と経済問題を注
視する村野の「手」を感じた。実は東工大の「本館」にロマネスクを感じると、直接に見たブ
ルーノ・タウトは表現している。

　村野は「労働」というテーマを「造形上の鍵」であると、それを市民的主役である「社会的
芸術」として考えていた。それは理念と現実の軋轢の中から生まれたが、合理主義の回答でも
あった。したがって村野にとってコリント様式のアカンサスの柱頭は、まさしく「労働」の表
現であった。

　学生時代に「J・ラスキンやW・モリスに傾倒した」村野は、J・ラスキンの「装飾は建築の
主な要素である」という言葉から、W・モリスが遺産として受けた言葉の「芸術とは人間の労
働における喜びの表現である」との、この「装飾」から「労働」へという問題は、唯物論とし
て経済学に関係する「労働の喜び」という結論を得て、建築家であったから「装飾」として「線
と労働」を考え、谷口の「線に詩趣」を感じ取ったのである。

　強いて定義するとしたら、谷口は初期は唯物弁証法的モダニストであったが、渡独後はロマ
ネスク風の新古典主義建築家であったと言える。（傍線筆者）

　戦後の村野藤吾は、「単位面積における労働力をできるだけ少なくしようという近代産業の
傾向というものが支配的な形をとったということは、これはある意味で非常になげかわしい
事である」（鼎談「村野藤吾の設計態度」『建築文化』1964年1月）と、職人たちの苦しい労働
によって作られる装飾的意匠に対しては反証したが、一般的には村野は最もクラフト的な建
築家と言われていて、パラドキシカルな現象となっている。つまり「労働は一つの商品」なの
で、その労働の価値を認めると、唯物論者の山口文象と比べ、やや似ている見解ではある。

村野藤吾と谷口吉郎の建築における唯物史観などからの比較

	村野藤吾－「華麗」	谷口吉郎－「簡素」
線	「曲線」を多く（線に詩趣） （装飾の価値）	「直線」を多く（線の平等） （面の否定）
労働	労働を装飾化 （実用と美）	労働を生活化 （人間の生活）
価値	経済価値　労働 （弁証法的）	使用価値　生活・消費表現 （合目的性・庶民の造形物）
唯物論	下部構造（経済） ・物質的な生産関係	上部構造（文学・科学） ・社会的意識形態
科学	科学をヒューマナイズする 「様式の上にあれ」－「道徳」(モラル)	科学的良心 科学と文学(詩情–ポエジー)－「倫理」(モラル)
モダニズム	モダニズムに「反逆」 ロマネスク（手の復権）	モダニズムを「相克」・風土性 新日本的作風
対ル・コルビュジエ	「意匠」の影響	形体ではなく 衛生的な健康住宅

　この２人の中間にいるのが谷口で、唯物論での「労働」は、「経済価値」というより、工事施工者や設計者の労働行為、つまり「生活」の「使用価値」のことであった。その違いが村野と谷口という２人の建築家の「装飾」を含むデザインの相違である。縦繁格子の線は労働力の軽減となった。

　清家は自家の「続・私の家」の居間の窓下のアカンサスの葉陰に、コリント様式の柱頭を置き、室内から眺めていたが、その装飾つまりオーダーへの解悟ではなかったのか。または反モダニズムの心的表象であったのか。

7. 東工大「本館」の「白亜の殿堂」の原像 ——佐野利器の「影響」

□ ロマネスクの新古典主義

　谷口の「建築学科」（『建築に生きる』）*T-1-3-1-⑪には、1925（大正14）年に東大の建築科に入学したが、学科主任は伊東忠太教授で、佐野利器教授は「耐震構造」の権威として、「東京市の復興計画に参画されていて、この先生の耐震理論は私らを啓発した」と、３年生になると、佐野のすすめで、卒業設計には「製鉄所」を選んだ。その製図が建築学会誌の「建築雑誌」*T-5-1に掲載された（前掲、図Ⅶ–4A・B参照）。卒業後は大学院で、佐野の指示により、工

場建築の研究の合間に、佐野が創設した日本大学の予科に「図学」の講師として教えに行った。それから2年後の1930（昭和5）年に、

　　昭和5年、これも佐野教授のお世話により、「東京工業大学」へ講師として勤めることとなった。この大学は名門校の「蔵前高等工業学校」が前年に昇格したもので、浅草蔵前の校舎が震災で焼失したので、目黒の先の大岡山に移っていた。そのころの大岡山は東京市内でなく荏原郡にあり、人家の少ない田園風景の中に、新しい工業大学の建設が計画されていた。
　　私は「建築計画」の講義を受け持つかたわら、「復興部」で製図の仕事に従事していると、昭和6年、助教授に任ぜられた。

　東工大建築学科は、1929（昭和4）年に佐野により創設されていたから、影響力は多大であった。その頃の東工大は教授に前田松韻、小林政一、田辺平学、助教授に二見秀雄、谷口 忠、講師に伊東忠太、佐野利器という豪華な顔ぶれであった。
　佐野の勧めで東大の同級生であった大林組の松井清足の娘の絹子と谷口は結婚し、目蒲線の洗足に「自邸」を設計し居を構えた。谷口は、

　　その頃、東工大には新校舎を建設するために、「復興部」という部が設けられていて、そこに私は勤務して設計の仕事にも従事していた。「復興部」では初め図工として働いていた。教授たちが提案される各種の構想をまとめるのが、その仕事であった。そんな図工を続けているうちに、「水力実験室」の設計を一任されることになり、若い私はうれしかった。その建築が落成したのが昭和7年。私は28歳だった。結婚の翌年で、その建築が私のデビュー作となった。

　この施設の構想を提案する教授たちとは小林政一教授と橘 節男課長である。その後背には佐野利器がいた。同級生の前川國男は宮内嘉久とのインタビュー『一建築家の信條』（晶文社、1981年）に、同級生の谷口の設計について、

　　「ほんとうにうまいと思ったね。ぼくなんか何も知らないもんだから、よけいにそういう感じが強くしたんだろうけど。谷口君はね、いつかも話したように、生まれつき、生得の建築家だと僕は思っているんだけどね。ただ、あのひとは環境がわるかったという気がするね。学校（東京工業大学）にああいうふうに納まったっていうことは、ね。学校へ、先生にあんまり見込まれて、入り込んだのが運命の岐路だったんじゃないかと思うね。谷口を見込んだのは佐野（利器）さん。嫁さんも佐野さんの世話でもらったんだ」

　同じく東大建築学科の同級生でもある西村源与茂は、前川は「佐野先生との間に、設計製図

についての有名な話の一悶着の以後、一時気まずいものがあった様に思っていた。ところが豈はからんや数年後に先生が前川君に縁談を持ち込まれたという話を仄聞している。先生は却って前川の人柄に惚れ込んだのであろう」と書いているが、前川はその話を辞退している。

前川の、この「東工大の環境が悪い」との発言について、谷口が建築設計家と大学教授、研究者、教育者との二足の草鞋（わらじ）のことだと考えていたが、それだけではなく佐野による建築構造系の東工大の建築学科のことを言っていたのである。

前川は続けて、「だから、広い意味で転向かなんか知らないけれど、とにかくその後の谷口君を見ていると逆に恵まれすぎたんじゃないかって気がするね」と、谷口の広い人脈のことか、確かに前川のようなフリーアーキテクトにとって、谷口のプロフェッサーアーキテクトは羨望の対象であった。前川も谷口の「転向」について言及している。しかし前川は佐野の追悼文に、

> 私が東大の建築学科に籍をおいていた、考えてみれば楽しい学生時代でしたが、又随分先生には御世話をかけ、殊に佐野先生にはいつもつまらぬ議論を申し上げては手ヒドク叱られつづけた私でした。ある設計製図に先生の御講評の時、例によってキツイ御叱りをうけ、「これはまさにキョウタイである。お前は将来警戒を要する」と言われて例の口をキッと結ばれた。私はトッサに此の「キョウタイ」という語を解しかね、恐る恐る「キョウタイ」とはどう書くのでしょうかと御尋ねしましたところが、先生は泰然として「ケモノ篇に王」と言い渡され、まわりにいた悪友どもをいたく喜ばせる仕儀となりました。こんな調子で叱られて許いました。私の一身上の事について卒業後過分の御心添えを頂く事がすくなくありませんでした。

「キョウタイ」とは「狂態」と書く。谷口ばかりではなく、前川も谷口と同じように卒業後に佐野から厚意を受けていたことがわかる。しかし身の処し方については、2人は異なっていた。前川の晩年の述懐に、2・26事件のあった日（註：1936年2月26日）のことで、一身上の件で、佐野の家を訪れて、御厚志に沿えない旨を返事したことは、「自分にとって大きな別れ道だった」と、確執のあったことを告白している。谷口とは少々異なる佐野への対応であった。前川がレーモンド建築設計事務所から独立して、4か月後のことである。

一方で谷口の懐旧談で、その後も大岡山キャンパスの「本館」などの設計にも製図工（ドラフトマン）として従事していたことが解る。その力量を認められたことで、「東工大水力実験室」（1932年）の設計を任された。『東京工業大学水力実験室建物調査報告書』（2004年3月。藤岡洋保研究室）に、その経過が詳説されている。谷口は、

> 本建築は東工大工務課の設計によるもので、私はその製図に加わって、図面製作にとりかかったのは、去年（1931年）の秋まだ早い頃だった。……この急ぎの仕事はほとんど一気呵成に仕上げたのだった。
>
> （『国際建築』1932年11月）

図Ⅶ-6　東京工業大学本館　　　　　　　　　　　　　　　　B. 写真
A. 立面図

　そして末尾には「最後にこの建築の製図を監査して下さった小林政一先生と橘 節男課長に
厚く感謝を致します」と結んでいる。小林政一は教授で、この橘 節男も建築学科専門部教授
で復興部工務課の文部技師で後の「本館」（1934年）の設計者でもあった。谷口は自身を「図
工」と言っているが、確かに「本館の時計塔（**図Ⅶ-6A・B**）のデザインに谷口が関与していた」
との谷口研究室生達の証言がある。

　筆者の同級生の山田孝延によると、当時の東工大の建築史の藤岡通夫研究室には、谷口が
「本館」を設計していたといわれる 2 m四方の大製図板があって、1 間の長さのＴ定規も置か
れていた。そして、その製図板の上に乗って、烏口を直接インク瓶に突っ込み作図したと、聞
いたことがあるという。製図板だけ残っていた。

　東工大の本館の設計者の 1 人の橘 節男は、山形の現在の白鷹町出身の佐野とは同郷で義理
の従兄弟であった。その係累による人事も考えられる。小林政一は1916（大正5）年の東大卒
業で、後に佐野のいわゆる“四天王”の 1 人と呼ばれた。戦前期の佐野は「日本建築界の帝王」
であったと村松真次郎の証言にある。つまり50人の職員のいた復興部工務部での「本館」の
設計者の 2 人はともに、佐野の同郷であった。小林と橘には教科書にも使われた『鉄筋コンク
リート建築構造』と『鉄骨構造』（ともに1929年）の著書があり、「本館」の構造計算も可能で
あったが、実際は本学教授の構造学の二見秀雄と谷口 忠の設計で「二人分の鉄筋が入ってい
るから新耐震にも充分に対応できる」との笑い話もある。谷口吉郎は、「本館」の中央の時計
塔のみの設計者とされているが、本体の様式を決定し指示したのは誰なのであろうか。筆者は
東工大の付属工高の入学式でこの「本館」を目にして以後、中央に高塔のある無装飾のデザイ
ンは近代的に見えるが、モダニズムでもないし、しかし構造主義的な感じもする。その異様さ
を感じてはいたが、大学時代にその中に出入りしながらも特別に考えたことはなかったが解
らなかった。橘は「東京工業大学復興建築に就いて」に、この「本館」を「現代式建築」と書い
ている。東大の当時の諸建築と較べると、それを充分な認識のうえで橘は設計していたことが
わかる。

　先日、ベルリンの「旧日本大使館」を調べていたら、東工大の清家研の助手から外務省の営
繕室長に勤務経験のある武居壽一より「正確を期せ」と提供された井上章一の『夢と魅惑の全

図Ⅶ-7　新京の新庁舎 第一庁舎
A. 新様式・写真

B. 第一庁舎・立面図

体主義』（文春新書［526］、2006年）に、東工大の「本館」によく似ていた満州国政府の新京の新庁舎の写真に注目した。まったく東工大の「本館」と見違うくらいで、偶然の一致など考えられない。次に越澤 明の『満州国の首都計画』（筑摩書房、2002年）にも同じ写真が記載されていたが、同じく西澤泰彦の『日本植民地建築論』（名古屋大学出版会、2008年）にも詳説されていた。八束はじめの『思想としての日本近代建築』（岩波書店、2005年）など他誌にも写真が掲載されている。

　満州国政府の国務院会議の国都建設局が1932年に相賀兼介に政府庁舎二棟の設計を委ねた。相賀は1913年の東京高等工業の選科生の東工大卒で、橘 節男の7年後輩である。設計事務所に勤めた後、満鉄建築課に入り、1932年9月から1937年7月まで国都建設局建築科長であった。そして相賀は、同一平面で外観が異なる2案を提出した。建物中央の玄関部分と両端部が手前に張り出し、中央に高塔を立てている。しかし「第一庁舎」（**図Ⅶ-7A・B**）は「新様式」で装飾を排除した平滑な外壁のモダニズム建築との類似性もあるが2階窓の上部はロマネスク風の半円窓となっている。それを井上章一は、「簡略化された西洋風の様式建築」とするが、筆者には後の1940年頃の「忠霊塔」のデザインと同じものを見てしまう。一方で第二庁舎は、「外形的に支那風を表現し、それに近代風を加味した」と、中国風の方形屋根を架けている。筆者が東工大の本館と見紛えたのは当然、「第一庁舎」の方である。

　相賀は「建国前後の思い出」（『満州建築雑誌』1942年10月）に、「筆者（註：相賀）のスケッチを前記の方々に依り本設計に取りかかった」と、自己のスケッチ、発想により設計したことを証言している。前記の方々とは、「白石、笛木、土肥、太田」としている。つまりデザインは相賀によっていたことが判る。

相賀はこれらの２案について、「何れも未完成のもので有る事は勿論である」と認識しながらも、国務院は両方の庁舎を隣り合って建設されたという結果になって竣工したが、中国風の第二庁舎に人気が集まって、以後それが基本形となった。相賀は後に、「佐野博士に拠って東都（註：東京）で完膚なく痛罵され恐縮した」と語っているが、佐野は何に対して相賀を批判したのか理由は不明である。著者の西澤は、２つの庁舎が並んで建てられたことを佐野は怒っていたと書いているが、その真意を推察することは重要である。

　この２つの庁舎は、1932年５月に相賀に設計委託され、７月に起工され1933年５月に竣工している。極めて短い設計と施工の工期であった。東工大「本館」は1931年５月に地鎮祭を行い1932年７月に鉄骨が上棟し、そして1934年８月に完成しているが、「第一庁舎」より約１年後である。しかし、設計時期は東工大本館が１年位早い。相賀は「本館」の設計図書を見ている。

　東工大の小林政一教授は、1919（大正８）年に内務省明治神宮造営局参事をしていた佐野により同局の技師に任ぜられていたが、1926（大正15）年に東工大の教授を兼任していた。そして佐野の下で明治神宮の「正徳記念絵画館」、他にも野球場や水泳場、競技場や「日本青年館」の設計、建設を担当し、まさに佐野の子飼いであり、後に建築学会長にもなった。つまり構造家だけでなく設計家でもあり、『高等建築学』の「美術館」（1933年）、「体育館」（1934年）の著書もある。その人が東工大「本館」の設計者の１人であった。清家 清が学生の時は小林政一が教授で、谷口は助教授になっていた。

　他の１人の橘 節男は、東工大のスロープ広場の下の「大岡山西一号館」（旧分析化学教室、1931年）の設計者である。何となく「本館」とデザインが近似している。それは「本館のミニチュア」との評価である。

　時期的には東工大の「本館」の設計図を見た相賀が、それを「第一庁舎」に援用したのではないか、と考えるのが妥当である。それは佐野の指導した神奈川県庁のような帝冠式ではなく工業大学風として完成した。1933年に谷口と見学したブルーノ・タウトは、「大学側の要求に従ってロマン風であるが、塔やアーチはあまりよくない」と話している。タウトは、新古典主義の特徴のロマネスク風をまさしく評言している。G・ギーディオンは「新古典主義」を「ロマン的古典主義」と呼んでいる。（傍線筆者）　それが東工大の佐野の「構造派」の教授および復興部工務課の設計意図であったか、谷口のデザインによるのかである。タウトは「大学側の要求」と言っている。そしてこの「本館」と「水力」は広場をはさんで、かつては対面していたのである。谷口は充分にそれを意識していた。「水力」の方が早く完成している。

　しかし東工大「本館」の谷口が設計に関与したという時計塔（高塔）のデザインは何であったのか、前に張り出した玄関部は５つの半円アーチ様式の柱が付いていてロマネスク風である。時計塔の上部にも小さいアーチの４つの窓が付いているから全体にも石貼のロマネスク風なのか。井上章一は一連のデザインを「新古典主義」だと言う。そして「簡略化された西洋風の様式建築」とも言えるが、筆者は、これにも「八紘一宇」の「忠霊塔」を見てしまう。しか

し、相賀の新京の「第一庁舎」の方がよりロマネスク風である。

　谷口がベルリンへ行き、シンケルや、シュペーアのドイツの「新古典主義」の建築を見たのは、この「本館」設計の5年後の1938年で東工大の助教授の時であった。しかし東工大の「水力実験室」（1932年）の次年には同じく東工大の「建築材料研究所」の設計をしている。外壁は白色タイルで正面中央に突出した車寄せ4本の円柱は、黒御影の艶出し仕上げで白と黒との対比は清新な建築で、ベルリンの第三帝国様式に似た意匠であった。その前を通りながら特に気が付くことはなかった筆者は、「水力実験室」ですら、まったくの通常のモダニズム建築とは考えていない。むしろ、同じくドイツの「第三帝国主義」の影響を感じている。それは、東大時代には岸田日出刀教授が当時のドイツの資料を持ち帰っており、それを谷口に紹介しているからである。

　谷口にシンケルの「新古典主義」の影響があると指摘する杉本俊多は「ドイツモダニズム建築のルーツはドイツロマネスクにある」と言っている。東工大「本館」のデザインを解析するのに参考になる。さらに「谷口がインターナショナルスタイルと第三帝国様式の両者に見いだしたものは、それらに通底するシンケルの＜新古典主義＞だったことになるといってよいかもしれない」と、新古典主義が「インターナショナルな性格の普遍性を持っていること」を立証している。（傍線筆者）

　「水力実験室」の南立面は「本館」と向き合っていたから、谷口は類似したロマネスク風の縦長窓としたと考えられる。実際は逆で「水力」の方が先に建てられた。したがって、モダニズムというより「新古典主義」なのである。しかし東西面はまさしくモダニズムである。そのような当時の建築様式が混在していたのである。

　本館が竣工した1年後の1935年に谷口「自邸」が完成した。（傍線筆者）

　この東工大の「水力」（1932年）、「建材」（1933年）、「本館」（1934年）の3つの建物が、ほぼ同時期に谷口の設計で建設されたことは重要である。すべて1938年にベルリンへ出張する直前の設計案であった。

8.「一座建立の寿福」
——世阿弥の『風姿花伝』の「衆人愛敬」を以て「風儀」を

　谷口の座右の書である世阿弥（1363-1443）の能楽論の『風姿花伝』第五「奥義云」*TN-6には、

　　この芸とは、衆人愛敬を以て、一座建立の寿福とせり。……されば、いかなる上手なりとも、衆人愛敬欠けたる所あらむをば、寿福増長の為手とは申がたし。しかれば、亡父は、いかなる田舎・山里の片辺にても、その心を受けて、所の風儀を一大事に掛けて芸をせしなり。

　この一文は世阿弥が父の観阿弥を意識した文章で、「寿福増長」つまり、「面白し」という感

動の中に、心の解ける楽しみを見て心が和み、「寿福」という万人の願いを祈願する能の本質を言っている。それには「衆人愛敬」として一般大衆、つまり多くの人に喜ばれることが必要で、そうした人々の支えなしには一座を成立させていくことはできない。観阿弥は、どんな辺鄙な片田舎でも能を演ずる時も、まず土地の人の気質を考えに入れ、土地の「風儀」である、しきたりや、人情を尊重しつつ、その風土の人々に訴える力をもった芸を演じた。

　ここに谷口が着目した「一座建立」の原義がある。「藤村記念堂」のように、山深い田舎の木曽の馬籠で、地元の農民や職人とともに、「風儀を一大事に掛けて」、地方の風習、技術を重視し、「芸」としての生活芸術の「建築」をつくったことの意義を認めていた。単に協力して建築を造っただけではなかった。そこに筆者が「能」と「茶」を見たのも必然である。

　谷口の文章に能のシテとワキ、そして花の記述が多いのもその「美的センス」に拠る。そして慶應義塾大学の「萬來舎」でも、また谷口の「明治村縁起」─歴史の証言者─（『博物館　明治村』淡交社、1976年）の、「一座建立」に、

　　世阿弥は『花伝書』の中で「衆人愛敬を以て一座建立の寿福とせり」と云っている。私は「明治村」を建立するに当り、親しい友の友情や、先輩、知人の心厚い協力に恵まれた。それによって多くの明治建築が保存され、村は多数の来訪者を迎えて、そこは過去と現代が語りあう対話の場所となっている。その意味で、室町時代に「能」を大成した世阿弥の言葉の如く、「明治村」は一座建立の精神が結晶したものであると云い得る。

　その「一座」を引率する指導者、つまり頭領は建築の場合でも同じく「棟梁」と言って「芸（能）人」としての「花」を体得している人物だとする。「棟梁の仕手（シテ）」とは座の統率者で人気役者のことである。谷口がまさしく「棟梁」であった。

　谷口は『現代』（1975年10月号）の今月のテーマ＜良友悪友＞の中で「一座建立」という随想を書いている。「今さらの如く友情を尊いものに思う。自分の歩んできた人生行路をふりかえると、親しい友との＜めぐりあい＞が重要な役割を果してくれた時のことを思い出す」と、「博物館　明治村」では金沢の四高時代の同じクラスの当時、名古屋鉄道の副社長の土川元夫に世話になり、また「藤村記念堂」では、馬籠に居住していた英文学者の菊池重三郎に、雑誌『文藝』の編集者の野田宇太郎と編集顧問の木下杢太郎のすすめで、その『文藝』に谷口が「雪あかり日記」を寄せたので、菊池と知り合い「藤村記念堂」の相談を受けたのも、２人の友情が発端であった。その「友情」とは、「衆人愛敬」の心、「多くの人に喜ばれる」人々の支えが一座を成立させてゆくことからの「寿福」である。また谷口は文章の中で「花」について、多くを語っているが、それは「茶道」の影響もあるが、能のこの『花伝書』に拠るところが多い。

　「花」とは「芸（能）」のことで、一般的には観客の感動を呼び起こす芸の魅力、またそれを追求し、感得する心の働きのことである。

9. 「花の書」の会の「花」とは ──『花伝書』の「秘すれば花」ではなくて

野田宇太郎は、谷口の「詩人としての足跡」(『谷口吉郎著作集』第 1 巻) * T-1-1-5 の「解説」で、

　　谷口が友人の医家で文学者の太田千鶴夫と計って、世阿弥の『風姿花伝』(花伝書) からヒントを得たと思われる「花の書」と題する小冊の芸術文化誌を創刊したのはドイツから帰国してようやく平常心を取り戻した昭和15年である。この「花の書」を中心に、身辺の詩人、芸術家、自然科学者などに呼びかけて「花の書の会」という文化サークルを作り、不定期ながら時折サロンを開くようになったのは昭和16年になってからである。

この「花の書の会」を、谷口は「詩と美術の同好会」として、『花の書』という同人誌を創刊し、その第1号から「ベルリンの冬」という題で3回掲載した。話題は、ゲーテ、リルケ、鷗外などに及んだと書いている。谷口の「木下杢太郎詩碑」(『記念碑散歩』1979年) *T-1-3-5-② には、「花の書の会」について、

　　会の名称は私が考えたもので、別に深い意味があったわけではないが、時勢が暗い方向へ押し流されて行く時、花の美しさ、いとおしさに心をひかれ、書物を書いたり、美術や学術を話し合う会という意味で、そんな名称を考えたところ、太田千鶴夫先生もそれに同意された。

しかし谷口の「花の書」の会の命名の心の底流となった『風姿花伝』は、能楽論集であるが「花の論」なのである。谷口は「建築は花である」と言っている。世阿弥は、はじめ『花伝』という書名でこの本を書いた。したがって多くの花についての名言がある。その中で花伝第七の「別紙口伝」にある、「年々去来の花を忘れるべからず」は、「幼少の頃から、老後までの芸として年々に体得した技や、年月とともに身に過ぎていったさまざまな風体の＜花＞を、忘れずに一身の中に保っておくこと、つまり現在の芸の中に同時に持つことが大切だ」の意である。
　　谷口吉郎は伝統的な芸能の地である金沢に育ち、モダニズム建築の洗礼を大学で受け、ドイツで新古典主義建築から「ギリシャの教訓」を学び、少しずつ伝統的な日本様式に馴致し収斂してゆくのである。その過程をこの「年々去り来る花」は適確に表現している。まさに谷口建築を象徴する言葉である。もはや「転向」や「相対化」論は必要ない。「風姿」とは建築の「様式」と考えてよい。すると、「花」は、「芸の魅力と心の働き」で、「花は心」としての「ただ美しく柔和なる体」の「幽玄の象徴」である。逆に谷口の建築を「幽玄」とすることは、新しい発見ではなくすでに言われてきた。「幽玄」とは世阿弥が能の理想的境地とする優美な風趣のことで実に谷口建築に相応しい形容である。(傍線筆者)

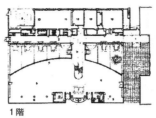

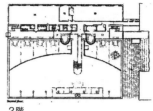

図Ⅶ-8　金沢市立図書館
A. 外観（写真）

B. 平面図　谷口吉生

1階

2階

10. 谷口吉郎から吉生へ ——「家、家にあらず。次ぐをもて家とす」

□「秘すれば花なり、秘せずばなるべからず」

　『風姿花伝』の「別紙口伝」に、「家、家にあらず。次ぐをもて家とす。人、人にあらず。知るをもて人とす」と、「これ萬徳了達の妙花を極む所なるべし」、つまり、「芸の道を伝える家というものは、単に親から子へと続いてゆくものではない。血のつながりの有無にかかわらず、正統に芸を継ぎ発展させた者をもって、跡継ぎとし、芸の家とするべきだ。また、人も同じである」という意味である。世阿弥は巻末の綴じ目に据えた、秘事としての「妙花」は、芸を継ぎ家を継ぐ器量を認めたものに伝えられる。世阿弥56歳の時の父の観阿弥よりの「秘すれば花なり、秘せずばなるべからず」の極意であった。

　谷口吉生は、父の吉郎に子どもの時からよく工事現場に連れられて行かれたと述懐しているし、慶應義塾大学の機械工学科に学び、三田や日吉で父・吉郎の作品に接していた。卒業時にも、谷口の弟子の清家 清の好意の策略により、ハーバード大学の建築科に入学することになり、建築家へと進路を変更した。まさしく「次ぐをもて家とす」であった。

　谷口吉生は「人生を変えた清家 清氏の一言」（『私の履歴書』淡交社、2019年）に、

　　その日、家に帰ると建築家の清家 清氏と父が談笑していた。1955年、ドイツの建築家ヴァルタ・グロピウスの招きで渡米したことがある清家さんは、再び米国を訪れて帰ってきたところだった。父が席をはずしたあいだに清家さんが言った一言がその後の私の人生を変える。
　　「吉生くん、アメリカはいいよ。君も建築をやったらどうだい」

　谷口吉生はそのことを後に清家に質（ただ）すと、谷口吉郎から「息子を建築家にしろと言われた」と告白している。吉生は「清家に感謝している」と話している。まさしく谷口親子にとって「一期一会」であった。その後の活躍は「金沢市立図書館」（1978年）（図Ⅶ-8A・B）で吉郎が総合監修し本館を吉生が設計した。1978年竣工の「資生堂アートハウス」（1978年）（図Ⅶ-9A・Bイ、ロ）も最後の親子合作となった。

図Ⅶ-9　資生堂アートハウス
A. 全体（写真）

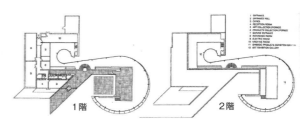

Bイ. 1階平面図　　　　　　　　Bロ. 2階平面図

図Ⅶ-10　長野美術館・
東山魁夷館　谷口吉生

図Ⅶ-11A. 鈴木大拙館　谷口吉生

図Ⅶ-11B. 土門拳記念館
谷口吉生

　吉生の作品には、父の吉郎と親交した東山魁夷の「長野美術館」（1990年）（**図Ⅶ-10**）そして「丸亀市猪熊弦一郎現代美術館」（1994年）（前掲、図Ⅲ-20参照）、同じく、哲学者の記念館である金沢の「鈴木大拙館」（2011年）（**図Ⅶ-11A**）や秋田の「土門拳記念館」（1984年）（**図Ⅶ-11B**）などがある。

　松隈 洋の「建築というバトンと清らかな美学を引き継いで」（『「谷口吉郎・谷口吉生」の建築―金沢が生んだ二人の建築家―』金沢市、2014年）には、

**　二人の仕事に共通するのは、自ら育んだ歴史への敬意と職人の仕事への共感、そして、日本の伝統から抽出した清らかな美学である。……親子二代にわたって引き継がれた建築というパトン、それを未来へつなぐのは誰だろうか。**

　観阿弥から世阿弥へと引き継がれた観世座の猿楽能は、世阿弥の子の「元雅」なるものに相伝したと記録にあるが、音阿弥との跡目相続にトラブルがあった。谷口の場合は「二代目」ではなく「三代目」だと吉生は言っている。

　金沢市出身の建築家の谷口吉郎の片町の生家跡地を金沢市に寄贈して建設された寺町台の「谷口吉郎・吉生記念 金沢建築館」（**図Ⅶ-12A・B・C**）が2019年7月26日に開館した。2階の常設展示室には「迎賓館赤坂離宮」の和風別館「游心亭」の広間と立礼席のある茶室と池が再現されている。

図Ⅶ-12　谷口吉郎・吉生記念 金沢建築館 谷口吉生
A. 外観

B. 游心亭の茶室

C. 游心亭の広間

　杉本俊多の「谷口吉郎のドイツ新古典主義との出会い」(『谷口吉郎の世界』1997年)*T-2-3には、谷口吉郎より吉生の作品に、よりシンケル的な美学をより強く感じるとして、

　　吉郎氏から吉生氏へのバトンタッチは日本の伝統が単なる表面的なスタイルの問題ではなく、内在的なものとして取り組まれ、やがて日本の枠を超える普遍的な形式を獲得してゆくプロセスそのものだったろう。谷口父子はドイツと日本の古典主義の建築美学を介して、より内在的な精神としての「日本性の普遍化」に取り組んだとしてよいのではないか。(傍線筆者)

　ここでも谷口吉郎を、「新古典主義建築家」とする。この杉本俊多の「日本の枠を超える普遍的な形式」とする総括は、父子の建築に通底している。『風姿花伝』によれば、それは「花」であり、さらに「別紙口伝」の「秘すれば花」には、「諸道芸に於いて、その家々に秘事と申すは、秘するによりて大用あるが故なり」。「大用」とは「効果」のことで、「秘する効果」とは観世家においては最大の秘事である「花」であり、それは「花と、面白きと、珍しきと、これ三つは同じ心なり」とする。谷口吉郎の場合、「珍しき」をシンケルの新古典主義に、「面白き」をインターナショナル・モダニズムに、「花」を日本の伝統、そして枠をこえる内在的なものを「普遍化」することで、「花」を認識することが「大用」に相当する。その「普遍化」とは杉本俊多の言う伝統的な「アイデンティティ」として、新しいスタイルとして置き換えていく、改めて表現できるということで、谷口吉生の言う「花」としての「オーダー」を求めることであ

図Ⅶ-13　谷口吉生

る。（傍線筆者）　これは本稿の谷口論の結論でもある。

　この「花」を比喩とした論理には、自然の草木の営みに学んだ世阿弥の日本的な発想である。「花」、「面白き」、「珍しき」など、「花と申すも、去年咲きし種なり。能も、もと見し風体なれども、物数を極めぬれば、その数を尽す程久しく。久しく見れば、また珍しきなり」と、この一文は、「さるほどにわが家の秘事とて、人に知らせぬをもて、生涯の主になる花とす。秘すれば花、秘せねば花なるべからず」で終っている。（傍線筆者）　しかし、谷口吉生としての世阿弥は、親子の「記念金沢建築館」を開設して、「秘事」とはしなかったのである（参考資料：馬場あき子『風姿花伝』古典を読む－17、岩波書店、1984年）（図Ⅶ-13）。この「建築館」がまさしく「花」である。

　筆者の『風姿花伝』による谷口父子の建築の分析を実証できるのは『建築家という生き方─27人が語る仕事とこだわり』（日経BP社、2001年）の「谷口吉生 ─父との比較で値引きされて評価・失敗は許されない─吉郎の影と闘いつつ」[Y-6]の吉生の発言にある。「父から受けついだ二世としてのメリットは多く」、しかし、

　　「デメリットの方は個人的、内面的なもので、私一人で悩めばいいことかもしれませんが、いつになっても谷口吉郎の息子として人に紹介されることとか、失敗は絶対に許さないとか、父に比較して必ず少し値引きして評価されるということでしょう」

　世阿弥は、父の観阿弥の最後の舞台を見て、「まことに得たりし花」（身にしっかりと培った芸力）であったゆえに、すでに存在自体が老木であったが「花」であった。吉生は続けて、「父の建築を一番知っているのはやはり私ではないか」と、

　　「父の建築を、和風と言っていいかどうか分かりませんが、ああいう建築をつくる機会があったら、なるべくあの意図を踏襲していきたい。ただし、重要なのは父から受けついでいかなければならないのは、デザインの形式そのものではなく父が私にいろいろ話した建築に対する考え方のようなものだ、と思います。……父が私に対して話してくれたことが私の作品の中から出ていかなければいけないと思うし、出来たものが全然、形が違っても、それ

に対する心構え、アプローチは同じですね。……父のスタイルを踏襲して包み込んでいくことができる。また父の考えた方向を発展させていくことができるのではないか、と思っているわけです。……父は、建築の設計そのものについてこういうふうにしろ、ということはほとんど言わなかったですね。言うのは設計に対する態度とか、建築とはどういうものか、といった一般的な話だけでした」

　この父の吉郎との会話からの影響についての内容は、既述した『風姿花伝』の「一座建立の寿福とせり」の「私義云」の末尾の、

　　およそ『花伝』のうち、年来稽古よりはじめて、この条々を注す所、全く自力より出づる才学ならず。幼少より以来、亡父の力を得て人となりしより二十余年が間、目に触れ事に聞き置きしまま、その風を受けて、道のため、家のため、これを作する所、私あらんものか。

　これは世阿弥による謙譲からの誇張なのであって、亡父の観阿弥の力により20年、父の遺風を伝達することのための著作で、「私心などはありはせぬ」と結んでいる。吉生の気持と共通するところがある。谷口吉生は、母方の祖父の松井清足が「建築学会」の副会長もやった人であるから「私は建築家の三代目である」と話している。
　『日経アーキテクチュア』（2019年11月14日）のトピックス「谷口吉郎・普遍性の先」には、三宅理一はその「普遍性」について、

　　「中世の建築家」に例える。新規なものを志向するルネッサンスの建築家ではない。……谷口さんの建築は中世の教会建築のようにシンプルであるがゆえに長い歴史に堪える。

　この「中世の」に、世阿弥を感じる。確かに谷口自身も西欧の古典教会建築に通じる感動を記して、中世の教会建築に時代の「普遍性」の共通点を見出している。それは古典建築の姿に「アイデンティティ」を求める伝統主義である。「郷土性」（風土）と「普遍性」とは元来、二項対立的である。その間にあって、建築を論理的に「普遍化」するためには、装飾を廃し、「簡素」で抑制された秩序としての規範「オーダー」を谷口は追究したと言える。具体的には「藤村記念堂」のように「風土」性に基づいた施工しやすく合理的かつ効率的な線材による柱と梁の伝統的な木造架構法の形式であった。結果的にはその「普遍性」は古典主義の「崇高さ」の替りに、新古典主義の「簡素さ」の表現となった。
　谷口吉郎本人は「全てがうまくいったときには、建築という物体は消されて、『場の空気』のようなものだけが残る」と、それが「普遍性」の実態であった。そして谷口吉生に引き継がれて本当に「普遍性」が実現されていると感じられる。
　ケネス・フランプトンは、『現代建築史』（中村敏男訳、青土社、2003年）の「日本語版への

あとがき」で、谷口吉生について「その作品は、構築的な高潔さと明快な形態の持つ強靭さとが結びついて、谷口を別格の建築家にしているのである」と、まず「土門拳記念館」は、「その時点で、すでに彼の進むべき方向性を示していた」と、「国際的な流行などに左右されることなく、個人の創造力を真に発揮させるのは集合的文化なのである」と、もう「風土」とか「伝統」すら超えて、「インターナショナル」でもない個人的な創造の特異な境地に入っていることを、「集合的文化」つまり、各国の歴史的な影響すら感じられないほどの「集合」された「国際的文化」として、この世界的な建築史学者は評価している。もうそれは、自己同一性「アイデンティティ」そのものであった。（傍線筆者）　杉本俊多も「息子さんの谷口吉生さんの方が土門拳記念館を見たときに、シンケルの発想法にちょっと似ているなと感じたのです」と両者に「普遍的なスタイル」を感じている。

　後述するが、谷口吉郎は臨終の床で、北イタリアのラベンナにあるビザンチン様式の「サン・ビッターレ聖堂」を見に行こうと吉生を誘っている。筆者にはその建築というより描かれたフレスコ画の世界に夢遊されていたのだと思う、それは、やはり日本の仏教寺院ではなかった。

　結論としては谷口吉郎は2種類の内的、外的な必然性と闘っていた。その1つは、内的必然性としての「清冽な意匠心」とする美的「心」と、外的必然性としての「風土」による詩性との相克であった。モダニズム建築は特にその「両面価値性」（ambivalence）に陥ることは忌避していた。

　他の1つは、内的必然性としての日本の伝統様式と、外的必然性としてのモダニズム建築の相克でともに「内」と「外」の必然性の「二律背反性」（antinomy）であった。

　谷口吉生には、この2つの相克はすでになく、普遍性に昇華していた。（傍線筆者）

11. アイデンティティ（主体性）とユニバーサル（普遍性）

　谷口吉郎が日本建築の伝統様式と欧米の近代モダニズム建築との二元性に長い間の相克を経て、晩年にやっと「融和」らしき境地へと至ったプロセスには、「自己」から「時代」へと、そして「建築」という**外的必然性**」の克服のように見えるが、実態は谷口自身の建築を象徴する「**内的必然性**」、それは杉本俊多の言う「内在的な精神」である。「庶民生活の美」、「風土の詩情」、つまり両方の共通する「簡素」美である。特に「美」と「詩」である、と晩年の谷口は述べている。それが「意匠心」であると「心」（こころ）を付けている。そこにも、「内的必然性」が感じられる。またそれが日本人のではなく谷口自身の「アイデンティティ」と言える。そして目指していたのは、すべての「合一」であったが、結果的には谷口吉生の言う「日本の普遍性のオーダー」として、本人にも定式化していった。（傍線筆者）

　「普遍性」（ユニバーサル）とは、「すべての物に共通する性質」のことを意味するから、それを具体的な作品例から考察する。

　谷口吉郎の「東京国立博物館　東洋館」（1968年）と、庭を挟んで対面している谷口吉生の「東

京国立博物館　法隆寺宝物館」（1999年）との比較を試みる。

谷口吉郎はその「作品解説」に「極東の美術眼」として、

> 日本は東洋の極東。シルクロードの終着駅だった。さらにアジアの文化は南の海から波及し、歴史の各時代に各地方の文物が多く渡来した。そのために日本は東洋芸術の宝庫となっている。…日本の東洋美術に対する美意識と情熱を造形的に一層透徹したものにしたいと願った。…古来から日本建築に親しまれている材質、色彩、照明、空間によって、日本人の愛情の込められている東洋美術の美的観賞を有効にしたいと考える。（『新建築』1968年12月）

ギリシャから始まるシルクロードの終着駅としての日本を考えている。つまり東洋を広くギリシャの地まで考えていた。同館の担当者であった白濱謙一は、同じく「作品解説」に、

> 建築は記念性がなければ無意味であるというシンケルの言葉を語る谷口氏の近代建築の合理性と日本伝統様式との間のゆれ幅をこの記念館に収斂させる試みに、大変なエネルギーを傾けたと思われる。深い軒を支える列柱の上部は削りとられて、わずかに木彫の切り口を匂わせるが、ギリシャのオーダーではない。

わざわざ「ギリシャのオーダーではない」と言いながら、「記念性」という言葉は何かを暗示しているのだが、それはやはりギリシャの建築様式なのである。

筆者は、この谷口と白濱の「作品解説」を読む以前から、この博物館の前の道を通る度に、ギリシャ神殿の影響を感じてきた。それは柱列が対象である、回廊にもギリシャ神殿の基壇を彷彿させていて、そこにシンケルの古典主義を見てきた。そして、柱列の間から見える白いタイル張りの壁面の「和風の表現として使われた縦格子」は、日本調で種々の細い縦線を含めて日本とギリシャ建築の混在を両文化の「記念性」として認識してきた。

一方で、「東京国立博物館　法隆寺宝物館」のガラススクリーンの細かい縦格子と細い鋼管柱は、もはや何の形の輪郭でもない。ただの細い夥しい線なのである。日本の伝統的な格子ですらない。もちろん「法隆寺宝物館」であるから、法隆寺の回廊の櫺子格子の援用とされるのも当然であるが、それ以上に日本でもギリシャでもない。もはや国籍を離脱している普遍性を感じる。もう「庶民生活の美」とか、「風土の詩情」を超えている。ただ有るのは谷口吉生自身の「内的必然性」としての「アイデンティティ」だけである。

その谷口吉生の「必然性」とは何かである。そして「日本らしさの普遍性」としての「オーダー」がそのキーワードである。その「普遍性」とは、

> ひとつの原理で全体をまとめていこうとするのではなくて、種々のものがあって、相互にバランスを取りながら、多様なものをまとめて世界がひとつにまとまるという構造である。

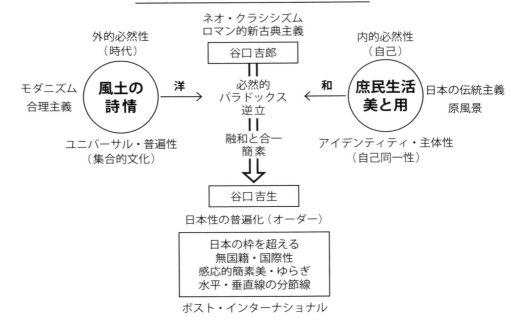

谷口吉郎から吉生へ（二つのテーマで）

ネオ・クラシシズム
ロマン的新古典主義

外的必然性
（時代）

内的必然性
（自己）

谷口吉郎

モダニズム
合理主義

風土の
詩情

洋 →

必然的
パラドックス
逆立

← 和

庶民生活
美と用

日本の伝統主義
原風景

ユニバーサル・普遍性
（集合的文化）

融和と合一
簡素

アイデンティティ・主体性
（自己同一性）

谷口吉生

日本性の普遍化（オーダー）

日本の枠を超える
無国籍・国際性
感応的簡素美・ゆらぎ
水平・垂直線の分節線

ポスト・インターナショナル

　そして、「多様なもの」をまとめるには「簡素」というバランス的な要素が必要であった。それを谷口吉郎は吉生に残したのである。日本の伝統様式をユニバーサル化できたのは、谷口吉生が建築を日本の大学ではなく米国のハーバード大学で学んだことも好原因である。

　杉本俊多は、「谷口吉郎展」のシンポジウム「小郡」の「いま"モダニズム"について考える」の講演で、その末尾で「谷口吉郎的な手法」としては、

**　「世界的に普遍的なものを目指しながら、同時に内省的に自分が持っている空間体験なり原風景に戻ってゆく。アイデンティティをどう改めて表現していくかというテーマ。二つのテーマというのは常にそれぞれのデザイナーにつきまとっていくという感じを受けます」**

　また「二つのテーマ」という「二元性」へと戻っていくが、それを「アイデンティティ」というより谷口吉郎の闘争（ストラグル）の成果だと考えたい。

　谷口吉郎がよく口にしていた、「全てがうまくいっている時には、建築という物体は消されて、『場の空気』のようなものだけが残る」というのは、具体的には、「藤村記念堂」で本陣跡地の白砂の庭には「場」があると書いているが、「空気」とは何か。それは空間の存在性のことである。谷口は「流体研究」として、風などの空気の動きや水の流れが対象であったが、それ

らはすべて「揺れ」という現象である。つまり木材の木目や、縦格子のような細い線のよる物理的な「1／fの揺らぎ」である。それが谷口吉生になると、さらに縦格子は細く密になり、より「1／fの揺らぎ」そのもののように文節線として建築化されていく。その「内的必然性」は杉本の言う「アイデンティティ」であった。それが「法隆寺宝物館」の「ホール」と言える。もはや、そこには父・谷口吉郎の「庶民生活」とか「風土の詩情」を超えた「普遍的な形式」としての官能的な「簡素」美だけがあり、揺れる「現象」、揺動だけがあった。谷口吉生の建築には「場」を感じない。

杉本俊多は、講演でスライドにより紹介しながら、

「これは、東京国立博物館 東洋館です。展覧会の方では大きな写真になって出ていますが、これも私の目にはこういう構造的な美学と映ります。柱梁という美学を日本的な発想で改めてつくり直したのではないか。それは先ほど言ったシンケルが新古典時代につくろうとした美学と精神的には共通していたということです」

筆者も改めて同館を見学してみたがまったく同感であった。しかし一方で杉本は、

子息の谷口吉生氏の作品にむしろシンケル的なものを感じるが、それは彼の抽象的な直方体構成、水平・垂直線の分節線の構成、またそのピクチャレスク的な構成に、シンケルの多様な建築のエッセンスに共通するものを感じるからである。彼はそれを現代的で、無国籍な建築形態で表現するが、谷口吉郎氏のほうは、垂直線へのこだわりが強く、また日本の伝統により執着しているため、ドイツ的なものは消される。しかし、そこにはより抽象化されたプロイセン的な厳格さ、静謐さを敢えて見て取ることはできる。吉郎氏のモダニズム批判からくる風土性へのこだわりは、もはや吉生氏の世代においてはあまり意味をなさない。吉生氏にシンケル的な美学をより強く感じるのは、おそらく吉郎氏のこだわりの部分が消えたからではないかと思うのである。
<u>このような吉郎氏から吉生氏へのバトンタッチは日本の伝統が単なるスタイルの問題ではなく、内在的なものとして取り組まれ、やがて日本の枠を超える普遍的な形式を獲得してゆくプロセスそのものだったろう。</u>
<u>谷口父子はドイツと日本の古典美学を介して、より内在的な精神として日本性の普遍化に取り組んだとしてよいのではないか。</u>
（傍線筆者）

谷口吉郎がこのような着想を持ち得たのは、ブルーノ・タウトと会い、日本のモダニズムを桂離宮にみた内実を知っていたからである。
杉本が谷口吉生の作品によりシンケルの発想を感じるのは、「土門拳記念館」（1984年）である。杉本は『建築 夢の系譜─ドイツ精神の19世紀』（鹿島出版、1991年）で、画家でもあっ

図Ⅶ-14A. 水辺のゴシック大聖堂

図Ⅶ-14B. 四塔式教会堂

たシンケルの「水辺のゴシック大聖堂」（1913年）（図Ⅶ-14A）という、ゴシック様式教会堂の絵画による高塔の神秘的な姿と、「港の見えるバルコニーに立つ姉妹（夜の港）」という四塔式教会堂（図Ⅶ-14B）について、ゴシック様式のロマン主義風の大地からの樹木の枝葉のような建築に自然の神秘的な仮想図について言及している。

　それは、「ゆらぎの美学」とも「散逃構造の美学」と表現している。つまり、「エネルギーを吸収し、また適度に放出しながら一定の安定した形を保つ構造」であると説明し、「建築の構成美にも、それに似たものがあると考える」と結んでいる。現実にはそれは絵画の中だけで、シンケルの実際の建築には採用されることはなかった。

　しかし、シンケルが理想とした「ゆらぎの建築」は、新古典主義の次作の予兆としての絵画を描いていたのではないかと考えられる。それがゴシック様式における細い縦線の構成である。それは、<u>谷口吉郎、吉生の両者が新しい「普遍性」の「オーダー」としての「簡素」美であったと言える。</u>（傍線筆者）　そして、それは「谷口吉郎・吉生記念 金沢建築館」（2019年）として結実する。まさしく「家、家にあらず。次ぐをもて家とす」であった。

□ 逆説的反抗者－内在的必然性から普遍性へ－新古典主義者（ネオ・クラシシズム、国際的順接へ）

　谷口の場合は「洋」は易しく、「和」は難しいと告白している。<u>この二元性はその結果としては、アイデンティティ（主体性）とユニバーサル（普遍性）とは逆立するということである。</u>それが谷口の世界では内向している。谷口のアイデンティティによる創造は、日本の伝統建築の「和」の延長にあるのか、それとも日本建築の何を捨てたのか、またそれにより普遍化できたのか。

　<u>何故に、「洋」は易しいといいながら使わないで、「和」を混ぜるのか。それがモダニズムは誤りであり、あまりにも機械的であると、反逆的な実践であるとしたら、よく言えば谷口の場合は、世界性「インターナショナル」とは日本人にとって日本の伝統の普遍化である。</u>（傍線筆者）

　谷口は「和」と、「洋」のどちらでもよいのである。場合によってはそのどちらも「やめた」でよいのである。谷口吉生の場合でもそれを「やめた」と言って、実際に国際的な普遍性への傾斜を現実化していったのである。

つまり「和」と「洋」のどちらが正当であるか、不当であるか、という相対（リラティヴ）する問題ではないし、どちらも絶対ではない。谷口の場合は日本建築へ「転向」したのではなく、内在的必然性によりそれが「和」に見えたのである。

　谷口の言う「生活」とは、「洋」への逆説的反抗であり、「和」への共感なのである。つまり、「和」を再び見せるために「洋」を使ってみることである。その行為が「倫理」であり、「良心」なのである。

　谷口が「倫理」というのは、「和」が現代の日本人の「生活」に寄与しているかという問題である。場合によっては「洋」の方がよいと、それが「倫理」のように逆説的に見えたのである。しかし「生活」と言えば「和」は許されてしまう。

　谷口は何故に新古典主義建築家（ネオ・クラシシズム）なのか。「和」を「和」として、そのまま古典主義的に使うのではなくて、「洋」という日本人の伝統的な「住」と逆立するものとして設定し内行した結果なのである。(傍線筆者)

　それは人間の「生活」によるが、立式とか座式とかの混在するその中間に本質がある。W・グロピウスは箱根の会議で和室の畳敷に低い座椅子の上に座っていた。丹下健三は自邸の畳の上に低いカンバス張のチェアーに座っていた。清家清は「私の家」では鉄平石の床の上に四角い「移動畳」を室礼ていた*SS-11。谷口の場合はノグチ・ルームの三段式の床であった。

　建築は「人間」と「生活」の関係において存在する。つまり相対的なもので、その関係が「洋」式であれ「和」式であれ、モダニズムなど庶民の「生活」をまったく反映していないと、その限界を言っているのである。谷口は懺悔しろとまで言っているが、悔い改めてその限界性を知ってそれを普遍性と言っている。

　むしろ人間は相対的なものだとして普遍性とすることが庶民の建築原像ではないのか。「生活」にのめりこめばのめりこみすぎるほど、「和」は貧しいものではない。谷口吉生は、父の吉郎が「和」と「風土」に内向するほどに、その「生活」に結びつかない限界をみて逆説反抗を試みて「やめる」とすると、「洋」でもない「和」でもない普遍性が表れてくるのである。

　もうそこには谷口吉生の建築のように「洋」でもない「和」でもない空間がある。そして「風土」すらない。ひたすらに「ゆらぎ」がある。それを金沢の寺町台の犀川の高台の傍らに「谷口吉郎・吉生記念 金沢建築館」を建て、帰って着たのである。日本建築の「和」に対して逆説的な反抗者として。(傍線筆者)

　「和」風という茶室を模範として「生活」しながらも、実際にも「洋」風茶室を試みている。

　谷口吉郎にとっては「和」は追い求めるが、順接しないという逆説的反抗の対象であった。その「反抗」とは「風土」(和)とは言いながら、線、面により国際的な「洋」を求めていた。

　「古典への教訓」としながらも、そこからの脱却を試みていた。しかし谷口吉生は「やめた」として、もう「反抗」の対象とはしないで、つまり「和・洋」を順接の対象ともしない。国際的な「洋」ではなく「オーダー」を探し求めていた。それは吉郎より、さらに線・面およびプレーンのそれだけ国際性であった。(傍線筆者)

おわりに

谷口の葬儀の「白い梅の花一輪」と臨終の謡曲「翁」

1. 谷口の絶筆 ——徳田秋聲の「古里の雪」と「簡素」な葬斎壇

　財団法人 明治村の常任理事で、谷口と金沢の第四高校同期で書家の田山方南は「谷口吉郎氏の絶筆」（『淡交』1979年4月）に、谷口の柩の前の机の上に置かれたノートの3頁分のところは、亡くなる1週間前の1月26日に書かれたが、ご遺族の許可を得て写し留めたのを発表した。田山はそれを黒枠で囲んで、

　　やがて冬が来る。雪がふれば卯辰山の奥も白銀の眺めに包まれる。その静寂の中に碑は立つ。それは秋聲の最後まで目の奥に残っていた「古里の雪」にふさわしい光景であろう。そんな旅情をさそう雪景色が私の目に浮ぶ。

　ここで文章は切れている。詩的な絶筆である。谷口はやはり詩情・建築家であった。「藤村記念堂」（1947年）の落成式の3日後に除幕された金沢の卯辰山公園頂上の自然主義作家の徳田秋聲の文学碑（前掲、図Ⅲ-30参照）の写真がある。谷口はその碑に文字を描いている。戦後に生まれた「文学碑」という言葉の最初の一例であり、思い出深いと、谷口は、

　　この時期の体験が、今から考えると、戦後の私の設計態度にある指針をさし示したような気がする。それは「死別」の体験と、「ふるさと」の自覚であった。それが私の設計に、意匠心の内省と風土に対する関心の大切なことを教えた。

（傍線筆者）

（「終戦直後」『建築に生きる』日本経済新聞社、1974年）

　ノートの他の1、2頁には田山は判読しかねたと書いているが、徳田秋聲だけでなく多分、室生犀星についても書かれていたことであろう。浅の川を見おろす卯辰山の松林の中に、「秋聲文学碑」を、犀川の川べりに「犀星詩碑」を、その相違は、秋聲の自然主義の「散文精神」と犀星の抒情の「詩精神」との差があるように、2つの川の間にも感化の差がある。それはやはり、「アポロ」と「ディオニュソス」という「理性」と「官能」の二元性であった。

　谷口吉郎は、1979（昭和54）年2月2日に死去した。葬儀・告別式は2月13日青山葬儀場にて無宗教で行われ会葬者は2000人に達した。その様子は、『明治村通信』（105）の「谷口館長を悼む」に、多くの人により追悼記が書かれている。その中から葬斎壇（**図1**）について記述された箇所を抽出すると、「司会者あいさつ」*M-3-3-③の藤岡通夫は、

　斎壇は極めて特殊なものでありますが、御承知のように先生は設計を通じ、簡素を旨とされた方でしたので、先生の意志にたいして考察されたものであります。斎壇に飾られております梅の花は、先生が生前に特に好まれたものでありますので、先ほど奥様がおてづから活けられたものでございます。

　谷口「自邸」の和室の窓先に植えられていた垂梅の花である。椿の木もあった。そして森 鷗外の次女の小堀杏奴は「水の如し」*M-3-3-③に、

　2月13日、谷口先生の告別式に列し、斎壇には全くなんの装飾も無く、背景はただ一面に、清浄なる白布を張りめぐらした中に、故人のお写真が掲げられてあるのを見た。お式は仏式にも、キリスト教にも依らず、無宗教として執り行れ、一輪づつの白菊が、献花として捧げられるのみである。私は30年近い長年月をかへりつつ、「君子の交はりは、淡きこと水の如し」の語が、しぜんに心に浮んで来たのである。

　簡素な斎壇で、背景は白布で献花も一輪づつの白菊であった。
　塩月八重子の「谷口吉郎先生の思い出―おだやかなおひと柄―」*M-3-3-③には、「お通夜でのお席、そして青山斎場」として、

　はじめての訪問のときに一服いただいた志野のお茶碗。それは大実業家であり、大茶人であった松永安左衛門手造りのもので、吉郎先生ご愛用のものとうかがいましたが、そのお茶碗が御遺影の前におかれてあったのが、私には強い印象として、まぶたに焼きつきました。

　確かに斎壇の前の低い壇の上の3点の右端がその茶碗のようである。他の2点の詳細は不明である。
　利休の茶は「侘び」で、遠州の茶は「綺麗さび」だと言われているが、利休は「雪も花である。雪の日に花は要らぬ」と、言ったが、遠州は「雪の日には紅梅一輪」との教えであったが、

谷口はと言えば、「雪の日にも白い梅一輪」ということになるのか。

白洲正子の『縁あって』（PHP文芸文庫、2010年）で、谷口の葬儀について、

　　　簡素な斎壇の上には、先生のお写真とお骨がおいてあるだけで、信楽の大壺に白梅がひと枝さしてある。その他の装飾は一切ない。その単純で清楚な飾りつけは、先生の好みを現わしており、故人の思想が遺族の方たちの間に浸透していることを示していた。

信楽の大壺もあったのか。そして、谷口自身の「白いバラ一輪」という小文（1971年）*E-85は、志賀直哉の葬儀が詳しく記録されている。谷口が斎場の設計をしたからである。「式場にはそのほかの花はいっさい置かない。だから、白いバラ一輪の斎場となる」。多分、この志賀直哉の斎場を参考にして、谷口吉郎の葬斎壇の設計者は谷口吉生であることを仙田満は本人から聞いていた。やはり「一輪の花」のみが、「数寄（すき）」の意趣であるとの千利休の最期の茶事に因（ちな）む谷口の意志である。

清家清は死に逝く彼方の地は、教会の十字架のクロス部のような無限遠の「ゼロ点」であるとよく言っていた。谷口も同種のことを、「そんな万物消滅の中に、…その喜・怒・哀・楽も過去へ消え去って行かねばならぬ。忘却は立体を平面となし、その面は線となり、線は点に縮み、点はゼロを吸う」と言っており、そこには空間のすべてが収束し、ただ一輪の花が咲いている所であった。谷口の「融和」の象徴が、白い「花一輪」であった。

川端康成もそのやはり谷口が設計した志賀直哉の葬儀*J-9を、

　　　式は志賀さんの遺志により無宗教で簡素なもの。故人と親交のあつかった建築家谷口吉郎がしつらえた斎壇は、大谷石の上に白木の卓、両側にさつきの小枝を敷きつめ、卓上に骨壺、その上に遺影は飾られ、……志賀さんが愛用の濱田庄司作の湯呑みに、白ばらのつぼみも一輪入れて、……

その白ばらは利休の言う如く、「つぼみ」であった。

この文は川端の絶筆となった文芸誌の連載の「たんぽぽ」という作品（『新潮』1971年12月～1972年3月）に登場するが、その約1か月後に川端は自殺を遂げる。川端のノーベル文学賞受賞講演の「美しい日本の私」に、「利休も教えていますが、今日の日本の茶でも、茶室の床にはただ一輪の花、しかもつぼみを生けることが多いのであります」と、「つぼみ」であったことに留意している。利休の意図に沿っていたのである。

谷口はこの志賀の葬儀の「白いバラ一輪」を次の文章で終えている。

　　　今も私の耳には、斎場に流れていたショパンとベートーベンの曲が残っている。今後、この曲を聞くたびに、私は斎場の白いバラ一輪を思い出し、追慕の念に深く包まれることだろう。

しかし、谷口本人は死に際して、草野心平の「谷口追悼」によると、

　　最後の頃の病床で建築の事を譫言のように言っていたのと「翁」を口ずさんだということに私は痛い共通を感じる。

それは、谷口の父の吉次郎は、1947（昭和22）年の夏、肺炎を患い、「最後の日、父はかすかな声で謡曲＜翁＞のひとふしを口ずさんだ。その臨終の声を思い出すと、私の胸は切ない」（「わが父」）*T-1-3-1-⑥と、吉郎はその時の父を思いつつ死を迎え、草野心平はそれに「共感」していたのである。「金沢には茶と能が家庭に普及している」と谷口は書いている。

2. 最後の仕事 —— 身延山本堂の仏教寺院

谷口の畏友の今泉篤男の「谷口吉郎追悼」（『工芸論版画論』求竜堂、1979年）も、その臨終の場面が記録されている。

　　私が最後に谷口吉郎さんに会ったのは亡くなる一週間ほど前、病院を見舞って、病院の看護婦長に無理をいって面会禁止のところを会わせて貰った。薬のせいで意識は朦朧としているようだったが、婦長の話では、何か絶えず幻覚を見ておいでの様子です、と言った。それは四年ほど前から着手している身延山の釈迦堂の内部荘厳のことではないか、と私は思った。昨秋、再入院する前に私にそのことをしきりに語り、いまは私の気持はそのことだけでいっぱいだ、と話していた。谷口吉郎は最後まで仕事の鬼として立派な生涯を終った。

谷口には「乗泉寺」（1965年）、「八王子乗泉寺霊園」（1971年）など仏教寺院の設計は少なく、この「身延山の釈迦堂」はぜひ実現したかったであろう。しかし、「谷口吉郎展のシンポジウム」＜東京第2回＞*J-3-2において、鷲塚泰光は慶應義塾大学の哲学科の美学・美術史特論で、1959年に谷口の講義を受講したが、伊勢神宮や出雲大社とか神社建築について、特に鳥居について解説していたが、仏教寺院についてはまったく聞かなかったと話している。それは鳥居に似ている「藤村記念堂」の冠木門についても話したのか。

谷口の「現代仏教建築について —宗教的真なるものと美の特質—」（『在家仏教』1957年11月）*E-58には、「ささやかな寺院の親しさ—木彫の愛らしい小仏像と合理的な生活」として、

　　私は小さい、ささやかなお寺に心をひかれます。それは現代の私たち庶民の生活は、非常に貧乏なものだと思うのです。昔の大きなお寺は、財力のゆたかな権威者のお寺だったんです。現代のお寺はもっとささやかでいいと思うのです。たとえば新薬師寺とか十輪院のような、小さな良いお寺に行きますと、たいへん親しさを感じます。

いかにも「ささやかな」小さな寺を愛した谷口の仏教寺院建築観である。谷川徹三は『淡交』33（4）（387）の「弔辞」に、谷口は、「去年、身延荘厳委員会で昭和55年完成予定の身延総本山本堂設計図を前に詳細な説明をなさった時、顔が少し痩せ声に少し張りがなかった」ことに不安を抱いていた。それは身延山の本堂であった。ぜひその設計図を拝見したいものである。谷口吉生が引き継いで完成させたのだろうか不明である。

□ 奈良の十輪院と京都大徳寺の真珠庵

谷口は、志賀直哉の編集により昭和の初めに出版された上下2冊の豪華版の『座右宝』について「一冊の本」（『朝日新聞』1965年10月24日）に書いている。筆者が今回の『谷口吉郎』の本を書き終えて、心に残っている事柄としてそこに紹介されている寺々をいつか訪ねてみたいと思った。

その中で特に「十輪院」の建築について、谷口は「そんな静かな安息の気分を境内にたたえ、長く歴史の動乱と風雪に耐えて、今も奈良市の片隅にうずくまっている」と、表現している。そして京都の「本性寺」についても同様の感じを受けていて、光悦作の石組みの簡素な意匠の「さえ」にも志賀の好みを連想している。

その他にも京都の大徳寺の聚光院へ行き、利休の墓をもうで真珠庵へまわり、その茶室の軒下にたたずみ、40年前に「建築を志した当時の自分を振り返りながら、雨に濡れた庭先の静かな石の姿に見いっていた」ことを思い出している。

谷口は多分「思い出は過去からの贈物」のようだとリルケの言葉を感じていた。

3. ラベンナの「サン・ヴィターレ聖堂」のフレスコ画

谷口研究室の青木志郎も「谷口吉郎先生を偲んで」に、入院中の谷口から、この身延山のお寺のことを直接聞いていた。この時のことを谷口吉生は『雪あかり日記／せせらぎ日記』の「あとがき」（中央公論社、2015年）で、

　　晩年の父は外見は非常に健康であり、建築の設計に、著作に、明治村などの活動にと多方面に亘り、非常に多忙であった。しかし、偶然、病院での健康診断に胃に悪性の病気が発見され、ただちに手術をしたが、すでに手おくれであり六ヵ月後に再発した。家族の願いに反して、日々悪化して行く病の中にあっても、父は最後まで仕事に執着し、建築に生きた。構想中であったお寺の壁面の参考にと、来年はラベンナにフレスコ画を見に行こうと私に話しかけ、意識が混濁し始めてからも、やりかけの仕事の図面と模型写真を病院に持って来るようにと、私に指示する父であった。

　　昭和54年2月2日、父が大好きであった庭の垂梅（しだれうめ）が、例年よりも半月早く咲き始めていた早春の昼、父は他界した。享年74歳であった。

図2　サン・ヴィターレ聖堂（ラベンナ）
Aイ. 外観

Aロ. 外観

平面図

B. 平面図

Cイ. フレスコ画

Cロ. フレスコ画

　この「ラベンナのフレスコ画」が描かれた、北イタリアの古都のラベンナの初期キリスト教会の「サン・ヴィターレ聖堂」（547年）（**図2Aイ・ロ、B・Cイ・ロ**）は、ビザンチン様式で、6世紀後半に建設された集中式（八角形）教会の平面である。世界遺産に指定されている。「この世で最も素晴らしい」との評価の高いそのモザイク壁画は、ドーム屋根とその下の高窓のあるドラム（円筒壁）に描かれている。

　その後陣は、座るキリストの左右には殉教者の冠を受けた聖ウィタリス（サン・ヴィターレ）と、そして聖堂の模型をキリストに捧げる司教のエクレシウスなどの5人の足元には花が咲き、川が流れ、そして頭上には虹の雲が描かれて楽園を表現していると言われている。聖堂の内部にはその他にも多くのフレスコ画がある。

　谷口の「自作を語る・第一義天」（1966年）[*E-72]に、渋谷の「乗泉寺」（1965年）の本堂の建築の姉妹美術の協同制作について書かれている。壁画には海老原喜之助の「合掌」でガラス・モザイクである。そして棟方志功の「板絵」、彫刻の伊原通夫による「天蓋」など、画家・彫刻家・工芸家の協力を得ている。谷口は、「なにか大きな手が私たち作家を、さらに工事に参加した多くの職人たちをもひっくるめて指揮し、この乗泉寺の伽藍をつくりだしたような気がする」と、それを「仏縁」としている。

　身延山の場合にも、多くの芸術家の協力を得るべく、この「サン・ヴィターレ聖堂」を見に訪れようとしたと推測される。筆者は、このフレスコ画のキリストの足元に川と花が描かれて

いたことに魅力を感じた。谷口はそこに金沢の犀川の流れを思い出していたのか。磯崎 新は『きらめく東方―サン・ヴィターレ聖堂』第4巻（六耀社、1988年）では、そこに「闇に浮かぶ黄金」と題した、日本の古代寺院の阿弥陀如来像の背後の光を見ている。谷口も死期が近い。病床でも構想中であった身延山の釈迦堂の「内部荘厳」として、この「サン・ヴィターレ聖堂」のフレスコ画はビザンチン様式でありながら、仏教の寺にその華麗さとともに反映しようと渇望していたのである。ラベンナの「サン・ヴィターレ教会」は、「アーヘンの宮廷礼拝堂」などの後のプレロマネスク建築に強い影響を与えたと言われている。谷口が死の臨床にあってこの「サン・ヴィターレ教会」へ行くことを熱望したのは、そのフレスコ画を見たかったこともあるがその建築がプレロマネスク様式であることも重要である。谷口の設計した東工大の本館を、ブルーノ・タウトが「ロマン風」とロマネスクへの感興を見い出していたことによる。谷口はロマネスク風の新古典主義建築家であったのである。

　今泉篤男は、同じく谷口との交友録の「谷口さんのこと」（『谷口吉郎著作集』第3巻「解説」）*T-1-3-6 を、次の文章で終えている。

　　赤坂の前田病院に最後に谷口さんを見舞った時は、もう意識が朦朧として、ほとんど夢現（ゆめうつつ）の境をさ迷っているような状態らしかった。……後で、谷口さんの最後に認めた文章を見ると、それは故郷金沢の雪景色に想いを馳せている文章であった。
　　谷口さんが亡くなった時、谷口邸の清楚な庭の一隅に白い枝垂れ梅が咲いていた。私のところにも裏庭に貧弱ながら同じ種類らしい枝垂れの白梅の樹がある。その花の蕾のふくらむ時期も近い。私はこの枝垂れ梅が好きで、自分が死んだら、墓の傍にこの樹を植えて貰いたいとひそかに願っている。
（昭和56年1月記）

今はこの枝垂れの白梅の樹は谷口邸でどうなっているのだろうか。
　谷口は戦後の1945（昭和20年）10月15日の木下杢太郎の死と、1947（昭和22）年11月15日の「島崎藤村記念堂」の落成式と、その3日後の「徳田秋聲文学碑」の落成式の3つを自身の出発点とした。「徳田秋聲文学碑」（『記念碑散歩』1979年）*T-1-3-5-① には、それを「碑に内在する造形的特質であって、建築家の私は、文学者の秋聲に感謝せねばならぬ」と、自問自答をして、

　　その秋聲に「古里の雪」と題する遺稿が残っている。書き出しだけの短い原稿だが、金沢が舞台となっているので、そこを舞台にして町の様子や人間模様が描き続けられたら、中篇か、あるいは長篇になったかもしれない。が、未完の遺稿となったのは惜しい。「古里の雪」という題名が付けられたのは、雪に包まれた故郷の町や家の情景が、最期まで作者の目の奥になつかしく焼きついていたためであろう。

秋聲の長男の徳田一穂によると、「秋聲文学碑」建設の記念出版に、『古里の雪』という本を、1947（昭和22）年9月に金沢の出版社から短編集を出している。秋聲は他界する前年に最後となる帰郷をしたが、「古里の雪」を書いてみたいと頻りと口にしていたという。

筆者は早速、この「古里の雪」（『徳田秋聲全集』第18巻、八木書店、2000年）を読んでみた。「最後の帰郷の折、上野駅から列車に乗り込む時の情景が描かれている」が、一穂は「ほんの書き出しであるが、長い文学的生涯に於ける父の唯一の遺稿である」と、その本文が書かれたのは真珠湾への攻撃時のことで、「遂に容易ならざる所へ乗り出したが、その頃の進歩的な思潮によって次第に彼の魂を揺り動かしてきた。時代は欧米の学術文化を摂取するのに急であった」と結んでいる。

谷口も臨床の死への際に、この秋聲の「古里の雪」のように故郷へ帰る自身の姿を重ね視たとも考えられる。それは木下杢太郎が、ゲーテの『ウィルヘルム・マイスター』のような自伝を書きたいと思ったように自伝ならぬ、それとも遺作としての建築作品を郷里に作りたかったのではないかとも考えられる。それが遺言とも言える「メモ書き」であったのである。

4. 利休と垂れ梅の「白い花一輪」とともに

谷口の「花の思い出」（1968年）[*E-79]には、自邸の白い椿の花は記憶の中では「母」として、

　　このような花とは、花の美しさだけではなく、各人の追憶がそれに美しく添っていて、一層心に深く感じられるのであろう。それが花の心というものであろうか。

その椿は「白玉」であった。利休は菊の花を嫌ったという。それは長持ちしていつまでも散らないから滅びゆくものの美しい寂しさに欠ける、「きれいさび」がないからである。つまり「消え去り難い」からである。谷口の葬儀での白菊の献花はそのことであろうか。

谷口が利休に見たのは「簡素美」の「極致」の意匠心である。最後に、谷口は「木石舎」（1951年）の「新しい茶室の一試案」[*E-37]に、

　　ミケランジェロを見ることができ、ベートーベンを聴き、リルケを読むことができた、私の意匠心は、利休をも強く追慕する。同時に、その追慕は、一層げしく私の心を新しく励ましてくれる。

千利休は谷口にとっては、長女の真美子の夫である裏千家の淡交社の納屋嘉治を通して遠い姻戚関係にある茶人でもあった。谷口はやはり「目の人」でもあり「耳の人」でもあった。そして死の床では、ベートーベンなどではなくて、口にしたのは郷里金沢の、それも父と同じ謡曲（うたい）だったかもしれない。

5.「清らかな意匠」は谷口建築を象徴するワード

　谷口吉郎は28歳の時、1932（昭和7）年に「東工大水力実験室」の設計を一任され、清家清の評する「詩情」（ポエジー）として、谷口は、

　　清純な造形にあこがれる意匠がわきあがってくるのを感じた。そんな「清らかな意匠」は、その後も私の設計に継続する念願となるが、その方向へ私の意匠心が志向するようになった。
　　　　　　　　　　　　　　　　　　　　　　　　　　『建築に生きる』（日本経済新聞社、1974年）

　そして、15年後の戦後直ぐの1947（昭和22）年に馬籠の「藤村記念堂」として結実する。それは「心につながるふるさと」を追慕する自覚を促し、素朴な「郷土愛」として「風土」へと谷口の「清らかな作風」の日本建築、つまり「和風」への傾斜となる。日本の厳しい自然と庶民の清貧な生活と良心に対する「美的倫理（モラル）」として「日本らしさ」、つまり国際主義的なモダニズムとは正反対の「簡素」な「生活建築」へのベクトルとなった。なお『清らかな意匠』は、1948（昭和23）年に同名のタイトルで単行本として朝日新聞社から出版された。「清らかな意匠」は、「庶民の良心」に対する谷口建築を象徴するワードである。

　谷口は流体力学を「空気の流れで水流に近似して分析する装置」のある「水力」で、サイロ内における粉状物質の流れを研究していた。それは金沢の郷里の犀川の流域の子ども時代の原体験でもある。後に、レオナルド・ダ・ヴィンチのスケッチの「芸術と科学」に結びついた水流の描線の美しさの発見となり、その美は茶の数寄者の「材質を偽らずに、用をわきまえる清純と簡素」を追求する、花のような「侘び数寄」の「極意」ともなる。谷口は「東宮御所」（1960年）で、「清らかな意匠」が美的詩情として新しくよみがえることを発見した。

　岡倉覚三（天心）の『茶の本』（岩波書店、1929年）に、「茶は日常生活の俗事の中に美となる」と茶室は「茅屋（ぼうおく）に過ぎない」とあるが、それは「花は術」として「好（す）き家」（数寄屋）の中の一輪の花である。そしてその花は谷口「自邸」の小さな棚に活けられた。

　仙田 満先生は谷口の死去を機に、もう一度『清らかな意匠』を読み直して、環境設計の概念を引き継いでいく気持ちを強くしたと書いている。
　　　　　　　　　　　　　　　　　　　　　　　　　　　　　　　　　　　　　（完）

あとがき

清浄なる意匠心を次の世代に「花」として

　2018年の8月に、筆者は東工大建築学科の恩師である清家 清の評伝『清家 清の「私の家」—そして家族愛』（萌文社）を上梓した。その本は仙田 満先生から谷口吉生先生にお手渡しいただいた。その際に、父の金沢の生家跡に「谷口吉郎・吉生記念金沢建築館」が自分の設計で建設中であるから、その開館に合わせて、谷口吉郎論の本が出版できたらと仙田先生にお話されたとのことなので、筆者はその執筆に着手した。仙田先生には、公私にわたり、永く環境デザイン研究所に奉職させていただくとともに、本著書でも種々のご指導いただいたことに厚くお礼を申し上げたい。

　以前から清家 清の師である谷口吉郎の建築と人間には深い関心があった。筆者は清家研究室に所属していた当時、清家先生は米国のワシントン大学に招聘されていたため、指導ができなくなり、東北大学から東工大に戻った青木研究室に仮託された。その青木志郎先生も谷口研究室の出身で、5年間助手を務めていた。かつて谷口先生に引率されて、清家先生と青木先生は「藤村記念堂」の現場を訪れている。青木先生は『谷口吉郎著作集』の編集を清家先生とともに、そして編集委員長を務めた。その青木先生も先日亡くなられた。

　筆者の1960年の東工大附属高校の入学式は、大学のある大岡山キャンパスの広場の先の「創立70周年記念講堂」で行われた。その前には「水力実験室」が白く輝いていた。モダニズム建築の日本での嚆矢であった。その対面には同じく白亜の「ロマネスク風の現代建築」である「本館」が桜の樹の向こうに聳えていた。ともに谷口先生の設計で、初めてこの巨匠とも言える詩情建築家の作品と出会った。そして大学に進学し、本館3階の建築学科の廊下で、1965年に退官された谷口先生が研究室から出てこられた際に出会い、笑みを浮かべたお顔も拝見した。ただ一度の出会いであったが、講義を受けることはなかった。

　筆者は浅草に生れてそこに住んでいたので、少年の頃には下谷から男坂を登り鉄道の線路を越え上野の山の「日本学士院会館」の前を通り、その先の「東京国立博物館」の前庭の草原では青空の下でバッタ採りをした思い出がある。その後、谷口吉郎先生の「東京国立博物館東洋館」、そして谷口吉生氏設計の「法隆寺宝物館」が次々と建設され、「原っぱ」から「館」の前庭となり、親子の建築家の博物館が対面している。谷口吉郎は、筆者が育った浅草や上野の下町や隅田川畔出身の建築家たちである両国生まれの吉村順三、象潟の山口文象、日本橋の吉田五十八など、江戸の情緒を原像とする建築家とは異なった、金沢という雪の深い日本海側の工芸都市の出身であった。それも筆者の強い意趣の対象となった。

　本論を作成するにあたり、仙田 満先生から監修者として査読していただいた。そして著作

を通じて谷口吉生先生をはじめ谷口研究室と谷口建築設計研究所のＯＢの方々の紹介を受けたり、谷口先生についての多くの資料とアドバイスを受けた。その中でも、由良 滋先生には特に指導をいただいた。他にも、田島 學、栗原 勝、中島 隆、半澤重信、石野 治、清水夏雄各氏にはすでに別件でお目にかかっていた。しかし砂川雄二郎氏とは面会せずに終わった。

　そして、原稿作成については、東工大の清家研究室の小玉祐一郎氏や同級生の篠原一男研究生の大澤良二、井崎祐一と山田孝延各氏には西欧留学、研究の経験を生かしてドイツ建築について教示を受けた。実質的には協力者であった。そして清家研究室の助手であった武居壽一氏には、谷口の著作を進呈いただいたり、谷口が監修に赴いたドイツの日本大使館については多くの情報の教示を受けた。また「産経新聞」の記事「ベルリン大使館物語」（坂井南雄治、1984年6月25日～8月20日）の提供を受けた。さらに「博物館 明治村」に勤務した同級生の西尾雅敏氏には谷口先生の著書の贈与を受けた。また内田祥士氏には面談を受けた。

　その他、八木幸二、伊達美徳、干場革治、村田秀彦、小宮啓介、川津彩可、櫻間裕子、近藤康子、河内浩志、村田 涼、田口陽子、中山 豊、古賀巧也、川田宏二および山道雄太各氏の助力を得た。そして慶應義塾大学の繁森 隆氏には、旧「萬來舍」、「慶應義塾幼稚舍」の見学にはご案内をいただいた。「近代建築社」の木原良太氏には表紙デザインの作成協力を得た。

　谷口を「生活・詩情建築家」と副題を付けたが、戦前・戦中にかけて、文学者・医学者の太田正雄、つまり木下杢太郎は谷口にとって「花の書の会」を通じて文学と芸術の師であったが、太田の畏友の野田宇太郎の著作の『日本耽美派文学の誕生』（河出書房新社、1975年）も以前より愛読していたから有効であった。太田の長男の河合正一横浜国立大学建築学科教授の門下生でレーモンド設計事務所の後輩の岸 成行氏には『谷口吉郎著作集』全五巻を貸与いただいた。この著書を机上に常備しておかなかったら本論の進展はなかったと言える。環境デザイン研究所の井上憲司氏には、ドイツ語原著のシンケルおよびシュペーアについての図版の提供を受けた。平山忠治の『バウマイスター・ゲーテ―ゲーテと建築術』は、レーモンド事務所の五代信作氏から譲り受けていた。

　その他、国立国会図書館、東京都立中央図書館、文京区立森鷗外記念館図書室および本郷図書館、（財）藤村記念郷、木下杢太郎記念館、野田宇太郎文学資料館、近代文学館、東京藝術大学図書館、日本建築学会図書館の資料を使用した。また地元の台東区立中央図書館もよく利用した。前著書に続き本書の出版にあたっては、萌文社の永島憲一郎さん、青木沙織さんには重ねてご協力をいただいた。厚くお礼を申し上げたい。

　最後に本書は、本文に関連する文献について文章の要所要所に原文を引用し、また付随する図版・写真の配置についても巻末の著者・論文リストの文献から引用転載させていただいた。谷口論をまとめるにあたってすぐれた先人の著作・文献に負うところ大である。巻末の著者・論文リストの各出版社にはあらためて感謝しお礼を申し上げる次第である。

　脱稿して谷口吉郎には建築上でいくつかの不明な点がある。まず大学の卒業論文は、哲学的とも言われているが未見である。つぎにギリシャのパルテノン神殿に戦後いつ行くことが出

来たのか、その時の記録文が発表されていない。そして死に臨んでサン・ヴィターレ教会のフレスコ画を何故見に行きたいと言ったのかなど、疑問として残されている。

　東工大には文学部はなかったが、吉本隆明、奥野健男、北川太一といった文学者や近藤芳美などの歌人も輩出していた。また教授には伊藤 整や江藤 淳などの文芸評論家や嘉門安雄などの美術評論家も在職していた。理工学部に在学していた筆者は、美術部に所属し、文学や芸術に強く牽かれていて、建築設計にも少なからず影響を及ぼした建築評論書を乱読し多くの影響を受けた。その奥野の『文学における原風景』や、栗田 勇の『伝統の逆説』、長谷川 堯の『都市廻廊』など、青春時代に親しんだ関係書も参考とした。森 鷗外についても永く「エリスとは誰か」の研究を続けてきた。

　筆者は卒業後も歌人であり小説家でもある長塚 節の生家のある茨城県石下の研究会にも所属し、設計業務の傍ら文学研究を続けた。後年やっと建築評論に着手し、2018年には『清家清の「私の家」』を上梓したが、その内容は今回の谷口吉郎論をまとめるうえで大変参考になった。現在はＡ・レーモンド論に着手している。

　谷口の人脈の中で、バーナード・リーチ、柳 宗悦や濱田庄司などの民芸運動家は無名の職人が生み出した実用的な生活道具に「用の美」を加えた先駆者たちであった。それは志賀直哉の人脈でもあった。谷口にもその影響が考えられ、建築にも庶民の生活の「用の美」を求めた。

　筆者はこの谷口論を拙速にまとめることなく、時間が新しい視点を運んでくる自分の谷口研究の暫時の進展に準じて熟成させることで結論を待った。確かに結論は次々と新しい展開を見せて自信のある終結へと至った。しかしまた、新しい資料の入手により谷口は異貌を見せるかもしれない。筆者は、研究論文は調査のための足の歩行距離、つまり空間と時間の函数だと思っている。しかも最後まで谷口がギリシャのパルテノン神殿を訪れた時を解明できなかった。それと、その見学記を発見せずに本稿は終わってしまった。ぜひ読んでみたいものである。

　そのためには谷口吉郎の交友のあった建築家の堀口捨己、前川國男、文学者の森 鷗外、木下杢太郎、島崎藤村、室生犀星、北原白秋、志賀直哉、佐藤春夫、川端康成の文学者および芸術家のイサム・ノグチ、猪熊弦一郎、東山魁夷、高村光太郎の師友の研究も不可欠である。哲学者の谷川徹三、和辻哲郎、今泉篤男、鈴木大拙たちの茶人との交友も重要である。

　現在は、コロナウイルス禍の終焉しない日々が続く日々に、芦沢建五氏と上田 晃氏には、同級生として日常生活を支えてくれた両氏に感謝するとともに、「清らかな意匠心」が次世代へと引きつながるべく「花」として、谷口の意志を感じつつ擱筆する。

2022年11月末日

松野　高久

引用参考文献 ── 著書・論文リスト

- 本書で引用する文献および図版・写真の出所は、以下に紹介する著書・論文リストによっている。ただし本文中の出典名の表記は略式記号を付すとともに図版・写真などの掲載についても関連著書から引用転載した。
- 本書で参考にした引用文献以外の図書については、それぞれ関係する文献ごとに整理し年代順にまとめた。

T-1　『谷口吉郎著作集』淡交社、1981年

T-1-1 　　第1巻 建築紀行
1.「雪あかり日記」『文藝』東京出版、1946年
2.「せせらぎ日記」『藝林間歩』、1956年
3.『修学院離宮』淡交新社、1962年
4.『博物館・明治村』淡交社、1976年
5.[解説] 野田宇太郎「詩人としての足跡」

T-1-2 　　第2巻
1.「建築家志願」
2.『清らかな意匠』朝日新聞社、1948年
3.「日本美の発見」
4.[解説] 藤岡通夫「哲学する建築」

T-1-3 　　第3巻
1.『建築に生きる』『私の履歴書』日本経済新聞社、1974年
2.「雑纂Ⅰ」
3.「雑纂Ⅱ」
4.「自作を語る」
5.『記念碑散歩』文藝春秋社、1979年
①徳田秋聲文学碑、②木下杢太郎詩碑、③森鷗外詩碑・文学碑・遺言碑、④永井荷風文学碑、⑤室生犀星文学碑、⑥火野葦平文学碑、⑦吉川英治墓所、⑧薄田泣菫詩碑、⑨佐藤春夫詩碑、⑩北原白秋歌碑、⑪日夏耿之介詩碑、⑫高田保馬碑、⑬中山義秀文学碑、⑭吉屋信子墓碑、⑮慶應義塾と蘭学発祥の地・記念館、⑯原敬記念館、⑰新渡戸稲造記念碑、⑱田邊 元墓碑
6.[解説] 今泉篤男「谷口吉郎さんのこと」、谷川徹三「写真による谷口さんの追憶」、東山魁夷「谷口吉郎氏と私」

T-1-3-1 　『私の履歴書』『建築に生きる』
①犀川、②雪国の冬、③人生の背景、④片町素描、⑤窯元、⑥わが父、⑦幼年時代、⑧中学時代、⑨四高時代、⑩建築家志望、⑪建築学科、⑫大学時代、⑬風圧の研究、⑭結婚の頃、⑮慶應義塾と私、⑯ドイツの冬、⑰戦火をのがれて、⑱戦時中、⑲終戦直後、⑳記念碑、㉑宗教の意匠、㉒各種の設計、㉓住まいの意匠、㉔美術館の意匠、㉕設計と私、㉖明治村

T-1-4 　　第4巻 作品篇Ⅰ
T-1-4-1 　[解説] 清家 清「風土と建築」
T-1-5 　　第5巻 作品篇Ⅱ
T-1-5-1 　[解説] 村松貞次郎「意匠の遍歴─谷口吉郎さんの人と作風─」
T-1-5-2 　青木志郎「編集を終えるにあたって」

T-2　『谷口吉郎の世界 ─モダニズム相対化がひらいた地平』建築文化、1997年9月別冊

T-2-1 　　清家 清×仙田 満（対談）「真っ黒なスケッチ」
と「清らかな意匠」

T-2-2 　　藤岡洋保「意匠への傾倒 ─"プロポーションの世界"の可能性─」

T-2-3 　　杉本俊多「谷口吉郎のドイツ新古典主義との出会い」

T-2-4 　　[エッセイ 在り日の教え]
1. 菊池重郎「帝国ホテル移転保存の顛末」
2. 栗原 勝「藤村記念堂に谷口先生を偲ぶ」
3. 関 龍夫「谷口先生と縦長上げ下げ窓」
4. 三枝守正「幾つかの教訓」
5. 田中 一「《佐々木小次郎の碑》」
6. 太田茂比佐「《魔笛》そのほか」
7. 中島 隆「無言の教示」
8. 白濱謙一「杢太郎詩碑の屏風折り」
9. 由良 滋「柱の庇」
10. 半澤重信「谷口吉郎と〈現代の眼〉展」
11. 田島 學「イタリア留学と先生の思い出」
12. 砂川雄二郎「思い出すことなど」

T-2-5 　　内田祥士『雪あかり日記』考

T-2-6 　　隈 研吾×藤森照信×藤岡洋保「シンポジウム・鼎談＝谷口吉郎を通して"伝統"を考える」

T-3　『谷口吉郎展報告書』日本建築学会（谷口吉郎展実行委員会）、1998年 [シンポジウム（部会）]

T-3-1 　　【東京（第1回）】隈 研吾（講演）、藤森照信、藤岡洋保（司会）「いま"伝統"について考える」

T-3-2 　　【東京（第2回）】槇 文彦、鷲塚泰光、三輪正弘（司会）「谷口吉郎の清らかな意匠」

T-3-3 　　【小郡】杉本俊多（講演）、高橋晶子、土居義岳、藤原惠洋（司会）「いま"モダニズム"について考える」

T-3-4 　　【名古屋】内藤 昌（講演）、木村一男、藤田淑子、岡島達雄（司会）「『清らかな意匠』の環境倫理─建築家・谷口吉郎の過去・現在・未来─」

T-3-5 　　【金沢】室生朝子（講演）、新村桂夫、竺 覚曉、團 紀彦、平井 聖（司会）「谷口吉郎のデザイン・源流を探る」

T-4　『現代日本建築家全集6 谷口吉郎』三一書房、1970年

T-4-1 　　森本和夫「家と建築の周辺」
T-4-2 　　横山 正「作品解説」東京国立博物館 東洋館「高楼懐古」
T-4-3 　　三輪正弘「谷口吉郎の作品について」
T-4-4 　　谷口吉郎、伊藤信吉対談、栗田 勇（司会）「人間・歴史・風土 ─新しき共同体のために─」

T-5　著書および共著・編著

T-5-1 　　谷口吉郎 東京帝国大学工学部建築学科卒業設計 『建築雑誌』、1928年9月

T-5-2	「シンケルの古典主義建築」『ギリシャの文化』村田 潔と共編、大澤築地書店、1942年
T-5-3	『雪あかり日記』東京出版、1947年
T-5-4	『清らかな意匠』（①環境の意匠、②ミカンの皮の意匠、③狂える意匠、④校倉の意匠、⑤聖なる意匠、⑥旗の意匠、⑦建築の意匠）朝日新聞社、1948年
T-5-5	『意匠日記』読売新聞社、1954年
T-5-6	『日本の住宅』講談社、1955年
T-5-7	谷川徹三らと共編『現代の眼―日本美術史から』、東都文化出版、1955年
T-5-8	『みんなの住まい』（編著）河出書房、1956年
T-5-9	『修学院離宮』佐藤辰三（写真）と共著、毎日新聞社、1956年（1962年：普及版として淡交新社から出版）
T-5-10	『日本建築の曲線的意匠・序説』新潮社、1960年
T-5-11	『記念碑十話』『十人百話』第4集〔「追憶」（4月15日）・「魂の肖像」（4月16日）・「光太郎碑」（4月21日）〕毎日新聞社、1963年
T-5-12	『建築の造形』編著、毎日新聞社、1964年
T-5-13	『東宮御所 建築・美術・庭園』毎日新聞社、1968年
T-5-14	『雪あかり日記』雪華社、1966年
T-5-15	『雪あかり日記』中央公論美術出版、1974年
T-5-16	『建築に生きる』日本経済新聞社、1974年
T-5-17	『明治村への招待』野田宇太郎らと共著、淡交社、1976年
T-5-18	「花の書」『太陽』、1976年12月
T-5-19	『せせらぎ日記』中央公論美術出版、1980年
T-5-20	谷口吉生「あとがき」『せせらぎ日記』中央公論美術出版、1980年
T-5-21	「建築会館建築設計競技当選図案」谷口吉郎『日本建築学会百年史』1990年
T-5-22A	『雪あかり日記／せせらぎ日記』中央公論新社、2015年
T-5-22B	谷口吉郎「あとがき」（一）、（二）、（三）、1947年、1967年、1974年『雪あかり日記』中央公論新社、2015年
T-5-23	『旅名人ブックス ベルリン／ドレスデン』日経BP出版センター、2006年
T-5-24	谷口吉生監修「あとがき」、復刻版『谷口吉郎建築作品集』淡交社、2019年5月

D　対談・座談会

D-1	「新日本建築を語る会」（佐藤利器、堀口捨己、藤島亥治郎）、『建築知識』、1935年4月
D-2	谷口吉郎、岸田日出刀、吉田五十八、堀口捨己「日本建築」『芸術新潮』、1954年6月
D-3	谷口吉郎×浜口隆一「谷口吉郎氏との30分」『新建築』、1956年1月
D-4	谷口吉郎×亀井勝一郎「新しい造形美を求めて」『婦人倶楽部』、1956年2月
D-5	谷口吉郎、竹山謙三郎、関野克、志賀直哉、辰野隆、安部能成「現代建築について」『心』、1956年9月
D-6	谷口吉郎、北川桃雄、増谷文雄「現代仏教建築について―宗教的真なるものと美的特質」『在家仏教』、1957年11月
D-7	谷口吉郎、堀口捨己、数江教一「"茶の湯"を語る夕」『婦人乃友』、1958年1月

D-8	谷口吉郎×東山魁夷「建築と絵画―東宮御所の竣成の際に」『三彩』（128号）、1960年7月
D-9	谷口吉郎、梅原龍三郎、谷川徹三、武者小路実篤「秋の夜話」『心』1962年11月号
D-10	谷口吉郎×川添「谷口吉郎氏に聞く」『建築』、1965年8月
D-11	谷口吉郎×猪熊弦一郎「ふたりで話そう―日本の町には色が足りない―」『週刊朝日』71巻13号、1966年3月25日
D-12	谷口吉郎×嘉門安雄×谷川徹三「綜合美について」『心』、1967年5月
D-13	谷口吉郎×槙 文彦「建築における美意識」『三田評論』684号、1969年7月
D-14	谷口吉郎×丹下健三「人間と建築への挑戦」『潮』、1971年1月
D-15	谷口吉郎×伊藤ていじ「谷口吉郎氏建築を語る」『日刊建設通信』、1974年1月1日
D-16	谷口吉郎×岡田 譲〈新春対談〉「建築は歴史の証人」『現代の眼』（第251号）東京、国立近代美術館ニュース、1974年2月
D-17	谷口吉郎×村松真次郎「生きることを建築に求めて」（『建築の心と技・1』）『新建築』、1976年12月
D-18	平山忠治×長谷川 堯（司会）「建築をめぐる回想と思索」新建築社、1976年
D-19	谷口吉郎×中村昌生「建築と風土―谷口吉郎の和風―」『木』、1977年4月
D-20	谷口吉郎×白洲正子「日本人の心」『週刊読売』1997年1月19日号
D-21	「新しいものへの挑戦者―市浦 健、谷口吉郎」―土浦亀城氏に聞く―『SD』、1988年7月

J　谷口吉郎についての人物論・作品論

J-1	神代雄一郎「昭和の建築小史（2）」『新建築』、1959年10月
J-2	篠原一男「合理精神の記念碑―谷口吉郎先生の作品をたどって―」『建築雑誌』、1962年4月
J-3	浜口隆一『現代デザインをになう人々』工作社、1962年
J-4	「ホテル・オークラ」他『建築』、1965年8月
J-5	小能林宏城「工匠の末裔」『建築』、1965年8月
J-6	三輪正弘「谷口吉郎の作品―その三つの時期と表象」『建築』、1965年8月
J-7	菊地重郎「建築家 谷口吉郎先生遠望」『建築』、1965年8月
J-8	川添 登「谷口吉郎」『建築家 人と作品』（上）井上書院、1968年
J-9	川端康成「志賀直哉の葬儀」『新潮』、1971年12月
J-10	清家 清×菊地重郎（対談）「谷口吉郎先生の文化勲章受章をお祝いして」『建築文化』、1973年12月
J-11	神代雄一郎「谷口文化―〈谷口吉郎の和風〉」『木』、1977年4月
J-12	清家 清「谷口先生―〈谷口吉郎の和風〉」『木』、1977年4月
J-13	野田宇太郎「谷口吉郎さんを惜しむ」『日本経済新聞』、1979年2月8日
J-14	「追悼、谷口吉郎博士」―①弔辞：谷川徹三、②谷口吉郎氏の絶筆：田山方南、③浅春の伊豆山：

岡田 譲、④悲しみの墓標：清家 清、『淡交』33（4）、（387）、1979年

J-15　篠原一男「谷口吉郎氏 逝く〈追悼〉」（しんけんちく・にゅうす）『新建築』、1979年3月

J-16　宮嶋圀夫「谷口吉郎さんの詩と死」『近代建築』、1979年4月

J-17　野田宇太郎「花の書の会」のころ―谷口さんの思い出―『建築雑誌』、1979年4月

J-18　今泉篤男「谷口吉郎追悼」『工芸図版画論』求竜堂、1979年

J-19　『新潮日本文学アルバム11 志賀直哉』新潮社、1984年

J-20　北出不二雄他『九谷 日本のやきもの10』淡交社、1986年

J-21　槇 文彦「幼稚舎周辺」『記憶の形象 ―都市と建築の間で』筑摩書房、1992年

J-22　阿川弘之『葬送の記』『志賀直哉』（下）岩波書店、1994年

J-23　藤岡洋保「谷口吉郎―自邸にうかがえる近代建築に対する姿勢の違い―」『土浦亀城と同時代の建築家たち6』『SD』、1996年7月

J-24　「谷口吉郎の世界」、'97建築文化講演会―①谷口吉郎紹介：杉本俊多、②基調講演：由良 滋「造形詩人谷口吉郎が詩人野田宇太郎と歩んだ世界」、③対談：杉本俊多×由良滋）「西洋と東洋の出会いから体得した谷口吉郎の美学」『弟子の見た巨匠谷口吉郎の世界』（2）、建築資料研究社、2001年

J-25　藤岡洋保「合目的性を超えた意匠の世界―谷口吉郎自邸―」（日本建築学会／谷口吉郎展実行委員会）『新建築』、1997年9月

J-26　高村光太郎「谷口吉郎著『意匠日記』書評」『高村光太郎全集』第7巻、筑摩書房、1998年（読売新聞1954年5月16日）

J-27　「谷口吉郎 評伝 その文学志向」『石川近代文学全集』（13）、1998年

J-28　篠原一男〈インタビュー〉「1950-1960年代の建築とその言説空間」『言説としての日本近代建築』（10＋1）INAX出版、NO.20、2000年6月

J-29　清家 清×篠原一男（対談）「習慣の深度 1950年代の建築表現をめぐって」『新建築』、2000年10月

J-30　『素顔の大建築家たち―弟子の見た巨匠 谷口吉郎の世界』（'97建築文化講演会）「研究室での谷口先生」（由良 滋）、谷口吉郎「自宅の庭先で」および対談（由良 滋×杉本俊多）建築資料研究社、2001年

J-31　大澤輝嘉「慶應義塾史跡めぐり（第9回）」（「慶應義塾と谷口吉郎」『三田評論』）、2007年1月、「幼稚舎自尊館・百年記念棟」

J-32　村野藤吾「谷口先生」『村野藤吾著作集』全一巻、鹿島出版会、2008年

J-33　白洲正子『せせらぎ日記』について」『縁あって』PHP学芸文庫、2010年

J-34　高宮眞介、大川三雄、飯田善彦「科学者とロマン主義者の二面性―谷口吉郎」『高宮眞介 建築史意匠講義I―日本の建築家20人とその作品を巡る―』20アーキショップ叢書02、フリックスタジオ、2017年

I　伊東忠太関係

I-1　伊東忠太「法隆寺建築論」『建築雑誌』、1893年11月

I-2　伊東忠太『木片集』萬里閣書房、1928年。「世界第一の美建築―パンテノン」（大なる藝術は竟（つい）に大なる科学と一致す）『科学知識』1922年9月）

I-3　「伊東忠太建築文献・見学紀行」の「3.アテネ府」（1936～37年）『伊東忠太著作集』第5巻（「見学・紀行」）、原書房、1952年

I-4　鈴木博之編『伊東忠太を知っていますか』王国社、2003年

L　ル・コルビュジエと前川國男関係 他

L-1　前川國男「負ければ賊軍」『国際建築』、1931年6月

L-2　丹下健三「MICHELANGELO頌 ―Le.Corbusier論への序説として―」『現代建築』、1939年12号

L-3　C・ジェンクス／佐々木 宏訳『ル・コルビュジエ』鹿島出版会、1945年

L-4　前川國男「明日の住宅 象徴と機械」『婦人公論』、1947年10月

L-5　前川國男「刊行の言葉」『PLAN 1』雄鶏社、1948年

L-6　前川國男「谷口吉郎君の横顔」『建築雑誌』、1962年4月

L-7　前川國男「文明と建築」『建築年鑑』、1964年

L-8　ル・コルビュジエ／吉阪隆正訳『建築をめざして』鹿島出版会、1967年

L-9　ル・コルビュジエ／石井 勉訳『東方への旅』鹿島出版会、1979年

L-10　宮内嘉久編『一建築家の信條・前川國男』晶文社、1981年

L-11　「回想のディプロマ、前川國男氏に聞く」『建築知識』別冊、1981年

L-12　前川國男『建築の前夜・前川國男文集』而立書房、1996年

L-13　松隈 洋「大東亜建設委員会」『建築の前夜 前川國男論』みすず書房、2016年

YB　山口文象関係

YB-1A　山口文象「合理主義反省の要望」『国際建築』1929年11月（第1回新建築思潮講演会）・谷口吉郎「建築は口ではない」

YB-1B　山口文象「新興建築家の実践とは」（第2回新建築思潮講演会）・前川國男、「3＋3＋3＝3×3」

YB-1C　「新建築に於ける機械的唯物論批判」『アトリエ』、1929年9月

YB-2　近藤正一編『建築家・山口文象・人と作品』相模書房、1983年
　　　A. 河東義之「岡村蚊象と創宇社の時代」
　　　B. 前川國男「張り切っていた山口文象君」

MY　村野藤吾と吉田五十八関係

MY-1　村野藤吾「様式の上にあれ」『日本建築協会雑誌』、1919年5月～9月

MY-2　村野藤吾「都市建築論」『建築と社会』、1920年

MY-3　吉田五十八「和装の七紐」〈饒舌抄〉『新建築』、1935年7月

MY-4　吉田五十八「近代数寄屋住宅と明朗性」『建築と

	社会」、1935年10月
MY-5	「吉田五十八・人と作品」『芸術新潮』、1954年8月
MY-6	村野藤吾『SPACE MODULATOR』、1960年1月
MY-7	清家 清「吉田先生の葬儀に想う」『新建築』（ニュース）、1974年3月
MY-8	吉田五十八×東山魁夷（対談）『現代日本建築家全集3 吉田五十八』三一書房、1974
MY-9	『饒舌抄』（『吉田五十八作品集別冊』新建築社、1976年3月
MY-10	村野藤吾「線に詩趣あり」（1981年1月9日記）『谷口吉郎作品集に寄せて』淡交社、1981年
MY-11	村野藤吾×長谷川 堯（対談）『素顔の大建築家たち―弟子の見た巨匠の世界』建築資料研究社、2001年
MY-12	川添 登「村野藤吾とマルクス『資本論』-1、2」『近代建築』、2007年1月・2月
MY-13	村野藤吾「ある日記の村野藤吾」六耀社、2008年
MY-14	長谷川 堯『村野藤吾の建築 昭和・戦前』鹿島出版会、2011年

SS 清家 清と篠原一男関係

SS-1	清家 清『ぱるてのん』相模書房、1957年
SS-2	篠原一男「合理精神の記念碑―谷口吉郎先生の作品をたどって―」『建築雑誌』、1962年4月
SS-3	清家 清×平良敬一（対談）『建築』〈清家 清特集〉、1962年11月
SS-4	清家 清「すまいつくり―住宅設計における私の方法」『新建築』、1966年1月
SS-5	清家 清×菊池重郎（対談）「谷口吉郎先生の文化勲章受賞をお祝いして」『新建築』、1973年1969年12月
SS-6	篠原一男「谷口先生を悼む ―表現様式の洗練追求」『信濃毎日新聞』、1979年2月6日
SS-7	清家 清「小林先生にお茶を差し上げなさい―谷口先生を偲んで」『建築雑誌』、1979年4月
SS-8	村松貞次郎「建築家としての丈夫ぶり―鮮やかな切り口を見せるロゴス的意匠―」『日本現代建築家シリーズ⑤清家 清』別冊新建築、1982年
SS-9	清家 清『私の家』白書―戦後小住宅の半世紀』住まい学大系080、1997年
SS-10	清家 清「清家清（建築家）の『オーラル・ヒストリー』の〈あとがき〉（C.O.E. オーラル政策研究所プロジェクト）」政策研究大学院大学、2005年
SS-11	松野高久『ロゴスの建築家 清家 清「私の家」―そして家族愛』萌文社、2018年

W W・グロピウス関係

W-1	グロピウス会編『グロピウスと日本文化』彰国社、1956年
W-2	W・グロピウス/蔵田周忠、戸川敬一共訳『生活空間の創造』彰国社、1958年
W-3	谷口吉郎「ワルター・グロピウスをいたむ」『東京新聞』、1969年7月8日
W-4	「生活空間の創造―ワルター・グロピウスについて―（山口文象先生にきく）」『建築雑誌』、1974年11月
W-5	W・グロピウス/桐敷真次郎訳『デモクラシーのアポロン―建築家の文化的責任』彰国社、1972年
W-6	W・グロピウス/桐敷真次郎訳『建築はどうあるべきか―デモクラシーのアポロン』ちくま学芸文庫、2013年

S シンケル関係

S-1	鈴木博之『建築の世紀末』晶文社、1977年
S-2	ニコラウス・ペヴスナー/鈴木博之訳「新古典主義と18、19世紀のギリシャ再発見」『美術・建築・デザインの研究』鹿島出版会、1980年
S-3	『K.F.Schinkel―ドイツ民主共和国による展覧会』発行ドイツ民主共和国建設アカデミー・都市建築研究所、ベンシェル出版（ベルリン）、1982年
S-4	H.G. プント/杉本俊多訳『建築家シンケルとベルリン』中央公論美術出版、1985年
S-5	杉本俊多『建築 夢の系譜―ドイツ精神の19世紀』鹿島出版会、1991年
S-6	杉本俊多『ドイツ新古典主義建築』中央公論美術出版、1996年（W-5の改題・文庫化）

GL ゲーテとリルケ関係

GL-1	茅野蕭々訳『リルケ詩集』、1927年（2010年再版、岩波文庫）
GL-2	デーテ著/相良守峯訳『イタリア紀行』、岩波書店、1942年
GL-3	谷口吉郎「ゲーテハウス」『塔』、1949年8月
GL-4	平山忠治『バウマイスター・ゲーテ ―ゲーテと建築術』（私家版）、1980年
GL-5	平山忠治×宮内嘉久（対談）『眼の力・平山忠治』建築家会館叢書、1996年
GL-6	渡辺真弓『イタリア紀行―ゲーテと旅する7つの都市』平凡社、2015年

ND ナチス・ドイツおよびイタリア・ファシスト関係

ND-1	谷口吉郎「ナチスの建設活動」（昭和14年12月21日通常講演会）『建築雑誌』、1940年6月
ND-2	谷口吉郎「技術の実践と国策の実現 ―最近のドイツを視察して―」『科学知識』、1940年7月
ND-3	谷口吉郎「ドイツの建築」『婦人画報』、1940年9月
ND-4	谷口吉郎「道路と文化―ナチスの自動車道路に就いて―」『帝国大学新聞』、1941年8月10日
ND-5	座談会「大ドイツを語る」『公論』、1940年11月
ND-6	谷口吉郎「イタリア新建築の印象」『造形芸術』、1941年3月
ND-7	谷口吉郎「ドイツの建築総監」『生活美術』、1943年7月
ND-8	岸田日出刀『ナチス独逸の建築』相模書房、1943年
ND-9	アルバート・シュペア/三宅理一（聞き手）「なぜ、古典的造形を追い求めるのか」『新建築』、1982年1月
ND-10	アルバート・シュペール著/品田豊治訳『ナチス狂気の内幕―シュペールの回想録』（「日本語版によせて」）読売新聞社、1970年
ND-11	黒川紀章「歴史と現代の共生」『新建築』、1988年7月
ND-12	八束はじめ、小山 明「ミクロ・ポリテークの構図」『未完の帝国―ナチス・ドイツの建築と都市』福武

ND-13　東 秀紀『ヒットラーの建築家』日本放送出版協会、2000年

ND-14　井上章一『夢と魅惑の全体主義』文春新書（526）、2006年

ND-15　井上章一「谷口吉郎—ファシズムかナチズムか」『現代の建築家』エーディーエー・エディタートーキョウ、2014年

BT　ブルーノ・タウトと桂離宮関係

BT-1　ブルーノ・タウト／森 儁郎訳『日本文化私観』明治書房、1941年

BT-2　ブルーノ・タウト／篠田英雄訳「アルプス建築」（1919年）『タウト全集』第6巻、育生社弘道閣、1944年

BT-3　ブルーノ・タウト／篠田英雄訳『タウト・建築藝術論』岩波書店、1948年

BT-4　和辻哲郎『桂離宮—製作過程の考察』中央公論社、1955年

BT-5　谷口吉郎（書評）「設計者の作風考察」、和辻哲郎著『桂離宮』毎日新聞、1955年11月28日

BT-6　森 蘊『桂離宮の研究』東都出版、1955年

BT-7　森 蘊『新版 桂離宮』創元社、1956年

BT-8　和辻哲郎『桂離宮』様式の背後を探る』中央公論社、1958年

BT-9　谷口吉郎（書評）「素朴の美の永遠性（ブルーノ・タウト著）」—「日本の家屋と生活」『朝日ジャーナル』、1966年9月11日

BT-10　内藤昌『新桂離宮論』鹿島出版会SD選書、1967年

BT-11　ブルーノ・タウト／篠田英雄『日本・タウトの日記1935-1936』岩波書店、1975年

BT-12　内藤昌、西川孟編『桂離宮』講談社、1977年

BT-13　ブルーノ・タウト／篠田英雄訳『画帖 桂離宮』（別冊「解説」）岩波書店、1981年

BT-14　井上章一『つくられた桂離宮神話』弘文堂、1986年

BT-15　高橋英夫『ブルーノ・タウト』新潮社、1991年

BE　ベルリンの日本大使館関係

BE-1　由良滋『谷口吉郎・ベルリン滞在日記』（私家版）、1938年11月10日〜28日

BE-2　酒井南雄治（記者）「ベルリン大使館物語」サンケイ新聞夕刊連載、第1部1984年6月25日〜7月18日（20回）第2部1984年8月14日〜20日（6回）

BE-3　黒川紀章「ベルリン日独センター—歴史と現代の共生」『新建築』、1988年7月

BE-4　黒川紀章「Kisho Kurokawa 1978-1989」『SD』、1989年6月

BE-5　黒川紀章『黒川紀章・ノート—思索と創造の軌跡』同文書院、1994年

BE-6　『東京ベルリン—19世紀〜20世紀における両都市の関係』ベルリン日独センター発行、1997年

BE-7　山口泰治「グロピウスの糸」『ARCHITECT 清家清』新建築社、2006年

TN　「茶」と「能」の関係

TN-1　岡倉天心／村岡博訳『茶の本』岩波文庫、1929年

TN-2　谷口吉郎「新しい茶室の一試案」（木石舎）『新建築』、1952年1月

TN-3　数江教一「古寺巡礼の主—和辻哲郎博士訪問記—」『和辻哲郎の思い出』（和辻照編）岩波書店、1963年

TN-4　谷口吉郎「歴史の綜合美」『重要文化財 裏千家今日庵』（序文）淡交社、1977年

TN-5　原田伴彦「14. 加州金沢の茶湯」『町人茶道史』筑摩書房、1979年

TN-6　谷川徹三（解説）『松永安左エ門著作集』（第1巻）五月書房、1982年

TN-7　野上豊一郎＋西尾実（校訂）『風姿花伝』（世阿弥）、岩波文庫ワイド版、1991年

TN-8　馬場あき子『古典を読む風姿花伝』岩波書店、1996年

TN-9　『松永耳庵 コレクション展図録』福岡市美術館（柳瀬山荘の時代）、2001年

TN-10　桐浴邦夫『近代の茶室と数寄屋』淡交社、2004年

TN-11　松崎照明「『清らかな意匠』と『綺麗さび』—広間の茶室・谷口吉郎の美を解く—」『住宅建築』、2013年2月

HS　堀口捨己関係

HS-1　堀口捨己、板垣鷹穂共編「茶室の思想的背景と其構成」『建築様式論叢』六文館、1932年

HS-2　堀口捨己「数寄屋造と現代建築について」『建築文化』、1956年1月

HS-3　『堀口捨己の「日本」—空間構成による美の世界』彰国社、1997年

HS-4　藤岡洋保「日本的なものをめぐる思索—ロマンと緊張を内包する伝統理解」『堀口捨己の〈日本〉—空間構成による美の世界』彰国社、1997年

HS-4　横川茂樹「堀口捨己をめぐる人びと—他分野を中心として」『堀口捨己の「日本」—空間構成による美の世界』彰国社、1997年

HS-5　早川正夫×藤岡洋保（対談）「堀口捨己—ロマン主義と合理主義のはざまで—」『素顔の大建築家たち』01（日本建築家協会）都市建築編集研究社、2001年

HS-6　近藤康子「堀口捨己の建築思想に関する一考察—茶の湯の思想についての論考に即して—」（学位論文・京都大学大学院修士）、2010年6月

HS-7　堀口捨己『モダニスト再考〈日本編〉』彰国社、2017年

IN　イサム・ノグチ、慶應義塾、「萬來舎」関係

IN-1　谷口吉郎「イサム・ノグチ展の展示」毎日新聞社、1950年

IN-2　「ノグチ・ルーム平面図」『芸術新潮』1950年9月

IN-3　イサム・ノグチ「禅の建築」『芸術新潮』1（9）、1950年9月

IN-4　谷口吉郎「イサム・ノグチと握手して—新〈萬來舎〉の設計要旨（イサム・ノグチ滞在日記）」『国際建築』、1950年11月

IN-5　谷口吉郎「慶應義塾・第二研究室〈萬來舎〉」『新建築』、1952年2月

書店、1991年

IN-6 　由良 滋「慶應義塾との絆―新〈萬來舍〉建設から解体へ―」『新建築』、1952年

IN-7 　藤岡洋保『慶應義塾と建築家・谷口吉郎』【ブックレット】慶應義塾大学アート・センター、1995年12月

IN-8 　ドウス昌代『イサム・ノグチ―宿命の越境者（下）』講談社、2000年

IN-9 　アナ・マリア・トーレス／相馬正弘翻訳監修『イサム・ノグチ　空間の研究』マルモ出版、2000年

IN-10 　『記憶としての建築空間―イサム・ノグチ／谷口吉郎／慶應義塾』慶應義塾大学アート・センター、2005年

IN-11 　杉山真紀子編「谷口吉郎と慶應義塾―萬來舍―谷口吉郎とイサム・ノグチの協奏詩』鹿島出版会、2006年

IN-12-1 　杉山真紀子「はじめに―ドラゴンたちの絆」『萬來舍―谷口吉郎とイサム・ノグチの協奏詩』鹿島出版会、2006年

IN-12-2 　由良 滋「記念性へのコラボレーション」―「東洋のアクロポリスへの願い」、杉山真紀子編『萬來舍―谷口吉郎とイサム・ノグチの協奏詩』鹿島出版会、2006年

IN-13 　新見 隆『20世紀の総合芸術家 イサム・ノグチ―彫刻から身体、庭へ―』平凡社、2017年

ST　「藤村記念堂」関係

ST-1 　島崎藤村「合本詩集 初版の序」『藤村詩集』、1894年

ST-2 　菊池重三郎『馬籠 藤村先生のふるさと』東京出版、1946年

ST-3 　谷口吉郎「藤村好み」『芸林閒歩』、1948年1月

ST-4 　谷口吉郎「馬籠の記念堂」『新建築』、1949年3月

ST-5 　谷口吉郎「馬籠の記念堂」『信濃教育』、1953年8月

ST-6 　菊池重三郎『木曾馬籠―島崎藤村の故郷』小山書店、1958年

ST-7 　谷口吉郎「藤村記念堂」「記念碑十話」（九）（十）『毎日新聞』、1963年4月

ST-8 　川副国基『島崎藤村』〈写真作家伝叢書・1〉明治書院、1965年

ST-9 　谷口吉郎「馬籠の記念堂」〈特集「藤村記念堂」木曾・風土のなかの建築〉『近代建築』、1972年3月

ST-10 　谷口吉郎「きびしい風土の中の造形美〈特集「北陸の風土と建築」〉『建築雑誌』、1976年6月

ST-11 　平山忠治（対談・長谷川 堯）「建築をめぐる回想と思索」『新建築』、1976年

ST-12 　清家 清「藤村記念堂・作品解説」『谷口吉郎著作集』（第四巻）淡交社、1981年

ST-13 　谷口吉郎「〈藤村記念堂〉の庭」（日本建築家協会基調講演）

ST-14 　『新潮日本文学アルバム4 島崎藤村』新潮社、1984年

ST-15 　清家 清『現代の家相』新潮社、1989年

ST-16 　『藤村記念館五十年誌』（財）藤村記念郷、1997年

ST-17 　牧野要治「回想・そしてあの時代」（一）『藤村記念館だより』第83号（創立五十周年記念）、1997年5月1日

ST-18 　『島崎藤村 生家の建築―島崎藤村（馬籠宿本

陣）跡隠居所等修理工事報告書―』（財）藤村記念郷、2006年

ST-19 　中山弘明「〈藤村記念堂〉というフォルム―谷口吉郎の建築と意匠―」『国文研究』、2016年6月

ST-20 　磯 達雄「〈動線としての建築〉藤村記念堂』『日経アーキテクチャ』、2016年9月8日

M　「博物館 明治村」関係

M-1 　谷口吉郎「明治の愛惜」『東京日日新聞』、1940年11月8日

M-2 　谷口吉郎／二川幸夫（写真）『博物館 明治村』淡交社、1976年

M-2-1 　谷川徹三「一言」

M-2-2 　谷口吉郎「〈明治村縁起―歴史の証言者―〉の中の〈一座建立〉」

M-2-3 　菊地重雄［解説］

M-3 　『明治村通信』

M-3-1 　「〈発心〉明治村縁起（二）」『明治村通信』（2号、1970年）

M-3-2 　「〈弔辞〉明治村縁起」『明治村通信』（100号、1978年）

M-3-3 　渋沢秀雄「谷口吉郎館長を悼む〈開村者の霊に捧ぐ〉葬儀・告別式にて」（1979年2月13日、青山葬儀所）『明治村通信』（105号）
①司会者あいさつ：藤岡通夫、②弔辞：谷川徹三、東山魁夷、野田宇太郎、③谷口館長追悼記：入江相政「梅が香」、菊池重三郎「村に置いてある私の青春」、本多静雄「谷口さんのこと」、小堀杳奴「水の如し」、関 龍夫「〈初恋〉を歌ったころ」、塩月八重子「谷口先生の思い出―おだやかなおひと柄―」、草野心平「谷口吉郎・追悼」、劉 寒吉「谷口先生と九州」、由良 滋「谷口先生との絆」

M-4 　藤森照信、初田 亨、内田祥士『復元鹿鳴館・ニコライ堂・第一国立銀行』ユーシープランニング、1995年

M-5 　藤森照信、初田 亨、藤岡洋保『幻景の明治』相模書房、1998年

M-6 　西尾雅敏「帝国ホテルが明治村へ」（第1章）『帝国ホテル中央玄関復元記』博文社、2010年

M-7 　桐敷真次郎『明治の建築』本の友社、2001年

NB　南蛮建築・安土城関係

NB-1 　藤岡通夫「所謂 南蛮寺建築考」『建築知識』2（10）、1936年10月

NB-2 　谷口吉郎「聖堂」『東京新聞』、1963年1月8日

NB-3 　『木下杢太郎全集』（全25巻）岩波書店、1981～1983年　①第3巻（戯曲集）「南蛮寺門前」（『スバル』3号、1909年2月）、②第6巻「安土城記」（『改造』、1925年8月）、③第12巻「南蛮寺の建築様式」（『大阪朝日新聞』、1926年2月18日）、④第13巻「南蛮文学雑記」（『新小説』、1926年7月）、⑤第18巻「明治末年の南蛮文学」（『国文学の解釈と鑑賞』、1942年5月）

NB-4 　内藤 昌「安土城の研究」（上・下）『國華』、1976年

NB-5 　内藤 昌『復元 安土城』講談社、1994年

NB-6 　宮元健次『近世日本建築にひそむ西欧手法の謎―「キリシタン建築」論序説―』彰国社、1996年

NB-7 井上章一『南蛮幻想—ユリシーズ伝説と安土城』文藝春秋社、1998年

NB-8 内藤 昌「〈味〉のある風景—環境倫理」の「清らかな意匠」『建築雑誌』、2000年5月

NB-9 仙田 満「卒業論文と城」『環境デザイン講義』彰国社、2006年

NB-10 仙田 満「地球環境をめざせ」『環境デザイン講義』彰国社、2006年

NB-11 仙田 満「環境と子どもの成育—創造力を育む建築、コミュニティ」『新建築』、2019年6月

MV　マチスの「ヴァンス礼拝堂」関係

MV-1 谷口吉郎『壁面と建築』『芸術新潮』、1950年4月

MV-2 『マチス展・記念出版〈アンリ・マチス〉』読売新聞社、1951年

MV-3 「特集 アンリ・マチス」『美術手帖』臨時増刊（No.43）、1951年5月

MV-4 「マチス特集」①硲 伊之助「ヴァンス礼拝堂落成式」、②佐藤 敬「マチスの礼拝堂」『芸術新潮』（第2巻5号）、1951年5月

MV-5 谷口吉郎「ヴァンス礼拝堂の模型」『アトリエ』臨時増刊（「アンリ・マチス展特集」）、1951年6月

MV-6 「ヴァンスの礼拝堂 フランス 設計アンリ・マチス」『国際建築』、1952年5月

MV-7 猪熊弦一郎『私の履歴書』日本経済新聞社、1979年

MV-8 「マチス展」（東京国立近代美術館）読売新聞社、1981年3月

MV-9 ジル・ネレ『アンリ・マチス（1869-1954）切り絵』TASCHEN、2004年

TT　「東京国立博物館 東洋館」関係

TT-1 谷口吉郎「極東の美術眼」『新建築』、1968年12月

TT-2 伊藤ていじ「東京国立博物館 東洋館をみて—「写し」の建築—」『新建築』、1968年12月

TT-3 半澤重信『博物館建築』鹿島出版会、1991年

TT-4 木村佐近（安井建築設計事務所）「東京国立博物館 東洋館・リニューアル—上野の森の価値の継承と発展—」『新建築』、2013年3月

K　木下杢太郎・森 鷗外関係

K-1 木下杢太郎詩集『食後の唄』アララギ発行所、1919年12月（「食後の歌」『三田文学』、1910年7月）

K-2 木下杢太郎『日本吉利支丹史鈔』国民学術協会編（「国民学術選書」第8）中央公論社、1943年10月

K-3 河合正一「父と息子」『文藝』（11号号）河出書房、1945年12月号

K-4 谷口吉郎「杢太郎先生」『藝林閒歩』（創刊号）、1946年4月

K-5 野田宇太郎「花の書の会のこと」『四季』季刊6号、潮流社（1970年2月）、および『花の書』4号（1934年12月25日）、および『建築雑誌』（1979年4月）

K-6 野田宇太郎「木下杢太郎断想」『きしのあかしや—木下杢太郎文学入門』学風書院、1955年

K-7 八角 真「観潮楼歌会の全貌—その成立と展開

をめぐって—」明治大学人文科学研究所紀要（1）[1-54]、1962年12月

K-8 野田宇太郎「鷗外記念事業17年の記録」『文学散歩』第15号、1962年

K-9 森 於菟「砂に書かれた記録—鷗外記念会館が建つまで—」『父親としての森鷗外』筑摩書房、1969年

K-10 木下杢太郎『鷗外全集』（第7巻の月報7「餘論」—「森 鷗外は謂わばテエベス百門の大都である」）岩波書店、1972年5月

K-11 野田宇太郎『日本耽美派文学の誕生』河出書房新社、1975年

K-12 木下杢太郎『百花譜』（上・下）岩波書店、1977年

K-13 『木下杢太郎日記』（全5巻）岩波書店、1979年

K-14 野田宇太郎『木下杢太郎の生涯と芸術』平凡社、1980年

K-15 吉野俊彦『双頭の獅子 森 鷗外』PHP研究所、1982年

K-16 『木下杢太郎全集』（全25巻）岩波書店、1983年

K-16-1 第1巻 ①「食後の唄」『三田文学』（1910年7月）、②「永代橋工事」『明星』（1926年6月）

K-16-2 第2巻 詩集「食後の歌」（序文）『三田文学』、1910年7月

K-16-3 第7巻「鷗外文献」『東京朝日新聞』、1934年5月22日、23日、24日

K-16-4 第11巻「テエベス百門の都」『大阪毎日新聞』1923年6月1日

K-16-5 第13巻「〈パンの會〉」の回想」『近代風景』（第2巻1号）、1927年1月

K-16-6 第14巻 ①「隅田川の諸橋」『東京朝日新聞』（1930年6月16日）、②「ゲエテの伊太利亜紀行」『セルパン』（1932年3月）

K-16-7 第15巻 ①「パンの會」と「屋上庭園」改造社（新詩文学篇）（第9巻）（1934年11月）、②「森 鷗外」の第7巻月報の「餘論」—両頭の蛇、ユマニスト—『岩波講座』（日本文学）（1932年11月）、③「森 鷗外先生に就いて」『文藝春秋』（1933年4月）

K-16-8 第16巻 ①「森先生の人と業と」『文学』（1936年6月）、②「夏目漱石」（小宮豊隆史に）『文学』（1938年8月）、③「国字・国語改良問題に対する管見」『日本医事新報』（1937年11月）、④「医学部の学生諸君と僕と」『つくも』（1937年4月）

K-16-9 第18巻 ①「鷗外旧宅の焼失」『文芸』（1945年3月）、②「森 鷗外の文学」『日本医事新報』（鷗外号）（1945年11月）、③「科学と芸術」『知性』（1941年11月）

K-16-10 第20巻「薄暮と夜と」『美術新報』（14巻10号）、1915（大正4）年8月

K-16-11 第23巻①「えすぱにや・ぽるつがる記」〈序：吉利支丹史研究紀行〉岩波書店（1929年）、②「江戸小紋への執念など—杢太郎追憧—」〈月報：雨宮庸蔵〉（1983年4月）、③『唐草表紙』（跋）正確堂（1915年2月）

K-16-12 木下杢太郎「五足の靴」『二六新報』、1907年

K-17 小堀杏奴『晩年の父』岩波文庫、1981年

K-18 澤柳大五郎『木下杢太郎』小澤書店、1987年

K-19 杉山二郎『木下杢太郎—ユマニテの系譜』中央

K-20 公論社、1995年/旧版平凡社選書29、1974年
太田哲二「叔父 木下杢太郎」、村田稲造「杢太郎の戯曲」、新田義之「杢太郎のユマニスム」『木下杢太郎―郷土から世界人へ―』杢太郎会、1995年

K-21 新田義之「森 鷗外と木下杢太郎―〈両頭の蛇〉の謎をめぐって―」『講座 森 鷗外1』(「鷗外の人と周辺」)新曜社、1997年

K-22 成田稔『ユマニテの人・木下杢太郎とハンセン病』日本医事新報社、2004年

K-23 『木下杢太郎詩集』(挿絵「メドゥーサの首」)第一書房、1930年

K-24 児島喜久雄「太田正雄(木下杢太郎)の雑然たる思い出」『文藝』(太田博士追悼号)、1945年12月

K-25 新田義之『木下杢太郎』小沢書店、1986年

Y　谷口吉郎・吉生関係

Y-1 槇 文彦×谷口吉生対談「ものをつくる」「建築論壇」『新建築』、1981年1月

Y-2 谷口吉生「谷口吉郎 自邸」『谷口吉郎著作集』第4巻(作品解説)淡交社、1981年

Y-3 谷口吉生/仙田満編著『こどもと住まい(上・下)50人の建築家の原風景』住まいの図書館出版局、1990年

Y-4 『The Japan Architect 21』(1996-1季刊 春)新建築社

Y-5 谷口吉生『谷口吉生建築作品集』[建築を学ぶ/①〈建築との関わり〉、②〈アメリカで建築を学ぶ〉、③〈実務を通して学ぶ〉]淡交社、1996年

Y-6 谷口吉生「谷口吉生―父との比較で値引きされて評価・失敗は許されない―〈吉郎の影と闘いつつ〉」『建築家という生き方―27人が語る仕事とこだわり』[建築学会賞 二世の自己主張]日経アーキテクチュア、2001年8月

Y-7 ケネス・フランプトン/中村敏男訳『現代建築史』「日本版版へのあとがき」青土社、2003年

Y-8 鈴木博之「開かれていく風景―谷口吉生の美術館建築」『谷口吉生のミュージアム―ニューヨーク近代美術館[MOMA]巡回建築展』(編集/デルファイ研究所)中日新聞社、2005年

Y-9 谷口吉生×古谷誠章(聞き手)「背景との関連から建築を考える」「父の陰謀」「東京国立博物館 法隆寺宝物館」『十二組十三人の建築家 古谷誠章対談集』LIXIL出版、2014年

Y-10 谷口吉生×古谷誠章×松隈 洋「生産重視の時代に"美しい健康な生活の場"を実現した秩父セメント第二工場/特集〈鼎談〉新時代に挑戦した先駆者(特集2 建築ソリューション5)『LIXIL eye』、2014年6月(No. 5)

Y-11 『〈谷口吉郎・谷口吉生〉の建築―金沢が育んだ二人の建築家―』谷口建築展実行委員会、2014年11月

Y-12 谷口吉生「私の履歴書」『日本経済新聞』、2019年 ①「父と同じ道」(2017年6月1日)、②「芸術と縁深く」(2017年6月2日)、③「疎開」(2017年6月3日)、④「父設計の自邸」(2017年6月4日)、⑤「高校から慶應に」(2017年6月5日)、⑥「留学」(清家 氏、渡米を勧める)〈人生を

Y-13 変えた清家 清氏の一言〉(2017年6月6日)
杉山真紀子(寄稿)「父 谷口吉郎のこと ―犀星と家族ぐるみの親交」[特集・近代建築の巨匠 谷口吉郎の金沢]『北國文華』(冬号)、2019年

KG　谷口吉郎についての研究論文 ―日本建築学会等

KG-1 蔵田周忠「(書評)『雪あかり日記』―谷口吉郎氏著」『建築雑誌』、1948年5月

KG-2 谷口吉郎篇、太田茂比佐「解題の代わりに」『記念碑散歩』文藝春秋、1979年

KG-3 室生朝子「犀星文学碑あれこれ」『記念碑散歩』文藝春秋、1979年

KG-4 「谷口吉郎先生を偲んで」『建築雑誌』、1979年4月 ①「藤村記念堂のころ」青木志郎、②「巨匠谷口吉郎先生の霊に捧ぐ」菊池重郎、③「〈花の書のころ〉―谷口さんの思い出」野田宇太郎、④「谷口先生おめでとうございます」(谷口吉郎先生文化勲章受章)清家 清、⑤「谷口先生」村野藤吾

KG-5 中谷礼仁「〈私性〉から〈神性〉へ」『国学・明治・建築家―近代「日本国」建築の系譜をめぐって』(Ⅲ章)、波乗社、1993年

KG-6 西田幸世、河内浩志「葬儀の式場構成と墓碑にみる建築制作理念の考察―建築家谷口吉郎について―」『日本建築学会北陸支部研究報告集』(46号)、2003年7月

KG-7 「東京工業大学水力実験室 建物調査報告書」(藤岡洋保研究室)、2004年3月

KG-8 柴田ちひろ、河内浩志「建築家・谷口吉郎の記述における〈良心〉の意味について」『日本建築学会中国支部研究報告集』、2010年3月

KG-9 河内浩志「建築家・谷口吉郎の記述における〈見えざる形〉について」『学術講演概要集』、2010年7月

KG-10 桂 龍豪「谷口吉郎の記述にみる機能の表現」『日本建築学会大会学術講演梗概集』(関東)、2011年8月

KG-11 桂 龍豪、河内浩志「建築家・谷口吉郎の記述における〈人間〉の言説について」『日本建築学会中国支部研究報告集』、2012年3月

KG-12 近藤康子「谷口吉郎の建築思想における茶室―〈総合芸術〉の契機としての意味について―」日本建築学会近畿支部研究発表会、2012年5月

KG-13 近藤康子「谷口吉郎の建築思想における茶室の意味―〈ワキ〉と〈種子〉なる概念を通して―」『日本建築学会計画系論文集』、2012年7月

KG-14 河内浩志「谷口吉郎の聴覚的世界としての〈庭〉の意味について」『日本建築学会大会学術講演梗概』(東海)2012年9月

KG-15 柴田ちひろ、河内浩志「谷口吉郎の記述にみる〈材料〉の言説について」『日本建築学会計画系論文集』(第77巻第、682号)、2012年12月

KG-16 河内浩志「建築家・谷口吉郎の記述における〈聖なる意匠〉の意味について」『日本建築学会中国支部研究報告集』、2013年3月

KG-17 桂 龍豪、河内浩志「谷口吉郎の記述にみる〈美〉の言説について」『日本建築学会中国支部研究報告集』(36巻)、2013年3月

KG-18 櫻間裕子「日本の美術館建築における劇的空間是非論―谷口吉郎の東京国立近代美術館設計を

中心に一」『大阪大学大学院文学研究科芸術家・芸術史講座』、2014年3月

KG-19　田中栄治「庭園研究者・造園家 森 蘊 と建築家 谷口吉郎―昭和前半期における建築家と造園家の交流―」『神戸山手大学紀要』(19) 69-104、2017年

KG-20　冨久亜以、河内浩志、秦 明日香『谷口吉郎の『雪明かり日記』の記述における〈模倣〉の基礎的考察』『2016年度日本建築学会中国支部研究発表会プログラム』、2017年3月

KG-21　菅理智之、大内田史郎「谷口吉郎のデザインモチーフに関する研究」『日本建築学会大会学術講演梗概集』(中国)、2017年8月

KG-22　冨久亜以、河内浩志「谷口吉郎の〈触媒〉と設計について」『日本建築学会大会学術講演梗概集』(北陸)、2019年9月

KG-23　三宅理一「谷口吉郎・普遍性の先」『日経アーキテクチュア』、2019年11月14日「トピックス」

E　谷口吉郎、本人の小論文、随筆

E-1　1928年11月「コンクリートの表面仕上げ」『建築学会パンフレット』

E-2　1928年12月「分離派批判」『建築新潮』

E-3　1929年4月「建築随想」『建築新潮』

E-4　1929年12月「建築の出動」『建築紀元』

E-5　1929年5月「コルを摑む」『国際建築』

E-6　1929年12月「建築は口ではない」『建築思潮』

E-7　1930年2月「手を」『建築新潮』

E-8　1930年12月「ル・コルビュジエ検討」『思想』

E-9　1932年11月「東工大水力実験室設計覚え書」『国際建築』

E-10　1936年6月「自余の弁」(自邸)『国際建築』

E-11　1936年10月「機械建築の内省」『思想』

E-12　1936年12月「化膿した建築意匠」『科学ペン』

E-13　1937年3月「建築とヒューマニズム」『雑記帳』

E-14　1938年4月「椿と仏像」『科学知識』

E-15　1938年6月「イタリアの意匠」『改造』

E-16　1938年1月「建築意匠学・序説」『建築雑誌』

E-17　1939年3月「伯林便り」『国際建築』

E-18　1940年6月24日「かげろふ」『帝国大学新聞』

E-19　1940年11月11日「紋章」『東京日日新聞』〈生活の断片〉

E-20　1941年3月「国土美」『公論』

E-21　1941年11月10日「形と線と」『帝国大学新聞』

E-22　1942年2月「日本間と西洋間の区別」『すまひといふく』

E-23　1942年3月「旗の美―姉妹芸術について―」『公論』

E-24　1943年2月「風のゆかり」『新風土』

E-25　1946年「形の温度」『造形』(第1号)

E-26　1946年「造形力の芽ばえ」『自由』(第6号)

E-27　1947年11月「秋聲文学碑」『藝林閒歩』(2巻8号)

E-28　1948年10月「ヨーロッパの劇場から」『婦人朝日』

E-29　1948年「かげろうの日」『別冊文藝春秋』第8号

E-30　1948年「清らかな意匠」(1.環境の意匠、2.ミカンの皮の意匠、3.狂える意匠、4.校舎の意匠、5.聖なる意匠、6.旗の意匠、7.建築の意匠、8.あとがき)『朝日新聞社』

E-31　1950年1月「学生の青春に捧ぐ」(慶應義塾大学・学生ホール)『新建築』

E-32　1950年4月「青春の館」『三田文学』

E-33　1950年4月「壁画と建築」『芸術新潮』

E-34　1950年10月「彫刻と建築」〈萬來舎〉『新建築』

E-35　1950年12月11日「建築と壁画」『毎日新聞』

E-36　1951年11月「ピサの斜塔」『芸術新潮』

E-37　1952年1月「新日本茶道展でつくられた〈新しい茶室の一試案(木石舎)〉」『新建築』

E-38　1953年2月「野外劇場」『群像』

E-39　1953年2月「藤村と梅の木」(島崎藤村墓碑)『文藝春秋』

E-40　1953年5月「雨と糸」(「石川県繊維会館」の)「設計テーマ」『建築文化』

E-41　1954年1月「湖にささぐ」(「十和田国立公園記念像」)『新建築』

E-42　1954年10月20日「紀念柱」『日本経済新聞』〈美の美〉

E-43　1954年11月「人工かげろう」『知性』

E-44　1955年1月「展示について」(東京国立近代美術館特別展「現代の眼」)『国際建築』

E-45　1955年4月「記念の造形―基碑設計者の片言―」、「森 鷗外詩碑」『新建築』

E-46　1955年6月「タタミとイス」『世界』岩波書店

E-47　1955年「岸田さんの作風と風格」『現代随想全集』第28巻

E-48　1955年9月「設計者の立場―現代のすまい・志賀直哉邸―」『芸術新潮』

E-49　1955年10月6日15日「世相の表情」『朝日新聞』

E-50　『日本美の発見』〔1.生活のなかの近代美術「戸外の造形」(1956年)、2.みんなの住まい(1956年)、「⑧新しいトコノマ」「⑩古人の教訓」)、3.日本美の発見(1956年)、4.日本建築の曲線的意匠・序説(1960年)、5.日本建築の合理性と詩情(1960年)、6.日本の住の心(1973-1978年)〕日本放送出版協会

E-51　1956年5月「十和田湖記念像由来」『文藝・高村光太郎読本』臨時増刊

E-52　1956年6月「斉壇の設計」〈高村光太郎葬儀〉『心』

E-53　1956年7月26日「村野さんの作風」『日刊建設通信』

E-54　1956年9月「秩父セメント株式会社第二工場」「清潔な自動工場」『国際建築』、10月「セメント・シンフォニー」『新建築』

E-55　1957年4月「修学院離宮の庭」『新建築』

E-56　1957年10月「現代の庭」『芸術新潮』

E-57　1957年11月「すかんぽ碑」(『木下杢太郎詩碑』)『群像』

E-58　1957年11月「現代仏教建築について―宗教的真なるものと美の特質―」『在家仏教』

E-59　1958年1月「グッド・デザイン・コーナー」、「山荘・本宅」〈佐伯邸〉谷口吉郎、「和風と洋風」/浜口隆一「通人の至芸」『芸術新潮』

E-60　1959年1月「音響と思索―東京工業大学創立70周年記念講堂―」『建築文化』

E-61　1960年3月、4月「日本住宅の合理性と詩情」(上、下)『国際文化』

E-62　1960年3月5日「観光施設と美的価値」『朝日新聞』

E-63　1960年6月「〈東宮御所〉〈設計メモ〉」詩『新建築』

E-64　1960年11月「世界語としての〈しぶい〉」『芸術新潮』

E-65　1961年2月「告白・絶唱・桃李の里」〈随想〉『新建築』

E-66　1961年3月「石の伽藍」『国際文化』

E-67　1962年「ミカンの皮の意匠」『科学随筆全集』（第14巻）学生社

E-68　1962年11月「店の身だしなみ」「資生堂会館」『新建築』

E-69　1963年2月「破り継ぎ」『芸術新潮』

E-70　1963年3月「祈禱の意匠」（千鳥ヶ淵戦没者墓苑）『新建築』

E-71　1963年4月15日「追憶」『記念碑十話」「十人百夜」第四集「光太郎碑、4月21日」、「九．藤村記念堂（上）4月25日」、「十．藤村記念堂（下）4月26日」）毎日新聞社

E-72　1966年2月「自作を語る・第一義天（乗泉寺）」『新建築』

E-73　1966年10月31日「ごきみつさん」『北国新聞』

E-74　1967年8月「設計者としての所感」『国立近代美術館ニュース』

E-75　1968年「東宮御所・設計覚え書き」『東宮御所建築・美術・庭園』毎日新聞社

E-76　1968年5月12日「洗われるノートルダム」「うちそと」『朝日新聞PR版』

E-77　1968年5月26日「エール大学の一日」「うちそと」『朝日新聞PR版』

E-78　1968年8月2日「まいういーく」〈公私拝見〉『週刊朝日』

E-79　1968年「花の思い出」〈なにはづ〉春の号 第3集』

E-80　1968年12月「槇さんとの結縁」『三田評論』

E-81　1969年2月「慶應義塾の演説館と図書館―その文化財としての意義」『三田評論』

E-82　1969年4月「雪がみなり」『室内』

E-83　1969年6月「娘と私」『文藝春秋社』

E-84　1970年4月5日「有機無機」〈人生のことば〉『読売新聞』

E-85　1971年12月「白いバラ一輪」〈志賀直哉追悼〉『心』

E-86　1971年「中山義秀文学碑」

E-87　1972年3月「〈街かどの独白〉―〈東京會館〉（1971年）について」『新建築』

E-88　1973年12月7日「私の城―気の向く所がすべて城―」『週刊朝日』

E-89　1973年7月「魂の肖像」『芸術新潮』

E-90　1973年8月「水かがみ」〈河文／水鏡の間〉『新建築』

E-91　1973年9月「犀川の杏の碑」〈犀星碑〉『季刊誌 泉』（3号）

E-92　1974年1月「谷口吉郎―生きることを建築に求めて」『新建築』

E-93　1974年「坪庭（夏の号）〈日本の住の心〉『婦人と暮らし』

E-94　1974年4月「生涯を貫く作風」〈「吉田五十八氏逝く」〉『新建築』（ニュース）

E-95　1974年8月「正直な美のモデル」〈こころにひびくことば〉『PHP』

E-96　1975年「明かり窓」〈日本美の発見〉『PHP』

E-97　1975年10月「良友悪友」―〈一座建立〉―『現代』

E-98　1975年「明かり窓」（秋の書）、「露地庭」（春の書）、『婦人と暮らし』〈日本の住の心〉

E-99　1975年「和風の意匠」（迎賓館和風別館）『迎賓館』毎日新聞社

E-100　1975年8月「鉄と私」〈随想〉『日本鋼構造協会誌』

E-101　1975年10月「一座建立」〈随想〉『現代』

E-102　1976年「家」と「庭」『坪庭』毎日新聞社

E-103　1976年2月16日「実学と虚学」（6）『日本経済新聞』

E-104　1976年6月「厳しい風土の中の造形美」『建築雑誌』

E-105　1976年12月「花の書」『太陽』

E-106　1977年2月「障子」〈日本の住の心〉『婦人と暮らし』

E-107　1977年8月「吹き抜け」〈日本の住の心〉『婦人と暮らし』

E-108　1977年9月22日「常に主役を演じて」『中部読売新聞』

E-109　1989年「二笑亭の建築」／式場隆三郎『二笑亭綺譚―50年目の再訪記―』求龍堂

G　一般書

G-1　室生犀星「庭をつくる人」『中央公論』、1926年6月

G-2　岸田日出刀『過去の構成』構成社書房、1929年

G-3　原沢東吾「唯物史観と建築」『インターナショナル建築』、1929年12月

G-4　『満州国建築協会雑誌』、1933年11月

G-5　和辻哲郎『風土―人間学的考察』岩波書店、1935年

G-6　相賀兼介「建国前後の思い出」（『満州建築雑誌』、1942年10月）

G-7　村田 潔『ギリシャ神殿』築地書店、1944年

G-8　浜口隆一「日本国民建築様式の問題―建築学の立場から―」『新建築』、1944年1月

G-9　浜口隆一『ヒューマニズムの建築―日本近代建築の反省と展望』雄鶏社、1947年1月

G-10　栗田 勇『伝統の逆説―日本美と空間』七曜社、1962年

G-11　菊竹清訓『代謝建築論』彰国社、1969年

G-12　宮内 康「変質する建築家像―戦後建築運動史ノート―『怨恨のユートピア』井上書院、1971年

G-13　長谷川 堯『神殿か獄舎か』相模書房、1972年

G-14　吉田精一編著『高村光太郎の人間と芸術』教育出版センター、1972年

G-15　『立原道造全集』（第4巻）角川書店、1972年

G-16　奥野健男『文学における原風景』集英社、1972年

G-17　遠藤周作「合わない洋服―何のために小説を書くのか」『新潮』、1972年12月

G-18　長谷川 堯『都市廻廊』相模書房、1975年

G-19　宮脇 檀 編著『日本の住宅設計―作家と作品』彰国社、1976年

G-20　福田晴虔「谷口吉郎におけるタイル・土の織物」『装飾タイル研究』（4）（「戦後建築に現れたタイル」）志野陶石出版所、1978年12月

G-21　瀬尾文彰『環境建築論序説／パッシブな時代の建築思想』〈〈序〉清家 清〉彰国社、1979年

G-22　和辻哲郎『古寺巡礼』岩波書店、1979年／《初版》築地書店、1924年

G-23　伊藤 整『近代日本人の発想と諸形式』岩波文庫、1981年

G-24　奥野健男『間の構造』集英社、1983年

G-25　島村 昇『金沢の町家』鹿島出版会、1983年
G-26　山田孝延（共著）「形態のパラドックス」「都市、建築思想の革新」『都市大衆文化の成立』有斐閣選書、1983年
G-27　井上章一『アート・キッチェ・ジャパネスク—大東亜のポストモダン』青土社、1987年
G-28　海野 弘『川端康成の都市彷徨』『東京風景史の人々』中央公論社、1988年
G-29　海野 弘『モダン都市東京—日本の1920年代』中公文庫、1988年
G-30　西山夘三『すまい考現学』彰国社、1989年
G-31　小玉祐一郎『エコ・ハウジングの勧め』丸善、1991年
G-32　中田 孝『幻の蔵前—東京高工から東京工大へ—』オーム社、1991年
G-33　北川太一編『高村光太郎詩集』（高村記念会、1992年）
G-34　磯崎 新+篠山紀信『建築行脚』（全12巻）六耀社、第2巻『透明な秩序 アクロポリス』1994年／第4巻『きらめく東方 サン・ヴィターレ聖堂』1988年／第7巻『メディチ家の華 サン・ロレンツォ教会』、1992年
G-35　隈 研吾『新・建築入門』筑摩書房、1994年
G-36　武者利光『ゆらぎの発想—1/fのゆるぎの謎にせまる』日本放送協会出版、1994年
G-37　布野修司『戦後建築の終焉—世紀末建築論ノート』れんが書房新社、1995年
G-38　梅干野 晁『住まい環境学—快適な住まいづくりを科学する—』放送大学教材、1995年
G-39　西澤泰彦『海を渡った日本人建築家—中国東北地方における建築活動—』彰国社、1996年
G-40　阿川弘之『志賀直哉』新潮社、1997年／『志賀直哉』（下）新潮文庫、1994年
G-41　内田祥士「ホテルオークラ」『再読／日本のモダン・アーキテクチャー』、1997年7月
G-42　内藤 昌『近世大工の美学—環境倫理としての日本古典建築学』中公文庫、1997年
G-43　『志賀直哉全集』第9巻（1.「新年随想」すまい、2.『衣食住』（1955年）、3.今度の住まい）、岩波書店、1999年
G-44　難波和彦『戦後モダニズム建築の極北—池辺陽試論』彰国社、1999年
G-45　香山壽夫『イタリア初期キリスト教聖堂—静かなる空間の輝き』丸善、1999年
G-46　篠山紀信（写真）『磯崎 新の建築談議#2アクロポリス［ギリシャ時代］』六耀社、2001年
G-47　倉方俊輔「日泰文化会館設計競技の経緯について」『日本建築学会大会学術講演梗概集』（北陸）、2002年8月
G-48　越澤 明『満州国の首都計画』筑摩書房、2002年
G-49　八束はじめ「意識されざる転向」『思想としての日本近代建築』岩波書店、2005年
G-50　宮内嘉久『建築ジャーナリズム無頼』中公文庫、2007年
G-51　原 広司『空間〈機械から様相へ〉』岩波書店、2007年
G-52　西澤泰彦『日本植民地建築論』名古屋大学出版会、2008年
G-53　川本三郎「花の感受性」、「紙上建築の世界」『大正幻影』岩波現代文庫、2008年
G-54　瀬尾文彰『無窮と建築—「いる」ことの平常性のために』（出版委員会 小玉祐一郎他）創樹社、2009年
G-55　北川佳子『イタリア合理主義』鹿島出版会、2009年
G-56　金沢百枝、小澤 実『イタリア古寺巡礼—ミラノ→ヴェネチア』新潮社、2010年
G-57　『東京工業大学130年史』東工大出版、2011年
G-58　田中厚子『土浦亀城と白い家』鹿島出版会、2014年
G-59　「さらば東京の誇り」Topics—谷口吉郎らがオークラに込めた思い—『日経アーキテクチャー』、2015年7月
G-60　三島良直『東京工業大学キャンパス・マスタープラン2016について』東京工業大学、2016年
G-61　『日本の家』新建築住宅特別冊、2017年8月
G-62　佐藤 淳（インタビュー）「1/fのゆらぎ」『TAKENAKA DESIGN WORKS』2019年冬号 Vol.45
G-63　辻村深月『東京會舘とわたし（下）新館』文春文庫、2019年
G-64　隈 研吾『点・面・線』岩波書店、2020年12月24日
G-65　石塚義高編著『価値創造学体系序説』（第四巻）幻冬舎メディアコンサルティング、2020年

監修者プロフィール

仙田 満（せんだみつる）

環境デザイン研究所会長・東京工業大学名誉教授・環境建築家。

1941年、横浜に生まれる。工学博士。1964年、東京工業大学理工学部建築科（谷口研究室）卒業。同年、菊竹清訓建築設計事務所に入所。1968年、環境デザイン研究所を設立。琉球大学、名古屋工業大学を経て、2005年まで東京工業大学大学院教授、2012年まで放送大学教授。

代表作品は愛知県児童総合センター、ゆうゆうの森幼保園、国際教養大学中嶋記念図書館、新広島市民球場、軽井沢風越学園など。日本建築学会賞（作品賞）、藤野藤吾賞、IAKS（国際スポーツ施設協会）金賞、IAA（国際建築アカデミー）賞他授賞多数。著書に『子どもとあそび』（岩波書店）、『こどものあそび環境』（鹿島出版会）、『人が集まる建築』（講談社）、『こどもを育む環境　蝕む環境』（朝日新聞出版社）、『遊環構造デザイン』（左右社）など。

著者プロフィール

松野高久（まつのたかひさ）

1944年、東京都浅草に生まれる。1968年、東京工業大学理工学部建築学科（清家研究室）卒業。同年、（株）レーモンド設計事務所入所。2005～2019年まで（株）環境デザイン研究所に勤務。

「長塚 節研究会」の常任理事。建築設計の傍ら1997年、第1回長塚 節文学賞・最優秀賞『矢を負ひて斃れし白き鹿人―長塚節臨死歌考』を受賞。1993～1996年、日本工業大学建築学科非常勤講師。2001～2010年、「長塚 節の一連の研究」を茨城県文学誌『耕人』に連載。2012～2015年『近代建築』に「清家 清のル・コルビジェ憧憬」として15回隔月連載。2015年『賀川豊彦研究』（本所賀川記念館）に「賀川豊彦『人間建築論』の建築家・清家 清への影響」を掲載。著書に『ロゴスの建築家　清家 清の「私の家」―そして家族愛』（萌文社、2019年）など。

生活・詩情建築家

谷口吉郎 ―白い雪片のように清冽な意匠心―

2022年12月25日　初版発行

監 修 者　　**仙田 満**

著　　者　　**松野高久**

発 行 所　　**萌文社**
発 行 者　　谷 安正
　　　　　〒102-0071 東京都千代田区富士見1-2-32 東京ルーテルセンタービル202
　　　　　T E L　03-3221-9008
　　　　　F A X　03-3221-1038
　　　　　Email　info@hobunsya.com
　　　　　U R L　https://www.hobunsya.com/
　　　　　郵便振替 00190-9-90471

装　　丁　　椚澤清次郎（アド・ハウス）
印　　刷　　音羽印刷株式会社

萌文社

好評発売中　http://www.hobunsya.com/

みんなの公園プロジェクト［編］　柳田宏治、林卓志、矢藤洋子［著］

すべての子どもに遊びを
──ユニバーサルデザインによる公園の遊び場づくりガイド

Ｂ５判・並製オールカラー・128頁／本体2,500円＋税／ISBN978-4-89491-335-6

ユニバーサルデザインの専門家や特別支援学校の教員たちが、障害のある子どもや家族からの聞き取り調査をはじめ、国内外の公園の実地調査など10年にわたる活動成果をまとめたもの。すべての子どもが夢中になって遊べるインクルーシブな公園づくりのヒントが満載。

三輪律江、尾木まり［編］
米田佐知子、谷口新、藤岡泰寛、松橋圭子、田中稲子、稲垣景子、棒田明子、吉永真理

まち保育のススメ
──おさんぽ・多世代交流・地域交流・防災・まちづくり

Ａ４変型・並製・120頁／本体2,000円＋税／ISBN978-4-89491-332-5

本書は都市計画や保育の専門家たちによって、「子ども」と「まち」の関係性をテーマに、それぞれの領域から取り組み誕生した一冊。「保育施設」によるさまざまな地域資源の活用成果の実態調査を踏まえ、新しく「まち保育」という言葉を概念化してまとめた意欲作。

北原啓司［著］

「空間」を「場所」に変えるまち育て　──まちの創造的編集とは

Ａ５判並製・口絵カラー・170頁／本体2,000円＋税／ISBN978-4-89491-353-0

都市計画や住宅政策の専門家である著者が、学生や地域住民とともに取り組んできた「まち育て」の実践を通して、何が大切なのかを探る。まちを大きくすることをではなく、一度形づくられた都市を、改めて創造的に見直し「編集」していくことの重要性を本書は提示する。

是永美樹［著］

マカオの空間遺産　──観光都市の形成と居住環境

Ａ５判並製・口絵カラー・304頁／本体2,300円＋税／ISBN978-4-89491-343-1

過密都市マカオについて、古地図を読み解きながら、現代の都市空間に継承された痕跡がどのように活用されているのかを紹介。カジノだけでないマカオの都市に埋め込まれた街の面白さを、現地の見聞記などを添えて観光都市のあり方についても掘り下げている。

窪田亜矢、黒瀬武史、上條慎司［編］
萩原拓也、田中暁子、益邑明伸、新妻直人

津波被災集落の復興検証　──プランナーが振り返る大槌町赤浜の復興

Ａ５判並製・口絵カラー・312頁／本体2,800円＋税／ISBN978-4-89491-367-7

本書は、＜私たち＞の経験を、＜私たち＞自身を含む次の当事者、すなわち次の災害において復興まちづくりに携わるプランナー、エンジニア、地域住民、自治体職員、研究者に向けて、津波被災などの災害からの復興に関する有益な知見として伝えることをまとめ上げた好著。